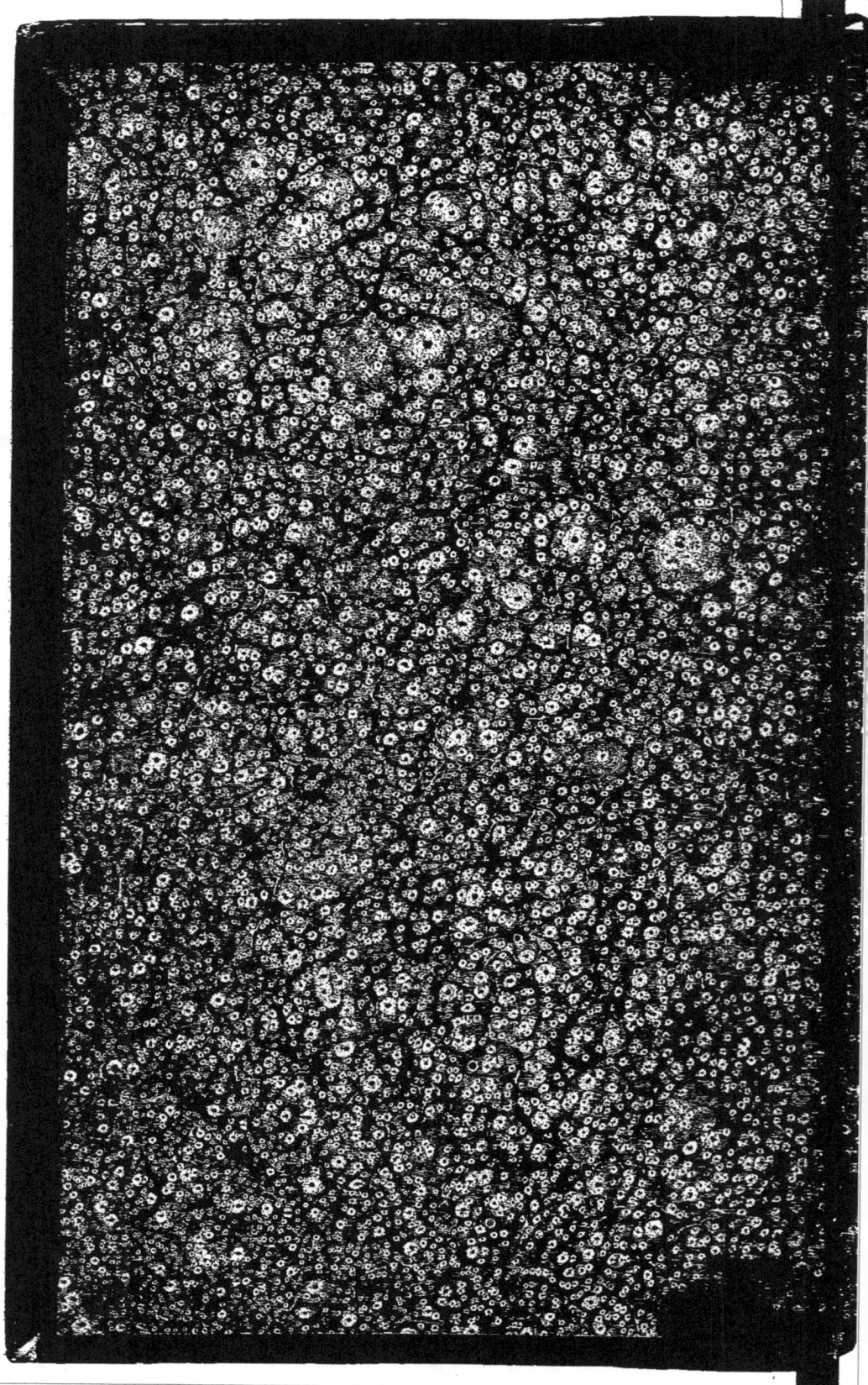

F 39564

EXPLICATION

DU TIT. IX, LIV. III

DU CODE NAPOLÉON

PARIS. — TYPOGRAPHIE DE J. BEST,
Rue des Missions, 15.

EXPLICATION

DU TIT. IX, LIV. III

DU CODE NAPOLÉON

CONTENANT

L'ANALYSE CRITIQUE DES AUTEURS ET DE LA JURISPRUDENCE

> La science du droit consiste autant dans la réfutation des faux principes que dans la connaissance des véritables.
> *Répertoire de* MERLIN, V° *Novation.*

TOME SEPTIÈME

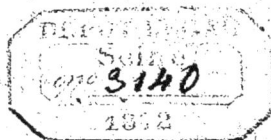

COMMENTAIRE-TRAITÉ

DES

SOCIÉTÉS CIVILES ET COMMERCIALES

PAR PAUL PONT

Membre de l'Institut, conseiller à la Cour de cassation,
CONTINUATEUR DE V. MARCADÉ

PARIS

DELAMOTTE, ADMINISTRATEUR DU RÉPERTOIRE DE L'ENREGISTREMENT

par M. Garnier,

9, RUE CHRISTINE-DAUPHINE, 9

1872

EXPLICATION
DU CODE NAPOLÉON.

LIVRE TROISIÈME.

TITRE IX.

DU CONTRAT DE SOCIÉTÉ.

(Décrété le 8 mars 1804. — Promulgué le 18.)

SOMMAIRE.

I. 1. Objet du commentaire. — 2. Division.

I. — 1. Le titre dont nous abordons le commentaire a pour objet le contrat de société. Là sont posées les règles premières et générales de toute association : c'est le droit commun de la matière. Mais il y a des sociétés particulières qui, bien que soumises aussi au droit commun, n'en subissent néanmoins l'empire que sur les points où les dispositions n'en sont pas contraires aux lois et aux usages qui leur sont propres : ce sont les *sociétés commerciales* (C. Nap., art. 1873 ; C. comm., art. 18). A côté du droit commun il y a donc, pour ces sociétés, un droit spécial et dérogatoire ; et en effet, ce droit spécial et dérogatoire a été formulé, par le Code de commerce, dans un titre particulier, le titre III du livre Ier, auquel il faut ajouter diverses lois ul- térieures, et notamment la loi du 6 mai 1863, qui modifie les art. 27 et 28 du Code de commerce ; celle du 30 mai 1857, et les décrets rendus en exécution, qui autorisent les sociétés commerciales léga- lement constituées en pays étranger à exercer leurs droits en France ; enfin et surtout la loi récente du 24 juillet 1867, qui abroge plusieurs articles du Code de commerce et constitue le dernier état de la légis- lation sur les sociétés en commandite par actions, les sociétés ano- nymes et les sociétés coopératives, ou plutôt à capital variable.

Ainsi, dans cette matière des sociétés, le Code de commerce est comme un appendice du Code Napoléon (1). On peut dire même que les affaires de commerce étant l'objet le plus ordinaire des sociétés, c'est surtout de l'élément commercial que le contrat dont nous avons à présenter le commentaire tire sa véritable importance. C'est pourquoi, bien que les principes du droit commercial ne soient pas du domaine de ce livre tel que Marcadé en avait conçu la pensée, il nous a paru qu'en cette matière spécialement il était nécessaire de les rapprocher des principes du droit civil, et de faire des uns aussi bien que des autres l'objet de nos explications.

2. Notre commentaire embrassera donc et les dispositions que le législateur a placées dans le titre ix du livre III du Code Napoléon, et celles qui sont comprises dans le titre iii du livre Ier du Code de commerce, modifié et complété par les lois ci-dessus citées; et pour éviter autant que possible la confusion dans ce sujet qui, ainsi défini, est des plus compliqués, nous le diviserons en quatre parties.

Dans la première, nous traiterons, par forme d'observations générales, de la nature du contrat de société et de ses éléments essentiels (C. Nap., art. 1832 et 1833).

Dans la seconde, nous développerons les règles du droit commun en tout ce qui touche la constitution des sociétés, leur administration et les obligations des associés soit entre eux, soit à l'égard des tiers (C. Nap., art. 1834 à 1865).

Dans la troisième, nous nous occuperons de la dissolution des sociétés et de ses suites (C. Nap., art. 1865 à 1872).

La quatrième aura pour objet les règles spéciales qui, sur ces divers points, font exception ou dérogent au droit commun pour les sociétés commerciales (C. Nap., art. 1873; C. comm., art. 18 et suiv.; lois des 30 mai 1857, 6 mai 1863 et 24 juill. 1867).

PREMIÈRE PARTIE.

DE LA NATURE DU CONTRAT DE SOCIÉTÉ ET DE SES ÉLÉMENTS ESSENTIELS.

1832. — La société est un contrat par lequel deux ou plusieurs personnes conviennent de mettre quelque chose en commun, dans la vue de partager le bénéfice qui pourra en résulter.

1833. — Toute société doit avoir un objet licite, et être contractée pour l'intérêt commun des parties.

Chaque associé doit y apporter ou de l'argent, ou d'autres biens, ou son industrie.

---

(1) Observations de la Cour d'Orléans sur le Code de commerce.

SOMMAIRE.

cipe. — 38. Toutefois, la société formée entre époux durant le mariage n'est pas nécessairement valable; elle pourrait être annulée à raison de circonstances ou de combinaisons du pacte social : applications.

VI. 39. *De l'objet certain et de la cause licite.* La première de ces conditions, l'objet certain, touche à la matière de l'apport : renvoi. — 40. De la cause licite : l'art. 1833 n'est, à cet égard, nonobstant la différence dans l'expression, qu'une application du principe posé dans l'art. 1133. — 41. Ainsi, la cause est illicite quand elle est prohibée par la loi ou contraire aux bonnes mœurs ou à l'ordre public : exemples. — 42. La question de savoir si la cause est illicite est-elle dans le domaine exclusif des juges du fond ? — 43. Transition à quelques hypothèses particulières : de l'association formée pour faire la contrebande; elle est illicite même quand elle a pour objet l'exercice de la contrebande à l'étranger; — 44. De la société formée pour l'exploitation de jeux soit en France, soit à l'étranger; — 45. De l'exploitation d'un office au moyen de capitaux associés. Position de la question : exemple de cas dans lesquels on ne trouve pas une convention établissant une société véritable. Une telle convention est licite et valable. — 46. Mais lorsque la convention constitue réellement une société dans le but de gérer un office public et d'en partager les bénéfices, elle est essentiellement illicite : la loi du 2 juillet 1862 qui, sous certaines conditions, autorise l'exploitation des charges d'agent de change au moyen de capitaux associés, consacre une exception confirmative de la règle. — 47. Transition aux effets de la nullité des sociétés illicites. La société annulée ne peut plus avoir aucun effet dans l'avenir. *Quid* quant au passé? Distinction. — 48. 1° *Rapports des associés prétendus avec les tiers.* La société donne naissance à l'action publique si elle a eu pour objet un fait délictueux; la peine prononcée par la loi, même l'amende, doit être appliquée individuellement à chaque associé. — 49. De l'action civile naissant des traités faits par les tiers avec la société annulée : la nullité ne peut pas être opposée si l'action ne repose pas sur l'existence même de la société. — 50. *Quid* dans le cas contraire? La nullité opposable par les tiers aux associés, en toute hypothèse, est opposable même par la société aux tiers lorsque ceux-ci ont pu ou dû savoir que la société était illicite. — 51. 2° *Rapports des associés entre eux.* La règle est qu'il faut rejeter toute action ou répétition fondée sur l'*existence* de la société, et, au contraire, admettre l'action ou la répétition qui aurait son fondement dans la *nullité,* c'est-à-dire l'*inexistence* de la société. — 52. Applications : les choses étant entières au moment où la nullité est reconnue, aucun des associés ne peut être admis à réclamer l'accomplissement des conventions sociales; — 53. Les choses n'étant pas entières, en ce sens que les apports auraient été réalisés, chacun des associés doit être admis à reprendre ce qu'il a versé dans la société : controverse. — 54. La société a-t-elle fonctionné et a-t-elle réalisé des bénéfices ou subi des pertes, c'est au fait accompli au moment où la nullité est reconnue qu'il faut s'en tenir rigoureusement : conséquences. — 55. *Quid* dans le cas où l'un des associés se trouve détenteur d'une chose restant commune au moment où les rapports viennent à cesser entre les contractants? — 56. Rejet du tempérament proposé par Toullier en faveur de la convention de société qui ne serait contraire qu'aux prohibitions établies par un droit purement arbitraire et sujet à changement; — 57. Et d'un autre tempérament introduit par la jurisprudence en faveur des sociétés formées pour l'exploitation d'un office.

VII. 58. Transition aux caractères propres et essentiels du contrat de société. — 59. 1° *Nécessité d'un apport réciproque.* En l'absence d'une réalisation d'apport, la société ne saurait exister : ainsi, la convention par laquelle un marchand attribue une part de ses bénéfices annuels à une personne qui n'apporte rien et ne promet rien est une libéralité, non un contrat de société.— 60. En quoi peut consister l'apport? — 61. Les choses futures, comme les choses présentes, en peuvent être l'objet; néanmoins, on ne peut faire entrer une succession future dans la société, s'agit-il même de l'hérédité d'une personne incertaine. — 62. Non-seulement la chose elle-même, mais encore sa destination vénale seulement, peut être mise en société. — 63. De même l'apport peut ne consister que dans l'usage ou la jouissance d'une chose : dans le silence des parties, doit-on décider que c'est la chose elle-même ou seulement la jouissance qui a été mise en commun? — 64. L'influence résultant soit des fonctions, soit d'une position élevée, ne peut constituer une mise sociale. — 65. *Secùs* du crédit commercial et de la réputation d'habileté industrielle. — 66. D'ailleurs, il n'est pas nécessaire que les apports faits par les associés soient de valeur égale, — 67. Ni de nature identique. — 68. 2° *Mise des apports en commun en vue d'un bénéfice à partager.* Il faut que la production et le partage d'un bénéfice soient dans la vue des contractants pour qu'ils puissent se dire en société. — 69. De quelle nature doit être ce bénéfice : exemples et applications. — 70. Il doit être recueilli *en commun;* dès qu'il est exclusif pour chacune des parties, fût-il alternatif, il n'y a pas société. — 71. Il suit de là que les associations d'assurance mutuelle ne sont pas des sociétés dans le sens strict du mot. — 72. *Quid* des associations formées autrefois, en temps de guerre, dans le but de faire des captures communes? — 73. *Quid* des conventions pour le prêt à la grosse et la tontine? — 74. Transition aux rapports et aux différences existant entre le contrat de société et d'autres conventions.

VIII. 75. Distinction entre la société et la communauté ou copropriété. — 76. Une première et notable différence, c'est que l'art. 815 du Code Napoléon, écrit pour la communauté, est inapplicable à la société. — 77. Dans la copropriété, il n'existe aucun mandat légal et réciproque d'administrer; dans le contrat de société, il en est autrement. — 78. Autre différence résultant de la dérogation établie par les art. 1848 et 1849 aux droits ordinaires de créancier. — 79. La mort de l'un des associés est une cause de dissolution de la société; au contraire, la mort de l'un des copropriétaires ne met pas fin à la situation antérieure. — 80. L'action en partage est la seule qui existe entre les copropriétaires; les associés ont en outre l'action *pro socio*. — 81. La personnalité juridique n'est pas une marque distinctive. — 82. Dans le doute, est-ce la communauté simple ou la société qu'il faut admettre? — 83. Différence entre la société et la communauté conjugale.

IX. 84. Suite : la volonté de s'unir distingue la société d'autres positions avec lesquelles elle peut avoir une certaine ressemblance : — 85. Spécialement avec le contrat de louage; — 86. Avec le cheptel; — 87. Avec le louage d'ouvrage; — 88. Avec le mandat salarié. — 89. Suite et application : commission de vendre une chose pour un prix déterminé, avec stipulation que la personne chargée de faire la vente gardera ce qu'elle obtiendrait en plus. — 90. Suite : commission d'acheter un immeuble. — 91. Comparaison de la société avec le prêt. — 92. Suite. — 93. Suite. — 94. Rapports qui, en certains cas, peuvent exister entre la société et la vente. — 95. Transition.

X. 96. Division des sociétés suivant qu'elles sont civiles ou commerciales. — 97. La distinction entre les deux espèces de sociétés présente un intérêt sérieux au point de vue de la formation; — 98. De la capacité; — 99. De l'administration; — 100. Des conséquences juridiques des actes passés au nom de la société; — 101. Des causes de dissolution; — 102. De la prescription relativement aux dettes dont les associés restent tenus après la dissolution; — 103. De la compétence en cas de contestation. — 104. Fondement de la distinction des sociétés civiles et commerciales, et *criterium* à l'aide duquel les sociétés doivent être rangées dans l'une ou l'autre classe. — 105. Dans quelle mesure l'appréciation à cet égard est dans le domaine des juges du fond. — 106, 107. Applications : des sociétés formées dans le but d'acheter des immeubles pour les revendre. Sont-elles civiles ou commerciales? — 108. *Quid* en ce qui concerne les compagnies d'assurance et les tontines? — 109. *Quid* en ce qui concerne les sociétés ayant pour objet l'exploitation d'une mine concédée; — 110. La recherche de la mine et les travaux préparatoires de vérification? — 111. *Quid* si les associés exploitent non comme concessionnaires, mais comme preneurs à bail? — 112. Des sociétés formées pour l'exploitation d'une carrière; — 113. Pour l'exploitation d'une charge d'agent de change; — 114. Pour l'achèvement ou le perfectionnement d'une publication; — 115. Pour l'exercice d'un métier ou d'une profession; — 116. Pour une entreprise de construction ou d'autres travaux. — 117. Transition aux règles d'appréciation. — 118. Une erreur dans la qualification est impuissante à modifier le caractère résultant du but même de la société et de la nature de ses opérations. — 119. *Quid* de la volonté exprimée par les parties de transformer une société civile, d'après la fin qu'elle a en vue, en société commerciale, ou réciproquement? — 120. Etat de la doctrine et de la jurisprudence sur ce point, et solution. — 121. La société qui reste civile peut-elle emprunter ses règles à la société commerciale? — 122. Suite. — 123. Transition.

XI. 124. Les associés qui fondent une société font-ils naître une personne morale, distincte de leur propre personne? — 125. Intérêt de la question. — 126. L'existence de la personne civile doit être reconnue quant aux sociétés commerciales; *secus* quant aux sociétés civiles : controverse sur ce dernier point.

I. — 3. Il serait long d'énumérer les acceptions diverses du mot *société ;* l'énumération a été faite par plusieurs auteurs tant anciens que modernes, et elle fournit une preuve surabondante des perversions fréquentes de la langue du droit. Mais si, après la définition légale qu'on trouve dans nos art. 1832 et 1833 combinés, il était nécessaire de préciser encore, nous demanderions le sens exact de cette expression à Pothier, qui, tant dans l'introduction au titre XI de la Coutume d'Orléans que dans son Traité du contrat de société, définit la société « un contrat par lequel deux ou plusieurs personnes conviennent de mettre en commun leurs biens ou leur industrie, pour faire en commun un profit honnête dont elles s'obligent réciproquement de se rendre compte. » Ainsi, le contrat a pour but la production et le partage de bénéfices, et pour moyen la réunion des forces, l'association des capitaux que l'isolement condamnerait le plus souvent à l'impuissance.

C'est aussi de ce point de vue élevé que Domat (1) envisage le contrat de société. « L'origine de cette espèce de liaison, dit-il, est la nature de certains ouvrages, de certains commerces, et d'autres affaires dont l'étendue demande l'union et l'application de plusieurs personnes. C'est ainsi qu'on fait des sociétés pour des manufactures, pour des commerces de marchandises, pour des fermes du roi ou des particuliers, et pour d'autres affaires de plusieurs natures, selon qu'elles demandent le concours du travail, de l'industrie, du soin, du crédit, de l'argent et d'autres secours de plusieurs personnes. Et l'usage de ces sortes de sociétés est de faciliter l'entreprise, l'ouvrage, le commerce ou autre affaire pour laquelle on entre en société, et de faire que chacun des associés retire de sa part contributoire, jointe au secours des autres, les profits et les autres avantages qu'aucun ne pourrait avoir de lui seul. »

4. D'ailleurs, la définition de nos articles donne, comme celle de Pothier, la notion exacte et complète du contrat de société, par l'indication des éléments essentiels qui le constituent et que nous aurons tout à l'heure à mettre en relief; par cela même elle est dans les conditions d'une bonne définition. Pourtant, quelques auteurs, n'y trouvant pas indiquée l'obligation ou la nécessité pour les associés *de supporter leur part dans les pertes,* lui reprochent de n'avoir pas fait ressortir l'un des traits importants et même caractéristiques du contrat (2). Nous ne saurions nous associer à ces critiques que, du reste, les rédacteurs de la loi ont prévues et dont ils ont voulu signaler par avance le peu de fondement. « Jusqu'ici, a dit l'orateur du Tribunat en présentant le vœu d'adoption au Corps législatif (3), la définition avait été moins précise. Les écrivains en jurisprudence y avaient ajouté parmi les objets de la société la *communication des pertes* (4). Il a paru

---

(1) Domat (*Lois civ.*, liv. I, tit. VIII *in princ.*).
(2) V. notamment M. Duvergier (*Contr. de soc.*, n° 13).
(3) Discours de M. Gillet (Locré, t. XIV, p. 550; Fenet, t. XIV, p. 405).
(4) Allusion à l'avis de Domat, qui, en effet, définit la société « une convention entre deux ou plusieurs personnes, par laquelle elles mettent en commun entre elles,

au Tribunat que le projet proposé était plus exact, lorsqu'il considérait cette communication *comme une simple condition du contrat, et non pas comme son but.* » Le rapporteur du Tribunat avait dit, dans le même sens : « On peut observer qu'elles (les parties) doivent aussi en supporter les pertes; mais comme très-certainement *elles ont principalement en vue d'obtenir et de partager des bénéfices,* il serait difficile de ne pas trouver la définition exacte. » (1) Ceci justifie pleinement la formule de la loi.

Ainsi, nous ne dirons plus avec Doneau que la communication de la perte n'est pas de l'essence du contrat (2), parce qu'en présence de l'art. 1855, dont nous donnons plus loin le commentaire, il est dans les nécessités mêmes du contrat de société, aujourd'hui, que la perte soit commune. Mais il restera toujours vrai de dire, avec les rédacteurs du Code, ce que Doneau, d'ailleurs, avait dit aussi de son côté, que la pensée dominante des parties, dans le contrat de société, celle qui imprime à la convention son cachet particulier, c'est la réalisation et le partage des bénéfices; que c'est là le but véritable du contrat, la communication de la perte n'en étant qu'une simple condition. Dès lors, en énonçant l'obtention et le partage des bénéfices comme objet ou but du contrat de société, les rédacteurs du Code ont été dans la stricte vérité, puisqu'il est bien certain que les parties ne s'associent que dans la vue de faire des bénéfices. Et, d'un autre côté, en s'en tenant à cette énonciation sans mentionner la répartition des pertes, ils ont cependant donné une définition exacte et même complète, puisque les bénéfices ne pouvant s'entendre que de ce qui reste toutes pertes déduites, il est bien évident que parler du partage des bénéfices, c'est par cela même indiquer nécessairement, quoique implicitement, la répartition préalable des pertes (3). Il y a là un sous-entendu, non une lacune; et, le dirons-nous même? loin de blâmer le législateur, il faut le louer de n'avoir pas été plus explicite : car formuler, dans la définition du contrat de société, la répartition de la perte ou du dommage et la mettre sur le même rang que la distribution ou le partage des profits, c'eût été embrasser dans cette définition certaines associations, par exemple les compagnies d'assurance mutuelle, qui pourtant et précisément parce qu'elles excluent l'idée de bénéfices et ne sont formées que pour réparer ou amoindrir les pertes auxquelles les associés sont exposés, ne peuvent pas être considérées comme constituant des sociétés véritables (*infrà,* n° 71).

Maintenons donc la définition du contrat telle qu'elle est donnée par la loi, et répétons, d'après l'art. 1832, que la société est un contrat par lequel plusieurs personnes conviennent de mettre quelque

ou tous leurs biens, ou une partie, ou quelque commerce, quelque ouvrage, ou quelque autre affaire, pour partager tout ce qu'elles pourront avoir de gain, ou *souffrir la perte* de ce qu'elles auraient mis en société. » (*Lois civ.,* loc. cit., sect. 1, n° 1.)

(1) Rapport de M. Boutteville (Locré, t. XIV, p. 532; Fenet, t. XIV, p. 41).
(2) Doneau (*Comm.,* lib. XIII, c. xv, n° 7).
(3) V. M. Troplong (*Soc.,* n° 18).

chose en commun dans la vue de partager le bénéfice qui en pourra résulter.

5. Le contrat de société ainsi défini, il en faut déterminer la nature et les éléments essentiels; c'est l'objet même du commentaire des articles 1832 et 1833. Mais nous avons à présenter, à cet égard, des développements dont, à raison même de leur étendue, nous voulons avant tout tracer le cercle.

La société est un *contrat,* dit l'art. 1832 : donc il importe de rapprocher tout d'abord ce contrat des dispositions préliminaires du titre consacré par les rédacteurs du Code Napoléon aux contrats ou obligations conventionnelles; et puis il y a lieu de voir comment ce contrat reçoit l'application des règles du droit commun sur la validité des contrats en général. Ainsi, la première partie de nos observations aura pour objet de rechercher quelles sont, parmi les définitions contenues dans les art. 1102 à 1107 du Code Napoléon, celles qui conviennent au contrat de société; la seconde sera consacrée à nous expliquer sur l'application à ce contrat des règles écrites dans les art. 1108 et suivants, touchant le consentement, la capacité de contracter, l'objet et la cause licite dans l'obligation.

Après cela, pénétrant plus avant dans le sujet, nous aurons à envisager le contrat de société dans son caractère de contrat spécial ayant sa dénomination propre, et dès lors comme contrat soumis, quant à sa formation et à sa validité, non pas seulement aux principes du droit commun qui régissent les conventions en général, mais encore à certaines conditions particulières et qui sont de son essence : la troisième partie de nos observations aura ainsi pour objet ce point important, dans lequel nous aurons à traiter de la nécessité d'*un apport réciproque,* et de la mise des apports *en commun en vue d'un bénéfice à partager.*

Ces points établis, la notion du contrat de société devra s'en dégager; mais pour préciser mieux encore, nous rapprocherons le contrat de conventions particulières avec lesquelles il a certains points de contact, et nous montrerons comment et par quels caractères il en est cependant complétement distinct : ce sera la quatrième partie de nos observations.

Et puis, quand nous aurons ainsi étudié tous les éléments du contrat de société pris dans son ensemble, nous compléterons nos observations en envisageant la société : 1° dans son objet, ce qui nous amènera à diviser les sociétés en civiles et commerciales, et à préciser les traits auxquels on peut les reconnaître et les distinguer les unes des autres; 2° dans son organisation même, ce qui nous conduira à rechercher si la convention qui établit une société soit civile, soit commerciale, donne naissance à un être moral, à une personne distincte de celle des associés.

II. — 6. Au début même du titre consacré aux contrats ou obligations conventionnelles en général, les rédacteurs du Code Napoléon ont fait une division des contrats considérés au point de vue soit de l'obligation ou des obligations qu'ils produisent, soit de l'intérêt ou de l'utilité qu'ils ont pour les parties contractantes. Au point de vue des obligations, les contrats sont soit *synallagmatiques* ou *bilatéraux,* soit *unilatéraux* (art. 1102 et 1103). Au point de vue de l'intérêt ou de l'utilité, ils sont *à titre onéreux* (art. 1106), *commutatifs* ou *aléatoires* (art. 1104), de *bienfaisance* (art. 1105).

Sans parler de la division des contrats en nommés et innomés (art. 1107), ni de la division en contrats *bonœ fidei* et *stricti juris,* laquelle paraît supprimée aujourd'hui (art. 1134 et 1135), les contrats peuvent encore être divisés en *principaux* et *accessoires,* selon qu'ils existent par eux-mêmes ou ont pour but d'assurer l'exécution d'un autre contrat, et en *consensuels, solennels* ou *réels,* suivant qu'ils n'exigent pour leur perfection que le consentement des parties, ou qu'il faut, outre le consentement, soit la tradition de la chose qui fait l'objet du contrat, soit l'accomplissement de certaines formalités.

Ces points rappelés, voyons, en reprenant ces divisions, comment il convient de classer le contrat de société.

7. Et d'abord, il est *consensuel,* c'est-à-dire que le simple accord des parties suffit à la perfection du contrat : la convention seule, sans autre condition, est obligatoire. L'art. 1834 dit pourtant que toutes sociétés doivent être rédigées par écrit, lorsque leur objet est d'une valeur de plus de cent cinquante francs. Mais, en ceci, la loi, comme nous l'expliquerons dans le commentaire de cet article (*infrà,* n°s 125 et suiv.), a en vue la question de preuve, et nullement la formation du contrat qui, encore une fois, s'établit par le seul consentement, indépendamment de toute écriture. Sous ce rapport, la société rentre dans les termes du droit commun en matière de contrats, la règle de notre droit étant que les contrats en général sont *consensuels,* sauf ceux qui, comme la donation, l'hypothèque, l'adoption, les conventions matrimoniales, sont l'objet spécial d'une exception d'après laquelle ils ne sont civilement obligatoires qu'autant que le consentement des parties se manifeste en la forme déterminée par la loi.

Dans le droit romain, où le principe contraire dominait, et où par conséquent les contrats étaient *solennels,* sauf ceux qui exceptionnellement étaient déclarés *consensuels,* la société précisément constituait l'un des rares contrats auxquels l'exception était appliquée. Le contrat de société était donc consensuel, et c'était là un point d'une grande importance, en ce qu'il s'y rattachait une particularité digne de remarque sur le mode de communication des apports entre associés, sur la transmission réciproque de la propriété qui, selon l'expression d'Ulpien, s'opérait *continuò*. « In societate omnium bonorum omnes res, quæ » coëuntium sunt, *continuò* communicantur. » (L. 1, § 1, ff. *Pro socio.*) Nous retrouvons dans notre législation le double effet de la convention, du simple accord des parties : il lie et il transfère la propriété ; seulement, ce qui était à Rome une particularité du contrat de société n'est plus, dans nos principes, qu'une application du droit commun (C. Nap., art. 711 et 1138). — Toutefois, nous aurons à voir, quand nous nous occuperons des engagements des associés entre eux et à l'égard des tiers, et spécialement dans le commentaire des art. 1845 et suivants, en quel sens et dans quelle mesure les principes à cet égard ont pu être modifiés par la loi du 23 mars 1855 sur la transcription.

Ce qui précède, rigoureusement applicable aux sociétés civiles, doit-il être dit des sociétés commerciales autres que les associations en participation? Il y a certainement, par rapport à ces sociétés, des règles plus étroites en ce qui concerne la preuve par écrit. Nous verrons dans notre troisième partie, où nous rencontrerons les dispositions que la loi du 24 juillet 1867 a substituées aux art. 42 et suivants du Code de commerce, si l'écrit est indispensable à la perfection même du contrat.

8. Lorsque les contractants s'obligent réciproquement les uns envers les autres, ou, en d'autres termes, lorsque chacun des contractants devient en même temps créancier et débiteur, le contrat est dit *synallagmatique* ou *bilatéral* (C. Nap., art. 1102), par opposition au contrat *unilatéral*, par l'effet duquel un ou plusieurs des contractants seulement sont obligés envers les autres sans qu'il y ait d'engagement de la part de ces derniers (art. 1103). Quel est de ces deux caractères celui qui appartient au contrat de société? Ce point a son intérêt et sa grande importance pratique. Ainsi, le contrat formé entre les associés doit-il être considéré comme synallagmatique ou bilatéral, il en résultera, d'une part, en ce qui touche la preuve, que les parties, si leur convention est constatée par acte sous seing privé, ne pourront l'établir qu'autant qu'elles auront observé les prescriptions de l'art. 1325 du Code Napoléon; d'une autre part, en ce qui touche la dissolution de la société, que faute par l'une d'elles de satisfaire à ses engagements, les autres pourront se prévaloir de la condition résolutoire posée en principe dans l'art. 1184 du Code Napoléon et rappelée, pour un cas spécial, dans l'art. 1871 ci-après commenté. Au contraire, le contrat doit-il être considéré comme simplement *unilatéral*, l'art. 1325 n'est pas applicable, et l'art. 1184 ne l'est pas non plus en principe. — Or, il est certain que la société oblige réciproquement dès sa formation tous les contractants les uns envers les autres (1); elle a même ceci de particulier que l'obligation de chacun, au lieu d'être exécutée immédiatement et définitivement, subsiste et se prolonge tant que dure la société, en sorte qu'il y a là une succession de devoirs réciproques qui font de ce contrat comme la source constante d'obligations persistantes : il est donc essentiellement *synallagmatique* ou *bilatéral*. Aussi la Cour de Douai, supposant à juste titre que les engagements réciproques des associés sont cause les uns des autres, a-t-elle décidé que lorsqu'un jugement annulant une société sur la demande formée par l'un des associés contre quelques-uns de ses coassociés seulement se trouve, eu égard à l'indivisibilité de la société, ne pouvoir être opposé aux autres, la société continue à l'égard de tous (2).

_____

(1) Req., 8 nov. 1830 (Dall., 30, 1, 391; *J. Pal.*, 1830, p. 818).
(2) Douai, 12 fév. 1848 (S.-V., 49, 2, 670; Dall., 50, 2, 8; *J. Pal.*, 1850, t. I, p. 284).

9. Par cela même qu'il est synallagmatique, le contrat de société est à *titre onéreux* ou intéressé, et non de bienfaisance. Et en effet, ainsi que l'indique l'art. 1833, dont nous allons bientôt préciser la portée sous ce rapport (*infrà*, nos 59 et suiv.), aucune des parties n'est affranchie de la nécessité de faire ou de donner quelque chose. Il se peut que par la volonté des parties et dans la réalité le contrat serve, pour ainsi dire, d'instrument à une libéralité : l'art. 854, au titre des *Successions,* le laisse entrevoir, et l'art. 1840, dans notre titre même, le suppose ; seulement, l'acte, dans ce cas, n'a de la société que le nom, et il convient alors de dire, avec Ulpien : *Donationis causâ societas rectè non contrahitur* (l. 5, § 2, ff. *Pro socio*). Néanmoins, le contrat peut être mêlé de donation sans perdre le caractère de contrat à titre onéreux qui lui est propre : c'est ce qui arrive lorsque, en vertu des stipulations qui règlent la distribution des bénéfices, l'un des associés se trouve avantagé, par exemple, en ce qu'ayant fait un apport moindre que celui de son coassocié, il est admis cependant à partager par égales portions. Mais le contrat n'est pas absolument *désintéressé* même de la part de celui des associés qui fait un avantage à l'autre ; et bien que l'idée de donation ou de libéralité s'y mêle dans une certaine mesure, il n'en reste pas moins un contrat à titre onéreux dans son principe (1).

10. Enfin, en considérant la division des contrats en *principaux* et *accessoires,* division omise par les rédacteurs du Code Napoléon, quoique mentionnée par Pothier dans son Traité des obligations (n° 14), nous qualifions la société de contrat *principal*. En effet, les contrats principaux sont ceux qui interviennent principalement et pour eux-mêmes, tandis que les contrats accessoires sont ceux qui interviennent pour assurer l'exécution d'un autre contrat dont la préexistence est nécessaire et donne au contrat accessoire sa raison d'être. Or toute vraie société subsiste par sa seule force, sans avoir besoin d'un appui étranger. Donc la société est bien un contrat principal ; et c'est l'un des côtés par lesquels elle se distingue de la communauté de biens qui peut s'établir ou être établie entre époux. Nous aurons bientôt à revenir sur les différences notables qui séparent la communauté conjugale du contrat de société (*infrà*, n° 83) ; mais pour ne pas sortir, quant à présent, de l'ordre d'idées dans lequel nous sommes placé, nous nous bornons ici à constater que l'existence de la communauté a pour condition nécessaire la célébration même du mariage, ce qui en fait une convention accessoire, à la différence de la société qui, existant par elle-même et indépendamment de toute autre convention, constitue un *contrat principal*.

Et, à ce propos, il convient sinon de rectifier, au moins de préciser une observation de Pardessus. En se proposant de caractériser le contrat de société, il enseigne que ce contrat peut être regardé comme d'un genre en quelque sorte *accessoire,* en ce sens que des opérations de toute espèce peuvent être faites en société, sans que ces opérations

_____

(1) V. Pothier (*Contr. de soc.*, n° 17).

changent de caractère et que les règles qui leur sont propres soient modifiées (1). L'observation est exacte au fond. L'importance considérable du contrat dont nous nous occupons consiste, en effet, à servir d'instrument pour la réalisation d'un but. On s'associe pour agir ensemble avec une puissance que ne saurait avoir l'action individuelle ; en sorte que tous les actes juridiques que chaque personne fait ou est capable de faire, ventes, achats, louages, échanges, etc., la société peut les accomplir suivant les nécessités de son objet, sans que leur caractère, leur nature et les règles qui leur sont propres en soient modifiés. Mais ceci ne touche pas à la division des contrats en principaux et accessoires : s'il est vrai, dans la réalité des choses, qu'on s'associe non pas uniquement pour s'associer, mais pour agir avec plus de puissance dans un but déterminé, il n'en est pas moins certain, au point de vue juridique, que le contrat de société reste avec son caractère de contrat *principal,* puisque la société est formée non point pour assurer l'exécution de contrats préexistants, mais pour accomplir elle-même les opérations et les actes auxquels sa propre action doit donner l'existence.

11. Nous croyons inutile d'ajouter, avec quelques auteurs (2), que la société est un contrat de *bonne foi.* L'expression permettrait de conclure à l'existence de conventions non de mauvaise foi, mais de droit strict, *stricti juris,* ce qui serait assurément un anachronisme juridique. La division en contrats *bonæ fidei* et *stricti juris* avait son grand intérêt dans la législation romaine ; mais elle n'était plus suivie déjà dans notre ancien droit français (3), et aujourd'hui sa suppression résulte nettement des art. 1134 et 1135 du Code Napoléon. — Que si la qualification a pour objet de dire que la convention de société doit être exécutée de bonne foi, elle est surabondante ; car c'est là, dans notre droit actuel (art. 1134, § 3), comme c'était dans l'ancien droit français, une règle commune à toutes les conventions légalement formées. Aussi Pothier, qui a pris soin de rechercher à quelle classe de contrats il convient de rapporter la société, n'a-t-il eu garde de la qualifier contrat de bonne foi (4).

12. Mais Pothier (5), et après lui plusieurs auteurs modernes (6), rangent la société parmi les contrats *commutatifs,* en ce que, disent-ils, « chacune des parties contractantes entend recevoir autant qu'elle donne. » On va même jusqu'à dire que le contrat est tout à la fois *commutatif* et *aléatoire* (7). Cette division n'a plus l'importance qu'elle avait dans l'ancien droit, où tous les contrats à titre onéreux ayant des immeubles pour objet étaient ou non rescindables pour cause de lésion,

(1) Pardessus (*Cours de droit comm.*, 6e édit., t. III, no 966).
(2) V. MM. Bravard (*Man. de droit comm.*, p. 43) ; Rivière (*Rép. écrit. sur le Code de comm.*, p. 53).
(3) Pothier (*Oblig.*, no 9).
(4) Pothier (*Contr. de soc.*, nos 4 et suiv.).
(5) Pothier (*ibid.*, no 7).
(6) MM. Duranton (t. XVII, no 324) ; Molinier (*Tr. de droit comm.*, no 230) ; Bravard (p. 43).
(7) M. Bravard (*loc. cit.*).

suivant qu'ils étaient commutatifs ou aléatoires : nous ne voulons donc pas y insister. Mais nous croyons à propos de dire que le contrat de société n'est ni *commutatif*, ni surtout *aléatoire*, au moins dans les conditions et dans les termes précisés par l'art. 1104 du Code Napoléon.

En recherchant la pensée de cet article, on reconnaît que le législateur a eu en vue les parties contractantes qu'il met en opposition. Dans l'un des cas prévus, chacune d'elles donne à l'autre et reçoit de celle-ci l'équivalent de ce qu'elle a donné; c'est, pour ainsi dire, un déplacement de valeur. Ainsi, dans un contrat de vente, le vendeur donne à l'acquéreur la chose vendue et reçoit de lui le prix, qui est l'équivalent de cette chose, et de son côté l'acquéreur donne le prix au vendeur et reçoit de celui-ci la chose vendue, qui est l'équivalent du prix : voilà le contrat commutatif. Dans l'autre cas prévu, quand le contrat est *aléatoire*, la loi suppose qu'il existe pour l'une et l'autre des parties contractantes, comme équivalent de ce qu'elle a fourni, une chance de gain ou de perte subordonnée à un événement incertain, de sorte que, à la réalisation de cet événement, si l'une gagne, l'autre perd, sans que jamais les deux parties puissent à la fois ou perdre ou gagner. Ainsi, dans un contrat de constitution de rente viagère, il y a deux parties dont l'une donne à l'autre un capital, 50 000 francs, par exemple, moyennant un intérêt, dans l'espèce 5 000 francs, qui lui sera payé chaque année sa vie durant; il y a là une éventualité, et s'il se trouve qu'à la réalisation de l'événement incertain il y ait bénéfice au profit de l'une des parties contractantes, c'est aux dépens de l'autre que ce bénéfice sera réalisé : voilà le contrat aléatoire.

Or il n'y a rien de cela dans le contrat de société. Chacun des associés entend bien recevoir l'équivalent de ce qu'il donne; mais il ne le reçoit pas de son associé, qui peut-être a apporté ou beaucoup plus, ou beaucoup moins; et s'il retire l'équivalent de sa mise, c'est en bénéfices *produits* par un fonds commun à la formation duquel sa propre mise a concouru comme celle de son associé. D'un autre côté, ces bénéfices ne sont pas assurés; mais enfin, le cas échéant où l'association en réalise, l'un des associés ne les obtient pas du moins aux dépens de l'autre : le sort des associés est commun, et jamais différent; ou ils gagnent l'un et l'autre, ou ils perdent tous deux (1). Rien de ceci, on le voit, ne rentre précisément dans les définitions de l'art. 1104 du Code Napoléon.

13. En résumé, donc, le contrat de société, contrat principal et non accessoire, est consensuel, essentiellement synallagmatique ou bilatéral, et à titre onéreux, bien qu'il puisse être mêlé de donation. Parmi les qualifications énumérées par les art. 1102 et suivants du Code Napo-

---

(1) Cette appréciation trouve sa confirmation dans un arrêt duquel il résulte que le versement dans une maison de commerce d'une somme remboursable à une époque déterminée constitue un prêt et non une association, encore bien qu'il ait été stipulé que le bailleur de fonds recevrait, pour lui tenir lieu des intérêts de la somme, une partie des bénéfices à réaliser, cette stipulation étant purement aléatoire et ne pouvant pas changer la nature du contrat. Bordeaux, 3 juill. 1860 (*J. Pal.*, 1861, p. 745; Dall., 61, 5, 458; S.-V., 61, 2, 190).

léon, ce sont celles qui lui conviennent; et sans insister davantage sur cette première partie de nos observations, nous allons rechercher comment et dans quelle mesure les règles du droit commun sur la validité des contrats en général s'appliquent à la société.

III. — 14. D'après le droit commun, quatre conditions sont essentielles pour la validité d'une convention : le consentement de la partie qui s'oblige, la capacité de contracter, un objet certain qui forme la matière de l'engagement, et une cause licite dans l'obligation; ce sont les termes de l'art. 1108 du Code Napoléon. Si le législateur, en exprimant en tête de notre art. 1833 que « toute société doit avoir un objet licite », rappelle l'une de ces conditions pour le contrat de société, ce n'est pas assurément pour exclure les autres. Considérée comme contrat, la société est soumise à un principe qui régit les contrats en général; elle ne saurait donc valoir que par le concours non-seulement des conditions spéciales qui peuvent lui être propres et que nous aurons bientôt à préciser (V. *infrà,* n°s 58 et suiv.), mais encore de celles que le droit commun déclare essentielles pour la validité de tous les contrats (1). Ainsi on peut dire que la mention, dans l'art. 1833, de la condition relative à l'objet ou à la cause licite, est surabondante, et qu'en rappelant cette condition, l'art. 1833 ne fait que reproduire et confirmer, pour la société, l'une des dispositions de l'art. 1108 touchant les conditions essentielles pour la validité d'une convention; par cela même, il faut conclure que le silence observé en ce qui concerne les autres conditions dans les dispositions de la loi sur la société n'en laisse pas moins ce contrat sous l'application de ce dernier article. Le consentement, la capacité, l'objet certain, y sont nécessaires non moins que la cause licite. — Reprenons chacune de ces conditions en particulier.

IV. — 15. La société étant, comme tous les contrats, le résultat de l'accord des personnes entre lesquelles elle se forme, il est de toute évidence qu'à défaut de consentement des parties ou de l'une d'elles, il n'y a pas de société. C'est là un point qu'il suffit d'énoncer. La Cour de Paris a eu à faire l'application de la règle dans une affaire qui n'a pas été sans quelque retentissement. Un habitant de la Charente, momentanément à Paris, y avait pris l'engagement de donner des soins à une entreprise qu'il croyait sérieuse; il avait apposé sa signature au bas d'une feuille de papier timbré dont la partie supérieure lui avait été cachée. De retour à Angoulême, lieu de sa résidence habituelle, le signataire confiant se trouvait engagé à son insu dans une société dont à peu près toutes les clauses onéreuses étaient à sa charge, car celui qui lui avait surpris une sorte de blanc seing s'était empressé de le remplir dans ce sens et avait fait chez un notaire le dépôt de l'acte de société par lui supposé. Mais cet acte ne soutint pas les regards de la justice, et bien qu'il eût l'apparence extérieure et intrinsèque d'un acte de société, la nullité en fut prononcée non pas seulement entre les associés prétendus, en ce que toutes les clauses donnaient à la convention le caractère d'une

_____

(1) Discours de M. Gillet (Locré, t. XIV, p. 549; Fenet, t. XIV, p. 419).

société léonine (V. *infrà*, n° 70), mais encore vis-à-vis des tiers et en ce que l'acte avait été fait sans le consentement de l'associé prétendu auquel il était opposé (1).

16. Du reste, le consentement n'en serait pas moins valable pour avoir été donné non point par les parties elles-mêmes intervenant personnellement à l'acte de formation de la société, mais par un mandataire ayant pouvoir d'agir en leur nom. Seulement nous ne tiendrions la convention pour obligatoire, en ce cas, qu'autant que le mandataire aurait été investi d'un pouvoir *exprès* à l'effet de constituer une société. Nous trouvons cependant un arrêt qui a maintenu, comme établie sur un consentement suffisant, une société à la formation de laquelle l'un des associés avait concouru par un mandataire dont le mandat ne portait pas le pouvoir spécial et exprès de former une société. Mais la décision peut s'expliquer par les circonstances de la cause, et, dans une certaine mesure, par les termes mêmes du mandat. En fait, un négociant ayant éprouvé du dérangement dans ses affaires, ses créanciers, dont le gage était en péril, se réunirent pour éviter une liquidation désastreuse, et convinrent que ce qui restait à leur débiteur formerait le capital d'une société en commandite dont il serait le gérant. L'un des créanciers était représenté par un mandataire général, qui, ayant mandat non-seulement de traiter, mais encore de *composer et transiger*, c'est-à-dire incontestablement de faire acte de disposition, et, en outre, *de prendre tous arrangements* en cas de faillite du débiteur, crut pouvoir adhérer à l'acte de société au nom de son mandant. En de telles circonstances, l'acte du mandataire devait-il être maintenu malgré le désaveu du mandant ? La procuration donnée dans les termes qui viennent d'être indiqués pouvait-elle être considérée comme impliquant le droit de contracter une société, quand, après tout, la formation de la société n'avait été qu'un moyen pour arriver à la composition ou à la transaction que le mandataire était expressément autorisé à consentir au nom du mandant ? Les juges du fond se sont prononcés pour l'affirmative et ont obtenu l'assentiment de la Cour suprême, à laquelle leur arrêt a été vainement déféré (2).

Mais si l'on peut accepter la décision en raison des circonstances particulières dans lesquelles elle est intervenue, il faut dire au moins qu'elle ne saurait tirer à conséquence. Plaçons-nous dans le cas où, au lieu d'une société convenue dans une pensée de conservation, c'est-à-dire d'un acte en quelque sorte nécessaire, il s'agit d'une société librement formée en vue d'une affaire ou d'une opération déterminée, et il sera vrai de dire que le consentement ne pourra être donné utilement par mandataire qu'à la condition d'être donné en vertu ou en exécution d'un mandat exprès. Le mandat conçu même dans les termes les plus généraux ne saurait y suffire : un tel mandat, en principe, embrasse

____

(1) Paris, 7 fév. 1824 (S.-V., Coll. nouv., t. VII, part. 2, p. 316; Dalloz, *Rép.*, v° Désaveu, n° 15).

(2) Rej., 4 janv. 1843 (*J. Pal.*, à sa date; Dall., *Rép.*, v° Mandat, n° 104; S.-V., 43, 1, 144).

seulement les actes d'administration ; il faut un mandat exprès dès qu'il s'agit d'aliéner, d'hypothéquer, ou de faire tout autre acte de propriété (C. Nap., art. 1988). Or, constituer une société implique bien un de ces actes de propriété auxquels ne sauraient s'étendre les agissements d'un mandataire dépourvu du mandat exprès dont parle cet article (1).

17. De même que le consentement peut être donné par un mandataire agissant pour les parties et en leur nom, de même on peut stipuler pour des associés absents au contrat, à leur insu et sans pouvoirs de leur part, en se portant fort pour eux. Mais il y a une différence notable entre les deux positions : dans le premier cas, le mandant est censé avoir contracté lui-même et se trouve engagé dans les liens dé la société à l'instant où le mandataire, en tant qu'il n'a pas excédé le mandat, a parlé en son nom ; au contraire, dans le second cas, l'absence de pouvoirs en la personne qui a traité rend nécessaire une ratification de la part de ceux pour qui elle a stipulé, en sorte que le consentement n'existe et, partant, que la société ne prend naissance, quant à eux, que par cette ratification et quand elle intervient. On peut invoquer à l'appui de ceci les motifs d'un arrêt sur lequel nous aurons à revenir, en commentant la loi du 24 juillet 1867, art. 55 et suivants, dans notre troisième partie, mais dont nous prendrons ici les circonstances qui touchent au point qui nous occupe. Il s'agissait de liquider, entre un père et ses enfants, la communauté et la succession de leur épouse et mère ; il dépendait de ces communauté et succession un établissement industriel reconnu impartageable ; et comme aucun des ayants droit ne pouvait le reprendre pour la part qui lui revenait, ils convinrent de le mettre en société. En effet, une société par actions fut établie par acte notarié dans lequel le père stipulait seul, mais en promettant le fait de ses enfants dont il se portait fort. L'acte fut immédiatement déposé et publié en exécution des prescriptions de la loi ; mais la ratification des enfants n'intervint qu'après l'accomplissement de ces formalités, et ne reçut pas ultérieurement une publicité nouvelle. En cet état de choses, l'immeuble mis en société a été successivement grevé de deux hypothèques, l'une inscrite en juillet 1839, pour sûreté d'un crédit ouvert au père et aux enfants en leur nom personnel ; l'autre, inscrite au mois d'octobre suivant, pour assurer le payement de dettes contractées non plus par le père et les enfants en leur nom personnel, mais par la société. Plus tard, l'immeuble ayant été vendu sur saisie, les deux créanciers inscrits se sont trouvés en présence dans l'ordre ouvert sur le prix. Chacun d'eux prétendait également au premier rang : l'un invoquait la date même de son inscription ; l'autre soute-

(1) Aussi a-t-il été décidé que les associés liquidateurs d'une société dissoute, chargés de vendre ou d'échanger les immeubles sociaux dont le produit doit être partagé entre tous les associés dans des proportions déterminées, ne peuvent constituer une société nouvelle pour l'exploitation de ces immeubles sans le concours des autres associés, cette constitution d'une société nouvelle excédant les pouvoirs des liquidateurs. Req., 20 mars 1860 (*J. Pal.*, 1861, p. 605 ; Dall., 60, 1, 398 ; S.-V., 61, 1, 61).

naît que la première hypothèque avait été concédée *par le père et les enfants* quand l'immeuble, déjà sorti de leur patrimoine personnel, était entré dans celui de la société; que dès lors elle était nulle, et ne pouvait produire aucun effet au préjudice de ceux qui, *ayant traité avec la société,* étaient des créanciers sociaux. Mais cette dernière prétention a été rejetée. La Cour de Metz, et après elle la Cour de cassation, ont considéré que l'acte de société dans lequel un des associés a stipulé pour des coassociés absents, sans présenter leurs pouvoirs, mais en se portant fort pour eux, ne constitue réellement la société que lorsque la ratification a été donnée; que, jusque-là, la société n'a qu'une existence incertaine, subordonnée qu'elle est à un consentement qui peut être donné ou ne pas l'être, et que tant que ce consentement n'est pas intervenu, le dépôt et la publication de société, en exécution des prescriptions de la loi, n'ajoutent aucune force à cet acte, et le laissent dans l'état d'imperfection où il s'est trouvé au moment de sa confection (1).

Nous aurons à revenir sur le point même qui était en discussion, et qui a été résolu par cet arrêt dont le dispositif statue sur une question de publicité *intéressant les tiers.* Quant à présent, nous nous en tenons aux motifs qui, en s'expliquant occasionnellement sur le consentement considéré comme condition essentielle de la formation du contrat entre les associés, confirment pleinement nos observations et nous permettent de conclure que, si le contrat peut être formé au nom d'associés non comparants et pour lesquels on se porte fort, à défaut de pouvoirs de leur part, ces associés du moins ne peuvent être tenus pour engagés qu'autant qu'ils ratifient et seulement à partir de la ratification, qui, en ce qui les concerne, est l'acte par lequel ils manifestent leur consentement.

18. Mais en toute hypothèse, soit que les associés aient consenti par eux-mêmes, soit qu'ils aient été représentés par un mandataire ou engagés par une personne qui a promis de faire ratifier, le consentement n'est valable et obligatoire qu'autant qu'il n'a pas été donné par erreur, extorqué par violence ou surpris par dol (C. Nap., art. 1109). De tels vices, s'ils ne détruisent pas le consentement d'une manière complète, le rendent au moins imparfait; et lorsqu'ils existent, la convention de société est sinon nulle de plein droit, au moins annulable, pourvu que l'action en nullité ouverte par la loi ne soit pas éteinte par la prescription (C. Nap., art. 1304).

Ici, nous avons quelques points à préciser tant sur l'erreur que sur le dol considérés comme causes susceptibles de faire annuler la convention.

19. Quant à l'erreur, remarquons qu'elle ne vicie le consentement que lorsqu'elle tombe sur la substance même de la chose qui est l'ob-

---

(1) Req., 4 août 1847 (S.-V., 47, 1, 649; Dall., 47, 1, 309; *J. Pal.*, 1847, t. II, p. 567). V. aussi MM. Alauzet (*Comment. du Code de comm.*, t. I, nº 79); Larombière (*Oblig.*, art. 1120, nº 7). *Comp.* Req., 10 juill. 1850 (S.-V., 51, 1, 122; *J. Pal.*, 1851, t. II, p. 296; Dall., 50, 1, 323).

jet du contrat (C. Nap., art. 1110). Aussi la Cour de Rouen a-t-elle décidé à juste titre, par deux arrêts vainement déférés à la censure de la Cour de cassation, que l'erreur portant sur la forme de la société est sans influence sur la validité de la convention (1). Dans l'espèce, une société en commandite avait été formée pour l'achat et la vente de terrains. Le montant des versements faits par les sociétaires de partie du prix de leurs actions ayant été employé à solder des acquisitions importantes, le surplus du prix fut demandé par le gérant. C'est alors qu'il vint à la pensée de plusieurs actionnaires de provoquer la nullité de l'acte de société sous prétexte que leur consentement était entaché du vice d'erreur, en ce que l'achat et la revente des terrains constituaient une opération civile, et dès lors ne pouvaient faire l'objet d'une société commerciale. Mais comme en définitive les demandeurs ne s'étaient trompés ni en fait ni en droit sur la nature de l'acte qu'ils avaient entendu souscrire ; comme c'était bien en vue d'un acte de société que leur consentement avait été donné ; comme après tout l'erreur de droit par eux relevée, si tant est qu'elle eût existé, n'aurait affecté que la forme de l'acte, ou tout au plus quelques stipulations purement accessoires, et aurait laissé subsister dans toute sa force leur volonté sur l'objet même du contrat, il est vrai de dire que ce n'était pas là une erreur portant sur la substance même de la convention : les associés qui l'avaient consentie devaient donc être maintenus dans les liens de la société.

20. Il y a bien ceci à remarquer, que, dans le cas donné, si la société, établie comme société en commandite, venait à être déclarée société civile à raison de son objet (ce qui n'a pas été et n'a pas dû être jugé dans les espèces soumises à la Cour de Rouen), les associés, maintenus dans la société nonobstant leur erreur sur la forme du contrat, se trouveraient engagés désormais vis-à-vis des tiers, non plus comme commanditaires et jusqu'à concurrence de leur mise, mais dans les termes de l'art. 1863 du Code Napoléon, c'est-à-dire pour une part égale à celle des autres associés (V. *infrà* le commentaire de cet article). Néanmoins, même avec ce résultat que, du reste, nous ne croyons pas devoir mettre en question (2), l'erreur ne doit pas être considérée

---

(1) Rouen, 19 et 24 fév. 1840. Le pourvoi dirigé contre ces deux décisions a été rejeté par deux arrêts rendus à la même date. Rej., 9 juin 1841 (Dall., 40, 2, 137 ; 41, 1, 260, et *Rép.*, v° Société, n° 77). *Conf.* MM. Delangle (*Des Soc.*, n°ˢ 38 et 39) ; Bédarride (*eod.*, n° 122).

(2) M. Dalloz, en rapportant les arrêts de Rouen et de la Cour de cassation (V. *Rec. pér.*, loc. cit.), dit cependant : « Il est essentiel de remarquer qu'on n'a pas décidé en même temps que les associés se trouvaient désormais obligés d'après les règles relatives aux sociétés civiles. Et, en effet, nous ne pensons pas qu'on pût ainsi étendre leurs obligations, même à l'égard des tiers qui n'ont pu compter sur cette extension...» Mais par cela seul que la société est désormais une société civile, elle ne peut plus avoir que les effets propres aux sociétés civiles. On ne comprendrait pas comment, lorsqu'elle est déclarée telle, on pourrait la maintenir, quant à ses effets, sous l'empire de règles faites pour les sociétés commerciales. Et quant à cette idée que les tiers n'ont pas dû compter sur l'extension donnée aux obligations des associés, elle est contraire à la vérité des choses ; car la société étant civile par son objet, les tiers ont été naturellement amenés à penser que les associés étaient tenus dans les termes de l'article 1863 du Code Napoléon.

comme substantielle, par conséquent comme susceptible de vicier le consentement et de faire annuler la convention. Elle ne porte pas, en effet, sur la substance même de la chose qui était l'objet de la convention; car cette chose, c'était l'établissement d'une société, et c'est bien une société qui a été établie. Il n'y a toujours eu d'erreur que sur la forme ou le caractère de la société; si à cette erreur s'ajoute accessoirement celle qui porte sur les conséquences de l'obligation, ou, en d'autres termes, sur la mesure dans laquelle les associés supporteront la perte, on doit s'arrêter d'autant moins à cela et y voir une cause de nullité, que la perte n'entre pas dans les prévisions des associés au moment où ils s'associent, et que par conséquent on ne peut pas dire si la mesure des pertes auxquelles ils peuvent être exposés exerce une influence quelconque dans la détermination qu'ils prennent de s'associer (1).

21. Nous serions moins absolu si l'erreur portait sur la personne. Nous savons bien que dans les contrats à titre onéreux, où c'est généralement la chose elle-même bien plus que la personne des contractants qui est prise par eux en considération, l'erreur sur la personne n'est pas d'habitude une cause de nullité de l'obligation. Toutefois, lorsque le contrat a pour objet la formation d'une société, il en doit être autrement. En ce cas, la considération de la personne est le plus souvent décisive; on tient grand compte, nous ne dirons pas seulement des talents et de l'industrie de celui que l'on veut avoir pour associé (car l'erreur qui porterait sur ces qualités pourrait être assimilée à une erreur sur la substance même de la chose objet du contrat), mais encore de sa solvabilité, de ses habitudes, de son caractère même. Si donc, dirons-nous avec M. Delangle, « j'ai voulu contracter une société avec Paul, que recommandent tout à la fois son expérience et sa solvabilité; et si, par un concours de circonstances propres à égarer la prudence, j'ai traité avec un autre Paul, homme inconnu et sans crédit, je ne suis pas engagé, mon consentement est le résultat de l'erreur, et je puis, en la démontrant, me délier de mon obligation. » (2) Mais, comme nous l'avons fait pressentir, ceci ne doit pas être admis d'une manière absolue; et pour demeurer dans la vérité, nous ajouterons qu'il en sera ainsi seulement, d'abord, en ce qui concerne les sociétés civiles, et puis, relativement aux sociétés commerciales, pour celles où la considération de la personne est pour beaucoup dans la cause de la convention, c'est-à-dire les sociétés en nom collectif, et même les commandites en tant que l'erreur porterait sur la personne des gérants.

22. Il n'y a rien de particulier au contrat de société en ce qui touche la violence considérée comme vice du consentement susceptible de faire annuler la convention. On appliquera donc ici les art. 1111 à 1115 du Code Napoléon. Ainsi, si la violence exercée contre un associé,

_____

(1) *Conf.* M. Bédarride (*loc. cit.*, n° 123).
(2) V. M. Delangle (*Soc. comm.*, n° 42).

soit par ses coassociés, soit par des tiers, a été telle que, eu égard à l'âge, au sexe, à la condition de cet associé, elle a pu lui inspirer, au moment où il a consenti, la crainte d'exposer sa personne ou sa fortune, ou même la personne ou la fortune de son conjoint, de ses descendants ou de ses ascendants, à un mal considérable, le consentement sera regardé comme n'ayant pas été libre, et l'associé qui l'aura ainsi donné sera dégagé. Si la violence est jugée n'avoir pas eu ce caractère, le consentement aura sa valeur et ses effets ; l'associé sera maintenu dans les liens de la société.

23. Quant au dol, qu'il est presque impossible de définir à cause de la variété de ses aspects et de la diversité de ses formes, c'est surtout en matière de société qu'il importe de ne pas perdre de vue les termes mêmes de la loi. Le dol, d'après l'art. 1116 du Code Napoléon, est une cause de nullité de la convention, *lorsque les manœuvres pratiquées par l'une des parties* sont telles qu'il est évident que, sans ces manœuvres, *l'autre partie n'aurait pas contracté.* Ainsi, d'une part, le dol ne vicie le consentement qu'autant qu'il a été pratiqué *par la personne même avec qui on a contracté ;* cela résulte de ces expressions de l'article 1116 : « les manœuvres pratiquées *par l'une des parties.* » En cela, la loi se montre moins protectrice, et avec juste raison, dans le cas de dol, la victime ayant tout au moins à s'imputer d'avoir mal placé sa confiance, que dans le cas de violence, laquelle, ne pouvant être évitée par celui qui en est victime, vicie le consentement dès qu'elle existe, *fût-elle même le fait d'un tiers* (V. le numéro qui précède, et C. Nap., art. 1111). Si donc les manœuvres dont l'un des associés croirait avoir à se plaindre avaient été pratiquées sans la participation de ses coassociés, elles ne seraient pas, quelque caractérisées qu'elles fussent, susceptibles de faire annuler la convention : la société devrait être maintenue, sauf à l'associé victime du dol pratiqué par un tiers à se pourvoir en dommages-intérêts contre celui par qui il aurait été trompé (1).

24. D'une autre part, la condition même de ce vice du consentement est dans les *manœuvres de la partie,* c'est-à-dire dans des actes ou des faits empreints d'une véritable fraude. Ainsi, la loi ne tient pas pour un dol susceptible de faire annuler la convention le mensonge et la dissimulation, auxquels on a trop souvent recours pour exagérer les qualités ou cacher les défauts de la chose qui fait l'objet de la convention. Sans autoriser ces pratiques, qu'on ne saurait trop flétrir au nom de la bonne foi, la loi laisse aux contractants le soin de s'en défendre ; et comme il n'est que trop vrai que le succès en est dû habituellement à la légèreté, à l'imprudence ou à la cupidité de ceux-là mêmes qui en sont victimes, la loi n'admet pas qu'ils puissent se prévaloir de leur négligence ou de leur faute pour faire annuler le consentement par lequel ils se sont liés.

---

(1) Pothier (*Oblig.*, n° 32).

Cette doctrine a été mise en lumière par des auteurs tant anciens que modernes (1). Toutefois, son application à la matière des sociétés, où la spéculation emploie trop souvent le mensonge, sera d'une difficulté pratique que, avec toute leur intelligence et leur sagacité, les tribunaux ne parviendront pas toujours à surmonter. Quoi qu'il en soit, en toute hypothèse où un associé prétendra se dégager des liens de la société sous prétexte que son consentement aurait été surpris par dol, les juges auront à apprécier les faits constitutifs du dol allégué; et seulement dans le cas où ils reconnaîtraient que l'associé qui se plaint a été victime non point de son impéritie ou de ses propres passions, mais de l'habileté frauduleuse des coassociés avec lesquels il a traité, ils lui viendront en aide en le déliant de son engagement.

V. — 25. Après avoir parlé du consentement et des conditions dans lesquelles il doit se produire, nous arrivons à la capacité de contracter. La capacité étant aussi l'une des conditions essentielles de la validité des conventions en général (art. 1108), c'est bien en vain qu'une personne aurait consenti en toute liberté à entrer en société avec d'autres si elle manquait de la capacité de s'obliger ou de contracter : l'incapable pourrait toujours faire annuler, quant à lui, la société qu'il aurait formée. A ce point de droit se rattachent, tant pour les sociétés civiles que pour les sociétés commerciales, quelques difficultés particulières dont l'examen trouvera mieux sa place soit dans notre commentaire de l'art. 1840 du Code Napoléon (*infrà*, 2ᵉ partie), soit dans celui de l'art. 18 du Code de commerce (*infrà*, 3ᵉ partie). Nous nous en tiendrons, quant à présent, relativement à la capacité, à l'application des règles générales au contrat de société.

26. La capacité constitue le droit commun : c'est la règle générale; l'incapacité est l'exception. Ceci s'induit des termes mêmes de l'article 1123 du Code Napoléon, d'après lequel « toute personne peut contracter, si elle n'en est pas déclarée incapable. » Ainsi, toutes personnes peuvent former le contrat de société; celles-là seules ne le peuvent pas que la loi déclare incapables de contracter. Or les personnes déclarées incapables de contracter sont, suivant l'art. 1124 du Code Napoléon, « les mineurs, les interdits, les femmes mariées, dans les cas exprimés par la loi, et généralement tous ceux à qui la loi a interdit certains contrats. » Est-ce à dire que le contrat de société soit interdit d'une manière absolue à toutes ces personnes ? Non, sans doute : il y a des distinctions nombreuses et importantes à préciser.

27. Quant aux mineurs d'abord, ils sont absolument incapables de former un contrat de société. La convention qui interviendrait à cet égard entre un majeur et un mineur serait donc affectée d'un vice susceptible de la faire annuler. Nous ne disons pas qu'une telle convention serait absolument nulle, parce que la nullité résultant de l'incapacité est établie dans l'intérêt de l'incapable seulement, et que par suite il appartient à l'incapable seul, à l'exclusion de ceux avec lesquels il a

_____

(1) Pothier (*Oblig.*, n° 30); M. Delangle (*Soc. comm.*, nᵒˢ 44 et suiv.).

contracté, de s'en prévaloir et de la faire prononcer (C. Nap., art. 1125 et 1304). Néanmoins la nullité est radicale, en ce sens que si l'incapable la fait déclarer, elle détruit quant à lui la convention dans son principe et dans ses conséquences. Ainsi le contrat de société sera anéanti et les choses seront remises dans l'état où elles étaient avant la convention ; en sorte que, tandis que le mineur rendra d'un côté les choses qu'il aurait retirées de la société, en tant qu'elles lui auraient profité et n'auraient pas été par lui dissipées (C. Nap., art. 1312), d'un autre côté il reprendra toutes celles qu'il y aurait apportées ; et il les reprendra sans réserve, car son coassocié n'y a pu acquérir aucun droit.

28. Telle est la règle par rapport à la minorité proprement dite. Mais elle est moins absolue ou moins prohibitive quand la minorité se trouve modifiée par l'émancipation. Si le mineur émancipé n'a pas le droit d'agir sans l'assistance d'un curateur, ou l'autorisation du conseil de famille et l'homologation de la justice, lorsqu'il est question de recevoir un capital mobilier et d'en donner décharge, de procéder en justice relativement à des droits immobiliers, d'emprunter, de vendre ou d'aliéner ses immeubles, il a du moins un droit d'administration dans les limites duquel il lui est permis d'agir seul et de s'obliger ; il peut même s'engager par voie d'achats ou autrement, sauf le droit pour les tribunaux de réduire l'obligation en cas d'excès (C. Nap., art. 481 et suiv.). Or, dans cette position, le mineur émancipé ne pourra pas sans doute contracter toute espèce de société ; mais il ne lui sera pas interdit de participer au contrat de société d'une manière absolue. Ainsi, il serait incapable de contracter, sans les autorisations ou assistances indiquées par la loi, soit une société civile, soit une société commerciale en nom collectif, parce que de telles sociétés impliquent précisément les actes de disposition ou d'aliénation que le mineur émancipé n'a pas le droit de faire seul. Mais rien ne s'opposerait à ce qu'il prît un intérêt dans une société anonyme ou en commandite par actions. Seulement il faudra distinguer. Le mineur émancipé a-t-il employé ses capitaux à solder sa part d'intérêt, l'obligation pourra être réduite, et les tribunaux auront à prendre en considération la fortune du mineur, la bonne ou la mauvaise foi de ceux qui lui auront consenti la cession, l'utilité ou l'inutilité de la dépense (C. Nap., art. 484). Mais le mineur émancipé a-t-il satisfait à son obligation au moyen de ses revenus, l'obligation tiendra pour le tout, l'opération fût-elle mauvaise ; car c'est là un acte de pure administration, un acte, par conséquent, que le mineur émancipé est capable de faire seul, comme s'il était majeur, et contre lequel il n'est pas plus restituable que le majeur ne le serait lui-même (art. 481).

29. L'interdit est assimilé au mineur par la loi : le principe, posé en thèse générale dans l'art. 509 du Code Napoléon, reçoit une de ses applications dans l'art. 1124, qui place l'interdit à côté du mineur parmi les incapables de contracter. Donc le contrat de société qui aurait été fait avec un interdit serait entaché d'une nullité en tout semblable à celle qui affecterait un semblable contrat passé avec un mineur non

émancipé. Sous ce rapport, nous n'avons qu'à nous référer aux observations ci-dessus présentées (*suprà*, n° 27).

30. Mais sans insister autrement sur l'étendue de l'incapacité, nous avons à rechercher quelles personnes en sont atteintes. Le Code Napoléon parle des *interdits*, et par là il n'a réellement en vue que ceux qui se trouvent dans un état d'imbécillité, de démence ou de fureur judiciairement constaté. Est-ce à dire que l'incapacité ne doive pas s'étendre à d'autres personnes qui sont sinon dans la même situation, au moins dans une situation plus ou moins analogue? Non, sans doute.

D'une part, il faut mettre sur la même ligne que les interdits les personnes placées dans un établissement d'aliénés. L'art. 39 de la loi du 30 juin 1838 sur les aliénés dit positivement que les actes faits par ces personnes, pendant qu'elles auront été retenues dans l'établissement, sans que leur interdiction ait été prononcée ni provoquée, pourront être attaqués pour cause de démence, conformément à l'art. 1304 du Code Napoléon; et, par là, la loi suppose manifestement l'incapacité de ces personnes.

31. D'une autre part, indépendamment de l'interdiction *judiciaire* que le Code Napoléon a eu en vue dans les dispositions ci-dessus rappelées, il y a l'interdiction *légale* établie par l'art. 29 du Code pénal, que complète l'art. 2 de la loi du 31 mai-3 juin 1854 abolitive de la mort civile, contre quiconque est condamné à une peine afflictive perpétuelle, ou à celle des travaux forcés à temps, de la détention ou de la réclusion. Or cette interdiction, si elle diffère par sa cause de l'interdiction judiciaire, n'en diffère en aucune manière pour ses effets : elle pèse sur la personne et sur les biens de l'interdit; elle le prive donc de toute capacité civile en le dépouillant de l'administration de ses biens (1). Nous avons établi ce point, ailleurs (2), contre l'opinion d'auteurs, en assez grand nombre, dont les uns pensent que l'interdiction légale, en enlevant au condamné la gestion de sa fortune et la perception de ses revenus, lui laisse la capacité de s'engager, sauf que ses actes ne sont pas opposables au séquestre, et dont les autres estiment que si l'interdiction légale prive le condamné de l'exercice des droits civils qui peuvent être délégués, elle laisse subsister en tout ou en partie les droits exclusivement personnels. Nous maintenons, quant à nous, l'opinion émise *loc. cit.*; et partant, les effets de l'interdiction légale étant les mêmes que ceux de l'interdiction judiciaire, nous concluons que, par rapport au contrat de société, le condamné est atteint d'une incapacité, laquelle est perpétuelle ou temporaire, suivant que l'arrêt de condamnation le frappe d'une peine afflictive et perpétuelle, ou de celle des travaux forcés à temps, de la détention ou de la réclusion.

32. Après les interdits, l'art. 1124 mentionne les femmes mariées, qu'il déclare incapables de contracter *dans les cas exprimés par la loi.*

---

(1) Pau, 19 août 1850 (*J. Pal.*, 1852, t. II, p. 467; Dall., 51, 2, 5; S.-V., 50, 2, 587).

(2) V. notre *Traité-Commentaire des Priviléges et Hypothèques* (1re et 2e édit., t. I, n° 491, note 2).

Voyons donc quels sont les cas où une incapacité de contracter étant édictée par la loi, la femme mariée ne pourrait, par cela même, s'engager valablement par une convention de société.

En thèse générale, la femme mariée, même quand elle est non commune ou séparée de biens, ne peut agir seule comme propriétaire : l'article 217 dit, en effet, qu'elle ne peut « donner, aliéner, hypothéquer, acquérir à titre gratuit ou onéreux, sans le concours du mari dans l'acte ou son consentement par écrit. » Ainsi l'incapacité de la femme n'est pas absolue en principe : la loi, en ne lui retirant le droit d'agir seule que par rapport aux actes de propriété, lui laisse par cela même la faculté de faire seule les actes de pure administration. D'après cela, on pourrait dire de la femme mariée que si elle ne peut, à moins d'y être autorisée par son mari, s'engager dans les liens d'une société soit civile, soit commerciale en nom collectif, à cause de l'obligation indéfinie qui résulterait du contrat quant à sa personne et quant à ses biens, elle peut au moins prendre un intérêt dans une société anonyme ou en commandite par actions, en employant à l'acquisition d'actions les sommes dont elle aurait l'administration et la disposition.

Toutefois, ceci ne serait exact que par rapport à la femme séparée de biens. En état de séparation de biens, contractuelle ou judiciaire, la femme conserve ou reprend l'entière administration de sa fortune ; elle a, de plus, le droit de disposer sinon de ses immeubles, qu'elle ne peut jamais aliéner sans le consentement de son mari ou l'autorisation de la justice, au moins de son mobilier (C. Nap., art. 1449, 1536, 1538); elle est donc dans le cas de traiter, en ce qui concerne le contrat de société, dans les termes et dans la mesure que nous venons d'indiquer.

Mais son droit, à cet égard, est modifié en sens divers lorsque, au lieu d'être séparée de biens, elle s'est placée sous tel ou tel autre régime d'association conjugale.

Ainsi, la femme est-elle mariée sous le régime dotal, elle ne pourrait pas, même autorisée de son mari à former un contrat de société, faire entrer ses biens dotaux dans la société, à raison de l'inaliénabilité dont la dot est frappée. L'autorisation maritale lui permettrait seulement d'engager ses biens paraphernaux, en sorte qu'elle serait absolument vaine si la femme ne possédait pas de biens en dehors de ceux qu'atteindrait la stipulation de dotalité.

Est-elle mariée sous le régime de la communauté ou même sans communauté, elle perd le droit de faire même les actes de pure administration que l'art. 217 lui laisse en principe, car l'administration de tous ses biens passe aux mains du mari (C. Nap., art. 1428 et 1531). Et, par suite, elle a besoin de l'autorisation maritale non-seulement pour s'engager dans une société civile ou commerciale en nom collectif, ce qui implique un acte de propriété, mais encore pour prendre un intérêt dans une société anonyme ou en commandite par actions, ce qui peut n'être considéré que comme un acte de pure administration.

33. Du reste, dans tous les cas où elle est nécessaire, l'autorisation du mari peut être tacite et s'induire des faits. L'art. 217 du Code Napo-

léon dit, sans doute, que la femme ne peut donner, aliéner, hypothéquer, acquérir à titre gratuit ou onéreux, *sans le concours du mari dans
l'acte, ou son consentement par écrit.* Mais c'est là une forme d'autorisation qu'on peut considérer comme spéciale pour les actes auxquels
l'art. 217 se réfère particulièrement ; il n'est pas indispensable de
l'observer pour toutes les conventions que la femme peut faire, et en
particulier pour une convention de société. Ainsi, la connaissance acquise au mari des faits qui auraient préparé, accompagné et suivi la
convention, ou toute autre circonstance impliquant assentiment de sa
part, équivaudrait à une autorisation expresse et formelle. La jurisprudence s'est prononcée en ce sens. Une femme s'était livrée à des opérations commerciales sous les yeux de son mari. Devenue veuve, elle avait
continué le commerce. Mariée plus tard en secondes noces, elle avait
procédé de même, au vu et su de son second mari, sans aucune autorisation apparente de la part de ce dernier. En 1836, elle forma une société pour l'exploitation d'une forge établie sur une de ses propriétés ;
et comme elle s'était réservé, par son contrat de mariage, le droit
d'aliéner ses immeubles sans autorisation, elle crut pouvoir apporter
cet immeuble dans la société, à titre de mise sociale. Bientôt après elle
a demandé la nullité de cette société, en se fondant sur ce qu'elle avait
contracté sans l'autorisation de son mari, autorisation qui, selon elle,
était nécessaire non-seulement pour qu'elle pût s'obliger comme associée, mais surtout pour qu'elle pût disposer d'un de ses immeubles et
l'aliéner en le mettant en société. Mais la prétention a été justement
rejetée. Il a été décidé, en droit, que l'autorisation exigée par la loi
peut s'induire des actes qui la font supposer, en tant que ces actes sont
accomplis par la femme sans opposition de la part de son mari ; et, en
fait, il a été reconnu que, dans l'espèce, les opérations commerciales
auxquelles la femme s'était livrée au vu et su de son mari, tant avant
que depuis son mariage, suffisaient à faire supposer que celui-ci avait
autorisé et la formation du contrat de société, et l'apport de l'immeuble
comme mise sociale (1).

34. Enfin, après avoir déclaré les mineurs, les interdits et les femmes
mariées incapables de contracter d'une manière générale, l'art. 1124
met encore au rang des incapables « ceux à qui la loi interdit certains
contrats. » Le législateur fait ici allusion à quelques situations particulières qui créent des incapacités relatives et tout à fait spéciales : telle
la situation du tuteur, auquel il est interdit d'acheter les biens du mineur dont il a eu la tutelle, et de faire avec ce dernier devenu majeur
aucune transaction et aucun traité qui ne soit précédé de la reddition
d'un compte détaillé et de la remise des pièces justificatives (C. Nap.,
art. 450, 1596, 472, 2045) ; celle des époux, entre lesquels le contrat
de vente ne peut avoir lieu, si ce n'est en quelques cas déterminés (ar-

(1) V. Toulouse, 28 mars 1840, et Req., 27 avr. 1841 (S.-V., 41, 1, 385 ; Dall., 41,
1, 219 ; J. Pal., à sa date). V. aussi M. Delangle (Soc. comm., n°s 53 et suiv.). Comp.
Rej., 14 nov. 1820, 1er mars 1826, 27 mars 1832 (S.-V., 21, 1, 312 ; 26, 1, 323 ; 32, 1,
365 ; Dall., 26, 1, 171 ; 32, 1, 168).

ticle 1595) ; celle des mandataires, des administrateurs, des officiers publics, qui ne peuvent se rendre adjudicataires, les premiers, des biens qu'ils sont chargés de vendre, les seconds, de ceux des communes et des établissements publics dont l'administration est confiée à leurs soins, et les derniers, des biens nationaux dont la vente se fait par leur ministère (art. 1596) ; etc.

35. De ces situations particulières, qui généralement sont hors de notre sujet, nous n'avons rien à dire ici ; et nous ne les mentionnons que parce que l'on peut rattacher à l'une d'elles une question importante et controversée (1) : c'est la question de savoir si les époux sont, par rapport au contrat de société, dans le cas auquel se réfère la dernière disposition de l'art. 1124 ; ou, en d'autres termes, s'il est interdit aux époux de former entre eux une association de biens. Il ne s'agit pas, bien entendu, des conventions matrimoniales et de la mesure dans laquelle les futurs peuvent stipuler relativement à leurs biens lorsque, au moment de se marier, ils règlent les conditions civiles du mariage. La loi ne laisse pas de place au doute à cet égard : la société des biens est tellement dans ses vues, qu'elle fait de la communauté le régime de droit commun, celui qu'elle suppose établi quand les époux se marient sans contrat, et que, dans cette voie, elle donne toute latitude aux parties, auxquelles elle permet d'établir une communauté *universelle* dans le sens absolu du mot, c'est-à-dire une communauté embrassant tous les biens en *propriété* et en *jouissance*, et pouvant s'étendre même *aux biens à venir* (art. 1526), par dérogation aux principes sur les sociétés ordinaires, dans lesquelles les biens qui viendraient à échoir aux associés ne peuvent entrer *que pour la jouissance* dans la société (V., *infrà*, l'art. 1837 et notre commentaire). La question est uniquement de savoir si, après le mariage, la capacité générale que les époux ont de contracter se trouve limitée non-seulement dans les termes de l'art. 1595, mais encore en ce sens qu'ils ne puissent former entre eux un contrat de société.

36. Cette question, dont la doctrine s'était d'abord préoccupée (2), s'est produite plus tard en jurisprudence, et les tribunaux auxquels elle a été soumise l'ont diversement résolue. Ainsi, la Cour d'Amiens et le Tribunal de commerce de Bruxelles, posant en principe que des époux mariés sous le régime de la communauté ne sont pas privés de la capacité à l'effet de former entre eux une société en nom collectif, ont décidé : 1° que la femme peut, nonobstant la séparation de biens qu'elle aurait fait prononcer et sa renonciation à la communauté, être con-

---

(1) Nous l'avons discutée déjà, au moins quant à une de ses particularités, dans le *Traité du Contrat de mariage* publié en collaboration avec M. Rodière (1re édit., t. II, n° 120 et la note; 2e édit., t. III, n° 1357).

(2) V. les opinions émises par MM. Delvincourt (t. III, p. 230 et 451); Duranton (t. XVII, n° 347 et la note); Duvergier (*Soc.*, n° 120); Massé (*Droit comm.*, 1re édit., t. III, n° 317; 2e édit., n° 1267); Troplong (*Contr. de mar.*, n° 210); Delsol (*Rev. prat.*, t. I, p. 435); Armand Bonnet (*Disp. par contr. de mar.*, t. III, n° 1106); Alauzet (*Droit comm.*, 2e édit., n°s 152 et 153); Molinier (*Droit comm.*, n° 117); Paris (*Droit comm.*, t. I, n° 432 ter).

damnée solidairement avec son mari au payement des dettes de la société (1); 2° que, lorsque la société ainsi formée entre deux époux est convaincue de banqueroute, la femme peut être personnellement frappée des peines portées par la loi contre les banqueroutiers (2). Mais il a été jugé, au contraire, par les Cours impériales de Paris et de Metz, qu'une telle société, contractée entre époux *communs en biens,* est entachée d'une nullité d'ordre public (3), laquelle ne saurait être couverte par un compromis ou autres actes ultérieurs (4) ; et que même dans le cas où les époux sont *séparés de biens,* la société, fût-elle contractée par un acte antérieur à la célébration du mariage, doit être annulée comme incompatible sinon avec l'immutabilité des conventions matrimoniales, au moins avec les droits inhérents à la puissance maritale (5). Enfin, la question a été portée successivement devant deux des chambres de la Cour de cassation ; et tandis que la chambre criminelle n'a pas hésité à la résoudre dans le sens de l'incapacité, en cassant l'arrêt précité de la Cour d'Amiens qui était déféré à sa censure (6), la chambre des requêtes *a expressément réservé la question,* et n'a rejeté le pourvoi dirigé contre l'un des arrêts précités de la Cour de Paris (le second) que parce qu'il résultait des faits déclarés constants et souverainement appréciés par les juges du fond que la société n'avait été formée entre les époux qu'en vue d'assurer au mari des avantages excédant la portion dont la femme pouvait disposer en sa faveur (7).

37. Quant à nous, nous n'admettons pas, *en principe,* que les époux soient, à raison de cette seule qualité d'époux, incapables de former entre eux une société après le mariage. Les auteurs et les arrêts qui ont posé la solution contraire en théorie absolue de droit paraissent n'avoir pas pris garde que, s'agissant au fond de déclarer une incapacité, il faut nécessairement trouver une disposition législative qui la prononce : tout ce qui tient à la capacité civile est, en effet, de droit étroit ; il n'appartient ni à la doctrine ni à la jurisprudence d'ajouter aux textes qui modifient, suspendent ou détruisent cette capacité. Or, où est la disposition qui déclare l'homme et la femme mariés incapables de former une société entre eux ? Nous ne la trouvons nulle part. Il y a bien l'art. 1595, ci-dessus rappelé, duquel il résulte que, sauf en quelques cas déterminés, le contrat de vente ne peut pas avoir lieu entre époux. Mais le contrat de société n'est pas le contrat de vente (*infrà,* n° 94); et ce que le législateur a dit de la vente, dans le titre du Code Napoléon qu'il consacre à ce contrat, il ne l'a dit de la société ni dans le titre sur

---

(1) Trib. de Bruxelles, 14 mars 1853 (Dall., 54, 3, 8).

(2) Amiens, 3 avr. 1851 (*J. Pal.*, 1851, t. II, p. 78; S.-V., 51, 2, 312; Dall., 51, 2, 221). Cet arrêt a été cassé (*infrà,* note 6).

(3) Metz, 22 août 1861 (S.-V., 62, 2, 330; *J. Pal.*, 1862, p. 452).

(4) Paris, 14 avr. 1856 (Dall., 56, 2, 231; S.-V., 56, 2, 369; *J. Pal.*, 1856, t. II, p. 333).

(5) Paris, 9 mars 1859 (*J. Pal.*, 1859, p. 403; S.-V., 59, 2, 502; Dall., 60, 2, 12).

(6) Crim. Cass., 9 août 1851 (Dall., 52, 1, 460; S.-V., 52, 1, 281; *J. Pal.*, 1860, p. 1046).

(7) Req., 7 fév. 1860 (S.-V., 60, 1, 414; *J. Pal.*, 1860, p. 1046; Dall., 60, 1, 115).

le contrat de société, ni dans aucun autre. Il n'y a donc pas de disposition précise, expresse, qui établisse l'incapacité prétendue.

Y a-t-il au moins un texte d'où cette incapacité résulterait nécessairement? Pas davantage. Vainement, en se rattachant à l'art. 1395 du Code Napoléon, dit-on qu'une société formée après coup entre époux aurait pour résultat nécessaire de porter atteinte à ce caractère d'immutabilité que, dans un intérêt d'ordre public, cet article a imprimé aux conventions matrimoniales. Il s'en faut de tout, en principe, que ce soit là un résultat inévitable. En toute hypothèse, et quel que soit le régime sous lequel les époux se sont placés en se mariant, le contrat de mariage qui a réglé les conditions civiles de l'union projetée, et le contrat par lequel ils mettent en société, après que l'union est réalisée, les biens dont ils peuvent avoir la disposition, constituent deux actes essentiellement distincts. Quelque solennel qu'il soit, le premier ne saurait faire que l'autre lui soit sacrifié sans examen ; et s'ils peuvent coexister avec leurs effets et sous l'empire des règles propres à l'un et à l'autre, il faut les maintenir tous deux. C'est par là que, sans méconnaître le principe d'ordre public qui proclame l'immutabilité des conventions matrimoniales, et en donnant, au contraire, satisfaction à ce principe, on donne satisfaction à cet autre principe, également d'ordre public, qui consacre la liberté des conventions, qui fait de la capacité de contracter la règle générale, et qui ne tolère d'autres restrictions à cette liberté et à cette capacité que celles que la loi elle-même a cru y devoir mettre.

Ainsi, et en principe, il n'y a pas plus d'incompatibilité entre le contrat de mariage et le contrat de société formée par deux époux, qu'il n'y a de texte positif édictant l'incapacité alléguée. La théorie absolue que nous contestons ici reste donc sans base juridique.

38. Est-ce donc à dire que la société formée par deux époux entre eux devrait être validée et maintenue en toute hypothèse? Non, sans doute ; et nous rattachant à l'arrêt de la chambre des requêtes, qui, tout en refusant de résoudre la question, fournit cependant les véritables données à suivre pour la solution, nous disons qu'il y a là une question d'espèce à résoudre par l'appréciation des faits, par l'examen et l'étude des actes ; il faut voir ce que les parties ont voulu faire et ce qu'elles ont fait en réalité.

Par exemple, deux époux mariés sous quelque régime que ce soit forment entre eux une société universelle dans laquelle ils déclarent comprendre tous leurs biens présents et à venir. Là convention devra être annulée. Pourquoi? Est-ce parce qu'elle déroge aux conventions matrimoniales par lesquelles les parties se trouvaient déjà liées? En aucune manière : c'est parce qu'une société aussi étendue n'aurait pu être formée entre les époux que par leur contrat de mariage et en vertu de l'art. 1526, et que dans toute société universelle formée autrement que par contrat de mariage, la société ne peut recevoir les biens à échoir aux associés par succession, donation ou legs, que pour la jouissance, toute stipulation qui tendrait à y faire entrer la propriété étant expressément prohibée par l'art. 1837 (V. *infrà* le commentaire de cet article).

Il y a plus : la société universelle fût-elle convenue entre époux dans les conditions et dans la mesure déterminées par ce dernier article, il ne s'ensuivrait pas qu'elle dût nécessairement être validée. Il résulte de la loi et des discussions qui l'ont précédée que, par exception à la règle qui fait de la société un contrat à titre onéreux, le législateur a envisagé la société universelle comme constituant *un acte de libéralité*. Nous nous bornons, quant à présent, à constater ce point, que nous aurons à préciser dans notre commentaire de l'art. 1840. Or, cela étant, il s'ensuit qu'une telle société formée entre époux n'est valable qu'autant que les donations permises aux époux durant le mariage sont elles-mêmes valables. Et dès lors, s'il apparaissait par les circonstances et les combinaisons du pacte social que la société universelle n'est au fond qu'une donation réciproque, la nullité en devrait être prononcée, puisqu'il est expressément interdit aux époux de se faire, pendant le mariage, des donations mutuelles et réciproques par un seul et même acte (C. Nap., art. 1097).

Dans cet ordre d'idées, on ne peut qu'approuver la solution consacrée par la Cour de Paris dans l'arrêt à l'occasion duquel est intervenu l'arrêt de la chambre des requêtes cité au n° 36. Il était difficile, en effet, que la société formée entre les époux échappât à la nullité dans l'espèce. Ce n'est pas que le pacte dérogeât aux dispositions de la loi sur l'immutabilité des conventions matrimoniales ; car, ainsi que la Cour de Paris le reconnaît elle-même, ces dispositions étaient évidemment hors de cause dans une espèce où le contrat de société *avait précédé* le contrat de mariage. Ce n'est pas non plus, quoique l'arrêt dise le contraire, parce que cette société aurait été incompatible avec les droits inhérents à la puissance maritale ; car les époux qui, dans l'espèce, s'étaient associés pour l'exploitation d'un établissement appartenant à la femme, avaient stipulé la séparation de biens par leur contrat de mariage, et l'on n'aperçoit pas ce que le pacte social pouvait avoir d'incompatible avec les droits du mari sous un tel régime, qui laisse à la femme, avec la disposition de ses meubles, la faculté d'administrer sa fortune. Mais c'est qu'en appréciant les circonstances et la situation respective des parties, on était amené à reconnaître que la société commerciale en nom collectif stipulée entre les époux avait été formée uniquement en vue d'assurer au mari des avantages excédant la portion dont la femme, qui avait des enfants d'un précédent mariage, pouvait disposer et avait disposé au profit de son mari. C'était là le point décisif ; et en effet, de toutes les constatations de l'arrêt de la Cour de Paris, c'est la seule à laquelle la chambre des requêtes s'est attachée pour rejeter le pourvoi.

N'insistons pas davantage sur ce qui a trait à la capacité ; aussi bien nous aurons à y revenir encore, comme nous l'avons indiqué. Passons donc aux dernières conditions requises comme essentielles d'après le droit commun.

VI. — 39. La société, comme les autres contrats, doit avoir « *un objet certain* qui forme la matière de l'engagement, et *une cause licite* dans l'obligation. » (Art. 1108.) De l'objet certain, nous avons peu de chose à dire quant à présent. L'objet d'un contrat est, selon la définition de la loi, « une chose qu'une partie s'oblige à donner, ou qu'une partie s'oblige à faire ou à ne pas faire. » (Art. 1126.) Pour le contrat de société, cela touche à la matière de l'apport, dont nous allons nous occuper dans un instant (*infrà*, n°s 59 et suiv.) : c'est donc en traitant de l'apport que nous parlerons avec détail de l'objet du contrat de société.

Occupons-nous ici seulement, puisque la loi spéciale nous y convie (art. 1833), de la cause de l'obligation.

40. A cet égard, la règle énoncée dans l'art. 1833 de notre titre n'est, à vrai dire, que l'application spéciale au contrat de société d'un principe qui domine toutes les conventions, celui de l'art. 1133. Il ne faut pas s'arrêter, en effet, à la différence des expressions employées dans l'un et l'autre texte. Sans doute, l'art. 1833 parle de l'*objet* de la société, tandis que l'art. 1133 parle de la *cause* de l'obligation. Mais la cause finale d'une obligation étant le but immédiat qu'en s'obligeant la partie qui s'oblige se propose d'atteindre, il est vrai de dire que, dans les contrats *intéressés*, la cause de l'obligation se confond avec l'objet, en ce sens que, selon l'expression de Pothier, « la cause de l'engagement que contracte l'une des parties est ce que l'autre partie lui donne ou s'engage à lui donner, ou le risque dont elle se charge » (1) : en d'autres termes, la *cause* de l'obligation de l'un, c'est l'*objet* de l'engagement de l'autre. Par cela même, dans les contrats intéressés ou commutatifs, la question de savoir si la cause de l'obligation est licite implique celle de savoir si l'objet lui-même est licite (2). Et voilà pourquoi l'art. 1833, en exprimant *que toute société doit avoir* UN OBJET LICITE, n'a fait que reproduire et appliquer au contrat de société les art. 1108 et 1133, qui font de la *cause licite* une condition essentielle à la validité des contrats. Sans nous arrêter, donc, à la différence des expressions, disons qu'on doit ici entendre par *objet de la société* l'affaire même pour laquelle les parties s'associent, ce qu'elles envisagent comme l'instrument du gain recherché. L'objet de la société, c'est, par exemple, telle entreprise à tenter, tel commerce à exercer, etc... Cet objet, nous dit la loi, doit être licite.

Et en cela l'art. 1833 n'a fait qu'exprimer une vérité fondamentale proclamée par les jurisconsultes romains (3), et reconnue par nos législateurs modernes à la suite de tous nos anciens auteurs. Ne tombe-t-il

---

(1) Pothier (*Oblig.*, n° 42).
(2) V. M. Demolombe (*Oblig.*, t. I, n° 348).
(3) « Quod autem ex furto (dit Ulpien), vel ex alio maleficio quæsitum est, in societatem non oportere conferri, palam est : quia delictorum turpis atque fœda communio est. » (L. 23, ff. *Pró socio*.) Le même jurisconsulte dit encore : « Nec præter mittendum esse, Pomponius ait, ita demum hoc esse verum, si honestæ et licitæ rei societas coita sit : cœterum si maleficii societas coita sit, constat nullam esse societatem. Generaliter enim traditur, rerum inhonestarum nullam esse societatem. » (L. 57, *ibid.*)

pas sous le sens, en effet, que les actes défendus à chacun individuellement doivent, à plus forte raison, être interdits aux efforts collectifs, et par conséquent plus dangereux, de plusieurs? Toute société doit donc avoir un objet licite.

41. Nous qualifierons l'objet d'illicite quand il sera prohibé par la loi, ou qu'il sera contraire aux bonnes mœurs ou à l'ordre public (C. Nap., art. 1133). « Ainsi, comme l'exprime l'Exposé des motifs de notre titre, on ne peut s'associer ni pour un commerce de contrebande, ni pour exercer des vols, ni pour tenir un mauvais lieu, ni pour des manœuvres qui tendraient à faire hausser le prix d'une denrée, ni enfin pour aucun fait réprouvé par la loi ou par les bonnes mœurs. » (1) D'après cela, il a été décidé qu'une société formée pour la fabrication et la vente d'un remède secret et prohibé par la loi est nulle, comme ayant un objet illicite et contraire à l'ordre public (2); que l'association formée pour empêcher la concurrence des acheteurs dans les adjudications est également nulle, comme ayant un objet illicite (3); qu'il en est de même du traité par lequel, de deux candidats à une place dont la nomination appartient au gouvernement, l'un se démet de sa candidature en faveur de l'autre, à condition que ce dernier, s'il est nommé, admettra le démettant pour son associé, sur le pied d'égalité parfaite, dans la manutention et dans les émoluments (4); de même de la société formée en vue de spéculations illicites et d'opérations de jeu (5); de même encore de la société formée entre un adjudicataire de créances et un huissier pour le recouvrement de ces créances, sous la condition que l'huissier sera chargé de faire, dans l'intérêt de la société, tous les actes de son ministère qui pourront être nécessaires, et qu'il recevra pour rémunération, en sus du coût de ses actes, une part des bénéfices nets provenant du recouvrement (6). Il a été décidé de même, avant la loi du 26 avril 1855, qu'une association non autorisée, ayant pour objet le remplacement des jeunes gens appelés par la loi au service militaire, est illicite et nulle (7).

42. Sur ces divers points, le caractère de l'objet des sociétés annulées était aisément appréciable. Il n'en est pas de même dans d'autres hypothèses que nous ne saurions passer sous silence, puisqu'elles ont divisé les auteurs et les tribunaux. Toutefois, avant de les discuter, nous avons à vider un débat, en quelque sorte préliminaire, qui s'élève sur le point de savoir à qui appartient l'appréciation souveraine du caractère de l'objet de la société. Est-ce là une question de droit dont la solution est toujours soumise au contrôle de la Cour de cassation? Est-ce une question de fait restant dans le domaine exclusif des juges du fond?

---

(1) Exposé des motifs de Treilhard (Locré, t. XIV, p. 517; Fenet, t. XIV, p. 394).
(2) Paris, 15 juin 1838 (Dall., 38, 2, 173; *J. Pal.*, à sa date). — *Sic* : Trib. de Châlons-sur-Marne, 28 déc. 1866, rapporté avec Cass., 16 mars 1869.
(3) Req., 23 avr. 1834 (Dall., 34, 1, 238; S.-V., 34, 1, 746; *J. Pal.*, à sa date).
(4) Lyon, 12 janv. 1822 (Dall., *Rép. alph.*, t. X, p. 473).
(5) Req., 16 août 1864 (S.-V., 65, 1, 23; *J. Pal.*, 1865, p. 36).
(6) Req., 10 janv. 1865 (S.-V., 65, 1, 110; *J. Pal.*, 1865, p. 205; Dall., 65, 1, 290).
(7) Nancy, 9 janv. 1826 (S.-V., 26, 2, 151; Dall., 26, 2, 122).

Assurément, il rentre dans les attributions souveraines des tribunaux et des cours de décider en fait quelles ont été les conventions des parties, de les interpréter : toute sentence à ce point de vue, quelque erronée qu'on la suppose, est à l'abri de la censure de la Cour de cassation.

Mais le fait étant constaté, l'objet de la société étant nettement défini, le pouvoir des cours impériales et des tribunaux est-il aussi étendu, reste-t-il encore affranchi de tout contrôle? Les juges du fond peuvent-ils statuer souverainement sur la qualification à donner à l'objet de la société? N'est-ce pas plutôt à la Cour de cassation qu'il incombe de dire, de telle ou telle convention, qu'elle est ou n'est pas contraire soit à la loi, soit à l'ordre public, soit aux bonnes mœurs? M. Bravard semble se prononcer en faveur des tribunaux, qui devront décider ce point en fait et souverainement (1). M. Delangle, au contraire, revendique énergiquement le droit de révision au profit de la Cour suprême (2). Quant à nous, nous y ferions une distinction : cette Cour aura incontestablement le pouvoir et le droit de vérifier si l'objet de telle société est ou n'est pas contraire à telle loi, comme en matière pénale; mais nous ne voyons pas comment elle pourrait avoir mission d'examiner et de dire, contrairement à la déclaration des juges du fait, si telle convention blesse ou respecte l'*ordre public* ou les *bonnes mœurs*, dont les limites indécises laissent une large place aux interprétations les plus opposées. Nous indiquons à l'appui de cette solution un arrêt de la Cour de cassation elle-même (chambre civile), duquel il résulte que la décision qui, appréciant un acte de société, déclare que la société a pour but de gêner la liberté du commerce et de nuire à la concurrence, et qui par ce motif l'annule comme contraire à l'ordre public et ayant dès lors une cause illicite, *ne contient qu'une appréciation de fait qui échappe à la censure de la Cour de cassation* (3).

43. Ceci dit, revenons aux hypothèses qu'il y a lieu de discuter. La première qui se présente à notre examen est l'une de celles dont parle l'Exposé des motifs, l'association formée pour faire la contrebande.

Dans chaque pays il existe des lois dont l'objet est de protéger le travail et l'industrie nationale. Quelque divers que soient les moyens employés, prohibition d'importer ou d'exporter, liberté d'importation ou d'exportation, sous la condition d'un droit, plus ou moins élevé, frappant l'introduction ou la sortie de certaines matières, le but est toujours le même : défendre les intérêts industriels du pays. Assurément, le respect des lois douanières est imposé à tout citoyen de l'État qui les promulgue; et puisque nul ne peut les violer impunément en alléguant leur origine purement arbitraire, l'association organisée au sein de la nation pour éluder leurs dispositions prohibitives et exercer la fraude sur une large échelle devrait être atteinte et invalidée par la juridiction civile, sans préjudice d'une répression pénale, selon les circonstances. Cela

---

(1) M. Bravard (p. 41).
(2) M. Delangle (n° 206).
(3) Rej., 18 juin 1828 (S.-V., 28, 1, 244; Coll. nouv., 9, 1, 112; Dall., 28, 1, 280; J. Pal., à sa date).

ne pouvait pas être mis en doute : aussi la jurisprudence, d'accord avec les auteurs, proclame-t-elle la nullité d'une société créée dans le but soit d'introduire en France des marchandises prohibées, soit d'éviter le payement des droits (1).

Mais il y a plus de difficulté quand on suppose une association formée entre nationaux pour exercer la contrebande à l'étranger, pour se livrer chez un peuple voisin à un commerce interlope. La loi française alors est complétement désintéressée, et on ne saurait annuler une telle société comme ayant un objet prohibé par la loi. Est-ce à dire qu'elle doive être validée ? Nous ne le pensons pas (2). A notre sens, la convention est viciée dans son principe comme contraire aux bonnes mœurs. Que les tribunaux français n'appliquent pas la loi étrangère, en ce sens qu'ils ne frappent point le fait de la contrebande à l'étranger comme un délit ou une contravention passible de certaines peines, nous le voulons bien, puisqu'ils n'ont pas pour mission de réprimer l'infraction aux lois criminelles des nations étrangères. Mais ne serait-il pas contraire à la morale que l'on pût valablement pactiser sur l'accomplissement de faits que tous les peuples punissent chez eux, sinon chez les autres ? A ce point de vue, les tribunaux civils ne pourraient ne faire aucun cas des lois étrangères les plus positives sans donner un enseignement dont les conséquences seraient funestes. Après tout, c'est un principe d'équité naturelle que nul, même étranger, ne doit se soustraire à l'empire des lois du pays où il réside (C. Nap., art. 3); il importe que nos tribunaux y tiennent la main, car la violation de la loi étrangère, consacrée par la justice française, serait une invitation puissante à la violation de la loi française elle-même. Telles nous semblent devoir être les doctrines destinées à régir les rapports internationaux ; et, à notre sens, rien ne saurait mieux servir non-seulement l'intérêt moral, mais encore l'intérêt matériel d'un peuple que la pratique honnête de ces idées de bienveillance et de justice. Aussi repoussons-nous la jurisprudence, même avec le tempérament qu'elle a imaginé pour corriger ce que la thèse en elle-même présenterait de choquant, en distinguant suivant que la contrebande, objet de la société, doit s'opérer par *ruse,* en trompant la surveillance des préposés de la douane, ou par *corruption,* en achetant la connivence de ces préposés (3). A notre avis, la société devrait être annulée dans le premier cas aussi bien que dans le second ; et nous disons d'une manière générale, sans distinction au-

(1) V. Paris, 18 fév. 1837 (Dall., 38, 2, 173). V. aussi Pothier (n° 14); et MM. Merlin (*Rép.,* v° Société, sect. 1, n° 3); Chardon (*Dol et Fraude,* t. III, n° 415); Grün et Joliat (n° 138); Duvergier (n° 30); Delangle (n° 103); Troplong (n° 86). *Comp.* Toullier (t. VI, n° 127).
(2) *Sic :* Pothier (*Assur.,* n° 58); et MM. Merlin (*Rép.,* v° Arr. du prince); Pardessus (n°ˢ 161, 772, 814); Delangle (n° 104). — Mais V. Valin (art. 9, tit. des Ass., ord. de 1688); Émérigon (chap. viii, sect. 5); Estranjin, sur Pothier (*loc. cit.*); Boulay-Paty, sur Émérigon (t. I, p. 219); Grün et Joliat (p. 140); Massé (*Droit comm.,* 1ʳᵉ édit., t. II, n° 83; 2ᵉ édit., n° 568).
(3) Aix, 30 août 1833; Pau, 11 juill. 1834; Req., 25 août 1835 (S.-V., 35, 1, 673; Dall., 35, 1, 404; *J. Pal.,* à leur date).

cune, avec l'Exposé des motifs de la loi : « On ne peut s'associer pour un commerce de contrebande. »

44. L'exploitation d'une maison de jeu en France ne saurait être une cause licite de société, la loi budgétaire du 18 juillet 1836 (tit. x, art. 1) ayant proscrit les jeux publics. Mais ici encore on se demande s'il ne serait pas permis de stipuler pour faire à cet égard, à l'étranger, ce qui serait illégal ou illicite en France. Il est un cas dans lequel la solution ne saurait être douteuse : c'est celui où l'existence des maisons de jeu serait frappée de réprobation par la loi du pays que les contractants ont eu en vue. Nous n'admettons pas, et personne ne voudrait admettre que la violation organisée de la loi, même étrangère, puisse jamais trouver un appui ou une sanction dans la décision des tribunaux français.

Le seul point susceptible d'être mis en question est de savoir si une convention tendant à l'exploitation d'une maison de jeu dans un pays où l'existence de telles maisons est tolérée, pourrait être produite et utilement invoquée devant la justice française. La Cour impériale de Paris s'est divisée sur cette question. D'une part, l'une de ses chambres a décidé qu'une société formée entre Français, en pays étranger, pour l'exploitation d'une maison de jeu dans un pays où les établissements de jeux publics ne sont pas défendus, est nulle en France comme contraire à la morale publique, et qu'une telle société ne peut donner lieu à aucune action devant les tribunaux français (1). D'une autre part, il a été décidé, au contraire, par une autre chambre de la même Cour, qu'une telle société est valable, et qu'on ne saurait la considérer comme illicite sous le prétexte que les jeux publics seraient contraires à la morale universelle (2). La première solution est bien préférable à nos yeux. Sans doute, les contractants, dans l'espèce donnée, n'ont violé ni la loi française, dont l'action est renfermée dans les limites du territoire, ni la loi étrangère, puisque cette loi ne déclare pas illicite l'objet de la convention. Mais, quoi qu'on en dise, il y a des principes supérieurs, des principes de morale universelle, que les contractants méconnaissent ouvertement en facilitant le jeu et en spéculant sur le vice d'autrui. Or, ainsi envisagée, et l'on ne peut pas l'envisager autrement, la convention ne mérite aucune faveur; elle est absolument indigne des regards de la justice française. Certes, si un Français s'était livré au jeu en pays étranger, les tribunaux français ne s'auraient s'arrêter à la réclamation de celui qui viendrait devant eux se prétendre créancier à ce titre (C. Nap., art. 1965). Comment donc pourraient-ils accueillir l'action de ceux qui, n'ayant cédé à aucun entraînement et s'étant simplement attachés à exciter ou à favoriser la passion des joueurs, voudraient recueillir par arrêt le profit de leur trafic honteux ?

---

(1) Paris (4ᵉ ch.), 31 mars 1849 (S.-V., 49, 2, 464; J. Pal., 1850, t. I, p. 137; Dall., 49, 2, 214).
(2) Paris (2ᵉ ch.), 22 fév. 1849 (Dall., 49, 2, 105; S.-V., 49, 2, 144; J. Pal., 1850, t. I, p. 137). Junge : Trib. de la Seine, 4 déc. 1863 (Gaz. des trib., 19 déc. 1863). V. aussi M. Ballot (Rev. de droit franç., t. VI, p. 803).

45. Mentionnons enfin une dernière hypothèse, bien que, dans l'état actuel de la législation, la controverse dont elle a été l'objet ne doive pas subsister : nous voulons parler du cas où une société serait organisée dans le but de gérer un office public et d'en partager les bénéfices. Nous supposons, bien entendu, que ce partage doive être le résultat d'une convention établissant une société véritable. En dehors de cette hypothèse, nous ne sommes plus dans la question.

Par exemple, un notaire, en cédant son office, stipule que le prix de cession consistera *dans une quote-part des produits de l'étude pendant un certain nombre d'années :* la convention est incontestablement licite et valable (1), et notre question ne se pose même pas. C'est, en effet, un contrat de vente, non un contrat de société. Il y a là un vendeur et un acheteur : un vendeur, créancier du prix ; un acheteur, débiteur de ce prix. Il n'y a ni fonds social, ni action commune : la participation aux bénéfices ou aux produits de la charge est un mode de payement, et nullement la jouissance d'un droit direct de société. La conséquence importante qui s'induira de là, c'est que, dans cette situation, le vendeur, simple créancier, ne pourrait toucher la part à lui faite dans les profits ou produits qu'en concurrence et par contribution avec tous les autres créanciers du titulaire, lequel ne laisse pas d'être libre dans sa gestion et seul maître de la charge.

Par exemple encore, un avoué confie la direction des travaux intérieurs de son étude à un maître clerc expérimenté, sous la condition du partage par moitié des bénéfices : la condition est également licite et valable (2), et notre question ne se pose pas davantage. Car il s'agit là d'une sorte de louage d'ouvrage, non d'un contrat de société ; il y a non des associés, mais le titulaire d'un office, seul maître de la charge, et un collaborateur. Or, celui-ci ayant un droit incontestable à recevoir des émoluments, on ne voit pas ce qui légalement peut faire obstacle à ce que les parties conviennent qu'au lieu de se traduire en un traitement fixe et déterminé, l'indemnité représentative des soins et du travail du collaborateur consistera dans une part des bénéfices.

46. Il faut donc se placer dans le cas où il s'agit véritablement d'une société, par conséquent d'une convention établissant une égalité de position entre les intéressés, donnant éventuellement sa part d'influence à celui qui n'est pas titulaire sur les déterminations et les agissements de l'officier public, et par là même portant atteinte à l'indépendance que la loi exige chez celui qu'elle investit de fonctions publiques. Dans le dernier état de notre ancienne jurisprudence, c'est-à-dire quand la vé-

---

(1) Toulouse, 14 nov. 1835 (S.-V., 36, 2, 155; Dall., 36, 2, 42; *J. Pal.*, à sa date). — V. cependant, en sens contraire, une décision ministérielle du 3 fév. 1837 (S.-V., 38, 2, 48). *Comp.* Req., 2 juill. 1861 (Dall., 61, 1, 440; S.-V., 61, 1, 717; *J. Pal.*, 1861, p. 973).

(2) Riom, 22 juill. 1842 (Dall., 42, 2, 38; S.-V., 42, 2, 476; *J. Pal.*, à sa date). *Comp.* Req., 13 janv. 1835 (S.-V., 35, 1, 17; Dall., 35, 1, 105; *J. Pal.*, à sa date); Paris, 10 fév. 1844 (Dall., 44, 2, 147; S.-V., 44, 2, 405; *J. Pal.*, à sa date); Bordeaux, 29 mai 1840 (*J. Pal.*, à sa date; S.-V., 40, 2, 358; Dall., 41, 2, 32).

nalité des charges était admise, la validité de la convention, même dans
cette hypothèse, n'était pas mise en doute, au moins en tant que l'association avait pour objet la *finance* ou le *droit en l'office*. Loyseau, traitant *des droits de la femme dans l'office vénal de son mari*, suppose que
l'office peut appartenir à deux ou à plusieurs, « comme il arrive souvent
ès offices de finance », et après avoir admis que chacun d'eux peut faire
dissoudre l'*association* en quelque temps que ce soit, il se demande si
le titulaire peut être contraint à la licitation. « Ce que je n'estime pas,
dit-il, pour ce que l'office en soy ne peut estre à deux, ny quant à la
qualité de l'officier, ny quant à la parfaite seigneurie de l'office qui gist
en la provision, mais l'office appartenant au pourveu seul, *on s'y peut
associer avec luy à telle condition, que le prix de l'achat sera payé en
commun, et aussi les émolumens, et par conséquent l'augmentation et
diminution d'iceluy, bref la seigneurie imparfaite de l'office tirée du
titre et de l'exercice :* et en un mot, ce que j'ay appelé *droit en l'office*,
demeurera commun entre eux. » (1)

Mais dans l'état actuel de la législation, c'est la solution contraire qui
a prévalu; et il s'y faut tenir d'une manière absolue, sans distinction ni
réserve. Si la convention de société donnait aux associés le droit de con-
trôler le titulaire dans les actes de sa fonction, elle serait nulle comme
contraire à la loi écrite, puisque alors elle aurait véritablement pour
objet l'office lui-même. Or, l'office est hors du commerce; et d'après
l'art. 1138 du Code Napoléon, il n'y a que les choses qui sont dans le
commerce qui puissent être l'objet des conventions. Que si la convention avait pour objet seulement la mise en commun des bénéfices ou des
émoluments, c'est-à-dire une simple participation aux produits de la
charge, elle serait nulle alors comme contraire à l'ordre public. Car,
par le fait même de la participation, le titulaire serait sous la pression
de participants qui, quant à eux, ont eu exclusivement en vue des bénéfices à réaliser. Ainsi, sous l'impulsion de coïntéressés qui ne voient
dans la charge qu'un moyen de spéculation, de coïntéressés que l'autorité ne connaît pas, et dont par conséquent elle n'a pu apprécier ni
les aptitudes ni la moralité, le titulaire, forcément spéculateur lui-
même, ne serait pas libre d'agir avec la délicatesse et le désintéresse-
ment que ses fonctions lui imposent et que le public doit attendre de
lui. Et par là seraient éludées les dispositions si sagement prévoyantes
de la loi, qui, dans un intérêt général, réserve à l'autorité ce droit
d'examen préalable à la faveur duquel elle peut refuser l'accès des
fonctions publiques à quiconque ne réunit pas les conditions d'ido-
néité et de moralité susceptibles d'en garantir l'exercice digne et loyal.
La gestion des fonctions ministérielles ne comporte donc pas une association même formée seulement en vue de partager les bénéfices. C'est
la donnée invariable de la jurisprudence, dont les décisions nombreuses

(1) Loyseau (*Du Droit des offices*, liv. III, chap. IX, nos 53 et 54; édit. de 1701,
p. 204).

s'appliquent à des offices de notaire (1), à des études d'avoué (2), à des charges d'huissier (3), ou de courtier (4), et même à des officines de pharmacien (5).

Au surplus, cette solution est aujourd'hui consacrée, virtuellement au moins, par la loi du 2 juillet 1862, laquelle, modificative des art. 74, 75 et 90 du Code de commerce, a autorisé les agents de change près les bourses pourvues d'un parquet à s'adjoindre des bailleurs de fonds intéressés, participant aux bénéfices et aux pertes résultant de l'exploitation de l'office et de la liquidation de leur valeur. Jusqu'à cette loi, les charges d'agent de change étaient sous la règle commune; et malgré quelques opinions dissidentes (6), les sociétés formées pour l'exploitation de ces charges étaient considérées comme contraires à l'ordre public, et déclarées nulles comme telles (7). Il a fallu une disposition expresse de la loi pour en autoriser la formation; et l'on peut dire qu'en édictant cette exception, le législateur a confirmé et virtuellement consacré la règle.

47. Nous n'irons pas plus avant dans cette énumération des sociétés illicites par leur objet : d'ailleurs, l'intérêt privé modifiant à l'infini la fin que les parties peuvent se proposer en contractant, il est aisé de comprendre qu'une énumération complète ne serait pas possible. Mais un point, le plus important assurément, reste à préciser : il faut dire quelle est la sanction de la loi, comment elle opère, et dans quelle mesure elle peut et doit être appliquée. Il s'agit ici d'une convention de société dont l'objet est illicite; d'une société, par conséquent, dont, suivant la définition de l'art. 1133, la cause est soit prohibée par la loi, soit contraire aux bonnes mœurs ou à l'ordre public : une telle société est frappée de nullité. Or, qu'est-ce que cette nullité et quelle en est la nature? Si nous nous référons au droit commun tel qu'il est établi par l'art. 1131, nous dirons que la société *ne peut avoir aucun effet.* Toutefois, cette formule, qui implique bien l'idée d'une nullité absolue, radicale, ne tranche la

---

(1) Rennes, 29 déc. 1839; Paris, 31 janv. et 15 fév. 1840 (S.-V., 40, 2, 81); Trib. de Nantes, 23 juin et 15 avr. 1845 (Dall., 45, 4, 377 et 379); Lyon, 29 juin 1849; Cass., 15 janv. 1855 (Dall., 50, 2, 155; 55, 1, 5; *J. Pal.*, 1850, t. I, p. 296; 1855, t. II, p. 99; S.-V., 55, 1, 257). V. aussi MM. Aubry et Rau (t. III, p. 39); Demolombe (*Rev. crit.*, t. I, p. 139, et *Tr. des oblig. conv.*, t. I, n° 338).

(2) Trib. de Nantes, 9 mai 1839 (S.-V., 39, 2, 434); Rennes, 28 août 1841 (S.-V., 41, 2, 495; Dall., 41, 2, 239).

(3) Riom, 3 août 1841; Req., 9 fév. 1852; Paris, 4 fév. 1854; Toulouse, 18 janv. 1866 (S.-V., 41, 2, 492; 52, 1, 190; 54, 2, 148; 66, 2, 107; Dall., 41, 2, 243; 52, 1, 70; 54, 2, 149; 66, 2, 6; *J. Pal.*, 1852, t. I, p. 302; 1854, t. I, p. 200; 1866, p. 459).

(4) Bordeaux, 8 juin 1853 (Dall., 53, 2, 209; *J. Pal.*, 1853, t. II, p. 613). — V. cependant un arrêt de la Cour d'Alger du 21 ou 28 juillet 1860 (*J. Pal.*, 1860, p. 1073; Dall., 60, 2, 181; S.-V., 61, 2, 61).

(5) Paris, 27 mars 1862 (S.-V., 62, 2, 381; *J. Pal.*, 1863, p. 402; Dall., 62, 2, 105).

(6) V. MM. Mollot (*Bourses de comm.*, n° 412); Dard (*Des Offices*, p. 328); Chauveau (*Journ. des av.*, année 1836); Frémery (*Ét. de droit comm.*); Horson (*Gaz. des trib.*, 16 oct. 1834); Malepeyre et Jourdain (*Soc. comm.*, p. 5). V. aussi Paris, 15 juin 1850 (S.-V., 50, 2, 433; Dall., 51, 2, 113; *J. Pal.*, 1851, t. I, p. 48).

(7) V. notamment Paris, 2 janv. 1838 et 17 juill. 1843; Rennes, 9 avr. 1851; Lyon, 28 fév. 1853; Rej., 24 août 1841; Req., 2 juill. 1861 (Dall., 41, 1, 345; 61, 1, 440; S.-V., 42, 1, 69; 61, 1, 717; *J. Pal.*, 1861, p. 973). *Junge*: MM. Duvergier (*Soc.*, n° 59); Troplong (*ibid.*, n° 89); Delangle (*ibid.*, n° 108); Orillard (*Comp. des trib. de comm.*, n° 368); Bozérian (*Bourses de comm.*, n° 423).

situation avec une entière certitude que *pour l'avenir*. La société ne
pouvant avoir aucun effet, il en résulte bien nettement que les parties
contractantes sont libres désormais, et que les prétendus associés ne
peuvent plus être liés par la convention. Mais, nulle dans son principe
et irrévocablement dissoute pour l'avenir, la société n'en a pas moins
existé *dans le passé*. Or, les expressions de l'art. 1131 s'appliquent-elles
également à ce qui s'est produit ou a pu se produire au sein de la société
pendant la durée de son existence illégale? Tout cela doit-il toujours et
nécessairement être considéré comme non avenu, parce que la société,
suivant l'expression de l'art. 1131, *ne peut avoir aucun effet?* C'est précisément ce que nous avons à rechercher; et pour cela nous envisagerons distinctement les rapports des associés avec les tiers, et les rapports des associés entre eux.

48. Sous le premier aspect, rapports des associés avec les tiers, la
société illicite peut donner naissance à l'action publique : il en sera
ainsi si la société a pour objet un fait délictueux auquel une peine est
attachée par la loi. Bornons-nous à dire, sur ce point qui ne touche
qu'indirectement à notre matière, que la peine, alors même qu'elle
consisterait en une simple amende, doit être individuelle, c'est-à-dire
qu'elle est encourue par chacun et doit être infligée à chacun des associés. Comme le disent MM. Faustin-Hélie et Chauveau, « dans la per-
pétration d'un fait puni par la loi, il y a autant de contraventions qu'il
y a de contrevenants : l'infraction n'est pas seulement dans le fait matériel, mais dans la violation de la défense de la loi. » (1) Or la violation
de la loi est ici imputable à tous les associés et à chacun d'eux individuellement.

A la vérité, les mêmes auteurs enseignent qu'une seule amende doit
être prononcée lorsque les prévenus qui ont commis un délit forment,
réunis entre eux, une société collective, un être moral. Mais cela s'applique à la condamnation que peut encourir un être collectif par suite
de la responsabilité du fait de l'un de ses agents, auquel cas une seule
amende doit être prononcée, alors même que plusieurs associés ont été
mis en cause individuellement (2). Et cela ne touche en aucune manière
à l'hypothèse où ce sont les opérations mêmes de la société qui constituent le fait délictueux.

49. Mais, encore une fois, ceci n'est pas essentiellement de notre
sujet; et sans y insister davantage, nous passons aux conséquences de
la nullité d'une société illicite dans les rapports des associés prétendus
et des tiers qui auraient traité avec la société.

Et d'abord, nous écartons l'hypothèse où, bien qu'il s'agisse d'une
convention faite avec la société, l'intérêt des tiers ne se trouve pas en
lutte avec celui des associés. Par exemple, nous supposons que par
l'effet d'une vente consentie par la société, un tiers acheteur se trouve

---

(1) MM. Chauveau et Faustin-Hélie (*Th. du C. pén.*, 4e édit., t. I, p. 218, n° 89).
V. aussi Cass., 7 déc. 1826 (S.-V., 27, 1, 312; Coll. nouv., 8, 1, 478; Dall., 27, 1, 354).
(2) V. MM. Chauveau et Hélie (*ibid.*, p. 219). *Junge :* Cass., 3 nov. 1827 (Dall., 28,
1, 8; S.-V., 28, 1, 104; *J. Pal.*, à sa date).

en possession de la chose vendue sans en avoir payé le prix : il est de toute évidence que le tiers ne pourrait pas se refuser au payement, sous le prétexte que la société était illicite et nulle, et que, comme telle, elle ne peut avoir aucun effet. On lui opposerait justement qu'il s'agit d'exécuter non l'acte de société, mais l'acte de vente, et que ce dernier acte étant valable, l'acheteur ne saurait être dispensé de satisfaire à son obligation. — Quant au partage du prix entre les prétendus associés, V. *infrà*, n°s 54 et suiv.

50. La difficulté s'élève donc uniquement dans le cas où la prétention soit du tiers contre les associés, soit des associés contre le tiers, repose sur l'existence même de la société dont l'objet était illicite. A cet égard, en s'autorisant de la disposition finale de l'art. 42 du Code de commerce, on a posé en principe et d'une manière absolue : 1° que les associés ne peuvent invoquer la nullité contre les tiers ; 2° que les tiers peuvent toujours, au contraire, se prévaloir de la nullité contre les associés. Cette thèse, a-t-on dit, est l'évidence même, tellement qu'il serait superflu de chercher à l'appuyer par des autorités (1). Nous la contesterons cependant.

La disposition finale de l'art. 42 du Code de commerce n'est pas, selon nous, applicable ici par analogie. Cette disposition (toujours subsistante nonobstant l'abrogation de l'art. 42 du Code de commerce par la loi du 24 juillet 1867, puisqu'elle est reproduite dans l'art. 56 de cette dernière loi) statue en vue d'une nullité ayant pour base l'inobservation de formalités de publicité prescrites dans l'intérêt des tiers et pour leur annoncer l'existence de la société. Or, quand on suppose que ceux-ci ont connu la société en l'absence même de toute publicité, on peut bien admettre que la nullité ne leur soit pas opposable, tandis qu'elle reste opposable entre associés comme sanction de l'infraction aux prescriptions de la loi. Mais ici les circonstances sont bien différentes : la nullité dont il s'agit a pour base la nature même, la fin de la société. Et cette différence même conduit à une distinction : ou bien l'opération engagée avec un tiers par la société dont l'objet et la fin sont illicites ne se rapporte pas à cette fin, en sorte que le tiers a pu ne pas connaître la nature de l'association ; ou bien l'opération est telle que le tiers devait savoir qu'elle ne pouvait être faite par une personne, à plus forte raison par plusieurs (l'exercice de la contrebande), ou que, devant être faite par *une seule* (l'exploitation d'un office), elle ne pouvait l'être par des associés. Dans le premier cas, les parties seront inadmissibles à se prévaloir de la nullité contre les tiers, au moins *pour écarter l'effet de l'acte*. Mais dans le second, les parties elles-mêmes, comme les tiers, seront en droit de refuser tout effet à la convention. Et, en effet, il a été décidé, dans le sens de cette distinction, d'une part, que spécialement les associés du titulaire d'un office ne peuvent se faire reconnaître des droits à aucune portion du prix de revente de l'office vis-à-vis des tiers, tels que l'acquéreur ou ses créanciers, encore même qu'une

_____

(1) V. M. Talon (*Et. sur le contr. de soc.*, p. 89 et suiv.).

délégation leur ait été consentie par ce dernier (1); d'une autre part, et réciproquement, que les associés peuvent pareillement, de leur côté, opposer la nullité de la société aux tiers qui avaient traité avec elle (2). Seulement, la Cour de Lyon, de qui cette dernière décision émane, s'est arrêtée en chemin dans la voie où elle s'était justement engagée, en ce que, après avoir posé nettement le principe, elle n'a refusé aux tiers que l'action solidaire contre les associés, et a supposé qu'ils peuvent obtenir contre chacun individuellement une condamnation proportionnée à son intérêt dans la société illicite. Or, il résulte du principe que l'action individuelle doit, aussi bien que l'action solidaire, être fermée aux tiers dans le cas supposé.

51. Arrivons aux effets de la nullité dans les rapports des associés les uns vis-à-vis des autres. Tout se résoudrait sans complication ni difficulté si l'on pouvait, en ce point, faire appel à la décision des lois romaines sur les effets de ce que nous appelons la cause illicite dans les obligations. D'après cette décision, reproduite par Pothier (3), il fallait distinguer si la cause était illicite du côté seulement de la partie qui stipulait, ou de la part des deux parties. Le contrat était nul dans l'un et l'autre cas; mais tandis que, dans le premier, il y avait lieu à la répétition de ce qui aurait été donné en exécution de la convention, dans le second, l'exécution du contrat, quoique nul, n'autorisait pas la répétition. « Quotiens autem (dit Ulpien), solius accipientis turpitudo versa- » tur, Celsus ait repeti posse : veluti si tibi dedero, *ne mihi injuriam* » *facias.* » (L. 4, § 2, ff. *De condict. ob turpem vel injustam causam.*) — « Ubi autem (dit Paul), et dantis et accipientis turpitudo versatur, non » posse repeti dicimus : veluti si pecunia datur, *ut male judicetur.* » (L. 3, *ibid.*) D'après cela, en matière de société illicite, cette dernière règle serait seule applicable, en sorte que la reproduction de la doctrine romaine se résumerait dans ce brocard : *In pari et turpi causâ melior est causa possidentis.*

Si notre loi avait nettement consacré ce système, elle aurait tout simplifié. En maintenant par là l'état de fait entre les associés au moment où la nullité viendrait à être opposée, elle aurait coupé court à toute action en partage, même en répétition des apports : elle aurait enlevé tout prétexte aux débats entre les parties, toutes voies judiciaires étant fermées devant elles. Mais cette théorie, d'une application facile, aurait, en bien des circonstances, blessé l'équité. C'est pourquoi, ne la trouvant nulle part écrite dans la loi, nous n'aurons garde de l'y introduire. Et nous rattachant à l'art. 1131 du Code Napoléon, le seul texte qu'on puisse prendre pour règle, nous posons en thèse que toute action ou répétition fondée *sur l'existence* de la société illicite doit être écartée, et, au contraire, qu'il faut admettre toute action ou répétition qui a

_____

(1) Rennes, 9 avr. 1851 (Dall., 53, 2, 208; *J. Pal.*, 1851, t. II, p. 280; S.-V., 52. 2, 261).

(2) Lyon, 28 fév. 1853 (S.-V., 53, 2, 383; Dall., 53, 2, 207; *J. Pal.*, 1853, t. II, p. 612).

(3) V. Pothier (*Oblig.*, n° 43).

pour fondement la *nullité*, c'est-à-dire l'*inexistence* de la société. Telle est, selon nous, la portée de ces mots de l'art. 1131 : « l'obligation *ne peut avoir aucun effet* » ; tel est le double aspect sous lequel on conçoit la règle posée par cet article, et dont nous allons suivre l'application et le développement dans les situations diverses qui peuvent se produire.

52. Et d'abord nous supposons que le contrat de société dont l'objet est illicite n'a reçu encore aucune exécution, et que les choses sont entières au moment où la nullité en est déclarée. Ici, pas la moindre difficulté : la convention *ne peut avoir aucun effet ;* c'est-à-dire qu'elle ne peut créer ni droits ni obligations. Et par conséquent les engagements que les parties auraient pu prendre, quelque précis qu'en fussent les termes, seraient non avenus ; nul, assurément, n'en pourrait réclamer l'accomplissement. C'est là une conséquence certaine, incontestable, de la nullité.

53. Nous supposerons maintenant que les choses ne sont plus entières, en ce sens que les apports promis par les associés se trouvent réalisés quand la nullité est proposée : on se demande alors s'il y a lieu d'autoriser, en faveur de chacun des contractants, la reprise de ce qu'il a versé. La question est controversée. Selon MM. Delamarre et le Poitvin, dont l'opinion est suivie par quelques auteurs, « la mise n'est pas un fait abstrait ; c'est un fait concret, ou, plus exactement, c'est un effet, car il a sa cause dans la société illicite. Or, impossible que l'effet ne participe point de la nature de sa cause ; et puisque cette cause est illicite, la mise ne peut manquer de l'être... Si donc l'associé détenteur de la mise des autres associés était appelé par eux en restitution de leur mise, sa défense serait courte et péremptoire : *J'ai reçu, mais pour faire un commerce illicite.* Nul tribunal ne prendrait connaissance d'une telle affaire, autrement que pour la punition des coupables, si la prescription ne leur est acquise. » (1) Nous ne saurions nous rendre à cette argumentation ; et bien qu'elle ait paru sans réplique à Troplong, nous oserons dire qu'elle est à tous égards mal fondée. Assurément, la prétention du détenteur serait audacieuse, puisqu'elle ne tendrait à rien moins qu'à retenir pour lui toutes les mises et à s'enrichir ainsi aux dépens de ses coassociés en invoquant le fait délictueux, ou en tout cas illicite, dont, aussi bien que ceux-ci, il serait lui-même l'auteur ou le complice ; mais il s'en faut de beaucoup que sa défense pût être considérée comme *péremptoire.* On lui répondrait justement que, ayant reçu les mises non comme propriétaire, mais comme simple dépositaire en vue d'un emploi spécial et convenu entre tous, il est détenteur sans cause et ne peut échapper à l'action en répétition dès que l'emploi est prohibé par la loi, ou dès qu'il est contraire aux bonnes mœurs ou à l'ordre public. Et il n'est pas de tribunal qui pût se considérer comme empêché de faire droit à l'action en répétition, parce que, bien loin d'invoquer l'existence de la société, celui qui forme cette action se fonde précisément sur l'in-

---

(1) V. MM. Delamarre et le Poitvin (*Contr. de commis.*, t. I, n° 65, et *Tr. de droit comm.*, t. I, n° 51). *Junge :* MM. Troplong (t. I, n° 105) ; Rauter (*Soc. civ.*, p. 168).

validité de la convention. C'est pour faire prévaloir la nullité qu'il intente sa demande ; et c'est en l'accueillant seulement qu'on donne satisfaction à la loi, puisque la repousser ce serait maintenir les effets du contrat, l'un des associés retenant alors le montant des apports, qu'il n'a pu toucher, cependant, qu'en vertu de ce contrat (1).

54. Allons plus avant, et supposons que la société créée dans un but illicite a fonctionné, et qu'elle a réalisé des bénéfices ou subi des pertes : comment, la nullité venant à être déclarée, les choses seront-elles réglées entre les associés ? Il y a ici deux hypothèses à préciser, bien qu'en définitive elles soient régies l'une et l'autre par le même principe. Ou bien la répartition est faite au moment où la nullité est déclarée, ou bien elle est encore à faire. Dans la première hypothèse, ce qui est réglé reste irrévocablement réglé ; et la répartition eût-elle été faite de la manière la plus inégale, chacun des associés garde ce qu'il a reçu, sans qu'aucun soit en droit de réclamer un nouvel arrêté de compte. Dans la seconde hypothèse, les associés ne peuvent pas demander le partage ; car il n'y a de partage possible qu'à la condition de prendre comme point de départ l'existence d'une société qui, cependant, à raison de son caractère illicite, n'existe pas légalement. Par où l'on voit que, dans ces deux hypothèses où il ne s'agit après tout que de la répartition des profits ou des pertes résultant d'opérations réprouvées par la loi, c'est au fait accompli au moment où la nullité est reconnue qu'il faut s'en tenir rigoureusement. C'est qu'en effet, ici, à la différence du cas discuté au numéro précédent, où il s'agit de reprendre la mise, aucun des associés ne pourrait formuler une plainte, agir pour ajouter à sa part dans les bénéfices, ou répéter pour réduire sa contribution aux pertes, qu'en invoquant le contrat, c'est-à-dire en mettant en avant une convention illicite et dont, par cela même, l'existence ne saurait sous aucun prétexte, même sous le prétexte de l'équité, être judiciairement reconnue et consacrée. Cette doctrine a pour elle l'appui de la généralité des auteurs tant anciens que modernes, et l'autorité de la loi romaine, en conformité parfaite, sous ce rapport, avec la pensée de l'art. 1133 telle que nous l'avons précisée (2).

55. Quelques exceptions pourtant, ou certaines réserves, ont été proposées. Ainsi, M. Duvergier, tout en admettant que l'inégalité même la plus grande ne permettrait pas à celui qui aurait reçu moins que sa part de recourir contre celui qui aurait reçu davantage, enseigne néanmoins que si, au moment où les rapports viennent à cesser entre les contractants, il reste une chose commune détenue par l'un des associés, celui-ci en peut être dessaisi sur la demande des autres, pour que le partage en soit fait équitablement entre tous, comme si une communauté de

(1) V., en ce sens, MM. Duvergier (n° 31); Delangle (n° 100); Molinier (n° 233); Bédarride (n° 26); Aubry et Rau (t. III, p. 398 et note 8). V. aussi Trib. de Nantes, 23 juin 1845 ; la Réunion, 18 janv. 1850; Cass., 15 janv. 1855 (Dall., 45, 4, 377; 55, 1, 5; S.-V., 55, 1, 257; J. Pal., 1855, t. II, p. 99).
(2) V. Voet (ad. Pand., Pro socio, 57); Pothier (Oblig., n° 43; Contr. de soc., n° 36); et MM. Duvergier (n°° 27, 28, 29); Molinier (n° 233); Troplong (n°° 100 et suiv.); Delangle (n° 101); Bédarride (n° 26).

fait avait existé (1). Mais ceci est contradictoire; tout au moins c'est la négation, dans l'une de ses conséquences nécessaires, du principe que l'auteur a cependant affirmé. Et en effet, pourquoi refuse-t-on aux associés toute action à raison des inégalités qui ont pu se produire dans la répartition des bénéfices? C'est, comme M. Duvergier l'enseigne lui-même, parce que l'action serait inévitablement fondée sur la convention même de société, c'est-à-dire une stipulation qui, à raison de son caractère illicite, est radicalement nulle et ne peut engendrer aucune action. Or, la demande en partage dirigée contre le détenteur d'une chose restée commune aurait ce même fondement et n'en pourrait avoir aucun autre. Elle est donc également inadmissible. Sans doute, le résultat, ici, paraît contraire à l'équité naturelle, en ce que le détenteur dont la possession procède d'un fait illicite trouve, dans cette circonstance même, une fin de non-recevoir contre les demandes dont il est l'objet. Mais, dit très-justement M. Delangle, cela n'importe pas à la solution de la difficulté. Pour conserver ce qu'il détient, l'associé qui possède n'a rien à prouver; la loi le répute propriétaire. C'est à ceux qui l'attaquent de justifier leurs droits. Et cette justification n'est pas possible, puisqu'il leur est interdit de produire et d'invoquer en justice le seul acte qui pourrait servir de base à leurs prétentions (2). C'est ici le cas de répéter : *In pari et turpi causâ, melior est causa possidentis.*

56. D'un autre côté, Toullier, en se conformant au principe, propose cependant de distinguer « entre les choses illicites de leur nature, c'est-à-dire qui sont défendues par le droit naturel, que Domat appelle avec raison le droit *immuable,* et celles qui ne sont défendues que par le droit civil, par un droit arbitraire et sujet au changement. » Selon lui, les unes pas plus que les autres, sans doute, ne peuvent faire l'objet d'un contrat valide; mais il y aurait cette différence que, tandis qu'un contrat ayant pour objet des choses de la première espèce, par exemple le meurtre, le vol, l'adultère, ne peut avoir aucun effet dans le sens que nous avons précisé, le contrat qui aurait pour objet des choses de la seconde espèce, par exemple la contrebande, devrait, lorsqu'il a été satisfait à la loi par le payement de l'amende attachée à la contravention, être traité, dans les rapports des contractants entre eux, comme s'il était valable (3).

A la faveur d'une apparence d'équité qu'elle peut prendre en telle ou telle hypothèse, cette théorie a peut-être un côté spécieux. En effet, s'il y a des principes d'éternelle justice que la loi sanctionne plutôt qu'elle ne les consacre, parce qu'ils sont de tous les temps et de tous les lieux, il y en a d'autres qu'elle établit elle-même, et qui, loin d'être immuables, se modifient incessamment et peuvent même disparaître pour faire place à des principes contraires. Et c'est ainsi, en effet, que la loi du 2 juillet 1862, en autorisant la formation de sociétés pour

---

(1) M. Duvergier (n° 32).
(2) M. Delangle (n° 102).
(3) Toullier (t. VI, n°ˢ 125 et suiv.). V. aussi M. Talon (*Et. sur le contr. de soc.,* p. 86 et suiv.).

l'exploitation des charges d'agent de change, a légitimé pour l'avenir ce qui, dans le passé, avait dû être considéré comme illicite. On peut donc concevoir telle ou telle hypothèse dans laquelle on serait tenté d'admettre que l'engagement contraire à ces derniers principes ne doit pas être traité, dans les rapports des contractants entre eux, avec la juste rigueur dont il convient d'user relativement aux engagements pris en violation des lois de la première espèce.

Néanmoins, la théorie de Toullier ne saurait être accueillie. Toute loi veut être obéie; quelle qu'elle soit, elle est obligatoire, par cela même et par cela seul qu'elle est la loi. Les engagements pris contrairement à ses prescriptions reposent donc sur une cause illicite, et par suite ne sont susceptibles d'avoir aucun effet. Ainsi disposent les art. 1131 et 1133 combinés du Code Napoléon. Et comme ces articles ne se prêtent à aucune distinction, il n'y a pas d'exception qui ne doive échouer devant leur texte formel et précis (1).

57. Enfin, la jurisprudence elle-même a modifié par un tempérament les effets de la nullité par rapport aux associations formées pour gérer un office. Tout en reconnaissant d'une manière à peu près invariable que ces sociétés sont radicalement nulles, comme contraires soit à la loi, soit à l'ordre public (*suprà*, n° 46), les tribunaux, néanmoins, ont généralement admis l'existence en fait de la convention, et lui ont laissé produire ses effets pour le passé. Ainsi, sans tenir compte de la règle qui exclut toute répétition eu égard aux comptes arrêtés (*suprà,* n° 54), ils ont autorisé le titulaire de l'office à réclamer de ses prétendus associés les bénéfices qui leur avaient été distribués (2), et à un point de vue plus général, en supposant que la société avait eu effet jusqu'au jour de son annulation, ils ont déclaré que le partage de l'actif et du passif devait avoir lieu, entre les parties, d'après les bases établies par les conventions sociales (3).

Mais il est remarquable que ce tempérament avait été introduit par la jurisprudence à l'occasion des associations formées pour l'exploitation des charges d'agent de change. Ainsi limité, il a eu son explication, sinon sa justification juridique, dans des considérations toutes spéciales, tirées soit de la valeur vénale que l'immense développement de la fortune mobilière et l'importance des transactions avaient donnée à ces sortes de charges, soit de la pratique qui, devançant la loi du 2 juillet 1862, avait imaginé l'association comme moyen de les acquérir et de les exploiter, et de faire ainsi ce que nul, réduit à ses propres forces,

---

(1) V. Troplong (n° 102). *Junge :* MM. Duvergier (sur Toullier, *loc. cit.*, et *Soc.*, n° 30); Delangle (n° 103).
(2) V. notamment Paris, 1er mars 1850 (Dall., 50, 2, 153; J. Pal., 1850, t. I, p. 264). *Comp.* Paris, 11 juill. 1836; Req., 24 août 1841 (Dall., 36, 2, 139; 41, 1, 345; S.-V., 42, 1, 68; J. Pal., à sa date).
(3) Lyon, 9 déc. 1850; et sur le pourvoi, Req., 15 déc. 1851 (S.-V., 50, 2, 634; 52, 1, 21; Dall., 51, 2, 10; 52, 1, 71; J. Pal., 1851, t. I, p. 52; 1853, t. II, p. 609). Paris, 10 mai 1860; et sur le pourvoi, Rej., 13 mai 1862 (Dall., 60, 2, 89; 62, 1, 338; S.-V., 60, 2, 465; 62, 1, 825; J. Pal., 1860, p. 618; 1862, p. 692); Paris, 29 mai 1862; Req., 29 juin 1863 et 7 fév. 1865 (S.-V., 62, 2, 381; 65, 1, 235; J. Pal., 1863, p. 402; 1865, p. 554; Dall., 62, 2, 105; 63, 1, 476; 65, 1, 289).

n'aurait pu ou voulu entreprendre. Dans cet état de choses, on s'explique que les tribunaux, mus par un sentiment d'équité, aient considéré comme excessif d'appliquer les conséquences rigoureuses de la nullité à des associations qui, quoique nulles, fonctionnaient cependant sur la foi d'une pratique connue de tous et jusqu'à un certain point tolérée.

Quoi qu'il en soit, cette jurisprudence n'a plus sa raison d'être depuis que, par l'effet de la loi précitée du 2 juillet 1862, les charges d'agent de change peuvent, sous certaines conditions, être acquises et exploitées au moyen de capitaux associés. Et comme, encore une fois, il ne serait pas possible de la justifier juridiquement, nous estimons qu'elle serait vainement invoquée en faveur des associations formées pour gérer des charges ou des offices autres que ceux en vue desquels la loi précitée a statué. Ces associations étant radicalement nulles à défaut d'une loi qui les autorise, il n'y a aucun motif pour les affranchir des conséquences attachées à la nullité des autres sociétés illicites. Telle est la doctrine de la Cour de Paris, qui, en même temps qu'elle concourait, plus qu'aucune autre, à la formation de la jurisprudence que nous avons rappelée tout à l'heure, décidait que la société formée pour l'exploitation d'*un office d'huissier* étant essentiellement nulle, la nullité a pour effet d'interdire aux parties toute action réciproque en révision des comptes auxquels la société a donné lieu entre elles et en répétition des sommes réciproquement touchées (1).

VII. — 58. Jusqu'ici, en définissant le contrat de société, en lui donnant sa place et son rang dans les classifications établies par la loi civile, en lui faisant, au moins dans les points saillants, l'application des principes du droit commun touchant la validité des conventions, nous nous sommes tenu dans les préliminaires, en quelque sorte, de notre commentaire. Il faut maintenant, en pénétrant plus avant dans le sujet, étudier le pacte de société dans ses éléments propres et en préciser les caractères essentiels. Il y en a deux à signaler : la nécessité d'un apport mis en commun, et l'intention de partager les bénéfices ou le profit commun. Chacun d'eux donne lieu à des observations particulières : nous les reprenons successivement.

59. 1° *Nécessité d'un apport mis en commun.* Sans quelque chose de mis en commun (art. 1833), point de société. « Il est de l'essence du contrat de société que chacune des parties apporte ou s'oblige d'apporter quelque chose à la société » : ainsi dit Pothier (2), reproduisant en cela la doctrine de Vinnius, qui définit la société, d'après les lois romaines, un contrat *quo inter aliquos res aut operæ communicantur* (3). Chaque associé doit donc contribuer dans une certaine mesure et d'une certaine manière à la formation de cette chose commune, qui servira comme d'instrument pour réaliser la fin proposée, la production ou l'acquisition de bénéfices, et dont l'existence est indispensable à l'exis-

(1) Paris, 4 fév. 1854 (S.-V., 54, 2, 148; Dall., 54, 2, 149; *J. Pal.*, 1854, t. I, p. 200).
(2) Pothier (*Soc.*, n° 8).
(3) Vinnius (*Inst. comm.*, t. XXVI, liv. III).

tence du contrat lui-même, en ce qu'elle en constitue l'élément fondamental et nécessaire. Il a été décidé, d'après cela, qu'un acte, quoique
qualifié société en commandite, doit être réputé ne pas constituer une
société, lorsque les prétendus commanditaires, au lieu de verser une
mise sociale, s'engagent seulement, comme cautions, à supporter les
pertes de la société jusqu'à concurrence d'une certaine somme (1).

De même il faut conclure, avec Pothier, que « si un marchand, par
amitié pour sa nièce, a eu convention avec elle de lui donner une certaine part chacun an, pendant un certain nombre d'années, dans le gain
qu'il ferait chaque année, sans que pour cela sa nièce fournît rien à son
commerce, ni argent, ni marchandises, ni travail, cette convention n'est
pas un contrat de société, parce que cette nièce n'apporte ni ne promet
d'apporter aucune chose à la société : cette convention est une pure donation que ce marchand voulait faire à sa nièce d'une part dans les gains
qu'il espérait faire dans son commerce. » (2) Seulement Pothier ajoute
que cette convention n'est pas valable, à moins qu'elle n'ait été faite par
le contrat de mariage de la nièce ; parce que, suivant notre droit français, les *donations de biens à venir* ne sont pas valables, si ce n'est par
contrat de mariage. Toutefois, en cela, la proposition est trop absolue.
On l'admettra sans doute s'il apparaît que le succès ou l'insuccès de
l'affaire dépend absolument de la volonté du donateur. Mais s'il en était
autrement, il ne faudrait voir là que la donation d'un intérêt dans la
société, par conséquent la donation d'une chose présente, qui peut être
donnée, puisque, d'après Pothier lui-même (3), elle pourrait être *vendue* (4).

60. Recherchons maintenant en quoi peut consister cet apport, qui
est l'une des conditions légales de l'existence de la société. « Chaque
associé, dit l'art. 1833, doit y apporter ou de l'argent, ou d'autres
biens, ou son industrie. » Ce texte si large permet de dire d'une manière
absolue que tout ce qui, pouvant être l'objet d'une obligation, est susceptible, soit isolément, soit par le concours d'éléments étrangers, de
produire des bénéfices, est dans le cas de servir d'apport. Assurément,
nous n'essayerons pas de faire l'énumération des choses rentrant dans
cette idée générale ; disons seulement que tous les biens, meubles ou
immeubles, corporels ou incorporels, l'industrie, l'habileté, les con-
naissances artistiques, sont autant de choses que l'on peut conférer en
société (5). Ainsi la mise peut consister dans un secret utile (6), dans un
brevet d'invention, dans un procédé industriel, etc. Le courage même
est un apport suffisant, comme le dit Pardessus, qui cite l'exemple des

(1) Caen, 17 juin 1852, et Req., 6 avr. 1853 (S.-V., 53, 2, 138; 1, 618; *J. Pal.,*
1854, t. II, p. 588; Dall., 53, 1, 193).
(2-3) Pothier (*loc. cit.* et n° 26).
(4) V. MM. Delvincourt, à qui M. Duranton prête à tort l'opinion de Pothier (t. III,
p. 219, note 4, édit. de 1824); Duranton (t. XVII, n° 324); Pardessus (n° 983); Duvergier (n° 54); Taulier (t. VI, p. 344); Aubry et Rau (3e édit., t. III, p. 392, note 4).
(5) Il a été jugé que l'exploitation d'un brevet d'imprimeur peut faire l'objet d'une
société : Paris, 16 nov. 1854 (Dall., 55, 2, 135; S.-V., 54, 2, 618; *J. Pal.,* 1855, t. II,
p. 618). — V. aussi Aix, 14 déc. 1827 (S.-V., Coll. nouv., 8, 2, 423).
(6) V. Merlin (*Rép.,* v° Société, p. 662).

voyages de conserve (1). — D'ailleurs, l'art. 4 de la loi du 24 juillet 1867 (substitué aujourd'hui au même article de la loi du 17 juillet 1856) a fait une différence suivant que la mise dans la société en commandite par actions consiste ou non en numéraire; mais nous reviendrons sur ce point dans la quatrième partie de notre commentaire.

61. Les choses futures pouvant, comme les choses présentes, être l'objet d'une obligation (C. Nap., art. 1130), sont par cela même susceptibles de constituer une mise sociale. Elles entrent comme espérance dans la société, en attendant que la réalisation y fasse entrer la chose même qui, au moment du contrat, était future et simplement espérée. Toutefois nous n'irions pas, avec Troplong, jusqu'à dire qu'une *succession future* peut être apportée en société (2). L'illustre jurisconsulte réserve, à la vérité, le cas où il s'agirait de la succession de telle ou telle personne vivante et désignée; il n'entend parler que de l'hérédité d'une personne incertaine. Mais, même dans ces limites, la solution est inconciliable avec les dispositions formelles de la loi. D'abord, un tel apport ne pourrait pas être déterminé au moment du contrat, une succession quelconque pouvant renfermer une fortune ou se réduire à rien; en quoi la solution tombe sous le coup de l'art. 1129, § 2, d'après lequel la quotité de la chose ne peut être incertaine qu'autant qu'elle peut être déterminée. En outre, la stipulation transmet éventuellement à la société *la propriété* des biens à provenir de la succession future, objet de l'apport; et en cela la convention constitue une infraction à la disposition de notre titre expressément prohibitive de toute stipulation tendant à faire entrer dans la société la propriété des biens qui pourraient avenir aux parties *par succession*, donation ou legs (*infrà*, art. 1837, § 2).

62. On peut mettre en société ou la chose elle-même, ou seulement une des qualités de la chose, par exemple sa vénalité. Nous trouvons une application de ceci dans un texte d'Ulpien (l. 58, *princ.* ff. *Pro socio*) que tous les commentateurs reproduisent et dont voici l'espèce, empruntée par Ulpien lui-même au livre VII *digest.* de Celse. Vous avez trois chevaux; j'en ai un : nous formons une société *ut accepto equo meo, quadrigam venderes, et ex pretio quartam mihi redderes.* Selon la volonté des parties, il peut y avoir là soit une société de choses (*ut quadriga fieret, eaque communicaretur, tuque in eâ tres partes haberes, ego quartam*); soit une société de la destination vénale des choses (*non habendæ quadrigæ, sed vendendæ coita societas*). La distinction est d'un très-grand intérêt, particulièrement au point de vue des effets que pourrait avoir la perte du cheval, ces effets étant différents suivant que les parties ont entendu se placer dans l'un ou dans l'autre cas (*infrà*, art. 1851) (3). Mais ce qui est à noter ici, c'est qu'il peut également y avoir société soit que l'apport ait pour objet la destination vé-

_____

(1) V. Pardessus (n°⁸ 656 et 984).
(2) V. Troplong (*Soc.*, n° 109). *Junge* : MM. Massé et Vergé, sur Zachariæ (t. IV, p. 424, note 6).
(3) V. Pothier (n° 54).

nale de la chose, soit qu'il consiste en la chose elle-même. M. Duvergier suppose qu'il n'y aurait réellement convention de société que dans cette dernière hypothèse (1). C'est évidemment à tort : sans doute, la propriété n'est pas mise en commun dans la première ; mais il suffit que la destination vénale y soit mise pour que la convention présente les éléments du contrat de société (2). V. encore *infrà,* nᵒˢ 89 et suiv.

63. De même que l'apport peut être seulement de la destination vénale de la chose, de même aussi, et à plus forte raison, il peut ne consister que dans l'usage ou la jouissance d'une chose : c'est hors de doute, et la loi elle-même s'en est formellement expliquée à diverses reprises (art. 1837, 1838, 1841, 1851).

Toutefois, les parties ont intérêt à préciser ce qui fait l'objet de la mise sociale ; car, ainsi que nous aurons occasion de le voir, les règles et les effets, soit au point de vue des risques, soit même quant au partage, sont notablement différents, suivant que la mise consiste dans la propriété, ou dans la jouissance et l'usage des choses. Mais si une chose, un capital étant conféré en société, les parties ont gardé le silence, faut-il décider que c'est la propriété même, ou seulement la jouissance et l'usage, qui ont été mis en commun? C'est là une de ces questions d'interprétation sur lesquelles se sont élevées de nombreuses et savantes controverses. Des auteurs, acceptant les doctrines qui paraissent avoir dominé dans l'ancien droit, pensent que, dans le doute, c'est l'usage seulement qui doit être présumé acquis à la société (3) : *Potius in dubio intelligitur in societate positus usus rei quàm res* (4). D'autres estiment, au contraire, que la société est présumée acquérir la propriété même (5). D'autres, enfin, tiennent qu'on ne peut donner une règle générale, la nature de la valeur mise en société devant être prise en grande considération ; qu'ainsi, si toutes les mises consistent en valeurs appréciables, argent, créances et autres choses semblables, la présomption doit être pour la mise en société de la propriété ; que si l'apport est d'une chose ayant une valeur morale, par exemple un brevet, une concession faite par le gouvernement pour exploiter une mine, la présomption serait la même en toute hypothèse ; enfin, que si l'un des associés avait apporté une industrie personnelle, tandis que les autres auraient mis des valeurs réelles en société, la présomption serait, à défaut de stipulations précises, que les uns et les autres n'ont apporté que la jouissance (6). Quant à nous, la difficulté nous paraîtrait insoluble si l'on posait en fait que la volonté des parties est inconnue ; car nous ne trouvons vraiment aucun motif d'incliner dans un sens plutôt que dans l'autre. Mais nous ne pensons pas qu'il arrive

---

(1) V. M. Duvergier (nᵒˢ 46 et 51).
(2) V. MM. Championnière et Rigaud (*Tr. des droits d'enr.,* t. III, nᵒ 2770); Troplong (nᵒ 112); Bédarride (*Soc.,* nᵒ 31).
(3) V. notamment M. Duranton (t. XVII, nᵒ 408).
(4) Balde (l. 1, C. *Pro socio,* nᵒˢ 13 et suiv.).
(5) V. MM. Duvergier (nᵒ 204); Delangle (nᵒˢ 94 et suiv.); Massé et Vergé, sur Zachariæ (t. IV, p. 424, note 6 *in fine*). *Comp.* Troplong (*Soc.,* nᵒˢ 122, 123 et 124).
(6) V. M. Pardessus (*Cours de droit comm.,* 6ᵉ édit., t. III, nᵒ 990).

jamais, dans la pratique, que les juges aient à statuer doctrinalement sur ce point : ils jugeront toujours et presque nécessairement en fait, parce que l'intention des parties, si elle n'est pas formellement exprimée, se révélera par les circonstances, par exemple les conditions mêmes des apports convenus, la comparaison de leur valeur respective, etc., toutes choses qui permettront aux tribunaux de reconnaître et de déclarer, par une appréciation souveraine, si la mise en commun doit se restreindre à la jouissance ou être étendue à la propriété.

64. Il n'est pas permis, assurément, de mettre en société l'influence que l'on peut tirer soit de certaines fonctions, soit de relations qu'on aurait avec des personnes élevées ou puissantes. Sans doute, nous ne dirons pas, avec Pothier, que le crédit d'un homme puissant « n'est pas quelque chose d'appréciable »; car ce serait ne tenir aucun compte de la réalité des choses, qui montre trop clairement ce que vaut un semblable crédit et quels fruits pécuniaires il serait possible d'en retirer. Mais Pothier ajoute qu'un tel apport serait *contraire à l'honnêteté publique et aux bonnes mœurs, qui ne permettent pas aux personnes puissantes d'accorder leur crédit pour de l'argent* (1) : c'est la raison décisive pour laquelle ce crédit, que nous pourrions appeler *le crédit politique*, ne saurait valablement faire l'objet d'un apport en société.

65. Au contraire, le crédit commercial, c'est-à-dire le nom que recommandent l'habileté industrielle, la probité, les aptitudes et l'expérience de la personne qui le porte, peut et doit être pris comme constituant par lui-même un apport (2). A la vérité, Berlier a dit, au conseil d'État, pour clore la discussion sur l'art. 1833 : « Au surplus, et en thèse générale, *un nom isolé de tout acte de la personne* est une chose fort arbitraire, au lieu que l'industrie est une chose positive à laquelle il convient de s'arrêter. » (3) Et quelques auteurs, s'autorisant de ce mot, ont conclu que, pour être sérieux et valable, l'apport du crédit ou du nom doit être accompagné d'une coopération effective de la personne. Le crédit, a dit Troplong en ce sens, ne s'accorde qu'à la personne et à ses œuvres. Or, si la personne dont la réputation commande la confiance n'a dans la société que son nom, sans son travail, sa prévoyance, son aptitude, la foi des tiers serait trompée; et, dès lors, une telle société rentrerait dans la classe de celles qui sont contraires à la morale publique (4). Mais le mot de Berlier, lancé par forme d'observation complémentaire, manque assurément d'exactitude. Le nom, si en fait (ce qu'il y aura toujours à rechercher) il est celui d'une personne que sa situation connue a rendue recommandable, c'est le crédit même à la faveur duquel la société obtiendra la confiance : c'est donc la chose du monde la moins abstraite, celle qu'on peut le mieux apprécier en

---

(1) Pothier (*Contr. de soc.*, n° 10).
(2) V. MM. Pardessus (n° 384); Duvergier (n°° 18 et suiv.); Delangle (n° 60); Troplong (n°° 113 et suiv.); Massé et Vergé, sur Zachariæ (t. IV, p. 424, note 6); Bédarride (*Soc.*, n° 30).
(3) Fenet (t. XIV, p. 367); Locré (t. XIV, p. 491).
(4) Troplong (n° 115). *Junge :* MM. Duvergier (n° 20); Aubry et Rau (3° édit., t. III, p. 391).

argent; c'est, par conséquent, une valeur qui à elle seule et par elle-même peut constituer une mise sociale. Et l'on ne peut pas dire que la foi des tiers y serait trompée, parce que, même quand il ne coopère pas à l'œuvre sociale, celui qui y a porté son nom, son influence, son crédit, a par cela même engagé sa responsabilité personnelle envers les tiers qui traiteront avec la société.

66. Complétons nos explications sur la mise en commun par deux observations générales. S'il est essentiel au contrat que chacun des associés mette quelque chose en commun, il n'est nullement nécessaire que ce que chacun apporte soit de valeur égale. La différence dans la valeur des apports aura sans doute une importance réelle au point de vue de la répartition des bénéfices (V. *infrà* les art. 1853 et 1855); mais elle n'en saurait avoir aucune en ce qui touche l'existence même de la société.

67. De même, l'identité dans la nature des apports n'est pas requise. Il n'est pas nécessaire, dit Pothier, que ce que chacune des parties contractantes apporte ou promet d'apporter à la société soit quelque chose de même nature (1). C'était aussi la règle en droit romain. Pothier cite à l'appui ce texte : *Societatem, uno pecuniam conferente, alio operam, posse contrahi, magis obtinuit* (l. 1, C. *Pro soc.*). Ajoutons cet autre texte de Justinien : *Ita coiri posse societatem non dubitatur, ut alter pecuniam conferat, alter non conferat...; quia sœpè opera alicujus pro pecunia valet* (Inst., lib. III, tit. xxvi, § 2). Nous suivrons les développements de cette combinaison en traitant de la société en commandite, dont elle est le point de départ et l'abrégé.

68. 2° *Intention de partager les bénéfices ou le profit commun.* Ceux qui s'associent veulent réaliser un bénéfice dont le partage est, pour ainsi dire, le terme de la société : c'est la pensée même qui les rapproche, tellement que sans elle il n'y a pas de société.

Il en était ainsi dans le droit romain aussi bien que dans notre ancien droit : la définition du contrat donnée par Pothier (*suprà*, n° 3) le démontre suffisamment. C'est donc à tort, pensons-nous, que M. Duvergier a supposé le contraire (2). Mais quoi qu'il en soit de cette difficulté, qui ne nous paraît pas sérieuse, il ne serait pas possible d'équivoquer aujourd'hui. L'art. 1832 définit la société : un contrat par lequel deux ou plusieurs personnes conviennent de mettre quelque chose en commun, « dans la vue de partager le bénéfice qui pourra en résulter »; et, par là, il dit clairement que la production et le partage d'un gain doivent être dans la vue des contractants pour qu'ils puissent se dire associés.

Ainsi, la convention par laquelle divers commissionnaires de transport s'engageraient, dans la vue d'économiser les frais, à mettre en commun toutes les marchandises que chacun d'eux serait individuellement chargé de transporter, ne constituerait pas une société, alors

_____

(1) Pothier (*loc. cit.*, n° 9).
(2) M. Duvergier (*Soc.*, n° 5).

même que, d'après la convention, il devrait être fait une masse commune des amendes que chacun des contractants pourrait encourir (1). De même, la convention par laquelle deux agents d'assurance s'obligent à partager entre eux les droits de courtage provenant de leurs opérations constitue une simple opération commerciale, et ne présente pas le caractère d'une association (2). Ainsi encore, la collaboration de deux individus, même concubins, dans l'exercice d'une industrie ou d'un commerce, ne suffirait pas pour établir l'existence d'une société civile ou commerciale, susceptible de produire des effets légaux (3). Dans aucune de ces espèces, en effet, on ne voit apparaître cet élément essentiel ou constitutif : l'intention, en consacrant le fonds social à des opérations communes, de « partager le bénéfice qui pourra en résulter. »

69. Le bénéfice dont la loi entend parler est un bénéfice pécuniaire ou un gain matériel, quelque chose, enfin, qui ajoute à la fortune des associés (4). Ainsi, lorsque plusieurs personnes se réunissent dans un but d'agrément, afin de trouver, par exemple, dans une vie commune les joies, affaiblies il est vrai, que procure la famille, elles ne forment pas une société proprement dite. La pensée d'un lucre est en effet absente. Nous en dirons autant des réunions artistiques, littéraires, scientifiques, industrielles ou agricoles (5) : les membres réunis se proposent d'encourager les arts, les lettres, les sciences, l'industrie, l'agriculture; aucun d'eux n'est mû par l'idée, plus positive mais moins élevée, de faire un bénéfice, *lucri in commune faciendi gratiâ,* selon l'expression de Vinnius. Et c'est ce qu'il faut dire aussi, contre l'opinion de Troplong, de la convention par laquelle deux voisins achètent en commun un terrain non bâti, afin que, maintenu en cet état, il laisse à leurs maisons les jours et la vue dont elles jouissent, ou font ensemble élever un mur pour y appuyer des constructions. Il y a là une indivision établie, une chose mise en commun dans un simple but d'utilité. C'était suffisant, sans doute, en droit romain, pour qu'il y eût lieu à l'action *pro socio;* et cela explique le texte d'Ulpien (1. 52, § 13, ff. *Pro socio*), invoqué par Troplong à l'appui de sa solution (6). Il n'en saurait plus être ainsi dans notre droit actuel, la société proprement dite, d'après les dispositions précises de l'art. 1832, impliquant nécessairement l'intention et la volonté, de la part des contractants, de se procurer non un avantage, un agrément, dont chacun d'eux jouira de son côté, comme dans

(1) Rouen, 5 mars 1846 (S.-V., 46, 2, 484; Dall., 49, 2, 228; *J. Pal.,* 1849, t. I, p. 475).

(2) Req., 29 nov. 1831 (Dall., *Rép.,* v° Société, n° 108).

(3) Rennes, 19 déc. 1833; Paris, 19 août 1851 (S.-V., 52, 2, 209; Dall., 54, 2, 84; *J. Pal.,* 1852, t. II, p. 109).

(4) Il a été décidé néanmoins, par la chambre criminelle de la Cour de cassation, que des particuliers peuvent valablement se constituer en société pour la mise en commun du droit de chasse leur appartenant soit comme propriétaires de terres, soit comme fermiers de la chasse sur des terres à eux louées à cet effet. Crim. Cass., 18 nov. 1865 (Dall., 66, 1, 455; S.-V., 66, 1, 415; *J. Pal.,* 1866, p. 1104).

(5) V. Req., 29 juin 1847; Lyon, 1er déc. 1852 (Dall., 47, 1, 342; 53, 2, 99; S.-V., 48, 1, 212; *J. Pal.,* 1848, t. I, p. 55; 1853, t. I, p. 117).

(6) Troplong (n° 13). V. aussi MM. Massé et Vergé, sur Zachariæ (t. IV, p. 423, note 3).

les espèces auxquelles s'applique le texte d'Ulpien, mais un gain matériel, des bénéfices à partager entre eux (1).

70. Ce n'est pas tout : le bénéfice doit être recueilli en commun. Dès qu'il y a avantage privatif pour chacune des parties, l'avantage serait-il alternatif, le contrat n'est plus celui de société. Ainsi, la convention par laquelle deux individus mettent en commun une somme d'argent pour en jouir alternativement pendant un délai déterminé ne constitue pas une société (2). Il en est ainsi du pacte par lequel les propriétaires indivis d'une usine ou d'un établissement industriel conviennent de l'exploiter privativement, chacun à leur tour, pendant une certaine période, de manière à en jouir alternativement (3). En droit romain, Ulpien voyait de même, non la société, mais un contrat innomé dans la convention par laquelle deux voisins, ayant chacun un bœuf, s'accordent à en former un attelage dont la jouissance appartiendrait à chacun pendant dix jours alternativement, *ut per denos dies ego ei, et ille mihi bovem commodaremus* (l. 17, § 3, ff. *De præs. verb.*). En effet, l'avantage résultant de cet accord pour chacun des voisins n'est pas commun ; il est, au contraire, absolument distinct, étant successif et absorbé pour le tout, durant un certain temps, tantôt par l'un des contractants, tantôt par l'autre.

Disons, en passant, qu'il n'y a aucune différence entre cette hypothèse, sur laquelle, au surplus, tous les auteurs sont d'accord, et celle où deux personnes achètent en commun un équipage pour en jouir tour à tour. Pothier, cependant, paraît supposer qu'il y a ici une société véritable (4), et Troplong, qui partage cet avis, dit de cette convention, qu'à la différence de celle dont nous venons de parler d'après Ulpien, elle n'est pas exclusive de la combinaison requise par l'art. 1832 (5). Cependant, dans cette hypothèse aussi bien que dans la précédente, les contractants, s'ils peuvent trouver un avantage, une utilité dans leur convention, n'en retirent pas des bénéfices proprement dits ; et cet avantage même, qu'ils devraient au moins recueillir en commun pour être dans la combinaison de l'art. 1832, ils sont appelés par la convention à en jouir successivement, tour à tour, et chacun d'eux d'une manière privative pour le tout. Il est donc vrai de dire qu'il n'y a société ni dans l'une ni dans l'autre hypothèse.

71. La vue d'un bénéfice à partager étant une des conditions essentielles du contrat de société, il s'ensuit que l'association formée uniquement dans le but de répartir entre plusieurs le dommage subi par un seul, afin de l'amoindrir ; en un mot, que les associations d'assurance mutuelle contre tel ou tel fléau ne sont pas des sociétés dans le sens strict du mot, bien que dans l'usage, et même dans les actes de l'autorité administrative, on les qualifie de la sorte (6). La Cour de cas-

---

(1) *Conf.* MM. Aubry et Rau (3ᵉ édit., t. III, p. 392, note 7).
(2) Req., 4 juill. 1826 (Dall., 26, 1, 403 ; S.-V., 27, 1, 64 ; J. Pal., à sa date).
(3) Req., 4 janv. 1842 (S.-V., 42, 1, 232 ; Dall., 42, 1, 58 ; J. Pal., à sa date).
(4) Pothier (*Soc.*, nº 133).
(5) Troplong (nº 16 *in fine*).
(6) Douai, 29 juill. 1850 et 15 nov. 1851 (J. Pal., 1853, t. II, p. 446 et 709 ; Dall.,

sation a décidé, par application de ce principe, que ces associations ne peuvent être dissoutes par la mort de l'un des membres (1), contrairement à ce qui, en matière de société, a lieu au moins d'après le droit commun (V. *infrà* l'art. 1865).

72. Au contraire, nous aurions reconnu de véritables sociétés dans ces associations organisées autrefois, en temps de guerre, entre plusieurs personnes ayant obtenu des lettres de marque. A la différence des associations d'assurance mutuelle, dont le but exclusif est la répartition d'une perte, celles-ci étaient formées dans la pensée non-seulement d'opposer aux attaques de l'ennemi une défense commune, mais encore de faire des captures en commun; et à ce dernier point de vue elles rentrent dans les termes de la définition donnée par l'art. 1832.

73. Il en est autrement en ce qui concerne le prêt à la grosse et la *tontine* : ces conventions se distinguent de la société en ce que la production de gain y fait défaut. A la vérité, un avantage en peut résulter; mais s'il est recueilli par l'une des parties, c'est toujours au détriment de l'autre partie ou de ses héritiers.

74. Nous n'insistons pas davantage sur les conditions constitutives, sur les éléments essentiels du contrat de société. La notion de ce contrat se dégage déjà, pensons-nous, de ce qui précède. Mais pour qu'elle soit mieux précisée encore, nous allons comparer le contrat de société avec des conventions particulières ou des situations juridiques qui s'en rapprochent, et montrer comment et par quels caractères il en est cependant complétement distinct. Nous parlerons d'abord de la communauté.

VIII. — 75. La société et la communauté, dit Pothier, ne sont pas même chose. La société est un contrat... Lorsque, en exécution de ce contrat, les contractants ont effectivement mis en commun ce qu'ils sont convenus d'y mettre, c'est une communauté qui se forme entre eux. Mais cette espèce de communauté s'appelle *société,* parce qu'elle est formée en exécution d'un contrat de société. Il y a aussi une communauté qui se forme entre plusieurs personnes, *sans qu'il soit intervenu entre elles aucune convention,* ni par conséquent aucun contrat de société, comme lorsqu'une succession est échue à plusieurs héritiers, ou qu'un legs a été fait conjointement à plusieurs légataires : il y a une communauté de succession entre ces héritiers; il y a entre ces légataires une communauté des choses qui leur ont été léguées, mais il n'y a pas entre eux de *société.* Cette communauté n'est pas un contrat, mais c'est un *quasi-contrat...* (2)

Cependant, bien qu'elle soit vraie en elle-même, la différence que signale ici Pothier n'est pas absolument caractéristique. Sans doute, la

54, 5, 12; 2, 116; S.-V., 52, 2, 58). V. cependant Paris, 19 juill. 1842 (Dall., *Rép.*, vº Société, nº 99).

(1) Req., 12 janv. 1842 (S.-V., 42, 1, 14; Dall., 42, 1, 132). — V. encore Req., 10 juill. 1850 (Dall., 50, 1, 322; S.-V., 51, 1, 122; *J. Pal.*, 1851, t. II, p. 296).

(2) Pothier (*Contr. de soc.*, nº 2).

société et la communauté ont très-habituellement une origine différente, la société procédant nécessairement d'un *contrat*, et la communauté étant ordinairement un *quasi-contrat*. Mais le texte même d'Ulpien, auquel Pothier emprunte ses exemples, montre qu'en quelques
cas la société et la communauté peuvent avoir la même origine :
« …Communiter autem res agi potest etiam citra societatem : ut puta,
» cum non affectione societatis incidimus in communionem, ut evenit
» in re duobus legata ; item *si a duobus simul empta res sit ;* aut si he-
» reditas, vel donatio communiter nobis obvenit ; *aut si a duobus sepa-
» ratim emimus partes eorum,* non socii futuri. » (L. 31, ff. *Pro soc.*)
Par où l'on voit que si la communauté se forme habituellement d'elle-
même et sans contrat, par exemple entre cohéritiers ou colégataires,
lesquels *incidunt in communionem* uniquement par suite de la mort de
l'auteur commun ou du testateur qui les a gratifiés, elle peut aussi exceptionnellement être le résultat d'un accord de volontés, par exemple
*si a duobus simul empta res sit, aut si a duobus separatim emimus par-
tes eorum.*

Il faut donc, sans s'attacher spécialement à la question d'origine,
envisager la communauté et la société quand elles existent déjà, et rechercher alors en quoi elles diffèrent. Or, un fonds commun, des intérêts communs, des droits se rencontrant dans la chose qui en est l'objet,
voilà sans doute ce qui existe pour les communistes aussi bien que pour
les associés : *res communis*. Mais pour les premiers entre eux il y a cela
seulement, tandis qu'entre les associés il y a cela et quelque chose de
plus, l'*affectio societatis,* selon l'expression d'Ulpien. Ainsi nous reconnaissons la communauté à cette copropriété simple, à cette indivision
immobile, à ce rapprochement, à cette coexistence des intérêts plutôt
qu'à leur mélange et à leur union, tandis que la société apparaît dans
l'action, dans le mouvement, dans l'intention des parties, qui, prenant
l'état de communauté non plus comme un état de jouissance calme et
de repos, mais comme un instrument de gain, l'emploient et s'en servent pour réaliser les bénéfices convoités. En un mot, la communauté
et la société se distinguent par l'esprit qui les anime, le but qu'elles
poursuivent : y a-t-il un état actif, la poursuite d'une pensée de lucre
par la mise en communauté de la chose commune, c'est la société ; y
a-t-il un état passif, transitoire, dont l'existence inévitable n'a d'autre
raison d'être que de conduire à l'état contraire, le partage, c'est la communauté.

76. Cette distinction délicate, sinon en théorie, du moins en certains
cas dans la pratique, offre une incontestable importance à divers points
de vue qu'il convient de mettre en lumière. Et d'abord, nous précisons
cette première et notable différence entre la communauté et la société,
que l'art. 815 du Code Napoléon, écrit pour l'une, est inapplicable à
l'autre. La faculté toujours subsistante de demander le partage, que
cet article maintient nonobstant toutes conventions ou prohibitions
contraires, c'est au communiste exclusivement qu'il appartient de

l'exercer. Aux yeux de la loi, l'indivision constitue un état fâcheux. En tenant sans cesse en présence des droits non définis, elle engendre fréquemment des luttes et des procès (*communio jurgia parit*), outre que, par le défaut d'unité dans la direction, elle apporte de sérieux obstacles à l'amélioration du fonds commun, et peut par là nuire gravement au bien-être général. Telle est la pensée qui a inspiré au législateur la disposition de l'art. 815. Nul, en principe, ne peut être contraint de rester dans une situation dont l'intérêt public lui-même demande la cessation. Par essence, en un mot, l'indivision est une transition qui doit ramener à la condition ordinaire des biens, c'est-à-dire à leur attribution entière et exclusive à une personne déterminée. On ne saurait faire de cet état transitoire, momentané, un état normal, habituel. Aussi est-ce par exception, et seulement pour ménager des intérêts privés respectables, que la loi tolère la prolongation de cet état pendant une durée qui ne peut excéder cinq ans.

Mais, on le comprend, ces considérations diverses sont absolument inapplicables au contrat de société. Bien loin d'être un obstacle au développement agricole, industriel ou commercial, la société donne un moyen puissant de progrès. Soumise à une organisation réglée par la convention, ou par la loi à défaut de convention, elle sert d'instrument docile à l'activité humaine, quelle que soit la direction dans laquelle elle s'exerce. Par conséquent, la société peut être très-valablement contractée pour un temps qui excède, et de beaucoup, cinq années (article 1865, 1°), et cette convention lie ceux qui l'ont faite de telle sorte qu'en principe aucun des associés ne peut sortir de la société avant l'expiration du terme convenu (art. 1871). La Cour de cassation a fait une application de la règle en décidant que la convention par laquelle les propriétaires d'un établissement indivis l'affectent à une association commune, et s'interdisent la faculté d'en demander le partage ou la licitation pendant un certain temps, doit avoir effet tant que le temps fixé n'est pas arrivé, l'art. 815 du Code Napoléon n'étant pas applicable en ce cas (1).

77. Entre simples copropriétaires, il n'existe aucun mandat légal et réciproque d'administrer ; chacun d'eux agit en son propre nom et dans son intérêt, et s'il peut obliger son copropriétaire, c'est au même titre qu'il peut obliger un tiers quelconque comme gérant d'affaires (C. Nap., art. 1375). Il en est autrement dans le contrat de société. Le pacte social détermine, le plus habituellement, dans quelle mesure et à quelles conditions chaque associé peut engager la société, c'est-à-dire ses coassociés ; et dans le silence même de la convention, le législateur, plus prévoyant que les parties, trace sur le mode d'administration des règles que nous aurons à préciser dans notre commentaire de l'art. 1859. La Cour de Bordeaux en a fait l'application dans une espèce où elle a considéré l'acquisition et la jouissance en commun d'un immeuble comme

_____

(1) Req., 5 juill. 1825 (Dall., 25, 1, 354; S.-V., 26, 1, 413; Coll. nouv., 8, 1, 150; J. Pal., à sa date).

établissant une véritable société civile entre les copropriétaires (1). Mais
V., à cet égard, *infrà*, n° 82.

78. Les art. 1848 et 1849, ayant égard aux relations que crée le
contrat de société, imposent à l'associé des devoirs qui ne naîtraient
pas de la communauté pour le communiste. Ces articles ont en vue le
cas où l'un des associés reçoit sa part entière d'une créance commune,
et celui où un associé est, vis-à-vis de la même personne, créancier à
la fois et comme associé, et pour son compte particulier. Et ils s'attachent à régler soit l'imputation nécessaire et proportionnelle de ce qui
est payé sur l'une et l'autre créance, soit la répartition entre tous de
ce que l'un avait touché pour sa part, en cas d'insolvabilité ultérieure
du débiteur. Il y a là, comme nous le montrerons en commentant ces
articles, une dérogation aux droits ordinaires du créancier. Mais cette
dérogation, motivée sur le principe qu'un associé ne peut préférer ses
intérêts propres à ceux de la société, n'est pas opposable au communiste, que ce principe ne régit pas, et qui, s'il acquiert une fraction de
créance ou s'il reçoit le montant de sa part dans la dette, reste soumis
au droit commun, affranchi de toute obligation de rapporter ce qu'il a
touché, et libre dans le mode d'imputation.

79. La mort de l'un des associés est une cause de dissolution. La société disparaît pour faire place à l'indivision dépouillée désormais de
ce qu'elle offrait auparavant d'activité et de mouvement : fondés sur la
considération de la personne de toutes les parties et de chacune d'elles,
les rapports sociaux sont atteints et détruits. Au contraire, le décès de
l'un des copropriétaires, loin de mettre fin à la situation antérieure,
l'aggrave et la complique en quelque sorte, puisque son effet immédiat
est de créer ordinairement, dans l'indivision primitive, une indivision
nouvelle du chef de celui qui a cessé d'exister.

80. L'action en partage est la seule dont les simples copropriétaires
puissent faire usage. Outre cette action, les associés ont encore, au moment de la dissolution, celle que les Romains appelaient l'action *pro
socio*, dont l'objet, comme nous le verrons, est de garantir l'exécution
entre associés de toutes les obligations qui pèsent sur chacun d'eux.

81. Ce sont là les différences principales que nous avions à signaler
entre la société et la simple communauté. Certains auteurs en ajoutent
une autre, laquelle consisterait en ce que, selon eux, la société constitue une personne juridique, tandis qu'il en est autrement de la simple
communauté. Mais comme cette idée de la personnalité juridique ne
nous paraît pas attachée à la société plus qu'à la communauté, ou au
moins comme elle ne s'attache pas à toute société sans distinction
(*infrà*, n°s 123 et suiv.), nous nous abstenons de la présenter comme
susceptible d'établir une marque distinctive entre les deux situations.

82. Reste une question générale, agitée par les auteurs tant anciens
que modernes, et que l'on rencontre fréquemment dans la pratique :

---

(1) Bordeaux, 11 avril 1845 (*J. Pal.*, 1845, t. II, p. 203; S.-V., 46, 2, 315; Dall.,
45, 4, 482).

c'est celle de savoir si telles ou telles circonstances étant données, spécialement une acquisition faite en commun, il y faut voir une communauté ou une société; en d'autres termes, si, dans le doute, c'est pour
la simple communauté ou pour la société qu'il faut se prononcer...
Quant à nous, nous posons en thèse que la copropriété simple doit
toujours être admise dès que la société n'apparaît pas clairement. En
un mot, la société comprenant une communauté et quelque chose de
plus, il y aura non pas à se demander si les parties ont voulu établir
une société ou une communauté, mais à rechercher d'abord si une copropriété existe, et puis, ce point reconnu, si les parties ont voulu aller
plus loin et animer, en quelque sorte, cette indivision par la société.
Mais on ne saurait hésiter entre les deux situations, car l'une suppose
l'autre; en sorte que si la société n'apparaît pas nettement, il faut s'en
tenir à la communauté, qui est certaine.

Ainsi, deux personnes se réunissent pour acheter ensemble un ou
plusieurs immeubles : on pourra, en tenant compte des circonstances
pour en induire l'intention présumée des parties, décider en fait que la
convention constitue une société (1), ou bien qu'elle a engendré une
simple indivision. C'est à ce dernier parti que s'est arrêtée la Cour de
cassation. « Attendu, a-t-elle dit, que les faits relevés sur l'achat fait
en commun par les frères Dervieux, sur la jouissance en commun et
par indivis qu'ils ont eue pendant plusieurs années, et sur la revente du
domaine avec bénéfice, en l'absence de toute constatation que les frères
Dervieux avaient acheté ce domaine *dans la vue d'en opérer la revente
et de partager le bénéfice qui pourrait en résulter,* ont constitué entre
eux non le contrat de société défini par l'art. 1832 du Code Napoléon,
mais un simple état de communauté et d'indivision. » (2) La vue d'un
bénéfice à réaliser en commun étant, en effet, une circonstance essentiellement caractéristique de l'intention de former une société, la société ne pouvait pas être reconnue là où cette circonstance faisait absolument défaut. La Cour a donc justement décidé, en conséquence, que
dans l'espèce les copropriétaires n'étaient pas réputés s'être réciproquement donné le pouvoir d'administrer l'un pour l'autre, en sorte que le
payement du prix fait entre les mains de l'un des communistes par celui
auquel le domaine a été revendu ne libère pas l'acquéreur vis-à-vis de
l'autre communiste. Mais supposons, au contraire, qu'en acquérant
en commun certains immeubles les acheteurs aient été dirigés par la
pensée de faire un gain, l'indivision qu'ils établissent constitue une société véritable; et c'est sur ce fondement, sans aucun doute, que, dans
cette hypothèse, la Cour de Paris a reconnu à l'un des acquéreurs le
droit de procéder valablement en instance tant pour lui que pour ses
cointéressés (3).

Du reste, ce que nous disons ici de l'acquisition d'immeubles faite en

---

(1) V. l'arrêt de la Cour de Bordeaux, du 11 avril 1845, cité sous le n° 77.
(2) Cass., 22 nov. 1852 (S.-V., 53, 1, 73; Dall., 52, 1, 325; *J. Pal.,* 1853, t. I,
p. 238).
(3) Paris, 22 nov. 1811 (Dall., *Rép.,* v° Société, n° 119).

commun s'applique littéralement à un achat de meubles. Ainsi, il y
aura simple communauté dans le cas d'une acquisition d'arbres réalisée
en commun par deux marchands pour s'en servir chacun suivant son
industrie particulière (1) ; mais il faudrait considérer comme constitutive de la société une convention par laquelle plusieurs marchands se
réuniraient et chargeraient l'un d'eux d'acheter à une vente publique
des choses qui font l'objet de leur commerce, pour se partager ensuite
entre eux ces choses en nature (2) : il y a évidemment, dans cette dernière hypothèse, ce qui n'apparaît en aucune manière dans la première,
la pensée de s'unir en vue de réaliser des bénéfices.

83. Ce qui précède suffit, croyons-nous, à séparer nettement la société et la communauté ; et dans cette dernière expression nous ne com-
prenons pas l'association qui peut exister entre deux époux quant à leurs
biens. Ce n'est point là une vraie société ; c'est, comme le dit Pothier
au début du Traité de la communauté, une espèce de société qui ne
saurait être confondue avec la société proprement dite : d'abord, à la
différence de la société, elle est un contrat accessoire qui n'existe qu'à
la condition d'être dépendant ; et puis son but est non de procurer un
gain, mais d'aider à l'entretien, à la conservation de la famille issue du
mariage, et dont la fin principale est « l'indivisibilité des intérêts conju-
gaux bien plus que le partage des bénéfices. » (3)

IX. — 84. Il faut, avant de passer à un autre ordre d'idées, rapprocher la société de quelques autres situations relevées soit par les auteurs anciens, soit par la jurisprudence, et dans lesquelles parfois
apparaît, au point de vue de la qualification juridique, une certaine
difficulté. Sans doute, en bien des cas l'absence de l'un des éléments
essentiels du contrat de société, un fonds commun formé des apports
individuels, ou la vue d'un bénéfice à réaliser et à partager, permet de
nier, sans aucune hésitation, l'existence d'une société. Mais dans telle
ou telle hypothèse, au contraire, ces éléments se rencontrent en apparence et donnent à la convention quelque ressemblance avec la société ;
lorsque, par exemple, les contractants réalisent des bénéfices qui résultent pour eux du mélange de ce qu'on pourrait appeler *leurs mises.*
Quel sera donc le *criterium* qui servira à discerner, parmi ces conventions, celles qui constituent vraiment une société? À notre avis, c'est
la volonté des parties contractantes : lorsque les éléments essentiels du
contrat se trouvent réunis, si la volonté de s'unir, l'*affectio societatis*
apparaît également, il y a certainement société. Sans doute, la volonté
de créer une société serait à tous égards impuissante si le contrat manquait des conditions constitutives de la société ; et c'est ainsi qu'un
acte, bien que qualifié de société en commandite, a été déclaré constituer un simple contrat de prêt de la part des commanditaires au profit
du gérant responsable, *alors qu'il n'y avait ni mise sociale, ni chances*

(1) Aix, 30 nov. 1853 (Dall., 55, 2, 117).
(2) Cass., 4 déc. 1839 (S.-V., 39, 1, 897; Dall., 40, 1, 41; *J. Pal.,* à sa date).
(3) Expressions de M. Gillet présentant au Corps législatif le vœu du Tribunat.

de gain ou de perte pour les prétendus associés (1). Mais certes aussi, on préciserait en vain l'existence de ce qui pourrait être envisagé soit comme un apport, soit comme un bénéfice provenant de la réunion des apports; si la volonté de s'unir n'était pas constante, il n'y aurait pas société. Cette volonté de s'unir est donc ce qui caractérise la société, ou au moins ce qui doit la faire distinguer de telles ou telles autres positions qui peuvent avoir avec elle plus ou moins de ressemblance (2).

85. Cela posé, rapprochons la société du contrat de louage. Lorsque ce dernier contrat se présente sous ses traits ordinaires, il se distingue très-nettement de la société; et rien n'est plus facile que d'éviter la confusion. Mais quelquefois il contient des clauses particulières qui en modifient singulièrement l'aspect : c'est, alors, en pénétrant dans l'intention même des parties qu'on peut arriver à préciser le fait et à qualifier exactement la convention.

Par exemple, le propriétaire d'un immeuble en abandonne l'exploitation à une autre personne avec laquelle il consent à partager les produits et les fruits qui résulteront de cette exploitation. Ce peut être là une société. Car il y a d'abord des apports respectifs mis en commun, l'industrie d'une part, et d'une autre part l'immeuble sinon en propriété, au moins en jouissance; et puis il y a à la vue d'un bénéfice, le produit de la culture, à partager entre les contractants. Mais ce peut être aussi un simple bail à colonage partiaire, dans lequel l'une des parties jouit de l'héritage à condition de payer une certaine redevance, dans l'espèce, une certaine portion des fruits. Or, les deux situations diffèrent quant à leurs effets : ainsi, la mort de l'une des parties survenant, les obligations respectives prendront fin s'il y a société (art. 1865), tandis que ces obligations subsisteront et passeront aux héritiers s'il n'y a que simple louage (art. 1742). Il importe donc de ne pas les confondre. C'est là une difficulté de fait pour la solution de laquelle la position respective des parties, les termes de la convention, les usages locaux, devront être pris en considération. Tels sont les éléments par lesquels les juges arriveront à reconnaître si les parties ont eu la volonté de s'unir en société, ou bien si elles ont établi simplement le bail à colonage partiaire tel qu'il est réglé par les art. 1763 et 1764 du Code Napoléon.

86. Il est une espèce particulière de bail dont le Code trace les règles au titre du *Louage*, le bail à cheptel, qui, en certains cas, se rapproche beaucoup de la société, et qui quelquefois même se confond avec elle. Ainsi, quant au cheptel à moitié, la loi elle-même dit qu'il est « *une société* dans laquelle chacun des contractants fournit la moitié des bestiaux, qui demeurent communs pour le profit et pour la perte. » (Art. 1818.) Une telle définition ne permet pas de douter qu'il y a vraiment société en ce cas; et, comme le dit Pothier, cette société a même « cela d'exorbitant des sociétés ordinaires, que la mort de l'un

---

(1) Rej., 20 avril 1842 (S.-V., 42, 1, 728; Dall., 42, 1, 214; *J. Pal.*, à sa date).
(2) V. Pardessus (*C. de dr. comm.*, 6ᵉ édit., t. III, nᵒ 969).

des associés n'en opère pas la dissolution, et que le droit et la qualité d'associé qu'avait l'associé défunt passent à ses héritiers. » (1)

Mais nous n'en saurions dire autant du cheptel simple ou ordinaire, réglementé par les art. 1804 et suivants du Code Napoléon. D'après Pothier, à la vérité, ce contrat peut être envisagé de deux manières différentes, suivant ce qui peut apparaître de l'intention des parties contractantes : l'une d'après laquelle la convention impliquerait la volonté, de la part des parties, d'établir une société de bestiaux ; l'autre d'après laquelle il y faudrait voir un contrat innomé, tenant plutôt du bail que de la société, en ce que l'intention du bailleur a été de demeurer seul propriétaire du fonds de cheptel (2). Mais c'est évidemment à ce dernier point de vue, adopté d'ailleurs par la Coutume, que s'est placé le Code Napoléon : toutes les dispositions relatives au cheptel simple paraissent rédigées en vue d'établir une sorte de présomption légale, d'après laquelle les parties doivent être réputées avoir eu pour objet un contrat de louage. C'est donc à une convention de cette nature qu'il y a lieu de ramener les éléments du cheptel simple. Et par suite la Cour de Paris s'est méprise lorsque, trouvant dans le bail à cheptel *tous les caractères d'une association*, elle a décidé, par application de l'art. 59 du Code de procédure, que toutes les contestations y relatives doivent, tant que le bail existe, être portées au tribunal du lieu où les parties ont placé le cheptel (3).

87. Avant de quitter cette comparaison ou ce rapprochement entre le louage et le contrat de société, arrêtons-nous à une espèce qui se produit fréquemment en pratique : nous voulons parler du cas où un négociant qui emploie un commis dans l'exploitation de son commerce lui donne droit, pour le rémunérer de ses services, à une part dans les bénéfices. Quel est le caractère de cette convention? La question présente un intérêt véritable, notamment au point de vue de la position du commis intéressé qui, s'il était un associé, devrait contribuer aux pertes, serait commerçant, et comme tel pourrait être mis en faillite. Donc, y a-t-il là société? Cela peut être. Sans doute, nous n'irons pas, avec la Cour de Lyon, jusqu'à dire « qu'un commis intéressé doit être assimilé en tout à un associé dans ses rapports avec ses chefs. » (4) Mais nous admettons que dans telle ou telle hypothèse les tribunaux pourraient déclarer en fait que la volonté des parties a été de créer entre elles une société. C'est ce qui a eu lieu dans une espèce où un individu avait été pris pour diriger une manufacture avec partage des bénéfices et avec stipulation qu'il ne pourrait être congédié avant la fin du bail de l'usine (5).

Cependant, et en thèse générale, nous tenons qu'une telle convention implique l'idée d'un contrat de louage d'ouvrage ou de services,

---

(1) Pothier (*Chept.*, n° 3).
(2) Pothier (*loc. cit.*, n°ˢ 2 et 4).
(3) Paris, 23 fév. 1809 (*J. Pal.*, 1809, p. 405.)
(4) Lyon, 27 août 1835 (S.-V., 37, 2, 112; Dall., 36, 2, 181; *J. Pal.*, à sa date).
(5) Rej., 21 fév. 1831 (*J. Pal.*, t. XXIII, p. 1228; Dall., 32, 1, 388).

dans lequel le salaire, au lieu d'être fixe et déterminé, est proportionné à des éventualités qui le rendent aléatoire. A la vérité, on a reconnu au commis le droit de demander communication des livres à l'effet de vérifier les bénéfices sur lesquels doit être calculée la part à lui afférente (1), comme aussi l'obligation de subir le prélèvement de tous frais et intérêts susceptibles d'amoindrir la somme des bénéfices (2); toutes choses qui, dans une certaine mesure, lui donnent un droit de contrôle et en cela lui communiquent quelques-unes des prérogatives de l'associé. Mais, en définitive, il n'en est pas moins soumis à la volonté du chef auquel il donne ses services; vis-à-vis de lui, tout comme vis-à-vis de l'employé dont le salaire serait fixe, le patron est maître des affaires de sa maison, qu'il administre seul et qu'il exploite à sa guise; quant à lui, il n'a aucun droit sur le fonds de commerce; sa responsabilité n'est jamais engagée par les affaires de la maison. Il n'est donc pas un associé dans le sens propre du mot; il reste un véritable employé, que le patron peut renvoyer quand ses services cessent de lui convenir, et n'a d'autre droit que celui de réclamer, outre sa part aux bénéfices dans les proportions convenues, l'indemnité à laquelle pourrait donner lieu la rupture du contrat, par exemple si le contrat avait été rompu avant le terme fixé. Telle est l'opinion admise généralement en doctrine et en jurisprudence (3).

88. Les mêmes principes doivent être suivis si, au lieu d'un commis intéressé, nous supposons un mandataire salarié auquel on alloue, à ce titre, une part des bénéfices. Il y a toujours là une question d'intention; et on devra décider qu'il y a société dès qu'apparaît l'*affectio societatis*, et simple mandat dans le cas contraire.

Par exemple, deux négociants conviennent entre eux que l'un fera dans une localité des achats de marchandises, et que l'autre, à qui ces marchandises seront expédiées, les revendra dans une localité différente, *avec partage entre eux des bénéfices et des pertes*, déclarant d'ailleurs qu'ils renoncent à tout droit de commission pour les achats et les ventes : c'est là évidemment, dans l'intention des parties comme dans tous les éléments de la convention, une société véritable. Ainsi a décidé la Cour de cassation, qui a vu l'association en participation et non un simple mandat dans une convention ainsi formée, et qui a jugé, en conséquence, que les contestations relatives à cette convention ne sau-

(1) V. Paris, 7 mars 1835; Nîmes, 20 juill. 1864 (Dall., 35, 2, 95; 66, 2, 57; S.-V., 35, 2, 235; 64, 2, 235).
(2) Req., 16 avril 1855 (S.-V., 55, 1, 430; Dall., 55, 1, 325; J. Pal., 1856, t. II, p. 58).
(3) V. MM. Pardessus (loc. cit., n° 969); Malepeyre et Jourdain (p. 10 et 11); Bellot des Minières (Arbitr., n° 224); Duvergier (Soc., n° 53); Molinier (Tr. de dr. comm., n° 234); Troplong (Soc., n° 46); Délangle (n° 5); Alauzet (t. I, n° 81); Bédarride (Soc., n° 13). — V. aussi Req., 31 mai 1831 (S.-V., 31, 1, 249; Dall., 31, 1, 206; J. Pal., à sa date); Rouen, 28 fév. 1818; Rennes, 28 avril 1828; Paris, 7 mars 1835 (déjà cité); Lyon, 30 mai 1838 et 21 fév. 1844; Bordeaux, 15 mai 1846 (J. Pal., 1845, t. II, p. 390 et 391; 1847, t. I, p. 255; Dall., 45, 2, 146; S.-V., 45, 2, 422; 47, 2, 43). Junge: Req., 2 juill. 1861 (S.-V., 61, 1, 717; J. Pal., 1861, p. 973; Dall., 61, 1, 440).

raient être l'objet de la compétence exceptionnelle établie par l'art. 420 du Code de procédure (1).

Mais, au contraire, il n'y a rien qui révèle l'*affectio societatis*, c'est-à-dire la pensée de s'unir en société, dans une convention par laquelle le titulaire d'un bureau de tabac, ne voulant pas le gérer par lui-même, en confie la gestion à un tiers, pendant un certain temps, moyennant une part dans les bénéfices, et même avec la charge par le tiers de faire l'avance des fonds nécessaires pour l'exploitation du bureau. Aussi est-il admis en jurisprudence qu'une telle convention constitue un mandat salarié et non une société en participation (2).

Ceci nous conduit à l'examen de deux hypothèses posées par les lois romaines, relevées par les auteurs modernes, et dans lesquelles les jurisconsultes romains se demandaient s'il y avait un mandat, une société ou toute autre convention.

89. La première hypothèse est posée par Ulpien dans les deux fragments 44, *Pro soc.*, et 13, *Præsc. verb.* Je charge, dit-il, une personne de vendre mes pierres précieuses, et je conviens avec elle que si elle vend dix, cette somme me sera remise en entier, et qu'elle gardera, au contraire, pour elle-même tout ce qui excédera, dans le cas où elle obtiendrait un prix plus élevé. En thèse, dit le jurisconsulte, ce n'est pas un mandat, *quia mandata gratuita esse debent ;* ce n'est pas non plus une société nécessairement, car *societas non videtur contracta in eo, qui te non admisit socium distractionis, sed sibi certum pretium excepit* (l. 13, *Præsc. verb.*). Toutefois ce peut être un contrat de société, *si animo contrahendæ societatis id actum sit* (l. 44, *Pro soc.*). Ainsi, pour Ulpien, si habile, comme tous les jurisconsultes romains, à définir la nature d'une convention, à la qualifier, c'était dans l'intention seule des parties qu'il fallait chercher la raison de décider quel était le contrat formé.

Il en doit être de même dans notre droit actuel, avec cette seule différence que la gratuité n'y étant pas de l'essence du mandat (C. Nap., art. 1986), il faudrait hésiter entre le mandat ou peut-être la libéralité et la société, tandis qu'en droit romain c'est entre la société et le contrat innomé qu'il y avait à choisir. Cependant un auteur moderne, M. Duvergier, se refuse à admettre cette distinction : pour lui, dans le cas supposé par Ulpien, et nonobstant la volonté la plus claire, la mieux établie des parties, il ne saurait jamais exister de société, parce que les éléments essentiels du contrat, c'est-à-dire *la mise de la propriété en commun, la réalisation en commun et le partage de bénéfices,* feraient absolument défaut (3). Mais évidemment l'appréciation manque d'exactitude. — Quant au premier élément, nous avons montré plus haut que la mise en commun *de la propriété* n'est en aucune façon indispensable à l'existence de la société, et que l'une des qualités de la chose, par

----

(1) Cass., 4 juin 1860 (Dall., 60, 1, 267; *J. Pal.*, 1860, p. 702; S.-V., 61, 1, 75).
(2) Bordeaux, 7 juin 1836 (Dall., 37, 2, 137; S.-V., 37, 2, 365).
(3) M. Duvergier (n°s 45 et 50).

exemple sa vénalité, peut, aussi bien que la chose elle-même, faire l'objet d'un apport (*suprà*, n° 62). Or, il y a cela dans l'hypothèse d'Ulpien : le propriétaire qui confère la faculté de vendre met en société la vénalité des pierreries, ce qui concourt à la formation du fonds commun, lequel comprend cela d'abord, et puis les soins, l'habileté, l'industrie qu'apporte de son côté celui à qui l'opération est confiée. — Quant au second élément, la réalisation en commun et le partage des bénéfices, il apparaît également. Si, ayant un bijou qui m'a coûté 2 000 francs, je consens à le faire vendre pour le prix déterminé de 2 500 francs, à la condition que cette somme me sera remise en entier et que la personne chargée de la vente retiendra pour elle ce qu'elle pourra retirer en plus de son marché, il est évident que, le cas échéant où le bijou viendrait à être vendu pour 3 000 francs, l'opération donnerait un bénéfice de 1 000 francs, dans lequel chacune des parties prendrait 500 francs pour sa part. Sans doute, il n'est pas certain, au moment où la convention est formée, que chacun des contractants aura, en toute hypothèse, une part dans les bénéfices; mais il suffit, pour la validité du contrat de société, que chacune des parties puisse espérer d'avoir sa part du profit; et rien ne s'oppose à ce qu'on fasse dépendre cette part, pour l'un d'eux, de la quantité ou de la somme même à laquelle s'élèvera le profit, comme d'une sorte de condition (1). — Il est donc évident que, même dans notre droit actuel, on pourrait voir un contrat de société dans la convention prévue par Ulpien.

Mais il faudrait pour cela que les parties s'en fussent clairement expliquées, ou que l'intention de contracter une société résultât clairement soit des termes de la convention même, soit des circonstances dans lesquelles elle a été formée. Selon Pothier, il y aurait société, par exemple, si la personne chargée de vendre les pierreries était un revendeur ou un joaillier. Ce ne serait pas assez, à notre avis : à défaut d'une explication précise ou de circonstances plus significatives, une telle convention intervenant entre le propriétaire des pierreries et le joaillier impliquerait bien moins un contrat de société qu'un mandat salarié, ou, comme le dit Pardessus, une *commission* par l'effet de laquelle celui qui loue ses peines et son entremise pour opérer la vente obtient simplement un salaire éventuel et sous une chance aléatoire (2). Elle pourrait aussi impliquer l'idée de libéralité, suivant l'occurrence (3); par exemple, si la personne chargée de faire la vente est étrangère au commerce des pierreries, la part à elle faite dans le cas où la vente serait plus ou moins avantageuse pouvant être considérée alors comme une simple gratification. Mais la convention ne sera une société que dans le cas où, d'une manière quelconque, elle révélera bien formellement, de la part des contractants, l'intention et la volonté de s'associer : *si animo contrahendæ societatis id actum sit* (4).

(1) V. Pothier (*Soc.*, n°ˢ 12 et 13).
(2) V. Pardessus (6ᵉ édit., t. III, n° 969). *Junge* : MM. Bédarride (n° 14); Troplong (n°ˢ 39 et suiv.).
(3) Pothier (*loc. cit.*).
(4) V. l'arrêt déjà cité de la Cour de Bordeaux, du 7 juin 1836 (*suprà*, n° 88).

90. La deuxième hypothèse est posée dans la loi 52, ff. *Pro socio.* Un fonds contigu aux héritages de deux voisins étant à vendre, l'un d'eux demande à l'autre de faire l'acquisition de ce fonds, de manière à ce qu'il lui en cède la partie attenante à son héritage et garde le surplus. Plus tard il achète lui-même le fonds, à l'insu de celui qu'il avait chargé de faire le marché. La question est de savoir si celui-ci a une action quelconque pour contraindre le voisin qui a acheté à lui faire part de son acquisition. *Julianus scripsit,* dit Ulpien en la loi citée, *implicitam esse facti quæstionem.* C'est une simple question de fait dont la solution dépend de l'intention, de l'esprit dans lequel la convention première avait été formée. Si l'intention des parties était que l'une d'elles achetât pour faire plaisir à l'autre, c'était un mandat qui, non exécuté par le mandataire, et révoqué par cela seul que le mandant a fait lui-même et directement l'opération en vue de laquelle le mandat avait été constitué, ne donne aucune action au mandataire : « Nam si » hoc solum actum est, *ut fundum vicinus emeret, et mecum communi-* » *caret,* adversus me, qui emi, nullam actionem vicino competere. » Si l'intention des parties était de faire l'acquisition pour en retirer chacune leur profit, la convention première constituait un contrat de société qui donnait l'action *pro socio* au voisin, primitivement chargé du marché : « Si vero id actum est, ut quasi commune negotium gereretur, *societa-* » *tis judicio tenebor,* ut tibi, deducta parte, quam mandaveram, reli- » quas partes præstes. » — La distinction serait à faire dans le même sens encore aujourd'hui. Il y aurait à rechercher également l'esprit dans lequel les parties ont contracté; et comme, dans l'hypothèse où la volonté de s'associer serait certaine, on trouve incontestablement un apport mis en commun ou promis, plus un bénéfice à réaliser et à partager, c'est-à-dire tous les éléments propres au contrat de société, il faut dire qu'il y aurait là une société véritable et non une simple communauté (1).

91. De même, c'est l'*affectio societatis* qui permettra de distinguer le contrat de société de celui de prêt, et de déjouer les combinaisons et les déguisements à la faveur desquels on tente fréquemment de cacher l'un des deux contrats sous les apparences de l'autre.

L'avantage principal de la société est de procurer des bénéfices importants, mais indéterminés; seulement, ces bénéfices ne sont rien moins qu'assurés, la réalisation en étant subordonnée au succès de l'entreprise sociale. Il en est autrement du prêt, qui, s'il n'est plus frappé de stérilité par nos lois actuelles, ne peut au moins donner qu'un profit limité par la loi elle-même; toutefois, ce profit est assuré et à l'abri de tout accident autre que l'insolvabilité de l'emprunteur. Ainsi, on peut dire que chacun de ces contrats a pour côté avantageux ce qui est le côté défavorable de l'autre : gain plus ou moins considérable, mais incertain, d'une part; d'autre part, gain limité, mais certain. Cela étant, il n'est pas rare de voir, dans la pratique, qu'en réunissant dans un

---

(1) V. Troplong (n° 42). — V. cependant M. Duvergier (n° 52).

même acte les éléments de chacune des deux conventions, on cherche à cumuler les avantages de l'une et de l'autre, ou plutôt à se ménager la possibilité de se dire associé ou simple prêteur, suivant qu'on a intérêt à prendre l'une ou l'autre qualité. Par exemple, étant donné un acte présentant à la fois les caractères de la société et du prêt, — si l'on suppose que des bénéfices ont été réalisés par l'entreprise dans laquelle une somme a été versée, il est évident que celui qui a fait le versement se dira associé, afin de toucher, à ce titre, une part de bénéfices supérieure à l'intérêt qu'il serait en droit d'exiger comme simple prêteur ; — si l'on suppose, au contraire, que l'entreprise est en perte, il répudiera le titre d'associé, qui lui enlèverait le droit de réclamer sa mise, qui l'obligerait même à en faire le versement s'il ne l'avait pas effectué, puisque, comme partie de l'actif social, elle est le gage des créanciers de la société ; il affirmera sa qualité de prêteur pour venir, comme créancier, en concours avec les autres sur l'actif de l'emprunteur prétendu. Les tribunaux doivent donc aviser ; suivant l'expression de la Cour de Paris dans un arrêt notable, ils ont à opter et à voir quel est, des deux contrats, celui que les parties ont voulu faire, celui qu'elles ont supposé, et qui sert d'enveloppe à l'autre (1). Puis cette question d'intention résolue, ils maintiendront le contrat dans son caractère constitutif et avec les effets qui lui sont propres, comme s'il avait été formé par les parties sans simulation ni déguisement ; en d'autres termes, ils se borneront à retrancher ce que, par un emprunt illicite aux éléments de la convention supposée, les parties ont ajouté à l'acte que dans le fait et dans la vérité des choses elles ont entendu contracter.

Ainsi a-t-il été procédé.

92. Par exemple, en nous plaçant dans l'hypothèse où le prêt a été caché sous les dehors de la société, nous rencontrons tout d'abord la convention célèbre imaginée par les casuistes, et qui fut connue sous le nom de *contractus trium*. Elle contenait, en effet, trois contrats à la fois : 1° un contrat de société où l'une des parties, l'emprunteur, apportait son industrie, tandis que l'autre, le prêteur, versait son argent ; 2° un contrat d'assurance par lequel l'emprunteur assurait au prêteur, moyennant l'abandon d'une partie des bénéfices à lui promis, le remboursement intégral de sa mise dans la société ; 3° une vente aléatoire par laquelle l'emprunteur achetait au prêteur la part de bénéfices laissée à ce dernier moyennant une somme périodique fixe. Pothier réfute avec une simplicité pleine de force les sophismes accumulés autrefois pour établir que ces trois contrats étant licites considérés isolément, il n'y avait pas de raison pour que, réunis ensemble par une même convention, ils ne fussent pas déclarés également licites. Il montre clairement que ce frauduleux assemblage de pactes cachait un prêt à intérêt qui devait être proclamé usuraire dans le for extérieur aussi bien que dans le for de la conscience (2). Évidemment, il en serait ainsi aujour-

_____

(1) Paris, 10 août 1807 (S.-V., 7, 2, 1203 ; Coll. nouv., 2, 2, 288 ; Dall., Alph., t. XII, p. 130, n° 4).
(2) V. Pothier (*Contr. de soc.*, n° 22).

d'hui, si ce n'est que, le prêt à intérêt n'étant plus proscrit par nos lois
actuelles, le contrat ne pourrait être considéré comme usuraire qu'autant que la somme à payer par l'emprunteur au prêteur pour prix de sa
part de bénéfices excéderait le taux légal de l'intérêt (1).

Aussi, dans les cas analogues où l'on peut voir les apparences du
contrat de société à côté du prêt, les tribunaux, en s'attachant à la
convention réelle plutôt qu'à la qualification de l'acte, ont-ils fait, sans
hésitation, la juste application de nos lois en matière d'usure, en même
temps qu'ils ont maintenu la somme prêtée à l'abri des chances de perte
qu'encourt nécessairement la mise d'un associé. Il résulte, en effet, de
la jurisprudence, que le versement dans une société d'une somme remboursable en divers termes *constitue un prêt,* encore que les associés, au
lieu de payer à celui de qui le versement émane les intérêts stipulés, lui
aient abandonné une partie des bénéfices de leur commerce, cela ne suffisant pas pour faire attribuer la qualité d'associé au prêteur (2), ou pour
le faire déclarer passible des pertes éprouvées par l'entreprise (3). Et,
par voie de conséquence, il est décidé que si un tel contrat n'est pas
nul, s'il n'en résulte même pas que la somme versée par l'associé prétendu ait à subir les chances de perte inhérentes à toute association, il
en résulte du moins qu'une action est ouverte, contre celui qui n'a été
réellement qu'un prêteur, en restitution des intérêts usuraires, et que
ce dernier peut être obligé à rendre tout ce qu'il aurait touché au delà
du taux légal (4). En droit, la décision est irréprochable, quoi qu'en
aient dit MM. Malepeyre et Jourdain. D'après ces auteurs, « dès qu'il y
a participation aux bénéfices, *il y a société ;* peu importe que les contractants aient eu l'intention vraie ou simulée de ne faire qu'un simple
prêt. » (5) Mais évidemment cela importe beaucoup, au contraire. Et
comment admettre, en effet, que la volonté de s'unir, de former une
société ou de ne point la former, puisse être indifférente et rester sans
influence sur l'existence même de ce contrat? Il est incontestable que
la volonté, l'intention, est avant tout la condition essentielle; tellement que si elle fait défaut, ou plus encore s'il apparaît que les parties
ont voulu se lier par une convention non de société, mais de prêt, il
faut reconnaître sans hésiter que les parties n'ont fait que ce qu'elles
avaient voulu faire, car elles pouvaient ce qu'elles voulaient.

93. Dans l'hypothèse inverse, les tribunaux n'ont pas hésité davantage à écarter les clauses accessoires qui, tendant à donner à la convention l'apparence du prêt, auraient pu permettre à celui qui est véritable-
blement associé de chercher à se soustraire aux conséquences légales

---

(1) V. notre Traité-Commentaire des *Petits Contrats* (t. I, n° 306). V. aussi Troplong (*Soc.*, n° 47).
(2) V. Liége, 16 nov. 1820 et 9 juill. 1821; Bordeaux, 3 juill. 1860; Rouen, 24 juill.
1861; Rej., 16 juin 1863 (S.-V., 61, 2, 190; 62, 2, 325; 63, 1, 334; Dall., *Rép.*, v° Société, n° 143; *Rec. pér.*, 61, 5, 458; 63, 1, 295; *J. Pal.*, 1861, p. 745; 1863, p. 167 et
1078).
(3) Req., 10 mai 1837 (Dall., 37, 1, 388; S.-V., 37, 1, 1008; *J. Pal.*, à sa date).
(4) V. les arrêts cités aux notes précédentes.
(5) MM. Malepeyre et Jourdain (*Soc. comm.*, p. 21, à la note).

de son engagement en se présentant comme simple prêteur. Rappelons ici l'arrêt de la Cour de Paris déjà cité, d'après lequel celui qui, sous le titre de prêt, a fourni des fonds à une maison de commerce, avec stipulation d'un intérêt déterminé, doit être réputé associé, et non simple prêteur, si, outre l'intérêt convenu, il s'est réservé une quote-part dans les bénéfices présumés, le droit de prendre communication des registres, celui d'assister aux inventaires, etc. (1). La Cour de Lyon a jugé de même dans une espèce où le contrat avait également réservé à un bailleur de fonds certaines prérogatives appartenant généralement aux associés, et auxquelles les simples prêteurs ne sauraient prétendre (2). La Cour de cassation a sanctionné cette interprétation (3). Et dans toutes ces affaires, les tribunaux, en déclarant l'existence d'un contrat de société, ont, par suite, laissé à celui qui s'était posé comme simple prêteur sa charge ou sa part dans les pertes.

94. Pour terminer cette comparaison, il nous reste à dire quelques mots touchant les rapports ou les ressemblances qu'en certains cas on pourrait signaler entre la vente et la société. Sans doute, chacune de ces conventions a son caractère propre et ses traits distinctifs; et il est facile ordinairement de distinguer l'une de l'autre. Mais parfois, et au moyen de stipulations secondaires ou accessoires plus ou moins habiles, l'un des deux contrats peut revêtir jusqu'à un certain point les caractères de l'autre. Par exemple, l'auteur d'un ouvrage littéraire a le juste désir de retirer de son travail le profit qu'il en doit attendre; il s'adresse à un libraire, et lui cède le droit exclusif de publier le livre pendant un certain temps. S'il stipule un prix déterminé, fixé d'une manière définitive, le traité constituera incontestablement une cession, une vente. En sera-t-il de même si, au lieu d'un prix ferme, l'auteur s'est réservé une part dans les bénéfices réalisés, c'est-à-dire dans ce qui restera déduction faite des frais? La difficulté a été soumise à la Cour de Paris, qui, sans la résoudre nettement, s'est bornée à décider, au point de vue d'une règle de compétence, qu'un tel traité ne constitue pas une société *commerciale* (4). — Par exemple encore, le propriétaire d'une certaine quantité d'arbres, se proposant de les exploiter, les met à la disposition d'un tiers. Celui-ci accepte; mais l'acte qui intervient est qualifié par les parties acte de société, et il contient, soit quant à la délivrance, soit quant au prix, des conventions qui, sans être exclusives de l'idée de vente, ne sont pas absolument inconciliables avec la qualification que l'acte a reçue. Est-ce une vente mobilière donnant ouverture à un droit proportionnel? Est-ce un contrat de société, lequel rend exigible un simple droit fixe? La Cour de cassation s'est prononcée dans ce dernier sens (5).

Ce sont là des solutions spéciales sur lesquelles nous n'avons pas,

(1) V. l'arrêt de la Cour de Paris, du 10 août 1807, cité au n° 91.
(2) Lyon, 20 août 1849 (Dall., *Rép.*, v° Société, n° 142).
(3) Rej., 11 avril 1849 (Dall., 54, 5, 719).
(4) Paris, 10 mars 1843 (S.-V., 43, 2, 139; Dall., 43, 4, 8; *J. Pal.*, à sa date).
(5) Rej., 7 janv. 1835 (Dall., 35, 1, 167; S.-V., 35, 1, 540; *J. Pal.*, à sa date).

quant à présent, à prendre parti (V. *infrà*, n° 114). Nous les signalons
ici seulement pour montrer comment il peut arriver dans la pratique
que la société se cache sous les apparences de la vente, et réciproquement. Or, dans ce cas comme dans tous les autres, c'est encore et toujours à l'intention des parties qu'il faut s'attacher : c'est là le critérium,
c'est le signe dont l'existence devra conduire le juge à affirmer, nonobstant les apparences ou les qualifications contraires, que la convention
litigieuse constitue, d'après la volonté des parties, soit une vente, soit
une association. La Cour suprême a dit en ce sens que le contrat par
lequel l'acquéreur d'une coupe de bois a cédé ses droits à des tiers, avec
stipulation d'exploiter à moitié perte et profit, peut, *d'après l'intention
des parties*, et nonobstant cette clause, être considéré comme constituant une vente et non une société (1).

95. Ici s'arrête notre commentaire des art. 1832 et 1833. — Après
avoir défini le contrat de société, et en avoir déterminé la nature et les
éléments essentiels, l'ordre logique des idées nous conduirait à traiter
des sociétés civiles. Toutefois, nous voulons auparavant envisager le
contrat dans son objet même, ce qui doit nous amener à la division des
sociétés en civiles et commerciales, et à l'indication des traits auxquels
on peut les reconnaître et les distinguer les unes des autres.

X. — 96. La distinction entre les sociétés civiles et commerciales
n'était pas inconnue dans notre ancien droit; seulement, les auteurs
anciens qui ont traité du contrat de société n'ont pas assez nettement
séparé ces deux sortes d'associations, aujourd'hui si profondément distinctes. C'est ainsi que Pothier consacre à peine quelques pages aux
sociétés de commerce, et cela incidemment et à propos des sociétés particulières dont les sociétés commerciales ne sont qu'une espèce (2). Il
importe de faire une place plus large à cette distinction vraiment capitale, sinon en théorie, du moins au point de vue pratique. L'usage des
sociétés commerciales n'est certes pas moins fréquent que celui des sociétés civiles. Le commerce, en effet, étant par lui-même un instrument
de gain, il n'y a pas à s'étonner de ce que, par des appels incessants à
l'association, l'activité prodigieuse de notre époque ait largement usé,
et parfois abusé, de ce fécond et puissant moyen d'obtenir des bénéfices. Quand nous aurons étudié, dans leur ordre et successivement, les
dispositions de la loi relatives aux sociétés civiles et aux sociétés commerciales, nous saisirons mieux, sans doute, par un retour en arrière,
les différences nombreuses et considérables qui les séparent. Mais dès à
présent, et avant de préciser le caractère propre, exclusif, des unes et
des autres, nous voulons signaler dans quelques observations rapides les
points de vue surtout sous lesquels la distinction présente un véritable
et sérieux intérêt. Ce sera en quelque sorte et à l'avance montrer l'importance qui s'attache à cette classification.

97. La société civile, nous l'avons indiqué déjà et nous aurons à y

---

(1) Req., 12 déc. 1842 (Dall., 43, 1, 24).
(2) Pothier (*Soc.*, n°ˢ 56 et suiv.).

revenir encore, reste soumise, quant à sa formation, au droit commun qui régit la généralité des contrats. Les parties sont liées par le consentement seul, pourvu que les éléments essentiels de la société se trouvent réunis; aucune condition de forme n'est requise, ni la rédaction d'un écrit, ni l'emploi de certaines paroles, ni la remise des objets : le consentement nu suffit à la perfection de la convention. C'est la règle commune; elle régit la société civile comme, en général, les autres contrats. Notons seulement, pour prévenir toute confusion, que ceci s'entend uniquement de la formation même de la société, et ne touche en rien à ce qui a trait à la preuve du contrat. Mais, même sous ce dernier rapport, la société civile reste sous l'empire des règles générales; et en effet, nous montrerons que la disposition de l'art. 1834, dont le commentaire va suivre, est une application pure et simple à un cas spécial du principe énoncé en l'art. 1341 du Code Napoléon.

Au contraire, quant aux sociétés de commerce, le droit commun, sinon au point de vue de la formation du contrat (ce qui peut présenter quelques difficultés), au moins en ce qui concerne la preuve, a été jugé insuffisant. Et en conséquence, le Code de commerce, modifié ultérieurement par la loi du 24 juillet 1867, a organisé un système complet de publicité dont l'objet est de porter à la connaissance des tiers l'existence de la société et sa constitution.

Sous ce premier rapport, il importe au plus haut point de savoir, quand une société est fondée, si elle est civile ou commerciale; car si elle est commerciale, elle doit être publiée en la forme établie par la loi, et ce à peine de nullité (loi du 24 juillet 1867, art. 56 *in fine*).

98. Cela importe, sous un second rapport, au point de vue de la capacité. Il ressort déjà des explications présentées plus haut (nos 25 et suiv.) qu'un individu capable à l'effet de contracter telle ou telle société commerciale, ne serait pas capable de former telle autre société commerciale ou une société civile. Nous n'avons plus à insister sur ce point, auquel, d'ailleurs, nous aurons à revenir, comme nous l'avons indiqué, dans les deuxième et quatrième parties de notre commentaire.

99. De même, au point de vue de l'administration, l'examen de la loi et l'interprétation rigoureuse de la volonté des associés devront nous conduire à noter des différences importantes entre les deux espèces de sociétés. Mais il ne faut pas anticiper. La matière de l'administration doit être l'une des parties importantes de nos explications tant sur les sociétés civiles que sur les sociétés commerciales. Nous y verrons que les pouvoirs des administrateurs, déjà très-divers dans les diverses espèces de sociétés commerciales, varient plus encore peut-être dans la société civile, eu égard à l'objet même de la société. Bornons-nous donc, quant à présent, à dire que généralement et à raison de l'exercice même du commerce, les administrateurs sont investis de plus larges pouvoirs dans les associations commerciales que dans les sociétés civiles.

100. Arrivons aux conséquences juridiques des actes passés au nom de la société. Ces conséquences, on le conçoit, doivent être réparties

entre tous les associés. Seulement, la répartition s'opère d'une manière bien différente suivant que la société est civile ou commerciale.

Le fardeau de l'obligation contractée au nom ou dans l'intérêt d'une société civile se partage, entre tous les membres de la société, dans une mesure fixée par la loi : c'est l'objet des art. 1862, 1863 et 1864 (V. *infrà* le commentaire). Mais dans les sociétés de commerce, les dettes sociales pèsent en général (sauf ce qui sera dit pour une certaine classe d'associés appelés actionnaires ou commanditaires) sur tous les membres de la société et sur chacun d'eux pour le tout (C. comm., art. 22, 24, 28); en un mot, il y a solidarité entre les associés. Et à cette première garantie venait s'ajouter celle de la contrainte par corps, qui, jusqu'à la loi du 22 juillet 1867, abolitive de cette voie d'exécution, a été de droit commun en matière commerciale. Il est inutile d'insister, on le conçoit, sur ces graves conséquences de la nature de la société en ce qui touche soit l'intérêt des associés, soit l'intérêt des créanciers sociaux : s'il y a société civile, la position des associés s'améliore, tandis que celle des créanciers est aggravée; c'est le résultat inverse qui se produit s'il y a société de commerce.

Et ce n'est pas tout. Quand un débiteur est dans le cas de ne pouvoir pas satisfaire à son obligation, il peut y avoir déconfiture simple ou faillite. Si l'impuissance du débiteur à acquitter son obligation provient de l'insuffisance de son actif absorbé par son passif; en un mot, si ce débiteur a plus de dettes que de biens, il est en état de déconfiture. Lorsque c'est un embarras momentané qui entrave le débiteur et le force à cesser ses payements, ce débiteur, s'il est commerçant, est dans le cas d'être déclaré en faillite, c'est-à-dire dans un état qui a ses règles particulières (C. comm., art. 437 et suiv.). Mais si, commerçant ou non, un débiteur peut tomber en déconfiture, le commerçant seul peut faire faillite. De là cette nouvelle différence, au point de vue des conséquences juridiques des actes faits au nom d'une société, que seules les sociétés commerciales sont exposées à être déclarées en faillite, et à être soumises au régime exceptionnel créé par la loi en vue de ce cas (C. comm., art. 438, § 2).

101. Dans les sociétés civiles, la mort de l'un des associés met fin à la société elle-même (C. Nap., art. 1865, 3°). La règle ne saurait être appliquée aux sociétés commerciales, si ce n'est avec des restrictions nombreuses, fondées sur la qualité de l'associé. Ainsi, et d'un mot, la société anonyme ou en commandite par actions survivra au décès de l'associé actionnaire ou commanditaire.

102. Lorsqu'une société civile est dissoute, les membres de cette société restent obligés aux dettes sociales, dont ils ne peuvent obtenir la libération que conformément au droit commun; par exemple, pour la prescription, que suivant l'art. 2262 du Code Napoléon. Il existe, au contraire, en faveur de ceux qui ont fait partie d'une société commerciale, une disposition spéciale qui crée une prescription beaucoup plus prompte (C. comm., art. 64), dont assurément les membres d'une

société purement civile ne sauraient se prévaloir pour échapper aux règles générales.

103. Enfin, au point de vue de la compétence, en cas de contestations intérieures, c'est-à-dire entre les associés eux-mêmes, les sociétés civiles se séparent des sociétés commerciales. Avant la loi du 17 juillet 1856 *sur l'arbitrage forcé,* et en vertu des art. 51 et suivants du Code de commerce, on devait nécessairement porter devant des arbitres les difficultés pendantes entre les membres des sociétés commerciales, tandis que les tribunaux civils étaient compétents pour statuer sur les contestations nées entre ceux qui faisaient partie d'une société civile. Aujourd'hui, si la juridiction forcée des arbitres est supprimée, c'est du moins aux tribunaux de commerce que, suivant l'art. 631 du Code de commerce modifié par la loi précitée, doivent être portées les contestations entre associés pour raison d'une société de commerce, ce qui confirme la compétence des tribunaux ordinaires pour les procès de même nature en matière de société civile. — Ajoutons, en outre, qu'au point de vue de la procédure, la loi a tracé des règles particulières relativement à l'assignation des sociétés commerciales (C. proc., art. 69, 6°).

Après avoir ainsi établi, par ce simple résumé, l'importance qui s'attache à la distinction des sociétés civiles et commerciales, pénétrons plus avant dans le sujet et recherchons le fondement de cette distinction.

104. Pothier, lorsqu'il définissait les diverses espèces de sociétés de commerce, définissait, par cela même, la société de commerce en général : pour lui, la société de commerce était celle que l'on contractait pour faire un certain commerce (1). C'est la vérité même, et elle apparaissait aux yeux de Pothier tellement évidente, qu'il la supposait acquise et ne jugeait pas nécessaire de l'exprimer formellement. Nous reconnaîtrons donc la nature de la société à son objet, à son but; et nous la tiendrons pour commerciale quand elle sera fondée pour exercer un commerce quelconque. En d'autres termes, toute association tendant à faire en commun certains actes dont l'accomplissement par une personne ferait de cette personne un commerçant, sera nécessairement une association commerciale. — En présence des mêmes actes, là où l'individu serait commerçant, la société sera une société de commerce. Or, le commerçant étant celui dont la profession habituelle consiste à exercer des actes de commerce (C. comm., art. 1er), la société sera commerciale si elle a pour objet l'exercice habituel de tels actes. Et puis, comme la loi a pris le soin de décrire les actes de commerce en indiquant, par les art. 632 et 633 du Code de commerce, ceux qu'elle répute tels, il s'ensuit que pour savoir quelle est la nature de la société, il faudra préciser tout d'abord les opérations auxquelles la société entend se livrer, et rechercher ensuite si ces opérations rentrent dans les termes des art. 632 et 633 précités. Telle est la règle à suivre pour dis-

_____

(1) Pothier (*Soc.*, n°° 57 et suiv.).

tinguer les sociétés civiles des sociétés commerciales : toute société qui n'est pas commerciale est civile; il n'y a de société commerciale que celle dont l'objet est l'exercice fait en commun d'un commerce quelconque.

Mais, ajoutons-le, ceci n'est rigoureusement exact que par rapport aux vraies sociétés de commerce, c'est-à-dire à celles qui se développent par une série d'opérations. Quoique l'association commerciale en participation paraisse classée par la loi au nombre des sociétés (C. comm., art. 47 et suiv.), nous n'entendons pas parler de cette association qui se résout à une seule opération, et qui, n'ayant pas d'autre durée que celle de cette opération elle-même, commence et finit avec elle. Dans ce cas, évidemment, il peut y avoir association commerciale, bien que, l'*exercice habituel* des actes faisant défaut, on ne puisse pas dire que celui-là serait commerçant qui seul poursuivrait la fin poursuivie à l'aide de l'association. Néanmoins, c'est toujours un acte de commerce qui est l'objet de l'association; et par conséquent l'association reste *commerciale,* ainsi qu'elle est qualifiée par la loi, même dans le cas tout exceptionnel où l'acte qui en est l'objet émane de personnes non commerçantes. Et cela nous conduit à reconnaître que la qualité des parties n'est d'aucune considération lorsqu'il s'agit de déterminer la nature de la société par elles contractée : des non-commerçants peuvent s'engager dans une association commerciale, nous venons de le voir; de même, des commerçants peuvent, à l'inverse, constituer entre eux une société civile. Donc, et en définitive, le signe à l'aide duquel on classera la société, c'est la nature de l'opération, ou, plus souvent, des opérations qu'elle se propose.

105. Complétons cet exposé de la règle en ajoutant que la question relative à la nature de la société est de celles dont la solution ne rentre pas nécessairement, d'une manière absolue et sans contrôle possible, dans les attributions souveraines des juges du fond. Sans doute, déclarer que la convention spéciale dont il s'agit de déterminer le caractère constitue une société commerciale ou une société civile à raison du genre d'opérations que les parties ont eu en vue, est dans le domaine exclusif des juges du fond, en ce sens qu'après leur décision il est constant que l'objet de la convention est l'objet même que les juges ont déclaré. Mais, ce point établi, restent la qualification de la société à raison de son objet et la détermination de ses effets légaux à raison de sa nature ou de son caractère. Or, à cet égard, il ne saurait être contesté que la décision des juges du fond peut être soumise au contrôle de la Cour de cassation, qui assurément a le pouvoir et le droit de fixer l'interprétation de la loi, et de dire si telle ou telle opération constitue un acte de commerce et rentre dans les termes des art. 632 et 633 du Code de commerce. Nous tenons donc que, dans cette mesure, une décision statuant en dernier ressort sur la nature d'une société peut donner ouverture à cassation. Et dès lors la Cour suprême, à notre avis, n'a pas suffisamment tenu compte de ses prérogatives et de ses attributions lorsqu'elle a décidé « que la question de savoir si une association commer-

ciale constitue une pure association en participation ou une société qui
a pour objet de faire le commerce d'une manière générale, est une question de fait exclusivement dévolue à l'appréciation des juges du fait. » (1)
Mais nous reviendrons sur ce point en rapprochant, dans la quatrième
partie, les associations commerciales en participation des sociétés col-
lectives.

106. Cela dit, suivons l'application du principe dans quelques cas
spéciaux, objet de controverses plus ou moins vives.

Tout achat de denrées et marchandises pour les revendre soit en
nature, soit après les avoir travaillées et mises en œuvre, ou même pour
en louer simplement l'usage, est réputé acte de commerce : la loi est
précise et formelle sur ce point, que l'art. 632, n° 1, du Code de commerce a tranché dans ces mêmes termes. Mais acheter des immeubles
pour les revendre soit tels qu'ils ont été achetés, soit par lots après
morcellement, est-ce également faire acte de commerce? Non, assurément. Si l'achat des immeubles devait être assimilé à l'achat de denrées
et marchandises dont parle l'art. 632, il faudrait dire, pour rester dans
les termes de cet article, que celui-là fait acte de commerce qui achète
ou loue un immeuble *en vue de le louer ou de le sous-louer,* puisque la
commercialité, aux termes de cet article, est étendue même à l'achat
de denrées et marchandises fait pour en louer seulement l'usage. Or,
il est bien évident qu'on ne saurait aller jusque-là (2). Donc l'achat
d'immeubles pour les revendre ne saurait, pas plus que l'achat en vue
de la location, être pris comme constituant un acte de commerce. C'est
qu'en effet, par leur nature, par leur condition même, les immeubles
résistent à la commercialité, les formalités et les lenteurs nécessaires
pour que la propriété en passe et se consolide sur la tête des acquéreurs
étant absolument incompatibles avec la simplicité, la facilité et la rapidité qui constituent des conditions essentielles dans les transactions
commerciales. Aussi voit-on que pas un des actes dont les art. 632 et
633 du Code de commerce contiennent l'énumération ne serait applicable aux immeubles. Et comme ces articles, s'ils ne sont pas limita-
tifs, sont au moins démonstratifs, nous nous rangeons sans hésiter
à l'opinion dominante, laquelle invoque la tradition et tient que les immeubles ne sont certainement pas compris et ne peuvent être considérés comme rentrant dans les termes *denrées et marchandises* dont se
sert le législateur dans l'art. 632 du Code de commerce (3).

---

(1) V. Rej., 8 janv. 1840, 8 mai 1867 (S.-V., 40, 1, 19; 67, 1, 313; Dall., 40, 1, 53;
67, 1, 225; *J. Pal.*, 1867, p. 849). *Junge :* Rej. (ch. réun.), 2 fév. 1808 (S.-V., 8, 1,
183; Coll. nouv., 2, 2, 480; Dall., 8, 1, 198; *J. Pal.*, à sa date).
(2) V. Paris, 13 juill. 1861 ; Trib. civ. de Marseille, 17 mai 1867 (S.-V., 61, 2, 568;
J. Pal., 1861, p. 929; 1868, p. 109; Dall., 61, 5, 9). — V. aussi Aix, 27 déc. 1855
(Dall., 56, 2, 208).
(3) V. Merlin (*Quest.*, v° Acte de comm., § 4); Favard (*Rép.*, eod. v°, § 1, n° 6);
Vincens (t. I, p. 123); Troplong (n° 319); Pardessus (n° 8). — *Junge :* MM. Malepeyre
et Jourdain (p. 69); Molinier (*Dr. comm.*, n° 14); Delangle (*Soc. comm.*, n° 28); Bédarride (*Soc.*, n°s 88 et suiv.); Massé (*Dr. comm.*, 1re édit., t. III, n° 432; 2e édit.,
n° 1382); Rauter (*De la Soc. civ.*, p. 172); Nouguier (*Trib. de comm.*, t. I, p. 359);
Labbé (*J. Pal.*, 1868, p. 1224, à la note).

Disons-le néanmoins, cette opinion a été très-vivement contestée. Quelles que soient les expressions dont le législateur s'est servi, a-t-on dit, il est certain que l'esprit de la loi ne résiste en aucune manière à ce que la commercialité soit étendue aux immeubles. Et en effet, pour déterminer ce qu'on doit entendre par commerce, il faut s'attacher aux actes mêmes plutôt qu'à l'objet sur lequel les actes sont exercés. Or, si dans un sens restreint le mot *marchandises* comprend seulement des objets mobiliers, dans un sens plus étendu, et d'ailleurs plus en rapport avec les faits économiques nouveaux, il doit comprendre également les immeubles, quand cette nature de biens devient l'objet de spéculations semblables à celles qui s'exercent sur les meubles et les objets mobiliers (1). Mais, bien évidemment, l'esprit ne se prête pas plus que la lettre de la loi à cette interprétation. Rappelons, à cet égard, le Rapport si remarquable de M. le président Mesnard, alors conseiller, dans une affaire où ces mêmes idées étaient présentées devant la chambre des requêtes. Dans l'esprit de l'art. 632 du Code de commerce, disait en substance l'éminent rapporteur, pour qu'une chose soit réputée marchandise, il ne suffit pas qu'elle soit susceptible d'achat et de vente; il faut, de plus, que la transmission de main en main soit prompte et facile, et que par sa nature elle se prête, à l'aide d'un prix courant habituellement déterminé, au trafic et aux rapides mouvements de la spéculation. Or, de toutes ces conditions, facilité de transmission, valeur vénale habituellement déterminée par un prix courant, simplicité des transactions, rapidité des échanges et de la consommation, il n'en est aucune qui puisse convenir aux immeubles et aux biens-fonds. Ils ne changent de main qu'en traînant à leur suite, pour la plupart du temps, un cortége d'hypothèques et de charges réelles qui entravent leur marche et ne les laissent arriver aux mains d'un nouvel acquéreur qu'après un long et difficile travail de dégagement et d'affranchissement. Comment des choses d'un déplacement si lent et si difficile pourraient-elles se prêter aux allures tout à la fois si simples et si rapides de la spéculation commerciale? Comment serait-il possible de faire intervenir les procédés expéditifs de la juridiction commerciale dans les contestations auxquelles donnent naissance les contrats souvent hérissés de difficultés qui, sous des formes si variées et si savantes, assurent la régulière transmission des immeubles? (2) Ces considérations sont d'une évidence palpable. Et comme la spéculation, en se portant sur les immeubles, ne saurait avoir pour effet de changer la nature et les conditions de la propriété immobilière, de la mobiliser en quelque sorte, on peut affirmer que les faits nouveaux dont on argumente se fussent-ils accomplis sous les yeux des rédacteurs du Code de commerce, les dispositions de la loi n'en auraient pas moins été écrites de manière à laisser les immeubles

---

(1) V. MM. Goujet et Merger (*Dict. de droit comm.*, v° Acte de comm., n° 20); Béslay (*Des Comm.*, n° 107); Frémy-Ligneville (*Législ. des bâtim.*, t. I, p. 7); Emile Ollivier (*Rev. prat.*, t. I, p. 241 et suiv.).
(2) V. ce Rapport dans les Recueils de jurisprudence (S.-V., 50, 1, 595; *J. Pal.*, 1850, t. II, p. 699).

en dehors de la spéculation commerciale. Ce qui le prouve, c'est que des Codes étrangers, rédigés récemment sous l'influence ou en présence de ces faits nouveaux, n'ont pas hésité cependant à déclarer que « les transactions immobilières ne sont pas commerciales. » Ainsi s'explique le Code allemand ; les Codes portugais et espagnol sont conçus dans le même sens (1).

Maintenons donc que la location ou l'achat d'immeubles, soit pour les louer ou les sous-louer, soit même pour les revendre en totalité ou par lots, ne constitue pas un acte de commerce. Et concluons, dès lors, que toute société qui serait formée dans le but de faire de telles opérations serait une société purement civile. La jurisprudence, sauf quelques décisions, se prononce en ce sens (2).

107. De même, l'exploitation de son fonds par un propriétaire n'étant pas un acte commercial, comme cela s'induit de la disposition de l'art. 638 du Code de commerce, l'association de plusieurs propriétaires pour vendre les produits de leurs fonds ne sera qu'une société civile. En généralisant la proposition, nous disons que toutes les fois qu'il s'agira soit de l'exploitation d'un immeuble, soit de l'exercice en commun d'une industrie, la société restera civile. Tel est, par exemple, le caractère de la société formée entre des cultivateurs ou des bergers pour engraisser des bestiaux et les vendre (3). Tel aussi celui de la société formée entre plusieurs propriétaires dans le but de mettre en commun le lait de leurs vaches, de le convertir en fromages et de les vendre ainsi fabriqués pour en partager le prix entre eux proportionnellement (4).

Remarquons, cependant, que si l'intention des contractants a été d'exploiter ce qui, quoique immeuble, était envisagé par eux comme meuble au moment du contrat, par exemple les matériaux d'une maison à démolir, les coupes de bois à faire, l'association devrait être qualifiée autrement : elle sera commerciale si les associés tendent à spéculer sur l'achat et la vente de ces objets qu'ils considèrent comme meubles, en les supposant détachés par avance de l'immeuble.

108. Mais que faut-il décider en ce qui concerne les compagnies d'assurance ? Ici, la solution ne saurait être absolue : il faut distinguer, en effet, entre les sociétés d'assurance à prime et les sociétés d'assurance mutuelle.

---

(1) V. M. Beslay (Comm., Cod. comm., n° 107, à la note).
(2) V. Req., 28 brum. an 13 et 14 déc. 1819 ; Lyon, 26 fév. 1829 ; Bourges, 4 déc. 1829 ; Paris, 8 déc. 1830 ; Bourges, 10 mai 1843 ; Nancy, 18 mai 1849 ; Poitiers, 19 août 1849, et sur le pourvoi, Req., 4 juin 1850 ; Paris, 28 nov. 1851 ; Aix, 10 nov. 1854 ; Caen, 10 août 1857 ; Paris, 24 mai 1864 et 15 fév. 1868 ; Dijon, 19 mars 1868 ; Paris, 17 et 29 août 1868 (J. Pal., 1844, t. I, p. 572 ; 1850, t. I, p. 553, et t. II, p. 698 ; 1852, t. I, p. 298 ; 1854, t. II, p. 554 ; 1859, p. 388 ; 1864, p. 588 ; 1868, p. 1225 et 1231 ; S.-V., 7, 2, 1205 ; Coll. nouv., 2, 1, 25 ; 6, 1, 148 ; 44, 2, 37 ; 50, 2, 577, et 1, 593 ; 55, 2, 245 ; 58, 2, 414 ; 68, 2, 329 et 333). — V. cependant Paris, 11 fév. 1837, 5 août 1847, 21 avril 1849, 8 oct. 1851 (J. Pal., 1847, t. II, p. 410 ; 1850, t. I, p. 108 ; 1854, t. II, p. 556).
(3) Bruxelles, 23 fév. 1822 (S.-V., Coll. nouv., 7, 2, 29).
(4) Lyon, 22 nov. 1850 (S.-V., 51, 2, 191 ; Dall., 51, 2, 239 ; J. Pal., 1852, t. I, p. 402).

Lorsque celui qui a la possession d'un droit ou la propriété d'une chose s'engage à payer périodiquement une certaine somme à un tiers qui, de son côté, s'oblige à indemniser ce possesseur ou ce propriétaire de la perte qu'il pourrait éprouver de son droit ou de sa chose par l'effet d'événements prévus (1), il se forme un contrat d'assurance à prime. Si ce moyen de garantie est employé pour protéger un navire ou des marchandises à charger, il y a certainement, de la part de l'assureur, un acte de commerce (C. comm., art. 633). Et par conséquent la société d'assurances maritimes est incontestablement une société commerciale. Mais la disposition précise de la loi en ce qui touche les assurances contre les risques de mer révèle la pensée du législateur : à ses yeux, ce qui imprime au contrat le caractère commercial au moins du côté de l'assureur, c'est la spéculation à laquelle celui-ci se livre ; le contrat est commercial à raison de sa nature même, et nullement à raison de l'espèce des choses qui en sont l'objet. Aussi, malgré le silence du Code de commerce, nous n'hésitons pas à conclure que toute compagnie d'assurance à prime, qu'elle ait pour but de garantir contre les fortunes de mer, ou contre l'incendie, la grêle, la mort, les chances du tirage au sort, est une société commerciale. Nous n'insisterons pas sur ce point, définitivement fixé par la jurisprudence (2).

Lorsque, au lieu de cette prime qui révèle la pensée d'un bénéfice dont la réalisation est subordonnée à certaines chances déterminées, celui qui assure une personne stipule que cette personne l'assurera réciproquement, il n'en saurait plus être de même. L'espoir ou la pensée de réaliser un bénéfice qui, dans le premier cas, imprime au contrat le caractère d'un acte de commerce, n'apparaît en aucune manière dans celui-ci. L'assureur ne vise pas à un gain ; il est assuré en même temps qu'assureur, et l'objet unique de la convention est de répartir entre toutes les parties la perte que l'une ou l'autre viendrait à éprouver par l'effet d'événements qui auraient pu atteindre chacune d'elles. C'est là un contrat d'assurance *mutuelle;* ce n'est pas un acte de commerce ; et la convention qui intervient à cet effet entre les parties ne saurait à aucun titre être prise comme constituant une société commerciale, puisque, nous l'avons établi plus haut, elle ne constitue pas même une véritable société (*suprà,* n° 71). La jurisprudence est également fixée sur ce point (3). Et la Cour de cassation est allée jusqu'à dire qu'il en est ainsi même quand la convention est formée entre commerçants contre les risques des faillites, et que l'acte qui la constitue stipule

(1) V. M. Pardessus (n° 584).
(2) V. Cass., 8 avril 1828; Rouen, 24 mai 1825; Paris, 23 juin 1825; Grenoble, 19 juill. 1830 (Dall., 28, 1, 204, et 2, 9; 25, 2, 216; 31, 2, 82; S.-V., 29, 1, 28; 25, 2, 252; 31, 2, 89; J. Pal., à leur date). — V. aussi Caen, 12 mai 1846 (J. Pal., 1847, t. II, p. 340; Dall., 47, 2, 138); Cologne, 1er fév. 1847 (Dall., 47, 2, 142).
(3) Rouen, 9 oct. 1820; Douai, 4 déc. 1820; Req., 15 juill. 1829; Paris, 27 janv. 1854; Besançon, 4 fév. 1854; Paris, 12 fév. et 28 mars 1857; Metz, 10 août 1858; Rej., 9 nov. 1858 (S.-V., 21, 2, 250; 22, 2, 225; 29, 1, 315; 59, 1, 15; Dall., 21, 2, 48 et 86; 29, 1, 407; 54, 2, 238; 58, 1, 461; J. Pal., 1854, t. I, p. 594; 1857, p. 1066; 1858, p. 1079; 1859, p. 297). — V. encore Rej., 16 avr. 1856 (Dall., 56, 1, 153).

l'établissement d'une caisse de réserve et le partage en certains cas, entre les parties, des fonds versés dans cette caisse (1).

La Cour juge par le même arrêt que le gérant, le directeur ou l'organisateur d'une telle société ne peut, par le seul fait de sa gestion, être considéré comme commerçant; et, en thèse générale, cela n'est pas contestable (2). Mais si, par la nature de la gestion qui lui serait confiée, ce gérant faisait des actes de commerce, des opérations commerciales, s'il était investi de ses fonctions moyennant une somme fixe et sous la condition de supporter certaines charges, évidemment il y aurait alors, de sa part, une véritable entreprise d'agence; l'acte serait au nombre de ceux que la loi déclare expressément réputer actes de commerce (C. comm., art. 632, 3°); et dans le cas où le gérant se donnerait des associés pour agir en commun avec eux sous ces conditions ou dans ce but, l'association constituerait incontestablement une société de commerce (3). Nous en dirions autant de l'association établie par les administrateurs d'une tontine afin de partager leurs bénéfices éventuels (4) : il y aurait aussi là une entreprise d'agence exploitée par des associés; ce serait une société commerciale vivant à côté de la tontine qui, elle, non-seulement n'est pas une société de commerce, mais n'est même pas une société (*suprà,* n° 73).

En résumé donc, sur ce qui précède, sans parler des administrateurs des compagnies d'assurance, lesquels peuvent occasionnellement être considérés comme agents d'affaires, les compagnies elles-mêmes ne prennent le caractère de sociétés de commerce et ne sont soumises à la législation commerciale qu'autant qu'on y voit apparaître cet élément essentiel du contrat de société, la vue d'un bénéfice à acquérir et à partager en commun. Cela revient à dire que seules les compagnies d'assurance *à prime* constituent des sociétés de commerce. Par cela même, il est à propos d'ajouter qu'il appartient aux juges du fond, alors même que les parties ont qualifié leur association d'assurance *mutuelle,* de déclarer qu'à raison de certaines clauses spéciales révélant de leur part la pensée de réaliser un bénéfice en commun, l'association participe de la nature des sociétés d'assurance à prime, et constitue dès lors une société de commerce. Ainsi a jugé la Cour de Caen (5); et tout en reconnaissant que le contraire paraît s'induire de l'arrêt ci-dessus cité de la Cour suprême, qui prononce la cassation d'un arrêt rendu en ce sens par la Cour d'Amiens (6), nous tenons la solution de cette dernière Cour et de la Cour de Caen comme juridique et parfaitement exacte.

(1) Cass., 8 fév. 1860 (S.-V., 60, 2, 207; *J. Pal.,* 1860, p. 570; Dall., 60, 1, 83).

(2) V., dans le même sens, l'arrêt déjà cité de Rouen, 9 oct. 1820. *Junge :* Paris, 25 mars 1857 (S.-V., 58, 2, 197).

(3) Caen, 24 nov. 1846; Bordeaux, 16 nov. 1850; Paris, 6 déc. 1852 (*J. Pal.,* 1847, t. I, p. 272; 1853, t. I, p. 56; Dall., 53, 2, 84).

(4) Req., 15 déc. 1824 (Dall., 25, 1, 15; S.-V., 25, 1, 205; *J. Pal.,* à sa date).

(5) Caen, 12 mai 1846, arrêt déjà cité sous ce numéro. — V. encore Caen, 1er juill. 1845, et sur le pourvoi, Req., 30 déc. 1846 (Dall., 47, 1, 80; S.-V., 47, 1, 285; *J. Pal.,* 1847, t. I, p. 374).

(6) Amiens, 27 août 1858 (S.-V., 58, 2, 702; Dall., 59, 2, 30) : arrêt cassé par celui du 8 fév. 1860, cité à l'une des notes précédentes.

109. Depuis le régime nouveau relativement aux mines, organisé par la loi du 21 avril 1810, l'acte de concession d'une mine crée une propriété particulière, distincte de la propriété de la surface, et dont l'exploitation ne constitue pas un commerce. « L'exploitation des mines, dit en effet l'art. 32 de la loi, *n'est pas considérée comme un commerce,* et n'est point sujette à patente. » Cette disposition spéciale a pour fondement l'intérêt public qui se lie à l'exploitation des mines, c'est-à-dire à une industrie spéciale que les règles sévères de la loi commerciale au point de vue de l'exécution des engagements auraient pu entraver. Mais s'il est une entreprise qui excède et dépasse les forces individuelles, c'est assurément celle qui a pour objet l'exploitation d'une mine : aussi a-t-on vu presque toujours les concessionnaires recourir à l'association comme à un moyen nécessaire pour la mise en action et le succès de l'entreprise. Et par cela même la question s'est posée immédiatement de savoir quel est le caractère de ces sortes d'associations. Il y avait sur ce point une controverse qui subsisterait peut-être encore si l'art. 32 de la loi de 1810 avait été maintenu tel qu'il fut d'abord proposé. En effet, dans les termes du projet, cet article, tout en affranchissant l'exploitation des mines de la patente, pouvait cependant donner à penser que cette exploitation n'en serait pas moins un commerce : « L'exploitation des mines, disait-il, ne sera pas considérée *comme un commerce sujet à patente.* » Mais la rédaction définitive ci-dessus reproduite a été plus explicite et plus claire. Elle affirme tout à la fois et que l'exploitation d'une mine n'est point sujette à patente, et qu'elle *n'est pas considérée comme un commerce.* Par elle-même, elle permet donc de conclure que la société dont une telle exploitation est l'objet a un caractère purement civil. Toutefois, si quelques doutes subsistaient à cet égard, ils s'évanouiraient devant les observations de la commission du Corps législatif, qui, en proposant la rédaction définitive à la place de celle du projet, disait : « Cette rédaction est proposée pour plus grande clarté. Elle fera cesser les contestations qui s'élèvent fréquemment sur la question de savoir si les sociétés qui exploitent une mine sont de la compétence des tribunaux de commerce. — La mine étant une propriété foncière, le particulier ou la société qui l'exploite fait valoir son héritage, et rien de plus. Il faut donc exprimer clairement qu'il n'y a pas lieu à le traduire devant les tribunaux de commerce. » (1)

Ainsi, rien n'est plus précis que l'intention et la volonté du législateur : aussi la jurisprudence des tribunaux ordinaires est-elle d'accord avec la jurisprudence administrative pour considérer comme civile, et non commerciale, la société ayant pour objet l'exploitation d'une mine concédée (2). Bien entendu, nous avons supposé qu'il s'agit de l'ex-

---

(1) Observations de la commission du Corps législatif (Locré, t. IX, p. 465).
(2) V. notamment Req., 7 fév. 1826; Cass., 10 mars 1841; Trib. civ. de Reims, 13 juin 1833; Ord. du conseil d'Etat, 7 juin 1836; Paris, 19 août 1840; Dijon, 26 avril 1841; Riom, 21 janv. 1842; Toulouse, 19 avril 1844 (S.-V., 27, 1, 137; 41, 1, 357; 34, 2, 122; 41, 2, 481; 42, 2, 260; 45, 2, 18; Dall., 26, 1, 157; 41, 1, 173, et 2, 216; 42, 2, 202; 45, 4, 251; *J. Pal.,* à leur date). — V. cependant Req., 30 avril 1826 (Dall., 28, 1, 233; S.-V., 28, 1, 418; *J. Pal.,* à sa date).

ploitation proprement dite. Que si des spéculations auxiliaires ayant le caractère commercial venaient s'ajouter à l'extraction des produits naturels de la mine, il faudrait dire que la société prendrait par ces agissements le caractère commercial. La jurisprudence reconnaît en effet que, quoique civile en thèse générale, la société formée pour l'exploitation d'une mine peut être considérée comme commerciale d'après les circonstances (1). Et la Cour de Colmar a décidé que tel est le caractère de la société lorsque les produits naturels de la mine sont, à l'aide de leur combinaison avec d'autres matières achetées, convertis en produits industriels, pour être livrés comme tels au commerce (2).

110. Mais on se demande ce qu'il faudrait décider par rapport à la société dont l'objet serait la recherche de la mine, ou l'exécution des travaux préparatoires, souvent fort considérables, à l'effet de vérifier si la mine existe ou non.

Il faut ici distinguer. Si la société qui a en vue la recherche de la mine tend aussi à en obtenir la concession, il n'est pas possible de ne pas la déclarer société purement civile. Le motif même de la loi pour ranger la société formée pour l'exploitation au nombre des sociétés civiles, c'est l'importance attachée par le législateur à la mise en valeur, à la réalisation de nos richesses minérales, c'est la faveur dont il entoure toute entreprise inspirée par cette pensée. Cela étant, il faut bien, sous peine d'inconséquence, attribuer le même caractère à l'association préliminaire qui prépare l'association pour l'exploitation, et sans laquelle cette dernière association est ordinairement impossible. Évidemment, si la loi de 1810 a dégagé de la solidarité, de la compétence commerciale, et, jusqu'en 1867, de la contrainte par corps, celui qui exploite une mine ou ceux qui se sont associés pour l'exploiter, il a été dans son esprit d'accorder les mêmes avantages à ceux qui, en agissant pour obtenir la concession de la mine dont ils prétendent vérifier l'existence, ne font en définitive que préparer ses voies à l'exploitation. Cette exploitation étant en elle-même et sans aucun doute une opération exclusivement civile, comment le fait de se livrer à certains travaux en vue de la concession, préliminaire obligé de l'exploitation, pourrait-il être commercial ?... (3)

Que si la société est uniquement formée pour faire les recherches nécessaires à la découverte de la mine, sans prétendre à en obtenir ultérieurement la concession; si son unique pensée est d'agir dans l'intérêt de tiers à la disposition desquels elle met ses forces et ses moyens d'investigation, elle ne saurait être considérée comme ayant le caractère de société civile. Elle se livre alors à un trafic ; elle est à la poursuite d'un gain ; elle constitue une de ces entreprises d'agence que la loi classe parmi les actes de commerce. C'est donc une société empreinte éminemment du caractère commercial.

---

(1) Req., 26 mars 1855 (S.-V., 56, 1, 504; Dall., 55, 1, 68 ; *J. Pal.*, 1857, p. 560).
(2) Colmar, 4 juin 1862 (*J. Pal.*, 1862, p. 1010; S.-V., 62, 2, 249; Dall., 62, 2, 163).
(3) V. Nancy, 20 nov. 1840; Douai, 17 déc. 1842; Rouen, 19 août 1857 (S.-V., 43, 2, 81; Dall., 57, 2, 183).

111. Du reste, la réalisation des produits naturels de la mine ou son exploitation ne change pas de nature, bien qu'elle soit faite par d'autres que par les concessionnaires eux-mêmes. Ainsi, dès qu'entre les mains des concessionnaires l'exploitation, en général, n'est pas un commerce d'après les termes formels de la loi, elle ne saurait être davantage un commerce entre les mains de celui qui exploiterait en qualité de preneur à bail de la mine. Nous concluons de là que la société non concessionnaire de la mine, mais qui l'aurait prise à ferme et qui en aurait la jouissance à ce titre, serait une société purement civile (1), toutefois sous la réserve du cas où il se mêlerait à l'exploitation proprement dite des opérations accessoires ou des agissements ayant le caractère commercial.

112. Quant à l'exploitation des carrières, elle n'a pas été l'objet de dispositions analogues à celle de l'art. 32 de la loi du 21 avril 1810. On en a conclu que la société formée pour louer une carrière et en vendre les produits est une société commerciale et non civile (2). Nous ne saurions partager cette manière de voir. La carrière est une propriété ordinaire qui, comme toute autre propriété, a pour elle le bénéfice du droit commun, dont, au surplus, l'art. 32 de la loi de 1810 s'est borné à faire une application spéciale. Or, d'après le droit commun, exploiter sa propriété, ce n'est pas faire acte de commerce (C. comm., art. 638). Donc la société formée entre plusieurs propriétaires de carrières pour se livrer à une exploitation commune ne peut être qu'une société civile. Cela ne saurait faire difficulté. Il n'y a aucune raison pour dire que la société serait commerciale si, au lieu d'être propriétaire des carrières qu'elle exploite, elle en était simplement locataire et s'était formée précisément en vue de les prendre en location et de les exploiter. Une carrière peut, comme toute autre propriété, être la matière d'un contrat de louage; et dès qu'il est admis que de la part du fermier d'un immeuble qui le cultive et en vend le produit il n'y a pas acte de commerce, il doit être admis également qu'il n'y a pas acte de commerce non plus de la part du locataire d'une carrière qui l'exploite. Et par une conséquence ultérieure, il faut dire que pas plus que la société formée entre des propriétaires qui mettent leurs immeubles en commun, la société qui a pour objet la location et l'exploitation d'une carrière n'est une société commerciale.

113. Comme nous l'avons établi plus haut, les associations formées pour exploiter un office sont illicites et nulles en règle générale (suprà, n° 46). Par conséquent il ne pourrait exister, dans les rapports mutuels des parties réunies dans une telle association, qu'une simple communauté de fait qui n'aurait rien de commercial (3). Toutefois, nous l'avons indiqué aussi, il y a maintenant une exception à la règle. Elle

(1) Aix, 12 mars 1841 (S.-V., 41, 2, 484; Dall., 41, 2, 153; J. Pal., à sa date).
(2) V. Pardessus (n° 11); Troplong (n° 337). Junge : M. Bédarride (n° 105). — V. aussi Bordeaux, 29 fév. 1832; Caen, 26 janv. 1836; Angers, 5 fév. 1842 (Dall., 32, 2, 95; 40, 2, 222; 42, 2, 36; S.-V., 42, 2, 247).
(3) V. Lyon, 29 juin 1849 (Dall., 50, 2, 155; J. Pal., 1850, t. I, p. 296).

résulte de la loi du 2 juillet 1862, qui a modifié les art. 74, 75 et 90 du Code de commerce, et elle est relative aux charges d'agent de change, dont cette loi, en sanctionnant en quelque sorte ce qui jusqu'à elle avait été assez généralement pratiqué, a autorisé l'acquisition et l'exploitation au moyen de capitaux associés. Désormais autorisées, les associations pour l'exploitation des charges d'agent de change sont légales; et quant à leur nature, elle est déterminée nettement par la nature même des actes qu'elles ont pour objet. L'agent de change, en intervenant dans les transactions dont il certifie la régularité et la sincérité, ne fait pas autre chose qu'une de ces opérations de courtage rangées par l'art. 632 du Code de commerce au rang des actes de commerce. C'est, d'ailleurs, le caractère qui lui était assigné par la jurisprudence dès avant la loi qui en a consacré la légalité (1).

114. La société ayant pour objet l'exercice d'un métier ou d'une profession, ne serait commerciale qu'autant que la profession ou le métier aurait le caractère commercial. Ainsi, l'auteur qui publie ou qui vend son œuvre ne fait pas un commerce. Donc, s'il s'associe avec un autre auteur pour achever la publication et la perfectionner par le concours de deux arts différents, la société qui se forme est purement civile (2). Il en est toujours ainsi, quelle que soit d'ailleurs la qualité de la personne avec laquelle l'auteur s'est mis en société (3). Dès que l'association a pour objet la composition d'une œuvre artistique ou littéraire, fût-elle formée par l'auteur soit avec un imprimeur (4), soit même avec un libraire (5), elle n'en est pas moins une société civile.

115. De même, le fait de l'artisan qui se borne à exercer son état n'est pas rangé par la loi au nombre des actes ayant un caractère commercial. En conséquence, l'association entre plusieurs ouvriers pour travailler en commun et partager entre eux le produit de leur industrie est une société civile, à moins que par l'achat des matières premières qu'ils revendraient après les avoir façonnées, ces ouvriers ne rentrent dans la catégorie des commerçants, selon l'art. 632, 1°, du Code de commerce.

A ce point de vue, on ne peut qu'approuver la jurisprudence qui tient comme purement civile la société formée pour la direction d'une maison d'éducation (6). En effet, les maîtres de pension ne sont pas des commerçants; ils ne spéculent pas; et s'ils livrent à leurs élèves certaines fournitures, c'est accessoirement, comme condition même de leur noble profession; ce n'est pas une entreprise de leur part, le but unique qu'ils doivent se proposer étant l'éducation de la jeunesse. Ce

(1) V. Paris, 15 juin 1850; Trib. de la Seine, 16 mars 1850 (S.-V., 50, 2, 433; Dall., 50, 3, 29).
(2) Paris, 16 déc. 1837 (Dall., 38, 2, 33; *J. Pal.*, à sa date).
(3) Paris, 23 déc. 1840 (S.-V., 41, 2, 323; Dall., 41, 1, 175; *J. Pal.*, à sa date).
(4) Paris, 14 juin 1842 (Dall., 42, 2, 236). — V. cependant Paris, 7 août 1847 (S.-V., 49, 2, 114; *J. Pal.*, 1847, t. II, p. 484; Dall., 50, 2, 204).
(5) Paris, 10 mars 1843 (S.-V., 43, 2, 139; Dall., 43, 4, 8; *J. Pal.*, à sa date).
(6) Paris, 23 juill. 1852 (Dall., 54, 2, 102; *J. Pal.*, 1853, t. I, p. 99).

serait donc rabaisser et matérialiser, en quelque sorte, le rôle de ceux qui se vouent à l'enseignement, que rattacher l'idée de spéculation à leurs soins et à leurs efforts dans l'accomplissement de leur mission élevée. Cela ne touche évidemment par aucun côté aux pratiques commerciales; et par cela même, il est vrai de dire que la société formée en vue d'accomplir une telle mission ne saurait à aucun titre avoir un caractère commercial.

116. La loi, dit l'art. 633 du Code de commerce, « répute pareillement acte de commerce toute entreprise de construction, etc. » Mais, dans le texte cité, ces mots sont appliqués nominativement aux entreprises de construction pour la navigation. Faut-il les étendre aux constructions terrestres, aux entreprises d'autres travaux? Et faut-il dire que ces constructions terrestres, ces autres travaux, constituent également des actes de commerce? Les auteurs et la jurisprudence sont divisés à cet égard; et, par suite, le point de savoir quel est le caractère d'une société formée en vue de mener à fin de telles entreprises subit le contre-coup de cette controverse.

Il est un cas, cependant, qu'il faut mettre hors de cause, parce que la commercialité de la société n'y pourrait pas être sérieusement contestée : c'est lorsque l'objet de l'association consiste non-seulement à élever telle ou telle construction, mais encore et surtout à se servir de la construction achevée d'une manière assurément commerciale. La destination de l'objet étant alors de faciliter l'exercice d'un commerce, elle doit nécessairement influer sur la qualification de la société fondée pour l'entreprise même des travaux et lui imprimer un cachet commercial. Ainsi, la société créée pour construire un théâtre et l'exploiter sera commerciale, à raison de sa fin principale, l'entreprise d'un spectacle public (C. comm., art. 632, 3°). De même, la société tendant à la construction d'un canal ou d'un chemin de fer, et aussi à l'exploitation de l'un ou de l'autre, sera commerciale, à raison de son objet définitif, une entreprise de transport (même article, 2°). La Cour de cassation a jugé, en effet, qu'une société formée pour l'exploitation d'un chemin de fer constitue une société commerciale qui, en conséquence, doit, à peine de nullité, être assignée au siége social (1). Et l'on trouve une application remarquable du principe dans un autre arrêt duquel il résulte que la société formée à l'effet d'obtenir la concession d'un chemin de fer est commerciale, alors même qu'elle n'est pas demeurée adjudicataire (2).

Mais ce cas écarté, reste la question de savoir si la société peut être considérée encore comme commerciale alors qu'elle a pour objet, non pas une opération commerciale à réaliser à l'aide des constructions ou des travaux par elle exécutés, mais la seule entreprise de ces travaux ou de ces constructions.

Nous le répétons, la question, étroitement liée à celle de savoir si

(1) V. Cass., 26 mai 1857 (S.-V., 58, 1, 264; Dall., 57, 1, 246).
(2) Paris, 19 mai 1848 (J. Pal., 1848, t. II, p. 224; Dall., 49, 2, 27).

l'entreprise de construction constitue ou non un acte de commerce, a divisé les auteurs et la jurisprudence. Quant à nous, elle nous semble devoir être résolue négativement en principe. Et nous nous prononçons en ce sens par la raison dominante qui nous a conduit à considérer comme purement civile la société fondée en vue de l'achat et de la revente des immeubles (*suprà*, n° 106), à savoir que, par leur nature même, les immeubles résistent à la commercialité. Ajoutons que, par rapport aux entreprises de construction mentionnées dans l'art. 633 du Code de commerce, nous avons de plus la formule restrictive de cet article. Et c'est décisif, en ce que la limitation, tout à fait intentionnelle, a été faite à la suite d'observations précises et on ne peut plus significatives. L'art. 3 du projet de Code de commerce présenté par la commission et soumis à l'examen des tribunaux mettait, en effet, au nombre des actes réputés de commerce, *toutes les entreprises de construction*. Or, cette rédaction générale et même absolue fut critiquée précisément en ce qu'elle semblait embrasser même les constructions *terrestres*. « C'est une nouveauté qui ne paraît pas admissible, dit la Cour d'Orléans. Ces entreprises sont de simples locations d'ouvrage ; elles n'ont aucune analogie avec les faits de commerce, et ne sauraient être réglées par les lois qui lui sont propres ; elles lui sont trop étrangères, si ce n'est peut-être les constructions de navires marchands, *à raison de leur destination pour le commerce*. Quant aux entrepreneurs de bâtiments, s'ils peuvent être considérés comme commerçants, ce n'est que relativement à l'achat des matériaux qu'ils emploient et fournissent dans leurs entreprises... » La Cour d'Angers s'expliqua dans le même sens. Et c'est à la suite de ces observations que la disposition projetée a été successivement modifiée, d'abord par la commission elle-même, qui proposa de mentionner seulement *les constructions maritimes*, et puis par les rédacteurs du Code, qui, dans une formule encore moins compréhensive, et aussi plus exacte, surtout plus conforme à l'avis exprimé par les tribunaux, ont dit définitivement que ce qui est réputé acte de commerce, c'est l'entreprise de construction « de bâtiments pour la navigation intérieure et extérieure. » (1) La pensée de la loi ressort de là avec une évidence palpable : il en résulte qu'il a été dans la volonté du législateur de considérer l'entreprise de *constructions terrestres* comme étrangère en elle-même au fait du commerce, selon l'expression de la Cour d'Orléans, et par cela même de laisser une telle entreprise sous l'empire du droit commun. Il est donc vrai de dire, en principe, qu'une société fondée en vue de faire des constructions ou d'autres travaux sur des biens-fonds, sur des immeubles qui lui appartiennent, est une société civile et non commerciale.

Est-ce à dire, pourtant, qu'une société dont l'objet serait une entre-

---

(1) V. là-dessus l'*Esprit du Code de commerce*, de Locré (t. VIII, p. 292), et les Observations des tribunaux (t. I, p. 214 et 98). *Junge* : M. Molinier (*Tr. du droit comm.*, n° 39).

prise de constructions ou d'opérations immobilières ne pourrait jamais
être une société commerciale? Ce que nous venons de dire fait pressentir que nous n'allons pas jusque-là. Sans doute nous n'admettrions
pas la distinction proposée par quelques auteurs, d'après lesquels la
société serait civile ou commerciale suivant que l'entreprise serait pour
les associés un acte spécial ou une opération habituelle tenant à la profession (1). Il implique, en effet, que l'acte de l'entrepreneur, qui en
lui-même n'a pas de caractère propre, qui n'est pas commercial, devienne tel par l'effet de la répétition. Si, étant propriétaire d'un terrain,.
je ne fais pas acte de commerce en y élevant une maison, je ne ferai
pas acte de commerce davantage lorsque, étant propriétaire de dix, de
vingt parcelles, je les couvrirai de constructions. Par cela même, si
l'acte est accompli par plusieurs propriétaires réunis en société, il importe peu qu'il s'agisse d'une opération immobilière unique ou de
plusieurs opérations : dans un cas aussi bien que dans l'autre, la société
fondée en vue d'opérer sur des biens-fonds dont elle a la propriété serait une société purement civile.

Mais, on le voit, nous supposons la société propriétaire des terrains
sur lesquels elle édifie ses constructions. Que si l'entreprise avait pour
objet des constructions à élever sur des terrains appartenant à autrui,
la société, à notre avis, revêtirait alors le caractère commercial. La
distinction a été indiquée, sinon appliquée, par la Cour de Paris dans
l'un des derniers arrêts qu'elle a rendus sur la question (2). Il s'agissait, dans l'espèce, de la Compagnie générale immobilière, fondée en
1854, à Paris, dans le but de se livrer à l'achat, la vente, *la construction et l'exploitation des terrains et bâtiments.* Le gérant avait reçu des
statuts le pouvoir non-seulement de passer des marchés, d'acheter des
matériaux, de créer des ateliers et de commanditer des entreprises,
mais encore d'*entreprendre des constructions sur des terrains appartenant à des tiers.* La Cour, en déclarant que la société était purement
civile, ne s'arrêta pas à cette dernière clause, parce qu'en fait elle était
restée sans application. Toutefois elle reconnut virtuellement, dans les
motifs de son arrêt, que cette faculté d'entreprendre des constructions
pour le compte de tous aurait suffi pour communiquer à la société le
caractère commercial, si l'éventualité en vue de laquelle elle avait été
conférée était venue à se réaliser. C'est qu'en effet, dans cette situation,
la société ne se borne pas à agir pour elle-même, à accomplir son œuvre
propre sur sa chose, par son travail ou celui de ses ouvriers, comme
ferait un propriétaire exploitant ses immeubles dans son intérêt particulier. Elle complique ses opérations, et y ajoute des actes qu'elle ne
peut pas ne pas accomplir et dont la nature est essentiellement commerciale; spécialement, la fourniture et le transport des matériaux nécessaires à la construction, par conséquent l'achat de ces matériaux
qu'elle ne possède pas, pour les employer à l'œuvre qu'elle livrera en-

(1) V. Troplong (*Soc.*, n° 351). *Junge :* M. Bédarride (*eod.*, n° 107 et suiv.).
(2) V. l'arrêt du 15 fév. 1868, cité plus haut sous le n° 106.

suite au tiers pour le compte duquel elle s'est employée. En définitive, s'il y a là une entreprise de construction, il y a aussi et avant tout une entreprise de transport et de fourniture, et par là la société prend incontestablement le caractère de la commercialité (1).

117. Il n'entre pas dans le plan de notre commentaire de suivre dans ses nombreuses applications le principe que les sociétés civiles et commerciales se distinguent par la nature même des actes ou des opérations que l'association a pour objet. Comme, en définitive, tout se borne à apprécier si ces actes ou opérations rentrent dans les termes des art. 632 et 633 du Code de commerce, c'est aux commentateurs de ces articles qu'il appartient de donner à cet égard de plus amples détails; il nous suffit, quant à nous, d'avoir cherché la justification du principe par quelques-unes de ses applications les plus notables. Mais il nous reste maintenant, en revenant à cette idée que c'est l'objet ou le but de la société qui en détermine la nature, le caractère civil ou commercial, à rechercher quelle est la valeur de certaines modifications qu'on a prétendu apporter au principe.

118. Et d'abord, la qualification donnée par les parties à l'acte social est impuissante à modifier le caractère qui résulte pour la société de la nature de ses opérations. Ainsi, les juges saisis de la question de savoir si telle société est civile ou commerciale, auront à examiner la nature même de l'objet direct et principal de l'association, sans se préoccuper en aucune façon des dénominations sous lesquelles les parties auraient elles-mêmes formé leur convention. La détermination exacte et précise de ce qui est ou n'est pas commercial se lie, en effet, trop essentiellement à l'ordre public, pour qu'on puisse abandonner le soin de poser la limite aux appréciations souvent erronées des personnes qui contractent. Les juges laisseront donc sans en tenir compte ce qui est en quelque sorte l'extérieur de la convention, et s'attachant à en pénétrer le but, à préciser le caractère des opérations en vue desquelles les parties se sont réunies, ils détermineront la nature véritable de l'association. La jurisprudence a constamment observé ces principes. Ainsi, la Cour de cassation a rangé parmi les associations commerciales, comme ayant pour objet des opérations de banque, la société qui, en réalité et au fond, se livrait aux opérations ordinaires du banquier, mais qui, soit par une exagération de ce qui était accessoire ou de simple garantie dans ses actes, par exemple l'achat d'immeubles à réméré, soit par la qualification de *Banque territoriale* donnée à l'acte social, avait essayé de donner le change sur son caractère véritable de société commerciale (2). — Il en faudrait dire autant, par analogie, de la Société du crédit foncier, qui, prêtant sur hypothèque des fonds qu'elle obtient en émettant des obligations ou des lettres de gage, fait une véritable opération de banque.

_____

(1) V. Cass., 6 juill. 1868; Aix, 5 août 1868 (*J. Pal.*, 1868, p. 1073 et 1233; S.-V., 68, 1, 396; 2, 334).

(2) Rej., 21 mars 1808 (S.-V., 8, 1, 225; Coll. nouv., 2, 1, 503; Dall., 8, 2, 75; J. Pal., à sa date). — V. aussi M. Bédarride (*Soc.*, n° 121).

De même, la Cour de Paris a rétabli la vérité du fait en déclarant *commerciale* une société qui, fondée pour la publication d'un journal, s'était néanmoins proclamée société civile (1). Citons enfin un arrêt de la Cour de Bordeaux qui, sinon pour distinguer le caractère civil du caractère social, au moins pour préciser si l'acte qui lui était soumis constituait une société en nom collectif ou une association en participation, s'attache à cette maxime certaine qu'il faut prendre en considération les éléments constitutifs et intérieurs de la convention, et non la dénomination sous laquelle elle se présente (2).

En résumé, une erreur dans la qualification est impuissante à modifier le vrai caractère que la société tire de son but, de la nature de ses opérations.

119. Faudrait-il en dire autant, non plus d'une erreur, mais de la volonté exprimée par les parties de transformer une société, civile d'après la fin qu'elle a eu en vue, en société commerciale ou réciproquement?

Fixons la portée même de la question ; c'est le meilleur moyen d'arriver sûrement à la solution. Puisqu'il s'agit de mesurer la puissance d'une volonté qui tend nettement à déclasser, pour ainsi dire, la société stipulée, il faut voir quelle serait, en droit, la conséquence directe de ce déclassement. A cet égard, nous ne reviendrons pas sur des points déjà précisés en détail ; nous nous bornerons à rappeler les différences capitales qui existent entre la société civile et la société commerciale, et dont le fondement unique et exclusif est la nature même ou le caractère de la société. Sans parler désormais de la contrainte par corps, qui, avant la loi abolitive du 22 juillet 1867, était de droit en matière de commerce, il reste encore aujourd'hui que les membres d'une association commerciale sont justiciables des tribunaux de commerce, et que, le cas échéant, la société peut être soumise au régime tout exceptionnel de la faillite. Au contraire, la société civile est à tous égards sous l'empire du droit commun, en sorte que les associés ont pour juges les tribunaux ordinaires, et que les règles spéciales de la faillite ne leur sont pas applicables, tout comme leurs engagements, même avant la loi du 22 juillet 1867, échappaient à la dure sanction de la contrainte par corps. Donc, et en définitive, donner force et valeur à la déclaration supposée dans notre espèce, ce serait soit supprimer certains effets juridiques attachés à la convention par la loi elle-même, soit, au contraire, ajouter ces mêmes effets à une autre convention qui, d'après la loi, ne les comporterait pas : en d'autres termes et d'un mot, ce serait exclure la juridiction consulaire et la possibilité de la faillite là où ces garanties existent de par la loi, ou, au contraire, les faire surgir là où elles ne se rencontrent pas. Est-ce possible? Telle est la question ; et c'est ainsi seulement qu'à notre avis elle doit être posée quand on se demande quelle peut être la portée de la volonté exprimée par ceux qui

_____

(1) Paris, 2 août 1828.
(2) Bordeaux, 6 fév. 1849 (S.-V., 49, 2, 535; *J. Pal.*, 1850, t. I, p. 180; Dall., 51, 2, 230).

s'associent. Or, la question étant posée en ces termes, la solution ne saurait être douteuse ni dans l'une ni dans l'autre situation.

D'une part, la société est civile de sa nature, elle reçoit de son objet même un caractère purement civil, et pourtant les parties ont déclaré vouloir contracter une société commerciale : à nos yeux, cette déclaration est sans aucune valeur. Vainement on invoquerait le principe de la liberté des conventions ; vainement dirait-on que si les parties ont pensé qu'elles ajouteraient au crédit de leur société par cette stipulation de commercialité, il doit leur être loisible de l'introduire dans l'acte, puis-qu'elles ne font en cela qu'aggraver leur situation personnelle. L'objection ne saurait nous arrêter. Nous ne disons pas, sans doute, que la stipulation sera nécessairement et absolument sans effet : ainsi, ce pourra être une question de fait à résoudre par les circonstances, de savoir si la simple manifestation de la volonté de se constituer en société commerciale, quand de fait on forme une société purement civile, suffira pour importer dans la société civile un des attributs ordinaires, mais non exclusifs, de la société commerciale, par exemple la solidarité, laquelle, aux termes de l'art. 1202 du Code Napoléon, est susceptible d'être ajoutée par une convention (V. *infrà,* n° 123). Mais l'effet que cette simple manifestation ne saurait produire, c'est de transformer en société commerciale la société qui est civile par sa nature et son objet. Cette société restera purement civile, parce que la volonté individuelle ne peut rien contre la réalité des choses consacrée par la loi. Dire que cette volonté pourrait ici être satisfaite, ce serait admettre que les parties seraient libres de changer l'ordre des juridictions et de modifier le régime de la faillite. Or, même à la faveur du principe de la liberté des conventions, cela ne saurait être, parce que cette liberté a sa limite nécessaire aux choses qui, comme la compétence et les règles de la faillite, touchent à l'ordre public.

D'une autre part, la société est commerciale par sa nature, et les associés ont déclaré former une société civile : la déclaration ne peut rien non plus contre la réalité du fait. Dans ce cas, sans doute, la position des contractants, telle qu'elle serait réglée par la convention, serait notablement améliorée, bien loin d'être aggravée comme dans le cas précédent. Mais elle serait améliorée aux dépens de ceux qui traiteraient avec la société, et qui se trouveraient ainsi dépouillés des garanties protectrices créées par la loi en matière commerciale. Or, une telle modification aux droits des tiers ne saurait résulter de cette seule déclaration que les parties ont entendu fonder une société civile ; en sorte que la déclaration, ne pouvant avoir ce résultat, n'en aurait aucun. Donc, dans cette hypothèse comme dans la précédente, la société reste telle qu'elle est d'après la nature des actes qu'elle doit accomplir ; et de même qu'elle restait civile tout à l'heure nonobstant la volonté des associés de se réunir dans une entreprise commerciale, de même, maintenant, elle reste commerciale à l'inverse, malgré l'expression de la volonté de former une société civile.

120. Néanmoins, la solution n'est pas admise unanimement sur les

deux points. Les auteurs qui ont traité la question s'accordent bien à reconnaître que les contractants ne peuvent pas, par leur seule volonté et par l'effet d'une déclaration formelle, transformer une société d'essence commerciale en société purement civile. Mais en se plaçant dans l'hypothèse inverse, celle où les parties voudraient *commercialiser,* s'il est permis d'ainsi dire, la société civile, la doctrine est moins absolue : elle propose une distinction, ou du moins elle subordonne l'efficacité de la déclaration des parties à la circonstance que la nature des opérations projetées par la société ne répugne pas à la transformation. Les auteurs citent, à titre d'exemple, le cas où un propriétaire de vignes ou de forêts voudrait faire de ses propres récoltes l'objet d'un commerce : cela lui est permis assurément, dit-on, car il ne saurait lui être interdit de renoncer au bénéfice de la disposition d'après laquelle le propriétaire ne fait pas acte de commerce en vendant les produits des fonds qu'il cultive. Or, ce qu'un propriétaire peut faire, une association de propriétaires le peut faire également; et c'est ainsi que la société formée entre propriétaires de vignes, de forêts, quoique civile par sa nature, pourra devenir commerciale par la volonté des associés (1).

Nous ne saurions admettre ce tempérament. Comment, en effet, à quel signe et d'après quelles règles discernerait-on, parmi les opérations auxquelles les associés doivent se livrer en commun, celles qui répugnent à la transformation de leur caractère civil en faits de commerce, et celles qui se prêtent à cette transformation? Les auteurs qui tombent d'accord pour proposer la distinction sont eux-mêmes divisés sur ce premier point; car les uns estiment que, par exemple, la société pour acheter et revendre des immeubles, laquelle est civile par essence (*suprà,* n° 106), se prête à la transformation en société commerciale (2), tandis qu'elle y répugnerait d'après les autres (3).

Ce dissentiment sur un point essentiel révèle par lui-même le vice du système. La vérité est qu'en présence de textes qui précisent nettement et définissent les actes réputés actes de commerce par la loi, on ne conçoit pas un acte qui puisse rentrer dans la nomenclature ou en sortir par le seul effet de la volonté de celui qui agit. Le propriétaire qui exploite son fonds ne fait pas un acte de commerce; il a beau proclamer qu'il veut être commerçant, il ne l'est pas tant qu'il reste dans les conditions du propriétaire, du cultivateur, du vigneron qui exploite, sans faire aucun des actes de commerce que le législateur a pris le soin d'énumérer. Il vend les produits de son cru, des denrées qui en proviennent, soit; mais il n'y a acte de commerce que dans l'*achat pour revendre :* or il n'achète rien. Donc le propriétaire, en exploitant ses vignes ou ses forêts, n'est pas un commerçant, quoi qu'il dise; et de même, des propriétaires de vignes ou de forêts qui s'associent pour vendre en commun les produits de leurs fonds, ne contractent et, quoi qu'ils

_____

(1) *Comp.* Troplong (n°⁸ 320 et suiv.), et MM. Delangle (n° 36) et Bédarride (n°⁸ 89 et suiv.).
(2) Troplong (*loc. cit.*).
(3) MM. Delangle et Bédarride (*loc. cit.*).

disent, ne peuvent contracter qu'une société purement civile. Et vainement dira-t-on qu'on ne peut s'opposer à ce que la société cherche dans sa transformation un moyen de présenter plus de garanties aux tiers qui traiteront avec elle : l'objection contient en elle-même la raison déterminante de repousser le système. Répétons, en effet, qu'il s'agit là de garanties touchant à l'ordre public, et par conséquent qui existent quand la loi les accorde, sans que jamais la convention, la volonté individuelle, puissent les introduire là où légalement elles n'existent pas.

121. Ceci dit touchant l'impossibilité par les parties de changer par une déclaration expresse le caractère que la société tiendrait de son objet même, voyons ce que vaudrait l'emploi des formes commerciales pour une société civile. Notons d'ailleurs, il est bon de le remarquer, que c'est là le seul aspect possible de la difficulté. Il n'y a pas, en effet, à se demander si, à l'inverse, une société de commerce peut emprunter la forme civile. Il y en a deux raisons : la première, que les sociétés civiles ne sont assujetties à aucune condition de forme, aucun type de conformation n'étant imposé à une convention qui demeure sous l'empire du droit commun (*infrà*, n°s 129 et suiv.) ; la seconde, qu'au contraire la société de commerce est régie, par rapport à sa forme ou mieux à sa structure, à certaines lois impératives auxquelles elle doit se soumettre à peine de nullité. Or, puisque les formes dites commerciales sont rigoureusement exigées lorsqu'il s'agit de former une société de commerce, puisqu'une telle société doit nécessairement être moulée, en quelque sorte, sur l'un des trois types connus sous les dénominations de société en nom collectif, société en commandite, société anonyme, l'unique objet de notre examen, ici, doit être l'influence, sur une société civile par la nature de ses opérations, de l'emploi de l'une des formes commerciales.

Après ce que nous venons de dire, on pressent aisément quelle est notre pensée sur ce point. Selon nous, la société civile en elle-même, d'après sa fin, reste civile en dépit de la forme commerciale qui lui serait donnée. Ainsi, la juridiction consulaire et le régime de la faillite demeurent aujourd'hui choses entièrement étrangères à ces sociétés, tout comme, avant la loi du 22 juillet 1867, la sanction de la contrainte par corps n'aurait pas été attachée aux engagements des associés. Et comment pourrions-nous décider autrement ? Quand nous tenons que les parties ne peuvent pas, par une expression de volonté directe et patente, transformer en société commerciale la société civile qu'elles constituent en s'unissant, nous ne saurions admettre qu'elles puissent arriver, indirectement et par un détour, à opérer la transformation (1).

122. Mais si la société reste civile, ne peut-elle pas du moins conserver l'apparence de la société commerciale, et emprunter à cette der-

---

(1) V. Pardessus (n° 966) ; Troplong (t. I, n° 328) ; Bravard (édit. Demangeat, t. I, p. 180) ; Malepeyre et Jourdain (p. 174). V. aussi MM. Duvergier (*Soc.*, n°s 481 et 485) ; Molinier (n° 244) ; Paris (n° 667) ; Alauzet (2e édit., t. I, n° 273) ; Labbé (*J. Pal.*, 1868, p. 1226, à la note) ; Rauter (*Soc. civ.*, p. 175 et suiv.) ; Talon (*Et. sur le contr. de soc.*, p. 235 et suiv.).

nière société les règles qui se lient à cette forme? Quelques auteurs enseignent que les formes d'association décrites par le Code de commerce
ne peuvent pas être adaptées à la société civile, et que dans la pensée
de la loi ces formes sont exclusivement réservées pour les opérations
commerciales (1). Il a été décidé, en ce sens, qu'une société qui réunit
les caractères de la société anonyme est, quel qu'en soit l'objet, une
société de commerce (2); que l'exploitation d'une mine, quand elle a
lieu au moyen d'une réunion d'actionnaires, doit être réputée acte de
commerce, en sorte que les contestations y relatives sont de la compétence des tribunaux de commerce (3); qu'une entreprise quelconque,
et spécialement une exploitation de mine, prend le caractère d'un acte
de commerce lorsqu'elle fait l'objet d'une société en commandite (4).

Toutefois cette solution n'a pas prévalu, et elle ne devait pas prévaloir. Et pourquoi, en effet, refuser à ceux qui créent une société civile
le droit de la façonner à l'image de la société commerciale? Le type
commercial est indispensable pour les sociétés de commerce; mais est-il
interdit aux sociétés civiles? Où est la loi prohibitive? Elle n'existe pas.
Une seule fois, le législateur, en instituant la société à responsabilité
limitée par la loi du 23 mai 1863, maintenant abrogée (loi du 24 juillet
1867, art. 47), semble avoir voulu réserver au commerce l'usage de ce
mode d'association. « Il peut être formé, portait l'art. 1er de la loi de
1863, sans l'autorisation exigée par l'art. 37 du Code de commerce,
des sociétés commerciales dans lesquelles aucun des associés n'est tenu
au delà de sa mise... » Et bien évidemment cette volonté du législateur
a dû être obéie : aussi était-il décidé que la forme de la société à responsabilité limitée n'avait pas pour effet de faire jouir une entreprise
civile à laquelle elle aurait été adaptée des avantages spéciaux attribués
à ce genre d'association (5). Mais, à part cette réserve touchant une
forme désormais supprimée, il n'y a pas un seul texte qui interdise,
pour les opérations civiles, l'emploi des modes d'association que la pratique a imaginés et que le Code de commerce a consacrés pour les opérations commerciales.

A défaut d'un texte prohibitif, y aurait-il au moins, dans les règles
propres aux sociétés civiles, quelque chose d'incompatible avec la
forme des sociétés de commerce? Pas davantage.

Et d'abord, quant à l'anonymat, son application aux entreprises civiles ne souffrait aucune difficulté dès avant la loi du 24 juillet 1867,
qui, en réglementant ce genre d'association, l'affranchit désormais, en
principe, de la nécessité de l'autorisation du gouvernement et de la surveillance administrative. Et en effet, le conseil d'État ne faisait aucune
difficulté d'approuver les statuts de *sociétés civiles* qui avaient revêtu

_____

(1) V. MM. Vincens (t. I, p. 349 et suiv.); Delangle (n°° 28 et suiv., et 424); Bédarride (n°° 97 et 123).
(2) Bruxelles, 3 mars 1810 (S.-V., 7, 2, 1206; Dall., Alph., t. XII, p. 140).
(3) Req., 30 avril 1828 (Dall., 29, 1, 233; S.-V., 28, 1, 418; J. Pal., à sa date).
(4) Paris, 19 août 1841 (Dall., 41, 2, 247; *J. Pal.*, à sa date).
(5) V. l'arrêt déjà cité de la Cour de Paris du 17 août 1868.

la forme anonyme. La jurisprudence suivait la même voie, et la Cour de cassation notamment, en jugeant que cette forme n'appartenait pas exclusivement aux sociétés commerciales, déclarait même qu'elle était celle qui paraissait se concilier le mieux avec la nature de certaines associations tontinières, par exemple les sociétés ayant pour objet l'assurance mutuelle contre l'incendie, dont le caractère purement civil ne saurait être mis en doute (1). Depuis la loi du 24 juillet 1867, c'est moins contestable encore; car l'art. 66 prévoit et autorise expressément l'application de l'anonymat même aux sociétés d'assurance *mutuelle*, en laissant, au moins à toutes celles qui n'ont pas pour objet l'assurance sur la vie, c'est-à-dire aux sociétés d'assurance contre l'incendie et les autres fléaux ou contre les faillites, la faculté, que la jurisprudence antérieure leur avait refusée (2), de se former sans l'autorisation préalable du gouvernement.

De même quant à la forme de la société en nom collectif. Les règles sévères de ce genre d'association diffèrent sans doute de celles que le Code Napoléon a tracées pour les sociétés civiles; mais celles-ci ne sont assurément que l'explication et le développement par le législateur de la volonté présumée des parties contractantes. Par cela même, ces parties sont absolument libres de modifier le régime légal, lequel n'existe qu'à défaut d'un régime convenu. Et pourvu que les clauses modificatives ne soient ni prohibées par la loi, ni contraires à l'ordre public et aux bonnes mœurs, le régime légal disparaît devant elles, tout comme, dans la société conjugale, la loi qui règle les intérêts pécuniaires des époux s'efface devant les conventions particulières.

Enfin, reste la forme de la commandite. Ici, nous en convenons, l'incompatibilité pourrait être alléguée avec une certaine apparence de raison. Ainsi, on peut dire que le principe de la commandite consiste dans la limitation de la responsabilité du commanditaire, tandis que le principe de la société civile est, au contraire, de laisser toute son étendue à l'engagement de l'associé (C. Nap., art. 1863). Et en passant de la commandite ordinaire ou par intérêt à la commandite par actions, on a dit en outre et plus radicalement que le fait seul de la création et de l'émission d'actions au porteur ou même à ordre, cessibles par voie d'endossement, constitue un acte de commerce dont l'effet n'irait à rien moins qu'à transformer la société civile en société commerciale (3). Ces objections, néanmoins, ne nous arrêtent pas. Limiter l'engagement de la personne, c'est, il est vrai, déroger au droit commun (art. 2092 et 2093). Toutefois cette dérogation, dans la commandite, a pour principe la publicité qui accompagne et entoure la formation de la société. C'est là aussi son correctif, les tiers avertis ne

---

(1) V. notamment l'arrêt du 27 mars 1866 (Dall., 66, 1, 428; S.-V., 66, 1, 211; J. Pal., 1866, p. 541). Comp. les arrêts des 23 août 1820, 13 mai 1857, 9 nov. 1858 (Dall., 57, 1, 201; 58, 1, 461; S.-V., 58, 1, 129; 59, 1, 15; J. Pal., 1857, p. 928; 1859, p. 297). Adde : Paris, 1er fév. 1858; Dijon, 19 mars 1868 (Dall., 58, 2, 28; J. Pal., 1858, p. 218; 1868, p. 1231; S.-V., 58, 2, 129; 68, 2, 333).
(2) V. les arrêts déjà cités des 13 mai 1857 et 9 novembre 1858.
(3) V. MM. Vincens (t. I, p. 353); Delangle (n° 34).

pouvant suivre la foi des commanditaires et sachant bien que le mandat du gérant ne lui permet pas d'obliger ceux-ci au delà de ce qu'ils ont mis dans la société. Or cette publicité est une nécessité qui s'impose même à la société civile dès qu'elle revêt une forme commerciale; nous allons revenir sur ce point. Donc rien ne s'oppose à ce que, sauf l'accomplissement de cette formalité, les parties qui fondent une société civile la façonnent à l'image de cette commandite simple, dont le trait distinctif est de supposer l'irresponsabilité dans une certaine mesure, puisque cet effet, encore une fois, a son principe et sa cause seulement dans la publicité, et nullement dans la nature civile ou commerciale de la société. Et maintenant, pourquoi les parties ne pourraient-elles pas recourir également à la forme de la commandite par actions? Est-ce que cette forme répugnerait plus que celle de la commandite simple à la société civile? Nous n'admettons pas que créer des titres au porteur ou négociables par voie d'endossement, ce soit faire un acte certainement commercial, comme on le dit dans le système contraire; et, à notre sens, la jurisprudence est allée trop loin, nous l'établirons plus tard, en décidant que la souscription d'actions dans une société en commandite constitue un acte de commerce qui soumettait autrefois le souscripteur à la contrainte par corps et le soumet encore aujourd'hui à la juridiction commerciale (1). Mais fût-il certain que la création de titres au porteur ou négociables par voie d'endossement constitue en elle-même un acte de commerce, comme, dans le cas particulier, elle n'est pas l'objet spécial de la société et a pour but unique la réunion du capital, elle ne saurait en aucune manière changer le caractère inhérent à la société, celui qu'elle tire exclusivement de la nature même des opérations en vue desquelles elle a été fondée (2). La loi elle-même vient à l'appui de cette solution par de nombreuses dispositions. Citons d'abord celle du 21 avril 1810, qui, à l'art. 8, parle des *actions* dans les sociétés formées pour l'exploitation des mines, lesquelles sociétés, d'après l'art. 32 de la même loi, sont purement *civiles*. Citons ensuite la loi du 5 juin 1850, qui soumet au timbre proportionnel tout *certificat d'action* dans une société, compagnie ou entreprise quelconque, financière, commerciale, industrielle *ou civile* (art. 14). Citons enfin et surtout la loi récente du 24 juillet 1867, qui, en se plaçant au point de vue des sociétés coopératives, dont la plupart ont le caractère civil, a supposé que le capital de ces sociétés serait divisé en *actions* (art. 50), et par conséquent pourrait affecter la forme de la commandite ou celle de l'anonymat.

---

(1) V. Rej., 13 août 1856, 15 juill. 1863 et 8 mai 1867; Req., 3 mars 1863; Grenoble, 25 fév. 1857; Lyon, 21 juill. 1858; Rouen, 25 juin 1859; Paris, 10 janv. 1861; Caen, 16 août 1864 (S.-V., 56, 1, 769; 63, 1, 485 et 137; 67, 1, 253; 60, 2, 247; 61, 2, 188; 65, 2, 33; J. Pal., 1857, p. 55; 1863, p. 644; 1864, p. 91; 1867, p. 642; 1860, p. 65 et 917; 1861, p. 577; 1865, p. 217; Dall., 56, 1, 343; 63, 1, 347; 67, 1, 193; 59, 2, 15 et 29; 60, 5, 7). — V. cependant Dijon, 20 mars 1851 et 4 août 1857; Angers, 18 janv. 1865 (S.-V., 51, 2, 764; 58, 2, 195; 65, 2, 221; J. Pal., 1852, t. II, p. 320; 1865, p. 857; Dall., 52, 5, 5; 65, 2, 67).

(2) V. Paris, 11 déc. 1880 (S.-V., 31, 2, 282; Dall., 31, 2, 140).

Il est donc vrai de dire qu'aucune des formes de la société commerciale n'est incompatible avec la société civile. Donc, par cela même que ces formes différentes ont toutes pour but uniquement de créer, par la réunion de capitaux et la collectivité des actions individuelles, une force productrice que nul, réduit à ses propres ressources, ne pourrait se procurer, il convient que toutes puissent être adaptées aux opérations civiles. En définitive, ces opérations ne sont pas moins licites que les opérations commerciales; et dès lors elles sont dignes, au même titre, de la faveur et de la protection de la loi. Tout ce qu'on peut concéder, c'est que si, les opérations étant nombreuses, les unes étaient civiles et les autres commerciales, il faudrait faire prévaloir ce dernier caractère, qui dès lors placerait la société sous l'empire des règles spéciales au commerce. C'est ce que nous avons expliqué plus haut en parlant des sociétés formées pour l'exploitation des mines (n° 109 *in fine*).

123. Un autre point encore est à préciser. Si la société dont les opérations sont exclusivement civiles reste société civile nonobstant l'emploi d'une forme commerciale, ce n'est pas à dire qu'elle soit à tous égards dans les conditions de la société purement civile : elle doit être traitée à l'égal de la société commerciale, sinon quant au fond, au moins quant à la *forme,* aux conditions que cette forme impose et aux conséquences qui lui sont propres. Ainsi, en premier lieu, les associés devront remplir scrupuleusement les conditions de publicité que la loi impose à la formation même des sociétés de commerce. Remarquons, en effet, que tout ce qui touche à l'organisation intérieure et extérieure de la société, avec les conséquences si graves qui en découlent au point de vue de la responsabilité, dépend, dans la pensée de la loi, de la stricte observation de ces conditions. Donc la conformation sociale et la publicité se lient en quelque sorte entre elles comme l'effet est lié à la cause. En sorte que tout en reconnaissant qu'il est permis d'imprimer à l'association civile le sceau commercial, nous subordonnons l'exercice utile de cette faculté à l'accomplissement des formalités de publicité prescrites par la loi pour la formation des sociétés commerciales.

En second lieu, ces formalités étant accomplies, il n'y aura aucune difficulté, en ce qui touche la mesure dans laquelle les associés seront tenus des engagements de la société, à faire l'application pure et simple des règles du droit commercial. Ainsi, la société civile a-t-elle revêtu la forme de l'anonymat, les associés ne pourront être poursuivis que jusqu'à concurrence de leur apport. La publicité du contrat a mis les tiers en mesure de connaître la portée des engagements; car elle n'est pas moins efficace, à ce point de vue, dans le cas où la société est civile que dans celui où elle serait commerciale. — La société a-t-elle pris la forme de la commandite, il faudra dire, et par les mêmes motifs, que l'obligation des commanditaires ne va pas au delà de leur mise; car ici encore, de même que s'il s'agissait d'une société commerciale au fond, les tiers avertis savent que les commanditaires ont donné mandat au gérant de ne les obliger que dans cette mesure. — Enfin, les associés ont-ils donné à l'acte la forme de la société en nom collectif, ils seront réputés avoir renoncé au bénéfice de l'art. 1862 du Code Napoléon, et avoir consenti à être tenus *solidairement* des engagements de la société. Sans doute, la forme qu'ils ont prise ne les soumettra ni à la juridiction commerciale, ni au régime de la faillite, à raison d'opérations qui restent purement civiles, parce que, comme nous l'avons expliqué plus haut, ce sont là des points tenant à l'ordre public, et qu'il n'appartient pas aux parties d'en changer les règles (*suprà*, n° 119). Mais la solidarité n'est pas du même ordre : la loi elle-même reconnaît qu'elle peut être l'objet d'une convention et qu'elle existe à la condition d'avoir été expressément stipulée (C. Nap., art. 1202). Or, revêtir la société civile d'une forme qui, en principe et par la volonté de la loi, rend les associés solidaires pour tous les engagements de la société (C. comm., art. 22), c'est en réalité faire une stipulation expresse de la solidarité.

Après avoir envisagé le contrat de société dans son objet, ce qui nous a conduit à la division des sociétés en civiles et commerciales, nous avons à le considérer dans son organisation même : c'est par là que nous terminerons cette première partie de notre commentaire.

XI. — 124. Une question, grave entre toutes, se présente à notre examen touchant ce point de l'organisation de la société. Par cette convention, plusieurs personnes se réunissent en vue d'accomplir certains actes ou de se livrer à certaines opérations dont elles attendent un bénéfice. Quelle est la situation qui s'établit alors? La société est-elle simplement une collection d'individus entre lesquels vont se répartir, dans une mesure plus ou moins large, les conséquences juridiques, actives et passives, des actes ou des opérations faits en commun; ou bien ces conséquences vont-elles retomber directement sur la société envisagée comme une personne juridique instituée pour posséder, contracter et agir pendant toute la durée de l'association? En d'autres termes, la société forme-t-elle une personne morale distincte de la personne des associés, et sur laquelle les intérêts communs viendraient se grouper, toutes les charges et tous les droits étant concentrés sur sa tête? Telle est la question. Elle est l'objet d'une controverse que nous avons eu l'occasion de signaler ailleurs (1), et dans laquelle nous avons maintenant à prendre parti.

Mais, avant tout, écartons les points sur lesquels il n'y a pas ou il n'y a plus de divergence. Nous voulons parler des sociétés de commerce, anonyme, en commandite ou en nom collectif, et des associations en participation. Il est certain et admis aujourd'hui, quant aux associations en participation, qu'elles ne supposent pas l'existence d'une personne morale distincte de la personne des associés, et au contraire, quant aux sociétés de commerce, que l'être moral est la fiction légale du contrat.

(1) V. notre *Traité du Contrat de mariage* en collaboration avec M. Rodière (1ʳᵉ édit., t. I, n° 296; 2ᵉ édit., t. I, n° 334).

Le premier point, d'abord contesté, est maintenant établi par une jurisprudence constante. Si l'on peut considérer comme des êtres moraux, a dit la Cour de cassation dans plusieurs de ses arrêts, les sociétés commerciales comprises dans l'art. 19 du Code de commerce, sous les noms de sociétés en nom collectif, sociétés en commandite et sociétés anonymes, c'est parce qu'elles sont accompagnées de formalités qui les font connaître au public, et sont représentées par une raison sociale au nom et pour le compte de laquelle se font tous les actes. Mais il n'en saurait être de même des associations en participation qui n'ont aucune publicité. Le caractère qui les distingue ne consiste pas seulement en ce qu'elles ont lieu pour les objets et aux conditions convenus entre les participants, en ce qu'elles peuvent être constatées par la représentation des livres, de la correspondance, ou par la preuve testimoniale, mais plus particulièrement encore en ce que l'ensemble des dispositions législatives qui leur sont spéciales en fait une espèce de société qui, dans l'intérêt même du commerce, n'est représentée vis-à-vis des tiers que par un des associés qui traite avec eux en son propre et privé nom, et devient leur débiteur direct (1).

Quant aux sociétés de commerce, leur personnification juridique, affirmée dans ces mêmes arrêts de la Cour de cassation, a été de tout temps admise et consacrée par la loi. Il en était ainsi déjà dans le droit romain, qui, tout en posant en principe que les *sociétés* ne sont pas des personnes civiles, la création de telles personnalités juridiques ne pouvant émaner que de la loi ou de la puissance publique, admettait cependant, mais en des cas rares, certaines exceptions relatives à quelques associations industrielles ou commerciales, par exemple celles qui étaient formées pour la perception des impôts publics, ou pour l'exploitation des mines d'or ou d'argent et des salines. « ... *Paucis admo-* » *dùm in causis* concessa sunt hujusmodi corpora : ut eccè, vectigalium » publicorum sociis permissum est corpus habere : vel aurifodinarum, » vel argentifodinarum, et salinarum... » (L. 1, *princ.* ff. *Quod cujusc. univers. nom., vel contra.*) Il en a été de même dans notre ancien droit français, sous l'empire duquel la fiction de la personne juridique a été étendue même à toutes les sociétés de commerce. C'est ainsi que Straccha disait, dans sa Rote de Gênes : *Societas est corpus mysticum ex pluribus nominibus conflatum ;* et qu'en considérant la société comme ayant son domicile propre et des biens, il lui reconnaissait toute capacité pour s'obliger et pour engager les tiers envers elle. Et c'est encore sur ce fondement que le Statut de Gênes accordait toute préférence aux créanciers de la société sur les créanciers personnels, même privilégiés, des associés : « Creditores societatum mercatorum... » in rebus et bonis societatum, præferuntur quibuscumque aliis credi- » toribus et etiam dotibus. » (Liv. IV, ch. XII.) Enfin, notre législation actuelle a très-nettement confirmé ce point de droit par l'art. 69 du

---

(1) V. Cass., 2 juin 1834 et 19 mars 1838 (S.-V., 34, 1, 603; 38, 1, 343; Dall., 34, 1, 202; 38, 1, 102; *J. Pal.*, à leur date).

Code de procédure, dont le n° 6 précise que les *sociétés de commerce* doivent, « tant qu'elles existent, être assignées *en leur maison sociale; et s'il n'y en a pas, en la personne ou au domicile de l'un des associés.* » Il résulte en effet de là que dans les sociétés commerciales il y a non pas une réunion d'individus qui, en cas de contestation, doivent être tous et personnellement assignés, mais une personne juridique, laquelle doit seule être mise en cause, sans qu'il soit besoin d'appeler tous les associés. L'induction est nécessaire; mais si un doute quelconque pouvait s'élever à cet égard, il disparaîtrait devant cette circonstance que le projet du Code de procédure avait proposé de dire, article 65, que « *les associés et intéressés,* dans une société de commerce, seront assignés en leur maison sociale, et s'il n'y en a pas, en la personne de l'un d'eux »; et que la disposition fut modifiée sur l'observation du Tribunat, qui, en présentant le texte définitivement admis, expliquait que cette rédaction paraissait plus claire, et avait « d'ailleurs l'avantage de faire disparaître le mot *intéressé,* qui ne devait pas rester dans l'article, *attendu que les intéressés ne sont pas censés connus du public, et que la loi ne peut avoir en vue que les assignations à donner à une société considérée comme être moral et collectif.* » (1)

Répétons-le donc, l'être moral est incontestablement la fiction légale du contrat dans les sociétés de commerce. On peut rattacher à cette idée une décision d'après laquelle chaque membre d'une société en faillite devrait être réputé en état de faillite individuelle par cela seul que la société est en état de faillite collective (2). Néanmoins, il convient de ne pas mettre ceci en thèse absolue : la solution, notamment, ne serait pas exacte par rapport à l'associé commanditaire, et cela même dans le cas où il serait obligé au delà de sa mise pour s'être immiscé dans la gestion (3); et même dans les sociétés de commerce où la solidarité existe de plein droit, la solution ne serait pas nécessairement applicable aux associés qui ne se trouveraient pas en état de cessation de payements à l'égard de leurs créanciers personnels (4). Quoi qu'il en soit, il faut maintenir la personnalité juridique des sociétés de commerce : c'est l'avis de tous les auteurs, sans exception. Et comme cette situation s'explique, ainsi que le dit la Cour de cassation dans les arrêts rappelés tout à l'heure, par les formalités mêmes, par les conditions de publicité qui doivent révéler l'existence de la société aux tiers, et leur faire connaître la durée de la société, la mesure dans laquelle les associés sont obligés, la raison sociale sous laquelle l'association pourra contracter et agir, il est vrai de dire que cette situation sera le propre non-seulement des sociétés véritablement com-

(1) Locré (t. XXI, p. 405).
(2) V. Douai, 9 fév. 1825 (S.-V., 26, 2, 134; Coll. nouv., 8, 2, 26; Dall., 25, 2, 195).
(3) Bourges, 2 août 1828 (Dall., 29, 2, 284; S.-V., 30, 2, 44; Coll. nouv., 9, 2, 133).
(4) V. Paris, 26 mars 1840 (S.-V., 40, 2, 247; Dall., 40, 2, 191). V. aussi Pardessus (n° 976); Troplong (*Soc.,* n°ˢ 74 et 75); Persil (sur l'art. 28 C. comm., n° 3). — V. cependant M. Delangle (t. I, n°ˢ 404 et suiv.).

merciales, mais encore, et par les mêmes motifs, des sociétés civiles qui auraient revêtu la forme commerciale. C'est là un point qui n'est pas non plus contesté (1).

125. La difficulté n'existe donc que par rapport aux sociétés civiles non revêtues de la forme commerciale. Mais elle a, au point de vue de la pratique, une importance capitale, si l'on songe aux conséquences juridiques qui s'y rattachent. En effet, ces sociétés forment-elles un être moral, aussi bien que l'association commerciale, le n° 6 de l'art. 69 du Code de procédure, dont nous venons de parler, leur est applicable, et il faudra dire qu'elles pourront agir ou se défendre en justice par l'intermédiaire de leurs gérants ou directeurs. Au contraire, les sociétés civiles ne sont-elles que des réunions d'individus, ce sont ces individus, et nullement la société, qui agissent ou se défendent en justice, en sorte qu'ils doivent figurer en nom et individuellement dans les affaires relatives à la société. Il existe, à la vérité, une décision de la Cour de cassation qui, en même temps qu'elle admet la fiction de l'être moral, repousse l'action collective, poursuites et diligences du gérant de la société (2). Mais, en cela, la décision est contradictoire (3), et ni la doctrine, ni la jurisprudence, n'hésitent plus à reconnaître qu'admettre l'existence de l'être moral, c'est exclure l'action individuelle des associés, et, au contraire, que rejeter la fiction, c'est reconnaître la nécessité de l'action individuelle (4).

Ce n'est pas tout : si la société forme un être moral, le fonds social, c'est-à-dire l'ensemble des biens de la société, est le gage des créanciers sociaux, et il y a lieu dès lors d'appliquer la règle ci-dessus rappelée du Statut de Gênes, d'après lequel ces créanciers doivent être payés par préférence sur ces biens et à l'exclusion des créanciers personnels des associés. Ainsi décide-t-on, en effet, dans les sociétés commerciales, qui, nous venons de le dire, forment incontestablement un être moral (5). Mais si la société n'est qu'une réunion d'individus, les créanciers particuliers et les créanciers sociaux auront les mêmes droits; ils formeront ensemble une seule classe, et viendront tous en concours sur les biens de la société. Ainsi en est-il, d'après la jurisprudence, dans les associations en participation qui, nous l'avons dit aussi, ne comportent pas l'existence d'un être moral distinct de la personne des associés (6).

---

(1) V. notamment MM. Aubry et Rau (3e édit., t. I, p. 190 et note 15).
(2) Req., 8 nov. 1836 (S.-V., 36, 1, 811; Dall., 36, 1, 412; J. Pal., à sa date).
(3) V. MM. Duvergier (Soc., nos 316 et suiv.); Aubry et Rau (3e édit., t. III, p. 396, note 17); Thiry (Rev. crit., t. V, p. 415 et 416).
(4) Req., 10 déc. 1806, 11 avr. 1829; Cass., 26 mai 1841, 21 juill. 1854, 30 août 1859 (S.-V., 30, 1, 37; 41, 1, 483; 54, 1, 489; 60, 1, 359; Dall., 29, 1, 380; 41, 1, 277; 55, 1, 41; 59, 1, 365; J. Pal., 1860, p. 40). — Comp. Cass., 14 fév. 1859 (Dall., 59, 1, 113; S.-V., 59, 1, 207; J. Pal., 1859, p. 346; Douai, 17 déc. 1842; Paris, 6 mars 1849 (S.-V., 43, 2, 81; 49, 2, 427; Dall., 43, 2, 84; 49, 2, 180; J Pal., 1850, t. I, p. 100); Req., 6 juill. 1864 (Dall., 64, 1, 424; S.-V., 64, 1, 327; J. Pal., 1864, p. 1038).
(5) V. Paris, 10 déc. 1814, 9 août 1831; Grenoble, 1er juin 1831 (S.-V., 15, 2, 79; 31, 2, 259 et 591; Dall., 31, 2, 209; 32, 2, 40). V. encóre Req., 13 mars 1823 et 9 août 1859 (S.-V., 23, 1, 343; 60, 1, 470; J. Pal., 1859, p. 1102).
(6) V. Paris, 19 avr. 1831 et 22 nov. 1834 (S.-V., 31, 2, 202; 35, 2, 69; Dall., 35,

La société forme-t-elle une personne juridique, c'est cette personne qui, pendant la durée de la société, aura la propriété du fonds social. Par suite, les immeubles dépendants de la société ne pourraient être hypothéqués par les associés et ne seraient pas grevés de l'hypothèque légale de leur chef (1) ; l'action de ceux-ci dans la société, mobilière quand même des immeubles dépendraient de la société, tomberait, à ce titre, dans la communauté légale de l'associé qui se marierait pendant la durée de la société (2) ; l'aliénation qui en serait faite par l'un des associés ne serait passible que d'un droit de mutation mobilière (3). Mais si la société ne forme qu'une réunion d'individus, les associés sont copropriétaires par indivis des biens mis en commun, en sorte que chacun d'eux est censé, à la dissolution, avoir eu la propriété *ab initio* des choses que le partage a fait passer dans son lot. En conséquence, la part de chacun entre dans la communauté légale ou en est exclue, suivant que par le partage il est déclaré propriétaire de meubles ou d'immeubles ; les immeubles ont pu, pendant la durée de la société, être hypothéqués par celui des associés qui les a reçus dans son lot, et ils ont été grevés de l'hypothèque légale de son chef, etc.

D'autres indications pourraient être ajoutées encore. Mais celles qui précèdent suffisent à mettre dans tout son jour l'intérêt pratique de la question.

126. Or nous tenons, quant à nous, que pas plus que la communauté légale, ou l'hérédité vacante, les sociétés civiles non revêtues de la forme commerciale ne constituent des personnes morales. C'est l'opinion par nous exprimée ailleurs (4), et bien que la majorité des auteurs se soit prononcée en sens contraire (5), nous ne pouvons que persister dans ce sentiment qui, au surplus, trouve aussi dans la doctrine de très-solides appuis (6). Il a pour lui, d'abord, la raison histo-

---

2, 77). — *Junge* les arrêts déjà cités de la Cour de cassation, des 2 juin 1834 et 19 mars 1838.

(1) V. notre *Traité-Commentaire des Priviléges et Hypothèques* et les autorités citées (t. I, n° 512). — V. aussi Rej., 7 mai 1844 (S.-V., 45, 1, 53).

(2) V. notre *Traité du Contrat de mariage* en collaboration avec M. Rodière, t. I, n° 340 ; 2ᵉ édit., t. I, n° 407).

(3) Req., 14 août 1833 (S.-V., 33, 1, 780).

(4) V. notre *Traité du Contrat de mariage* en collaboration avec M. Rodière (1ʳᵉ édit., t. I, n° 296 ; 2ᵉ édit., t. I, n° 334).

(5) V. Proudhon (*Usuf.*, n° 1264 et 2065) ; Pardessus (*Droit comm.*, n° 965, 1089 et 1207) ; Duranton (n° 334) ; Troplong (n° 58) ; Taulier (t. VI, p. 383) ; Bravard (*Man. de droit comm.*, p. 83 et suiv.) ; Favard (v° Soc., chap. II, sect. 4, § 2). *Junge* : MM. Malepeyre et Jourdain (p. 23) ; Championnière et Rigaud (t. III, n° 2743) ; Delamarre et le Poitvin (*Cont. de comm.*, t. II, p. 468) ; Duvergier (*Soc.*, n° 381 et suiv.) ; Molinier (n° 236) ; Delangle (n° 14 et suiv.) ; Foureix (*Soc. comm.*, n° 11) ; Massé et Vergé, sur Zachariæ (t. IV, § 719, note 10) ; Alauzet (n° 87) ; Bédarride (n° 9) ; Dalloz (*Rép.*, v° Société, n° 182). — V. aussi un arrêt de la Cour de cassation de Belgique rapporté par M. Thiry (*Rev. crit.*, t. V, p. 413).

(6) Nous citons surtout la remarquable dissertation de M. Thiry (*Rev. crit. de législ.*, t. V, p. 412 et suiv.). *Junge* : MM. Toullier (t. XII, n° 82) ; Vincens (*Législ. comm.*, t. I, p. 297, et *Soc. par act.*, p. 6 et 7) ; Frémery (*Et. de droit comm.*, ch. IV, p. 30) ; Aubry et Rau (3ᵉ édit., t. III, p. 394 et note 14) ; Rauter (*De la Soc. civ. en droit franç.*, p. 184 et suiv.). — D'après M. Talon (*Et. sur le cont. de Soc.*, p. 238 et suiv.), la société civile, à la différence des sociétés commerciales, n'est pas toujours et essentiellement un être moral ; tantôt le Code semble l'envisager comme telle, et tantôt il ne la prend que comme une réunion d'individus.

rique, tirée du droit romain et de notre ancien droit français. Et en effet, Troplong a supposé par erreur que le droit romain était contraire sur ce point. La vérité, méconnue par cet écrivain illustre, dont plusieurs auteurs ont ensuite trop facilement suivi l'opinion à cet égard, a été rétablie dans toute son évidence par M. Thiry. Sans reprendre une réfutation et une discussion auxquelles nous ne saurions ajouter rien, nous concluons avec ce savant professeur, sur l'autorité des textes par lui rappelés et discutés (1), qu'en droit romain les personnes civiles ne pouvaient être constituées que par un acte spécial de la puissance souveraine, et que sauf quelques associations industrielles et commerciales spécialement autorisées à se constituer en *corpora*, les sociétés n'étaient pas considérées comme personnes civiles. Il en était de même dans notre ancien droit français. On y tenait pour maxime indubitable, selon l'expression de Ferrière, « que personne ne peut établir aucune congrégation, corps, collége, communauté... sans congé et lettres du roi » (2); et en conséquence il était admis que la personnalité juridique, sauf en ce qui concerne les associations commerciales, ne naissait pas de la simple formation d'une société. Aussi les auteurs n'avaient-ils garde de considérer les sociétés civiles comme constituant des personnes juridiques. Tous, au contraire, repoussent cette idée, sinon en termes exprès, au moins par une suite de déductions desquelles il résulte que pas plus que la communauté, la société civile ne suppose l'existence d'une personne morale distincte de la personne des associés. Pothier notamment, sans parler de beaucoup d'autres, présente les associés comme copropriétaires par indivis des choses apportées en société (3); il reconnaît à chaque associé le droit d'engager et même d'aliéner les choses dépendant de la société, sinon pour le tout, au moins pour la part qu'il y a (4); il donne au partage un effet rétroactif au moyen duquel chaque associé est censé avoir été toujours propriétaire des choses ou des biens échus dans son lot (5), toutes solutions absolument incompatibles avec la personnification de la société civile.

Telle est la tradition : et bien évidemment, si la loi moderne n'a pas, d'une manière ou d'une autre, manifesté l'intention de s'en écarter, c'est que de son côté aussi elle a entendu repousser la fiction de l'être moral dans les sociétés civiles. Or, il n'y a pas un seul texte, pas un seul mot dans les travaux préparatoires qui manifeste la pensée d'innover à cet égard. Y a-t-il quelque chose d'où s'induise une telle pensée? Pas davantage. Sans doute, on trouve dans notre titre quelques

---

(1) V. notamment la loi 1, ff. *Quod cujusc. univers. nom., vel contrà*, déjà citée suprà, n° 124. *Junge* les lois 1, ff. *De colleg. et corpor.*; 13, § 1, ff. *Præscriptis verbis*; 13, ff. *Pro socio*, et 3, C. *De comm. rer. alienatione.*

(2) Ferrière (*Dict.*; v° Communauté). V. aussi Loisel (*Inst. cout.*, liv. III, tit. III, n° 22); Loiseau (*Des Off.*, liv. V, ch. VII, n° 73); Domat (*Droit publ.*, liv. I, tit. XV, sect. 2, n° 1).

(3) V. Pothier (*Soc.*, n° 3).

(4) Id. (n° 89).

(5) Id. (n° 179).

dispositions dans lesquelles la société est mentionnée par opposition aux associés, et figure comme propriétaire, comme créancière, comme débitrice : ce sont notamment les art. 1845, 1846, 1851, 1859 et 1867; et l'on n'a pas manqué de présenter ces dispositions comme ayant, au moins implicitement, introduit la fiction de l'être moral dans les sociétés civiles. Mais, disent très-justement MM. Aubry et Rau, « il faut distinguer ce qui n'est que simple image, forme plus commode ou plus abrégée de langage, de ce qui tient au fond et à la substance même des choses. Dans toute société, il peut y avoir opposition entre les intérêts individuels de chaque associé et les intérêts communs de tous les associés pris collectivement. C'est uniquement pour désigner ces intérêts communs que la loi se sert du mot *société* (dans les articles précités). Ce qui le démontre, c'est que ce mot ne se retrouve que dans les dispositions légales qui statuent sur les rapports respectifs des associés les uns à l'égard des autres, et disparaît, pour faire place à celui d'*associés*, dans les art. 1862 à 1864, qui s'occupent des engagements des associés à l'égard des tiers. » (1) Ainsi rien, dans la loi moderne, n'est contraire à la tradition, même implicitement, et il n'en faudrait pas davantage pour conclure que, pas plus que la loi ancienne, la loi moderne n'a entendu établir la fiction de l'être moral dans les sociétés civiles.

Mais il y a mieux : cette fiction est repoussée par d'autres textes qui l'excluent nettement des sociétés civiles, et qui par cela même donnent à la tradition une confirmation explicite. On pourrait citer d'abord, en les prenant dans notre titre même, les art. 1849, 1862, 1863, dont les auteurs qui partagent notre sentiment argumentent en ce sens. Toutefois, nous nous attacherons de préférence à une autre disposition qui, quoique prise en dehors de notre titre, est la plus nette et la plus décisive de celles qu'on peut invoquer sur le point de droit en question. Nous voulons parler de l'art. 69, n° 6, déjà cité (*supra*, n° 124), du Code de procédure. Cet article, nous le rappelons, mentionne limitativement les *sociétés de commerce*, en indiquant qu'en cas de contestation elles doivent être assignées en leur maison sociale ou au domicile de l'un des associés. Il ne dit rien de semblable quant aux sociétés *civiles*, et l'on sait que, d'après la jurisprudence, les membres de ces sociétés doivent être assignés individuellement sur les demandes intéressant leur association (2). Or, qu'est-ce à dire et pourquoi cette distinction, si ce n'est précisément que, dans la pensée de la loi, la société civile diffère essentiellement de la société commerciale au point de vue de l'organisation? C'est là incontestablement, comme le dit M. Thiry, « le seul motif rationnel qu'on puisse donner pour justifier cette différence, et en dehors duquel on ne trouverait que l'arbitraire. » (3)

---

(1) V. MM. Aubry et Rau (*loc. cit.*).
(2) V. les arrêts de la Cour de cassation des 8 nov. 1836 et 26 mai 1841, cités *supra*, n° 125.
(3) V. Thiry (*loc. cit.*, p. 445).

Concluons donc que la fiction de l'être moral est, aujourd'hui comme dans le passé, étrangère aux sociétés civiles, et que, sauf le cas où elles affectent l'une des formes commerciales, ces sociétés continuent à n'être qu'une réunion d'individus.

DEUXIÈME PARTIE.

DES RÈGLES DE DROIT COMMUN EN MATIÈRE DE SOCIÉTÉ.

SOMMAIRE.

I. 127. Les dispositions du Code Napoléon sur les sociétés civiles forment le droit commun, en ce sens qu'elles régissent même les sociétés commerciales en tout ce qui n'est pas exceptionnellement réglementé par les lois ou les usages du commerce. — 128. Division.

I. — 127. Le titre du Code Napoléon dont nous présentons le commentaire a pour objet le contrat de société en général. Là sont écrites les règles premières et générales de toute association. Là est le droit commun de la matière, celui qui régit non-seulement les sociétés civiles, en vue desquelles le titre est spécialement rédigé, mais encore les sociétés commerciales, sur tous les points, du moins, où les dispositions n'en sont pas contraires aux lois et usages propres à ces dernières sociétés (1). Nous avons donc à nous occuper tout d'abord des *sociétés civiles*, c'est-à-dire des règles générales, du droit commun de la société, sauf à parler, dans la dernière partie de ce commentaire, des sociétés de commerce, c'est-à-dire des règles particulières et dérogatoires.

128. Nous traiterons successivement, en suivant les divisions mêmes du Code : 1° de la formation et de la preuve du contrat de société ; 2° des diverses espèces de sociétés ; 3° des engagements des associés entre eux et à l'égard des tiers ; 4° enfin, des différentes manières dont finit la société.

CHAPITRE PREMIER.

DE LA FORMATION ET DE LA PREUVE DU CONTRAT DE SOCIÉTÉ.

1834. — Toutes sociétés doivent être rédigées par écrit, lorsque leur objet est d'une valeur de plus de cent cinquante francs.

La preuve testimoniale n'est point admise contre et outre le contenu en l'acte de société, ni sur ce qui serait allégué avoir été dit avant, lors et depuis cet acte, encore qu'il s'agisse d'une somme ou valeur moindre de cent cinquante francs.

_____

(1) V. l'Exposé des motifs de ce titre présenté par M. Treilhard (Locré, t. XIV, p. 517; Fenet, t. XIV, p. 394).

SOMMAIRE.

I. — 129. Le contrat de société, en droit romain, était l'un de ceux qui, par exception, se formaient *solo consensu,* ou, selon l'expression de Vinnius, *qui solo contrahentium voluntate obligationem inducunt.* Il suffisait que les contractants fussent d'accord sur les éléments essentiels du contrat pour qu'il y eût société, de quelque manière, d'ailleurs, que leur intention à cet égard se fût manifestée. Ainsi, la société pouvait être établie soit par le seul fait d'une mise en commun dans la pensée de participer aux gains et aux pertes, soit même par une convention verbale. C'est ce qu'exprime Modestin lorsque, dans le fragment 4 du titre *Pro socio*, il dit : *Societatem coïre et re, et verbis, et per nuntium posse nos, dubium non est.* A la vérité, tous les interprètes ne se sont pas accordés sur la portée de ce texte. Les uns ont pensé que la mise en commun ne suffisait pas à manifester l'intention des contractants si elle n'était accompagnée d'une déclaration expresse de volonté ; d'autres sont allés jusqu'à dire qu'il y fallait l'emploi de paroles solennelles. Mais Vinnius, donnant au texte de Modestin son interprétation toute naturelle, a montré clairement que, d'après sa signification, la société pouvait être formée par le seul consentement des parties, et qu'il importait peu que ce consentement eût été manifesté par des paroles, par un accord exprès, ou qu'il résultât tacitement de l'accomplissement de tel ou tel acte : *Significat enim societatem ita contrahi consensu, ut nihil intersit, verbis seu apertá conventione, an tacitè seu facto aliquo consensus declaretur*.

130. Ce qui était l'exception en droit romain a été érigé en règle par notre droit français. Les contrats, en général, y sont consensuels. Sauf en ce qui concerne la donation, l'hypothèque, l'adoption, le contrat de mariage, pour lesquels certaines formes solennelles sont requises, le consentement seul, le consentement privé de ce que les jurisconsultes romains appelaient la *causa civilis*, lie les parties et produit des obligations. En un mot, l'accord des volontés est nécessaire ; mais il suffit pour constituer un contrat obligatoire. Tel est le principe du droit français relativement à la formation, à la substance même des conventions : aucune condition de forme n'y est requise.

Or, ce que nous disons des contrats en général, il faut le dire aussi du contrat de société en particulier : c'est, comme nous l'avons expliqué déjà, un contrat *consensuel* (*suprà*, nos 7 et 97) (1). Il existe donc avec tous ses effets juridiques, par le simple accord de ceux qui veulent être associés, alors, d'ailleurs, qu'on y rencontre les éléments constitutifs qui lui sont propres, c'est-à-dire des apports réalisés ou promis, et la perspective d'un gain à obtenir en commun et à partager (*suprà*, nos 58 et suiv.). A la vérité, notre art. 1834 exige que toutes sociétés soient rédigées par écrit lorsque leur objet est d'une valeur de plus de 150 francs. Mais en cela il a en vue la preuve, non la formation du contrat. « Pour former le contrat de société, a dit très-exactement la Cour de Bruxelles, il suffit du consentement des parties, soit que ce consentement soit établi par des paroles, par des écrits ou par des faits, conformément à la loi 4, ff. *Pro socio*. Il n'a point été dérogé à ce principe par les dispositions des art. 1341 et 1834 du Code Napoléon, qui ne

_____

(1) V. Pothier (*Soc.*, n° 78).

sont que la répétition des art. 2 et 3, titre xx, de l'ordonnance de 1667, et 1er du titre iv de l'ordonnance de 1673. En exigeant que toute société soit rédigée par écrit, ces lois n'ont pas considéré l'écriture comme une des conditions essentielles du contrat, mais uniquement comme un moyen pour faire preuve de l'existence d'une société. » (1) L'écriture est donc requise non *ad solemnitatem*, mais *ad probationem*. En sorte qu'une société même verbale, pourvu, d'ailleurs, que l'existence en fût reconnue ou avouée, lierait et obligerait les associés aussi bien que si la convention avait été écrite.

131. Par cela même, et à plus forte raison, aucune forme ne serait imposée aux parties dans le cas où elles croiraient devoir, en s'associant, formuler par écrit les bases et les conditions de leur association. Elles seraient absolument libres de rédiger elles-mêmes ou de faire rédiger l'acte. Si elles recouraient au ministère d'un tiers, elles pourraient indifféremment employer celui d'un notaire, et faire ainsi imprimer l'authenticité à leur convention, ou celui d'un rédacteur sans caractère officiel, et par suite laisser à l'écrit la forme de l'acte sous seing privé. En l'une ou l'autre forme, le contrat serait également et au même titre obligatoire.

132. Ajoutons seulement qu'en toute hypothèse, les associés qui ont voulu constater leur convention par écrit doivent se soumettre aux règles propres à la forme qu'ils ont adoptée. Ainsi, l'acte est-il authentique, il devra être rédigé conformément aux principes établis par la loi pour la validité des actes passés par-devant notaires. L'acte est-il sous seing privé, la disposition de l'art. 1325 du Code Napoléon doit être observée : c'est une conséquence nécessaire du caractère synallagmatique de la convention. Il faut donc que l'acte soit fait en autant d'originaux qu'il y a de parties ayant un intérêt distinct, pour qu'elles soient toutes sur le pied d'une égalité parfaite, et qu'également armés du moyen de déjouer les surprises et les fraudes, les associés puissent réciproquement se contraindre à l'exécution de leurs engagements. Il faut, en outre, que chaque original contienne la mention du nombre des originaux qui en ont été faits, pour qu'aucun des associés ne puisse, en supprimant le titre qu'il a reçu, mettre les autres dans l'impossibilité d'établir que la formalité des doubles a été exactement remplie.

Mais, notons-le bien, l'irrégularité de l'acte n'impliquerait pas nullité de la convention, car l'écrit n'est exigé qu'au point de vue de la preuve; et ceci nous ramène à l'objet unique de l'art. 1834.

II. — 133. Il importe peu que, comme contrat consensuel, la société se forme par le seul consentement des parties, si, en cas de contestation, l'existence n'en est pas prouvée : *in judicio quod non est et quod non apparet idem sunt*. Le contrat de société non reconnu et non prouvé serait donc comme s'il n'était pas. La question se pose alors de savoir comment, en cas de contestation, le fait de l'existence de la

---

(1) Bruxelles, 28 fév. 1810 (S.-V., 14, 2, 93; Coll. nouv., 3, 2, 221; Dall., 11, 2, 158; *J. Pal.*, à sa date).

société doit être prouvé. A cet égard, prenons d'abord celle des hypothèses qui se présente la première à la pensée : celle où la contestation
s'engage entre associés. Plusieurs personnes se sont réunies en société,
et l'une d'elles, voulant se soustraire à l'exécution des obligations résultant du contrat, en nie simplement l'existence. Comment et par quels
moyens les autres qui, au contraire, affirment cette existence, feront-
elles la preuve dont la charge leur incombe en ce cas? Sur ce point, il
en est de la preuve comme de la formation de la société; même sous
ce rapport, le contrat est soumis à *toutes* les règles du droit commun
sur la preuve des conventions. C'est la solution que, sans hésiter, il
faudrait admettre à *priori* et en principe, si le titre du Code relatif au
contrat de société était absolument muet sur cette question de la preuve.
C'est celle que nous maintenons même en présence de l'art. 1834, bien
que cet article ne reproduise qu'en partie le droit commun sur ce point.
Sans doute, l'art. 1834, reproduction exacte et littérale du principe
général écrit dans l'art. 1341, se borne à dire que pour toutes choses
excédant 150 francs la preuve par témoins est prohibée, et que même
on ne saurait admettre ce genre de preuve, encore qu'il s'agisse d'une
valeur moindre, contre et outre le contenu en l'acte de société, ni sur
ce qui serait allégué avoir été dit avant, lors et depuis cet acte. Mais si,
en cela, le législateur a cru devoir répéter pour le contrat de société
spécialement ce que l'art. 1341 avait déjà exprimé pour les contrats en
général, sans rappeler les autres règles qui, dans le titre des *Contrats et
Obligations*, complètent cette dernière disposition ou y dérogent, ce
n'est pas à dire qu'il ait entendu faire abstraction de ces règles pour le
contrat de société, et y restreindre la faculté de prouver par la nécessité de rapporter toujours un écrit. Évidemment, cette reproduction
partielle du droit commun et son application spéciale à la matière de la
société n'ont rien de limitatif. Si ce que la loi a, par un emprunt au droit
commun, répété dans un cas particulier, est certainement la règle de ce
cas particulier, ce qu'elle n'a pas cru devoir redire reste néanmoins et
aussi sûrement, en tant que la matière n'y résiste pas, la règle de ce
même cas; car le rappel d'un principe ne saurait, à moins d'incompatibilité absolue, impliquer l'exclusion nécessaire de tous les autres.

134. Au surplus, cette solution est confirmée par les travaux préparatoires du Code. Dans sa rédaction telle qu'elle était présentée après la
discussion du conseil d'État, l'art. 1834 (3e article du projet) était
ainsi conçu : « Toutes sociétés doivent être rédigées par écrit lorsque
leur objet est d'une valeur de plus de 150 francs. — *Nulle preuve testimoniale n'est admise contre et outre le contenu en l'acte de société.* » (1)
C'était, quant à ce dernier paragraphe, la reproduction incomplète de
l'art. 1341. Sur la communication officieuse du projet, la section du
Tribunat proposa de combler la lacune et de dire : La preuve testimoniale n'est point admise contre le contenu en l'acte de société, « *ni sur
ce qui serait allégué avoir été dit avant, lors ou depuis cet acte, encore*

_____

(1) V. Fenet (t. XIV, p. 377); Locré (t. XIV, p. 501).

qu'il s'agisse d'une somme ou valeur moindre de 150 francs. » Et quelle
fut en cela la pensée du Tribunat? Non pas assurément de restreindre,
dans leur application au contrat de société, les règles relatives à la
preuve des conventions, mais simplement de prévenir une erreur d'interprétation, ou au moins de dissiper le doute que la lacune du projet
aurait pu faire naître. « On croit bien qu'*on devrait suppléer à cette
lacune en appliquant ce qui a été dit en général, par rapport aux contrats, dans l'article ci-dessus rappelé* (l'art. 1341). Cependant, il serait
possible que quelques tribunaux se fissent une difficulté, et qu'ils crus-
sent que, parce que l'interdiction de la preuve testimoniale aurait été
expresse dans la loi sur les contrats pour les cas dont il s'agit, et qu'elle
aurait été omise pour les mêmes cas quand il s'agirait de la société, *il
ne dût pas en être de la société comme des contrats en général.* » (1) Le
Tribunat reconnaissait donc virtuellement que le droit général, sur la
preuve, était entièrement applicable à la matière spéciale, et qu'ainsi,
même dans le silence de la loi sur les sociétés, la solution qu'il précisait
aurait été certaine, en vertu de la règle commune écrite dans le titre
des *Contrats ou Obligations conventionnelles en général.* Et puis cette
idée est nettement formulée dans l'Exposé des motifs de Treilhard, qui,
s'expliquant sur l'art. 1834 et rappelant la nécessité, au point de vue de
la preuve, de rédiger un écrit pour toute espèce de société dont l'objet
est d'une valeur de plus de 150 francs, exprime que « cette disposition
n'est pas particulière au contrat de société, et qu'elle s'applique à toute
espèce de conventions. » (2)

   Il faut donc tenir pour certain que tout l'ensemble des règles sur la
preuve des conventions régit aussi la preuve de la société, sans qu'on
puisse considérer la reproduction, d'ailleurs motivée (*infrà*, n° 138),
d'une seule de ces règles comme faisant obstacle à l'application des autres. Ainsi, en nous référant au chapitre VI du titre *Des Contrats ou des
Obligations conventionnelles en général,* nous disons qu'en principe
l'existence de la société doit être prouvée par écrit; que la preuve testimoniale n'est pas admise, si ce n'est dans les cas où elle est exceptionnellement autorisée; que les présomptions de l'homme sont exclues ou
admises comme le témoignage oral, et par voie de conséquence; que
l'aveu tient lieu de l'écriture, et que le serment peut être déféré à l'associé qui ne conviendrait pas de l'existence de la société.

   Toutefois, de ces propositions quelques-unes donnent lieu à des difficultés sérieuses : il convient donc de les suivre en détail.

   III. — 135. Et d'abord, l'existence de la société doit être prouvée
par écrit. Qu'est-ce à dire? Que lorsque les parties forment une association dont l'objet est d'une valeur excédant 150 francs, elles sont
soumises à la nécessité de rédiger un acte écrit, soit authentique, soit
sous seings privés, dans les conditions déterminées par la loi, et ci-
dessus précisées (*suprà*, n°s 131 et suiv.); et aussi que cet écrit, énon-

_____

(1) V. Fenet (*loc. cit.*, p. 380); Locré (*loc. cit.*, p. 507).
(2) Fenet (*loc. cit.*, p. 395); Locré (*loc. cit.*, p. 518 et 519).

çant non-seulement la formation de la société et aussi les clauses spéciales à la convention, constituera l'*instrumentum*, l'écrit qui doit servir de preuve littérale du contrat et qui a été dressé dans ce but : cela nous semble sans difficulté.

Mais des auteurs vont beaucoup plus loin. Ils admettent que, même quand il n'a pas été rédigé d'acte par écrit, la preuve de la société peut résulter, non-seulement vis-à-vis des tiers (dont nous ne nous occupons pas en ce moment), mais encore entre associés, de tous autres titres impliquant l'existence d'une association, tels, par exemple, qu'un bail, une pétition, une reconnaissance, où les parties se seraient déclarées associées (1). On cite divers arrêts en ce sens, notamment celui de la Cour de Paris, duquel il résulte que, pour être fondé à se prévaloir d'une société dans une matière au-dessus de 150 francs, il n'est pas absolument nécessaire de représenter un traité social signé de toutes les parties (2).

La thèse est évidemment trop absolue. L'admettre en ces termes, ce serait renverser le système de la loi sur les preuves, en méconnaître au moins l'ensemble et l'économie, introduire enfin, par une exception que rien ne justifie, un mode nouveau d'établir le contrat de société. En effet, la convention ayant ici un objet dont la valeur excède 150 fr., les contractants doivent, de par la loi on ne peut plus formelle à cet égard, rédiger un acte écrit. Quel acte écrit? Évidemment un acte, authentique ou privé, dont la destination est précisément de renfermer la preuve de la convention. Or, est-il possible d'admettre qu'une simple déclaration déposée plus tard on ne sait quand, dans une pièce étrangère peut-être à l'affaire sociale, remplace cet acte qui, à l'origine, aurait dû être dressé pour rendre témoignage de l'existence de la société, *obligationis factæ testimonium prebere*, selon l'expression de la loi romaine? Non, assurément. Que cette déclaration, même écrite accidentellement, dans telle ou telle pièce produite plus tard, puisse servir de commencement de preuve par écrit; qu'elle puisse, à ce titre, autoriser l'admission de la preuve testimoniale ou des présomptions; qu'elle puisse, dans cet ordre d'idées, former la base sur laquelle s'appuiera le juge pour autoriser l'emploi des moyens à l'aide desquels il formera définitivement sa conviction : tout cela, nous le voulons bien, car tout cela rentre dans les règles du droit commun, comme nous allons l'indiquer tout à l'heure (V. *infrà*, nos 149 et suiv.). Mais ce que nous ne saurions admettre, c'est cette maxime, nouvelle et dangereuse, qu'il serait permis de suppléer à l'absence de cet écrit exigé par la loi en termes formels; de cet écrit qui, en prenant la loi dans son expression littérale, devrait être dressé au moment même où la société est formée, par la production d'autres titres qui, n'ayant rien d'explicite,

(1) V. Troplong (*Soc.*, n° 204). *Comp.* MM. Massé et Vergé, sur Zachariæ (t. IV, p. 426, note 2); Aubry et Rau (3e édit., t. III, p. 397 et note 3).
(2) V. Paris, 17 avril 1807 (S.-V., 7, 2, 1204; Coll. nouv., 2, 2, 227; Dall., *Rép. alph.*, t. XII, p. 84); Bruxelles, 28 fév. 1810 (S.-V., 14, 2, 93; Coll. nouv., 3, 2, 221; Dall., *ibid.*); Turin, 10 avril 1811 (S.-V., 13, 2, 352; Coll. nouv., 3, 2, 472; Dall., *ibid.*).

ne peuvent évidemment pas être pris comme constituant par eux-
mêmes une preuve écrite.

Ajoutons cependant, pour ne rien exagérer, que si, à notre avis, il
est inexact de dire que l'acte écrit dont parle la loi peut être remplacé
par d'autres titres, nous n'entendons pas, cependant, qu'il soit nécessaire que la rédaction de l'écrit précède ou accompagne la conclusion
du contrat entre les parties; elle pourrait, sans doute, avoir lieu ultérieurement. Et même nous pensons que l'*aveu* des parties renfermé
dans un acte écrit, bien qu'il n'en constituât pas la fin et la cause,
vaudrait néanmoins comme preuve complète s'il avait un rapport direct
avec ce qui y est contenu. Sauf ce tempérament, nous maintenons
notre doctrine, qui, d'ailleurs, n'a rien d'inconciliable avec les arrêts
ci-dessus cités, les juges de qui ils émanent s'étant déclarés convaincus,
sans préciser les éléments qui ont concouru à former leur conviction,
et qui peut-être ne consistaient qu'en des commencements de preuves
par écrit complétés par des présomptions (1).

IV. — 136. Le contrat de société devant être rédigé par écrit, il en
résulte que la preuve testimoniale n'en est pas admise en principe. A
cet égard, l'art. 1834 rappelle expressément la double prohibition contenue en l'art. 1341. Il exclut d'abord la preuve par témoins des sociétés *lorsque leur objet est d'une valeur de plus de* 150 *francs :* c'est la
disposition du premier paragraphe. Et puis il prohibe encore cette
même preuve lorsqu'il s'agit de prouver contre et outre le contenu en
l'acte de société, *encore qu'il s'agisse d'une somme ou valeur moindre
de* 150 *francs :* c'est l'objet du second paragraphe. Nous les reprenons
successivement.

137. En premier lieu, toutes sociétés doivent être rédigées par écrit
lorsque leur objet est d'une valeur de plus de 150 francs. Ici, l'inadmissibilité de la preuve testimoniale s'induit du texte même du premier
paragraphe, qui, en exigeant l'écriture, implique l'idée que, faute
d'avoir dressé ou fait dresser acte de leur convention, les associés n'ont
à leur disposition aucun autre genre de preuve, et ne peuvent pas, notamment, être admis à établir par témoins qu'une société a été réellement formée entre eux. C'est, d'ailleurs, ce qu'il aurait fallu induire du
texte de l'art. 1341, dont la disposition générale revient à dire qu'à
l'inverse de notre ancien droit, sous l'empire duquel *témoins passaient
lettres,* ou, suivant l'expression de Bouteiller, *la vive voix passait vi-
gueur de lettres* (2), la preuve littérale, aujourd'hui, est la règle, la
preuve testimoniale n'étant admissible qu'en certains cas, dont nous
parlerons tout à l'heure, où elle est exceptionnellement autorisée. Cependant, il ne faut pas croire que, parce qu'elle est la répétition pure
et simple de l'art. 1341, la disposition de l'art. 1834 a été surabondamment écrite dans notre titre. La répétition, qui a eu son objet et sa
portée juridique, a été motivée par une raison tout historique.

---

(1) *Comp.* M. Duvergier (*Soc.*, nᵒˢ 80 et suiv.).
(2) Bouteiller (*Somm. rur.*, tit. CVI).

138. En effet, il y avait autrefois, d'après notre très-ancien droit, des espèces de sociétés universelles dont l'existence était présumée entre les parties par le seul fait de l'habitation et vie communes pendant an et jour, avec communication de gains ou de pertes. Ces associations, dont Troplong a précisé l'origine et montré l'utilité pratique, notamment au point de vue de l'agriculture, étaient connues sous les dénominations de *compagnies* et de *sociétés taisibles* (1). Elles furent d'abord très-répandues sur le sol de la France. Mais elles tombèrent dans un grand nombre de provinces par l'effet soit de la législation locale qui les proscrivait directement (2), soit en conséquence de l'ordonnance de Moulins, dont l'art. 54 exigea que toutes les conventions excédant 100 livres fussent rédigées par écrit, et déclara que la preuve par témoins n'en serait pas admise. Néanmoins, les sociétés taisibles subsistaient encore dans quelques provinces dont la Coutume, ainsi que le dit Pothier, en avait retenu l'usage (3). En sorte que la question se posait naturellement, devant le législateur de 1804, de savoir si cet usage serait maintenu et consacré. La répétition par notre art. 1834 du principe général posé dans l'art. 1341 a eu pour objet spécial de la résoudre. « Les associations connues de nos aïeux sous le nom de *sociétés taisibles,* disait M. Boutteville dans son Rapport au Tribunat, et qui se formaient par le seul fait de la cohabitation, ne convenant plus depuis longtemps à nos mœurs, *le projet a le soin de rappeler le principe général qui veut que toute convention pour objet de valeur au-dessus de 150 francs soit rédigée par écrit...* » (4) Et c'est la portée qui a été assignée à l'art. 1834 par les tribunaux d'appel auxquels le projet avait été soumis. « Cet article, dit notamment le Tribunal d'appel de Paris, *abolit les sociétés taisibles...* On doit louer les auteurs du projet de Code d'avoir supprimé ce débris de nos institutions gothiques. Les sociétés taisibles forment une exception dangereuse à la règle, si sage et si nécessaire, posée par l'ordonnance de Moulins, qui défend d'admettre la preuve testimoniale, en matière de conventions, au delà d'une certaine somme. Elles présentent, d'ailleurs, un fait difficile à constater, compliqué dans ses détails, souvent obscur et très-équivoque; et il en résulte beaucoup de procès... » (5) Le Tribunal d'appel de Besançon, qui, sur le fond, était d'un avis contraire, et aurait désiré qu'une exception fût faite en faveur des sociétés taisibles, disait aussi, cependant : « Cet article est-il prohibitif de la société tacite qui a lieu entre parents communiers? La nécessité de rédiger par écrit toute société d'une valeur excédant 150 francs donne lieu de le penser. » (6)

(1) V. Troplong (*Soc.;* Préf., p. 47 et nᵒˢ 195 et suiv.)
(2) V. notamment l'ancienne Coutume d'Orléans, art. 80.
(3) Pothier (*Soc.*, nᵒ 79).
(4) Fenet (t. XIV, p. 406); Locré (t. XIV, p. 532). — V. encore le vœu d'adoption présenté au Corps législatif par M. Gillet (Locré, *loc. cit.*, p. 550; Fenet, *loc. cit.*, p. 420).
(5) Fenet (t. V, p. 279).
(6) Id. (t. III, p. 173 et 174).

La Cour de Besançon a statué dans le sens de cette induction lorsque, appliquant la loi aux associations fromagères, qui remontent aux époques les plus reculées dans le Jura, elle a décidé que, pour établir l'existence d'une pareille association ou le droit d'en faire partie, il est besoin d'un acte écrit quand l'objet de la société est d'une valeur de plus de 150 francs (1).

139. Cela dit sur l'objet du premier paragraphe de l'art. 1834, nous insisterons sur une conséquence déjà indiquée en thèse générale (suprà, n° 68). Si le législateur a entendu qu'on ne peut tirer du fait d'une habitation commune prolongée pendant un certain temps la présomption de l'existence de ces sociétés qui, favorables au développement de l'agriculture, tendaient aussi à resserrer les liens de la famille en la maintenant dans l'unité, on doit à bien plus forte raison se garder de conclure d'un état de concubinage que les deux personnes rattachées par ces liens illicites ont formé entre elles une société de biens. La conclusion serait inadmissible non-seulement quand la pensée d'obtenir des bénéfices n'apparaîtrait pas dans la manière de vivre des concubins, mais encore quand, de toute évidence, il ressortirait de l'exercice en commun de leur profession qu'ils tendent ensemble à la création et au partage d'un gain. Ainsi a décidé la Cour de Paris. Dans l'espèce, un ouvrier avait noué, avec une femme abandonnée de son mari, des relations à la suite desquelles il s'établit entre eux une existence commune qui se prolongea pendant un grand nombre d'années et ne finit qu'à la mort de la femme. Au cours de cette existence commune, ces deux personnes acquirent, à Avallon, au moyen d'un emprunt, un fonds de café qui fut géré par la femme et acquit une certaine valeur. A la mort de celle-ci, sa fille réclama, du chef de sa mère, la moitié de l'établissement et généralement de tous les gains. Elle se fondait sur ce que la cohabitation avait constitué une société de fait, susceptible de produire des effets légaux, et qui avait engendré pour chacun des associés un droit à la propriété des profits dus à leurs soins et à leur travail commun. C'est le système qui, en première instance, avait prévalu devant le Tribunal civil d'Avallon. Mais, sur l'appel, la Cour impériale de Paris rendit un arrêt infirmatif qui, posant les véritables principes, déclara « qu'aux termes de l'art. 1834, toute société doit être rédigée par écrit; qu'il n'existe d'exception à ce principe que pour les associations commerciales en participation, admises par l'article 47 du Code de commerce; qu'on ne saurait reconnaître le caractère d'une association de ce genre dans les relations qui ont existé entre R... et la femme S..., lesquelles auraient eu pour résultat la mise en commun de tous les gains et bénéfices faits par eux à tel titre que ce soit; qu'une pareille association, s'il fallait la qualifier légalement, serait une société universelle de gains telle qu'elle est définie dans l'article 1838 du Code Napoléon, et qui est soumise aux prescriptions de

---

(1) V. Besançon, 23 avril 1845 (S.-V., 46, 2, 655; Dall., 47, 2, 15; J. Pal., 1847, t. I, p. 457). V. cependant Besançon, 28 déc. 1842 (S.-V., 46, 2, 656; Dall., 47, 2, 16).

l'art. 1834 du même Code; que vouloir reconnaître dans les relations dont s'agit le principe et la preuve d'une société, ce serait leur attribuer des effets qui ne peuvent appartenir qu'au mariage... » (1)

C'est là la vérité juridique. Il ne se peut pas, en effet, que les relations illicites établies entre concubins soient considérées comme impliquant l'existence d'une société de biens. Celle des parties qui alléguera une convention de société en devra fournir la preuve, et la preuve écrite, si l'objet de la société prétendue, comme cela se vérifie le plus souvent, est d'une valeur excédant 150 francs. Si elle est dans l'impossibilité d'apporter cette preuve, les intérêts de chacun resteront complétement distincts; chacun profitera ou souffrira seul des actes juridiques où seul il sera intervenu; nulle communication soit de la perte, soit du gain, ne s'établira entre eux. En un mot, nonobstant la gravité de la présomption qu'il y aurait à puiser dans la situation respective des parties, leurs intérêts pécuniaires restent distincts, à défaut de preuve d'une convention qui les aurait confondus.

Cependant, il ne faut rien exagérer. La règle se réduit à ceci, que l'existence d'une société de biens ne doit pas être induite de la cohabitation des parties; elle ne saurait être prise comme exclusive de toute espèce de réclamation. Par exemple, l'un des concubins réclamerait une partie des choses retenues par l'autre, en se fondant non sur ce qu'il a été associé, mais sur ce qu'il était propriétaire, dès avant l'établissement de la vie commune, de ce qui fait l'objet de sa demande, ce ne serait pas le cas d'opposer la disposition de l'art. 1834; et le demandeur pourrait, en justifiant de son droit de propriété, obtenir la remise des objets réclamés ou leur valeur. La Cour de Rennes, tout en consacrant en thèse la doctrine ci-dessus rappelée, a néanmoins admis ce tempérament; et elle est allée même jusqu'à dire que lorsqu'à raison de la longue durée de la vie commune, le demandeur est empêché de faire une indication précise et complète, il y a lieu de lui attribuer sur la chose commune une quote-part déterminée eu égard à la fortune, aux personnes et à l'industrie respective des parties (2). C'est une exacte conciliation des principes et de l'équité.

140. L'écrit, suivant l'art. 1834, est exigé comme moyen de preuve, à l'exclusion du témoignage oral, pour *toute société* dont l'objet est d'une valeur de plus de 150 francs. De là la question de savoir si la règle est applicable même en ce qui concerne les sociétés formées en foire entre gens de la campagne, marchands ou cultivateurs. Plusieurs tribunaux d'appel avaient demandé qu'une exception fût établie en faveur de ces sortes de sociétés, en ce qu'elles sont habituellement momentanées, et qu'elles interviennent entre personnes qui ont rarement le temps et la facilité de dresser acte sur-le-champ ou de recourir au ministère d'un

---

(1) Paris, 19 août 1851 (S.-V., 52, 2, 209; *J. Pal.*, 1852, t. II, p. 109; Dall., 54, 2, 84).

(2) Rennes, 19 déc. 1833 (S.-V., 52, 2, 209, à la note).

notaire (1). Mais il n'a pas été fait droit à la demande. Bien plus, l'exception avait été dans la pensée première des rédacteurs du Code, car l'art. 3 du projet primitif, en posant en principe la nécessité d'un écrit au point de vue de la preuve, avait formellement réservé les *sociétés contractées en foire ou pour affaires de foire;* et l'article paraît même avoir été adopté avec cette restriction par le conseil d'État (2). Or, lorsqu'à la fin de la discussion Berlier présenta une rédaction nouvelle du titre, en faisant remarquer qu'elle était conforme aux amendements adoptés, il se trouva que l'exception mentionnée dans le projet primitif avait été effacée (3). La formule de la loi est donc restée empreinte de la plus grande généralité, et bien que le procès-verbal de la discussion ne porte la trace d'aucun amendement proposé en vue de ramener les sociétés en question sous la règle commune, il faut bien reconnaître qu'elles y sont soumises en vertu de cette formule même, et, par suite, qu'elles doivent être prouvées par écrit dès que leur objet est d'une valeur de plus de 150 francs. La solution, d'ailleurs, est conforme à la tradition. On peut dire, en effet, de ces sortes de sociétés, ce qu'on disait sous notre ancienne jurisprudence des *marchés* faits en foire. On tenait qu'ils étaient compris dans l'ordonnance de Moulins, d'après laquelle il devait être passé contrat de *toutes choses* excédant somme ou valeur de 100 livres, pour une fois payer. En conséquence, on n'admettait pas la preuve par témoins de la livraison ou du payement des marchandises. Et on le décidait ainsi, d'une part, comme le dit Boiceau, « parce que le mot *choses,* de l'ordonnance, est d'une étendue sans bornes, et qu'il y a, d'ailleurs, parité de raison, qui est la crainte de la subornation des témoins »; d'une autre part, comme dit Pothier, « parce qu'y ayant des notaires établis dans les plus petits lieux, et par conséquent dans tous les lieux où se tiennent les foires, il n'est pas trop difficile aux parties, lorsqu'elles font un marché à crédit, d'appeler un notaire pour le rédiger, si elles ne savent pas écrire. » (4) Or, ces considérations, encore aujourd'hui décisives pour faire soumettre les marchés faits en foire aux règles du droit commun relativement à la preuve (5), sont à tous égards applicables aux sociétés formées dans les mêmes circonstances, et ne sont pas moins décisives, dès lors, pour maintenir ces sociétés, au point de vue de la preuve, sous la règle commune.

Précisons, cependant, que s'il en est ainsi, c'est seulement en tant que ces sociétés n'auraient pas un caractère commercial. Même pour les *marchés,* on tenait, sous l'ancienne jurisprudence, que lorsqu'ils se faisaient en foire, de *marchands à marchands,* les juges-consuls, qui en

(1) V. les Observations des Tribunaux d'appel de Caen (Fenet, t. III, p. 456), de Limoges (*ibid.*, t. IV, p. 25) et de Toulouse (*ibid.*, t. V, p. 622).
(2) Locré (t. XIV, p. 486 et 491); Fenet (t. XIV, p. 359 et 367).
(3) Fenet (t. XIV, p. 376 et 377); Locré (t. XIV, p. 501).
(4) V. Boiceau (*Tr. de la preuve,* part. I, ch. IX, n° 4); Pothier (*Oblig.,* n° 787).
(5) V. Bourges, 23 fév. 1842 (S.-V., 43, 2, 50; Dall., 43, 2, 125; *J. Pal.,* à sa date). V. aussi M. Larombière (sur l'art. 1341, n° 42).

connaissaient, n'étaient astreints ni aux dispositions de l'ordonnance de Moulins, ni à celles de l'ordonnance de 1667, et qu'ils pouvaient, selon les circonstances, en admettre la preuve par témoins, quoique l'objet excédât la somme de 100 livres (1). Quant aux *sociétés*, c'était mieux encore : l'ordonnance de 1673 n'avait obligé à rédiger par écrit que les sociétés *générales ou en commandite;* partant, il était admis que les sociétés particulières, dites anonymes par les commentateurs de l'ordonnance, et spécialement celles dont il s'agit ici, pouvaient être prouvées par témoins. Il en doit être de même aujourd'hui. Seules, donc, les sociétés faites en foire qui auraient un caractère civil sont celles dont la preuve ne pourrait pas être faite par témoins. Et si, en l'absence de toute indication dans les procès-verbaux de la discussion, une conjecture nous était permise, c'est dans cette solution que nous trouverions l'explication du retranchement opéré dans le texte primitif de notre article. On dut faire remarquer, au sein du conseil d'État, que les sociétés contractées en foire ou pour affaires de foire sont ordinairement commerciales ; ce qui était une première raison de n'en pas parler dans un texte ayant trait aux sociétés civiles. Et l'on dut ajouter qu'eu égard au nombre fort restreint d'opérations qu'elles comportent, ces sortes de sociétés constituent des associations en participation ; second motif pour ne pas faire mention, même à titre d'exception, dans une disposition prohibitive du témoignage oral, d'une convention qui de tout temps et de droit avait été susceptible d'être prouvée par témoins.

141. Passons maintenant à la seconde hypothèse prévue par l'article 1834, à celle qui fait l'objet de son dernier paragraphe. Il ne s'agit plus, maintenant, de prouver l'existence de la société. La loi suppose que la convention est constatée par écrit, que l'écrit est produit, et conséquemment que la preuve est faite à cet égard. Mais comme le fait par les parties d'avoir constaté leurs conventions par écrit implique de leur part le choix de la preuve littérale ; comme l'acte, public ou privé, qui manifeste leur consentement fait foi par lui-même des énonciations qu'il renferme dès qu'il est conforme aux prescriptions de la loi ; comme la foi due à l'acte est absolue et ne saurait dépendre en aucune manière de la valeur de la chose qui fait l'objet du débat, la loi entend que, même s'agit-il d'une somme ou valeur moindre de 150 francs, la preuve testimoniale ne soit point admise contre et outre le contenu en l'acte de société, ni sur ce qui serait allégué avoir été dit avant, lors et depuis cet acte. *Contra scriptum testimonium, non scriptum testimonium, non fertur* (l. 1, C. *De test.*).

Par exemple, il est constaté par écrit qu'une société a été formée, sous telles et telles conditions, entre quatre personnes dénommées en l'acte. Survient une cinquième personne, étrangère au pacte, tel au moins qu'il résulte de l'écrit produit, laquelle, affirmant que malgré le silence de la convention en ce qui la concerne elle est en réalité asso-

_____

(1) V. Pothier (*loc. cit.*); Danty, sur Boiceau (add. au ch. IX, n° 6).

ciée, offre de prouver le fait par témoins. Cette offre doit évidemment être rejetée, « attendu, dit justement la Cour de Toulouse, que la loi défendant expressément la preuve testimoniale contre et outre le contenu dans les actes de société, ce serait tomber dans cet inconvénient si l'on admettait à prouver par témoins que celui qui n'est pas dénommé dans l'acte social est néanmoins membre de la société... » (1)

Par exemple encore, une société est formée entre quatre personnes, et l'acte produit constate que le fonds commun de 500 francs est constitué au moyen d'une mise de 125 francs par chacun des associés. L'un d'eux vient ensuite, qui offre de prouver par témoins que, quant à lui et d'après des conventions verbales, sa mise devait être de 50 francs seulement. L'offre de la preuve testimoniale devra être pareillement rejetée ; car ce mode de preuve étant expressément interdit par la loi sur ce qui serait allégué avoir été dit avant, lors et depuis l'acte, ce serait enfreindre la prohibition que d'autoriser à prouver par témoins que l'un des associés, débiteur, d'après l'acte social, d'une somme de 125 fr., n'en doit néanmoins que 50 aux termes d'une convention particulière.

Telle est la seconde règle de notre article : elle revient, en définitive, à dire qu'on ne peut en aucun cas, même au-dessous de 150 fr., faire par la preuve testimoniale *aucune modification* aux énonciations d'un acte, et que toute modification apportée après coup à une convention constatée par écrit ne peut également être prouvée que par écrit.

142. Ce serait maintenant le cas de nous occuper des exceptions au principe de l'inadmissibilité de la preuve testimoniale ; mais auparavant nous avons à préciser certaines limitations qui, dans le premier comme dans le second paragraphe de l'art. 1834, résultent ou s'induisent du texte même de la loi.

V. — 143. Ainsi, le second paragraphe, en disant que même au-dessous de 150 francs la preuve testimoniale n'est point admise *contre et outre* le contenu en l'acte de société, *ni sur ce qui serait allégué avoir été dit avant, lors et depuis cet acte,* indique par là même que les faits juridiques dont la preuve par témoins ne doit pas être autorisée sont ceux-là seuls qui se trouvent en opposition avec les énonciations de l'acte, soit qu'ils les restreignent, soit qu'ils y ajoutent, soit qu'ils les modifient de quelque autre manière.

Par conséquent, on ne devrait pas considérer comme tombant sous la prohibition de la loi les faits dont l'objet unique serait de fixer le sens et l'étendue d'une disposition de l'acte social. De tels faits, allégués non pour contredire à l'acte, mais pour en révéler la véritable pensée, peuvent être prouvés même par témoins. Ainsi, j'ai fait apport à la société d'un domaine *tel qu'il s'étend, poursuit et comporte,* sans désignation spéciale des pièces de terre dont le domaine est composé ; les associés

_____

(1) Toulouse, 29 nov. 1811 (S.-V., Coll. nouv., 3, 2, 470, notes 5 et 6 ; Dalloz, nouv. *Rép.,* v° Société, n° 251).

seront incontestablement admissibles à prouver par témoins que tel terrain dépend réellement du domaine (1).

Par conséquent encore, on ne considérera pas non plus comme tombant sous la prohibition de la loi les faits d'exécution qui, bien que destinés à influer dans une certaine mesure sur les énonciations de l'acte avec lesquelles ils se trouvent dans un rapport direct et intime, ne contredisent cependant pas ces énonciations, et n'ajoutent ni ne changent rien à la teneur de l'acte. Ainsi, l'acte social constate que les associés feront une mise de 150 francs chacun. Ils devront, en cas de contestation, être admis à prouver, même par témoins, qu'ils se sont libérés en effectuant la mise. A ce cas s'applique incontestablement la solution d'après laquelle, en thèse générale, le payement d'une dette contractée par écrit peut être prouvé par témoins, pourvu, d'ailleurs, que le payement allégué ne soit pas supérieur à 150 francs. Nous savons bien que cette solution est contestée, et que, suivant quelques auteurs, les dispositions de l'art. 1341, dans la seconde partie aussi bien que dans la première, s'appliqueraient aux quittances verbales (2). Mais il nous paraît plus exact de dire, avec Pothier et la majorité des jurisconsultes modernes, « que le débiteur, en demandant à prouver le payement, ne demande pas à prouver une chose contraire à l'acte qui renferme son obligation ; il n'attaque point cet acte, il convient de tout son contenu. » (3) Et en effet, si l'allégation de payement doit avoir pour résultat, une fois prouvée, de changer la position respective des parties, elle ne modifie pas du moins les énonciations de l'acte qui constate l'obligation. Tout au contraire, l'allégation de payement et l'offre de le prouver viennent à l'appui de cette obligation, car c'est reconnaître qu'elle a réellement existé dans les termes de l'acte qui la constate que demander à prouver qu'elle a été exécutée dans ces mêmes termes.

144. Quant au premier paragraphe de l'art. 1834, il exprime la limitation en termes formels, en exigeant l'écrit seulement quand l'objet de la société est d'une valeur de plus de 150 francs. Ainsi, l'objet de la société étant de 150 francs ou au-dessous, son existence n'a pas besoin, pour être établie, de la preuve littérale ; s'il n'a pas été dressé d'acte, la preuve peut être faite par témoins : l'intérêt en jeu est, en ce cas, trop modique pour qu'il y ait à redouter les dangers qui ont fait exclure, en principe, le témoignage oral.

145. Mais que faut-il entendre par *objet de la société* dans le paragraphe premier de l'art. 1834 ? Assurément, le législateur parle ici de l'objet de la société dans un autre sens qu'à l'art. 1832, où il est dit

---

(1) *Comp.* Cass., 23 janv. 1837; Rej., 31 janv. 1837 (S.-V., 37, 1, 110 et 522; Dall., 37, 1, 231 et 240; *J. Pal.*, à leur date).
(2) V. Merlin (*Rép.*, v° Preuve, sect. 2, § 3, art. 1, n° 20); Favard de Langlade (*Rép.*, v° Preuve, § 1, n° 37). V. aussi MM. Mourlon (*Rev. crit.*, t. IV, p. 114); Larombière (sur l'art. 1341, n°s 29 et 30).
(3) V. Pothier (*Oblig.*, n° 798). *Junge* : MM. Delvincourt (t. II, p. 623); Duranton (t. XIII, n° 334); Bugnet, sur Pothier (*loc. cit.*, note 2); Bonnier (*Tr. de la preuve*, n° 92); Marcadé (sur l'art. 1341, n°s V et VI); Massé et Vergé, sur Zachariæ (t. III, p. 522 et 523, note 5); Aubry et Rau (5e édit., t. VI, p. 443, notes 6 et 7).

que toute société doit avoir un *objet* licite. Dans ce dernier article, comme nous l'avons expliqué déjà, ce que le législateur a particulièrement en vue, c'est, à proprement parler, la *cause* de l'engagement, le but que les associés se proposent d'atteindre, l'affaire même qu'ils veulent réaliser au moyen d'une association (*suprà*, nᵒˢ 39 et suiv.). Ici, le législateur se préoccupe de l'engagement même, de l'*obligation* des associés. Or, l'*objet* d'une obligation, c'est *ce à quoi on s'oblige.* Donc l'*objet de la société*, dans le sens de l'art. 1834, c'est la réunion en un seul tout des engagements, des obligations naissant de la convention pour chacun des associés.

Ainsi, nous n'adoptons pas l'opinion émise par M. Duranton, d'après qui la preuve testimoniale serait admissible dès que *le montant de ce que prétend le demandeur* ne dépasse pas la somme de 150 francs (1). La loi parle de l'*objet de la société*, non de l'objet de la demande. Or, l'objet de la société, l'objet dont la valeur est à rechercher au point de vue de l'admissibilité ou de l'inadmissibilité de la preuve testimoniale, c'est l'ensemble des apports, des mises de chaque associé, parce que c'est sur cet ensemble qu'a porté le consentement de chacun d'eux, et que chacun d'eux a su, par conséquent, que cet ensemble constituant une valeur supérieure à 150 francs, la convention devait être constatée par écrit. Et vainement M. Duranton oppose-t-il que, « par exemple, si vingt personnes avaient mis en commun chacune 10 francs pour une certaine destination et livré ces sommes à l'une d'elles, *il serait absurde* qu'aucune ne pût prouver par témoins la convention de la société et la réalisation de la mise, sous le prétexte que l'objet de la société, le fonds social, le total des mises, était dans l'origine de plus de 150 francs. » Il n'y a rien d'absurde en cela dès qu'on suppose que ces vingt personnes ont entendu s'associer. Au moment où elles se sont réunies, elles ont *consenti* à former une société dont l'objet serait d'une valeur de 200 francs, supérieure par conséquent à celle au-dessus de laquelle la loi n'admet pas la preuve testimoniale. Elles ont donc été averties que le seul moyen qu'en cas de contestation elles auraient pour établir l'existence de la société, ce serait la preuve littérale. A qui la faute si elles n'ont pas eu le soin de faire ce qui convenait pour s'assurer cette preuve? Il y a eu de leur part une négligence; elles en portent la peine. En quoi cela serait-il absurde? Au surplus, changeons l'hypothèse : supposons qu'une société est constituée, sans écrit, au capital de 600 francs, entre quatre personnes, dont deux apportent 200 francs chacune, et les deux autres, chacune aussi, 100 francs seulement. Ce qui serait étrange, et assurément inadmissible, c'est que la constitution ou l'existence de la société, c'est-à-dire le fait commun aux quatre associés, le fait collectif, pût être établi à l'aide de la preuve testimoniale, si la demande était formée par l'un des deux derniers, et qu'il ne pût pas l'être, par le même moyen, si elle était formée par l'un des deux autres! C'est cependant une conséquence nécessaire de l'opinion émise

---

(1) V. M. Duranton (t. XIII, nᵒ 301, et t. XVII, nᵒ 343).

par M. Duranton. Aussi comprend-on que cette opinion soit restée sans écho dans la doctrine.

146. Il y a une autre conséquence qui résulte du même système, et qu'il faut repousser également. En partant de cette idée inexacte que l'objet de la société, dans le sens de l'art. 1834, c'est réellement, pour le demandeur, *la part qu'il y prétend ou le montant de ce qu'il demande*, M. Duranton arrive naturellement à dire que la preuve testimoniale doit être admise ou repoussée suivant que la demande a pour objet une valeur excédant ou n'excédant pas 150 francs, *tout compris, mise et bénéfices allégués*. Nous pensons, au contraire, que le résultat des opérations sociales ne peut et ne doit être ici d'aucune considération ; et partant, que l'ensemble des mises sociales étant de 150 francs ou au-dessous, la preuve testimoniale serait admissible quand même les bénéfices réalisés auraient porté le fonds commun à une somme de beaucoup supérieure, ou, à l'inverse, que les mises sociales étant d'une valeur excédant cette somme, la preuve testimoniale serait inadmissible, au contraire, quand même les pertes subies auraient fait descendre le fonds commun au-dessous. En effet, l'*objet de la société* dont parle l'art. 1834 doit être envisagé au moment même où la société est constituée. C'est évident, puisque c'est précisément alors que les parties ont besoin de savoir avec certitude s'il s'agit pour elles de choses excédant la somme ou valeur de 150 francs, et par conséquent si elles sont obligées par la loi à se ménager la preuve littérale de la société qu'elles forment. Or, à ce moment, il n'y a encore ni bénéfices ni pertes ; le résultat des opérations futures est absolument aléatoire, et il n'y a de connu, de certain, que les mises sociales. La somme totale de ces mises est donc le seul élément dont les associés ont eu à tenir compte pour reconnaître si, aux termes de la loi, ils ont dû passer acte de leur convention. S'il en était autrement, et spécialement si les bénéfices éventuels devaient, à ce point de vue, être pris en considération, la limitation indiquée dans le premier paragraphe de l'art. 1834 n'aurait pas de raison d'être : toute société, quelque faible qu'en fût le capital de fondation, devrait être rédigée par écrit ; car il n'y a pas de société dont il soit possible de dire que, grâce à des bénéfices, son fonds ne s'élèvera pas au-dessus de 150 francs.

A la vérité, d'après l'art. 1342 du Code Napoléon, la règle relative à l'inadmissibilité de la preuve testimoniale s'applique au cas où l'action contient, outre la demande du capital, une demande d'intérêts qui, réunis au capital, excèdent cette somme. M. Duranton s'autorise de cet article, d'où il résulterait, selon lui, que par analogie la preuve testimoniale doit être rejetée si l'action a pour objet un capital et des bénéfices qui, réunis, s'élèvent à une valeur de plus de 150 francs (1), et d'où logiquement il faudrait induire également que la preuve orale serait admissible, au contraire, si le montant total des mises étant à

(1) V. M. Duranton (t. XVII, n° 343, à la note).

l'origine de plus de 150 francs, l'objet de la demande était d'une valeur inférieure à cette somme, à raison des pertes que la société aurait éprouvées. Or, cette dernière induction est expressément repoussée par la loi ; car, aux termes de l'art. 1344 du Code Napoléon, « la preuve testimoniale, sur la demande d'une somme même moindre de 150 fr., ne peut être admise lorsque cette somme est déclarée être le restant ou faire partie d'une créance plus forte qui n'est point prouvée par écrit. » Mais s'il en est ainsi dans cette hypothèse, si le résultat des opérations sociales y est sans influence, si la voie de la preuve testimoniale, fermée dès l'origine, reste toujours fermée même en présence de ce résultat, comment donc se pourrait-il, dans l'hypothèse inverse, qu'il fût pris en considération, et qu'il changeât la situation à ce point de fermer aux parties cette voie de la preuve testimoniale qui, à l'origine, était ouverte devant eux ? Certes, cela ne saurait être, et l'art. 1342 n'y peut rien. C'est qu'en effet, les intérêts dont parle cet article dérivent du capital ; ils en sont l'accessoire, en sorte que l'objet du contrat à prouver se constitue à la fois du capital et des accessoires, et par cela même est exclusif de la preuve testimoniale lorsque les deux éléments réunis produisent un total de plus de 150 francs. Il en est tout autrement des bénéfices : ils ne dérivent pas, directement au moins, de la chose que les associés ont mise en commun, et n'en font pas partie ; ils sont absolument aléatoires, et l'on ne peut pas dire, même en présence d'un bénéfice considérable réalisé, que celui qui offre de faire par témoins la preuve de l'existence de la société, offre cette preuve pour une chose excédant 150 francs, si, d'ailleurs, le capital de fondation n'excédait pas cette somme. C'est ainsi que l'accroissement tout à fait incertain résultant de bénéfices incertains eux-mêmes, et douteux non-seulement quant au chiffre, mais encore quant au fait même de la réalisation, se distingue de l'accroissement certain, inévitable et par avance déterminé, qui résulte des intérêts ; et par là tombe l'argument d'analogie tiré de l'art. 1342.

Donc les accroissements ou les diminutions qui ont pu se produire dans le fonds commun par l'effet des opérations sociales ne sont d'aucune considération lorsqu'il s'agit de décider si la preuve testimoniale de l'existence de la société est ou n'est pas recevable. C'est l'opinion de la généralité des auteurs ; et elle a été consacrée par la Cour de Turin dans un arrêt très-longuement motivé, d'où nous extrayons, pour résumer les observations qui précèdent, cette simple remarque, « qu'il n'est pas douteux que, pour déterminer l'objet de la société, il faut uniquement regarder le montant de la somme et la valeur de la chose que les parties ont mise en commun, le bénéfice qui peut en résulter n'étant qu'un objet incertain, futur, accessoire et indépendant du contrat principal de société. » (1)

147. Après ces observations touchant les limitations que, d'après

_____

(1) Turin, 24 mars 1807 (S.-V., 7, 2, 241; Coll. nouv., 2, 2, 217).

le texte lui-même, comportent les deux règles rappelées dans l'art. 1834, nous avons à nous expliquer sur les exceptions proprement dites dont elles peuvent, l'une et l'autre, être l'objet sinon d'après ce texte lui-même, au moins d'après le droit commun.

VI.—148. La perte du titre est la cause d'exception dont nous nous occuperons la première, comme étant celle qui présente le moins de difficulté.

Nous en trouvons le principe dans une constitution de Justinien qui, après avoir organisé en termes rigoureux la manière dont il serait permis de prouver par témoins le payement d'une dette établie par titre, réservait le cas où le titre aurait été perdu par cas fortuit et de force majeure. « Sin vero facta quidem per scripturam securitas sit, fortuito » autem casu vel incendii, vel naufragii, vel alterius infortunii perempta, » tunc liceat his, qui hoc perpessi sunt, causam peremptionis proban- » tibus, etiam debiti solutionem per testem probare, damnumque ex » amissione instrumenti effugere. » (L. 18, C. *De testibus.*) La même exception est reproduite par l'art. 1348 du Code Napoléon, aux termes duquel les règles relatives à l'inadmissibilité de la preuve testimoniale reçoivent exception, « ... au cas où le créancier a perdu le titre qui lui servait de preuve littérale, par suite d'un cas fortuit, imprévu et résultant d'une force majeure. »

Les règles du droit commun sur la preuve des conventions étant de tous points applicables, comme nous l'avons établi, à la preuve de la société (*suprà*, nᵒˢ 133 et 134), nous en concluons que cette première exception y doit trouver son application; et par conséquent que, l'objet de la société fût-il d'une valeur supérieure à 150 francs, la convention n'en serait pas moins dans le cas d'être prouvée par témoins si le titre qui en contenait la preuve littérale avait été perdu par suite d'un cas fortuit, imprévu et résultant d'une force majeure.

Mais il n'en pourra être ainsi que sous les conditions déterminées par la loi.

Par conséquent, il faudra d'abord qu'il soit constant entre les parties qu'il y a eu un cas fortuit, un événement de force majeure, ou que l'associé réclamant soit en état de le prouver. La constitution ci-dessus rappelée de Justinien était précise sur ce point : *causam peremptionis probantibus.* L'art. 1348 du Code Napoléon, pour n'être pas aussi explicite à cet égard, n'en est pas moins décisif; puisque, d'après ses termes, c'est dans le cas fortuit, dans l'événement de force majeure, que l'exception au principe de l'inadmissibilité de la preuve testimoniale a sa cause et sa raison d'être. Ainsi, la simple allégation qu'un acte avait été rédigé et qu'ensuite il a été perdu, sans constatation aucune d'un événement de force majeure, ne procurerait assurément pas à l'associé réclamant le bénéfice de l'exception. Autrement, dirons-nous d'après Pothier, la loi qui défend la preuve par témoins, pour prévenir la subornation des témoins, deviendrait illusoire; car il ne serait pas plus difficile de suborner des témoins pour les amener à dire faussement qu'un acte existait et qu'il a été perdu, que d'en suborner pour leur faire attester, contre la vérité, l'existence et la réalité du droit prétendu (1).

En second lieu, le fait de force majeure étant constant ou établi, il faudra prouver qu'un acte a réellement existé à l'origine, et que cet acte, maintenant détruit ou perdu, était justificatif du droit réclamé. L'existence de l'acte devra être prouvée, car c'est précisément et uniquement parce qu'un acte avait été rédigé qui devait servir de preuve littérale de la convention, que la preuve testimoniale est autorisée exceptionnellement. Le caractère de l'acte et sa portée au point de vue du droit réclamé devront être prouvés aussi; car la preuve testimoniale n'a pas d'autre objet que de suppléer, quant à ce droit même, la preuve littérale détruite ou perdue sans la faute du réclamant. Quelques auteurs ont induit de là que, pour rendre un témoignage efficace, les témoins doivent avoir vu l'acte, et en rapporter ou en rétablir la teneur (2). La proposition est, à notre avis, trop absolue.

Sans doute, lorsqu'il s'agit d'actes dont la validité et la force probante sont subordonnées à de certaines conditions, l'accomplissement de ces formalités devant être attesté tout comme l'existence de l'acte, il est certain que la déclaration des témoins ne sera utile que s'ils ont lu ou vu l'acte. C'est ainsi que sur la question d'abord controversée de savoir si on peut admettre la preuve par témoins de la perte ou de la destruction d'un testament par force majeure (3), la jurisprudence décide qu'en tout cas il ne suffirait pas de la déposition établissant la preuve de l'existence du testament, qu'il faudrait de plus la preuve que le testament était revêtu de toutes les formalités voulues par la loi (4). Et, pour rentrer dans notre sujet, c'est ainsi que si l'acte détruit et perdu par force majeure avait été fait sous seing privé, il faudrait, la formalité des doubles étant nécessaire (*suprà*, n° 132), que les témoins eussent vu l'acte pour qu'ils pussent attester l'accomplissement de la formalité. Mais, en dehors de ces cas, il n'est pas nécessaire assurément que les témoins aient lu ou vu l'acte détruit ou perdu par force majeure et qu'ils en rétablissent la teneur; il suffit qu'ils puissent attester et qu'ils attestent qu'un acte a existé, qui avait pour objet de constater la convention et spécialement le droit contesté entre les parties (5). Ainsi paraît décider Pothier, qui, s'expliquant en prévision sans doute des deux cas, enseigne que les témoins produits devront déposer, soit *avoir vu*, avant le fait de force majeure, l'acte entre les mains du créancier, soit *avoir quelque connaissance* de la convention à laquelle l'acte détruit ou perdu sans la faute du créancier servait de preuve littérale (6).

Du reste, on le comprend, c'est là, du moins en ce dernier point, une

(1) Pothier (*Oblig.*, édit. Bugnet, n° 815).
(2) V. MM. Toullier (t. IX, n° 206); Duranton (t. XIII, n° 368); Bonnier (*Traité de la preuve*, n° 114); Larombière (art. 1348, n° 46 et suiv.).
(3) V. Rej., 12 déc. 1859 (S.-V., 60, 1, 630; Dall., 60, 1, 334; *J. Pal.*, 1860, p. 217).
(4) Cass., 17 fév. 1806 (S.-V., Coll. nouv., 2, 1, 216).
(5) V. Marcadé (art. 1348, n° V). *Junge :* MM. Aubry et Rau (3ᵉ édit., t. VI, p. 470, note 35).
(6) Pothier (*loc. cit.*).

question de mesure ou d'appréciation dont la solution rentre dans le pouvoir souverain des juges du fond.

149. Les défiances du législateur touchant la preuve testimoniale cèdent encore et s'arrêtent lorsqu'il existe un commencement de preuve par écrit qui fortifie les allégations du demandeur. La loi permet alors de recourir au témoignage oral, même lorsqu'il s'agit de choses excédant la somme ou valeur de 150 francs, non plus pour faire la preuve, mais pour la compléter. C'est là une seconde exception à la règle prohibitive de la preuve testimoniale ; elle est consacrée par l'art. 1347 du Code Napoléon.

Que la disposition de cet article soit applicable au contrat de société, nous n'avons plus à le démontrer après les observations présentées plus haut (*suprà*, nᵒˢ 133 et 134). Cela, néanmoins, a été mis en question, d'abord par quelques tribunaux sur la communication à eux faite du projet du Code (1), et puis par quelques plaideurs devant la justice. Toutes sociétés, a-t-on dit, doivent, aux termes de l'art. 1834, être rédigées par écrit. Sans doute, l'écriture n'est requise que pour la preuve ; mais, à ce point de vue, elle est indispensable ; car le législateur n'ayant pas reproduit, en cette matière spéciale, l'exception admise par l'art. 1347 pour d'autres espèces de conventions, il en faut conclure que la preuve de la société ne saurait être reçue sur de simples témoignages, fussent-ils même appuyés par un commencement de preuve par écrit. Mais la jurisprudence ne s'est pas arrêtée devant une telle objection ; d'accord avec la doctrine des auteurs, elle a décidé que la règle posée dans l'art. 1834 n'est qu'une application du principe général écrit dans l'art. 1341 pour toute espèce de conventions, et que, comme le principe lui-même, cette règle comporte l'exception admise par l'art. 1347 à l'égard de la preuve testimoniale lorsqu'il existe un commencement de preuve par écrit (2). C'est la confirmation de ce que nous avons dit plus haut pour établir que, même en ce qui concerne la preuve, le contrat de société est soumis à *toutes* les règles du droit commun sur la preuve des conventions.

150. De même qu'en vertu de ces règles du droit commun on admet la preuve orale pourvu qu'il existe un commencement de preuve par écrit, de même aussi on devra s'attacher à ces mêmes règles pour définir le commencement de preuve par écrit. Ainsi, et d'après le § 2 de l'art. 1347, on envisagera comme tel seulement l'acte écrit qui est émané de celui contre lequel la demande est formée, ou de celui qu'il représente, et qui rend vraisemblable le fait allégué. Par conséquent,

_____

(1) V. notamment les Observations des Tribunaux d'appel de Metz et de Toulouse (Fenet, t. IV, p. 416, et t. V, p. 622).

(2) V. Cass., 16 avril 1806 ; Rej., 12 déc. 1825 ; Nancy, 17 janv. 1829 ; Cass., 19 juill. 1852 ; Rej., 17 fév. 1858 (Dall., 6, 1, 334 ; 26, 1, 102 ; 52, 1, 299 ; 58, 1, 124 ; S.-V., p. 2, 1204 ; 26, 1, 285 ; 53, 1, 33 ; 58, 1, 461 ; Coll. nouv., 9, 2, 192 ; *J. Pal.*, 1854, t. I, p. 257 ; 1858, p. 1179). *Junge* : MM. Duranton (t. XVII, nᵒ 344) ; Duvergier (*Soc.*, nᵒˢ 66 et suiv.) ; Troplong (*ibid.*, nᵒˢ 200 et suiv.) ; Delangle (*Soc. comm.*, nᵒˢ 507 et suiv.) ; Aubry et Rau (3ᵉ édit., t. III, p. 396 et 397) ; Massé et Vergé, sur Zachariæ (t. IV, p. 426, note 4) ; Rauter (p. 180) ; Massé (*Droit comm.*, 1ʳᵉ édit., t. VI, nᵒ 186 ; 2ᵉ édit., t. IV, nᵒ 2549).

les tribunaux auront à examiner, mais toutefois sous le contrôle de la Cour de cassation, le caractère des pièces produites, et à décider si elles sont suffisantes pour ouvrir la voie à ce supplément de preuve que l'on cherche dans les témoignages humains. Nous ne tenterons pas de citer les décisions, en très-grand nombre, qui ont statué sur ce point. Bornons-nous à dire que la jurisprudence a considéré comme constituant le commencement de preuve par écrit, dans le sens de l'art. 1347, l'extrait du bureau de l'enregistrement contenant la relation d'un acte de société, la transcription des conventions sociales sur les registres de la société, les aveux incomplets contenus dans un interrogatoire sur faits et articles (infrà, n° 154). Ajoutons à cette énumération la qualification d'associés prise par les associés eux-mêmes dans ces écrits ou dans ces titres qui, s'ils ne sont pas susceptibles par eux-mêmes de suppléer la preuve littérale, comme nous avons essayé de l'établir plus haut (n° 135), peuvent au moins, selon l'occurrence, présenter le caractère du commencement de preuve par écrit. C'est ainsi que la chambre des requêtes a rejeté le pourvoi dirigé contre un arrêt par lequel la Cour d'Agen avait reconnu ce caractère dans des circulaires et des prospectus imprimés et distribués pour faire prospérer la maison d'éducation que les associés dirigeaient ensemble (1).

151. Dans tout ce qui précède, nous avons supposé qu'il s'agit uniquement, en présence d'écrits émanés de celui contre qui la demande est formée et rendant vraisemblable le fait de l'existence d'une société, de prouver par témoins la société elle-même. Si la prétention du demandeur ne va pas au delà, il n'y a aucune difficulté : le fait allégué, désormais établi au moyen de la preuve testimoniale qui est venue donner un corps à ces indices résultant déjà des écrits produits, on appliquera, quant à l'organisation de la société, à son administration, etc., les règles établies par le Code Napoléon.

Mais si le demandeur, en prétendant qu'une société existe sans en rapporter l'acte constitutif, allègue en outre la stipulation de telles ou telles clauses particulières dont il se prévaut, comment et à quelles conditions pourra-t-il, sur le fondement des écrits produits à titre de commencement de preuve par écrit, être admis à faire par témoins sa preuve complémentaire? Il faut distinguer. En effet, de deux choses l'une : ou bien le commencement de preuve par écrit rend vraisemblable seulement l'existence d'une société ; ou bien la vraisemblance résultant de l'écrit s'étend plus loin, et s'applique même à la clause particulière qu'il s'agit de prouver.

Dans le premier cas, la preuve testimoniale ne saurait être autorisée ; car l'admission de cette preuve est rigoureusement subordonnée à cette condition qu'un premier élément existe dans un écrit rendant vraisemblable le fait allégué. Or, cette condition nécessaire fait défaut lorsque l'écrit ne se rattache pas au fait à prouver par ce lien de la vraisemblance qui est le premier pas vers la démonstration. Il en faut donc

_____

(1) Req., 27 mai 1812 (Dall., nouv. Rép., v° Société, n° 257).

revenir alors à la règle générale, puisqu'on ne peut se placer dans l'exception. Et comme il s'agit de choses excédant la somme ou valeur de 150 francs, la règle générale est que la preuve testimoniale doit être rejetée, la preuve littérale étant seule admissible.

Au contraire, dans le second cas, le commencement de preuve par écrit rendant vraisemblable non-seulement l'existence de la société, mais encore la stipulation particulière dont se prévaut le demandeur, le bénéfice de l'exception est incontestablement acquis à ce dernier, puisqu'il se trouve exactement dans les conditions mêmes qui sont le fondement de cette exception. Cela résulte nettement d'un arrêt de la chambre des requêtes. Dans l'espèce, à défaut de l'acte de société qui n'avait pu être représenté (sans que les parties fussent dans le cas de l'art. 1348), il était produit une copie certifiée par le *greffier* de la société, décédé depuis plus de vingt ans, et la copie relatait l'art. 15, aux termes duquel chacun des associés, quoique librê de vendre son intérêt, ne pouvait néanmoins le vendre qu'après l'avoir offert aux membres du comité, pour que la compagnie pût exercer, dans un délai déterminé, le droit de retrait qu'elle s'était réservé. En 1829, la compagnie, prétendant que les représentants d'un associé avaient vendu leur intérêt, intenta contre les cédants et le cessionnaire une action à l'effet d'être admise à exercer, dans le délai fixé, le retrait sur cette vente. Ceux-ci opposèrent que la clause invoquée n'était pas dans l'acte de société. Mais il fut décidé par les juges du fond qu'il résultait de tous les faits de la cause des présomptions graves, précises et concordantes, de l'existence de l'acte de société, et notamment des dispositions formelles et impératives de l'art. 15 de cet acte. Et l'arrêt ayant été attaqué en ce qu'il avait admis, sur de simples présomptions, l'existence d'un acte de société et de la clause litigieuse, le pourvoi fut rejeté par ce motif que les juges du fond « ayant reconnu *et pu reconnaitre,* par l'examen des registres de la société, un commencement de preuve par écrit de l'existence de l'acte de société *et de la teneur de l'art.* 15 *de cet acte,* il leur appartenait d'admettre et d'apprécier les présomptions qui formaient le complément de cette preuve... » (1)

Les juges, dans l'espèce, avaient cherché ce complément de la preuve non pas dans le témoignage oral, mais *de plano* dans des présomptions graves, précises et concordantes : c'était une application de l'art. 1353 du Code Napoléon. Cela nous conduit naturellement aux modes de preuve reconnus et organisés par la loi, outre la preuve littérale et la preuve testimoniale dont nous venons de parler.

VII. — 152. Le contrat de société étant soumis à toutes les règles du droit commun sur la preuve des conventions, il s'ensuit que les dispositions de la loi relatives aux présomptions, à l'aveu, au serment, lui sont également applicables.

Occupons-nous d'abord des présomptions. Selon la définition de la loi, ce sont des conséquences tirées d'un fait connu à un fait inconnu

---

(1) Req., 17 avril 1834 (S.-V., 34, 1, 276 ; Dall., 34, 1, 346 ; *J. Pal.,* à sa date).

(art. 1349 C. Nap.). Nous laissons de côté, bien entendu, celles que la loi elle-même attache à certains faits ou à certains actes, parce que celles-là constituent des présomptions *légales* et dispensent de toute preuve (art. 1352) : nous parlerons seulement des présomptions ordinaires et de fait qui sont abandonnées aux lumières et à la prudence des magistrats. Toutefois, après les explications qui précèdent sur la preuve testimoniale, nous n'aurons pas à y insister. L'art. 1353 en fournit la raison. Aux termes de cet article, les présomptions qui ne sont point établies par la loi ne doivent être admises par le magistrat que lorsqu'elles sont graves, précises et concordantes, *et dans les cas seulement où la loi admet les preuves testimoniales.* Donc, il en est des présomptions comme de la preuve testimoniale : ces deux genres de preuves sont, quant à leur recevabilité, gouvernés par les mêmes principes.

Ainsi, quelque graves qu'elles soient, les présomptions ne peuvent pas par elles-mêmes suppléer la preuve littérale de la société : à défaut d'acte écrit, elles sont exclues, en principe, comme conséquence de l'exclusion de la preuve testimoniale (1). Mais elles doivent être admises exceptionnellement dans tous les cas où la preuve testimoniale est admissible par exception : donc, elles seront un moyen direct et principal de prouver la société, si l'acte de société qui existait à l'origine a été perdu par suite d'un cas fortuit, imprévu et résultant d'une force majeure (art. 1348); ou un moyen complémentaire, s'il existe un commencement de preuve par écrit de l'existence de la société ou des stipulations contestées (art. 1347).

Et lorsque les présomptions sont admissibles par exception, elles constituent un moyen de preuve qui, bien que lié quant à la recevabilité au moyen de la preuve testimoniale, en est cependant complétement indépendant. Ainsi, il n'est pas nécessaire que les deux moyens concourent ensemble : si les présomptions sont telles qu'elles suffisent à former ou à compléter sa conviction, le juge peut les admettre *de plano* et en tirer la conséquence par rapport au fait contesté, sans avoir besoin d'ordonner la preuve par titres et témoins. L'arrêt cité au numéro précédent a statué en ce sens dans notre matière même. Et la doctrine a été virtuellement consacrée par la Cour de cassation à propos de la recherche de la maternité par un enfant naturel, bien que l'art. 341 du Code Napoléon, qui autorise cette recherche, parle seulement de *la preuve par témoins* comme complément du commencement de preuve par écrit (2).

153. Nous avons à insister moins encore en ce qui concerne l'aveu. L'écriture étant exigée par l'art. 1834, non comme condition de validité de la convention de société, mais uniquement comme moyen de preuve, il est certain que celui qui aurait avoué l'existence de la société ne saurait ensuite se prévaloir de ce qu'il n'en aurait pas été dressé acte, ou de ce que l'acte ne serait pas produit par une cause quelconque,

(1) V. Nîmes, 27 mai 1851 (Dall., 54, 2, 43).
(2) Rej., 23 nov. 1868 (S.-V., 69, 1, 5; *J. Pal.*, 1869, p. 5; Dall., 69, 1, 26).

pour nier le fait qu'il a reconnu. Son aveu lui serait opposable et suffirait pour justifier l'existence de la société dans ses conditions constitutives.

154. Par suite, nous tenons qu'il y a lieu d'admettre aussi l'interrogatoire sur faits et articles comme moyen de preuve. Cette mesure, qui, aux termes de l'art. 324 du Code de procédure, peut être provoquée en toute matière et en tout état de cause, tend à obtenir un aveu. Et il est bien clair que si la partie interrogée y avoue explicitement le fait litigieux, c'est-à-dire l'existence de la société ou les stipulations primitivement contestées de l'acte social, cet aveu lui sera opposable au même titre et dans les mêmes termes que l'aveu qu'elle aurait fait spontanément. Cela n'est pas contestable.

Mais il peut arriver que l'interrogatoire ne contienne pas un aveu explicite, c'est-à-dire une preuve complète de l'existence de la société ou de la stipulation litigieuse. Alors il pourra constituer, au moins dans le cas où il aura porté sur le fait même et sur les conditions de la convention sociale, le commencement de preuve par écrit qui, suivant nos précédentes observations (*suprà,* nᵒˢ 150 et 151), permet de recourir au moyen complémentaire de la preuve testimoniale ou des présomptions.

155. Enfin, à défaut d'acte écrit et représenté, le contrat de société peut être prouvé par le serment, sinon par le serment supplétif déféré d'office par le juge, lequel est un complément de preuve qui suppose l'admissibilité de la preuve testimoniale et des présomptions, au moins par le serment décisoire, dont les règles sont expliquées dans les articles 1358 à 1365 du Code Napoléon. En effet, la délation du serment par une partie à l'autre est, dans la réalité et au fond, une manière de provoquer l'aveu de la convention supposée; et par cela même, son admissibilité, comme moyen de preuve, se justifie de même que l'admissibilité de l'aveu ou de l'interrogatoire sur faits et articles. Le serment peut donc être déféré et référé en vue d'établir l'existence de la convention sociale, mais, bien entendu, sous les conditions déterminées par la loi. Ainsi, il faut que le serment ait un caractère véritablement *décisoire,* et, par conséquent, que le fait sur lequel il est déféré soit de nature à entraîner la décision du litige; qu'il soit déféré sur un fait personnel à la partie à laquelle on le défère; enfin, que l'action ne soit pas écartée par un motif d'ordre public ou par une présomption légale, c'est-à-dire par une de ces présomptions qui dispensent de toute preuve et n'admettent pas la preuve contraire.

VIII. — 156. Après nos observations sur la preuve de la société quant à son existence même, nous avons à dire quelques mots touchant la preuve de son exécution ou de son inexécution. Les anciens auteurs se sont préoccupés de ce point. Selon eux, si la preuve littérale était seule admissible pour établir l'existence de la société, sauf le cas où l'objet de la convention était d'une valeur n'excédant pas 100 livres et celui où il y avait commencement de preuve par écrit, il en était autrement lorsqu'il s'agissait de faire preuve de l'exécution ou de l'inexécution ; les témoignages pouvaient alors être accueillis. « Il y a une distinction à faire, dit notamment Danty sur Boiceau, entre la preuve de l'exécution ou inexécution de la société, et la preuve de la société. Charondas (liv. VII, *Resp.*, ch. CCX) en rapporte une espèce au sujet d'une association pour vente de bois, de laquelle il n'y avoit eu aucun acte passé devant notaires, ni sous signature privée : mais le défendeur ne dénioit pas cette association ; il soutenoit seulement que le demandeur n'y ayant pas satisfait de sa part, elle étoit nulle. Et parce que, dit Charondas, il ne s'agissoit pas précisément de prouver par témoins qu'il y avoit eu une association, puisque le demandeur en convenoit tacitement, mais seulement de l'inexécution de cette convention, la preuve en pouvoit être admise : aussi, par arrêt du 12 janvier 1584, celui qui avoit appelé de l'appointement de contrariété fut déclaré non recevable. » (1) La distinction, parfaitement juste en elle-même, nous semble devoir être maintenue sous le Code Napoléon. Prouver l'exécution, c'est établir non pas la convention, mais certains faits dont habituellement les parties n'ont pas pu retirer une justification écrite. Et l'on conçoit à merveille que celui qui prétend faire une telle preuve trouve une facilité plus grande que s'il voulait prouver la société même, c'est-à-dire une convention dont il n'a dépendu que de lui, au moment où il l'a formée, de se procurer la preuve littérale.

Mais nous faisons une réserve que, d'ailleurs, le passage ci-dessus reproduit de Danty fait pressentir, et qu'il importe d'autant plus de préciser que l'opinion émise sur ce point par quelques auteurs modernes est par trop générale (2). Il faut que la convention de société ne soit pas déniée : c'est à cette condition seulement que les parties pourront être admises à faire preuve, par tous les moyens de droit, de l'exécution ou inexécution. Ainsi, plaçons-nous dans l'espèce de l'arrêt du 12 janvier 1584, cité par Charondas : si la société n'étant pas niée ou étant tacitement reconnue, j'en demande la nullité contre l'un des associés en ce que celui-ci n'a pas satisfait à son engagement (C. Nap., art. 1184 et 1871), je pourrai sans doute être admis à prouver, même par témoins, non pas la *convention*, puisqu'elle est avouée, mais le *fait*, c'est-à-dire l'inexécution que j'allègue. Mais changeons l'hypothèse. Les parties ont accompli tels et tels actes en commun : l'une d'elles en argumente, et prétend qu'il s'est produit certains faits d'exécution impliquant l'existence d'une société ; l'autre nie absolument la convention de société. Est-ce que la première pourrait être admise à prouver, par tous les moyens de droit et spécialement par le témoignage oral, les faits d'exécution qu'elle allègue ? Non évidemment ; car en présence de la dénégation absolue de l'autre, la preuve testimoniale ne tendrait pas à autre chose, en définitive, qu'à établir l'existence d'une *convention* formellement déniée. Or, ce serait arriver par un détour à la violation de la loi, qui, sauf les exceptions par elle déterminées, repousse la

---

(1) Danty, sur Boiceau (*De la Preuve par tém.*, Ire part., add. au chap. VI, nº 53).
(2) V. notamment MM. Dalloz (nouv. *Rép.*, vº Société, nº 271). *Junge* : M. Duvergier (*Soc.*, nº 82).

preuve testimoniale de toutes choses excédant la somme ou valeur de 150 francs. Et vainement même se restreindrait-on à dire qu'il s'agit non pas de prouver la société afin d'en obtenir l'exécution *dans l'avenir*, mais uniquement d'établir des faits qui, accomplis en commun, supposent entre les agents l'existence de la société au moins *dans le passé*. Même avec cette restriction, la prétention viendrait se heurter contre les prohibitions de la loi, qui est absolue, et veut la preuve littérale aussi bien quand la convention est invoquée pour régir le passé que lorsqu'elle est alléguée en vue de l'avenir. Sans doute, il y a telles circonstances où la preuve par témoins des faits accomplis en commun pourra être autorisée. Mais il résultera de là que les faits une fois prouvés, la conséquence en pourra être déterminée d'après les règles de l'équité; il ne s'ensuivra pas qu'on puisse les interpréter par les principes de la société et leur faire l'application de ces principes (1).

Ainsi, s'il y a une différence entre la preuve de la société et la preuve de l'exécution ou inexécution; si la preuve testimoniale, prohibée, en principe, pour établir l'existence de la société, est admissible, au contraire, pour établir l'exécution ou inexécution, c'est dans le cas seulement où celui qui prétendrait prouver qu'il y a eu ou qu'il n'y a pas eu exécution ne rencontrerait pas devant lui un adversaire qui nierait formellement la convention de société.

IX. — 157. Tout ce que nous avons dit jusqu'ici relativement à la preuve de l'existence, de l'exécution ou inexécution de la société, se rapporte au cas où le débat s'est engagé entre les associés eux-mêmes, ou du moins entre ceux qui se prétendent associés. C'est, comme nous l'avons dit (n° 133), l'hypothèse qui se présentait la première à la pensée. Arrivons maintenant à une seconde hypothèse qui, d'ailleurs, ne nous arrêtera pas longtemps : c'est celle où le procès sur l'existence de la société surgit entre des tiers alléguant qu'une société a été formée et les associés prétendus niant la convention. Dans ce cas, que l'art. 1834 du Code Napoléon n'a pas eu en vue, il faut, à défaut d'une disposition législative précise, rechercher les règles par lesquelles seront résolues les questions susceptibles de se présenter dans la pratique.

158. En principe, d'abord, les tiers ne seront reçus à prouver qu'une société a été contractée qu'autant qu'ils y auront intérêt; et ils n'y auront intérêt que si l'acte dont ils prétendent se prévaloir est intervenu entre eux et les associés agissant comme tels, ou l'un d'eux procédant dans un intérêt collectif au nom de ses coassociés. Il faut donc supposer que les choses se sont passées ainsi, et qu'au jour où le tiers demande l'exécution des obligations souscrites avec la société, les associés prétendus nient la convention de société et déclarent avoir pactisé chacun dans son intérêt particulier et sous sa propre responsabilité. Le tiers pourra-t-il, alors, être admis à prouver par témoins l'existence de la société? Selon M. Duvergier, il faudrait répondre négativement. « Des tiers, dit-il, ne seraient pas recevables à prouver directement,

_____

(1) *Comp.* Bastia, 16 juin 1840 (Dall., 40, 2, 165).

par des témoignages, qu'une convention a été faite entre certaines personnes, et qu'elle a établi entre elles une société ; ils peuvent seulement puiser la preuve de la société dans des écrits émanés des associés, dans des actes où cette qualité leur a été donnée sans réclamation de leur part, ou même dans des faits non contestés qui supposent nécessairement que la société a été formée, et qu'elle a agi... La modification de la règle qui exige un acte doit se borner à admettre comme preuves, dans l'intérêt des tiers, des titres ou des faits constants qui supposent nécessairement l'existence de la société. » (1)

Nous ne saurions, pour notre part, nous ranger à cet avis. Ceci étant donné que des tiers ont traité avec les associés se présentant comme tels, ou avec l'un d'eux traitant au nom des autres pour lesquels il gérait publiquement et de leur aveu, nous tenons que les prohibitions résultant de l'art. 1834, en ce qui concerne la preuve de la société, ne concernent pas ces tiers. En cela, nous exprimons ce que la Cour de cassation n'a pas hésité à dire dans une espèce où la violation de cet article était alléguée devant elle contre un jugement qui avait admis un tiers à prouver par témoins l'existence d'une société. « Les dispositions de cette nature, a-t-elle dit, ne regardent que les associés entre eux, et ne peuvent être opposées à un créancier qui a contracté sous la foi d'une société publiquement reconnue. » (2) Et y a-t-il rien de plus juste ? Les entraves mises par l'art. 1834, ou plutôt par le droit commun, à la liberté de la preuve des conventions, supposent la faculté, pour les parties contractantes, de se constituer la preuve littérale à laquelle la loi donne la préférence. Or, cette faculté n'a pas existé, en ce qui concerne la convention de société, pour les tiers qui, au cours de l'association, ont traité avec les associés. Sans doute ils ont pu, par conséquent ils ont dû retirer la preuve littérale de la convention spéciale, vente, location, prêt, qu'ils ont faite avec les associés ; et s'ils ont négligé de prendre ce soin, il leur sera interdit de prouver cette convention spéciale autrement que dans les termes du droit commun. Mais quant à l'acte social lui-même, quant à l'acte qui liait les associés entre eux, et en considération duquel les tiers ont traité avec la société, tout s'est passé en dehors de ceux-ci ; ils n'ont pu ni exiger un écrit constatant la convention, ni obliger les parties qui l'ont formée à en dresser acte. On ne saurait donc leur opposer les règles restrictives de la loi sur la preuve testimoniale. Ils ont traité avec la société sur la foi de son existence publiquement reconnue, comme l'a dit la Cour suprême ; et par conséquent, l'objet de la société fût-il d'une valeur de plus de 150 francs, ils doivent avoir à leur disposition ce moyen et tous les autres pour établir que ceux qui prétendent aujourd'hui n'avoir agi que dans des intérêts distincts et tout individuels ont traité réellement comme associés. D'après cela, que la preuve de la société puisse être

---

(1) V. M. Duvergier (*Soc.*, n° 78).
(2) V. Rej., 23 nov. 1812 (S.-V., 16, 1, 171 ; Coll. nouv., 4, 1, 230 ; Dall., 13, 1, 72 ; *J. Pal.*, à sa date). *Junge :* Req., 3 et 8 août 1808 (Dall., nouv. Rép., v° *Société*, n° 264).

puisée par les tiers, comme le dit M. Duvergier, dans des écrits émanés des associés, dans des actes où cette qualité leur a été donnée sans réclamation de leur part, même dans des faits supposant nécessairement que la société a été formée, nous l'admettons sans difficulté; mais non pas, comme le dit M. Duvergier, à titre de modification à la règle qui exclut la preuve directe de la société *par des témoignages*, mais au contraire et précisément parce que cette règle n'est pas opposable aux tiers en ce qui concerne la preuve de la société, et qu'ainsi les simples présomptions peuvent être admises par le juge dans leur intérêt, aussi bien que la preuve testimoniale, à l'effet de reconnaître et de déclarer l'existence de la société.

159. Toutefois, nous avons supposé que le tiers qui demande à faire la preuve avait traité avec les associés agissant en cette qualité, ou avec celui qui, de l'aveu des associés, gérait publiquement et avait stipulé en leur nom. Mais il n'en serait plus de même si le tiers n'avait traité qu'avec l'un des associés agissant au nom de ses coassociés, en vertu du mandat exprès ou tacite à lui conféré par le contrat de société. L'inadmissibilité de la preuve testimoniale résulterait alors sinon de l'art. 1834, au moins de l'art. 1935, qui, après avoir déclaré que le mandat peut être donné verbalement, ajoute que « la preuve testimoniale n'en est reçue que conformément au titre *Des Contrats ou des Obligations conventionnelles en général.* » Nous avons établi, dans notre Traité-Commentaire du mandat, contre une opinion assez accréditée, que ce texte étant absolu, et n'établissant ni directement, ni indirectement, en faveur des tiers, aucune dérogation aux règles ordinaires de la preuve, il n'y a pas lieu de faire une exception au profit de ces derniers, même lorsque le mandataire a agi au nom du mandant, et leur a ainsi désigné le mandant comme obligé (1). Nous ne pouvons que nous référer à nos observations sur ce point.

X. — 160. Si nous ne tenions à suivre l'ordre même adopté par le Code Napoléon, nous nous occuperions ici, pour compléter l'exposé des règles sur la preuve relativement à la société civile, des moyens de prouver soit la prorogation, soit la dissolution des sociétés. Mais la loi contient une disposition spéciale, au moins en ce qui concerne la preuve de la prorogation : l'art. 1866 dispose que la prorogation d'une société à temps limité ne peut être prouvée que par un écrit revêtu des mêmes formes que le contrat de société. Nous réserverons donc pour le commentaire de cet article et de ceux qui fixent les divers modes de dissolution de la société, les développements auxquels peut donner lieu la question de savoir comment doit être établie soit la prorogation, soit la dissolution.

_____

(1) V. notre Traité-Commentaire du mandat (n° 876).

CHAPITRE II.

DES DIVERSES ESPÈCES DE SOCIÉTÉS.

1835. — Les sociétés sont universelles ou particulières.

SOMMAIRE.

I. **161.** La division des sociétés en universelles ou particulières a pour unique fondement la mesure de l'apport des parties. — **162.** Et comme, en définitive, les parties peuvent, sauf quelques restrictions déterminées par la loi, préciser elles-mêmes ce qu'elles entendent mettre en société, la division, en elle-même, n'a pas un intérêt appréciable en pratique.

I. — **161.** Nous avons montré plus haut comment les sociétés, envisagées d'après la nature même des opérations à réaliser, se distinguent en civiles et commerciales : dans cet ordre d'idées, nous avons dû nous attacher à l'affaire sociale, à l'œuvre même que la société se propose d'accomplir, abstraction faite des moyens par elle employés pour atteindre son but. En arrivant maintenant, avec le Code Napoléon, à une autre classification des sociétés, c'est l'étendue des ressources sociales, c'est la quotité des biens mis en commun que nous avons à considérer. En effet, la distinction annoncée par l'art. 1835, d'après lequel les sociétés sont universelles ou particulières, a pour seul fondement la mesure de l'apport des parties. Suivant que la mise en commun est faite dans des proportions plus ou moins considérables, la convention qui se forme entre les associés vient se ranger dans la classe des sociétés universelles ou dans celle des sociétés particulières. C'est donc, comme l'a dit Treilhard dans l'Exposé des motifs, « la volonté, et la volonté seule des parties qui règle ce qui doit entrer dans la société, et qui la range, par conséquent, dans l'une ou l'autre de ces deux classes. » (1)

162. Cela étant, on ne voit pas nettement quelle est l'utilité pratique de ce chapitre, presque textuellement reproduit du Traité des sociétés de Pothier. La distinction et les déductions qui y sont formulées avaient leur raison d'être dans ce dernier ouvrage, dont l'auteur se proposait de préciser et de mettre en ordre les théories des jurisconsultes romains éparses dans les Pandectes. Mais il n'était guère utile de les introduire dans le Code, où, il faut bien le reconnaître, elles apparaissent moins comme un ensemble de prescriptions législatives que comme un fragment de commentaire. Pourquoi dire que la société dont le fonds est composé de tels ou tels biens est universelle ou particulière, s'il dépend des contractants de modifier de plusieurs manières la composition active de leur société? A la vérité, en définissant la société universelle et la société particulière, le législateur, sans se proposer ce but, est arrivé à ce résultat, de marquer certaines limites que la volonté

(1) Fenet (t. XIV, p. 396); Locré (t. XIV, p. 519).

privée ne peut dépasser : c'est la conséquence, notamment, de l'article 1837 (*infrà,* n°s 186 et suiv.). Mais dans l'étendue de ces limites, la liberté des conventions subsiste et peut s'exercer sans obstacle. Les contractants, assurément, ne manqueront pas d'en user ; presque toujours, on peut le dire, au lieu de traiter, en s'associant, par référence à l'un ou à l'autre des types dessinés par le législateur, ils préciseront ce que de part et d'autre ils voudront mettre en société. Il eût donc été plus simple, comme d'ailleurs l'avis en fut émis par Bérenger au conseil d'État (1), de laisser aux parties elles-mêmes, sauf les points réservés par l'art. 1837, le soin de régler la convention spéciale dont elles entendraient faire leur loi.

Quoi qu'il en soit, le législateur a cru devoir s'attacher à la division des sociétés universelles et particulières pour les réglementer ; nous avons donc à suivre les dispositions de la loi et à donner sur chacune d'elles les explications, d'ailleurs presque exclusivement théoriques, dont elle doit être l'objet.

SECTION PREMIÈRE.

DES SOCIÉTÉS UNIVERSELLES.

1836. — On distingue deux sortes de sociétés universelles, la société de tous biens présents, et la société universelle de gains.

SOMMAIRE.

I. 163. Les sociétés universelles, à peu près inconnues de nos jours, n'ont été conservées dans le Code que comme un souvenir d'une pratique autrefois largement développée. — 164. Historique : des sociétés *universorum bonorum* et des sociétés *universorum quæ ex quæstu veniunt*, en droit romain. — 165. Suite : des communautés de biens qui, dans notre droit féodal, existaient entre les membres des familles serves. — 166. Des sociétés tacites ou taisibles formées entre personnes de condition libre : la convention en fixait la mesure ; toutefois les auteurs, à l'imitation des jurisconsultes romains, y distinguaient deux espèces de sociétés universelles. — 167. Dans leur projet primitif, les rédacteurs du Code n'avaient admis que la seconde, *universorum quæ ex quæstu veniunt*; la société *omnium bonorum* a été introduite, mais avec des restrictions, sur la demande des tribunaux. Transition.

I. — 163. Les sociétés universelles sont peu usitées dans la pratique. On peut dire même qu'elles ont cessé d'y être connues. C'est un point que l'expérience démontre et que tous les auteurs ont constaté. Si la passion du gain est l'un des traits caractéristiques de l'époque, le sentiment d'indépendance individuelle est aussi un signe des temps. On veut bien agir en commun ; mais on met des limitations à l'action commune, et l'on ne se résoudrait pas aisément à confondre, par la formation d'une société universelle, tous les intérêts pécuniaires présents ou à venir. Aussi peut-on accepter comme juste, dans une certaine mesure, l'observation d'un auteur moderne qui, en appréciant les sociétés universelles, estime que l'affection réciproque des parties en est le principe et la source ; que ceux-là seuls qui sont unis par les liens d'une étroite

---

(1) Locré (t. XIV, p. 494) ; Fenet (t. XIV, p. 370).

amitié, d'une intime confiance, pourraient songer à contracter de telles sociétés, et que, fondées principalement sur la conformité de goûts et d'habitudes, elles doivent se rompre le jour où s'éteint la sympathie (1). Toutefois, comme la pensée de bénéfices à réaliser est une condition constitutive du contrat et doit apparaître, en toute hypothèse, pour que la fusion des intérêts ne se réduise pas à une simple communauté (*suprà*, n°s 75 et suiv.) (2), nous n'irons pas jusqu'à dire, avec le même auteur, que la société universelle est toute passive et n'a pour objet qu'une jouissance en commun; seulement, nous convenons que cette pensée de bénéfices à réaliser peut n'y être qu'accessoire et secondaire. Et c'est une raison encore de reconnaître que si le Code Napoléon a conservé les sociétés universelles, bien que nos mœurs actuelles nous en éloignent à peu près absolument, c'est comme souvenir d'une pratique autrefois largement développée, et sur laquelle nous devons tout d'abord jeter un rapide coup d'œil.

164. Entre les diverses espèces de sociétés admises dans la jurisprudence romaine (l. 5, ff. *Pro socio*), il en était deux qui, avec plus ou moins d'extension, constituaient des sociétés universelles : c'étaient, d'après les dénominations usitées par les jurisconsultes et les interprètes, la société *omnium bonorum* ou *universarum fortunarum*, et la société *universorum quæ ex quæstu veniunt.*

La *societas omnium bonorum* comprenait non-seulement les biens présents des contractants : « omnes res, quæ coëuntium sunt, continuo » communicantur » (l. 1, § 1, ff. *Pro socio*), mais encore tout ce que chacun des associés pouvait acquérir par la suite, à quelque titre que ce fût : « et hereditas, et legatum, et quod donatum est, aut quaquà ra- » tione adquisitum, communioni adquiretur » (l. 3, § 1, *hoc tit.*). C'est ainsi que chaque associé devait communiquer aux autres les actions pénales : « ... Neratius ait... et ideo, sive ob injuriam sibi factam, vel » ex lege Aquilia, sive ipsius, sive filii corpori nocitum sit, conferre de- » bere respondit » (l. 52, § 16, *hoc tit.*); et même la dot de sa femme (l. 65, § 16; l. 66, *hoc tit.*). Mais si la société embrassait ainsi la masse entière des avantages, des droits et des biens de chacun de ceux entre qui elle était formée, elle devait, en retour, supporter des charges considérables. Outre qu'elle était tenue de payer la totalité des dettes de chacun des associés, elle avait à pourvoir à tous leurs besoins et à ceux de leur famille dans le sens large du mot (l. 73, § 1, et l. 81, ff. *hoc tit.*). Ainsi, sauf ce qu'un associé pouvait avoir acquis ou devoir à raison d'un crime, d'un délit ou de toute autre cause honteuse qui ne peut engendrer aucune société (l. 57, *hoc tit.*), la société *omnium bonorum* ou *universarum fortunarum* était la confusion complète et absolue des patrimoines respectifs de plusieurs personnes, de manière que les droits et les obligations de chacune devenaient désormais les obligations et les droits de tous.

---

(1) V. M. Duvergier (*Soc.*, n° 87).
(2) V. Toulouse, 9 mai 1810, et Grenoble, 28 juin 1811 (Dall., nouv. *Rép.*, v° Société, n° 279).

La *societas universorum quæ ex quæstu veniunt* n'avait pas, à beaucoup près, la même étendue. Elle était encore universelle, car elle comprenait toute une nature de biens. Mais elle était plus limitée dans son objet, puisque diverses classes de biens en étaient exclues. La société *quæstuum* avait trait seulement à ce que les Romains qualifiaient gains, *quæstus;* et comme le dit le jurisconsulte Paul, *quæstus intelligitur, qui ex operâ cujusque descendit* (l. 8, ff. *hoc tit.*). C'est l'idée qui précise et détermine le caractère et la portée de cette société au point de vue tant de l'actif que du passif. Car si la société, si la masse sociale se formait de l'industrie de chacun des associés et de tous les biens qui en provenaient, spécialement des bénéfices résultant des contrats à titre onéreux passés par chacun des associés (*lucrum ex emptione, venditione, locatione, conductione* : l. 7, ff. *hoc tit.*), de la solde militaire, des honoraires ou salaires des associés (*stipendia cœteraque salaria* : l. 52, § 8, *hoc tit.*); d'un autre côté, et par une juste réciprocité, la société *quæstuum* n'était grevée que du passif se rattachant à cette source d'acquisitions : « ... nec æs alienum, *nisi quod ex quæstu pendebit* » (l. 12, ff. *hoc tit.*).

165. Après cette esquisse suffisante, quoique abrégée, des sociétés universelles d'après le droit romain, voyons quel a été l'état des choses sur ce point d'après notre ancienne jurisprudence française.

Et d'abord, en se reportant à notre droit féodal, on rencontre une espèce de société universelle de biens qui existait entre les membres des familles serves. Elle se rattache à l'histoire des modifications de la propriété foncière et à la condition juridique des mainmortable s. Le serf qui, durant sa vie, usait et jouissait en maître de la terre qu'il tenait du seigneur et à laquelle il était attaché, perdait tous ses droits en mourant. Par l'effet d'une sorte de droit de retour, plutôt que par droit de succession, le seigneur reprenait la tenure servile, en sorte que le serf n'avait en réalité qu'un droit essentiellement précaire, résoluble, à sa mort, par l'exercice du droit de mainmorte. Mais le seigneur finit par se départir de ses prérogatives, dans une certaine mesure, en faveur des parents qui avaient vécu en commun avec le serf. Et alors s'établirent ces communautés ou *compaignies* qui profitèrent à tous, en ce qu'elles furent pour le serf la condition de la persistance, même après sa mort, de son droit sur la tenure servile, et pour le seigneur un gage de bonne culture et une source de profits réalisés au moyen des charges et des redevances acquittées par les tenanciers. Ces sociétés, fondées sur des raisons d'ordre social et politique, étaient soumises à des règles très-différentes, selon les coutumes, soit quant aux personnes entre qui elles pouvaient exister, soit quant aux modes de dissolution. Toutefois elles étaient condamnées, par le cours même des choses, à disparaître insensiblement. Et en effet, lorsque Louis XVI effaçait les dernières traces du servage, il n'en existait plus que dans quelques rares localités où, si l'on en croit les jurisconsultes du temps, elles étaient une source d'aisance, une cause de prospérité pour les mainmortables, qu'elles maintenaient dans l'esprit de famille. Mais n'insistons pas sur ces sortes d'associations que Troplong a si bien décrites dans la dissertation qui sert de préface à son Commentaire des sociétés (1). Aussi bien, ce n'est pas dans la réglementation dont elles furent l'objet que nous retrouverions la trace de ce qui est aujourd'hui. Elle est plus particulièrement dans d'autres sociétés universelles dont nous avons eu l'occasion de parler déjà (*suprà*, n° 138), et qui furent aussi, dans notre ancien droit, une manifestation remarquable de l'esprit de famille et d'association.

166. Celles-ci, formées entre personnes de condition libre, étaient connues sous les dénominations de sociétés *taciles* ou *taisibles*. Appliquées au commerce, à l'industrie ou simplement à l'accroissement de l'aisance, de la prospérité commune, ces sociétés universelles résultaient d'une habitation en commun, sous le même toit, continuée pendant un certain temps, ordinairement un an et un jour, et elles comprenaient les meubles, les acquêts et tous les bénéfices de chacun des associés. Leur caractère saillant, qui primitivement se trouvait dans le mode de leur formation, c'est-à-dire dans cette présomption sinon légale, au moins coutumière, d'où elles naissaient, s'effaça par la suite sous l'influence des prescriptions de l'ordonnance de Moulins. Et sauf dans quelques coutumes qui, nonobstant l'ordonnance, retinrent les usages anciens relativement à ces sociétés, il arriva que dans la plupart des localités la convention expresse devint une condition de leur existence, et que même au-dessus de 100 livres cette convention dut être rédigée par écrit. Mais dans ces termes, et sauf l'observation des prescriptions de la loi, il dépendait de la volonté de ceux qui s'associaient d'élargir ou de resserrer à leur gré le cercle dans lequel devait s'exercer l'action sociale : telle était la pratique. Toutefois, en doctrine, les auteurs, s'inspirant des théories des jurisconsultes romains, distinguèrent aussi deux sortes de sociétés universelles : la société *omnium bonorum*, laquelle, comprenant, comme en droit romain, *tous les biens présents et à venir des associés,* n'existait qu'autant que les parties s'en étaient formellement expliquées, et la société *universorum quæ ex quæstù veniunt,* c'est-à-dire la société de gains, qui, étant formée seulement de tout ce que les associés pourraient acquérir à un titre de commerce quelconque pendant le cours de la société, était censée contractée lorsque les parties déclaraient se mettre en société, sans s'expliquer davantage (2).

Tel était l'état de choses en présence duquel se sont trouvés les rédacteurs du Code Napoléon.

167. Leur pensée avait été de supprimer les sociétés universelles de tous biens. Elles étaient presque entièrement abandonnées en fait dans le dernier état de la jurisprudence française; la théorie seule gardait, sur ce point, la trace des règles et des maximes du droit romain.

Les rédacteurs du Code, en s'attachant plus particulièrement à la

(1) Troplong (*Soc.;* Préf., p. XXXV et suiv.).
(2) V. Pothier (*Soc.,* n°° 29 et 43).

pratique, crurent dès lors pouvoir ne retenir que la société de gains. Mais « plusieurs tribunaux, comme Berlier l'indiquait dans la discussion, et notamment le Tribunal de Paris, réclamèrent une plus grande latitude. » (1) « Il y a des personnes, avait dit ce Tribunal, qui ont si peu, qu'en réunissant *tout* leur avoir présent et futur, elles trouvent encore difficilement de quoi sustenter leur faible existence... La loi doit se prêter à toutes les situations... » (2) En cela, il faut bien le dire, le Tribunal ne tenait guère compte des principes et du caractère propre au contrat de société ; à l'élément constitutif de bénéfices à réaliser, il substituait l'assurance mutuelle en vue de diminuer la gêne ou la misère. Néanmoins, les rédacteurs du Code firent droit à l'observation, et c'est ainsi que, comme le droit romain, notre art. 1836 reconnaît deux sortes de sociétés universelles, la société de tous biens et la société de gains. Toutefois, la société de tous biens autorisée par notre Code n'existe pas telle que notre ancien droit l'avait conçue à la suite du droit romain ; elle est renfermée dans des bornes plus étroites qu'il faut maintenant fixer. C'est l'objet du commentaire de l'article suivant.

1837. — La société de tous biens présents est celle par laquelle les parties mettent en commun tous les biens meubles et immeubles qu'elles possèdent actuellement, et les profits qu'elles pourront en tirer.

Elles peuvent aussi y comprendre toute autre espèce de gains ; mais les biens qui pourraient leur avenir par succession, donation ou legs, n'entrent dans cette société que pour la jouissance : toute stipulation tendant à y faire entrer la propriété de ces biens est prohibée, sauf entre époux, et conformément à ce qui est réglé à leur égard.

SOMMAIRE.

(1) V. Locré (t. XIV, p. 492); Fenet (t. XIV, p. 368).
(2) Fenet (t. V, p. 280).

tées pendant la durée de la société : distinctions. — 180, 181. De l'entretien de chaque associé et de sa famille, de l'établissement des enfants et de la dot des filles : ce ne sont pas là des charges sociales.

IV. 182. L'actif de la société universelle de biens présents peut être modifié par des stipulations particulières dont l'effet réagit, d'ailleurs, sur le passif. — 183. Ainsi, les associés peuvent faire entrer dans la société, outre les profits des biens présents qui y entrent de plein droit, toute autre espèce de gains, et même la *jouissance* des biens qui pourraient leur advenir par succession, donation ou legs. — 184. Dans ce cas, l'ensemble des dettes grevant ces gains et jouissances est à la charge de la société. — 185. Mais les dépenses personnelles ou de famille, l'entretien des enfants, la dot des filles, n'en restent pas moins à la charge de l'associé.

V. 186. Limites imposées par la loi aux conventions particulières : les parties ne peuvent faire entrer dans la société la *propriété* des biens qui leur adviendraient par succession, donation ou legs. — 187. Motifs de la prohibition. — 188. Toute stipulation contraire serait à considérer non pas seulement comme non écrite et nulle, mais encore comme entraînant la nullité du contrat de société. — 189. Exception relative aux conventions entre époux : renvoi.

I. — 168. L'art. 1837 a pour objet de fixer les éléments dont se compose la première espèce de société universelle, la société de tous biens présents. Dans sa disposition complexe, il contient trois parties très-distinctes. Il exprime d'abord ce qu'une telle société comprend de plein droit et par cela seul que les contractants ont déclaré, non pas simplement qu'ils forment *une société universelle*, auquel cas il n'y aurait qu'une société de gains (*infrà*, art. 1839), mais qu'ils établissent une société universelle *de biens*. L'article indique ensuite ce que les parties peuvent ajouter, par la convention, aux choses que la société de tous biens comprend de plein droit. Enfin, il pose, quant à la composition de l'actif, certaines limites que les parties ne peuvent franchir sans compromettre le sort de la convention sociale elle-même. — Nous présenterons dans ce même ordre les explications dont cet art. 1837 doit être l'objet.

II. — 169. Aux termes de son premier paragraphe, « la société de tous biens présents est celle par laquelle les parties mettent en commun tous les biens meubles et immeubles qu'elles possèdent actuellement, et les produits qu'elles pourront en tirer. » Telle est, résumée en quelques mots, la composition, quant à l'actif, de cette première sorte de société universelle. Les immeubles et droits immobiliers, les meubles corporels et incorporels, titres, actions, créances actives, en un mot l'entier patrimoine de chacun des associés, tel qu'il existe au moment de la formation de la société, constitue l'élément principal de cet actif. Et puis, comme les fruits sont l'accessoire de la chose frugifère et appartiennent à ce titre au propriétaire de la chose ; comme, d'un autre côté, la société ne saurait être réduite à la condition d'un nu propriétaire qui n'aurait d'autre moyen de profiter de la chose que celui de l'aliéner, ce qui serait contraire à l'intention des parties aussi bien qu'à la notion même du contrat, le fonds social s'accroît des profits, c'est-à-dire des revenus et des fruits que les patrimoines, maintenant confondus des associés, produiront désormais.

170. Ainsi, cette première sorte de société universelle, lorsqu'elle n'est modifiée par aucune convention, comprend la *propriété* de tous

les biens présents de chaque associé, et la *jouissance* de ces mêmes biens. Elle comprend tout cela ; mais elle ne comprend rien de plus, d'après le texte.

Cependant, quelques auteurs y font entrer, en outre, et de plein droit, l'usage et la jouissance des biens qui, au cours de la société, adviendraient aux associés par succession, donation ou legs (1). Ils s'autorisent, pour le décider ainsi, des principes de l'ancien droit, d'un argument d'analogie tiré de l'art. 1401 du Code Napoléon, enfin du texte même de l'art. 1837 dans son second paragraphe. Ce sont, néanmoins, autant d'arguments qui portent à faux, et même qui se retournent contre la solution. C'est évident, d'abord, quant à l'ancien droit. Les rédacteurs du Code, en effet, y ont expressément dérogé. A la société universelle qui, à l'imitation de la société *omnium bonorum* ou *universarum fortunarum* des Romains, comprenait les biens à venir tout comme les biens présents, ils ont substitué une société universelle des biens présents seulement. Et en laissant les biens à venir en dehors de la société, ils les en ont exclus virtuellement pour l'usage et la jouissance, aussi bien que pour la propriété, par cela même qu'ils n'ont pas distingué. C'est évident également quant à l'argument tiré de l'art. 1401. Sans doute, cet article, dont l'objet a été de déterminer ce qui, de plein droit, constitue entre époux l'actif de la communauté légale, fait entrer dans cet actif « tous les fruits, revenus, intérêts et arrérages, de quelque nature qu'ils soient, échus ou perçus pendant le mariage, et provenant des biens qui appartenaient aux époux lors de la célébration, *ou de ceux qui leur sont échus pendant le mariage, à quelque titre que ce soit.* » Mais précisément l'art. 1837, dont le premier paragraphe a, en ce qui concerne la société universelle de biens, le même objet que l'article 1401 par rapport à la communauté légale, dispose tout autrement : loin d'attribuer à l'actif de la société *les revenus des biens échus aux associés, pendant la société, à quelque titre que ce soit,* il dit limitativement que la société aura droit seulement *aux profits* qui pourront être tirés des biens que les associés *possèdent actuellement.* Et par cela même il est exclusif de l'idée qu'on puisse appliquer par analogie une autre disposition législative à ce point qu'il a réglé spécialement. A la vérité, on oppose, et c'est le dernier argument du système, ces expressions, empruntées au deuxième paragraphe de l'art. 1837 : « les biens qui pourraient avenir (aux associés) par succession, donation ou legs, n'entrent dans cette société que *pour la jouissance* » ; et l'on suppose que par ces termes le législateur aurait appliqué à la société universelle la règle écrite dans l'art. 1401 relativement à la communauté légale. Mais ces expressions sont, dans le texte, une proposition incidente qui ne doit pas être prise isolément. Il faut la rapprocher des termes qui précèdent et qui suivent immédiatement. Et alors elle se lie à l'objet même du second paragraphe, lequel a en vue non plus la société uni-

---

(1) V. MM. Delvincourt (t. III, p. 120); Duranton (t. XVII, n° 351); Zachariæ (édit. Massé et Vergé, t. IV, p. 428, note 6).

verselle telle qu'elle est constituée de plein droit en l'absence de toute convention particulière, mais la société universelle modifiée par la convention des parties. La proposition incidente apparaît donc comme indiquant une certaine extension que les parties peuvent donner à la mise sociale, et non point comme énonçant l'un des éléments ordinaires de la constitution de l'actif (1).

Ainsi, les fruits des biens à venir n'entrent et ne peuvent entrer dans la société universelle de biens qu'en vertu d'une stipulation expresse, à défaut de laquelle il n'y a de mis en commun, suivant l'expression du premier paragraphe de l'art. 1837, que les biens meubles et immeubles que les associés possèdent *actuellement* et les profits qu'ils pourront retirer de ces mêmes biens.

171. L'actif certain de cette société consistant dans la masse des biens, meubles et immeubles, des parties au jour du contrat, nous avons à déterminer ce qu'il faut entendre par biens présents. A cet égard, sans nous attacher à cette expression de la loi, « les biens que les parties *possèdent actuellement* », nous tenons qu'une possession même antérieure à la formation de la convention sociale établirait au profit de l'associé possesseur une présomption légale de propriété bien suffisante pour que la société fût en droit de considérer la chose comme un *bien présent* dans le sens de l'art. 1837. Mais en outre, et en principe, tout bien dont le titre d'acquisition serait antérieur à la formation de la société constituerait aussi un bien présent, par conséquent une chose commune, quand même l'effet juridique du titre d'acquisition ne se produirait qu'après la constitution de la société. Ainsi, un immeuble avait été acquis par l'un des associés sous une condition suspensive qui ne s'est réalisée que depuis la formation de la société : c'est là un bien présent, puisque la condition accomplie a un effet rétroactif au jour de l'engagement (C. Nap., art. 1179). Un immeuble a été acquis avec stipulation d'un terme qui échoit après que la société a été constituée : c'est encore un bien présent, et *à fortiori,* puisque le terme ne suspend point l'engagement, dont il retarde seulement l'exécution (art. 1185). Il en serait de même des biens qui, aliénés par l'un des associés avant la formation de la société, reviendraient en sa possession, la société étant alors constituée, par l'effet de la rescision, de la résolution ou même du désistement volontaire. C'est une règle de droit à l'abri de toute controverse : il suffit de la rappeler, et il n'est pas nécessaire de s'arrêter aux applications très-nombreuses dont elle serait susceptible.

172. Évidemment aussi, les biens acquis pendant la durée de la société, soit avec les fonds sociaux, soit par échange ou à titre de remploi des biens communs (art. 1407, anal.), sont la propriété commune; car tout ce qui est transformation de la chose appartenant à la société, est chose de la société par la condition même de son origine. Ce n'est pas là une modification, par voie d'interprétation, aux dispo-

(1) V. MM. Troplong (*Soc.*, n° 209); Duvergier (*ibid.*, n° 93); Massé et Vergé, sur Zachariæ (*loc. cit.*).

sitions constitutives de l'actif social : c'est le développement logique des principes généraux ; c'est la conséquence du droit de propriété de la société, qui garde ce qu'elle a et n'acquiert rien en dehors des termes de l'art. 1837.

173. Enfin, nous n'hésitons pas à dire, avec l'unanimité des auteurs, que dans le cas où un doute s'élèverait sur la qualité de propres ou de communs relativement à des biens dont l'origine, la date et le titre d'acquisition ne seraient pas parfaitement connus, c'est la présomption de copropriété qui doit être admise. Nous le décidons ainsi non pas tant par analogie de l'art. 1402, les présomptions ne devant pas, en principe, être étendues d'un cas à un autre, mais par cette considération de droit qu'il existe alors une sorte de possession indivise qui fait supposer une copropriété, d'où suit que la preuve est à la charge de celui qui prétendrait le contraire.

174. Suivant l'observation de Pothier touchant la manière dont se communiquent les biens des associés, dans cette première sorte de société universelle, « tous les biens qu'avait, lors du contrat, chacun des associés, deviennent dès l'instant du contrat communs entre eux, chacun d'eux étant censé s'en être fait réciproquement une tradition feinte, et s'en être constitué possesseur au nom de la société. » (1) Et Pothier cite à l'appui les fragments d'Ulpien et de Caïus où il est dit, en effet : « In societate omnium bonorum omnes res, quæ coëuntium sunt, continuo communicantur (l. 1, § 1, ff. *Pro socio*); quia, licet specialiter » traditio non interveniat, tacita tamen creditur intervenire. » (L. 2, *hoc tit.*)

Mais ici se présente une difficulté. Elle est relative aux créances actives que peuvent avoir les associés, et qui, comme les biens de toute autre nature, entrent dans la société universelle de tous biens. D'après le droit romain, les dettes actives n'étant pas susceptibles de tradition par leur nature, et ne pouvant être transmises que par une *cession d'actions*, le jurisconsulte Paul tranchait la difficulté en décidant que chaque associé était tenu de faire la cession. « Ea vero, quæ in nominibus erunt, » manent in suo statu, sed actiones invicem præstare debent. » (L. 3, ff. *hoc tit.*) C'était aussi la doctrine de notre ancien droit français ; mais elle y était notablement modifiée, en pratique, par une fiction qui se substituait à la réalité. « Dans notre droit français, continue en effet Pothier, où nous sommes plus faciles *à suppléer et sous-entendre ces cessions d'actions*, je pense que les dettes actives des associés qui contractent ensemble une société de tous leurs biens tombent, de même que leurs autres biens, de plein droit dans la société, et sans qu'il soit besoin d'une cession *expresse* d'actions. »

Sans nous arrêter aujourd'hui à la doctrine ainsi tempérée, nous ne voudrions pas résoudre la question autrement qu'en nous référant au droit commun. Ainsi, dans les rapports que les associés pourront avoir avec le débiteur, il faudrait, à notre avis, suivre les règles tracées par

_____
(1) V. Pothier (*Contr. de soc.*, n° 31).

les art. 1689 et suivants relativement au transport des créances. Dès lors, jusqu'à la signification de l'acte de société, lequel équivaut à une cession, ou jusqu'à l'acceptation du débiteur cédé, celui-ci aura le droit, sans tenir compte de l'existence de la société, de ne reconnaître qu'un créancier unique, celui que le titre désigne. Celui-là seul pourra exiger un payement, et c'est à lui seul que le débiteur pourra être tenu de payer. En l'absence d'une disposition formelle, il n'y a aucun motif de s'écarter des règles générales.

175. Nous avons dit ce qui constitue l'actif de la société universelle de tous biens présents. En résumé, le fonds social se compose de la masse des choses ou des droits existant pour chaque associé au moment où la société est formée, et de tous les produits qui peuvent être tirés de ces choses ou de ces droits. Quant aux choses acquises ultérieurement, et il ne peut être question, nous le savons déjà et nous y reviendrons tout à l'heure, que des acquisitions à titre onéreux, elles seront propres ou sociales selon l'origine des deniers, qu'elles représentent, pour ainsi dire, sous une nouvelle forme, en sorte qu'à leur égard toute la difficulté se concentrera, comme nous l'avons fait remarquer, dans la preuve à fournir par celui des associés qui prétendrait à une propriété exclusive. Voyons maintenant en quoi consiste le passif de cette première sorte de société universelle de biens, et quelles sont les charges dont elle est grevée.

III. — 176. La loi, qui fixe avec précision la composition de l'actif quant à la société universelle de tous biens, ne dit rien relativement au passif. Il faut donc combler cette lacune; et à cet effet il faut recourir aux principes généraux sur lesquels sont fondées certaines dispositions législatives qui régissent des situations voisines, des cas plus ou moins analogues, et notamment le cas de communauté entre époux. Or, en cette matière, l'actif et le passif constituent toujours deux masses corrélatives et correspondantes. Ce sera donc par comparaison et par corrélation qu'on arrivera à déterminer les dettes qui, dans la société universelle de biens, sont des charges communes incombant à la société.

177. D'après cela, les auteurs reconnaissent unanimement que toutes les obligations des associés au jour de la formation du contrat deviennent des obligations sociales. C'est une conséquence naturelle du principe de réciprocité qui doit servir de règle dans la détermination du passif : la société prenant à son profit tous les biens présents des associés, il est naturel qu'elle soit tenue de toutes les dettes qui, selon l'expression de Pothier, sont une charge de ces biens : « Quùm » bona non intelligantur, nisi deducto ære alieno. » C'est le cas de dire, en renversant la maxime de Paul (l. 10, ff. *De reg. juris*) : *Secundum naturam est incommoda cujusque rei eum sequi, quem sequentur commoda.*

178. Du même principe il résulte que la société n'est pas tenue, au contraire, des intérêts et arrérages dont seraient grevés les biens échus à chacun des associés, pendant la durée de la société, par succession,

donation ou legs. MM. Delvincourt et Duranton enseignent cependant que les arrérages et les intérêts dus à raison de ces biens par les associés qui les ont recueillis doivent être supportés par la société, ainsi que cela a lieu en matière de communauté entre époux (1). En quoi ces auteurs sont d'accord avec eux-mêmes, puisqu'ils enseignent que les fruits des biens à venir acquis par succession, donation ou legs, font partie de l'actif de la société. Les intérêts et les arrérages étant considérés comme charge des fruits, il serait naturel d'imposer cette charge à la société, si en effet elle avait l'émolument. Il en est ainsi dans la communauté conjugale : l'art. 1401, faisant entrer dans les éléments de la composition active les fruits, revenus, intérêts et arrérages provenant des biens échus aux époux pendant le mariage, à quelque titre que ce soit, l'art. 1409 met corrélativement dans les éléments de sa composition passive les arrérages et les intérêts seulement des rentes ou dettes passives qui sont personnelles aux deux époux. Mais ici la raison d'analogie fait absolument défaut. Nous avons établi, en effet, qu'il n'en est pas de la société universelle de tous biens comme de la communauté conjugale, et spécialement que le fonds social ne comprend pas de plein droit les fruits ou revenus des biens acquis aux associés, pendant la société, par succession, donation ou legs (*suprà,* n° 170). Dès lors, et en vertu du principe de réciprocité qui domine en ce point, les dettes qui grèvent ces biens restent, même pour les intérêts ou les arrérages, étrangères à la société.

179. Quant aux dettes futures, la société ne doit supporter, en définitive, que celles qui sont contractées pour la conservation des biens présents, dont elle a la propriété pleine et entière. Et parmi ces biens il faut comprendre même ceux qui sont acquis, pendant la société, soit avec les fonds sociaux, soit par échange ou à titre de remploi des biens communs (*suprà,* n° 172).

Nous disons que les dettes contractées à l'occasion de cette classe de biens ou de leur conservation *doivent être supportées, en définitive, par la société.* C'est qu'en effet, il faut distinguer les rapports des associés entre eux et les rapports des associés vis-à-vis des tiers, et ne pas confondre avec le passif définitif ce qu'on pourrait qualifier exactement le passif *provisoire* soit de la société, soit des associés personnellement. Ainsi, et bien certainement, le créancier porteur du titre aura toujours la faculté de s'adresser à celui que le titre désigne comme débiteur, et par conséquent soit à l'associé qui se serait personnellement engagé, soit à la société si les associés avaient agi en commun ou par l'un d'eux traitant dans les termes des art. 1862 à 1864. Mais resterait ensuite la question de savoir lequel, de tel associé pris individuellement ou de la société, doit supporter définitivement le fardeau de la dette. Et cette question sera résolue d'après ce principe d'équité ou de réciprocité, que celui-là seul doit avoir la charge dans l'intérêt de qui la dette a été contractée. Seulement, la présomption étant contre le débiteur apparent

(1) V. MM. Delvincourt (t. III, p. 200, aux notes); Duranton (t. XVII, n° 356).

d'après le titre, il lui incombera d'établir à qui l'obligation a profité réellement, pour rejeter sur lui la charge du payement.

180. Telles sont les charges qui grèvent la société universelle de tous biens présents et constituent son passif. Dans l'ancienne jurisprudence, le passif se composait en outre de toutes les dépenses que chaque associé pouvait être obligé de faire durant la société, et ces dépenses comprenaient non-seulement celles que l'associé avait à faire pour lui-même, mais encore les frais d'éducation et d'établissement de ses enfants, et par conséquent même les dots des filles (1). Il était juste, en effet, que la société, qui devenait propriétaire de tous les biens présents et à venir des associés, sans en excepter aucun, prît à son compte ce qui, comme l'entretien des associés et de leur famille, était une charge à venir de tous les biens présents et à venir, et ce qui, comme l'établissement des fils et la dot des filles, était une charge des patrimoines désormais absorbés en entier par la société. Dans l'état actuel des choses, en présence d'une société universelle amoindrie et démembrée, le passif pourrait-il être grevé d'une manière aussi lourde? On ne saurait le penser.

181. D'une part, en ce qui touche les dots à fournir et les établissements à constituer, l'hésitation n'est pas possible. C'est là une charge personnelle à chaque associé; ce ne peut pas être une dette de la société. Sans doute, constituer une dot, pourvoir à l'établissement d'un enfant, c'est, dans le for intérieur, acquitter une obligation naturelle; mais pour la loi civile, c'est là un acte de libéralité. Et il est juste que celui qui s'érige en donateur donne *de suo*. Il acquittera donc le montant de la dot ou les frais d'établissement au moyen de ce qu'il retirera soit de son industrie personnelle ou de ses autres biens à venir qui n'entrent pas dans l'actif de la société, soit des profits que l'association lui aura procurés.

D'une autre part, en ce qui concerne les dépenses personnelles ou de famille de chaque membre de la société, il peut, au premier abord, paraître bien grave de laisser à l'associé, qui s'est dépouillé de la propriété de tous ses biens présents, le soin de faire face à ces dépenses avec les seules ressources de son industrie, ou par prélèvement sur sa part dans les fonds ou dans les revenus sociaux. On peut dire, en effet, que c'est là une obligation étroite pour chaque associé, et que cette obligation étant, pour partie au moins, une charge des biens présents, il serait juste de la faire supporter, au moins dans une certaine mesure, par la société, à qui est advenue la propriété de ces biens présents. Néanmoins, la répartition à faire et le partage à opérer dans la contribution à ces dépenses, nécessairement inégales entre les associés, à raison soit de leur condition respective, soit de l'état et de la composition de leur famille, engendreraient de telles difficultés que le mieux est de considérer les parties comme ayant entendu y pourvoir personnellement chacune de son côté. C'est l'avis de la généralité des auteurs. Après tout,

---

(1) V. Pothier et les autorités qu'il cite (*Contr. de soc.*, nos 37 et 38).

si la solution peut, dans une certaine mesure, paraître contraire aux principes rigoureux de la matière, il est certain que, dans le fait, cette atteinte aux principes n'est guère à redouter. Nous sommes ici à peu près exclusivement dans le domaine de la théorie ; et si, par impossible, une société universelle telle qu'elle est prévue par le premier paragraphe de l'art. 1837 venait à être constituée, on peut bien croire que les parties, au moment de mettre en commun tout leur avoir actuel, ne manqueraient pas de régler elles-mêmes le mode suivant lequel elles auraient à pourvoir à leurs propres dépenses.

IV. — 182. Tout en s'éloignant de l'idée si large que le droit romain et l'ancien droit s'étaient faite de la société universelle de tous biens, les rédacteurs du Code Napoléon ont cependant voulu laisser aux parties la faculté de s'en rapprocher beaucoup, au moyen de stipulations particulières. Sans doute, les contractants ne pourront jamais, même à la faveur de l'accord le plus formel, établir entre eux une société universelle de tous biens présents et à venir ; nous le verrons tout à l'heure (infrà, n°s 186 et suiv.). Mais s'il ne leur est pas permis de faire revivre l'ancienne société *omnium bonorum* ou *universarum fortunarum*, ils peuvent au moins, par une volonté clairement manifestée, donner à la société une extension qu'elle n'a pas de plein droit. Les modifications qu'elles introduisent alors dans la composition de l'actif réagissent nécessairement sur le passif, en vertu de cette règle de corrélation qui fait que, même dans le silence de la convention, la composition du passif et la composition de l'actif doivent suivre une marche parallèle. — Ceci rappelé, voyons succinctement en quoi consistent les extensions dont peut être l'objet la société universelle de biens présents telle qu'elle est organisée par la loi.

183. En toute hypothèse, la société universelle de tous biens a son principe et sa base dans la première disposition de l'art. 1837. Ainsi, elle comprend tous les biens meubles et immeubles que les parties ont ou possèdent au moment du contrat, et les profits qu'elles pourront tirer de ces biens. Mais aux termes du deuxième paragraphe du même article, elle peut comprendre « toute autre espèce de gains », et même la *jouissance* des biens qui pourraient advenir à chacun des associés par succession, donation ou legs. Par où l'on voit que si les parties usent dans toute sa latitude de la faculté qui leur est laissée par la loi, la convention établit la réunion en une seule des deux sociétés universelles distinguées par le législateur, puisqu'elle ajoute à la société de tous biens, telle que nous venons de la décrire, la société de tous gains, telle que nous la décrirons dans le commentaire de l'article suivant. C'est pourquoi, sans entrer dans les détails quant à la composition active de la société universelle ainsi modifiée par la convention, et en nous référant, sur ce point, à notre explication tant du présent article que de l'art. 1838, nous nous bornons à dire que, par l'effet de la modification convenue, la société est, à vrai dire, universelle dans le sens le plus absolu, si aucun des associés n'acquiert rien à titre de donation, de succession ou de

legs, puisque alors tous les biens des associés et tous leurs profits contribuent à former la masse commune, et que, le cas échéant où les associés acquerraient à titre de succession, de donation ou de legs, la société est universelle encore, sinon dans le sens absolu du mot, du moins en ce sens que, comme la communauté légale, elle acquiert, avec la propriété de tous les biens présents des associés, la jouissance de leurs biens à venir.

184. Par cela même, les charges et les obligations de la société se trouvent naturellement accrues. C'est à elle désormais qu'il incombe d'acquitter les arrérages et intérêts des rentes ou dettes passives qui sont personnelles aux associés, ainsi que les réparations usufructuaires des immeubles qui n'entrent pas en société (C. Nap., art. 1409, n°s 3 et 4). Ce sont là des charges considérées par la loi comme *dettes des fruits;* elles pèsent donc sur celui à qui profite la jouissance des biens à l'occasion desquels de tels engagements prennent naissance. De même, c'est à la société universelle modifiée de satisfaire aux obligations contractées par les associés à raison d'objets acquis au moyen de leur industrie personnelle : ces objets appartiennent à la société, à qui profite l'industrie de ses membres ; les dettes qui en procèdent doivent donc, par une juste réciprocité, rester à sa charge. En un mot, une société universelle de gains étant ici ajoutée à une société universelle de tous biens présents, cette société sera naturellement grevée de l'ensemble des dettes qui grèvent chacune des deux espèces de sociétés universelles.

185. Toutefois, même dans cette hypothèse, nous maintenons la solution émise plus haut sur la question de savoir si c'est à la société de pourvoir aux dépenses personnelles des associés, à l'établissement des enfants, au payement de la dot des filles (*suprà*, n°s 180 et 181). La négative est certaine et incontestable en ce qui concerne le payement des dots et les frais d'établissement. Le père qui dote ou qui établit son enfant fait en cela un acte de libéralité, et, nous le répétons, il ne saurait y avoir libéralité qu'à la condition de se dépouiller soi-même. Chaque associé devra donc, pour doter ses filles ou donner un état à ses fils, prendre soit sur ses biens propres s'il en a, soit, dans le cas contraire, sur sa part dans les fonds ou dans les revenus sociaux. Il ne peut y avoir d'hésitation que par rapport aux dépenses des associés pour leur entretien ou celui de leur famille. On peut dire qu'il s'agit là d'une obligation véritable, imposée étroitement à chacun même au point de vue juridique, et que la société, qui, en définitive, profite de tous les biens de ses membres et perçoit tous les revenus, y doit faire face. Pourtant la raison de décider est la même ici que dans le cas où la société est réduite aux seuls biens présents. La circonstance que les parties y ont ajouté une société de gains les dispense d'autant moins de s'expliquer à cet égard, lorsqu'elles entendent que la dépense soit à la charge du fonds commun, qu'en elle-même une telle société, d'après le droit romain comme d'après notre ancien droit, n'était tenue des dettes con-

tractées par les associés durant la société qu'autant qu'elles étaient contractées pour les affaires de la société (1). Donc, si les associés, en se constituant en société, ont gardé le silence sur un point aussi important, ils sont par cela même présumés s'être réservé la dépense et ne l'avoir pas mise à la charge de la société. Dès lors chacun y doit pourvoir de son côté, sinon sur ses revenus, que la convention a fait passer dans le fonds commun, au moins sur sa part dans les bénéfices réalisés, ou sur les sommes dont il obtiendra le prélèvement à valoir sur sa part dans la liquidation de la société.

V. — 186. En déterminant jusqu'à quelles limites la volonté des contractants peut étendre le domaine de la société, nous avons par là même indiqué, implicitement au moins, les bornes que cette volonté ne saurait franchir. Toutefois, comme le législateur a formulé la prohibition d'une manière expresse, nous avons à la préciser, à en rechercher les motifs, et à déduire les conséquences qui s'attacheraient à l'infraction.

Dans sa disposition finale, l'art. 1837 exprime que « les biens qui pourraient avenir (aux parties) par succession, donation ou legs, n'entrent dans la société que pour la jouissance; et que toute stipulation tendant à y faire entrer la propriété de ces biens est prohibée... » Il résulte clairement de là que les biens mis par le législateur complétement en dehors de tout pacte de société sont les biens *à venir*, c'est-à-dire qui pourraient tomber dans le patrimoine d'un associé par voie de succession ou en vertu soit d'une disposition testamentaire, soit d'une libéralité entre-vifs. Par cela même, on voit que la prohibition est relative aux seuls biens futurs. Que si l'on suppose une acquisition réalisée pendant la durée de la société, la prohibition n'atteint plus les biens qui en sont l'objet. Une fois acquis, les biens constituent des biens *présents*, et rien ne s'oppose à ce que, par un accord nouveau, les parties fassent de ces biens l'objet d'une société nouvelle, ou même stipulent que ces biens seront compris dans la société préexistante, puisqu'il ne leur est pas interdit d'accroître le fonds commun. Donc la prohibition de la loi est relative aux seuls biens futurs.

187. Les motifs de la prohibition apparaissent, quoique d'une manière confuse, dans les discussions dont l'art. 1837 a été l'objet au conseil d'État. Le consul Cambacérès et Treilhard surtout insistaient pour qu'on reproduisît le système de l'ancien droit, en effaçant la prohibition de comprendre la propriété des biens à venir dans la société. La proposition fut vivement combattue. « Il est de l'essence de la société, dit notamment Bigot-Préameneu après Berlier, que les choses qui y entrent soient connues, sauf l'incertitude des bénéfices ou des pertes; or elles ne peuvent l'être dans la société de biens à venir. Personne ne peut connaître quelles successions lui écherront, et il est établi en principe qu'elles ne peuvent être l'objet d'aucun traité. » (2) A côté de

(1) V. Pothier (*Soc.*, n° 53).
(2) V. Fenet (t. XIV, p. 369); Locré (t. XIV, p. 493).

ce motif nettement exprimé, il y en a un autre qui se dégage de la discussion et se lie à une pensée qui paraît avoir été dominante au sein du conseil d'État, à savoir que les sociétés universelles sont, en définitive, de véritables donations. Cela posé (nous y reviendrons *infrà*, n° 214, en expliquant l'art. 1840), la nécessité d'interdire la société des biens à venir se trouvait motivée par le principe de l'art. 943 du Code Napoléon, d'après lequel la donation entre-vifs ne peut comprendre que les biens présents du donateur (1). Tels sont les motifs qui ont déterminé le législateur. Qu'ils soient l'un et l'autre également décisifs, nous n'aurons garde de le dire; et nous allons voir que le second ne peut et ne doit pas être accepté sans réserve dans son point de départ. Mais il est certain que le législateur a été conduit par là à interdire d'une manière absolue que les parties, au moment où elles s'associent, fassent éventuellement entrer dans le fonds commun la propriété des biens meubles ou immeubles qui pourraient leur advenir, au cours de la société, à titre de succession, de donation ou de legs.

188. Par conséquent, toute stipulation contraire serait à considérer non pas seulement comme non écrite et nulle, mais encore comme entraînant la nullité du contrat de société. Si les sociétés universelles constituaient de véritables donations, ainsi qu'on le supposait au conseil d'État, il en serait autrement. La donation qui, contrairement à la disposition de l'art. 943 du Code Napoléon, comprendrait des biens à venir du donateur avec des biens présents, ne serait nulle que quant aux biens à venir, aux termes de cet article lui-même. Mais la présomption qui fait de la société universelle une donation est toute spéciale au cas, prévu par l'art. 1840, où la société aurait lieu entre personnes respectivement incapables de se donner. Elle ne saurait donc faire que, sauf ce cas, la société, même universelle, perde son caractère propre de contrat à titre onéreux, de contrat, par conséquent, auquel l'art. 943 reste complétement étranger. La règle applicable ici est celle de l'art. 1172. En effet, les parties ont traité en vue de l'exécution de toutes les clauses de la convention de société formée entre elles. Donc la stipulation qui a fait entrer dans la société la propriété des biens à venir des associés constitue une condition du contrat. Mais c'est la condition d'une chose prohibée par la loi; et par cela seul, outre qu'elle est nulle, elle rend nulle, selon l'expression de l'art. 1172, la convention qui en dépend.

189. Notons, en terminant sur l'art. 1837, qu'en prohibant la stipulation dont nous venons de parler, cet article ajoute : « sauf entre époux, et conformément à ce qui est réglé à leur égard. » Le texte, en cela, se réfère à la disposition de l'art. 1526, qui permet aux futurs époux de stipuler, comme régime de mariage quant aux biens, une communauté universelle de leurs biens tant meubles qu'immeubles, présents et à venir. Ce n'est pas ici le lieu de s'expliquer sur cette disposition, qui appartient à la matière du contrat de mariage; et, sans nous y arrêter, nous passons à la société universelle de gains.

---

(1) V., à cet égard, les observations de Berlier et de Réal (Fenet, *loc. cit.*, p. 368 et 372; Locré, *loc. cit.*, p. 492 et 496).

1838. — La société universelle de gains renferme tout ce que les parties acquerront par leur industrie, à quelque titre que ce soit, pendant le cours de la société : les meubles que chacun des associés possède au temps du contrat, y sont aussi compris; mais leurs immeubles personnels n'y entrent que pour la jouissance seulement.

SOMMAIRE.

I. **190.** Composition du fonds social de la société universelle de gains. Aperçu général et division.

II. **191.** *Actif.* Il se compose de plein droit, 1° des meubles que chacun des associés possède au temps du contrat : il en était autrement dans la *societas universorum quæ ex quæstu veniunt*, qui, en cela, rentrait mieux dans l'esprit de la convention. — **192.** Le mot *meubles*, quoique employé seul dans la loi, s'entend ici de toutes les choses ou de tous les biens qui ont le caractère de meubles.

III. **193.** L'actif se compose, 2° de tout ce que les parties acquerront par leur industrie, à quelque titre que ce soit, pendant le cours de la société : c'est là, quant à l'actif, l'élément caractéristique de la société de gains. — **194.** Les gains qui tombent en société s'entendent des profits provenant de l'exercice d'un commerce, d'une industrie ou de tout autre titre onéreux. — **195.** Applications. — **196.** Mais les biens acquis à titre gratuit, par succession, donation ou legs, ne font pas partie du fonds commun; — **197.** Non plus que les biens acquis par don de fortune; découverte, fortuite ou non fortuite, d'un trésor; gains faits à la loterie; jeu ou pari. — **198.** *Quid* en ce qui concerne les gains puisés par un associé dans une source illicite? — **199.** Les gains qui tombent en société lui sont-ils acquis directement et de plein droit, ou seulement par l'intermédiaire de l'associé qui serait tenu d'en faire communication à la société? Distinction.

IV. **200.** Enfin, l'actif comprend, 3° la jouissance seulement des biens personnels à chaque associé. — **201.** Sont biens personnels : d'abord les immeubles que chaque associé possède au temps du contrat; — **202.** Les biens que l'associé acquiert, durant la société, à titre gratuit ou par don de fortune; — **203.** Ceux qu'il acquiert même à titre onéreux, si le titre d'acquisition était antérieur au contrat de société; — **204.** Ceux qui entrent dans le patrimoine d'un associé en remplacement d'un bien qui lui était personnel, ou qui y rentrent par suite de la rescision, de la révocation, etc., d'une aliénation antérieure au contrat de société. — **205.** Ces biens, exclus de la société quant à la propriété, y entrent néanmoins pour la jouissance; d'où suit que l'associé propriétaire ne peut les aliéner ou en disposer sans le consentement de ses coassociés. Controverse.

V. **206.** *Passif.* La société supporte les *dettes présentes* de chaque associé, non pas en totalité, mais en proportion de l'apport actif comparé à la totalité de la fortune de l'associé. — **207.** Elle supporte également l'intérêt des dettes présentes restées à la charge de l'associé. — **208.** En ce qui concerne les *dettes futures*, c'est-à-dire contractées par les associés pendant la durée de la société, celles-là seules seront une charge du fonds commun qui auront été contractées pour les affaires sociales. — **209.** Par suite, à défaut de convention spéciale, la société ne sera chargée ni des dépenses d'entretien des associés et de leur famille, ni à plus forte raison de la dot des filles et des frais d'établissement.

I. — **190.** La seconde sorte de société universelle, la société universelle de gains, est celle que les Romains appelaient *societas universorum quæ ex quæstu veniunt.* Selon le droit romain, elle comprenait l'industrie de chacun des associés quelle qu'elle fût, et tous les gains qui en pouvaient provenir. Quant aux biens dont les parties avaient la propriété au moment de la formation du contrat, ils n'entraient point en société, si ce n'est pour la jouissance. Notre droit coutumier, s'écartant, en ce dernier point, de la loi romaine, faisait sinon de tous les biens présents des parties au temps du contrat, au moins de ceux qui avaient le caractère de meubles, l'un des éléments du fonds commun. Les rédacteurs du Code, en maintenant la société *universorum quæ ex quæstu veniunt*, l'ont à leur tour modifiée ou complétée de la même manière. Ainsi, l'actif de la société de gains est composé aujourd'hui de trois éléments distincts. Il comprend : 1° en toute propriété, les meubles que chacun des associés possède au temps du contrat; 2° encore en toute propriété, les biens que les parties pourront acquérir par leur industrie, à quelque titre que ce soit, pendant la durée de la société; et 3° en jouissance seulement, les immeubles dont les associés étaient propriétaires au temps du contrat, ainsi que les biens qu'ils peuvent acquérir, au cours de la société, autrement que par leur travail ou leur industrie. Par où l'on voit combien la société de gains est à bon droit dite universelle; elle embrasse tout, en effet, puisque ceux des biens personnels des associés qui en sont exclus quant à la nue propriété y entrent pour la jouissance.

Après cet aperçu général, nous avons à reprendre successivement les trois éléments dont se compose l'actif de la société; nous nous occuperons ensuite de la composition du passif.

II. — 191. L'actif de la société universelle de gains se compose, en premier lieu, des meubles que chacun des associés possède au temps du contrat. Cette espèce de biens entre de plein droit dans l'actif en vertu de l'art. 1838, dont la disposition à cet égard est empruntée à notre droit coutumier. Pothier cite, en ce sens, la Coutume de Berry, tit. VIII, art. 10, et celle d'Orléans, dont l'art. 214 était ainsi conçu : « laquelle société, *si elle n'est limitée*, sera seulement entendue *de tous les biens meubles* et des conquêts immeubles faits par lesdites parties durant la société. »(1) Les meubles présents, c'est-à-dire ceux que les parties possèdent en s'associant, entrent donc dans le fonds commun; et, en réalité, ils en sont le premier élément, en ce sens qu'ils procurent un actif à la société au moment même de sa formation. Mais il faut bien reconnaître qu'en excluant de la société *universorum quæ ex quæstu veniunt* la propriété de tous les biens présents des associés, le droit romain était bien mieux dans l'esprit de la convention et répondait plus exactement à la pensée des parties contractantes. Car la société dont il s'agit ici est caractérisée par sa dénomination même : c'est une société de *gains*. Or, en prenant les mots dans leur acception usuelle, il est difficile d'admettre que ceux qui fondent une telle société ont la pensée de l'étendre à la fortune mobilière qu'ils possèdent actuellement. C'est ainsi que, dans la matière du contrat de mariage, la communauté d'acquêts, qui est aussi une société de biens à acquérir, ne comprend ni les dettes des époux actuelles et futures, ni leur mobilier respectif présent et futur (C. Nap., art. 1498, § 1). Quoi qu'il en soit, la loi a statué autrement par rapport à la société universelle de gains; la disposition en est précise, et à moins d'une dérogation expresse, qui assurément est permise aujourd'hui, comme elle l'était autrefois, ainsi que l'indique le texte

_____

(1) Pothier (*Contr. de soc.*, n° 44).

ci-dessus reproduit de la Coutume d'Orléans, les meubles que chacun des associés possède au temps du contrat seront compris dans la société universelle de gains.

192. Sur quoi nous présenterons deux observations seulement, pour déterminer d'une manière précise quelle est en ce point la portée de la loi.

Le mot *meubles* est employé seul dans l'art. 1838, sans autre addition ni désignation. D'où il faudrait conclure, si l'on s'en référait à la disposition de l'art. 533 du Code Napoléon, qu'ainsi employé, ce mot « ne comprend pas l'argent comptant, les pierreries, les dettes actives, les livres, les denrées, etc., ni ce qui fait l'objet d'un commerce. » Mais le sens intime nous dit qu'en faisant des meubles possédés au temps du contrat l'un des éléments de l'actif de la société de gains, la loi n'a pu avoir en vue un apport mobilier qui, ainsi réduit, ne serait presque plus rien. Il est donc permis de dire que l'art. 1838 n'a pas tenu compte des restrictions de l'art. 533. Le mot meubles, écrit dans cet article par opposition au mot immeubles, qui y est également employé, reçoit de cette opposition même sa signification véritable. Il revient à dire qu'à la différence des immeubles qui, quant à la propriété, restent en dehors de la société, toutes les choses ou tous les biens ayant le caractère de meubles y entrent, au contraire, et font partie de son actif.

D'une autre part, l'art. 1838 ne parle que des meubles possédés par chacun des associés au temps du contrat, c'est-à-dire des *meubles présents*. Toutefois la disposition ne saurait être prise à la lettre; et il faut considérer comme meubles présents non-seulement ceux dont chaque associé est propriétaire lors de la formation de la société, mais encore ceux dont la propriété lui aurait été acquise ou se serait consolidée sur sa tête, pendant la durée de la société, en vertu de conditions ou de contrats antérieurs. Pour ne citer qu'un exemple, nous supposons la réalisation, après la formation de la société et pendant qu'elle est debout, d'une condition sous laquelle l'un des associés était créancier d'une somme d'argent, suivant convention intervenue avec lui avant l'existence de la société. La somme est réputée acquise dès le jour même de la convention, par suite de l'effet rétroactif qui s'attache à la condition accomplie; et elle tombe, comme *bien présent* de nature mobilière, dans l'actif de la société.

III. — 193. La société universelle de gains comprend, en second lieu, tout ce que les parties acquièrent par leur industrie, à quelque titre que ce soit, pendant la durée de la société. C'est là, quant à l'actif, l'élément caractéristique de cette seconde espèce de société universelle, et c'est pourquoi elle est appelée société universelle de gains. En ce point, sinon quant aux biens présents dont nous venons de parler, la société de gains ressemble à la communauté d'acquêts, qui, suivant la disposition de l'art. 1498, § 2, du Code Napoléon, comprend dans son actif « les acquêts faits par les époux ensemble ou séparément durant le mariage, et provenant tant de l'industrie commune que des économies faites sur les fruits et revenus des biens des deux époux. » Nous pourrons dès lors emprunter aux règles relatives à cette communauté restreinte la raison de décider sur quelques-uns des points que nous aurons ici à résoudre. Mais, avant tout, précisons ce qu'il faut entendre par *gains* dans le sens de l'art. 1838.

194. A cet égard, on peut se référer aux idées émises par les jurisconsultes romains. Selon eux, le mot *quæstus*, auquel correspond l'expression de notre article dont nous cherchons la signification, s'entendait non pas d'un profit quelconque, *quodcumque lucrum*, mais des profits qui avaient leur cause dans l'activité, dans l'industrie des associés, de ceux qui provenaient du travail, du commerce ou de tout autre titre onéreux. L'art. 1838, en exprimant que la société universelle de gains renferme tout ce que les parties acquerront *par leur industrie, à quelque titre que ce soit,* pendant le cours de la société, a nettement indiqué que le mot *gains* doit être pris dans le même sens. Par suite, tous les biens meubles ou immeubles que les associés, ensemble ou séparément, acquièrent, pendant le cours de la société, par l'une des causes ou l'un des moyens précités, constituent ces gains, qui sont l'un des éléments de l'actif social.

195. D'après cela, les choses obtenues par achat, les sommes reçues pour loyers (*lucrum quod ex emptione, venditione, locatione, conductione descendit* : l. 7, ff. *Pro soc.*), seront considérées comme provenant de l'industrie de l'associé, et, à ce titre, comme biens communs.

Pareillement, la société aura droit, au même titre, aux produits d'un travail quelconque ; elle acquerra tout ce que chacun des associés pourra retirer de sa profession ou de son état quel qu'il soit, les appointements, les traitements, les salaires, les soldes (*stipendia cæteraque salaria* : l. 52, § 8, *hoc tit.*). Même les gratifications extraordinaires accordées à un associé pour services rendus à l'État ne devront pas être exceptées. On décide, par application de l'art. 1498, que les gratifications de cette nature forment des acquêts de communauté, parce qu'elles sont, en réalité, le produit du travail plutôt qu'un avantage concédé en considération de la personne (1). C'est la raison de décider que, par application de l'art. 1838, elles forment des acquêts pour la société de gains.

De même encore on considérera comme communs les fruits des biens propres ; car, soit qu'ils soient dus aux labeurs et aux soins du propriétaire, soit qu'ils résultent de contrats civils, par exemple d'un louage, ils sont, quoique par des voies différentes, acquis par l'industrie des associés dans l'un et l'autre cas.

196. Sans insister davantage pour énumérer et chercher à prévoir tout ce qui, en cette qualité de *quæstus*, devra faire partie de l'actif de la société universelle de gains, nous ajouterons que ce qui, dans une certaine mesure, précise la portée de ce terme, c'est l'exclusion certaine de l'actif de tout objet acquis à un associé par un titre lucratif. Ainsi, la

(1) V. Colmar, 20 déc. 1832 (S.-V., 33, 2, 185; Dall., 33, 2, 91; *J. Pal.*, à sa date). V. aussi notre *Traité du Contrat de mariage* en collaboration avec M. Rodière (1re édit., t. II, n° 40; 2e édit., t. II, n° 1254).

société n'a aucun droit à la propriété des choses qui adviendraient à un associé par succession, legs ou donation (l. 9, 10, 11, 71, § 1, ff. *Pro soc.*). Et notons qu'il en serait ainsi quand même l'avantage aurait été fait à l'associé à l'occasion des affaires de la société qui lui auraient procuré la connaissance du donateur. C'est la remarque de Pothier (1), qui l'emprunte à une décision de Pomponius : « Nam nec compendium, » quod propter societatem ei contigisset, veniret in medium : veluti, si » propter societatem hæres fuisset institutus, aut quid ei donatum » esset. » (L. 60, § 1, *hoc tit.*)

197. Par identité de raison, la société n'a aucun droit aux purs dons de fortune qui, durant la société, pourraient échoir à un associé.

Ainsi, un trésor est découvert par l'un des associés : la moitié qui, d'après la loi, appartient à l'inventeur, reste propre à cet associé. C'est là un gain dû au hasard ; l'industrie n'y a aucune part ; par cela même, il n'est pas dans les conditions déterminées par l'art. 1838 pour entrer dans l'actif de la société (2). Et nous n'admettons même pas la distinction proposée par quelques auteurs qui, en traitant de la communauté d'acquêts, enseignent que le trésor devrait faire partie de l'actif, sinon dans le cas où il aurait été découvert par hasard et sans aucun travail, au moins dans celui où la découverte en aurait été faite par l'inventeur en travaillant dans l'exercice de son état, par exemple par un cultivateur en bêchant la terre (3). Même en ce dernier cas, le trésor découvert reste un pur don de fortune, un bénéfice dont le travail a été l'occasion, mais qui n'en procède pas directement, et qui n'en est ni le produit ni la rétribution (4).

Il en faut dire autant du gain fait à la loterie, en supposant d'ailleurs que le billet gagnant ait été acquis, pendant la durée de la société, par un associé et de ses propres deniers. Il est clair, en effet, que si l'acquisition du billet était antérieure à la formation de la société, le gain ou le lot échu à ce billet par le tirage fait depuis entrerait dans le fonds commun, comme y entrent les biens meubles acquis par les associés au cours de la société en vertu d'une cause antérieure (*supra*, n° 192). D'un autre côté, il est certain également que si le billet acquis durant la société avait été payé des deniers communs, le gain ou le lot serait pour la société, qui l'acquerrait comme prix du risque par elle couru de perdre la somme payée. Mais dans l'hypothèse ci-dessus posée, celle où le billet gagnant, pris par l'un des associés durant la société, a été payé de ses deniers, le gain est incontestablement pour cet associé, car, aussi bien que le trésor découvert, un lot gagné à la loterie est un pur don de fortune, un bénéfice qui ne procède en aucune manière de l'industrie du joueur, et auquel, dès lors, la société de gains n'a aucun droit.

Il en est de même des bénéfices résultant du jeu ou du pari. Ils ne

(1) V. Pothier (*Contr. de soc.*, n° 51).
(2) V. cependant M. Talon (*Et. sur le contr. de soc.*, p. 108).
(3) V. MM. Troplong (*Contr. de mar.*, n° 1871) ; Massé et Vergé, sur Zacharie (t. IV, p. 174, note 6) ; Dalloz (*Rép.*, v° Contr. de mar., n° 2596).
(4) V. notre *Traité du Contrat de mariage* (loc. cit., n° 1245).

sont pas non plus un produit de l'industrie dans le sens de l'art. 1838, lequel, en attribuant à la société universelle de gains ce que les parties acquièrent *par leur industrie,* a manifestement en vue les bénéfices dont le travail est la source.

198. Quant à ceux que l'un des associés aurait obtenus par des moyens immoraux et illicites, ils sont nécessairement exclus de la société, et la communication aux associés n'en est pas *légalement* possible. Cela revient à dire que l'associé qui s'enrichirait ainsi ne pourrait pas être actionné en partage de tels profits. Toutefois si, en fait, il les avait versés dans la caisse commune, il serait non recevable dans l'action qui tendrait à les en faire sortir pour se les approprier exclusivement. Sa demande ne pourrait avoir pour fondement que le caractère même de ces gains, et par conséquent sa propre indignité. Elle serait donc écartée en vertu de la maxime : *Nemo auditur propriam turpitudinem allegans,* qui recevrait, en ce cas, une équitable et très-légitime application.

Ajoutons, d'ailleurs, que la société elle-même serait nécessairement engagée si, dans cette hypothèse, une action en réparation venait à être intentée par ceux au détriment de qui l'associé aurait réalisé ces bénéfices illicites. Ainsi, la société a-t-elle été de bonne foi, elle sera tenue dans la mesure et jusqu'à concurrence du profit qu'elle aura fait. A-t-elle connu l'origine criminelle, immorale ou illicite, des gains mis en commun, elle sera tenue pour la totalité. C'est la décision d'Ulpien : *Æquum est enim, ut, cujus participavit lucrum, participet et damnum* (l. 55, ff. *Pro soc.*). Mais ceci touche au passif de la société universelle de gains et aux charges dont une telle société est grevée. Nous y reviendrons bientôt. Complétons d'abord nos observations relativement à la composition active de la société, et avant de passer au dernier élément de l'actif, précisons comment les acquisitions faites par les associés durant la société arrivent au fonds commun.

199. La question, à cet égard, est de savoir si l'acquêt arrive à la société directement et de plein droit, ou si la société ne l'obtient que par l'intermédiaire de l'associé qui, en sa qualité même, serait tenu de conférer à la masse commune la chose ou le bien dont il a fait l'acquisition. La question a un intérêt considérable, en ce que la société, si l'acquêt lui appartient de plein droit, aurait action même contre le tiers au profit duquel l'associé acquéreur aurait disposé de la chose par lui acquise, tandis qu'elle aurait action contre l'associé seulement si la chose acquise était simplement sujette à communication. A notre sens, la question ne peut pas être résolue d'une manière absolue, et nous admettrons la distinction indiquée par Pothier (1). Si l'acte porte que l'acquisition est faite pour le compte de la société, ou même simplement si l'acte, sans exprimer que l'acquisition est faite pour le compte de la société, ne dit rien de contraire, la chose acquise sera sociale de plein droit, parce que la société se compose généralement de tous les

(1) Pothier (*Contr. de soc.,* n° 46).

acquêts faits par les associés pendant qu'elle dure. Mais si l'acte dit expressément que l'acquisition est faite pour le compte particulier de l'associé, c'est alors cet associé qui, au regard des tiers, est propriétaire exclusif de la chose acquise, et la société n'a d'action que contre cet associé lui-même pour le contraindre de mettre en commun l'objet de l'acquisition qu'il a réalisée en son propre nom. En ce cas seulement nous dirons, avec le jurisconsulte Paul : « Quod emit, ipsius fit, non » commune : sed societatis judicio cogitur rem communicare. » (L. 74, ff. *Pro soc.*)

IV. — 200. Enfin, l'actif de la société universelle de gains comprend, en troisième lieu, la jouissance des biens propres de chaque associé. Cela résulte de la dernière partie de l'art. 1838, où il est dit que les immeubles personnels de chacun des associés n'entrent dans la société que pour la jouissance seulement. D'après cela, il convient de préciser quels sont les biens dont la propriété reste aux associés et qui ne profitent à la société que pour la jouissance.

201. En première ligne se placent les immeubles dont chaque associé était propriétaire au moment de la formation du contrat de société. La loi indique cela nettement par l'opposition qu'elle établit entre les meubles et les immeubles. Il résulte de cette opposition même et des termes dans lesquels elle est établie que pour les immeubles, exclus de la société de gains quant à la propriété, aussi bien que pour les meubles, attribués au contraire au fonds commun, il s'agit particulièrement de ceux que chacun des associés posséderait au temps du contrat.

202. Mais, en outre, il faut considérer également comme biens personnels certaines choses que les associés ne possédaient pas au temps du contrat et dont ils ont fait l'acquisition pendant la durée de la société. Il en est ainsi notamment, comme nous en avons déjà fait la remarque (*supra*, n°⁵ 196 et 197), de tous les biens, tant meubles qu'immeubles, qu'un associé acquerrait autrement que par son industrie, spécialement soit à titre gratuit, par succession, donation ou legs, soit par don de fortune. Il en serait de même du profit résultant, pour l'un des associés, de l'accroissement d'un immeuble par alluvion, et de la prescription, pendant la durée de la société, d'un immeuble dont il avait la possession antérieurement au contrat.

203. Bien plus, les acquisitions faites par un associé, même à titre de commerce, pendant la durée de la société, ne font pas des acquêts alors que le titre d'acquisition est antérieur au contrat de société. Pothier, en rappelant la règle, cite le cas où l'un des associés ayant acheté un héritage avant le contrat de société, la tradition ne lui en aurait été faite que depuis (1). Sans nous attacher à cet exemple, qui n'a plus de valeur aujourd'hui, la propriété étant, en thèse générale, acquise par le contrat, nous pouvons supposer un achat fait avant la formation de la société, avec stipulation, pour la livraison ou la délivrance, d'un terme qui échoit après, ou sous une condition qui se réalise plus tard. Dans

_____
(1) Pothier (*loc. cit.*, n° 47).

ces diverses hypothèses, l'acquisition, quoique consommée durant la société, n'en reste pas moins pour l'associé, sauf, bien entendu, son obligation de tenir compte à la société de ce qu'il aurait emprunté à sa caisse pour acquitter le prix.

204. Il en serait ainsi des choses dont l'un des associés serait devenu propriétaire, pendant la durée de la société, par suite de la rescision ou de la résolution de l'aliénation qui en avait été faite avant la formation du contrat de société. Et à plus forte raison en serait-il ainsi de l'immeuble acquis par l'un des associés en échange d'un autre immeuble dont il avait la propriété avant de s'associer. L'échange est un contrat à titre onéreux, sans doute; mais comme la chose acquise en contre-échange est subrogée à celle qui est échangée, il est naturel qu'elle en prenne la nature (1).

205. Toutes ces choses et toutes celles qui se trouvent dans le même cas sont, quant à la propriété, hors de l'actif de la société universelle de gains. Mais ne l'oublions pas, ce sont là des biens propres dont, quelle qu'en soit l'origine, la jouissance appartient à la société. Il faut, en effet, en vertu des principes généraux qui régissent cette sorte d'association, étendre à tous les biens propres ce que l'art. 1837 exprime pour certains biens propres seulement.

Mais de là est née une question controversée, sur laquelle nous trouvons, en doctrine, trois solutions différentes. C'est la question de savoir si le droit de jouissance attribué à la société implique une affectation réelle de la chose, en ce sens que l'associé qui a la propriété de cette chose n'en puisse pas disposer sans le consentement des coassociés. Suivant M. Duranton, qui a soulevé la difficulté, il faudrait distinguer entre les immeubles possédés par les associés au temps du contrat et ceux dont les associés auraient fait l'acquisition après la formation de la société. L'associé propriétaire aurait la libre disposition des derniers, tandis qu'il ne pourrait aliéner les premiers qu'avec l'assentiment de tous les associés (2).

Troplong et M. Duvergier s'accordent pour repousser cette distinction, qui, en effet, n'a pas de base dans la loi, les immeubles présents des associés et leurs immeubles à venir étant placés par elle exactement dans la même condition. Mais, réunis sur ce point, ces auteurs se séparent ensuite plus radicalement l'un de l'autre que de M. Duranton, dont ils ont ensemble contesté la doctrine. Pour M. Duvergier, la jouissance est, dans tous les cas, un apport fait à la société, une chose, par conséquent, que l'associé propriétaire ne peut pas distraire de la société par sa seule volonté (3). Au contraire, pour Troplong, l'associé propriétaire aurait la libre disposition de tous ses immeubles propres. Les coassociés auraient bien un droit de créance, en vertu duquel ils pourraient agir *pro socio* contre celui qui disposerait de sa chose de manière à leur causer un dommage; mais ils n'auraient pas un *droit réel* sur la

(1) Pothier (*loc. cit.*, n° 50).
(2) V. M. Duranton (t. XVII, n° 367).
(3) V. M. Duvergier (*Soc.*, n° 110).

chose, et par cela même ils seraient sans titre pour s'opposer à l'acte de disposition que voudrait faire le propriétaire (1). Notons, et il n'est pas sans intérêt de le faire remarquer, que cette théorie de la *personnalité* du *droit de jouissance* attribué à la société par le texte du Code (articles 1837 et 1838) est présentée par l'auteur qui, ayant à s'expliquer sur la nature du droit résultant du bail en faveur du fermier ou du locataire, a mis en avant et a soutenu avec la plus grande énergie la prétendue *réalité* de ce droit!

Quant à nous, nous tenons pour l'opinion émise par M. Duvergier. À notre avis, la société acquiert, sur les biens propres des associés, un véritable usufruit, droit réel qui subsiste dans son intégrité, nonobstant les actes de disposition faits par le nu propriétaire. D'ailleurs, la société n'eût-elle même pas un droit de cette nature, encore faudrait-il ne pas la traiter avec moins de faveur qu'un simple locataire, dont, en principe, le droit survit à la vente, par le bailleur, de la chose louée (C. Nap., art. 1743). Il y a de plus la raison d'analogie que fournissent les articles 1413, 1417 et 1424 du Code Napoléon. Sous le régime de la communauté, la femme, d'après ces articles, ne peut, par des actes indépendants et isolés, quelque valables qu'ils soient, entamer le droit de jouissance de la communauté. Selon l'expression même de la loi, les effets de ces actes se *restreignent à la nue propriété*. Nous n'apercevons pas pourquoi et à quel titre il en serait autrement en matière de société.

Sans doute, nous ne voulons pas dire que la propriété doit rester frappée d'indisponibilité entre les mains de l'associé propriétaire; et nous admettons que, dans telle ou telle circonstance, par exemple l'établissement des enfants, il peut y avoir nécessité pour lui de vendre ou intérêt puissant à faire acte de disposition; mais encore faut-il qu'il n'empiète pas sur les droits de ses coassociés. En définitive, la loi et la convention ont attribué à ceux-ci un droit de jouissance. On ne comprendrait pas qu'ils en pussent être privés sans leur assentiment.

V. — 206. Nous arrivons au passif de la société universelle de gains. Et sur ce point nous constatons tout d'abord qu'ici, comme pour la première espèce de société universelle, la loi est absolument muette. Mais ici encore le passif doit être correspondant à l'actif, et par conséquent c'est en procédant par corrélation qu'on déterminera quelles dettes et charges constituent le passif de la société.

Or, le premier élément de l'actif, nous le savons, consiste dans les meubles *présents* des associés, c'est-à-dire dans les meubles que chacun d'eux possède au temps du contrat. Les dettes correspondant à cette première catégorie de biens constitueront donc l'un des éléments de la composition du passif de la société universelle de gains. Mais quelles sont ces dettes? Il y a controverse sur ce point. Selon Pothier, dont l'opinion est suivie, dans notre droit actuel, par des auteurs considérables, la société serait tenue, en principe, de toutes les dettes mo-

---

(1) V. Troplong (*Soc.*, n° 289). *Junge*: MM. Massé et Vergé, sur Zachariæ (t. IV, p. 428, 429, note 10); Dalloz (*Rép.*, v° Société, n° 313); Talon (*op. cit.*, p. 111).

bilières dont les associés étaient débiteurs au temps du contrat, les dettes mobilières, d'après les règles de notre ancien droit, devant suivre le mobilier et en étant une charge (1) ; c'est l'application à la société de gains de la règle générale établie, en ce qui concerne la communauté légale, par l'art. 1409 du Code Napoléon. D'après d'autres auteurs, les dettes des associés antérieures à la formation de la société ne devraient, sans distinction entre les mobilières et les immobilières, être supportées par la société qu'en proportion de l'apport actif de chaque associé comparé à l'émolument actif qui lui reste (2) : c'est l'application à la société universelle de gains de la règle spéciale consacrée par l'art. 1414, pour le cas où une succession partie mobilière et partie immobilière échoit à l'un des époux pendant la durée de la communauté.

Pour préciser, d'après le résultat, l'un et l'autre système, supposons qu'au temps du contrat l'une des parties a 120 000 francs de biens, dont 80 000 en immeubles et 40 000 en meubles, et qu'elle a 40 000 francs de dettes, mobilières jusqu'à concurrence de 30 000 fr. et immobilières pour le surplus. Si l'on applique l'art. 1409, en d'autres termes si l'on s'arrête au premier système, la société, en prenant dans son actif les 40 000 francs de meubles présents, n'aura, en réalité, reçu que 10 000 francs, puisqu'elle restera grevée de la dette mobilière de 30 000 francs (elle ne recevrait même rien si l'on supposait une dette mobilière en totalité). Si l'on applique l'art. 1414, en s'arrêtant au deuxième système, l'associé n'ayant apporté que le tiers de sa fortune, soit les 40 000 francs de meubles présents, la société ne sera grevée que du tiers de la dette totale, mobilière et immobilière, c'est-à-dire de 13 333 fr. 33 c., et l'associé, qui reste propriétaire des deux autres tiers, soit de ses 80 000 francs d'immeubles présents, sera personnellement débiteur des 26 666 fr. 66 c. formant les deux autres tiers de la dette.

La seconde règle est manifestement plus équitable. Nous l'appliquerons de préférence, parce qu'en définitive elle a aussi sa base dans la loi, qui la consacre par l'art. 1414, et parce que ce principe de l'ancien droit rappelé par Pothier, « que les dettes mobilières doivent suivre le mobilier, et en sont une charge », ne nous paraît conservé par le Code que pour le cas de communauté légale.

207. En second lieu, la société universelle de gains se compose activement de la jouissance de la portion de biens dont la propriété est conservée aux associés. Donc, et puisqu'elle est en quelque sorte usufruitière de cette portion, elle supportera d'abord les intérêts de la portion des dettes restant à la charge de l'associé.

Ensuite, et par cela même, elle sera tenue, en sadite qualité, de toutes les dettes considérées habituellement comme une charge des fruits. Ainsi, de même que la communauté doit supporter les répara-

(1) V. Pothier (Soc., n° 52). Junge : MM. Duranton (n° 372); Duvergier (n° 111); Troplong (n° 295); Zachariæ (édit. Massé et Vergé, t. IV, p. 429).
(2) V. MM. Bugnet, sur Pothier (loc. cit.); Mourlon (Rép. écrit., t. III, p. 353); J.-F. Rauter (Contr. de soc., p. 202); Cavaré (Contr. de soc. civ., p. 194).

tions usufructuaires des immeubles qui n'entrent pas en communauté, de même la société de gains sera obligée de faire les réparations de cette nature relatives aux immeubles qui ne tombent pas en société. Par conséquent, il faut dire, en se référant à l'art. 606, où est tracée la ligne de démarcation entre les réparations usufructuaires dites *réparations d'entretien* et les *grosses réparations*, que toutes les réparations autres que celles consistant dans le rétablissement des gros murs, des voûtes, des poutres et des couvertures entières, des digues et des murs de soutènement et de clôture aussi en entier, sont, quoique faites à des immeubles dont l'associé reste propriétaire, supportées par la société.

208. En troisième lieu, enfin, la société renferme tout ce que les parties acquièrent par leur industrie, à quelque titre que ce soit, pendant le cours de la société. Par conséquent et corrélativement, tous les engagements contractés par un associé, en tant qu'ils sont pris pour les affaires de la société, seront à la charge de la société. Ceux-là seuls, quant aux dettes futures, grèveront les associés en commun, suivant cette formule du jurisconsulte Paul : « Sed nec æs alienum, nisi quod ex quæstu pendebit, veniet in rationem societatis. » (L. 12, ff. *Pro soc.*)

Remarquons, d'ailleurs, que les gains qui entrent dans la société peuvent provenir d'un commerce particulier et personnel à un des associés, ce qui n'enlève en aucune façon à la société universelle de gains son caractère civil : la société sera tenue alors des dettes contractées par l'associé commerçant à raison de son commerce, tout comme le mari est obligé par les actes émanant de sa femme commerçante et mariée sous le régime de la communauté (C. Nap., art. 220; C. comm., art. 5). Dans un cas c'est la société, dans l'autre c'est la communauté qui étend et transporte les liens de l'obligation de la personne à la société ou à la communauté. Mais pas plus dans un cas que dans l'autre la dette ne peut, à l'égard de ceux qui ne sont pas directement engagés, être envisagée comme commerciale (1). En conséquence, elle n'aurait pas été garantie par la contrainte par corps. C'était là, avant l'abolition par la loi du 22 juillet 1867 de cette voie d'exécution, l'intérêt sérieux et pratique de la solution.

209. La société universelle de gains n'étant, en principe, tenue des dettes futures des associés qu'autant qu'elles sont contractées pour les affaires de la société, nous en concluons qu'à défaut de conventions spéciales, elle n'est chargée ni de la dépense personnelle d'entretien de ses membres et de leur famille, ni à plus forte raison du payement de la dot ou des frais d'établissement des enfants. A cet égard, on appliquera les règles exposées à propos de la société universelle de tous biens présents (*suprà*, nᵒˢ 180, 181, 185).

---

(1) V. notre *Traité du Contrat de mariage* en collaboration avec M. Rodière (1ʳᵉ édit., t. I, nᵒ 604; 2ᵉ édit., t. II, nᵒ 804).

1839. — La simple convention de société universelle, faite sans autre explication, n'emporte que la société universelle de gains.

I. — 210. Les rédacteurs du Code ont voulu, par une prévision assurément superflue dans une matière si rarement abordée par la pratique, reproduire une observation de Pothier, qui lui-même, en cela, a simplement rappelé une décision d'Ulpien (1). Ils ont supposé le cas où les parties auraient déclaré seulement qu'elles entendent former une société universelle, sans en fixer l'espèce. Et ils suppléent au silence du contrat en disposant, suivant la remarque de Pothier, qu'en ce cas les parties sont censées n'avoir voulu former qu'une société universelle de gains. Comme nous l'avons dit, c'était déjà la décision d'Ulpien. A défaut par les parties de s'expliquer nettement, par exemple lorsqu'elles se bornaient à dire qu'elles établissaient une société, il décidait que leur volonté présumée était de former une société universelle de gains. « Coiri societatem et simpliciter licet. Et si non fuerit distinctum, vide- » tur coita esse universorum, quæ ex quæstu veniunt... » (L. 7, ff. *Pro soc.*) Cette même présomption est consacrée par l'art. 1839.

211. La raison d'être de cette présomption a été indiquée en ces termes par Boutteville dans son Rapport au Tribunat : « Toute convention qui tend à exproprier ne pouvant être entendue que dans le sens le plus étroit, la simple convention de société universelle faite sans autre explication n'emportera qu'une société universelle de gains. » (2) Mais, qu'il nous soit permis de le faire remarquer, cette raison, quoique admise par les auteurs (3), ne repose pas aujourd'hui sur une base aussi certaine que dans le droit romain, auquel la règle est empruntée. Qu'entre la société *omnium* ou *universorum bonorum* et la société *universorum quæ ex quæstu veniunt* on se soit, dans le doute, prononcé pour cette dernière en droit romain, il n'y a pas à s'en étonner, puisque, de fait, la société *universorum quæ ex quæstu veniunt* était beaucoup plus étroite, et conséquemment tendait moins « à exproprier. » Mais, dans notre droit, si l'on compare la société universelle de tous biens avec la société universelle de gains, on hésite à dire laquelle des deux amoindrit et resserre le plus l'intérêt individuel, pour étendre en proportion l'intérêt collectif. Sans doute, la première emporte mise en commun des *immeubles* présents; mais la seconde dépouille chaque

_____

(1) Pothier (*Soc.*, n° 43).
(2) Locré (t. XIV, p. 534); Fenet (t. XIV, p. 407).
(3) V. MM. Troplong (n° 299); Mourlon (*Rép. écrit.*, t. III, p. 352); Taulier (t. VI, p. 363); Duvergier (n° 113).

associé de la jouissance de tous ses biens, et aussi des produits de son travail ou de son industrie! Quoi qu'il en soit, la disposition de la loi est précise et formelle. Elle peut être considérée comme peu réfléchie et inconséquente, en ce qu'elle transporte dans notre droit une fiction empruntée à un système de législation dont notre propre loi a rompu l'harmonie. Toutefois, elle ne nous oblige pas moins à reconnaître qu'à défaut d'explication, la simple convention de société universelle n'implique, aujourd'hui comme dans le droit romain, qu'une société universelle de gains.

212. Les jurisconsultes romains, considérant comme une redondance véritable l'adjonction du mot *lucrum* au mot *quœstus*, ne voyaient encore qu'une société *universorum quœ ex quœstu veniunt* même dans celle par laquelle les parties se déclaraient associées *et quœstus et lucri*. « Sed et si adjiciatur, *ut et quœstus, et lucri socii sint,* verum est, non » ad aliud lucrum, quam quod ex quœstu venit, hanc quoque adjec- » tionem pertinere. » (L. 13, ff. *Pro soc.*) Pothier fait remarquer de même, et par application de ce texte, que c'est une société de tout ce que les parties acquerront à quelque titre de commerce que ce soit qui est censée contractée lorsqu'elles ont dit « qu'elles contractaient société de tous les *gains* et *profits* qu'elles feraient de part et d'autre. » (1) Mais, il faut l'avouer, la remarque serait oiseuse et bien complétement inutile, puisqu'il ne serait pas possible aujourd'hui d'indiquer quelles choses pourraient, à la faveur du mot *profits* ajouté par la convention, entrer dans la société d'où elles seraient exclues d'après le droit commun. A la vérité, Troplong, qui reproduit et applique la doctrine de Pothier, indique les profits advenus aux parties *à titre lucratif,* et dit que la clause ne peut pas être considérée comme faite en vue d'ajouter ces profits aux gains de l'industrie (2). Mais il oublie, en cela, qu'il n'y a pas à exciper d'une redondance de mots pour tenir en dehors de la société les profits advenus aux associés à titre lucratif, c'est-à-dire par succession, donation ou legs, alors que la volonté même la plus nette et la plus formelle à cet égard serait impuissante à les y faire entrer (article 1837, alin. 2).

1840. — Nulle société universelle ne peut avoir lieu qu'entre personnes respectivement capables de se donner ou de recevoir l'une de l'autre, et auxquelles il n'est point défendu de s'avantager au préjudice d'autres personnes.

SOMMAIRE.

213. En elle-même, la société, quelle qu'en soit l'étendue, est un contrat à titre onéreux qui, sauf le cas où elle cacherait une libéralité, devrait, au point de vue de la capacité, être accessible à quiconque est capable de contracter. —

(1) Pothier (*Soc.*, n° 43).
(2) Troplong (*Contr. de soc.*, n° 30).

214. Néanmoins, il en est autrement de la société universelle : par une sorte de présomption légale, une telle société constitue un acte de libéralité lorsqu'elle a lieu entre personnes respectivement incapables de se donner. — 215. La présomption atteint les deux espèces de sociétés universelles. — 216. Transition aux dispositions de l'art. 1840.

II. 217. Assimilée à la donation, la société universelle n'est pas permise aux personnes entre lesquelles la donation est prohibée. Exemple : de la société conclue entre époux pendant le mariage. — 218. La prohibition atteint la société contractée par des associés capables avec d'autres associés incapables de donner ou de recevoir; — 219. Mais, dans ce dernier cas, la nullité simplement relative ne peut être opposée que par celui dans l'intérêt de qui elle est établie. — 220. La société étant présumée un acte de libéralité, il y a lieu d'appliquer la présomption d'interposition de personnes établie par le § 2 de l'art. 911 du Code Napoléon; — 221. Et aussi la règle de l'art. 960 relative à la révocation par survenance d'enfants au donateur.

III. 222. Par suite, il faut appliquer les règles de la réduction si la société, étant formée entre personnes ayant des héritiers à réserve, donnait à l'un des associés un avantage au préjudice de ces héritiers. — 223. En effet, la dernière disposition de l'art. 1840, d'après laquelle la société universelle ne peut avoir lieu qu'entre personnes auxquelles il n'est pas défendu de s'avantager au préjudice d'autres personnes, ne doit être prise que comme une suite de l'assimilation de la société universelle à la donation. — 224. Elle signifie donc que si, en tant que société, la convention est nulle, les avantages qui en peuvent résulter sont simplement réductibles.

IV. 225. De la liquidation de la société universelle qui aurait été formée contrairement à la prohibition de la loi et aurait fonctionné. — 226. Elle doit être faite de manière à répondre à la présomption selon laquelle la société n'est qu'un acte de libéralité.

I. — 213. La disposition de l'art. 1840 touche à la capacité et pose une règle qui assurément n'eût pas été suppléée dans les mêmes termes.

Et en effet, si, en l'absence de ce texte spécial, il y avait à se fixer sur les conditions de capacité nécessaires pour contracter une société, il suffirait de se référer aux principes généraux renfermés dans les articles 1123 et suivants du Code Napoléon. Ainsi avons-nous fait en nous expliquant sur la nature du contrat de société et sur ses éléments essentiels (suprà, nᵒˢ 26 et suiv.). C'est qu'en elle-même la société, quelle qu'en soit l'étendue, est une convention à titre onéreux, et que comme telle elle est régie par les principes du droit commun. Donc, point de particularités au point de vue de la capacité : quiconque est capable de contracter semble par cela même devoir être capable de s'associer.

Toutefois, cette doctrine si simple serait incomplète sans un tempérament que suggère la nature même des choses. Elle est exacte et suffit à tout quand la société se présente avec les caractères qui lui sont propres, quand elle est réellement ce qu'elle paraît être, une convention dans laquelle chacune des parties n'a en perspective et ne poursuit que son intérêt : il est vrai de dire, en ce cas, que la société est accessible à tous ceux que la loi déclare habiles à contracter. Mais si le contrat apparent déguise un acte de libéralité, il n'en saurait plus être de même. Dans ce cas, et en admettant avec la jurisprudence la validité des donations déguisées sous la forme d'actes à titre onéreux, il convient que toutes les règles restrictives ou même prohibitives de la faculté de donner ou de recevoir par donation entre-vifs reçoivent leur rigoureuse application. Seulement, ceci comporterait la nécessité d'une preuve : il faudrait avant tout établir qu'une libéralité est réellement cachée sous les dehors du contrat de société. Car la présomption de la loi est toujours en faveur de celui qui donne aux actes leur sens normal et leur assigne leur fin ordinaire.

Donc et en résumé, voici, dans le silence de la loi, quelle aurait dû être la règle : si la société est vraiment une société, c'est le droit commun sans restriction qui exerce son empire et détermine les conditions de capacité; mais si la société est, au fond, un acte de libéralité, il faut, sauf la preuve à fournir du déguisement, la traiter comme une donation apparente, par conséquent l'annuler dans le cas où la donation serait prohibée par la loi, ou en réduire les effets quand la donation, d'après la loi, serait réductible.

214. Néanmoins, il est certain qu'en édictant l'art. 1840, le législateur a renversé la présomption pour toute une classe de sociétés. A cette idée qu'en elle-même la société est un acte à titre onéreux, il a substitué la présomption contraire en ce qui concerne la société universelle; et il a tenu même comme vérité juridique qu'une telle société est toujours un acte de libéralité. Cela résulte de la discussion à la suite de laquelle l'art. 1840, dont la disposition ne figurait pas dans le projet soumis aux délibérations du conseil d'État, est passé dans le texte définitif de la loi.

En effet, comme nous l'avons indiqué déjà, ce projet, qui divisait les sociétés en particulières et universelles, ne comprenait pas cependant parmi celles-ci la société universelle de tous biens. Plusieurs tribunaux avaient protesté contre cette omission, et, par une sorte de transaction, on consentit à admettre la société universelle de biens, mais seulement pour les biens *présents,* avec indication que les biens *à venir* seraient exclus de tout pacte social. C'est à l'occasion de cette modification du projet que s'engagea, dans le sein du conseil d'État, la discussion pleine de confusion, d'après les procès-verbaux, d'où est sortie la disposition de l'art. 1840. Cambacérès et Treilhard insistèrent pour qu'on laissât aux parties la faculté de donner à la société toute l'extension qu'elle avait pu prendre d'après l'ancien droit. Bérenger, s'écartant de la question, combattit le titre dans son ensemble, sous prétexte que, ne s'appliquant ni au commerce, ni au mariage, il était sans intérêt, puisque l'effet de ses dispositions ne portait que sur très-peu de cas. Mais la discussion fut ramenée à son point de départ par Tronchet; et il déclara que « la commission n'avait vu dans la société de tous biens, même présents, qu'*une véritable donation.* » L'idée fut contestée, sans doute. Treilhard, notamment, fit remarquer « que s'il fallait chercher dans le contrat de société un autre caractère que celui que son titre présente, ce ne serait pas une donation qu'il faudrait y voir; ce serait une vente, car la mise de l'un est le prix de la mise de l'autre, quand même les deux mises paraîtraient inégales. » Toutefois, l'idée de la commission fut reprise par Réal; elle prévalut, et, ainsi que le procès-verbal le constate, « le Conseil adopta en principe la société de tous biens présents, en la défendant aux personnes entre lesquelles les donations sont prohibées; il rejeta la société de biens à venir. » (1). L'art. 1840 est le résultat et l'expression même de cette idée ; car c'est uniquement pour mettre le titre des *Sociétés* d'accord avec la loi sur les donations que la société universelle, selon l'expression de cet article, « ne peut avoir lieu qu'entre personnes respectivement capables de se donner ou de recevoir l'une de l'autre, et auxquelles il n'est point défendu de s'avantager au préjudice d'autres personnes. »

215. Nous disons la société *universelle,* parce que la présomption légale dont il s'agit ici est générale, et s'applique à la société universelle de gains tout comme à la société universelle de tous biens présents. Il est vrai que la disposition de l'art. 1840 a été édictée à la suite d'une discussion dans laquelle cette dernière société était seule en question : Treilhard signalait celle-là seulement, en affirmant que la commission « y a vu une véritable donation. » Mais, sous la plume des rédacteurs du Code, la disposition a revêtu une forme bien autrement compréhensive. Et en présence de ces termes absolus, « *nulle société universelle* ne peut... », il faut tenir pour certain que la société universelle de gains elle-même est comprise dans la disposition prohibitive de notre article, bien que rien dans la discussion ne révèle la pensée d'altérer le caractère que lui imprimait l'ancien droit.

216. Cela posé, il faut préciser quel est l'effet de la prohibition résultant de l'art. 1840. Mais, pour cela, il convient de reprendre successivement les deux hypothèses auxquelles se réfère le texte ; car il s'en faut que l'effet soit le même dans l'une et dans l'autre.

II. — 217. La société universelle, soit de tous biens présents, soit de gains, « ne peut avoir lieu qu'entre personnes respectivement capables de se donner ou de recevoir l'une de l'autre. » Cette première disposition de l'art. 1840 ne peut présenter aucune difficulté d'interprétation. Entre personnes respectivement capables de se donner ou de recevoir, la société universelle conserve le caractère qui lui est propre de contrat à titre onéreux; car il n'y a aucune raison de supposer que les parties ont voulu dissimuler une libéralité qu'elles auraient pu faire directement et ouvertement. Mais il n'en est plus ainsi lorsqu'une telle société se forme entre personnes respectivement incapables au point de vue de la donation. On peut craindre alors que les associés aient voulu se soustraire à leur incapacité réciproque. Et comme on peut le craindre, la loi le suppose. Et elle prohibe virtuellement la société universelle aux personnes entre lesquelles la donation serait prohibée. C'est la première induction par laquelle s'affirme la présomption qui sert de base à l'article 1840. Par exemple, en reprenant le cas discuté plus haut (n°s 36 et suiv.), supposons qu'une société universelle, même renfermée dans la mesure et les conditions déterminées par l'art. 1837, soit stipulée entre personnes unies par le mariage, le sort de la société devra être

_____

(1) Voy., pour cette discussion, Fenet (t. XIV, p. 368 à 373); Locré (t. XIV, p. 492 à 497).

réglé comme s'il s'agissait d'une donation proprement dite. Ainsi, la convention sera valable, sans doute, mais toujours révocable, par application de l'art. 1096 du Code Napoléon, s'il résulte des clauses de l'acte qu'en fait il n'y a pas réciprocité; car, nous l'avons établi, les époux ne sont pas, en principe et à raison de cette seule qualité d'époux, incapables de former entre eux un contrat de société même universelle après le mariage (*suprà*, n° 37). Mais si la convention est réciproque, elle devra nécessairement être annulée, comme faite entre personnes respectivement incapables de se donner; car, aux termes de l'art. 1097 du Code Napoléon, les époux ne peuvent, pendant le mariage, se faire, par acte entre-vifs, aucune donation mutuelle et réciproque par un seul et même acte (*suprà*, n° 38).

218. D'ailleurs, la disposition de la loi étant générale, la prohibition qui en résulte doit être prise comme atteignant non-seulement la société universelle formée entre personnes respectivement incapables de se donner, comme dans le cas qui précède, mais encore celle qui serait établie par des associés entre lesquels l'incapacité de donner ou de recevoir n'existerait que d'un côté.

Ainsi, la société universelle ne peut pas être établie entre un pupille et son tuteur avant l'apurement du compte de tutelle; car si le tuteur peut bien disposer en faveur de son pupille, la réciproque n'est pas vraie d'après l'art. 907 du Code Napoléon, aux termes duquel le mineur devenu majeur ne peut disposer, par donation entre-vifs, au profit de celui qui a été son tuteur, si le compte définitif de la tutelle n'a été préalablement rendu et apuré. — Ainsi encore, la société ne peut être formée entre un malade, pendant la maladie dont il meurt, et le médecin qui le soigne ou le ministre du culte qui l'assiste; car si le médecin ou le ministre peuvent bien donner au malade, ils ne peuvent pas recevoir de lui, d'après l'art. 909, aux termes duquel les docteurs ou médecins et les ministres du culte qui ont traité ou assisté une personne pendant la maladie dont elle meurt ne peuvent profiter des dispositions entre-vifs qu'elle aurait faites en leur faveur pendant le cours de cette maladie. — De même, la société universelle ne peut pas être contractée entre un père et son enfant adultérin ou incestueux; car, d'après l'article 908 du Code Napoléon, les enfants naturels, qui pourraient bien disposer en faveur de leur père, ne peuvent, au contraire, rien recevoir, par donation, au delà de ce qui leur est accordé *au titre des Successions*, et l'art. 762, écrit dans ce titre, dispose que la loi n'accorde que des aliments aux enfants incestueux ou adultérins. — De même, la société serait stipulée sans efficacité entre membres d'une communauté religieuse d'hommes non autorisée, toutes les clauses de l'acte fussent-elles conformes au droit commun (1); car, quelque capables qu'ils soient individuellement de donner et de recevoir, les membres de la société réunis en congrégation religieuse perdent cette capacité, puisqu'en

(1) V. Caen, 20 juill. 1846 (S.-V., 47, 2, 278; J. Pal., 1847, t. I, p. 747), et l'arrêt du 26 fév. 1849, qui rejette le pourvoi dirigé contre cet arrêt (J. Pal., 1849, t. II, p. 245; Dall., 49, 1, 44; S.-V., 49, 1, 245).

principe nulle congrégation ne peut s'établir en France si elle n'a été formellement autorisée, et qu'elle est incapable de recevoir tant que cette autorisation ne lui a pas été accordée.

219. Nous n'insistons pas davantage, les exemples qui précèdent étant suffisants à préciser exactement la portée de la règle. Ajoutons seulement que lorsque la société est nulle à raison de l'incapacité de l'une des parties, la nullité est simplement relative; en ce sens que ceux-là seuls en faveur de qui elle est établie, ou ceux qui les représentent, peuvent s'en prévaloir et l'opposer.

220. Ceci dit sur l'application de la première disposition de l'article 1840, nous avons à préciser deux conséquences qui découlent du principe même de la loi. La première, c'est que la présomption légale d'interposition de personnes, établie par le deuxième paragraphe de l'art. 911 du Code Napoléon, reçoit ici son entière application. Ainsi, la société universelle établie avec le père ou la mère de l'incapable, avec ses enfants ou descendants, avec son époux, serait de plein droit réputée formée avec l'incapable lui-même par l'interposition de la personne dénommée dans l'acte. Elle devrait donc être annulée, sans que la partie à laquelle la nullité serait opposée pût être admise à prouver que l'interposition supposée n'existe pas et que le contractant véritable est celui que l'acte désigne. Il y a là une présomption sur le fondement de laquelle la loi annule l'acte, selon l'expression de l'art. 1352 du Code Napoléon, et qui, par cette raison même, est exclusive de la preuve contraire.

221. La seconde conséquence, c'est que la survenance d'un enfant légitime à l'un des associés, ou la légitimation d'un enfant naturel né depuis la formation de la société universelle, aura pour effet de détruire cette société. Il y aurait, en effet, à appliquer, en ce cas, l'art. 960 du Code Napoléon, aux termes duquel toutes donations entre-vifs faites par personnes qui n'avaient point d'enfants ou de descendants actuellement vivants dans le temps de la donation, de quelque valeur que ces donations puissent être, et à quelque titre qu'elles aient été faites, demeurent révoquées de plein droit par la survenance d'un enfant légitime du donateur, même d'un posthume, ou par la légitimation d'un enfant naturel par mariage subséquent, s'il est né depuis la donation. C'est une conséquence qui, à deux reprises différentes, a été expressément formulée par M. Réal dans les discussions du conseil d'État (1). A la vérité, le consul Cambacérès a cru devoir répondre « que si la société donne quelque avantage à l'autre associé, *on le réduira à la portion disponible.* » Mais l'observation manquait d'exactitude, puisque la révocation par survenance d'enfant a pour effet non pas simplement la réduction de la libéralité, mais sa complète annihilation. Aussi, malgré l'ambiguïté de cette observation, faut-il s'en tenir à la remarque de Réal, parce qu'elle précise et formule une conséquence logique, sinon raisonnable et pratique, du principe ou de la présomption qui trans-

(1) Locré (t. XIV, p. 496 et 497); Fenet (t. XIV, p. 372 et 373).

forme en une donation véritable la société universelle contractée entre personnes respectivement incapables de se donner ou de recevoir l'une de l'autre.

III. — 222. Passons à la seconde des deux hypothèses auxquelles se réfère l'art. 1840. Nulle société universelle, y est-il dit, ne peut avoir lieu qu'entre personnes « auxquelles il n'est point défendu de s'avantager au préjudice d'autres personnes. » A la différence de la première, cette seconde disposition a fait naître des difficultés d'interprétation. Pour nous, elle découle visiblement de la même pensée. Elle procède encore de cette même présomption par l'effet de laquelle la société universelle est assimilée à une donation. La loi suppose que si, contrairement à sa disposition, une telle société était formée entre personnes auxquelles il serait défendu de s'avantager au préjudice d'autres personnes, c'est-à-dire entre associés ayant des héritiers à réserve, par exemple, entre un père et l'un de ses enfants, entre personnes ayant des enfants ou des ascendants, le contrat impliquerait l'idée non point d'une convention à titre onéreux, mais d'une véritable libéralité. D'après cela, on entrevoit quelles seraient, dans notre pensée, les conséquences d'une infraction à la disposition virtuellement prohibitive de la loi. Pourrait-on dire que la société universelle serait, alors aussi, nulle et absolument sans effet, comme si elle avait été contractée entre personnes respectivement incapables de se donner ou de recevoir l'une de l'autre? Non; et précisément parce que, même en ce cas, la société universelle est assimilée à la donation, il faut dire, en reprenant l'observation de Cambacérès, mal à propos appliquée par lui au cas de révocation pour survenance d'enfant, que si un avantage résultait de la convention au profit de l'un des associés et au préjudice des héritiers réservataires de l'autre, cet avantage, en cas d'excès, serait simplement réductible à la quotité disponible.

Ainsi, Primus, qui avait pour 100 000 francs de biens présents, a formé une société universelle avec Secundus, qui en avait pour 10 000 à peine. Et comme celui-ci avait des aptitudes ou une industrie sur lesquelles les parties avaient compté pour rétablir l'égalité dans les apports, il a été convenu qu'elles seraient associées pour portions égales. Cependant, il est arrivé que la société n'a ni perdu ni gagné, et à la dissolution le capital social s'est retrouvé tel qu'il était lors de la fondation. Donc, chacun des associés a pris, conformément à la convention, la moitié du fonds commun, soit 55 000 francs, en sorte que Secundus se trouve avoir en sus de son apport de 10 000 francs les 45 000 francs que Primus reçoit en moins sur sa mise de 100 000. La convention a ainsi procuré à Secundus un avantage notable. Mais cet avantage, s'il eût été le résultat d'une donation directe et patente que Primus lui aurait faite, ne serait pas nul; il serait simplement réductible à la quotité disponible sur la demande des héritiers réservataires du donateur. Dès lors, les héritiers réservataires de Primus ne peuvent pas demander autre chose et plus que la simple réduction, alors que l'avantage est le résultat de la société universelle que leur auteur avait formée avec Secundus. Car, par l'effet d'une sorte de présomption légale, une telle société n'est pas autre chose qu'une donation lorsqu'elle intervient entre personnes auxquelles il est défendu de s'avantager au préjudice d'autres personnes.

Seulement, il convient de le dire, l'avantage, en cas d'excès, serait inévitablement et de plein droit réductible. Par l'effet de la présomption légale, l'associé avantagé, fût-il lui-même l'un des héritiers de son associé, n'aurait pas, pour se soustraire à la réduction, le bénéfice de l'art. 854 du Code Napoléon. Ainsi, vainement dirait-il, en invoquant cet article, qu'il n'est pas dû de rapport pour les associations faites *sans fraude* entre le défunt et l'un de ses héritiers. Vainement offrirait-il de prouver que la société a été formée de bonne foi; que dans sa pensée; comme dans celle de son associé, c'est très-sérieusement un acte à titre onéreux qui a été conclu, et que l'avantage retiré par lui de la convention a été le résultat d'un cas purement fortuit. On lui répondrait justement qu'il s'agit non pas d'une association ordinaire, mais d'une société universelle, et que lorsqu'elle a lieu entre personnes auxquelles il est interdit de s'avantager au profit d'autres personnes, une telle société est réputée donation de par l'art. 1840, qui, pour ce cas, déroge à l'article 854 et y fait exception.

223. Cependant, nous devons le dire, cette différence que, d'accord avec la généralité des auteurs (1), nous établissons, au point de vue de la sanction, entre les deux cas auxquels se réfère l'art. 1840, a été énergiquement contestée. Quelques auteurs, prenant le texte de cet article à la lettre, ont soutenu que, dans sa disposition complexe, il implique deux prohibitions distinctes, qui, faites dans les mêmes termes, et associées même dans une formule commune, doivent nécessairement être considérées comme placées l'une et l'autre sous une seule et même sanction. La loi est précise, disent ces auteurs. Il en résulte que *nulle société universelle ne peut avoir lieu :* 1° entre personnes respectivement incapables de se donner ou de recevoir l'une de l'autre; 2° entre personnes auxquelles il est défendu de s'avantager au préjudice d'autres personnes. Donc, elle entend que la convention sera nulle et restera destituée de tout effet si *elle a lieu* contrairement à la seconde prohibition, aussi bien que si elle est faite en infraction de la première (2). Mais ainsi entendue, la loi serait en contradiction avec elle-même. En définitive, elle autorise la formation de sociétés universelles; elle admet donc que de telles sociétés pourront exister valablement et fonctionner. Or, elle les prohiberait en réalité si elle enlevait la faculté de s'y engager non-seulement à ceux qui ont aujourd'hui des héritiers ré-

(1) V. MM. Duranton (t. XVII, n° 381); Troplong (t. I, n° 301); G. Massé (S.-V., 39, 1, 545, à la note); Persil (*Soc. comm.*, n° 22); Massé et Vergé, sur Zachariæ (t. IV, p. 430, note 15); Aubry et Rau (t. III, p. 400 et note 7); Alauzet (2° édit., t. I, n° 163); Taulier (t. VI, p. 364); Dalloz (*Rép.*, v° Société, n° 282); Rauter (*op. cit.*, p. 203); Talon (*op. cit.*, p. 101); Cavaré (*op. cit.*, p. 194); Démètre B. Polizu (*Des Soc. civ.*, p. 213, n° 73).
(2) V. MM. Delvincourt (t. III, p. 120 et note 2); Duvergier (*Soc.*, n° 119); Zachariæ (édit. Massé et Vergé, t. IV, p. 430 et note 15).

servataires, mais encore à tous ceux qui pourraient en avoir ultérieurement. En tout cas, elle ferait à ces sociétés la position la plus précaire et la plus incertaine, à raison de l'incertitude même que, soit la mort des ascendants de tel ou tel associé, soit la naissance ou le décès des enfants de tel ou tel autre, feront nécessairement planer, jusqu'à la dissolution, sur la nullité ou la validité de la société. Telle ne saurait être assurément la portée de la loi. La pensée du législateur a été toute différente, et il n'est pas possible de s'y méprendre. Cette pensée, qui s'est manifestée avec évidence dans les discussions du conseil d'État, a été en outre formulée de la manière la plus nette par le tribun Boutteville dans son Rapport au Tribunat. L'art. 1840, a-t-il dit, « avertit les personnes déclarées incapables de se donner ou de recevoir l'une de l'autre, et celles auxquelles il est défendu de s'avantager au préjudice d'autres personnes, qu'elles ne peuvent se soustraire, les premières à leur incapacité réciproque, les secondes aux prohibitions de la loi. *Ces dispositions pouvaient seules mettre le projet en parfait accord avec nos lois sur les successions, donations et testaments.* » (1) Or, cet *accord* ayant été établi au moyen de la présomption légale d'où procèdent les dispositions de l'art. 1840, il n'est pas possible non plus de se méprendre sur les conséquences qui, dans la pensée du législateur, doivent s'attacher à cette présomption. En droit, la convention de société universelle intervenant soit entre personnes respectivement ou réciproquement incapables de donner ou de recevoir une libéralité quelconque, soit entre personnes auxquelles il est défendu de s'avantager au préjudice d'autres personnes, est, par la volonté de la loi, un acte de libéralité : c'est une donation *présumée*. Donc, dans le premier cas, cette donation *présumée* sera nulle absolument ou de nul effet, puisque entre personnes incapables de se donner ou de recevoir, une donation directe et patente serait nulle absolument et radicalement. Mais, dans le second cas, la donation *présumée* sera simplement réductible s'il y a lieu, puisque, faite au préjudice d'héritiers réservataires, une donation directe et patente vaudrait en elle-même et serait maintenue en principe, sauf, en cas d'excès, réduction à la quotité disponible.

224. Par où l'on voit, en définitive, que la seconde disposition de l'art. 1840, dont il s'agit en ce moment, est, tout comme la première, une suite naturelle et nécessaire de l'assimilation de la société universelle à la donation. Ou, pour mieux dire, la disposition ainsi entendue est une déduction juridique de ce fait que, dans la circonstance prévue, la convention de société, simple fiction par la volonté de la loi, disparaît et fait place à la réalité, c'est-à-dire à la donation. Et c'est ainsi qu'à vrai dire le texte lui-même ne résisterait pas à notre interprétation. La loi veut que *nulle société universelle n'ait lieu* qu'entre personnes auxquelles il n'est point défendu de s'avantager au préjudice d'autres personnes. Qu'est-ce à dire? Simplement que la convention de société universelle intervenant entre personnes ayant des héritiers réserva-

_____

(1) Fenet (t. XIV, p. 407); Locré (t. XIV, p. 533).

taires serait nulle ou n'existerait pas *en tant que société*. Mais l'inexistence de la société convenue en cette hypothèse n'implique pas l'inexistence de la libéralité; au contraire, la libéralité est légalement supposée par le fait même de la convention. Par conséquent, elle reste dans les conditions et avec les règles qui lui sont propres, c'est-à-dire parfaitement valable en elle-même, et simplement réductible, en cas d'excès, à la quotité de biens dont le donateur pouvait disposer.

C'est, au surplus, ce qu'a décidé la Cour de Bourges par un arrêt du 30 mars 1835, dont un arrêt de rejet du 25 juin 1839 a sanctionné la doctrine (1). On a dit de cet arrêt qu'il manque de précision à ce point que chacune des opinions opposées pourrait l'invoquer en sa faveur. Mais en y regardant de près, on voit qu'il n'en est rien. L'arrêt exprime d'abord qu'une société universelle de gains *ne peut exister entre un père et l'un de ses enfants,* en quoi il est d'accord avec le texte, d'après lequel « nulle société universelle ne peut avoir lieu qu'entre personnes auxquelles il n'est point défendu de s'avantager au préjudice d'autres personnes. » Puis il ajoute que la société universelle étant écartée, le partage qui a eu lieu entre les parties n'apparaît plus que comme une donation qui, si elle n'est pas nulle, est au moins réductible à la portion disponible; et en cela il répond très-exactement à la pensée de la loi, qui, dans l'hypothèse, fait du contrat à titre onéreux de société convenue entre les parties un acte de pure libéralité. La décision est donc exacte à tous égards, et seule la thèse que nous avons soutenue peut s'en prévaloir, comme aussi de l'arrêt de rejet dont elle a été suivie.

IV. — 225. Après avoir expliqué les dispositions de l'art. 1840, il nous reste à parler de la liquidation des sociétés universelles qui, formées contrairement à la prohibition résultant de la loi, auraient fonctionné. Ainsi, une société universelle a été formée entre personnes auxquelles ce contrat était interdit d'après l'art. 1840; les apports ont été faits; la confusion des biens s'est opérée, et les associés se sont livrés en commun à l'œuvre sociale. La nullité ou l'inexistence de la société étant alors déclarée, comment la communauté qui a existé dans le passé sera-t-elle liquidée? Comment et suivant quelles règles faudra-t-il répartir, entre les prétendus associés, le fonds social, les bénéfices ou les pertes? A cet égard, il faut d'abord écarter le cas où la société universelle aurait été formée entre personnes auxquelles il était défendu de s'avantager au préjudice d'autres personnes. On a vu, par les observations présentées aux numéros précédents, que la nullité ou l'inexistence de la société universelle ne pourrait donner lieu, en ce cas, qu'à une action en réduction de la donation, qui, par la volonté de la loi, prend la place du contrat apparent de société. Les juges n'auraient donc, en ce cas, qu'à apprécier toutes les clauses du contrat, à rechercher l'exécution qu'elles ont reçue, le tout afin d'arriver à préciser la

_____

(1) Bourges, 30 mars 1835; Rej., 25 juin 1839 (S.-V., 39, 1, 545; Dall., 39, 1, 250; J. *Pal.*, à sa date).

libéralité, à en reconnaître l'importance, et à déterminer ensuite ce qui, étant excessif eu égard à la quotité disponible, doit être retranché dans l'intérêt des héritiers réservataires du donateur. Ainsi, ce ne serait pas d'une liquidation proprement dite qu'il s'agirait dans cette hypothèse. L'obligation du juge serait précisément celle qui lui est imposée dans un cas presque identique prévu par les art. 1496 et 1527, dont la disposition implique le devoir, pour le juge, de scruter toutes les conventions modificatives de la communauté entre époux, et de les analyser pour découvrir si elles ne cacheraient point une donation sujette à retranchement dans l'intérêt des enfants d'un précédent mariage.

226. La question de liquidation ne se pose donc en réalité que dans l'hypothèse où la société universelle aurait été contractée entre personnes respectivement incapables de se donner ou de recevoir l'une de l'autre, par exemple entre un père et son enfant adultérin. Mais la question est en quelque sorte tranchée sinon par le texte même de la loi, qui ne dit rien de précis sur ce point, au moins par la présomption qui en est la base. Dans le cas donné, la société universelle est réputée donation; la liquidation ne pourra donc être faite que dans le sens de cette présomption et de manière à la laisser dominante. Ainsi, la règle ne saurait plus être ici celle que nous avons suivie pour la liquidation d'une société déclarée nulle à raison de sa cause illicite. Nous ne pouvons plus dire qu'il s'en faut tenir rigoureusement au fait accompli au moment où la nullité du contrat est reconnue (suprà, n° 54). Car, maintenir le statu quo pour éviter toute réclamation judiciaire fondée sur la convention de société, ce serait précisément consacrer le résultat que le législateur a voulu proscrire. Comment donc faudra-t-il procéder? La situation faite aux parties par la loi ne permet pas de s'y tromper. Chacun des associés prétendus devra reprendre ce dont il a fait apport, et la distribution des bénéfices ou la répartition des pertes se fera ensuite selon cette grande loi d'équité naturelle que chacun doit subir la perte ou recueillir le bénéfice dans la mesure de son apport réel, sincère, et proportionnellement. On ne tiendra nul compte d'aucune des clauses particulières qui tendraient à modifier ce mode de liquidation. Car, en dehors de lui, ce serait la donation; et précisément, c'est la donation que la loi veut atteindre. Donc, et en résumé, la ligne à suivre dans la liquidation d'une société universelle nulle ou inexistante, comme faite entre personnes respectivement incapables de se donner ou de recevoir l'une de l'autre, est tracée par le but même vers lequel a tendu le législateur, à savoir : la proscription d'une libéralité déguisée sous les dehors d'une société de la part d'une personne incapable de donner ou au profit d'une personne incapable de recevoir.

SECTION II.
DE LA SOCIÉTÉ PARTICULIÈRE.

1841. — La société particulière est celle qui ne s'applique qu'à certaines choses déterminées, ou à leur usage, ou aux fruits à en percevoir.

1842. — Le contrat par lequel plusieurs personnes s'associent, soit pour une entreprise désignée, soit pour l'exercice de quelque métier ou profession, est aussi une société particulière.

SOMMAIRE.

I.   227. Les rédacteurs du Code ont emprunté à Pothier la division des sociétés particulières, en substituant, toutefois, une définition à la simple énumération de Pothier.

II. 228. De la société particulière, dont le caractère résulte de la détermination de l'apport des associés. — 229. La société reste particulière, alors même que l'acte ne détermine pas de quelle manière ou sur quelles opérations les parties entendent se servir du fonds commun. — 230. *Quid* lorsque, dans une énumération détaillée des choses mises en commun, les associés ont compris toutes celles qui composaient leur patrimoine ?

III. 231. De la société dite particulière, à raison de la détermination de l'objet même de la société. — 232. Ainsi en est-il du contrat par lequel plusieurs personnes s'associent pour une entreprise désignée : exemples ; — 233. Ou pour l'exercice de quelque métier ou profession. Selon Pothier, l'association serait illicite et entraînerait contre les associés des peines de police si elle était formée entre personnes de la même profession, pour enchérir arbitrairement le prix du travail. Il n'en est plus ainsi, d'après la loi du 25 mai 1864 sur les coalitions. — 234. Autres associations particulières par la détermination de l'objet de la société : sociétés coopératives.

IV. 235. Les sociétés commerciales forment une troisième espèce de sociétés particulières. Renvoi. — 236. Transition.

I. — 227. « Il y a plusieurs espèces de *sociétés particulières*. — Il y en a qui se contractent pour avoir en commun certaines choses particulières, et en partager les fruits. — Il y en a qui se contractent pour exercer en commun quelque art ou quelque profession. — Enfin, il y a des *sociétés de commerce*. » (1) Les rédacteurs du Code Napoléon s'étaient attachés à cette énumération faite par Pothier, et, dans leur projet primitif, ils avaient également signalé trois espèces de sociétés particulières, en y comprenant *les sociétés de commerce*. Mais la disposition du projet relative à cette dernière espèce de sociétés particulières ayant été reportée ailleurs (*infrà*, n° 235), nous n'avons plus, dans cette section, que les art. 1841 et 1842, relatifs à la société particulière de certaines choses et à la société particulière pour l'exercice d'une profession.

Toutefois, les rédacteurs du Code ont cru devoir définir là où Pothier s'était justement borné à énumérer. C'est qu'en effet, il est difficile de définir la société particulière autrement que par exclusion, et d'appliquer à cet égard un autre procédé que celui qui a été suivi par le législateur lui-même pour le legs particulier (C. Nap., art. 1003 et 1010). Le legs est universel ou à titre universel à raison de l'étendue de la disposition testamentaire ; de même la société est universelle à raison de l'importance des apports sociaux. La mesure est fixée par la loi quant aux deux dispositions. Dès qu'on ne l'atteint pas dans la première, la libéralité testamentaire n'est plus qu'un legs particulier, et telle est précisément la définition que l'art. 1010 du Code Napoléon donne de cette sorte de legs. De même, dans la seconde, dès que la mesure n'est pas

(1) Pothier (*Contr. de soc.*, n° 53).

atteinte, c'est seulement la société particulière qui résulte de la convention. Et par cela même on aurait pu dire que la société qui n'est ni universelle de biens présents, ni universelle de gains, est précisément la société particulière. Quoi qu'il en soit, la loi a procédé autrement. Reprenons donc ses définitions et occupons-nous successivement de la société de certaines choses déterminées (art. 1841), et de la société pour une entreprise désignée ou pour l'exercice d'un métier ou d'une profession (art. 1842).

II. — 228. La société particulière de certaines choses doit son caractère à la détermination des apports ou de l'apport mis en commun. Cette société, dit en effet l'art. 1841, est celle qui ne s'applique qu'à *certaines choses déterminées*. De là une très-grande variété dans les combinaisons possibles. La société peut s'appliquer à la propriété même des choses. On y peut mettre soit des meubles, soit des immeubles, soit même une seule chose, mobilière ou immobilière : « Societates contrahuntur sive universorum bonorum... *sive etiam rei unius* » (l. 5, ff. Pro soc.); et Pothier cite à titre d'exemple le cas où deux voisins conviennent d'acheter à frais communs une vache pour la nourrir et la soigner en commun, et en partager le profit (1). — La société particulière, en laissant aux associés la propriété même des choses mises en commun, peut s'appliquer seulement soit à leur valeur vénale, comme dans certains cas ci-dessus précisés et discutés (*suprà,* n°s 62 et 89), soit à leur usage, à leur jouissance et aux fruits qui en peuvent provenir, comme l'exprime l'art. 1841 lui-même, et comme nous avons eu déjà l'occasion de l'expliquer (*suprà*, n° 63).

229. La société particulière de certaines choses tenant son caractère de la détermination même des apports sociaux, il est vrai de dire qu'elle conserve son caractère de société particulière alors même que les associés ont omis d'indiquer de quelle manière et sur quelles opérations ils entendent se servir du fonds commun. Dans une espèce soumise à la Cour de Laybach, en 1812, il y avait à fixer la portée d'une association formée pour un commerce de marchandises, en présence d'un acte social qui n'avait pas nettement déterminé la nature de la société. Assigné en reddition de compte après la dissolution, celui qui avait géré l'affaire commune opposa qu'il n'avait pas de compte à rendre, toutes les opérations ayant été faites pour lui personnellement. Les juges de première instance écartèrent la prétention, par le motif qu'il s'agissait d'une *société générale*, puisque le contraire n'avait pas été convenu, et qu'une telle société était exclusive du droit, pour chacun des associés, de faire des opérations pour son compte particulier. Mais, sur l'appel, la Cour de Laybach infirma la sentence par arrêt du 23 juin 1812 : elle considéra que la société, n'étant pas universelle, était par cela même une société particulière, quoique la nature n'en eût pas été déterminée d'une manière précise. Et vainement a-t-on soutenu, sur le pourvoi, que, d'après l'acte de société lui-même, les associés avaient eu pour objet le

_____

(1) Pothier (*Contr. de soc.*, n° 54).

commerce de marchandises, sans détermination, et qu'il résultait de là qu'ils avaient entendu contracter une société générale. La Cour suprême n'a pas admis cette doctrine; elle n'a pas pensé que la détermination des opérations sociales fût nécessaire pour caractériser *une société particulière de choses;* et elle a jugé, en conséquence, que la Cour de Laybach, « en décidant, dans l'espèce, que l'acte social exprimait une société particulière, avait fait une juste interprétation de cet acte. » (1)

230. De même, puisque cette sorte de société tire son caractère de la détermination des apports, il faut conclure que la société reste particulière alors même que, dans une énumération détaillée des choses mises en commun, les associés auraient compris tout ce qu'ils ont dans leur patrimoine. L'association n'est pas universelle, en ce cas, parce que l'apport, au lieu de consister dans un ensemble de biens, ce qui est le trait distinctif de la société universelle, comprend une série d'objets déterminés. La mise est précisée; elle est renfermée dans des bornes invariables, et c'est justement en cela qu'elle diffère de la société universelle, dont les limites sont mobiles ou indéfinies.

Ceci soit dit, bien entendu, sauf le droit toujours réservé aux tribunaux d'apprécier la convention, et de rechercher si elle est sérieuse et sincère. Évidemment, si, sous les apparences et la qualification mensongère de société particulière, les parties avaient réellement formé une société universelle qu'elles avaient intérêt à dissimuler, par exemple en ce qu'elle intervenait entre personnes respectivement incapables de se donner ou de recevoir l'une de l'autre, il appartiendrait aux tribunaux de restituer à l'acte son caractère véritable et d'appliquer l'art. 1840, dont les parties ont tenté d'éluder les prohibitions.

III. — 231. Nous passons à la seconde espèce de société particulière : celle-ci tient son caractère de la détermination de l'objet même de la société. En effet, suivant la définition de l'art. 1842, « le contrat par lequel plusieurs personnes s'associent, soit pour *une entreprise désignée,* soit pour l'exercice *de quelque métier ou profession,* est aussi une société particulière. »

232. Ainsi, d'abord, se réunir pour faire ensemble une entreprise spécialement désignée en vue de partager le bénéfice qui en pourra résulter, c'est former une société à laquelle la détermination de son objet même donne le caractère de société particulière. Telle serait la société contractée entre plusieurs personnes réunies dans le but d'acheter des immeubles pour les revendre soit tels qu'ils ont été achetés, soit par lots après morcellement; telle encore l'association de plusieurs propriétaires pour vendre les produits de leurs fonds; ou celle qui aurait pour objet l'exploitation d'une mine concédée, ou d'une carrière; telle aussi celle qui aurait pour objet une entreprise de travaux ou de constructions, etc. Dans quelques-uns de ces cas, le contrat pourra faire naître la question, ci-dessus examinée, de savoir si la société est civile ou commerciale (*suprà,* nos 106, 107, 109, 112, 116); mais dans tous

_____

(1) Req., 7 oct. 1813 (Dall., nouv. *Rép.,* vo Société, no 318, à la note).

il constitue incontestablement une société particulière, puisque dans tous il a évidemment pour objet une entreprise désignée.

233. Ainsi, en second lieu, se réunir pour l'exercice en commun de quelque métier ou profession, c'est encore former une société qui reçoit également de la détermination de son objet le caractère de société particulière. Telle serait l'association formée par plusieurs personnes d'une même association ou d'un même métier, convenant ensemble de rapporter à une masse commune les profits que chacune d'elles fera de son côté, pour se partager ensuite ces profits.

Pothier, à qui nous empruntons cet exemple, ajoute : « Ces sociétés sont licites, pourvu qu'elles ne tendent pas à une mauvaise fin, telle que serait celle d'enchérir arbitrairement le prix de leur travail. Par exemple, dans le cas auquel un violent ouragan aurait découvert toutes les maisons d'une petite ville, si tous les couvreurs du lieu s'associaient ensemble pour l'exercice de leur métier pendant un certain temps que devrait durer l'ouvrage à faire pour réparer les couvertures, et convenaient entre eux de ne point monter sur les maisons qu'on ne leur payât leurs journées à un certain prix beaucoup plus cher que le prix ordinaire ; de telles sociétés ne doivent pas être tolérées, et les juges de police doivent punir par des amendes ceux qui les ont contractées. » (1) Ceci ne serait plus exact aujourd'hui, les coalitions simples étant licites de par la loi du 25 mai 1864, qui a remplacé par des dispositions nouvelles les art. 414, 415 et 416 du Code pénal. Jusque-là, les coalitions avaient été considérées comme des pactes répréhensibles ; et sauf la définition qui a varié, elles avaient été prises comme constitutives d'un délit. Ainsi, la loi des 14-17 mai 1791 punissait la coalition même, c'est-à-dire le simple accord. « Si, contre les principes de la liberté et de la constitution, portait l'art. 4, des citoyens attachés aux mêmes professions, arts et métiers, prenaient des délibérations ou faisaient entre eux des conventions tendant à refuser de concert, ou à n'accorder qu'à un prix déterminé le concours de leur industrie ou de leurs travaux, lesdites délibérations ou conventions, accompagnées ou non de serment, sont déclarées inconstitutionnelles, attentatoires à la liberté et à la déclaration des droits de l'homme, et de nul effet. Les corps administratifs et municipaux sont tenus de les déclarer telles. Les auteurs, chefs et instigateurs qui les auront provoquées, rédigées ou présidées, seront cités devant le tribunal de police, à la requête du procureur de la commune, condamnés chacun en 500 francs d'amende et suspendus pendant un an de l'exercice de tous droits de citoyens actifs et de l'entrée des assemblées primaires. » Telle était, à cet égard, la pensée de l'Assemblée constituante, qui, en consacrant ainsi l'opinion de Pothier, ne croyait pas porter atteinte à cette liberté du travail industriel et agricole que, par la même loi, elle avait hautement affirmée.

Les lois qui, depuis, ont successivement statué sur ce point avaient été conçues dans la même pensée, avec cette modification, toutefois,

(1) V. Pothier (*Contr. de soc.*, n° 55).

que le fait de se coaliser avait cessé d'être à lui seul et par lui-même constitutif du délit, et qu'il fallait, comme second élément nécessaire, que la coalition fût suivie d'une tentative ou d'un commencement d'exécution. C'était la disposition précise de la loi du 22 germinal an 11, dont les art. 6 et 7 tempéraient en ce sens la rigueur de la loi des 14-17 mai 1791. C'était également la disposition du Code pénal de 1810, dont, en effet, les art. 414, 415 et 416 reproduisaient à peu près littéralement le texte de la loi de germinal. Et la loi du 27 novembre 1849, dont l'objet unique avait été de rétablir, entre les chefs d'ateliers ou patrons et les ouvriers, l'égalité méconnue par le Code pénal, soit quant à la définition du délit, soit quant à la pénalité (1), avait suivi la même donnée. Ces lois diverses, tout en tolérant la coalition soit entre patrons, soit entre ouvriers, tant qu'elle n'existait qu'à l'état de simple accord ou de délibération, y voyaient un délit caractérisé dès qu'elle avait amené ou tenté d'amener la cessation du travail, et l'avaient déclarée punissable, alors, comme attentatoire à la liberté industrielle et commerciale.

Mais il n'en est plus ainsi aujourd'hui. La loi du 25 mai 1864 est conçue dans une pensée absolument contraire, que son rapporteur au Corps législatif a nettement précisée. « Désormais, a-t-il dit, la coalition des patrons ou celle des ouvriers est absolument libre; c'est le point de départ de la loi. On a proposé de distinguer entre les coalitions justes et les coalitions abusives; nous n'avons pas admis cette distinction. Abusive ou non, juste ou injuste, la coalition est permise. D'autres ont demandé que la séparation fût établie entre les coalitions factices, violentes ou frauduleuses, et les coalitions naturelles, paisibles et sincères, et que les secondes étant licites, les premières ne le fussent pas; nous n'avons pas davantage accepté cette distinction. La coalition violente, factice, frauduleuse, ne tombera pas plus sous le coup de la loi que la coalition naturelle, paisible, sincère. Les auteurs des violences ou des fraudes seront poursuivis et punis; la coalition sera respectée. » Ainsi, le délit de coalition tel qu'il avait été défini et caractérisé par le législateur jusqu'à nos jours n'existe plus : la loi du 25 mai 1864 consacre, au contraire, le droit de se coaliser, sinon en termes exprès et en l'affirmant directement, au moins en n'en défendant pas l'exercice, ce qui suffit aux exigences d'une loi pénale; et à la place de ce délit, elle en a créé un autre, l'atteinte à la liberté du travail, lequel est subordonné, quant à son existence, à la double condition : 1° qu'il y ait des violences, des voies de fait, des menaces, des manœuvres frauduleuses consommées et prouvées; 2° que ces violences aient eu pour but de porter atteinte, par une cessation simultanée du travail, à la liberté soit du patron, soit de l'ouvrier. Voici donc l'hypothèse de la loi, telle, d'ailleurs, qu'elle est précisée également par le rapporteur de la commission instituée par le Corps législatif. Un ouvrier, ou même une personne quelconque,

---

(1) V. MM. Chauveau et Faustin-Hélie (*Théor. du Code pén.*, 4e édit., t. V, n°° 2144 et suiv.). *Comp.* Crim. cass., 24 fév. 1859 (S.-V., 59, 1, 630; *J. Pal.*, 1859, p. 700; Dall., 59, 1, 188).

estime que tel corps de métier pourrait poser certaines conditions au patron, et qu'en cas de refus les ouvriers devraient se mettre en grève. Cette personne ou cet ouvrier s'adresse en conséquence à plusieurs membres de ce corps de métier; il les persuade; et les conditions proposées étant refusées par le patron, le travail est simultanément abandonné. Ni les ouvriers qui se sont mis en grève, ni celui ou ceux qui les ont entraînés, ne peuvent être recherchés et punis, car la coalition même suivie d'exécution ne constituant plus un délit, ils ont, les uns et les autres, usé de leur droit. De même, les patrons resteront à l'abri de poursuites comme ayant également usé de leur droit si, spontanément ou à l'instigation de l'un d'eux, ils ferment en même temps les ateliers à leurs ouvriers. Mais si l'instigateur n'est arrivé à créer, à organiser la grève qu'à l'aide de manœuvres frauduleuses, de menaces ou de violences, il n'en est plus de même. Ceux qui, trompés par les manœuvres frauduleuses ou réduits par les violences ou les menaces, sont entrés dans la coalition ou s'y sont adjoints, resteront toujours affranchis, puisque la coalition est respectée par la loi, quels qu'en soient le caractère, l'origine et le but. Mais les auteurs des manœuvres, des violences ou des menaces, seront poursuivis et punis, sinon pour avoir provoqué une coalition, ce qui, en soi, n'est plus illicite, au moins pour avoir, en la provoquant, employé des moyens répréhensibles, et par là porté atteinte à la liberté d'autrui.

Telle est l'économie de la loi. L'avenir dira si cette innovation, opérée dans l'ordre économique est un progrès ou un danger pour l'industrie et le commerce, qui en font l'expérience en ce moment. Nous n'avons, quant à nous, ni à discuter les appréciations fort diverses dont la loi nouvelle a été l'objet, ni à pénétrer dans les détails de cette loi. Peut-être même aurions-nous pu nous abstenir d'en indiquer le principe, puisqu'en définitive la coalition n'est pas l'association, c'est-à-dire le sujet même dont nous avons spécialement à traiter. Toutefois, après avoir relevé la remarque ci-dessus reproduite de Pothier, nous avons été conduit à dire comment elle n'aurait plus de valeur dans l'état de la législation actuelle. Et après cette digression, nous nous hâtons de rentrer dans notre sujet.

234. Au nombre des sociétés dites particulières en raison de la détermination de leur objet, il faut ranger une société nouvelle vers laquelle l'attention publique s'est portée d'une manière toute particulière depuis un certain nombre d'années, bien qu'il y en ait des traces dans de très-anciennes pratiques. Nous voulons parler de la société dite *coopérative*, qui a pris place dans la loi récente du 24 juillet 1867 sous la dénomination de *société à capital variable*. Citons à titre d'exemple ces *fromageries* ou *fruitières* qui, nées en Suisse, se sont établies, à une époque fort reculée, dans les départements de l'Est, notamment dans le Jura, en vue de venir en aide aux petits propriétaires ou cultivateurs, en leur procurant le moyen de concourir à une fabrication que, réduits à leurs propres ressources, ils ne pourraient pas entreprendre. Le mécanisme même de ces associations, soigneusement décrit par M. Loiseau,

leur a fait contester le caractère de société. Il y a un chalet pourvu des ustensiles nécessaires à la fabrication du fromage; le fromager ou le fruitier qui procède à la fabrication y reçoit, chaque jour, le lait que chacun des associés a recueilli, et le verse dans la chaudière commune, après l'avoir mesuré et en avoir constaté la quantité au moyen de tailles. Le fromage est fait ensuite, non pour la masse, mais pour l'un des associés; en sorte que chacun d'eux recevant à son tour le fromage fabriqué, il arrive que chacun successivement se trouve à son jour avoir profité du lait fourni par les autres (1). En présence de cette combinaison, on a soutenu qu'il y a là moins une société véritable qu'une location collective du chalet, des ustensiles de fabrication et des services du fruitier, combinée avec un emprunt, par celui des cultivateurs pour lequel le fromage est fabriqué, du lait fourni par les autres. Mais la jurisprudence n'a jamais hésité à reconnaître que les fromageries ou fruitières contiennent les éléments caractéristiques du contrat de société, à savoir : d'abord, la mise en commun, laquelle comprend la propriété ou jouissance du chalet et des ustensiles et l'industrie du fruitier; et puis les bénéfices communs, qui consistent dans les avantages que chacun des associés trouve à se servir du fonds social et à l'employer pour la confection, au chalet, d'un fromage qu'il ne pourrait pas fabriquer chez lui (2). C'est donc là une société particulière. Et comme par sa nature même cette société est composée d'un personnel essentiellement variable, en ce qu'elle n'est pas dissoute par la mort d'un associé; comme, par cela même, son capital varie également, il est vrai de dire que c'est une société coopérative, les caractères de ces sortes de sociétés étant précisément le personnel mobile et le capital variable (3).

Au surplus, ce n'est pas le moment de traiter des sociétés coopératives, de rechercher leur origine, d'en apprécier le but, et d'étudier les divers types sous lesquels elles se produisent. Ces sociétés se trouvent maintenant désignées et réglementées dans le titre III de la loi du 24 juillet 1867, lequel titre contient les *dispositions particulières aux sociétés à capital variable*. Nous aurons donc à y insister, dans la dernière partie de notre commentaire, en expliquant ces dispositions.

IV. — 235. Enfin, les sociétés de commerce sont une troisième espèce de sociétés particulières. Elles sont indiquées par Pothier dans l'énumération qu'il présentait des sociétés particulières (*suprà*, n° 227). Et les rédacteurs du Code en avaient tenu compte dans le projet soumis aux délibérations du conseil d'État. En effet, les art. 9 et 10, relatifs aux deux espèces dont nous venons de nous occuper, étaient suivis d'un art. 11 ainsi conçu : « Il y a des sociétés particulières qui appartiennent spécialement au commerce, telles que la *société en nom collectif*, celle

---

(1) V. M. Loiseau (*Tr. élém. des fromageries*, p. 43 et suiv.).
(2) V. notamment les arrêts de la Cour de Besançon des 28 déc. 1842 et 23 avril 1845, et de la Cour de Lyon du 22 nov. 1850 (S.-V., 46, 2, 655; 51, 2, 191; Dall., 47, 2, 15; 51, 2, 239).
(3) V. la remarquable thèse de M. Marie-Paul Cavaré sur les associations coopératives (chap. v, § 2, p. 279 et 280).

en *commandite*, et celle appelée *anonyme*. — Ces sociétés sont régies par les lois commerciales. » Mais cet article fut retranché par le conseil d'État, et mission fut donnée à la section de législation de rédiger un article général pour déclarer que les dispositions du titre du Code Napoléon ne dérogent point aux lois et usages du commerce (1). L'article 1873, qui termine le titre des *Sociétés* dans le Code Napoléon, a été rédigé en conséquence. Nous placerons sous cet article, dont l'explication fera l'objet de la troisième partie de notre commentaire, tout ce qui a trait aux sociétés commerciales.

236. Les diverses espèces de sociétés étant maintenant indiquées, il convient d'entrer plus avant dans l'étude d'un contrat dont nous ne connaissons encore que les dehors, et de voir comment et par quelle disposition la société, cette force collective, marche à son but, la réalisation et le partage des bénéfices.

CHAPITRE III.

DES ENGAGEMENTS DES ASSOCIÉS ENTRE EUX ET A L'ÉGARD DES TIERS.

SOMMAIRE.

237. Caractère du contrat de société au point de vue des rapports juridiques qu'il établit. — 238. Division.

I. — 237. Le contrat de société a cela de particulier qu'il établit des rapports juridiques non-seulement entre les personnes qui y participent, mais encore et presque inévitablement entre ces personnes, c'est-à-dire les associés, et les tiers étrangers à la société. Cette particularité a son explication, qui apparaît, pour ainsi dire, d'elle-même. L'effet direct et immédiat de la convention est de réunir en un faisceau des intérêts jusque-là distincts et séparés, de substituer l'action collective et puissante à l'action individuelle, et par cela même infiniment plus bornée. Ainsi, la convention crée à l'instant même des droits et des devoirs réciproques entre ceux dont les intérêts sont désormais confondus. Puis, ainsi constituée, la société se met en mouvement, et, en se développant, elle rencontre nécessairement devant elle les droits et les intérêts des tiers avec qui elle va traiter. De là un ensemble de relations d'un autre ordre, relations qui, étrangères à celles des contractants entre eux, constituent l'un des effets propres du contrat de société.

238. Il y a donc ici deux aspects distincts sous lesquels ce contrat doit être envisagé; et, par suite, en adoptant la distinction établie par le législateur lui-même, nous diviserons ce chapitre en deux sections : dans la première, qui aura pour objet les *engagements des associés entre eux*, nous verrons la société dans son organisation intérieure, c'est-à-dire le contrat avec les droits et les devoirs qui en résultent pour chacun

---

(1) V. Locré (t. XIV, p. 487 et 497); Fenet (t. XIV, p. 360 et 373).

des contractants, comme aussi avec les obligations et les charges incombant à chacun d'eux ; et dans la seconde, qui aura pour objet *les engagements des associés à l'égard des tiers,* la société apparaîtra par son côté extérieur, ou plus particulièrement au point de vue des conséquences résultant de ses agissements.

SECTION PREMIÈRE.

DES ENGAGEMENTS DES ASSOCIÉS ENTRE EUX.

SOMMAIRE.

I. 239. Aperçu général et division.

I. — 239. Selon l'observation de Pothier, les clauses les plus ordinaires des contrats de société concernent : le point de départ et la durée de la société ; l'administration de la société ; la part de chacun des associés dans le gain ou la perte ; la manière de récompenser celui qui, dans une société formée pour être divisée par portions égales, a cependant apporté plus que les autres au fonds commun. Pothier traite de ces différentes clauses dans le chapitre III de son commentaire. Puis, dans deux chapitres ultérieurs, il s'occupe d'abord du droit qu'a chacun des associés dans les choses dépendant de la société, et, à ce propos, de la question de savoir si un associé peut associer un tiers à la société ou seulement à sa part (chap. v) ; ensuite, des obligations respectives des associés, c'est-à-dire : des différentes choses que chacun des associés peut devoir à la société, et dont il est obligé de faire raison a ses associés ; des choses dont un associé peut être créancier de la société, et dont les autres associés sont obligés de lui faire raison, chacun pour la part qu'il a dans la société ; de quelques autres espèces d'obligations naissant du contrat de société ; et de l'action *pro socio* (chap. VII). Nous avons par là indiqué par avance et par aperçu général le sujet même de cette section ; car ces divers points sont ceux précisément auxquels se rapportent les dispositions nombreuses qu'elle contient.

Ainsi, en nous attachant à la série des articles du Code, bien qu'on n'y trouve pas l'ordre et la méthode au même degré que dans le commentaire de Pothier, nous traiterons successivement du point de départ et de la durée de la société (art. 1843, 1844) ; de l'apport dû par chacun des associés (art. 1845, 1846, 1847) ; de quelques cas dans lesquels l'intérêt particulier d'un associé se trouve en conflit avec l'intérêt commun (art. 1848, 1849) ; de la responsabilité qui peut être encourue par un associé envers la société (art. 1850) ; de la répartition des risques en cas de perte d'un apport, eu égard à la nature de cet apport (art. 1851) ; du principe de l'action qu'un associé peut avoir contre la société (art. 1852) ; du règlement des parts dans le gain ou dans la perte (art. 1853, 1854, 1855) ; de l'administration (art. 1856 à 1860) ; enfin, du droit de chaque associé de s'associer une tierce personne, au moins relativement à la part qu'il a dans la société (art. 1861).

Reprenons ; et tout d'abord fixons-nous sur le point de départ et sur la durée de la société.

1843. — La société commence à l'instant même du contrat, s'il ne désigne une autre époque.

1844. — S'il n'y a pas de convention sur la durée de la société, elle est censée contractée pour toute la vie des associés, sous la modification portée en l'art. 1869; ou, s'il s'agit d'une affaire dont la durée soit limitée, pour le temps que doit durer cette affaire.

SOMMAIRE.

I. **240.** Le point de départ et la durée de la société ont dû être fixés par la loi, en prévision du cas où la convention serait muette sur ces points.
II. **241.** Point de départ de la société : conformément au droit commun, la société commence à l'instant même du contrat, — 242. Par le seul accord des volontés, — 243. Sauf la faculté, pour les parties, de désigner une autre époque. — 244. La société peut être formée sous condition : les effets diffèrent suivant que la condition est suspensive ou résolutoire. — 245. Transition.
III. **246.** Durée de la société : dans le silence du contrat, elle varie suivant les circonstances. — 247. S'il s'agit d'une affaire dont la durée est limitée, la société est censée formée pour toute la durée de l'affaire; — 248. S'il s'agit d'une affaire dont la durée n'est pas limitée, la société est censée contractée pour toute la vie des associés, sauf la faculté pour chaque associé de provoquer la dissolution : renvoi. — 249. Mais la dissolution facultative n'a pas lieu dans les sociétés à terme, le terme convenu fût-il de plus de cinq ans : l'art. 815 du Code Napoléon n'est pas applicable en ce cas. — 250. Il en est de même quand la société est contractée en vue d'une affaire dont la durée est limitée.

I. — **240.** En thèse générale, le point de départ et la durée de la société sont l'objet de clauses spéciales. Il est naturel, en effet, que ceux qui s'associent fixent un point de départ à leur association et lui assignent un terme. Cependant la loi a dû prévoir le cas où la convention serait muette à cet égard, et, dans cette prévision, donner la mesure que, par un motif ou par un autre, les parties elles-mêmes se sont dispensées ou ont omis de fixer. C'est l'objet des art. 1843 et 1844.

II. — **241.** Quant au point de départ de la société, l'art. 1843 fait au contrat de société une application pure et simple du droit commun. Il est vrai, en effet, de dire des contrats en général que, dans le silence des parties, les conséquences s'en produisent immédiatement. Donc, déclarer que l'on s'associe sans rien ajouter, c'est déclarer que l'on s'associe pour le moment présent, et qu'il n'y a pas à différer l'exécution de la convention jusqu'à une époque ultérieure, que, d'ailleurs, il serait bien difficile, sinon impossible, de déterminer. Ainsi, et suivant l'expression de l'art. 1843, « la société commence à l'instant même du contrat, s'il ne désigne une autre époque. »

242. Ceci, au surplus, est inhérent au caractère même de la convention. Il s'agit, en définitive, d'un contrat consensuel (*suprà*, n° 7), c'est-à-dire d'une convention qui existe par le seul accord des volontés, et qui par cela même doit donner naissance aux obligations qui en résultent à l'instant même où cet accord se produit. Mais cet accord de volontés est nécessaire, et il n'a de valeur à l'effet de constituer la société qu'autant qu'il se forme sur un objet présentant les conditions essentielles et les éléments constitutifs du contrat. Par exemple, il est convenu entre un chef de maison et un employé que celui-ci restera en sa qualité dans la maison pendant un certain temps, à l'expiration duquel il sera associé : c'est là une simple promesse qui, sous aucun rapport, ne saurait impliquer l'existence d'une société. « Une telle promesse, a dit justement la Cour de Paris, n'a pas même l'apparence d'un contrat de société; elle est destituée de toutes les conditions essentielles à ce contrat; notamment elle ne fixe ni l'apport social des intéressés, ni leur part dans les bénéfices ou pertes, ni la durée de la société; en telle sorte qu'il est manifeste que la société n'a été qu'un projet informe, peut-être conseillée par l'intérêt du moment présent, mais subordonnée certainement à un consentement ultérieur complémentaire et définitif. » (1)

243. L'effet attribué par la loi à la volonté présumée des parties ne peut être modifié que par une manifestation contraire de cette même volonté. C'est ainsi qu'en plaçant à l'instant même du contrat le point de départ de la société, l'art. 1843 réserve le cas où le contrat désignerait une autre époque. D'ailleurs, la désignation d'une autre époque peut être implicite et sans indication précise : tel était le cas dans une espèce déjà citée (suprà, n° 17), où, en présence d'un acte de société dans lequel l'un des associés stipulait pour les autres associés absents, en se portant fort pour eux et en promettant leur ratification, il a été décidé que le contrat ne devient parfait, et que la société ne prend naissance, pour ceux-ci, que par la ratification et au moment où elle intervient (2). La désignation peut être faite en termes explicites et avec indication du point de départ de la société : tel le cas où il serait déclaré par le contrat que les parties forment une société qui commencera soit à une date qu'elles fixent, soit dans un délai déterminé à partir du jour de l'acte. Ulpien, dans la loi 1, ff. Pro soc., disait, en ce sens : « Societas » coiri potest... vel ex tempore... »; et cette modalité du contrat de société fut admise de tout temps dans la jurisprudence romaine.

244. La même loi ajoutait : « vel sub conditione », comme si la faculté de subordonner à l'événement d'une condition le commencement de la société avait été également admise sans difficulté. Toutefois, la controverse et le doute s'étaient produits sur ce point. Justinien l'atteste en ces termes : « De societate apud veteres dubitatum est, si sub » conditione contrahi potest : puta, si ille consul fuerit, societatem esse » contractam. » (L. 6, C. Pro soc.) Quelle put être, pour les anciens, la raison de douter à cet égard? Les textes ne l'expliquent pas, et, dans leur silence, les auteurs, notamment Cujas, Voet et Pothier, ont supposé que l'hésitation pouvait tenir à ce que la réalisation des apports devait se faire au moyen de la mancipation, c'est-à-dire par une opération qui, comprise parmi les actus legitimi, était exclusive de la condition. Mais la supposition n'est guère admissible, d'une part, en ce que les actus legitimi n'étaient pas incompatibles avec une condition tacite (l. 77, De div. reg. jur.); d'une autre part, en ce que, dans le cas d'apport consistant en choses nec mancipi, la tradition comportait une con-

(1) Paris, 24 fév. 1860 (Dall., 60, 1, 84; J. Pal., 1862, p. 59).
(2) Rej., 4 août 1847 (S.-V., 47, 1, 640; Dall., 47, 1, 309; J. Pal., 1847, t. II, p. 567).

dition même expresse. L'hésitation tenait probablement aux incertitudes résultant de la condition, qui, tant que l'événèment restait en suspens, ne permettait pas de dire si l'opération faite par un associé était pour lui-même ou pour la société. Quoi qu'il en soit, Justinien ne signalait l'ancienne controverse sur ce point que pour la trancher. Et en effet, il ajoute, dans le texte même dont nous avons reproduit la première partie : « Sed ne simili modo apud posteritatem, sicut apud » antiquitatem hujusmodi causa ventiletur : sancimus, societatem con- » trahi posse non solum purè, sed etiam sub conditione : voluntates » etenim legitimè contrahentium omnimodo conservandæ sunt. »

Il est certain aussi, dans notre droit, et cela n'y a été jamais mis en doute, que la société peut être contractée sous condition. Seulement, quand la condition est stipulée, il appartient aux magistrats de décider d'après l'intention des parties, d'après la nature même de la stipulation, si la convention est suspensive ou résolutoire. Et l'on comprend tout l'intérêt qui s'attache à la distinction. Supposons une condition suspensive : la société n'a pas, quant à présent, à se mettre en mouvement, car son existence même est suspendue; elle ne prendra même naissance que si l'événement prévu vient à se réaliser; mais alors, par suite de l'effet rétroactif inhérent à la condition suspensive (C. Nap., art. 1179), la société sera censée avoir existé à dater du jour même du contrat. Supposons une condition résolutoire : la convention opère en sens inverse. En effet, les parties sont tenues à une mise en pratique immédiate de l'association, comme si elle était pure et simple; mais la résolution en sera opérée *de plein droit,* et tous les résultats de cette exécution immédiate seront anéantis, si plus tard la condition vient à se réaliser. Bien entendu, nous ne parlons ici que de la condition résolutoire proprement dite, de la condition résolutoire stipulée. Quant à la condition résolutoire tacite, qui dans le contrat de société est, comme dans tous les contrats synallagmatiques, sous-entendue pour le cas où l'une des parties ne satisfait point à son engagement, elle opérera non pas de plein droit, mais seulement en vertu du jugement qui prononcera la résolution (C. Nap., art. 1184).

245. En résumé, donc, on peut dire que la société, contrat consensuel, a son point de départ au jour même de ce contrat, à moins que, par suite d'une stipulation expresse ou tacite, introductive du terme ou de la condition, les parties elles-mêmes n'en aient placé le commencement à une autre époque.

L'instant précis de la naissance de la société étant déterminé, ce serait le cas de suivre la société dans son fonctionnement, et de l'envisager dans sa manière d'être, avant de passer à ce qui touche à la dissolution. Toutefois, le législateur, s'inspirant de la doctrine et des divisions de Pothier, a cru devoir préciser auparavant un autre point qui peut, et qui, en thèse générale, doit même faire l'objet d'une clause du contrat : nous voulons parler de la durée de la société.

III. — 246. A cet égard, les parties ont la même liberté que pour fixer le point de départ. Elles peuvent convenir que la société est établie pour une durée de temps déterminée, cinq, dix, quinze ans ; ou qu'elle durera jusqu'à telle époque précisée par le contrat ; ou qu'elle finira si tel ou tel événement incertain vient à se produire, etc. Lorsque les choses sont ainsi précisées, la convention fait la loi des parties quant à la durée de la société, sauf, bien entendu, l'application des règles propres à la dissolution, dont nous aurons à préciser les causes dans le chapitre suivant. Mais il importait de prévoir le cas où les parties auraient omis de s'expliquer sur la durée de leur association, et de suppléer au silence de la convention sur ce point. L'art. 1844 répond à cette pensée par des présomptions à l'aide desquelles la durée de la société ne restera jamais indécise.

247. En effet, cet article prévoit deux hypothèses qui embrassent tous les cas. Dans l'une, il suppose que l'affaire en vue de laquelle la société a été contractée est elle-même d'une durée limitée. Et il décide que, dans ce cas, à défaut de convention, la société est censée contractée pour tout le temps que doit durer cette affaire. Ainsi, les parties se sont rapprochées en vue de réaliser une entreprise spéciale, d'accomplir une construction, de pourvoir à une fourniture ; elles sont présumées avoir voulu s'associer pour tout le temps qu'elles devront employer à l'exécution de l'œuvre ou de l'affaire en vue de laquelle leur association a été formée.

248. Dans l'autre hypothèse, l'art. 1844 suppose qu'il s'agit pour les associés d'accomplir une série d'opérations qui peuvent se succéder et ne comportent pas de limite précise ; et, dans ce cas, il décide qu'à défaut de convention la société est censée contractée *pour toute la vie des associés.* « Societas coiri potest in perpetuum, id est dùm vivunt… » (L. 1, ff. *Pro soc.*) Seulement, l'article ajoute qu'il n'en est ainsi que sous la modification portée en l'art. 1869 ; c'est-à-dire qu'il laisse à chaque associé la faculté d'exprimer qu'il ne veut plus être en société. C'est que notre Code est, en principe, contraire à tous engagements susceptibles de détruire ou même d'entraver la liberté naturelle. Ainsi, par l'art. 686, en permettant aux propriétaires d'établir des servitudes sur leurs propriétés, ou en faveur de leurs propriétés, il entend que les services établis ne soient imposés ni à la personne, ni en faveur de la personne. Ainsi encore, en traitant du louage d'ouvrage et d'industrie, il entend que nul ne pourra louer ses services qu'à temps (art. 1780), et prohibe par là les engagements perpétuels. De même, ici, fallait-il tempérer, dans l'intérêt de la liberté, les effets de la présomption qui, à défaut de convention, assigne une durée indéfinie à la société contractée en vue d'une affaire non limitée elle-même quant à sa durée. Et c'est ainsi que, par sa référence à l'art. 1869, l'art. 1844 laisse à chacun des associés la faculté de rompre le contrat quand il le veut, et de se dégager ainsi des liens d'une société qui serait un sujet permanent de dissentiments et de discordes si les associés étaient tenus de la maintenir quand même et d'y rester perpétuellement engagés.

249. Nous n'avons pas, quant à présent, à dire comment, sous quelles conditions et en quelle forme l'associé qui veut user de ce droit

peut et doit l'exercer. Tout cela rentre dans le commentaire de l'article 1869, et trouvera naturellement sa place dans le chapitre suivant, relatif aux différentes manières dont finit la société. Mais, sans anticiper sur le commentaire de cet article, nous pouvons ajouter ici que cette dissolution facultative qu'il réglemente ne s'applique pas, ainsi qu'il l'indique lui-même, aux sociétés à terme, c'est-à-dire à celles dont la durée est expressément limitée. Il n'y a pas, en ce cas, un mal irrémédiable, ni même un inconvénient sérieux, à obliger les associés à l'exécution du contrat dans la mesure et dans les conditions de durée qu'ils ont fixées ; il n'y a non plus aucune raison de faire fléchir les règles générales sur la révocation des conventions (C. Nap., art. 1134, § 2) : la seule volonté de l'un des associés resterait donc impuissante à dissoudre le contrat formé par le consentement de tous. Ainsi dispose l'art. 1871, en réservant d'ailleurs, comme nous le verrons dans le commentaire de cet article, les circonstances exceptionnelles qui pourraient créer un juste motif de dissolution.

C'est donc à tort que M. Duranton, appliquant à ce cas la disposition de l'art. 815 au titre des *Successions,* a cru pouvoir dire que le contrat de société formé pour plus de cinq ans n'engagerait les associés que pour les cinq premières années, à l'expiration desquelles chacun d'eux pourrait faire rompre le contrat et se délier en exprimant la volonté de n'être plus en société (1). Il y a là une méprise, une confusion, que les auteurs n'ont pas manqué de relever. Comme l'exprime M. Demante, « la limitation de temps établie pour la convention suspensive du partage ne s'applique pas à l'association qui se serait formée dans un but ou pour un temps déterminés... C'est seulement quand la société est dissoute qu'*on retombe dans le cas d'indivision réglé par l'art.* 815, *dont la disposition deviendrait alors applicable.* » (2) Et en effet, l'erreur de M. Duranton consiste à avoir confondu, dans l'application qu'il fait de l'art. 815, deux situations si complétement différentes qu'elles s'excluent l'une l'autre : l'*indivision,* qui est la situation même en vue de laquelle l'art. 815 a disposé, et la *société,* qui, tant qu'elle est debout, tant qu'elle possède et agit, tant qu'elle existe, en un mot, est exclusive de l'indivision proprement dite. La vérité est que le contrat de société ne peut finir et se dissoudre que suivant les règles propres à la dissolution des sociétés ; que l'art. 815 du Code Napoléon est absolument étranger à ces règles, et que l'y introduire ce serait détruire la distinction si nettement établie par les art. 1869 et 1871, et méconnaître à la fois l'une et l'autre disposition : celle de l'art. 1869, en ce que, dans le cas d'une société à durée illimitée, chaque associé peut se délier quand il veut et sans attendre l'expiration des cinq premières années ; celle de l'article 1871, en ce que, dans le cas d'une société à terme, chaque associé

(1) V. M. Duranton (t. XVII, n° 392).
(2) M. Demante (*Cours analyt.,* t. III, p. 215). *Junge :* MM. Duvergier (*Soc.,* n° 415) ; Troplong (*ibid.,* n° 968) ; Bravard (*Manuel de droit comm.,* 6ᵉ édit., p. 47) ; Massé et Vergé, sur Zachariæ (t. IV, p. 451, note 25) ; Taulier (t. VI, p. 367) ; Talon (*op. cit.,* p. 225).

est tenu de rester dans les liens de la société jusqu'à l'expiration du temps pour lequel la société a été contractée, sauf les justes motifs que les tribunaux trouveraient assez graves pour entraîner une dissolution anticipée. Hors de là, les sociétés dont la durée a été fixée sont obligatoires pour tout le temps convenu; elles ne pourraient finir auparavant que conformément aux règles générales sur l'effet des obligations, c'est-à-dire par le *consentement mutuel* de ceux qui les ont formées.

250. Et ce que nous disons des sociétés dont la durée a été fixée, il faut le dire également de celles dont la durée serait limitée par la nature même de l'affaire ou de l'entreprise qui en ferait l'objet. M. Duranton est néanmoins d'un avis contraire encore sur ce point. Selon cet auteur, il n'y aurait de sociétés illimitées, dans le sens de l'art. 1869, que celles qui ne seraient pas contractées *pour un certain temps* fixé et précisé; en sorte que les sociétés ayant pour objet une entreprise ou une affaire déterminée et d'une durée limitée seraient susceptibles d'être révoquées par la volonté qu'un seul ou plusieurs associés exprimeraient de n'être plus en société (1). L'auteur cite en ce sens le texte d'une loi romaine dont s'autorise Pothier (2); et pour faire, sous notre Code, l'application de cette loi, il se fonde sur le texte même de l'art. 1871, qui signale uniquement les sociétés *à terme* comme celles dont la dissolution ne peut être demandée avant le terme *convenu*. Toutefois, on ne saurait s'arrêter à cette doctrine. Nous reconnaissons bien que la loi 65, § 4, ff. *Pro soc.*, à laquelle M. Duranton fait allusion, prévoit le cas d'une société dont la durée est limitée par l'opération même qui en fait l'objet, et que, dans cette hypothèse, la loi admet que la société peut être rompue par la volonté de l'un des associés de n'être plus en société. « Si » societatem ineamus *ad aliquam rem emendam*... sed si ideo renun- » tiaveris quia emptio tibi displicebat, *non teneberis, quamvis ego* » *emero*... » Mais cette solution n'a pas été consacrée par le Code Napoléon. L'art. 1869 est, en effet, on ne peut plus explicite : il dit expressément que la dissolution de la société par la volonté de l'une des parties *ne s'applique qu'aux sociétés dont la durée est illimitée*. Or, telle n'est pas la société dont l'objet est une affaire, une opération spéciale. Celle-là rentre dans la catégorie des sociétés à terme dont, suivant l'art. 1871, la dissolution ne peut être demandée par l'un des associés avant le terme convenu. C'est là, en effet, quoi qu'en dise M. Duranton, une société *à terme* à laquelle ce dernier article est directement applicable, parce que la fixation d'un terme n'implique pas la nécessité d'une *convention* expresse qui l'établisse; parce qu'il peut être fixé tacitement; et parce que précisément il y a fixation virtuelle d'un terme dans toute société qui a pour objet une affaire dont la durée est limitée, puisque, d'après notre art. 1844, une telle société est censée contractée pour tout le temps que cette affaire doit durer (3).

(1) V. M. Duranton (t. XVII, n° 476).
(2) V. Pothier (*Soc.*, n° 150).
(3) V., en ce sens, MM. Duvergier (*Soc.*, n° 453); Troplong (*ibid.*, n° 970); Aubry

1845. — Chaque associé est débiteur envers la société, de tout ce qu'il a promis d'y apporter.

Lorsque cet apport consiste en un corps certain, et que la société en est évincée, l'associé en est garant envers la société, de la même manière qu'un vendeur l'est envers son acheteur.

SOMMAIRE.

I. 251. La loi laisse toute latitude aux associés en ce qui concerne les choses qui peuvent faire l'objet de leur apport : renvoi. — 252. Il s'agit maintenant de l'obligation pour l'associé d'*effectuer* l'apport : c'est la première obligation de chaque associé *envers les autres*. — 253. L'engagement à cet égard et les obligations qu'il comporte varient suivant les diverses espèces d'apport. — 254. L'art. 1845 a pour objet le cas où l'apport consiste en un corps certain. Distinction entre la promesse de la propriété de cet objet et la promesse de la jouissance.

II. 255. La propriété de certains objets désignés ayant été promise, la promesse doit être remplie par l'associé dans les termes et sous les conditions qui l'accompagnent et la modifient expressément ou implicitement. — 256. Dans les rapports des associés entre eux, la transmission est opérée par le seul consentement des parties. Mais vis-à-vis des tiers intéressés à connaître le déplacement de la propriété, il faut distinguer. — 257. S'il s'agit d'une chose mobilière et corporelle, application des art. 1141 et 2279 du Code Napoléon. — 258. S'il s'agit d'un immeuble, application de la loi du 23 mars 1855 sur la transcription. — 259. S'il s'agit d'un bien incorporel déterminé, par exemple d'une créance, application de l'art. 1690 du Code Napoléon. *Quid* relativement à un brevet? — 260. Résumé.

III. 261. L'obligation de donner prise par l'associé qui a promis un corps certain emporte obligation de livrer la chose et de la conserver jusqu'à la livraison (C. Nap., art. 1136). — 262. La délivrance, quant aux détails, est réglée par les art. 1604 et suivants, sauf les modifications commandées par la nature des choses. — 263. Comment ces règles doivent-elles être appliquées, quant aux fruits, lorsqu'il s'agit d'une chose frugifère? — 264. *Quid* lorsque la réalisation de la mise a été subordonnée à l'événement d'une condition suspensive? — 265. Y a-t-il lieu d'appliquer ces règles quand la mise de l'associé consiste en un immeuble promis, avec indication de la contenance?

IV. 266. L'obligation de livrer emporte obligation de garantir en cas d'éviction; mais cette dernière obligation n'existe qu'autant que l'apport consiste en un corps certain ou déterminé. — 267. Ainsi, l'associé doit défendre la société menacée, par l'effet d'une demande judiciaire, de perdre la chose apportée : sous ce rapport, la situation de l'associé vis-à-vis de ses coassociés est identique à celle du vendeur vis-à-vis de l'acquéreur. Conséquences. — 268. Si l'éviction a lieu, l'associé qui a fait l'apport doit réparation du dommage qu'elle a causé; mais, en ce point, l'obligation de l'associé n'est pas en tout semblable à celle du vendeur. — 269. L'éviction est-elle totale, la société peut opter entre la résolution de la convention ou un dédommagement pécuniaire égal à la valeur de la chose au jour de la formation de la société. — 270. L'éviction est-elle partielle, elle donne lieu, suivant l'importance de la partie dont la société est dépossédée, soit à la résolution, soit à des dommages-intérêts, mais non à la réduction de la part de l'associé dans le fonds commun. — 271. En toute hypothèse, l'associé peut se soustraire à l'action en garantie en offrant une chose entièrement semblable à celle dont la société a été évincée en tout ou en partie; et il en est ainsi même dans le cas où l'apport consistait en immeubles déterminés. — 272. Que si, par suite de l'exercice de l'action en garantie, il y a eu résolution, la convention est résolue *ab initio*. Conséquences. — 273. L'obligation de garantie existe non-seulement dans le cas d'éviction, mais encore à raison des charges réelles dont l'apport serait grevé ou des vices qui l'affecteraient. — 274. *Quid* si l'apport étant d'un brevet d'invention, le brevet était nul ou frappé de déchéance?

V. 275. Transition au cas où c'est la jouissance seulement, et non la pleine propriété, qui a été mise en société. — 276. Les rapports juridiques entre la société et les

---

et Rau (t. III, p. 413 et note 10); Rauter (*op. cit.*, p. 265); Démètre B. Polizu (*op. cit.*, p. 273, n° 160).

associés sont alors déterminés par la volonté des parties : ce sont tantôt ceux de l'usufruitier au propriétaire, tantôt ceux du preneur au bailleur. — 277. De l'hypothèse où c'est un droit d'usufruit que les parties ont voulu constituer : les règles en ce qui concerne l'obligation de livrer et de garantir sont, en général, les mêmes que dans le cas où la propriété a été mise en société : renvoi. — 278. De l'hypothèse où l'apport, d'après la volonté des parties, est une simple jouissance : la société, alors, a non plus un droit réel, mais un droit de créance. — 279. Comment et dans quelles conditions ce droit de jouissance est-il, en ce cas, opposable aux tiers ? — 280. Comment et dans quelle mesure l'associé doit-il à ses coassociés garantie de l'apport ?

VI. 281. C'est par la volonté présumée des parties qu'à défaut d'expression de volonté, doit être résolue la question de savoir si la mise s'étend à l'entière propriété des corps certains ou déterminés, ou si elle est bornée à la jouissance. Renvoi. — 282. Néanmoins, la doctrine a établi certaines règles d'appréciation à cet égard. — 283. Ainsi, la déclaration que telle chose, tel meuble ou tel immeuble est mis en société, implique un apport de la propriété. — 284. *Quid* de la convention par laquelle les parties déclarent *s'associer uniquement pour les profits et pertes*? — 285. Et de celle par laquelle les parties déterminent les parts dans les profits ou dans les pertes? — 286. Suite. — 287. Du cas où l'un des apports consiste en industrie : renvoi.

I. — 251. Nous arrivons aux apports que chaque associé doit faire, et qui dans leur ensemble fournissent à la société l'instrument dont elle se servira pour arriver à sa fin, la réalisation de bénéfices. Nous avons dit déjà quelle latitude la loi laisse aux parties pour le choix de ces apports, qui constituent la *chose* mise en commun dont parle l'art. 1832 en définissant le contrat de société. « Chaque associé, dit l'article suivant, doit y apporter ou de l'argent, ou d'autres biens, ou son industrie. » Et en commentant cet article nous avons montré, par de nombreuses applications, comment il permet de dire, en thèse générale, que tout ce qui est susceptible soit isolément, soit par le concours d'éléments étrangers, de produire des bénéfices, est dans le cas de servir d'apport. Nous n'avons plus à revenir sur ce point, que nous avons suffisamment précisé (V. *supra*, nos 59 et suiv.).

252. Il s'agit maintenant non plus de l'apport en lui-même et de la chose en laquelle il peut consister, mais de l'obligation pour chaque associé d'effectuer sa mise. C'est, on le comprend bien, le premier des engagements que chacune des parties contracte en s'associant. Et même, comme la société n'arrive à sa constitution effective que par l'établissement et la formation du fonds commun, il est vrai de dire que la convention une fois formée, l'obligation de réaliser l'apport en découle tout naturellement pour chaque associé, comme aussi le droit pour ceux à qui l'apport est dû d'en obtenir la réalisation par l'exercice de l'action *pro socio*. On pourrait donc considérer comme surabondante, en quelque sorte, la première disposition de l'art. 1845, par laquelle le législateur déclare que « chaque associé est débiteur envers la société de tout ce qu'il a promis d'y apporter. » Mais les rédacteurs du Code ont cru devoir copier Pothier, qui, en cela, présentait une observation simplement doctrinale, et ne la produisait, d'ailleurs, que comme une vérité évidente par elle-même et découlant de la nature des choses (1).

_____

(1) V. Pothier (*Contr. de soc.*, no 110).

Toutefois, ne nous méprenons pas sur la portée des expressions dont s'est servi le législateur. Troplong s'y est trompé, à notre avis, lorsqu'il a dit : « L'art. 1845 ne pose pas l'associé débiteur en face de ses co-associés pris individuellement. C'est avec la société qu'il le met aux prises ; c'est le corps moral distinct des associés qu'il lui donne pour créancier et pour contradicteur. La personne civile est mise en relief ; elle affecte les individualités dont elle se compose. » (1) Sans reprendre ici la discussion à laquelle nous nous sommes livré pour contester la personnalité juridique des sociétés civiles (V. *suprà*, n° 126), nous ferons remarquer que l'art. 1845 contient une reproduction exacte et toute littérale de la formule de Pothier. Par conséquent, ces expressions, « chaque associé est débiteur *envers la société* », n'ont pas, dans le texte de l'art. 1845, une signification différente de celle qu'elles avaient sous la plume du grand jurisconsulte auquel elles sont empruntées. Or, comme il est indubitable, nous l'avons établi *loc. cit.*, que, pour Pothier, la société civile ne forme pas un corps moral, une personne distincte des membres dont elle est composée, il faut bien reconnaître que le mot *société* n'a été, cette fois comme en mille autres circonstances, employé par lui que pour exprimer dans une forme plus commode de langage les intérêts communs de tous les associés pris collectivement. Dès lors, les rédacteurs du Code, en reproduisant la même expression, n'ont pas entendu dire autre chose. Et nous croyons traduire exactement leur pensée en disant, par un rappel d'ailleurs de la rubrique sous laquelle Pothier a écrit la formule reproduite dans notre article, qu'il s'agit ici d'un engagement pris envers les membres de la société ; en d'autres termes, que c'est à ses coassociés que chacun de ces membres est obligé de faire raison des différentes choses dont l'apport a été promis.

253. L'engagement de l'associé à cet égard et les obligations qu'il comporte varient suivant les diverses espèces d'apport. D'après l'article 1833, § 2, chaque associé, nous l'avons expliqué déjà (*suprà*, n° 60), doit apporter soit son argent, soit d'autres biens, soit son industrie. Ainsi, le législateur a distingué lui-même trois hypothèses qu'il va reprendre l'une après l'autre dans les art. 1845, 1846 et 1847, et que nous reprendrons avec lui pour préciser, dans chacune d'elles, ce que contient l'engagement relatif à l'apport, comment et à quelles conditions cet engagement est rempli. Nous réserverons, toutefois, la question difficile et complexe des risques, dont l'examen et la discussion trouveront plus naturellement leur place dans le commentaire des art. 1851 et 1867.

254. Nous supposons d'abord que l'engagement de l'associé débiteur a pour objet un corps certain et déterminé. C'est l'hypothèse à laquelle s'applique le deuxième paragraphe de l'art. 1845, dont nous avons, quant à présent, à donner l'explication. Ainsi, l'associé a promis de mettre en commun telle maison, tel immeuble, telle créance, tel mobi-

___

(1) V. Troplong (*Des soc.*, n° 526).

lier, tel matériel, etc. En quoi consiste son obligation, et à quelles conditions sera-t-il considéré comme libéré? Une distinction est nécessaire. L'associé peut avoir promis ces objets déterminés ou tous autres en pleine propriété, c'est-à-dire sans retenir pour lui aucun droit exclusif et personnel, et en restreignant désormais son droit à la copropriété indivise appartenant à chaque associé en cette qualité même. Ou bien ces objets ne sont mis ou ne doivent être mis en commun que pour la jouissance; en sorte que, même après l'accomplissement de son obligation, le débiteur conserve pour lui, privativement et en dehors de toute communication sociale, la nue propriété de la chose. Ces deux situations, si différentes en elles-mêmes, doivent être étudiées distinctement.

II. — 255. Celui qui a promis de mettre en commun la pleine propriété de certains objets nommément désignés doit tenir sa promesse dans les termes où elle est faite, et dans les conditions qui l'accompagnent et la modifient soit expressément, soit implicitement. Ainsi, le payement devra être effectué au jour marqué, au lieu convenu. En général, ces points seront fixés par la convention. Mais s'il n'y avait pas de clause spéciale à cet égard, on peut dire que la nature de la chose promise et sa destination suppléeraient, dans la plupart des cas, au silence du contrat. Il y a là un ensemble d'obligations de détail qui varient suivant les circonstances particulières, et que ces circonstances elles-mêmes, appréciées dans un esprit d'équité et avec bonne foi, serviront à faire connaître et à préciser. Le point essentiel consiste à fixer le moment auquel il est permis de dire que l'obligation est remplie.

256. Sans nous arrêter maintenant aux difficultés d'interprétation que soulève l'art. 1867, et que nous aurons à résoudre en leur lieu, nous dirons, en thèse générale, qu'en ce point la matière est régie par le droit commun. Nous sommes en présence d'une obligation de donner; par conséquent, il y a lieu de suivre l'art. 1138 du Code Napoléon, d'après lequel une telle obligation est parfaite par le seul consentement des parties contractantes. Sans doute, l'exécution en pourra être retardée en certaines circonstances, par exemple si l'associé s'est obligé à mettre en commun la chose d'un tiers, ou s'il a été convenu qu'il ne sera fait raison aux associés des choses promises qu'à partir d'une époque déterminée. Alors, en effet, la chose ne sera acquise aux associés, dans le premier cas, que du jour où l'associé qui l'a promise en aura lui-même fait l'acquisition; dans le second, qu'à l'époque convenue et fixée. Mais dans les cas ordinaires, quand l'apport est simplement promis et a pour objet une chose déterminée appartenant à l'associé de qui la promesse émane, la propriété en est immédiatement communiquée aux associés. Au moment même où le contrat est formé, cet associé cesse d'être propriétaire; et s'il participe au droit que tous les associés ont maintenant sur la chose commune, il n'a plus cette appropriation exclusive qu'il avait avant la date du contrat. Désormais, le meuble ou l'immeuble, objet de l'apport, est un bien social retiré, par la seule puissance de la convention, du patrimoine de celui qui a pris

l'engagement de le mettre en commun. Et notons qu'il en serait ainsi, par la fiction de la loi, même dans le cas où une condition suspensive serait apposée soit à la formation de la société, soit à la promesse d'apport, pourvu, d'ailleurs, que la chose promise existât encore au moment où la condition viendrait à se réaliser. Car, par suite de l'effet rétroactif qui s'attache à la condition accomplie, la communication aux associés de la chose promise remonterait à la date même de la formation de la société.

Tel est l'effet de l'obligation de donner dont il s'agit ici. Il en résulte que, par la seule force de la convention, la situation respective des parties est absolument modifiée; le droit collectif, en ce qui concerne la chose déterminée, corporelle ou même incorporelle, qui fait l'objet de l'apport, se substitue immédiatement au droit individuel. Les conséquences que le contrat de société renferme à cet égard sont aussitôt produites; mais, notons-le bien, elles sont produites uniquement dans les rapports des associés entre eux. Quant aux tiers qui peuvent avoir intérêt à connaître ce déplacement partiel de propriété, la convention ne leur est opposable que d'après des règles et sous des conditions qui diffèrent suivant la nature ou l'espèce des choses mises en commun, et que nous devons tout d'abord préciser.

257. En premier lieu, la chose que l'une des parties s'est engagée à conférer à la société est mobilière et corporelle. Dans ce cas, et d'après les observations qui précèdent, la société deviendrait propriétaire par la seule vertu de la convention et indépendamment de toute tradition; mais il faut pour cela qu'elle ne rencontre pas devant elle un droit préférable au sien propre. Or, demeuré en possession, l'associé qui a pris l'engagement envers la société a pu, sinon en droit au moins en fait, disposer au profit d'un tiers de bonne foi de la chose qui, par le seul fait de son engagement, était devenue commune. Et s'il a agi ainsi, s'il a consommé l'acte d'aliénation en faisant tradition réelle et effective de la chose au tiers acquéreur, le droit de celui-ci est protégé contre les réclamations de la société par le principe « qu'en fait de meubles, la possession vaut titre » (C. Nap., art. 2279), et par l'art. 1141, d'après lequel, « si la chose qu'on s'est obligé de donner ou de livrer à deux personnes successivement est purement mobilière, celle des deux qui en a été mise en possession réelle est préférée et en demeure propriétaire, encore que son titre soit postérieur en date, pourvu, toutefois, que sa possession soit de bonne foi. » Le tiers acquéreur reste donc propriétaire. Et la société, privée, par le fait, ou, peut-on dire, par la fraude de l'un de ses membres, de l'apport qui lui était promis, n'a plus, en présence de cette inexécution de la convention, qu'à demander la résolution du contrat avec des dommages-intérêts. Sans doute, la réparation pourra être incomplète en bien des circonstances; mais le droit du tiers acquéreur, droit absolu et inviolable, ne permet pas que le tort fait à la société soit autrement réparé.

258. En second lieu, supposons que l'apport fait à la société par l'un des associés ait pour objet un immeuble déterminé. Ici, l'effet entre les

parties est le même, nous le savons ; et le résultat est atteint à l'instant où le contrat de société est formé. Car l'art. 1138 ne fait aucune distinction ; et notre art. 1845, qui, à certains égards, assimile au vendeur l'associé débiteur de la mise, permet d'invoquer la disposition de l'article 1583, et de dire qu'entre les contractants, l'immeuble promis est déjà apporté de droit, en ce sens que la propriété en est communiquée aux associés, et que tous ont désormais, quant à l'administration et à la jouissance, relativement à cet immeuble, les droits que nous reconnaîtrons plus tard aux associés sur les biens sociaux.

Mais vis-à-vis des tiers il en est autrement : si l'apport de l'immeuble en société leur est opposable, c'est seulement sous certaines conditions que la loi a déterminées. Sous le Code Napoléon, s'il arrivait que cet immeuble ainsi promis à la société eût été néanmoins vendu par le propriétaire ou transmis à un titre quelconque à une tierce personne, le conflit entre la société et le tiers était réglé, en général, non pas eu égard à la tradition réelle, mais par le rapprochement des titres d'acquisition. Celui-là était préféré dont le titre avait le premier acquis date certaine. Aujourd'hui, et par l'effet de la loi du 23 mars 1855, ce système est absolument changé : désormais, c'est à la transcription de l'acte qu'il se faut attacher. Seule la transcription peut, d'une manière définitive, investir l'acquéreur de la propriété *à l'égard des tiers*, qui, jusqu'à l'accomplissement de cette condition de publicité, sont en droit de ne reconnaître l'existence d'aucune transmission, d'aucun démembrement de la propriété immobilière. Ainsi, le tiers acquéreur, le créancier hypothécaire, l'usufruitier, etc., qui tiennent leurs droits de l'associé, même depuis la formation de la société, et les ont conservés en se conformant aux lois (loi du 23 mars 1855, art. 3), l'emporteront sur la société, qui, à défaut de transcription de son titre, sera privée de l'apport ou n'en pourra retenir d'autres avantages que ceux dont le maintien ne gênera en rien l'exercice de ces droits acquis à des tiers et par eux régulièrement conservés. Mais, réciproquement, si l'acte de société constatant cet apport qui opère un déplacement de la propriété a reçu la formalité de la transcription, l'associé débiteur de l'apport est désormais dessaisi, et dès lors les droits qu'il a pu concéder à des tiers, et que ceux-ci n'ont pas eu le soin de conserver, ne sont pas susceptibles d'entraver l'exercice de ceux qui sont définitivement acquis à la société.

Et, dans ce cas, si l'association est de celles qui, comme les sociétés commerciales, constituent une personne morale distincte des membres qui la composent, c'est elle-même, c'est elle seule qui est devenue propriétaire de l'immeuble dont apport lui a été fait. L'associé du patrimoine duquel il est sorti n'a aucun droit, même indivis, sur cet immeuble ; il en est totalement dessaisi, et nul n'a pu utilement recevoir de lui ni une parcelle, ni un démembrement de cette propriété qu'il a complétement abdiquée au profit de la société. Au contraire, s'il s'agit d'une de ces associations qui, comme les sociétés civiles par leur forme aussi bien que par leur objet, constituent, selon nous, une réunion de personnes ou une collection d'intérêts communs, et non une personnalité juridique, la transcription de l'acte constatant l'apport, tout en assurant certainement à la société les droits qu'elle a sur la chose, ne fera pas cependant que l'associé ne reste pas propriétaire par indivis et pour une certaine part de l'immeuble par lui mis en commun. Et comme, à notre avis, il peut, ainsi que nous l'établirons dans le commentaire des art. 1860 et 1861, disposer de cette part et l'aliéner, nous tenons que, sauf règlement suivant les principes du droit commun ou les chances et les éventualités du partage, le tiers acquéreur de la totalité de l'immeuble, s'il est dépouillé par l'effet de la transcription de l'acte de société, pourra cependant prétendre à la fraction dont la libre disposition restait à son vendeur.

259. Enfin, supposons que l'apport fait à la société par l'un des associés ait pour objet un bien incorporel déterminé, par exemple, ce qui sera le cas le plus ordinaire dans les sociétés civiles, une créance de telle somme sur telle personne. Dans ce cas encore, la chose n'est pas transférée, au regard des tiers, par cela seul qu'elle est mise en société. Sans doute, entre les contractants, la convention suffit à elle seule, et par sa vertu propre, à opérer cette mutation de droits. Ainsi, dès que le pacte social est conclu, la propriété de la créance passe à la société à l'égard de l'associé qui en fait apport, de même que, dans le cas de cession, la propriété de la créance cédée passe au cessionnaire, à l'égard du cédant, par le seul effet de la cession. Mais la société n'est pas encore saisie vis-à-vis des tiers qui seraient intéressés à contester la mutation. Et si les choses en restaient là, il est certain que l'apport pourrait être sans valeur pour la société : par exemple, si le débiteur de la créance se libérait entre les mains du créancier; si la créance était frappée de saisies-arrêts; s'il en était fait cession; etc. Que faut-il donc pour que la société soit saisie, pour qu'elle acquière un droit opposable à tous? Il faut que l'associé, remplissant son obligation jusqu'au bout, fasse une sorte de livraison, et, pour ainsi dire, mette ses coassociés en possession. Comment, et par quels moyens? Evidemment, suivant les modes indiqués par l'art. 1690 du Code Napoléon, c'est-à-dire soit une signification de transport faite au débiteur, soit l'acceptation du transport faite par le débiteur dans un acte authentique. Par là seulement l'apport sera consommé et les associés se trouveront investis, à l'égard de tous, de la créance dont jusque-là l'associé créancier restait seul propriétaire vis-à-vis des tiers.

Notons que si l'apport a pour objet un brevet d'invention, il ne pourra être fait que par acte notarié, et il ne sera valable, à l'égard des tiers, qu'après enregistrement de l'acte au secrétariat de la préfecture du département (l. 5 juillet 1844, art. 20).

260. Telles sont les restrictions auxquelles est soumis, en ce qui concerne les tiers, le principe que la propriété de l'apport est communiquée par le seul effet du contrat de société. Ces points précisés, nous revenons aux obligations complémentaires de l'engagement pris par chaque associé de faire son apport.

III. — 261. L'obligation de donner prise par l'associé qui a promis un corps certain emporte obligation de livrer la chose et de la conserver jusqu'à la livraison (C. Nap., art. 1136). Les principes généraux exigent qu'il en soit ainsi; et pour indiquer ce qu'est la délivrance et les actes qui la constituent, on ne saurait mieux faire que se référer aux règles établies à cet égard au titre de la *Vente*, puisque l'art. 1845 lui-même établit une certaine assimilation entre l'associé et le vendeur.

262. D'après cela, l'obligation de livrer est remplie, de la part de l'associé débiteur : — quant aux immeubles, par la remise des clefs s'il s'agit d'un bâtiment, ou par la remise des titres de propriété ; — quant aux effets mobiliers, par la tradition réelle, ou par la remise des clefs des bâtiments qui les contiennent ; — quant aux droits incorporels, par la remise des titres ou par l'usage qu'en fait la société du consentement de celui qui les met en commun. C'est l'application au contrat de société des art. 1604 et suivants du Code Napoléon, dont le commentaire a été donné par Marcadé, et que nous appliquons, d'ailleurs, sauf les modifications commandées par la nature des choses. — De même, en ce qui concerne les dommages-intérêts dus à défaut de délivrance ou en cas de retard, le payement, le lieu où il doit être effectué, etc., nous renvoyons aux art. 1608 et suivants, ainsi qu'aux principes du droit commun consacrés par les dispositions du titre sur les *Obligations*.

Mais il est deux points qui, dans leur application au contrat de société, doivent être l'objet d'un examen spécial. Ils sont relatifs, 1° aux fruits, lorsque l'apport consiste en choses frugifères ; 2° à l'influence que doit exercer un déficit ou un excédant dans la contenance indiquée par l'associé débiteur, lorsqu'il s'agit d'un apport d'immeubles fait avec expression de mesure.

263. Dans le cas de vente, le principe que vis-à-vis du vendeur l'acheteur devient propriétaire du jour même de la vente et avant toute délivrance emporte cette conséquence que l'acheteur a droit, depuis ce jour aussi, aux fruits, naturels ou civils, de la chose vendue. La conséquence est expressément consacrée par l'art. 1614 du Code Napoléon; en sorte que, sans aucun doute possible, tous les fruits sont pour l'acquéreur à partir de la vente, à moins que la convention n'ait dérogé à la règle en fixant expressément ou virtuellement une autre époque pour l'entrée en jouissance, auquel cas les fruits ne sont pour l'acheteur qu'à partir de cette autre époque. Or, en matière de société, nous le savons, le principe est également que la communication des apports a lieu par le seul effet de la convention, indépendamment de toute délivrance ou livraison. La conséquence est donc aussi que les fruits sont tous pour la société à partir du jour même où les apports lui sont communiqués; en sorte que, fût-il en réalité resté en possession, l'associé débiteur devrait faire raison de tous les fruits à ses coassociés. C'était la doctrine du droit romain, d'après ce texte de Paul : « Sed in societatibus fructus communicandi sunt. » (L. 38, § 9, ff. *De usur. et fruct.*) Et elle est enseignée par Pothier en ces termes : « Lorsque les choses qu'un associé a promis d'apporter à la société sont des choses frugifères, il est débiteur à la société non-seulement de ces choses, mais de tous les fruits qu'il en a

perçus depuis qu'elles eussent dû être apportées à la société. » (1)

Pothier ajoute : « Tant que l'associé n'a pas été mis en demeure d'apporter à la société ces choses qu'il a promis d'y apporter, il n'est tenu de faire raison à la société que des fruits de ces choses qu'il a perçus. Mais depuis qu'il a été mis en demeure de les y apporter, il est tenu même de ceux qu'il n'a pas perçus et que la société eût pu percevoir; car c'est un effet de la demeure d'obliger le débiteur à indemniser son créancier de tout ce que le créancier a souffert de la demeure. » Et cette opinion a été reproduite par nombre d'auteurs sous le Code Napoléon (2). Nous croyons cependant qu'elle ne répond pas exactement à la pensée du législateur moderne. Selon nous, dans le système du Code, l'associé qui, au terme légal ou au terme convenu, ne satisfait pas à l'obligation de livrer la chose frugifère dont il a promis l'apport est, par cela même et de plein droit, conséquemment sans interpellation ni demande, constitué en demeure. L'art. 1846, dont le commentaire va suivre, pose nettement le principe de la demeure par la seule arrivée du terme; et bien que cet article ne s'explique que relativement à l'apport d'une somme d'argent, comme en définitive la raison de décider est la même en toute hypothèse, il est vrai de dire que, pour toute espèce d'apport, la demeure de l'associé résulte de la seule arrivée du terme (3). Par suite, l'effet que Pothier assigne à la mise en demeure, il faut l'assigner au simple retard, puisque l'arrivée du terme constitue une demeure qu'on peut appeler légale. Et dès lors l'associé, devenu de plein droit et sans demande débiteur des fruits de la chose promise à compter du jour où elle devait être apportée, doit faire raison de tous ceux que la société aurait pu percevoir si elle avait été mise en possession (4).

264. Nous avons supposé, dans ce qui précède, que la dette de l'associé concernant son apport était pure et simple. Supposons maintenant que la réalisation de la mise a été subordonnée par la convention à l'événement d'une condition suspensive. La condition venant à s'accomplir, que faut-il décider par rapport aux fruits perçus par le débiteur de l'apport *medio tempore* ou *pendente conditione?* La rétroactivité de la condition accomplie a pour effet, à notre avis, d'obliger le débiteur à tenir compte de ces fruits à la société. Plusieurs auteurs estiment, il est vrai, que la rétroactivité de la condition accomplie n'est qu'une fiction qui, si elle produit certains effets juridiques, ne peut cependant détruire la réalité du fait lui-même; en d'autres termes, qu'elle opère sur les *droits,* mais non sur les *faits; in jure,* non *in facto.* Et ils en concluent, en thèse générale, que le fait de la jouissance passée ne pouvant

---

(1) Pothier (*Contr. de soc.*, nᵒ 115).
(2) V. MM. Duvergier (*Soc.*, nᵒ 152); Troplong (*ibid.*, nᵒ 531); Massé et Vergé, sur Zachariæ (t. IV, p. 432, note 5); Dalloz (*Rép.*, vᵒ Société, nᵒ 332); Talon (*op. cit.*, p. 122).
(3) V. MM. Delvincourt (t. III, p. 125, note 2); Malepeyre et Jourdain (p. 45); Taulier (t. VI, p. 368); Aubry et Rau (3ᵉ édit., t. III, p. 401); Rauter (*op. cit.*, p. 208 et 209); Cavaré (*op. cit.*, p. 196); Démètre B. Polizu (*op. cit.*, p. 217 et 218).
(4) V., en ce sens, MM. Duranton (t. VII, nᵒ 399); Delangle (*Soc. comm.*, nᵒ 77).

pas être supprimé, la rétroactivité reste sans effet, par rapport aux fruits perçus par le débiteur sous condition suspensive, dans l'intervalle entre le contrat et la réalisation de la condition. D'où, par applications spéciales, cette conséquence que, soit le vendeur en cas de vente conditionnelle, soit l'associé débiteur sous condition suspensive de choses frugifères, ont droit, lorsque la condition vient à s'accomplir, de conserver les fruits qu'ils ont perçus jusqu'à l'événement de la condition (1). Mais cette doctrine, déjà réfutée par Marcadé, nous semble, comme à lui, absolument inadmissible, en ce qu'elle est tout simplement la négation de l'effet rétroactif expressément attaché par la loi à l'accomplissement de la condition suspensive. Nous admettons qu'il appartient aux parties de déroger par la convention à la règle établie par la loi sur ce point, et nous reconnaissons qu'alors même qu'elles ne se sont pas formellement expliquées, il y a lieu de tenir la dérogation pour certaine s'il résulte des clauses du contrat qu'il a été dans l'intention des contractants de dispenser le débiteur de tenir compte des fruits par lui perçus *pendente conditione*. Mais quand il n'y a rien de convenu à cet égard, ni explicitement, ni implicitement, l'accomplissement de la condition, qui a pour effet de constituer le créancier propriétaire rétroactivement à partir du jour du contrat, ne peut pas ne pas avoir pour effet de lui attribuer la propriété des fruits qui ont été perçus depuis ce même jour. Et il importe peu que la perception ait été faite par le débiteur. Sans doute, c'est là un fait matériel qu'il n'est pas au pouvoir du législateur d'effacer. Toutefois, si la loi ne peut pas agir sur le fait même, sur le fait consommé, et le détruire, elle a du moins toute action sur les conséquences légales que ce fait était appelé à produire; elle peut certainement les supprimer, en sorte que, comme le dit Marcadé, si l'accomplissement de la condition ne peut pas enlever le fait matériel de la perception accomplie par le débiteur, elle enlève très-bien le droit de propriété que ce fait devait lui donner sur les fruits perçus (2). En définitive, le débiteur, sous condition suspensive, d'une chose frugifère, est censé, lorsque la condition vient à s'accomplir, n'avoir jamais eu aucun droit sur cette chose; il ne lui a donc pas été possible de faire siens les fruits qu'il a perçus. Et par ce motif, si c'est envers des coassociés qu'il est débiteur, il doit leur tenir compte de ces fruits qu'il a perçus pour eux, puisque, par l'effet de la condition accomplie, l'obligation prise envers eux est réputée avoir été pure et simple dès le principe, et que, par la fiction de la loi, la propriété est présumée leur avoir été immédiatement communiquée.

265. Le second point que nous avons à examiner est relatif au cas où l'associé débiteur d'une mise consistant en immeubles aurait exprimé

(1) V. MM. Toullier (t. VI, nos 541, 545 et 548); Duranton (t. XI, nº 82); Mourlon (*Rép. écrit.*, t. II, p. 534); Demolombe (*Oblig.*, t. II, nos 400 et 401); Duvergier (*Vente*, t. II, nº 274 *in fine*, note 2; *Soc.*, nº 151); Troplong (*De la vente*, nº 322); Massé et Vergé, sur Zachariæ (t. III, p. 380, note 9).
(2) V. Marcadé (sur l'art. 1179, t. IV, nº 559, et t. VI, sur l'art. 1614, nº II). *Junge*: MM. Aubry et Rau (3e édit., t. III, p. 52, 53, et note 37); Zachariæ (édit. Massé et Vergé, *loc. cit.*); Larombière (*Oblig.*, t. II, sur l'art. 1181, nº 14).

leur contenance. La question est de savoir s'il y aurait lieu de suivre alors la règle édictée, au titre de la *Vente*, par l'art. 1619, aux termes duquel l'expression de la mesure ne donne lieu à aucun supplément de prix pour l'excédant de mesure, ni à aucune diminution du prix pour moindre mesure, qu'autant que la différence de la mesure réelle à celle qu'exprime le contrat est d'un vingtième en plus ou en moins, eu égard à la valeur de la totalité des objets vendus, s'il n'y a stipulation contraire.

On a dit que la question a été récemment résolue dans le sens de l'affirmative par la Cour de cassation. Il est plus exact de dire que la question s'est posée devant la Cour, mais que la Cour ne l'a pas résolue. Il s'agissait, dans l'espèce, d'une société formée pour l'exploitation d'un établissement destiné à la construction des machines. L'un des associés avait apporté des terrains, bâtiments et ateliers, annoncés comme ayant une contenance de 16 000 mètres, le tout estimé 3 400 000 francs, et avait reçu, en représentation de cet apport, 13 600 actions libérées de la société. Plus tard, la société ayant été mise en liquidation, les liquidateurs formèrent contre cet associé une demande en payement de 40 380 francs pour déficit de 673 mètres qui, selon eux, existait dans la contenance du terrain apporté à la société. La demande fut rejetée par le motif que, le déficit étant de moins de 800 mètres, par conséquent au-dessous du vingtième, les demandeurs étaient non recevables d'après la disposition formelle de l'art. 1619 du Code Napoléon. Les liquidateurs ont alors soutenu devant la Cour de cassation qu'il y avait là une fausse application de ce dernier article, en même temps qu'une violation de l'art. 1845. Cet article, disaient-ils, déclare formellement que chaque associé est débiteur envers la société *de tout ce qu'il a promis de lui apporter*. Or, cela est exclusif de l'art. 1619, qui, en effet, ne saurait recevoir son application à un contrat qui a pour base le principe de l'égalité entre associés, dans lequel l'attribution des bénéfices est proportionnelle à l'importance de la mise, et où l'associé ne saurait toucher un bénéfice non corrélatif à un apport correspondant, sans tirer de l'ignorance où il a tenu ses coassociés un avantage non-seulement illégitime, mais contraire à l'essence même du contrat qui les unit. Ainsi, la question était nettement posée. Cependant, nous le répétons, elle n'a pas été résolue. Et en effet, si la Cour a rejeté le pourvoi, ce n'est pas parce que, contrairement à la prétention des demandeurs, elle a considéré que la disposition de l'art. 1619 serait applicable en matière de société; c'est parce que, acceptant, comme elle ne pouvait se dispenser de le faire, l'hypothèse dans laquelle les juges du fait s'étaient placés par appréciation des circonstances, elle a reconnu que, dans l'espèce, il y avait eu non pas apport, mais en réalité *vente* des terrains à la société (1). En cet état, il est clair qu'en l'absence de stipulation dérogatoire, l'art. 1619 ne pouvait pas ne pas être appliqué,

_____

(1) Rej., 14 janv. 1862 (S.-V., 62, 1, 533; Dall., 62, 1, 91; *J. Pal.*, 1862, p. 907).

puisque la convention reconnue et déclarée était celle-là même en vue de laquelle cet article a statué.

Est-ce à dire que la solution aurait pu être différente si les circonstances et les termes de la convention avaient amené les juges du fond à reconnaître qu'il y avait là non point une vente, mais un apport en société? Nous ne le croyons pas. La disposition de cet article doit, selon nous, être étendue au contrat de société par analogie. Ce n'est pas l'avis de M. Duvergier. L'éminent auteur estime que l'art. 1619 contient une disposition spéciale au contrat de vente; que lorsque le législateur a voulu l'étendre à un autre contrat, il s'en est expliqué formellement, comme on le voit par l'art. 1765, au titre du *Louage;* et qu'à défaut d'un texte qui l'étende à la société, elle n'est pas applicable à ce contrat. En conséquence, il décide que lorsqu'il y a excédant ou déficit dans les immeubles mis en société avec expression de mesure, les tribunaux doivent apprécier si la différence est assez considérable pour entraîner résolution du contrat, ou s'il suffit d'accorder une indemnité soit à la société pour la couvrir de ce qu'elle aurait reçu en moins, soit à l'associé qui a fait l'apport pour le payer de ce qu'il aurait livré en plus (1).

Mais cette opinion est restée isolée : tous les auteurs ont reconnu que les motifs invoqués à l'appui ne sauraient écarter un texte dont une raison puissante d'analogie justifie l'application (2). Quel a été le but de la loi en édictant la règle de l'art. 1619? Elle a voulu faire la part des incertitudes que comporte habituellement l'expression de mesure relativement aux immeubles, et par là prévenir les inconvénients, les contestations sans nombre qui ne manqueraient pas de résulter de la faculté laissée aux parties de pousser jusqu'à sa limite extrême la revendication de leurs droits respectifs. Pourquoi donc n'userait-on pas, dans le contrat de société, de la mesure préventive à laquelle il s'est arrêté pour le contrat de vente? Est-ce que ces inconvénients, ces contestations ne s'y produiraient pas inévitablement si, par cela seul que des immeubles auraient été mis en commun avec indication de contenance, les parties étaient respectivement en droit de s'en tenir à une exactitude mathématique, d'exiger la contenance indiquée, sans plus ni moins dans une proportion quelconque? Sans doute, il n'y a pas, comme pour le contrat de louage, un texte précis et formel qui reproduise l'art. 1619 dans le contrat de société. Mais s'il n'y a pas une disposition explicite, n'y a-t-il pas au moins quelque chose d'équivalent dans l'assimilation établie par l'art. 1845, entre la société et la vente, au point de vue de la garantie en cas d'éviction? Cette assimilation a sa raison d'être, comme l'indique Pothier, dans l'identité de caractère des deux contrats, qui, l'un et l'autre, sont commutatifs (3). Elle doit, par la même

---

(1) V. M. Duvergier (*Soc.*, n° 156).
(2) V. MM. Duranton (t. XVII, n° 293); Troplong (n° 534); Taulier (t. VI, p. 369); Massé et Vergé, sur Zachariæ (t. IV, p. 431, note 2); Dalloz (*Rép.*, v° Société, n° 340); Delangle (n° 88 et suiv.); Alauzet (t. I, n° 170 *in fine*); Démètre B. Polizu (n° 83 et 84); Rauter (p. 242).
(3) Pothier (*Soc.*, n° 113).

raison, être étendue au cas voisin de la responsabilité à raison de la contenance, lequel se résume, à vrai dire, dans une sorte de garantie. Et de même qu'on en conclut que la garantie due en cas d'éviction de la chose vendue est due aussi en cas d'éviction de la chose mise en commun, de même il en faut conclure que s'il y a différence entre la contenance promise et la contenance livrée, cette différence ou cette erreur ne sera matière à réclamation dans le cas d'apport en société qu'autant qu'elle serait matière à réclamation dans le cas de vente.

Cela posé, nous concluons que si l'apport d'immeubles en société présente un déficit de contenance de moins d'un vingtième, l'associé qui a fait l'apport n'en est nullement responsable ; et réciproquement, que si l'apport présente un excédant de moins d'un vingtième, la société ne doit aucune indemnité. Mais si la différence en plus ou en moins excède cette mesure, il en est autrement. Y a-t-il déficit de plus d'un vingtième, on recherchera si l'immeuble est par là rendu impropre à sa destination dans la société, auquel cas il y aura lieu à la résolution du contrat ; ou si, quoique d'une contenance moindre que la contenance indiquée, l'immeuble peut néanmoins remplir la destination que les associés avaient en vue, auquel cas l'associé débiteur de l'apport devra seulement des dommages-intérêts à la société. Y a-t-il excédant de contenance de plus d'un vingtième, les associés devront une indemnité, sauf, pour eux, le droit que consacre l'art. 1620 de se désister du contrat et de s'affranchir ainsi de l'obligation de payer l'indemnité.

IV. — 266. L'obligation de livrer l'apport a pour sanction l'obligation de garantir à la société la possession paisible et utile de la chose mise en commun. L'art. 1845, empruntant sa doctrine et même son expression à Pothier, dit en ce sens : « Lorsque l'apport consiste en un corps certain, et que la société en est évincée, l'associé en est garant envers la société de la même manière qu'un vendeur l'est envers son acheteur. » Ainsi, l'article se réfère aux principes posés par le législateur dans le titre de la *Vente*. Mais avant d'en venir aux applications, notons qu'il ne saurait être question de garantie en cas d'éviction qu'autant que l'apport consiste en un corps certain et déterminé. Si l'associé a promis de conférer une masse de biens, par exemple, dans certaines sociétés universelles, tous ses biens présents, l'éviction que souffrirait la société de l'un de ces biens ne donnerait lieu à aucune garantie de la part de l'associé, parce que, selon l'expression de Pothier, c'est l'universalité de certains biens, et non aucun héritage déterminé, que l'associé s'est obligé d'apporter à la société (1). Cette solution, qui d'ailleurs s'induit par argument *à contrario* du texte même de l'art. 1845, peut être confirmée par le rapprochement de l'art. 1696, d'après lequel celui qui vend un héritage sans en spécifier en détail les objets n'est tenu de garantir que sa qualité d'héritier.

L'obligation de garantie en cas d'éviction étant ainsi limitée, voyons

(1) Pothier (*Soc.*, n° 114).

comment les dispositions écrites au titre de la *Vente* peuvent et doivent recevoir leur application au contrat de société.

267. L'associé doit garantir à la société la possession paisible de la chose par lui apportée : c'est le premier objet de la garantie (C. Nap., art. 1625). Donc, si la société était menacée de perdre cette chose par l'effet d'une demande judiciaire, l'associé devrait la défendre, de même que le vendeur, en présence d'un danger semblable, est tenu de défendre l'acheteur. Il peut donc être appelé au procès et y prendre en main la résistance qu'il convient d'opposer à la réclamation dont la chose mise en commun est l'objet. Cet appel en cause est une mesure que la prudence commande; car il est de toute évidence que la responsabilité de l'associé, pas plus que celle du vendeur, ne serait engagée si, l'éviction étant définitivement prononcée, cet associé, qu'on aurait laissé en dehors du débat, parvenait à établir que, lui présent, l'éviction n'aurait pas eu lieu, en ce qu'il existait des moyens suffisants pour faire rejeter la demande (C. Nap., art. 1640). Jusqu'ici, il y a identité parfaite de situation entre l'associé et le vendeur.

268. Mais supposons que, l'associé ayant été appelé au procès, sa défense n'ait pas pu prévenir la dépossession de la société. Le dommage est désormais certain; il existe, et il faut le réparer. Quel sera le mode de réparation? A cet égard, il y a, entre l'associé et le vendeur qui se trouverait dans le même cas vis-à-vis de l'acheteur, quelques différences dérivant de la nature même des choses.

269. L'éviction est-elle totale, la société ou les associés auront à opter entre la résolution de la convention et l'action en dommages-intérêts. Ce sera sans doute, alors, d'après les art. 1630 et suivants que les magistrats devront statuer. Mais, évidemment, il ne saurait être question de la restitution du prix dont parle l'art. 1630, puisqu'il n'y a pas de prix payé. La valeur de la chose au jour de la formation de la société (art. 1631) sera prise pour base quant à ce chef de l'action.

270. L'éviction est-elle partielle, il y aura lieu de rechercher et d'apprécier, en suivant la pensée de l'art. 1636, si la portion enlevée par l'effet de l'éviction est assez considérable pour qu'à son défaut les associés n'eussent pas accepté comme mise sociale la chose ainsi réduite. Et suivant le résultat de cette appréciation, les associés auront à exercer soit une action en garantie, c'est-à-dire en dommages-intérêts, soit l'action en résolution du contrat de société. Dans la première hypothèse, nous entendons l'action en garantie dans le sens d'action en dommages-intérêts. C'est qu'en effet, ce sont des dommages-intérêts seulement qui doivent être prononcés dans cette hypothèse. Les tribunaux ne pourraient pas, en s'autorisant par analogie de l'art. 1637 du Code Napoléon, imposer à l'associé débiteur, alors que la société reste debout nonobstant l'éviction partielle de l'immeuble par lui apporté, une restriction de son droit de copropriété dans le fonds commun ou une réduction des bénéfices qui lui ont été assignés par le pacte social. En effet, la part de l'associé n'est pas toujours et nécessairement pro-

portionnelle à la valeur de l'apport. Et d'ailleurs, en tout état de cause, il y aurait, en pratique, pour déterminer la diminution de la part de l'associé proportionnellement à la portion de l'apport dont la société est privée, une difficulté qu'on n'éprouve pas à beaucoup près au même degré pour la fixation d'un chiffre de dommages-intérêts.

271. D'ailleurs, l'associé dont la chose mise en commun est enlevée à ses coassociés par l'effet d'une éviction soit totale, soit partielle, peut se soustraire à l'action en garantie en offrant une chose exactement semblable à celle dont la société a été évincée. C'est une faculté qui lui est généralement accordée. Et en effet, la nature particulière des rapports des associés, le caractère des obligations qui les lient mutuellement, et à l'exécution desquelles la bonne foi doit surtout présider, commandent ce tempérament raisonnable ; et il y a lieu de l'accepter, bien qu'on ne trouve rien de semblable ni d'analogue dans les décisions relatives au contrat de vente. Mais notons que l'exercice de cette faculté doit être subordonné à la condition expresse que l'associé offre une chose exactement semblable à celle que la société a perdue, de manière à enlever aux associés tout motif ou tout prétexte de refuser la chose offerte en remplacement.

Et si cette condition était observée, nous n'admettrions pas la distinction proposée par quelques auteurs entre le cas où l'apport consiste en objets mobiliers destinés à être vendus, et celui où l'apport a pour objet des immeubles déterminés (1). Certes, la substitution de choses exactement semblables sera plus facile dans le premier cas. Mais on ne peut pas dire que, dans le second, il soit impossible absolument de trouver des équivalents. En cas de contestation, les tribunaux seraient appelés à statuer. Ils rechercheraient quelle était l'utilité que les immeubles objet de l'éviction étaient destinés à procurer à la société ; et si les immeubles offerts en leur lieu et place pouvaient répondre aux mêmes nécessités et les satisfaire complétement, ils admettraient l'associé débiteur de l'apport à faire la substitution.

272. En cas d'éviction totale ou même partielle de la chose mise en commun, il peut arriver, comme on vient de le voir, que la convention de société soit résolue. Quels seront les effets de la résolution ? En principe, les parties sont mises au même et semblable état que s'il n'y avait pas eu de contrat. Ainsi, la convention est considérée comme non avenue ; la société, en un mot, est censée n'avoir jamais existé ; car la résolution opère rétroactivement et ne laisse rien subsister des clauses du contrat.

Cependant, cette déduction juridique pourra quelquefois paraître contraire aux règles de l'équité. Ainsi, après un long espace de temps, cinq, dix ans, la chose est enlevée à la société, qui en a joui paisiblement depuis la formation du contrat, qui peut-être doit à la possession qu'elle a eue de cette chose d'avoir recueilli des bénéfices considérables. L'associé, après l'éviction, sera-t-il privé de tout droit dans ces

_____

(1) V. notamment MM. Dalloz (*Rép.*, v° Société, n° 347).

profits, et n'obtiendra-t-il rien en retour des avantages que sa chose a procurés à la société? Il y a entre les auteurs dissentiment sur ce point. Selon M. Duvergier, la résolution, en ce cas, produirait ses effets non *ab initio*, mais seulement au jour même de l'éviction; en conséquence, l'associé conserverait ses droits dans la société pour le passé, et la société ne serait résolue que pour l'avenir, sans préjudice des dommages-intérêts qui pourraient être prononcés selon les circonstances (1). D'après Troplong, il n'y aurait pas à distinguer : la résolution, en vertu des règles qui lui sont propres, remonterait rétroactivement au jour de la formation du contrat. Tout ce que l'auteur accorde, c'est que, si l'associé dont la mise est enlevée à la société a donné sa collaboration, il devra lui en être tenu compte dans le calcul des dommages-intérêts; car nul ne doit s'enrichir au préjudice d'autrui (2). Quant à nous, nous tenons que, pour rester dans la vérité des principes, il faut bien laisser à la résolution son caractère rétroactif et la considérer comme opérant *ab initio*. Par suite, il n'y aura pas à faire l'application, pour le passé, des clauses du contrat dont la résolution aura été prononcée. Mais, au point de vue des dommages-intérêts, s'il arrivait que la société eût à réclamer, nous irions plus loin que Troplong; et, pour concilier la loi avec la justice, nous tiendrions compte à l'associé qui a fait l'apport non-seulement de sa collaboration, de son travail, mais encore de la jouissance que les associés ont eue en commun jusqu'à l'éviction, des avantages qu'ils ont retirés de la chose pendant l'existence effective de la société; et nous réglerions les dommages-intérêts en conséquence.

273. L'obligation de garantir existe non-seulement dans le cas d'éviction que l'art. 1845 mentionne spécialement, mais encore à raison des charges réelles dont l'apport serait grevé et des vices qui l'affecteraient. En effet, l'associé est garant envers la société de la même manière qu'un vendeur l'est envers son acheteur. Or, en matière de vente, la garantie que le vendeur doit à l'acheteur a deux objets : la possession paisible de la chose vendue, les défauts cachés de cette chose ou les vices rédhibitoires (C. Nap., art. 1625). Il en doit être de même en matière de société.

Ainsi, l'associé doit garantir à la société la possession libre et paisible de la chose apportée. Si donc il avait apporté un immeuble qui se trouverait grevé de charges réelles, par exemple d'une servitude dont il n'aurait pas été fait déclaration, il y aurait lieu d'appliquer, par analogie, la disposition de l'art. 1638. Ce serait là une diminution de jouissance, une gêne qui constituerait pour la société une éviction partielle de la chose. La société aurait dès lors, en toute occurrence, une action en réparation du dommage à elle causé. Et la charge étant de telle importance qu'il y eût lieu de présumer que la société n'aurait pas été formée si la charge avait été révélée, les associés auraient le droit, conformément à l'art. 1638 précité, soit de demander la résiliation du

_____

(1) M. Duvergier (*Soc.*, nᵒˢ 160 et 161).
(2) Troplong (*Soc.*, nᵒ 537).

contrat, soit, s'ils aimaient mieux maintenir le contrat, de se faire allouer une indemnité. — La décision serait la même s'il s'agissait non plus d'une servitude passive, mais d'une servitude active qui aurait été promise à la société, et que la société ne pourrait pas exercer. Il y aurait également, en ce cas, une sorte d'éviction, une éviction partielle qui rendrait l'art. 1638 applicable, bien qu'à la vérité le texte de cet article ne se réfère spécialement et expressément qu'aux servitudes passives.

Ainsi encore, l'associé doit garantir la société des défauts dont son apport serait affecté. Si donc il existe dans la chose par lui mise en commun des défauts cachés qui la rendent impropre à l'usage auquel elle était destinée, ou qui diminuent considérablement cet usage, la société a incontestablement l'action en résolution du contrat, laquelle correspond à l'action *rédhibitoire* dans le cas de vente (C. Nap., articles 1641 et suiv.). Toutefois, en ce dernier cas, la loi laisse à l'acheteur la faculté de demander, s'il l'aime mieux, une simple diminution de prix (art. 1644), ce qu'il obtiendra par l'exercice de l'action estimatoire ou *quanti minoris*. Mais, par le motif déjà indiqué (*supra*, n° 270), nous ne pensons pas qu'il y ait un droit correspondant à celui-là au profit des associés dans le contrat de société. Ainsi, les associés qui souffrent des vices ou des défauts de la chose ne pourraient pas demander la diminution du droit de celui qui en a fait l'apport, soit dans le fonds commun, soit dans le partage des bénéfices. Ils pourront seulement le faire condamner à des dommages-intérêts, s'ils aiment mieux garder en commun la chose avec ses défauts que provoquer la résolution du contrat (1).

274. Il est bien entendu, d'ailleurs, que, soit qu'il s'agisse des charges réelles dont l'apport serait grevé, soit qu'il s'agisse des vices ou des défauts qui affecteraient cet apport, l'associé ne doit la garantie qu'autant que ces charges ou ces défauts n'auraient pas été apparents quand l'apport a été effectué. Par exemple, un associé met en commun un immeuble grevé d'une servitude apparente, ses coassociés ne seront pas admis à dire après coup qu'ils avaient droit à un immeuble libre de charges; car la servitude étant visible, ils n'auraient à s'en prendre qu'à eux-mêmes d'avoir accepté, sans examen suffisant, l'immeuble mis en commun. Et en effet, l'art. 1638, qui pose la règle de la garantie, ne parle que des servitudes *non apparentes*. Par exemple encore, un associé met en commun des objets, mobiliers ou immobiliers, dont l'état défectueux est assez apparent pour que les associés aient pu s'en apercevoir; la garantie, quoi qu'il arrive, n'est pas due à la société. La chose vînt-elle à périr par suite de son vice, la société n'aurait pas à réclamer : l'associé de qui l'apport émane invoquerait utilement, par analogie, la disposition de l'art. 1642, aux termes duquel le vendeur n'est pas tenu des vices apparents et dont l'acheteur a pu se convaincre lui-même.

On est allé jusqu'à dire que dans le cas où l'apport de l'un des asso-

---

(1) V. MM. Duvergier (*Soc.*, n° 166); Rauter (*op. cit.*, p. 214).

ciés consiste en un brevet d'invention, l'associé qui l'apporte n'est pas garant de la bonté du procédé ou des avantages que la société se promettait d'en tirer, et qu'il ne doit pas même garantie de la réalité de la découverte, ni du droit exclusif que le brevet confère à la société de telle industrie pendant le temps qu'il détermine. C'est aux associés, disent MM. Malepeyre et Jourdain, à examiner le mérite de la découverte, et à s'assurer si elle introduit réellement un procédé nouveau dans les arts (1). Mais peut-être la solution est-elle trop générale. Sans doute s'il s'agissait d'un brevet pris en vue de procédés déjà essayés, notoirement connus, et dont les associés devaient ou pouvaient aisément savoir qu'ils étaient tombés dans le domaine public, nous admettrions volontiers l'application de la règle posée dans l'art. 1642, et nous dirions que, jusqu'à un certain point, il y a là des vices apparents, des vices dont les associés ont pu se convaincre eux-mêmes, et par suite que l'associé qui a fait l'apport n'en est pas tenu. Mais si la nullité ou la déchéance provenait de ce que le procédé breveté se trouve déjà décrit dans des livres plus ou moins connus, dans des journaux plus ou moins péniblement colligés, il nous semble qu'il en devrait être autrement (2). On pourrait dire, en ce cas, que la chose mise en commun était affectée d'un vice en quelque sorte caché, et par suite que l'associé en est tenu, quand même il n'en aurait pas eu connaissance, à moins que, dans ce cas, il n'ait stipulé qu'il ne sera obligé à aucune garantie. — C'est donc là une question de fait à résoudre d'après les circonstances.

Au surplus, la question s'est posée devant la Cour de cassation, non pas, à la vérité, à propos d'un brevet même, mais à l'occasion du simple *usage* d'un brevet dont l'un des associés était en possession. La Cour a décidé que celui qui a apporté dans une société, en même temps que son industrie, le simple usage d'un brevet qui, de fait, a été exploité par ses soins, avec bénéfices dans l'intérêt de tous, est en droit d'exiger, lors de la dissolution de la société, que sa situation d'associé soit réglée conformément aux stipulations du pacte social, sans que, pour l'écarter comme n'ayant pas versé une mise sérieuse, ses coassociés soient admis à prétendre que le brevet était nul ou frappé de déchéance (3). Mais il résulte des termes de l'arrêt que la décision en a été déterminée par les circonstances et aussi la bonne foi de l'associé qui avait mis l'usage du brevet en société. Et par le soin même qu'elle a pris de dire qu'elle statuait ainsi *dans l'état des faits constatés par l'arrêt dénoncé*, la Cour a nettement donné à entendre qu'en l'état de faits contraires, la solution aurait été opposée.

V. — 275. Dans tout ce qui précède, nous avons supposé que l'associé débiteur d'un apport consistant en un corps certain et déterminé entend se dépouiller de la chose et la communiquer à la société sans en retenir aucune partie; en un mot, qu'il transmet ou doit transmettre la

(1) V. MM. Malepeyre et Jourdain (*Soc. comm.*, p. 45).
(2) *Comp.* MM. Pardessus (*C. de dr. comm.*, n° 989); Molinier (*Tr. de dr. comm.*, n° 324); Alauzet (*Comment. du C. de comm.*, 2ᵉ édit., t. I, n° 174).
(3) V. Rej., 3 mai 1865 (S.-V., 65, 1, 207; *J. Pal.*, 1865, p. 507; Dall., 65, 1, 226).

pleine propriété du corps certain qui fait l'objet de sa mise. Or, il peut se faire qu'il en soit autrement, et que l'associé, retenant pour lui la propriété, entende ne mettre en société que la jouissance de la chose. Il se forme alors, entre la société et l'associé qui fait l'apport, des rapports juridiques sur la nature desquels il importe avant tout de se fixer.

276. C'est là un sujet de controverse entre les commentateurs. Ils s'accordent tous à reconnaître qu'un certain droit se détache de la propriété et sort des mains du propriétaire de la chose, de celui qui en a promis l'apport, pour tomber dans le fonds social. Mais ils se divisent ensuite lorsqu'il s'agit de définir ce droit, de dire quels en sont la nature et le caractère, de préciser, en un mot, les rapports qui s'établissent entre l'associé qui garde la nue propriété et la société qui acquiert la jouissance. Pour les uns, ces rapports seraient ceux qui existent entre le nu propriétaire et l'usufruitier (1); pour d'autres, ils seraient ceux que le bail engendre entre le bailleur et le preneur (2). A notre avis, le débat ne saurait s'établir dans ces termes, et la controverse ne serait pas née si l'on eût réfléchi qu'il ne peut y avoir, en ce point, qu'une question de fait ou d'interprétation. Sans doute, il se peut que la société doive être considérée comme jouissant de la chose mise en commun à titre d'usufruitière; mais il se peut aussi qu'il y ait lieu de la considérer comme investie sur la chose d'un droit semblable à celui du locataire ou du fermier. Cela dépend exclusivement de la convention. Dans une matière, en effet, où tout doit être l'œuvre spontanée, libre des contractants, c'est leur volonté avant tout qui doit être consultée; et l'on ne saurait, sans méconnaître la nature même des choses, asservir ces contractants à une règle invariable, et imprimer à leur convention un caractère, une direction et des effets nécessaires. La jouissance conférée à la société de certaines choses peut constituer un droit réel d'usufruit; elle peut aussi n'être que le droit personnel résultant du bail. Mais comme assurément aucune des deux façons d'entendre le droit de jouissance n'est de l'essence ni même de la nature du contrat de société, il faudra, en cas de contestation, se référer à l'acte social, et chercher dans les termes employés, dans l'ensemble des clauses, si les parties ont entendu constituer un usufruit ou faire un bail au profit de la société. Ce sera l'œuvre du juge.

Supposons l'œuvre accomplie, et, en nous plaçant successivement dans l'une et dans l'autre hypothèse, voyons en quoi consiste l'obligation de l'associé qui a promis l'apport.

277. C'est un droit d'usufruit que l'associé a entendu constituer au profit de la société sur les choses spécialement, individuellement désignées, dont il apporte la jouissance. Dans ce cas, nous n'avons qu'à nous référer à nos observations touchant l'obligation de l'associé débiteur de la pleine propriété : les principes sont, en général, les mêmes. Par le seul fait de la convention, le droit est constitué et la transmission

---

(1) V. MM. Duvergier (n° 168); Troplong (n° 538); Flandin (*De la transcr.*, n° 269).
(2) V. M. Duranton (t. XVII, n° 393).

est opérée *entre les parties*. Quant aux tiers, la transmission leur sera opposable dès que la prise de possession aura eu lieu s'il s'agit de meubles (art. 1141), et s'il s'agit d'immeubles, dès que l'acte constitutif du droit aura été transcrit au bureau de la situation des biens (loi du 23 mars 1855, art. 1er). — Par rapport à l'obligation de garantie, en nous reportant également aux règles précédemment établies, nous précisons qu'en cas d'éviction, la seule garantie dont il puisse être question est celle qui serait due à raison de l'éviction partielle (*suprà*, n° 270). En effet, si nous supposons que, la société étant constituée pour dix ans, l'éviction de l'usufruit survienne deux, trois ou quatre ans après sa constitution, il est vrai de dire que la société a absorbé une partie de la chose et que, dans la réalité des faits, elle n'en perd que l'autre partie (1). Nous laissons de côté la question relative aux risques, déjà réservée d'une manière générale pour le commentaire des art. 1851 et 1867; et nous nous bornons à ajouter, pour ainsi dire surabondamment, que la société investie de l'usufruit est tenue de toutes les obligations imposées à l'usufruitier en général par les art. 605 et suivants du Code Napoléon.

278. Supposons maintenant qu'il résulte du contrat de société que l'un des associés a promis non de mettre en commun un droit d'usufruit, mais de faire jouir la société de tel objet désigné. En ce cas, la propriété reste entière, et sans aucun démembrement, sur la tête du débiteur. La société acquiert alors non un droit réel et absolu, mais uniquement un droit de créance qui lui permet de réclamer de l'associé qu'il la mette toujours à même de jouir de cet objet. Ainsi, l'apport n'est pas alors de nature à être effectué d'un seul coup et en une fois; c'est un apport en quelque sorte successif, en ce qu'il implique l'obligation pour l'associé de procurer tous les jours à la société, pendant sa durée, la jouissance de la chose dont il a promis de la faire jouir.

279. La convention établissant alors entre l'associé et la société des rapports semblables à ceux que fait naître le bail entre le propriétaire et le preneur, nous appliquons par analogie la disposition de l'art. 1743 du Code Napoléon, aux termes duquel, si le bailleur vend la chose louée, l'acquéreur ne peut expulser le fermier ou le locataire qui a un bail authentique ou dont la date est certaine, à moins qu'il ne se soit réservé ce droit par le contrat de bail. Par identité de raison, nous appliquerons encore l'art. 3 de la loi du 23 mars 1855, et en conséquence nous déciderons que si la société a été établie pour une durée de plus de dix-huit ans, la transcription sera nécessaire pour qu'on puisse opposer aux tiers le droit de jouissance des associés, et par cela même que, quoique non transcrite, la convention sera opposable aux tiers au moins pendant dix-huit ans. M. Flandin enseigne que la transcription est nécessaire sans distinction aucune, et par conséquent même dans le cas où la société serait établie pour une durée moindre de dix-huit années (2).

(1) V. Marcadé (sur l'art. 1635, n° IV).
(2) V. M. Flandin (*loc. cit.*). — V. aussi MM. Mourlon (*Tr. théor. et prat. de la transcr.*, t. I, p. 130, n° 52); Verdier (*ibid.*, t. I, n° 36 *in fine*).

Mais cela tient à ce que l'auteur paraît supposer que l'apport en jouissance implique toujours et nécessairement constitution d'un usufruit véritable au profit de la société, ce qui ne nous semble pas admissible (V. *suprà*, n° 276).

280. De même, quant à l'obligation de garantir, ce sont non plus les règles écrites en vue de la vente, mais celles des art. 1719 et suivants, relatives au louage, dont il faut faire l'application. Et cela présente, en certains cas, un intérêt véritable. Par exemple, supposons une éviction par l'effet d'une prescription accomplie après la constitution du droit. L'associé sera incontestablement garant dans le cas de bail; car le bailleur étant tenu de *faire jouir* paisiblement le preneur pendant la durée du bail (C. Nap., art. 1719, 3°), il en résulte qu'il doit accomplir tous les actes susceptibles de procurer au preneur une jouissance complète et paisible, par conséquent faire les actes interruptifs que, d'ailleurs, celui-ci n'a pas la faculté de faire lui-même. Au contraire, dans la même hypothèse, l'associé ne serait pas tenu de la garantie si la société était usufruitière; car le propriétaire n'ayant pas autre chose à faire que *laisser jouir* l'usufruitier, il en résulte que celui-ci peut faire les actes interruptifs de la prescription, et doit les faire pour sauvegarder son droit. Sans insister autrement sur les différences qui existent, à ce point de vue, entre le cas où la jouissance conférée à la société constitue un droit d'usufruit et celui où elle n'est qu'un droit de bail, notons que, dans cette dernière hypothèse, la société, qui jouit comme un preneur, sera assujettie seulement aux obligations du preneur, et par conséquent qu'elle sera tenue uniquement des réparations locatives, lesquelles, on le sait, sont infiniment moins lourdes que celles dont l'usufruitier a la charge.

VI. — 281. On voit par ce qui précède combien les parties ont intérêt, lorsqu'il est fait à la société l'apport d'un corps certain, à bien préciser si l'apport consiste dans la propriété même ou dans la jouissance et l'usage des choses qui en font l'objet. Cet intérêt, évident déjà par tout ce qui précède, apparaîtra mieux encore quand nous nous occuperons des risques, de la dissolution de la société, du droit, en cas de partage, de prélever la chose apportée, etc... Cependant, il se peut que, quoique intéressées à s'expliquer, les parties aient négligé de le faire ou ne se soient pas expliquées clairement. Comment la situation sera-t-elle réglée en ce cas? A cet égard, il y aura lieu de suivre la règle ci-dessus posée d'une manière générale, et par conséquent pour les apports de corps certains comme pour tous autres apports (*suprà*, n° 63): c'est par la volonté des parties qu'à défaut de précision suffisante il faudra décider si la mise s'étend à l'entière propriété des corps certains ou déterminés, ou si elle est bornée à la jouissance.

282. Mais quelques indications ont été faites par les auteurs en vue de guider le magistrat dans cette recherche de l'intention des parties. Nous avons à les discuter rapidement, d'autant plus que la doctrine a cru pouvoir, sur ce point, créer en quelque sorte des présomptions dont l'autorité générale n'est rien moins qu'établie, et qui, à notre avis,

doivent fléchir parfois devant les circonstances particulières à chaque espèce.

283. Il en est une d'abord que tous les auteurs formulent et que nous admettons sans difficulté : c'est que lorsque quelque chose est mise en commun sans aucune explication, il y a présomption que l'apport de la chose est fait en pleine propriété (1) ; et à cet égard il nous paraîtrait au moins inutile, sinon inexact, d'invoquer le texte de l'art. 1832, qui définit la société un contrat par lequel deux ou plusieurs personnes mettent *quelque chose* en commun, dans la vue de partager le bénéfice qui pourra en résulter. Car cette expression *quelque chose*, dont M. Duranton, dans les premières éditions de son ouvrage, avait tiré, à l'appui de la présomption, un argument auquel MM. Duvergier et Dalloz semblent s'être rattachés, pourrait certainement s'entendre de la jouissance ou de l'usufruit aussi bien que du domaine entier et non fractionné. Mais la raison de décider, la raison palpable et décisive, se tire du sens juridique des mots. Or, quand il s'agit d'un contrat qui ne répugne pas à une transmission de propriété, nommer l'objet, c'est-à-dire telle chose, tel meuble, tel immeuble, qui en est la matière, et le nommer sans restriction ni réserves, c'est désigner la pleine propriété, qui, en droit français comme en droit romain, est indiquée par le nom seul de la chose objet du droit. Donc, la restriction de la mise à la jouissance demande une manifestation quelconque qui implique la volonté de faire la limitation. Seulement, cette volonté, qui pourrait être formellement exprimée, auquel cas il n'y aurait aucun doute sur l'objet même de l'apport, peut aussi résulter de l'insertion dans l'acte de société de telles ou telles clauses qui la supposent.

284. Ainsi en serait-il, à notre avis, de la stipulation par laquelle les parties déclareraient *s'associer uniquement pour les profits et pour les pertes*. En effet, en limitant aux bénéfices l'association établie entre eux, les contractants entendent ne pas comprendre dans le fonds commun la chose même qu'ils apportent. La jouissance seule est sociale. Par elle, ils veulent réaliser les gains qui seuls constitueront la masse à partager ; en sorte que la propriété de la chose reste réservée pour celui qui en a fait l'apport.

285. Mais il en serait autrement de la clause par laquelle les associés détermineraient par avance leurs parts respectives dans les profits ou dans les pertes. La volonté de réduire les mises à une simple jouissance, avec réserve pour chacun de son droit de propriété, ne saurait logiquement s'induire d'une telle convention : il y a simplement là l'usage de la faculté laissée par l'art. 1853 aux associés de fixer leurs parts dans la masse commune. Et comme le dit très-exactement M. Duvergier, il est bien plus naturel d'entendre que les associés ont voulu régler la quotité des droits de chacun dans le partage à faire, sans s'occuper de ce qui doit être partagé ; qu'ils ont eu l'intention d'indiquer non pas les

(1) V. MM. Duranton (t. XVII, n° 408) ; Duvergier (*Soc.*, n° 196) ; Dalloz (*Rép.* v° Soc., n° 370).

objets qui doivent composer la masse commune, mais la portion de chaque associé dans cette masse (1).

286. La solution, d'ailleurs, serait la même, à notre avis, par rapport à la clause qui réglerait *le partage des profits et des pertes* dans le cas où il y aurait inégalité dans la valeur des mises estimées dans l'acte de société. En présence d'une telle inégalité, l'art. 1853 n'en permet pas moins aux associés de régler à leur gré la distribution des bénéfices; et s'ils usent de la liberté qui leur est laissée à cet égard, on ne saurait en tirer la conséquence qu'ils ont voulu modifier aussi la composition du fonds social. Il y a là, en effet, deux opérations qu'il ne faut pas confondre : d'une part, la création de l'avoir social, résultant de la réunion des mises; d'autre part, la distribution, à la dissolution de la société, de cette masse commune et de tout ce qu'elle a pu produire. Les parties, en s'expliquant sur ce dernier point, peuvent toucher au premier, comme dans l'hypothèse prévue au n° 284, où, en déterminant leurs droits lors du partage, elles déclarent s'associer uniquement pour les profits et pour les pertes. Mais tel n'est pas le cas dans l'hypothèse actuelle; les associés règlent seulement les parts dans les profits et les pertes, sans s'occuper du fonds commun; deux choses que l'article 1853 distingue fort nettement. Les clauses de l'acte ne doivent donc pas être détournées de leur objet précis; et ici encore il faut dire que la volonté des parties s'étant portée non sur ce qui doit être partagé, mais sur le règlement de leurs droits respectifs dans le partage à faire, la clause de l'acte ne peut être considérée comme ayant eu pour effet de limiter les apports à la simple jouissance des objets apportés.

287. D'autres hypothèses pourraient encore être examinées. Il en est notamment dans lesquelles la question de savoir si la mise en commun a pour objet la propriété ou simplement la jouissance se lie à la nature même des apports, et spécialement au cas où des associés se sont soumis à apporter leur industrie. Mais la question se rattache alors à l'article 1847; et, pour rester fidèle à l'ordre que nous avons dû suivre, nous en renvoyons l'examen et la discussion au commentaire de cet article (*infrà*, n°s 308 et suiv.).

1846. — L'associé qui devait apporter une somme dans la société, et qui ne l'a point fait, devient, de plein droit et sans demande, débiteur des intérêts de cette somme, à compter du jour où elle devait être payée.

Il en est de même à l'égard des sommes qu'il a prises dans la caisse sociale, à compter du jour où il les en a tirées pour son profit particulier;

Le tout sans préjudice de plus amples dommages-intérêts, s'il y a lieu.

_____

(1) V. M. Duvergier (*Soc.*, n° 199). — V. cependant M. Duranton (*loc. cit.*).

SOMMAIRE.

I. — 288. Tout ce que nous avons dit dans le commentaire de l'article précédent s'applique au cas d'apports consistant en corps certains et déterminés. Nous passons maintenant à une autre hypothèse, celle où l'apport aurait pour objet des choses indéterminées; par exemple, certaine quantité de blé, de vin, etc..., ou tant de chevaux, tant d'instruments d'un certain genre, une certaine somme d'argent. L'apport consistant en une somme d'argent est celui auquel se réfère spécialement l'article dont nous allons présenter le commentaire; et par ce motif, nous en traiterons séparément. Mais auparavant nous avons à nous occuper du cas où la mise consiste en quantités autres que de l'argent.

II. — 289. Supposons donc qu'un associé a promis d'apporter à la société des choses indéterminées; ainsi, une certaine quantité de vin ou de blé, tant de chevaux ou d'autres animaux, sans dire lesquels. Son obligation est alors entièrement régie par les principes du droit commun. La livraison, qui détermine l'objet même de la dette, qui le précise et le réalise en quelque sorte, transfère seule la propriété à la société. Car le principe du Code Napoléon sur la transmission de la propriété par la seule force de la convention est ici sans application possible. C'est donc la délivrance qui rend la société propriétaire et qui met la chose à ses risques, comme nous le verrons dans le commentaire de l'art. 1851. Et par conséquent, en raison des effets qui s'y rattachent à ce double point de vue, la délivrance, sa date et ses conditions constitutives sont choses importantes à préciser.

290. Or, habituellement, la délivrance consiste dans la remise effective des objets promis soit à la société, soit à ceux qui administrent en son nom. Au moment où cette remise est effectuée, la possession commune, la jouissance de tous, se substitue à la possession et à la jouissance individuelle et exclusive de l'associé débiteur. Et la délivrance est opérée. Parfois, cependant, la tradition ou la livraison est opérée sans que l'associé cesse d'être détenteur de la chose, sans qu'il y ait un changement apparent dans la possession. Mais d'autres circonstances se

produisent alors, d'où il résulte que si l'associé est toujours détenteur, c'est néanmoins la chose sociale que désormais il possède ou détient. Pothier, traitant une question de risque sur laquelle nous aurons à revenir, cite une espèce empruntée au jurisconsulte Celsus, dans laquelle la délivrance est tenue pour opérée alors qu'un associé, débiteur d'une certaine somme d'argent destinée par la société à acheter des marchandises, garde la somme, au lieu de la verser dans la caisse sociale, et l'emporte avec lui, en entreprenant un voyage, pour faire l'acquisition de ces marchandises (1).

291. Du reste, il ne faut pas croire que l'obligation relative à l'apport soit accomplie par la seule tradition. L'associé demeure garant de l'éviction et aussi des vices cachés qui rendraient la chose impropre au service ou à l'usage auquel elle était destinée. Mais, sur ce point, nous nous référons, sauf les modifications commandées par la nature du contrat de société, aux principes relatifs à la garantie due par un vendeur de corps incertains à l'origine, mais déterminés et individualisés ensuite par la délivrance.

292. Nous avons supposé, dans ce qui précède, que l'apport consistant en objets indéterminés est fait pour la toute propriété. Toutefois, il peut arriver que la jouissance seule soit promise. Dans ce cas, les clauses mêmes de la convention, les termes dans lesquels l'apport est promis, aideront à reconnaître si c'est un droit véritable d'usufruit, un simple droit de bail ou du moins un droit analogue qui a été mis en commun. Et comme les objets dont il s'agit ici, indéterminés à l'origine, sont le plus souvent mobiliers, on devra recourir en outre, pour caractériser nettement les rapports réciproques de l'associé et de la société, aux dispositions de la loi sur ce qu'on nomme le quasi-usufruit (C. Nap., art. 587 et 589) et aux règles particulières de l'art. 1851, dont nous présenterons bientôt le commentaire.

III. — 293. Arrivons à l'espèce même que prévoit notre art. 1846 : c'est assurément l'une de celles qui se produisent le plus fréquemment dans la pratique. L'associé a promis de verser dans la société, à titre de mise, une certaine somme d'argent. Si la situation était régie par le droit commun, un seul mot suffirait : à l'imitation de Pothier qui, pour ce cas, se borne à présenter l'associé comme soumis aux obligations incombant à tout autre débiteur d'une somme d'argent (2), nous nous référerions tout simplement à l'art. 1153 du Code Napoléon. Mais, en ce point, le Code Napoléon s'est écarté de la doctrine de Pothier. Il faut donc préciser en quoi consiste l'innovation et en rechercher les motifs.

294. Dans le droit commun, et en ce qui concerne les obligations qui se bornent au payement d'une somme d'argent, le législateur a posé deux règles générales que formule l'art. 1153. D'une part, les dommages et intérêts résultant du retard dans l'exécution ne consistent jamais que dans la condamnation aux intérêts légaux. D'une autre part,

(1) V. Pothier (Soc., n° 112). Junge : loi 58, § 1, ff. Pro soc.
(2) Pothier (Soc., n° 116).

T. VII. 14

ces intérêts ne sont dus ou ne courent qu'à partir d'une demande en justice. Or, sur l'un et l'autre point, et par innovation à notre ancienne jurisprudence, il est dérogé au droit commun pour le contrat de société.

295. Et d'abord, l'associé dont la mise consiste en une somme d'argent promise devient, de plein droit et sans demande, débiteur des intérêts de cette somme, à compter du jour où elle devait être payée. Ici, il n'est besoin d'aucune mise en demeure, ou plutôt les intérêts sont dus dès l'échéance du terme par la seule puissance d'une mise en demeure qui résulte du texte même de la loi (art. 1846, § 1; art. 1139).

296. Par suite, les *intérêts de droit*, quant à l'associé en retard de verser la mise en argent dont il est débiteur, sont toujours et nécessairement les intérêts tels qu'ils sont fixés par l'art. 1846 pour ce cas d'exception. Une sentence arbitrale avait condamné un associé commanditaire à payer, 1° le montant de sa commandite; 2° les intérêts *tels que de droit*. Assigné, plus tard, à fin d'exécution de la sentence, l'associé prétendit n'avoir à payer les intérêts que du jour de la demande en payement. La prétention ne pouvait pas être accueillie : il fut décidé, en effet, que les intérêts courraient à partir du jour où l'associé aurait dû verser le montant de son apport, « attendu que les expressions *intérêts tels que de droit* doivent nécessairement s'entendre des intérêts dus conformément à l'art. 1846 du Code Napoléon. » Et la décision a été vainement attaquée pour violation de l'art. 1153 et fausse application de l'art. 1846. La Cour de cassation a rejeté le pourvoi par les motifs mêmes qui avaient déterminé les juges du fond (1).

297. En second lieu, le montant des dommages-intérêts qui peuvent être mis à la charge de l'associé débiteur d'un apport en argent ne se borne pas aux intérêts légaux de la somme promise. Car, aux termes de la disposition finale de l'art. 1846, ces intérêts légaux sont dus « sans préjudice de plus amples dommages-intérêts, s'il y a lieu. » C'est dire qu'il appartient aux tribunaux d'évaluer les pertes que la société a subies ou les bénéfices qu'elle a manqué de faire, par suite d'un retard qui l'a privée pendant un temps plus ou moins long de la somme promise, toutes choses qui certainement peuvent excéder l'intérêt légal de l'argent. Les juges sont libres ici; et, complétement dégagés de cette présomption érigée en loi qui fait de l'intérêt légal la mesure des dommages-intérêts résultant du retard (art. 1153), ils peuvent, dans ce cas d'exception, rentrer dans la réalité et proportionner la réparation au dommage réel.

298. Telles sont les deux exceptions qui, dans le contrat de société, caractérisent l'obligation ayant pour objet une somme d'argent, et la distinguent de celle qui, en droit commun, se borne au payement d'une certaine somme. La loi, par ses dérogations, se montre infiniment plus sévère vis-à-vis de l'associé que vis-à-vis du débiteur ordinaire. Et cette sévérité, quand on en recherche les motifs, s'explique

---

(1) Rej., 3 mars 1856 (Dall., 56, 1, 150; *J. Pal.*, 1857, p. 630; S.-V., 56, 1, 485).

tout simplement par la nature même du contrat de société. Entre associés, la plus entière bonne foi doit présider à l'accomplissement des engagements réciproques, et la faveur qui habituellement est due au débiteur ordinaire d'une somme d'argent n'a plus sa raison d'être en présence des nécessités qu'impose la convention de société. L'associé qui promet une somme d'argent sait que la société a besoin de ses capitaux pour les employer immédiatement à la poursuite de son but. Il est donc juste qu'il doive des intérêts de plein droit. Et comme le but que les parties se sont proposé en s'associant est de réaliser des bénéfices supérieurs à l'intérêt légal de l'argent, il est juste aussi que, le cas échéant, l'associé en retard indemnise la société de tout le tort qu'il lui a causé en la privant des ressources au moyen desquelles elle aurait marché vers la réalisation de ce but.

IV. — 299. L'art. 1846 contient une autre disposition par laquelle il établit les mêmes dérogations à l'égard des sommes qu'un associé aurait prises dans la caisse sociale et qu'il en aurait tirées pour son profit particulier. Mais c'est là un point étranger à l'obligation relative aux apports; il touche à d'autres obligations dont nous aurons à nous occuper en commentant les art. 1848 et 1849 (infrà, nos 316 et suiv.).

1847. — Les associés qui se sont soumis à apporter leur industrie à la société, lui doivent compte de tous les gains qu'ils ont faits par l'espèce d'industrie qui est l'objet de cette société.

SOMMAIRE.

I. — 300. Nous arrivons à la dernière des hypothèses prévues par la loi touchant l'obligation pour chaque associé d'effectuer son apport, à l'hypothèse où l'un des associés a promis de fournir son travail ou son industrie à la société. Quelle est précisément la nature des relations qui s'établissent entre la société et l'associé qui s'est imposé l'obligation de faire un tel apport? C'est un point dont la recherche ne serait peut-être pas exempte de subtilités. On peut néanmoins, en suivant la doctrine de Pardessus, comparer l'obligation de l'associé, en ce cas, à celle qui découle du contrat de louage de services (1). Et toutefois il y aurait à faire remarquer que la physionomie générale de ce dernier contrat ne convient guère, en tant qu'il implique une certaine subordination, au contrat de société, lequel suppose, entre les parties, la liberté la plus exacte et la plus parfaite. Quoi qu'il en soit, attachons-nous à constater qu'il s'agit ici non plus d'une obligation de donner, mais d'une obligation de faire; non plus, comme dans la plupart des cas précisés sous les articles précédents, d'un apport instantanément réalisé, mais d'un apport *successif* qui s'effectue jour par jour tant que dure la société. Et bornons-nous, comme Pothier, à qui la disposition de l'art. 1847 a été empruntée, à indiquer l'objet même de l'obligation et l'étendue qu'elle comporte. Après quoi, revenant sur un point ci-dessus réservé (*suprà,* n° 287), nous rechercherons quelle influence la nature même d'un apport en industrie peut exercer sur la solution de la question de savoir si la mise des autres associés s'étend à l'entière propriété ou est restreinte à la simple jouissance. Enfin, dans quelques observations communes à tous les apports, nous dirons si ou non, l'apport une fois réalisé, l'augmentation en peut être imposée aux associés.

II. — 301. L'art. 1847 oblige les associés qui se sont soumis à fournir leur travail ou leur industrie à faire compte à la société de tous les gains qu'ils ont faits par cette industrie ou ce travail, en tant qu'il est l'objet même de la société. La loi prévoit donc ici l'hypothèse d'une convention de société. Il serait puéril d'en faire la remarque si la prétention n'avait été judiciairement débattue de soumettre à la disposition de l'art. 1847 un cas dans lequel il n'y avait entre les parties contendantes aucune espèce de société. Il s'agissait, en effet, d'industriels qui, après avoir construit une usine à frais communs, étaient convenus de l'exploiter privativement, chacun à leur tour, pendant une certaine période, de manière à en jouir alternativement. Ce n'était évidemment pas une société dans le sens juridique du mot, nous l'avons établi dans le commentaire de l'art. 1832 (*suprà,* n° 70). Et cependant l'une des parties crut pouvoir se plaindre, pendant qu'elle était dans sa période de jouissance, de ce que l'autre exploitait dans le voisinage de l'usine un établissement qui lui faisait concurrence, et demander que, par application de l'art. 1847, il lui fût tenu compte des bénéfices que son adversaire avait retirés de cette exploitation. La prétention était évidemment insoutenable, et, bien entendu, elle fut déclarée mal fondée;

(1) Pardessus (*C. de droit comm.,* n° 989).

la Cour de cassation, après les juges du fond, décida que, dans le cas donné, les propriétaires indivis de l'usine pouvaient exploiter en même temps et dans leur intérêt individuel une usine particulière à côté de l'usine commune, la communauté de biens n'étant pas la société, et par cela même ne tombant pas sous l'application de l'art. 1847 (1).

302. D'un autre côté, il ne faudrait pas croire que cet article soit fait en vue de toute espèce de société. Par la limitation même qu'il implique, et que nous allons bientôt préciser, il annonce qu'il n'est pas écrit pour les sociétés universelles, spécialement pour les sociétés de gains, auxquelles se réfère l'art. 1838 ci-dessus commenté (supra, nos 190 et suiv.). Dans ces sortes de sociétés, où l'apport de chacun des associés est de même nature, il est évident que tous doivent porter au fonds commun les gains honnêtes qu'ils font par leur industrie quelle qu'elle soit. Le travail, l'industrie de chacun, en prenant le mot dans son sens le plus large et la chose dans toutes les formes sous lesquelles elle peut se produire, constituent le fonds commun, le bien de tous. Les profits qu'ils donnent appartiennent à la société, et l'associé qui les recueille lui en doit le même compte que des sommes, par exemple, qu'il tirerait de la caisse sociale pour s'en servir. En un mot, il n'y a pas ici de restriction possible : l'industrie, quelle qu'elle soit, étant mise en commun, les profits, quels qu'ils soient aussi, sont tous pour la société. Ce n'est donc pas cette situation que l'art. 1847 peut avoir eu en vue lorsqu'en réglant l'obligation de l'associé qui s'est soumis à apporter son industrie à la société, il a renfermé cette obligation dans certaines limites. Cette précaution même indique que le législateur se préoccupe exclusivement ici des sociétés particulières dans lesquelles, à côté d'associés apportant de l'argent ou d'autres biens, il y en a d'autres qui apportent leur travail ou leur industrie. C'est pour ce cas que sont établies les limitations résultant des termes de l'art. 1847, et qu'il faut maintenant préciser.

III. — 303. Un membre d'une société particulière se soumet à apporter tel travail désigné, telle industrie déterminée. Aux termes de l'art. 1847, cet associé doit compte à la société de tous les gains qu'il a faits par l'espèce d'industrie qui est l'objet de cette société. Toutefois, il ne faudrait pas s'en tenir littéralement au texte même de l'article; et, comme la remarque en a été justement faite, ce dont il doit être tenu compte à la société, ce n'est pas seulement le profit découlant de l'industrie promise et touchant à l'objet de la société, c'est encore l'utilité ou l'avantage sinon direct et immédiat, au moins indirect, qui peut résulter de l'accomplissement du travail promis. Il est, en effet, tels travaux qui, non susceptibles en eux-mêmes de produire des bénéfices, sont cependant les auxiliaires utiles et même indispensables d'industries productives. Ainsi en est-il, par exemple, des travaux de comptabilité et de tenue de livres, sans lesquels l'activité et l'intelligence seraient impuissantes à assurer une réelle prospérité. L'associé qui aurait promis de tels travaux et en aurait fait l'objet de sa mise serait tenu, pour réaliser vraiment son apport, de faire tous les actes qu'ils comportent, à défaut de quoi la société aurait action contre lui pour obtenir la réparation du tort que lui causerait l'inaccomplissement de la promesse.

304. Comme nous l'avons dit, il s'agit ici d'un apport qui, au lieu de se réaliser instantanément, est *successif,* doit s'effectuer jour par jour, et n'arrive à la réalisation complète qu'au moment où la société cesse d'exister. L'associé est libéré alors, et il peut reprendre, pour s'en servir exclusivement dans son intérêt particulier, la chose qu'il avait promise et abandonnée à la société. A cet ordre d'idées se rattache l'arrêt suivant lequel de ce qu'une personne, en s'associant avec un tiers, a fait figurer son pseudonyme dans la raison sociale, il n'en résulte pas qu'elle ait renoncé à son droit de propriété sur ce pseudonyme, ou autorisé son associé à se l'attribuer et à s'en servir dans un but industriel après la dissolution de la société (1). Mais puisque l'associé doit jusque-là et jour par jour fournir l'industrie dont il a promis l'apport, il en résulte que si la société était dissoute avant le terme fixé, l'apport serait réalisé seulement au *prorata* de la durée de la société; en sorte que l'évaluation qui aurait été donnée à cet apport dans la prévision du cas où la convention atteindrait son terme devrait subir une réduction proportionnelle (2). Toutefois, ceci touche au règlement des parts entre les associés. Nous y reviendrons dans le commentaire de l'art. 1853.

305. L'associé qui s'est soumis à apporter son industrie à la société lui doit compte, d'après l'art. 1847, de tous les gains qu'il a faits *par l'espèce d'industrie qui est l'objet de la société*. Cela revient à dire que si l'associé se livrait à un travail autre que celui de la société, ou à une industrie différente, il conserverait pour lui les bénéfices que ce travail ou cette industrie lui aurait procurés, sans en devoir aucun compte à ses coassociés (3). Il en est ainsi, d'ailleurs, quelque affinité qu'il existe entre l'industrie de la société et l'industrie différente que l'associé exercerait simultanément : il suffit que cette autre industrie ne rentre pas dans *l'espèce de celle qui est l'objet de la société* pour que les associés n'aient aucun droit aux bénéfices qu'elle procure. Par exemple, une société s'est formée entre Pierre et Paul en vue d'exploiter un théâtre; en même temps qu'ils donnent l'un et l'autre leurs soins à l'entreprise, Pierre compose des ouvrages qu'il fait représenter. Ces ouvrages sont la propriété exclusive de Pierre, et les bénéfices qu'il en retire, soit en droits d'auteur, soit en prix de vente du manuscrit, n'appartiennent qu'à lui, sans qu'il en doive aucun compte à la société; car, bien que la société ait pour objet de faire représenter des pièces de théâtre et de partager les bénéfices que la représentation peut procurer, la composition même des œuvres littéraires qui alimentent son théâtre n'entre pas dans l'industrie en vue de laquelle elle s'est formée. — Par exemple,

(1) Rej., 6 juin 1859 (Dall., 59, 1, 248; *J. Pal.*, 1859, p. 1179; S.-V., 59, 1, 657).
(2) Rej., 14 juin 1865 (S.-V., 66, 1, 207; *J. Pal.*, 1866, p. 584; Dall., 66, 1, 133).
(3) V. Pothier (*Soc.*, n° 120).

encore, des industriels se proposent, en s'associant, d'exploiter un procédé pour fabriquer l'acier ou pour perfectionner la fabrication, et ils s'engagent à consacrer leur temps et tous les soins nécessaires à cette industrie. L'un d'eux invente ou a déjà inventé un procédé pour revêtir le fer d'une couche de fer fondu, et il obtient ou il a déjà obtenu un brevet pour cette invention. Ce brevet ne fait point partie de l'actif social ; il est, ainsi que les gains qui en peuvent résulter, la propriété exclusive de l'inventeur ; car le procédé breveté, se rattachant spécialement aux établissements où l'on confectionne des pièces de forge rechargées d'acier, est étranger à l'espèce d'industrie qui est l'objet de la société (1).

306. On pourrait aller plus loin encore, et admettre qu'en telle ou telle occurrence l'associé ne devrait pas compte à la société du bénéfice d'un travail personnel, ce travail fût-il même de la nature de celui qu'il est engagé à faire pour la société. Ainsi, nous parlions tout à l'heure de l'apport consistant en travaux qui, s'ils ne sont pas susceptibles en eux-mêmes de produire des bénéfices, sont cependant les auxiliaires utiles et indispensables d'industries productives ; et nous avons cité à titre d'exemple la comptabilité ou la tenue des livres. Il est bien clair que l'associé dont l'apport consisterait en travaux de cette nature pourrait se charger du même soin pour d'autres maisons, et qu'il ne devrait pas compte à la société du gain qu'il en retirerait : seulement, il devrait les accomplir à ses heures de repos, pour que la rédaction et la tenue des livres sociaux n'en souffrît en aucune manière. C'est, en effet, à la condition de ne rien retrancher du travail dû à la société qu'il lui sera permis de se livrer à ce travail supplémentaire et en profiter (2).

307. Au surplus, cette même réserve s'impose également dans le cas où l'associé qui s'est soumis à apporter son industrie se livrerait en même temps à une espèce d'industrie autre que celle qui est l'objet de la société. Nous avons reconnu que, dans ce cas, l'associé ne doit pas compte à ses coassociés des bénéfices provenant de cette autre espèce d'industrie ; et c'est la doctrine de Pothier, qui, citant à titre d'exemple l'association de deux cordonniers, reconnaît que si l'un des deux avait le talent d'enseigner à chanter à des oiseaux, il ne serait pas obligé de faire compte à la société des gains qu'il aurait faits en utilisant ce talent pendant qu'il travaille. Dans ces termes, la solution est incontestable, mais il en serait autrement si, au lieu d'utiliser son talent en travaillant, le cordonnier se détournait, pour l'utiliser, du travail qu'il doit à la société. Il y aurait alors, de la part de l'associé, une négligence qui assurément fournirait contre lui un juste motif de responsabilité (3).

IV. — 308. Ici s'arrêterait le commentaire de l'art. 1847 si nous n'avions, en revenant sur une question ci-dessus réservée (*supra,*

(1) Lyon, 18 juin 1856 (Dall., 57, 2, 71).
(2) V. M. Pardessus (*loc. cit.*).
(3) V. Bugnet, sur Pothier (*loc. cit.*, à la note).

n° 287), à rechercher l'influence que peut avoir la nature industrielle d'une mise sur la question de savoir si les apports faits par les autres associés ont pour objet la propriété ou simplement la jouissance. Lorsqu'un associé s'est soumis à apporter son travail ou son industrie à la société tandis qu'un autre y a mis une chose corporelle, par exemple un immeuble ou une somme d'argent, faut-il dire, à défaut d'ailleurs d'explication précise dans l'acte de société, que ce dernier a mis en commun la chose elle-même, c'est-à-dire la propriété, ou qu'il n'y a mis que la jouissance? Telle est la question dont l'intérêt considérable se manifeste notamment quand, la société arrivée à son terme, il s'agit d'effectuer le partage entre les associés. En effet, si la chose est en société pour la jouissance seulement, il en résultera que celui qui en a fait l'apport aura le droit de la reprendre, et que l'associé qui a fourni son travail ou son industrie n'aura droit qu'à une part dans les bénéfices; au contraire, si c'est la propriété qui a été mise en commun, la chose reste acquise au fonds social; en sorte que tous les associés, sans en excepter ceux dont l'apport est purement industriel, se la partagent avec les bénéfices, suivant leur intérêt dans la société.

309. C'était là un point controversé dans notre ancien droit, spécialement dans l'hypothèse où la mise d'un associé consistait en un capital, en une somme d'argent, tandis que celle d'un autre avait pour objet le travail ou l'industrie. D'un côté, on disait qu'apporter de l'argent, c'était fournir aux associés l'instrument au moyen duquel ils réaliseraient les bénéfices dont le partage est le but unique, la fin même du contrat de société; qu'ainsi, celui qui faisait un tel apport devait, dans le silence de la convention, être réputé avoir mis en commun non pas la propriété, mais simplement l'usage des capitaux; et, par suite, qu'il pouvait les reprendre, à la dissolution de la société, sans que son associé eût à y contredire, le droit de celui-ci se restreignant à sa part dans les bénéfices réalisés. C'était l'opinion dominante. Mais, d'un autre côté, on disait que, dans le doute, la présomption est que les choses mises en commun sont apportées à la société pour la pleine propriété, et qu'à cet égard il en devait être de l'argent comme de tous autres apports; que, d'ailleurs, l'industrie et le travail de l'un des associés avaient, aussi bien que l'argent de l'autre, concouru à la réalisation des bénéfices, et qu'il serait souverainement injuste, alors que celui-ci ne pouvait, à la dissolution de la société, rien retirer de ce qu'il avait fourni, que l'autre fût autorisé à prélever son capital avant tout partage. Telle paraissait être l'opinion de Pothier, suivant lequel l'argent même, et non pas seulement l'usage de l'argent, était censé apporté à la société, alors que l'associé ne s'était pas expressément réservé de le prélever au partage (1).

Sans insister sur cette controverse qui, d'ailleurs, a été très-exactement résumée par quelques auteurs modernes (2), nous dirons qu'entre

(1) V. Pothier (Soc., n° 16).
(2) V. notamment MM. Duvergier (Soc., n° 204); Troplong (ibid., n° 123).

ces deux opinions tranchées, une troisième opinion s'était fait jour, d'après laquelle la question devait être résolue d'après les circonstances. C'est à cette dernière opinion, selon nous, qu'il faut se rattacher. La question, en effet, ne saurait être tranchée en théorie et d'une manière absolue. En présence d'apports consistant d'un côté en espèces, d'un autre côté en travail ou industrie, lorsque les parties n'ont rien précisé, il est impossible de dire, en principe, que, dans leur pensée, l'industrie des uns correspondait soit à la jouissance du capital, soit au capital même fourni par les autres. Tout dépend des circonstances. Il faut comparer la valeur des apports respectifs, tenir compte de la nature de l'industrie promise, mesurer l'importance qu'elle peut avoir relativement aux opérations sociales, apprécier le caractère et l'objet même de la société, etc. C'est par là seulement que, dans le silence de la convention, on arrivera à une interprétation exacte de l'intention des parties sur un point qui se résout en fait, et ne saurait, même à l'aide des raisonnements en apparence les mieux déduits, être résolu en droit.

310. Dans cet ordre d'idées, on s'est demandé si l'insertion dans un acte de société, par l'un des associés dont l'apport consiste en un capital, de la réserve de prélever, avant toute distribution des bénéfices, l'intérêt de son apport à un taux déterminé, implique l'idée que la jouissance du capital ou son usage a seul été mis en commun. Nous adoptons sur ce point l'opinion de M. Duvergier, qui se prononce pour la négative (1). En effet, le prélèvement d'intérêts peut bien, dans l'esprit de la convention, constituer une condition afférente au règlement du partage des gains. Mais en dehors de circonstances spéciales, il ne saurait par lui-même conduire à l'idée de ristriction de la mise.

311. Il en serait autrement si à côté d'un associé bailleur de fonds et stipulant le prélèvement de certains intérêts se trouvait un associé industriel qui se serait réservé de prélever le salaire de son travail ou le prix de ses soins. Il est vrai de dire, alors, que le fonds commun est composé des profits que le capital peut produire au delà de l'intérêt réservé et des gains résultant de l'industrie, lesdits gains diminués du montant des salaires convenus. En réalité, c'est l'excédant que, de part et d'autre, chacun des associés a entendu apporter. Dans la mesure de l'intérêt ou du salaire, l'argent ou l'industrie est la matière d'un contrat de prêt ou de louage d'ouvrage; celui qui a dû le capital et celui qui a dû le travail à la société en sont créanciers au jour de la dissolution : à cet égard, la qualité d'associé est effacée.

V. — 312. Nous avons dit en quoi consiste le premier des engagements que chacune des parties contracte vis-à-vis des autres en s'associant, et ce qu'il comprend dans les diverses hypothèses auxquelles se réfèrent les art. 1845, 1846 et 1847. Le principe de cet engagement, nous l'avons indiqué, c'est que « chaque associé est débiteur envers la société de tout ce qu'il a promis d'y apporter »; et la source de l'obli-

---

(1) M. Duvergier (*loc. cit.*, n° 206).

gation, comme sa mesure, est dans la seule volonté de la partie contractante : l'associé doit parce qu'il a promis, il doit tout ce qu'il promis, et ne doit rien au delà de ce qu'il a promis. Tout n'est pas dit cependant, après les développements qui précèdent, relativement l'apport; il reste à présenter une observation générale. Elle a pour objet les suppléments d'apport. En certains cas, il peut être utile ou même nécessaire d'obtenir des membres d'une société qu'allant au delà de leurs promesses, ils ajoutent à ce qu'ils avaient pris l'engagement de fournir à la société. Par exemple, la société prospère, et l'accroissement du fonds commun, en lui permettant de donner une plus grande extension aux opérations sociales, ouvrirait une source plus abondante de bénéfices. Par exemple encore, le capital social s'est amoindri, et est désormais insuffisant pour amener à fin les entreprises commencées. L'utilité dans le premier cas de grossir le fonds commun, la nécessité dans le second d'en rétablir la consistance, sont incontestables. Et l'on se demande si les associés y doivent pourvoir au moyen d'un supplément d'apport.

313. Pas de difficulté, d'abord, si les parties s'accordent sur ce point. La volonté qui a donné naissance à la société peut en augmenter les moyens d'action; et le consentement qui a eu la puissance de créer la convention a une puissance égale, lorsqu'il se produit, pour ajouter aux obligations. Donc, si tous les associés s'accordent, chacun d'eux sera tenu de fournir à la société le supplément d'apport qu'elle a jugé utile ou nécessaire de réclamer.

314. Mais si ce concours de volontés fait défaut, peut-on exiger un nouvel apport, et la société aurait-elle un moyen quelconque de vaincre la résistance de l'associé qui se refuserait à le faire? Deux hypothèses peuvent se produire entre lesquelles il faut distinguer.

L'accroissement du fonds social peut n'avoir, dans la pensée de ceux qui le désirent, d'autre objet que celui de procurer à la société une plus grande somme de bénéfices, d'ajouter au succès et à la prospérité de l'entreprise. Dans ce cas, on ne pourrait que s'en tenir rigoureusement au principe général suivant lequel un associé, tous les autres fussent-ils d'accord, ne saurait être contraint de fournir à la société autre chose ou plus que ce qu'il s'est engagé à apporter. « Si le besoin ou la demande de nouveaux contingents, dit justement Pardessus, n'avait pour objet que de donner plus d'extension aux affaires de la société, extension qui ne serait pas elle-même la conséquence d'opérations antérieurement délibérées, la majorité n'aurait pas droit de décider une augmentation de mise et d'agir contre un associé qui refuserait de fournir ce supplément. » (1) Dans cette première hypothèse, donc, si l'augmentation du fonds social est possible, c'est seulement quand tous les associés, sans en excepter un seul, s'accordent et consentent à fournir de nouveaux contingents : aucun moyen ne peut suppléer l'accord unanime ou le consentement mutuel des associés.

_____

(1) Pardessus (C. de droit comm., n° 995).

Mais l'existence de la société et sa marche, et non plus le progrès de ses affaires, exigent en quelque sorte une augmentation ou le versement d'un supplément de mise. Dans cette seconde hypothèse, les avis sont partagés. Selon Pardessus (*loc. cit.*), « si, faute d'un supplément de contingent, on ne pouvait atteindre le but commun, la majorité des voix devrait décider s'il y a lieu de dissoudre la société, ou de la continuer en faisant fournir par chacun un supplément de fonds; et les refusants pourraient être contraints à se retirer de la société avant le temps fixé pour sa dissolution. » Mais, d'après M. Duvergier, la majorité n'aurait le droit ni d'exiger un supplément d'apport, ni de prononcer la dissolution de la société. Le principe de l'art. 1134 du Code Napoléon resterait dominant même dans cette hypothèse : la convention légalement formée tiendrait lieu de loi aux parties et ne pourrait être révoquée que de leur consentement mutuel. Seulement, comme on suppose que ce qui reste du fonds commun est insuffisant pour prolonger l'existence de la société et la conduire à son but, M. Duvergier remet aux tribunaux le pouvoir attribué à la majorité par Pardessus, et il concède que les associés ou l'un d'eux pourraient provoquer judiciairement la dissolution de la société, en se fondant sur l'extinction de la chose commune (art. 1865, 2°, *infrà*). Ce serait là, suivant l'auteur, le moyen unique qui, indirectement au moins, pourrait amener les associés récalcitrants à fournir le supplément de mise réclamé (1).

La première de ces solutions offre, en pratique, d'incontestables avantages, en ce qu'elle permet de faire prévaloir la volonté plus éclairée de la majorité sur la résistance opiniâtre et souvent peu réfléchie du petit nombre. Mais la seconde paraît plus conforme aux principes, en ce qu'elle est exactement déduite de la règle consacrée par l'art. 1134. Nous opterions donc pour celle-ci, surtout dans la matière des sociétés civiles dont nous nous occupons spécialement en ce moment. L'opinion contraire détruit en réalité la convention des parties; et en l'absence d'un texte précis, il ne nous paraîtrait guère possible d'introduire une aussi grave dérogation au principe contenu dans ce dernier article. Au surplus, il faut bien le dire, la question est purement théorique. Le plus souvent, en effet, le cas est prévu dans les statuts sociaux, qui, en prévision de besoins nouveaux ou de nouvelles opérations, autorisent l'augmentation du capital, en sorte que la difficulté se produit rarement dans le domaine de la pratique. Mais ces stipulations elles-mêmes soulèvent d'autres difficultés que nous réservons quant à présent; nous aurons à les résoudre en traitant des sociétés commerciales, auxquelles se réfèrent plus particulièrement les décisions et les discussions dont ces difficultés ont été l'objet.

1848. — Lorsque l'un des associés est, pour son compte particulier, créancier d'une somme exigible envers une personne qui se trouve aussi devoir à la société une somme également exigible, l'im-

---

(1) M. Duvergier (*Soc.*, n° 216).

putation de ce qu'il reçoit de ce débiteur, doit se faire sur la créance de la société et sur la sienne dans la proportion des deux créances, encore qu'il eût par sa quittance dirigé l'imputation intégrale sur sa créance particulière : mais s'il a exprimé dans sa quittance que l'imputation serait faite en entier sur la créance de la société, cette stipulation sera exécutée.

1849. — Lorsqu'un des associés a reçu sa part entière de la créance commune, et que le débiteur est depuis devenu insolvable, cet associé est tenu de rapporter à la masse commune ce qu'il a reçu, encore qu'il eût spécialement donné quittance *pour sa part*.

SOMMAIRE.

créances sont également exigibles. *Quid* si le payement partiel était fait par le débiteur avant l'échéance du terme? Distinction. — 338. Il suppose aussi que chaque associé peut donner son concours individuel aux affaires sociales. *Quid* lorsque l'acte social a donné le pouvoir d'administrer à un ou à plusieurs associés? L'art. 1848 est-il applicable aux autres? — 339. Suite et renvoi. — 340. Enfin, l'art. 1848 suppose un payement effectif. La disposition en peut-elle être étendue au cas où l'une des deux créances viendrait à s'éteindre par compensation?

341. *Seconde application.* Hypothèse de l'art. 1849 : la loi suppose qu'un associé a reçu sa part entière d'une créance sociale, et, prévoyant l'insolvabilité du débiteur survenue ultérieurement, elle oblige cet associé à rapporter à la masse ce qu'il a reçu. — 342. Origine et motif de cet article. — 343. Réfutation de l'opinion qui en rattache la disposition à l'idée que la société constitue une personne morale ayant son patrimoine distinct, et à laquelle, dès lors, la créance appartiendrait pour le tout. — 344. Le principe de l'art. 1849 étant que l'associé ne peut pas faire passer son intérêt avant celui de la société, il en résulte que la disposition en est applicable seulement dans le cas d'insolvabilité du débiteur survenue après le payement partiel par lui fait. — 345. Encore même faut-il qu'il n'y ait pas de négligence à reprocher à l'associé, qui, par suite de l'insolvabilité du débiteur, ne recouvre pas sa part. — 346. *Quid* dans le cas où c'est la faillite du débiteur qui survient après le payement partiel par lui fait?

347. Par identité de raison, dans le cas de vente par un associé de sa part d'une chose de la société destinée à être vendue pour le compte de la société, l'associé doit rapporter à la masse commune ce qu'il aurait retiré de cette part de plus que ce qu'un autre associé aurait retiré de la sienne. — 348. *Secus* si la vente de sa part par un associé avait pour objet une chose non destinée à être vendue pour le profit de la société. — 349. Du reste, il faut supposer, pour l'application de l'art. 1849, que l'associé était en même temps investi du pouvoir d'agir pour le compte de la société.

I. — 315. Outre l'obligation relative à l'apport dont il a été question dans le commentaire des articles qui précèdent, il est d'autres obligations dont chaque associé est tenu envers la société, et qui sont également de la nature et de l'essence du contrat. Comme nous l'avons exprimé plus haut, en précisant les caractères essentiels du contrat de société, ceux qui s'associent veulent réaliser en commun un bénéfice dont le partage est, pour ainsi dire, le terme ou le but de la société (*suprà*, nᵒˢ 68 et suiv.). Il faut donc que chaque associé, de son côté, s'abstienne de tout acte isolé qui pourrait être contraire à l'intérêt de tous; par conséquent, que le fonds commun soit maintenu dans sa consistance effective, et que tout ce qui en serait détourné dans l'intérêt individuel de tel ou tel associé y soit incessamment ramené. De là les obligations dont nous avons maintenant à parler, et que les auteurs, en général, précisent et formulent en ces termes. En premier lieu, chaque associé doit rapporter à la masse commune tout ce qu'il a retiré ou perçu du fonds commun, ainsi que les bénéfices résultant des opérations sociales. En outre, chaque associé est tenu de veiller et de pourvoir aux intérêts de la société comme aux siens propres, et dans un cas de conflit entre son droit et le droit collectif des membres de la société, il doit s'interdire de sacrifier l'intérêt collectif en lui préférant son intérêt propre. Ce sont là des principes établis par la loi sinon directement et en termes exprès, au moins par induction de certaines dispositions qui les supposent. En effet, le premier s'induit avec évidence du second paragraphe de l'art. 1846, dont l'explication a été ci-dessus réservée (*suprà*, nᵒ 299); le second est virtuellement consacré par les art. 1848 et 1849, qui en font deux applications spéciales. Ils feront successivement l'objet des observations qui vont suivre.

II. — 316. Chacun des associés doit rapporter à la masse commune tout ce qu'il a perçu du fonds commun, et il en est, par conséquent, débiteur envers la société. C'est là une règle de bon sens que Pothier a formulée dans ces termes mêmes (1). Les rédacteurs du Code n'ont pas cru nécessaire de poser la règle directement; mais ils l'ont supposée en en faisant l'application dans le cas spécial auquel Pothier lui-même s'était référé, et qu'il avait précisé à l'appui de la règle et pour la confirmer.

317. « Par exemple, ajoutait-il en effet, si l'un des associés a tiré de la caisse de la société quelque somme d'argent pour l'employer à ses affaires particulières, il n'est pas douteux qu'il est débiteur de cette somme envers la société. » Cela n'est pas douteux, assurément; car lorsque des sommes destinées à procurer des avantages communs sont prises dans la caisse sociale et employées par un des membres de la société à son usage et dans son intérêt personnel, comment se pourrait-il que cet associé ne fût pas à l'instant même constitué débiteur envers la société et obligé de rapporter à la masse le capital qu'il en a retiré? Aussi les rédacteurs du Code, s'ils n'ont pas expressément imposé cette obligation à l'associé dans ce cas, ont au moins très-nettement admis qu'il en est tenu. Cela résulte de l'art. 1846, qui, après avoir dit au § 1er que l'associé débiteur d'un apport en argent doit, de plein droit et sans demande, les intérêts de la somme promise à compter du jour où elle devait être payée, ajoute aux §§ 2 et 3 : « Il en est de même à l'égard des sommes qu'un associé *a prises dans la caisse sociale, à compter du jour où il les en a tirées pour son profit particulier;* le tout sans préjudice de plus amples dommages-intérêts, s'il y a lieu. » L'obligation pour l'associé de rapporter et rendre une somme égale à celle qu'il a tirée du fonds commun pour son profit particulier est donc virtuellement consacrée.

318. Seulement, le législateur reconnaît que la restitution du capital constituerait pour la société une réparation insuffisante. Et il ajoute au principal, dont tout naturellement l'associé doit compte, les accessoires qui lui sont propres, c'est-à-dire l'intérêt de l'argent, et, s'il y a lieu, les profits que la société aurait pu faire au moyen du capital dont elle a été privée. La loi obéit en cela à une pensée d'équité, et elle y satisfait en s'inspirant des principes du droit romain : « Socius, dit Papinien, si ideo condemnandus erit, quod pecuniam communem invaserit, vel in suos usus converterit : omnimodo, etiam morâ non interveniente, præstabuntur usuræ. » (L. 1, ff. *De usur. et fruct.*) C'est l'idée même que Pomponius développe dans la loi 60, *princ.* ff. *Pro socio,* où le jurisconsulte fait remarquer que l'associé doit les intérêts non pas précisément à titre d'intérêts, mais parce qu'il importait à ses coassociés qu'il ne se servît pas personnellement de l'argent de la société.

_____

(1) V. Pothier (*Soc.*, n° 118).

L'art. 1846, rédigé dans le même ordre d'idées, dispose d'après ces données. Nous l'allons montrer en précisant la portée de la loi et la mesure dans laquelle doit être renfermée l'obligation qu'elle constate.

III. — 319. L'obligation imposée à l'associé de rapporter à la masse tout ce qu'il a perçu du fonds commun est générale en ce sens que les membres d'une société universelle en sont tenus aussi bien que ceux d'une société particulière. Toutefois, Pothier en décide autrement, au moins quant à *l'intérêt* des sommes retirées de la caisse sociale pour le profit particulier d'un associé. « Dans les sociétés universelles, dit-il, dans lesquelles tombent tous les revenus des biens de chacun des associés, quoiqu'ils ne soient pas communs quant à la propriété, telle qu'est celle qui a lieu entre des conjoints par mariage, les intérêts des sommes que l'un des associés a prises dans la caisse commune pour ses affaires particulières ne commencent à courir que du jour de la dissolution de la communauté : tant qu'elle dure, il se fait une confusion de ces intérêts, qui sont une charge des revenus des biens de cet associé, qui tombent dans la société. » (1) Nous n'irions pas jusque-là. Sans doute, si les prélèvements exercés par l'un des associés avaient pour objet des sommes que cet associé avait le droit de s'appliquer, la société n'aurait pas droit à des intérêts, par la raison toute simple qu'elle ne pourrait pas réclamer même le capital. Et, dans ce cas, la dissolution même de la société ne ferait pas naître en sa faveur le droit aux intérêts. Ainsi, un associé prend dans la caisse sociale une somme qu'il emploie à l'acquit d'une de ses obligations personnelles devenue obligation sociale par l'effet de la formation de la société (*suprà*, n° 177); l'associé ne doit et ne devra jamais à ses coassociés ni les intérêts de la somme qu'il a prélevée, ni même le capital. Mais il n'en sera plus ainsi si nous supposons que l'associé a pris dans le fonds commun des sommes qu'il n'avait pas le droit d'y puiser, ou s'il a prélevé de l'argent pour faire face à ces dépenses personnelles qui, selon nous, ne sont pas à la charge de la société, même dans les associations universelles de gains (*suprà*, n° 185). Et en effet, quel motif y aurait-il alors de soustraire l'associé à la règle commune ? En définitive, il a fait servir à son usage particulier une portion des capitaux de la société. Il a, par cela même, privé la société non-seulement de ces capitaux, mais encore soit de la jouissance ordinaire, soit des bénéfices exceptionnels que la société en aurait pu retirer en les employant utilement. Or, c'est précisément en raison de ces conséquences que, sans distinguer entre les sociétés universelles et les sociétés particulières, l'art. 1846 oblige l'associé qui s'est servi de l'argent de la société à tenir compte des intérêts aux associés, sans préjudice de plus amples dommages, s'il y a lieu. Il n'y a donc pas à distinguer dans l'application (2).

320. D'un autre côté, on ne se méprendra pas sur la portée des expressions de la loi. Il y est question des sommes qu'un associé aurait

(1) V. Pothier (*Soc.*, n° 119).
(2) Comp. Troplong (*Comm. des soc.*, n° 546); et MM. Dalloz (nouv. *Rép.*, v° Soc., n° 537); Boileux (art. 1846, t. VI, p. 293).

prises dans la caisse sociale. Et en cela le législateur s'est placé dans l'espèce même que Pothier avait prévue et qu'il produisait à titre d'exemple, celle où « quelque somme d'argent *a été tirée de la caisse de la société* par l'un des associés pour l'employer à ses affaires particulières. » Mais il ne faut pas, en prenant le texte à la lettre, en restreindre l'application au cas où des sommes réellement renfermées dans la caisse de la société en sont retirées par un associé dans son intérêt personnel. Sans doute, nous sommes ici en présence d'une disposition qui déroge au droit commun consacré par l'art. 1153 du Code Napoléon (*suprà,* n°s 294 et suiv.; *infrà,* n°s 323 et suiv.), et qui, dès lors, comme exceptionnelle, doit être interprétée restrictivement. Toutefois, ce serait en méconnaître la pensée que d'en subordonner l'application au fait matériel que des sommes existant dans la caisse de la société y ont été prises par un associé pour son profit particulier. La caisse sociale, surtout pour les sociétés civiles, où l'on trouvera rarement l'*arca communis* des jurisconsultes romains, ce n'est pas seulement la bourse commune, le fonds de réserve dans lequel la société puisera de quoi suffire à ses besoins de chaque jour; c'est encore, au sens figuré, la réunion de tous les capitaux qui appartiennent à la société, et qu'elle laisse en des mains étrangères dans lesquelles ils doivent se trouver toujours à sa disposition, de toutes les sommes dont la société est en possession ou dont elle pourrait jouir soit par ses administrateurs, soit même par tel ou tel autre associé. Et par conséquent tout membre de la société qui détournerait de leur fin partie de ces capitaux ou de ces sommes, en l'appliquant à ses besoins personnels, devrait être considéré comme ayant puisé à la caisse de la société dans le sens de l'article 1846. Ce ne serait donc pas étendre la disposition de cet article que de regarder comme prises dans la caisse sociale des sommes qui, n'ayant jamais été versées dans la société, auraient été touchées de ses débiteurs par l'un des associés, et dont celui-ci aurait joui personnellement, au lieu d'en communiquer la jouissance à ses coassociés.

321. Du reste, la jurisprudence s'est prononcée en ce sens, et, sauf de rares exceptions, les auteurs ont exprimé une opinion conforme. Ainsi, les membres d'une société formée pour l'exploitation de bacs à eux affermés avaient conféré à deux d'entre eux la gestion pour leur compte particulier de quelques-uns de ces bacs, à la charge par ceux-ci de verser à la caisse sociale un bénéfice annuel à titre de profit pour tous les associés. Les sous-fermiers, en retard d'effectuer le versement convenu, prétendaient se soustraire à l'application de l'art. 1846 en soutenant qu'ils étaient débiteurs comme *fermiers* et non comme *associés* ayant puisé dans la caisse sociale. Mais la Cour de Grenoble a rejeté la prétention; et loin de prendre à la lettre le texte de l'art. 1846, elle a posé en principe que la disposition en doit être appliquée au cas où l'associé se trouve débiteur du prix d'un bail à ferme qui lui a été passé par la société (1). Décision parfaitement juridique, qui, à la vérité, a

_____

(1) Grenoble, 4 mars 1826 (S.-V., Coll. nouv., t. VIII, 2, p. 203).

té contestée (1), mais que les auteurs approuvent généralement, en ce que la redevance dont les sous-fermiers étaient tenus dans l'espèce ne pouvait pas ne pas être considérée comme l'un des éléments dont l'ensemble constituait le fonds commun, ou la caisse de la société (2). La même doctrine a été consacrée par la Cour de cassation dans une espèce où un associé avait opéré le transfert de certaines créances de la société et avait retenu les capitaux formant le prix (3).

IV. — 322. Ainsi fixés sur la portée des expressions dont se sert le législateur dans l'art. 1846, nous avons à préciser l'obligation même dont l'associé est tenu envers la société d'après cet article, et à en déterminer la mesure.

L'argent de la société a pu fructifier entre les mains et au profit exclusif de l'associé qui l'a détourné de la caisse sociale; on doit même présumer qu'il en est ainsi par cela seul que cet associé s'en est servi. D'un autre côté, la société a été privée d'abord de la jouissance ordinaire du capital détourné de la masse, jouissance qui s'évalue par le chiffre même de l'intérêt de l'argent, et en outre de la faculté de réaliser, par un emploi utile et intelligent de ce capital, des bénéfices autrement importants que le produit de l'intérêt légal. L'art. 1846, disposant en conséquence, proportionne au dommage certain et possible la réparation due à la société.

323. Ainsi, et en premier lieu, outre le capital dont la société a été privée, l'associé doit, en toute hypothèse, *de plein droit et sans demande*, l'intérêt de ce capital. Le législateur, en dérogeant ainsi au principe de l'art. 1153, considère que l'associé, débiteur des sommes détournées du fonds commun, est toujours en demeure, parce qu'il était tenu d'exiger lui-même et de lui-même le payement de ce qu'il doit à la société : *a semetipso exigere debet*.

Mais il y avait à fixer le point de départ de l'intérêt, c'est-à-dire le moment précis à dater duquel l'associé débiteur en doit compte. C'est, dit l'art. 1846, *à compter du jour où il a tiré l'argent de la caisse sociale pour son profit particulier*. D'où, au premier abord, il paraîtrait résulter que la loi n'impose à l'associé l'obligation de servir les intérêts qu'à partir du jour où il a employé les fonds à son profit, ce qu'il faudrait prouver. Toutefois il n'en est pas ainsi, au moins dans toutes les hypothèses qui peuvent se présenter.

Par exemple, si un associé a effectivement puisé dans la caisse sociale, *si pecuniam communem invaserit*, aucune preuve n'est à la charge de la société : l'associé, sans aucun doute, doit l'intérêt à dater du jour même où il a puisé dans le fonds commun, car il y a lieu de supposer qu'il n'a pris l'argent de la société que pour l'employer à son profit particulier. Cela s'induit d'un arrêt de la Cour suprême qui décide, im-

(1) V. MM. Zachariæ (édit. Massé et Vergé, t. IV, p. 432, note 6); Rauter (p. 216); Molleux (t. VI, p. 294); Demètre B. Polizu (n° 94).
(2) Comp. MM. Duvergier (n° 345); Troplong (n° 543); Massé et Vergé, sur Zachariæ (loc. cit.); Dalloz (v° Société, n° 531); Molinier (*Dr. comm.*, n° 334).
(3) V. Req., 28 juin 1825 (S.-V., Coll. nouv., 8, 1, 143).

plicitement au moins, que par lui-même et par lui seul le détournement par un associé d'une somme sociale donne naissance à la dette des intérêts, et qu'il n'y a nullement à prouver qu'au détournement s'est ajoutée, de la part de l'associé, la recherche ou l'obtention d'un profit personnel (1). Si, au lieu d'avoir puisé dans la caisse sociale, un associé est simplement détenteur de sommes appartenant à la société, il faudra distinguer. L'associé est-il débiteur envers la société des capitaux dont il est en possession, comme dans l'affaire jugée par l'arrêt de la Cour de Grenoble cité au n° 321, c'est le défaut de payement qui donne naissance à la dette des intérêts; en sorte que, de plein droit et sans demande, les intérêts sont dus à partir du jour où, le capital étant devenu exigible par l'échéance du terme, le payement devait être fait à la société (2), parce que dès ce jour même ce sont vraiment les fonds de tous les associés que l'un d'eux conserve et dont il profite ou peut profiter. Au contraire, l'associé est-il, comme gardien ou dépositaire des sommes dont il est en possession, dispensé de les verser dans la caisse de la société, c'est seulement s'il en fait emploi dans son intérêt particulier, si *in suos usus converterit*, et à dater de cet emploi, qu'il devient débiteur des intérêts. Et, dans ce cas seulement, la société aurait à prouver que l'associé, dépositaire ou gardien, a appliqué à ses besoins les fonds dont il avait le dépôt ou la garde, et s'en est servi comme s'ils lui étaient exclusivement propres. La Cour de Rennes a jugé en ce sens que l'intérêt de sommes sociales employées par un armateur à son usage personnel court du jour même de l'emploi *justifié* (3).

324. En outre, la société, empêchée de faire un emploi utile des sommes distraites de sa caisse par un associé, a pu par cela même perdre plus que l'intérêt légal de l'argent : elle est donc fondée à réclamer, s'il y a lieu, de plus amples dommages-intérêts; et c'est la dernière disposition de l'art. 1846. Mais il convient de noter, sur ce point, que ces dommages-intérêts plus amples auxquels la société a droit ne doivent pas, en règle générale, être calculés eu égard aux bénéfices dont l'associé a obtenu la réalisation au moyen des valeurs sociales par lui employées à ses affaires particulières. En définitive, la société ne peut justement demander, si un préjudice lui a été causé, que l'indemnité de ce préjudice. C'est donc dans la mesure du préjudice que les dommages-intérêts devront lui être alloués.

Bien entendu, nous exceptons le cas où l'associé qui se serait servi

(1) V. Rej., 22 mars 1813 (S.-V., 13, 1, 386; Coll. nouv., 4, 1, 308; Dall., 13, 1, 223; J. Pal., à sa date).

(2) Nous supposons l'exigibilité de la dette par l'échéance du terme. La solution, en effet, ne serait pas applicable, et il en faudrait revenir au droit commun, dans le cas où le débiteur aurait perdu le bénéfice du terme par suite de l'un de ces événements qui, comme la faillite, rendent exigibles les dettes non échues. La Cour de Paris a justement décidé qu'en ce cas l'art. 1846 n'est pas applicable, et que les intérêts des sommes restant dues par les commanditaires doivent être comptés à partir du jour de la demande, et non à partir du jour de la faillite. Paris, 1er et 14 août 1850, 23 juin 1859 (S.-V., 50, 2, 374; 52, 2, 342; 60, 2, 128; J. Pal., 1851, t. I, p. 131; 1859, p. 1039).

(3) L'arrêt du 22 janvier 1826 est indiqué par MM. Dalloz (Rép., v° Société, n° 530).

de la chose sociale serait chargé de l'administration et aurait employé cette chose à faire pour lui-même des affaires soit dans l'espèce d'industrie qui est l'objet de la société, soit même dans toute autre espèce d'industrie. En une telle hypothèse, ces affaires seraient à considérer comme devant profiter à la société : l'associé administrateur ou gérant ne serait quitte envers elle qu'à la condition de lui tenir compte de la totalité des bénéfices par lui réalisés. On peut citer, comme analogue en ce sens, un arrêt aux termes duquel l'ancien gérant d'une société dissoute, qui s'en est constitué, de fait, le liquidateur en tout ou en partie, doit compte à ses associés des bénéfices qu'il a pu obtenir par voie de transaction avec des créanciers de cette société, même alors qu'il n'aurait souscrit la transaction qu'en son nom personnel (1).

325. Au surplus, ceci nous conduit à faire remarquer que, même en ce qui concerne la dette des intérêts, il faut ne pas confondre l'associé pur et simple avec celui qui, étant chargé de l'administration, puise dans sa situation même le droit de toucher les fonds sociaux, de les placer ou déplacer, d'en disposer, en un mot, dans une certaine mesure. Les observations qui précèdent s'appliquent à tous égards au premier. Mais le second est à la fois mandataire et associé, et par suite, tout en maintenant dans l'application le principe de l'art. 1846, on devra tenir compte aussi des dispositions spéciales de l'art. 1996. Or, d'après ce dernier article, le mandataire est débiteur ou comptable, dans deux cas distincts, de l'intérêt des sommes qu'il a touchées pour le mandant : il doit l'intérêt des sommes dont il est reliquataire *à compter du jour où il est mis en demeure;* il doit l'intérêt des sommes qu'il a employées à son usage *à dater de cet emploi.* Voici comment, à notre avis, cette disposition doit être combinée avec celle de l'article 1846.

Quant au reliquat, la qualité d'associé prévaudra sur celle de mandataire dans la personne de l'administrateur. En conséquence, les intérêts de ce reliquat, qui est une portion du fonds commun, une valeur de cette caisse sociale dont nous avons parlé, sont dus non pas du jour de la mise en demeure par application de l'art. 1996, mais de plein droit et sans mise en demeure du jour où, le compte étant arrêté, le reliquat en devait être soldé.

Quant aux sommes dont l'associé aurait disposé, nous admettons bien que l'emploi fait par l'administrateur peut être une cause de responsabilité, notamment si, par sa faute, celui-ci n'a pas retiré des fonds à lui confiés tout l'avantage qu'ils devaient procurer à la société. Mais l'obligation de payer des intérêts à raison de ces fonds ne saurait exister que dans les termes de l'art. 1996. Ainsi, l'associé administrateur ne deviendra débiteur de l'intérêt que par l'emploi qu'il ferait à son profit de valeurs sociales, et c'est seulement à dater de cet emploi qu'il devrait compte des intérêts; d'où il suit que la société ne saurait en obtenir de lui qu'à la condition de prouver le fait même de cet emploi abusif. Il

_____

(1) V. Req., 25 août 1835 (S.-V., 35, 1, 673; J. Pal., à sa date; Dall., 35, 1, 404).

ne lui suffirait pas d'établir que l'associé administrateur a reçu telle ou telle somme appartenant à la société, ou qu'il a retiré des valeurs de la caisse sociale, toutes choses qu'en sa qualité d'administrateur l'associé avait le droit de faire. Elle devra prouver, en outre, que cette somme ou ces valeurs ont été employées par l'associé administrateur pour son profit et dans son intérêt particulier. En effet, un tel emploi, par cela même qu'il serait fait en violation du contrat, ne saurait être présumé; la preuve en doit donc être rapportée. Or, la société étant demanderesse en ce cas, c'est à elle qu'incombe l'obligation de faire la preuve. Mais ce fait établi, les intérêts sont dus à dater de l'emploi (1).

En un mot, l'associé administrateur est dans une situation particulière que lui crée le mandat dont il est investi par la société. Les dispositions de l'art. 1846 ne doivent gêner en rien le droit d'administration qui lui a été confié, ni en paralyser ou en restreindre l'exercice dans ses mains, et cela non pas assurément en considération de l'administrateur lui-même, mais dans l'intérêt bien entendu de la société. Dès lors, il convient parfois de tempérer la rigueur de ces dispositions à l'égard de l'associé administrateur. Mais dès que l'exercice du droit d'administration n'est plus en jeu, tout tempérament serait sans motif ni prétexte. Par là s'explique et se justifie la distinction proposée entre l'intérêt du reliquat, que nous laissons sous l'empire du droit commun établi, en matière de société, par l'art. 1846, et l'intérêt des sommes employées par l'associé administrateur, auquel nous appliquons la règle consacrée, en matière de mandat, par l'art. 1996.

326. Ajoutons, pour terminer sur l'obligation que l'art. 1846 consacre virtuellement, que les intérêts, dont nous avons indiqué le point de départ, sont dus par l'associé qui a employé à son profit des sommes prises dans la caisse sociale, non-seulement jusqu'à la dissolution de la société, mais encore jusqu'à sa liquidation. Il en a profité jusque-là en conservant une jouissance qu'il aurait dû laisser à la société d'abord, à la masse commune ensuite. D'ailleurs, comme l'exprime Delvincourt, il est possible que si les sommes fussent restées dans la caisse commune, elles eussent servi à payer des dettes de la société qui ont porté intérêt jusqu'à la liquidation (2).

V. — 327. Outre l'obligation dont nous venons de parler, chaque associé est tenu de veiller et de pourvoir aux intérêts de la société comme aux siens propres. « Non-seulement l'associé ne peut rien faire contre l'intérêt social, mais même il doit subordonner cet intérêt supérieur à son intérêt particulier. » Ainsi s'est exprimée la Cour impériale de Paris (3). Et en cela elle a fait ressortir un côté fort remarquable des engagements dont les associés sont respectivement tenus. A la différence de ceux qui sont unis par un simple lien de communauté ou de

(1) V. notre *Traité-Commentaire des Petits Contrats*, sur l'art. 1996 (t. I, nos 1042 et suiv.).
(2) V. Delvincourt (t. III, note 7 de la page 127, édit. de 1824). *Junge* : Savary (Parère, 50).
(3) V. Paris, 26 avril 1850 (*J. Pal.*, 1850, t. II, p. 409; S.-V., 50, 2, 329; Dall., 50, 2, 129).

copropriété, les associés doivent se préoccuper de la chose commune, même au détriment de leurs intérêts personnels. Dans un cas de conflit entre l'intérêt privé et l'intérêt social, l'associé ne saurait déserter la cause de la société pour assurer le succès de la sienne propre. Et s'il ne lui est pas prescrit de s'oublier lui-même en sacrifiant son intérêt à l'intérêt de tous, il y a au moins, entre le parti de l'abnégation et celui de l'égoïsme, un terme moyen qui s'impose à l'associé : il doit traiter l'affaire de la société et son affaire propre avec une égale vigilance et sans préférence aucune pour la sienne.

Telle est l'obligation dont nous avons maintenant à nous occuper. Comme nous l'avons dit, elle n'est pas plus que la précédente l'objet d'une disposition formelle et directe de la loi. Mais les art. 1848 et 1849 la supposent par leur décision dans deux espèces distinctes reproduites de Pothier et que nous allons successivement préciser.

VI. — 328. Lorsque l'un des associés, dit Pothier, a en son particulier une créance contre un débiteur qui l'est aussi de la société, il doit imputer ce qu'il reçoit de ce débiteur sur la créance de la société et sur la sienne, par proportion de l'objet de chaque créance (1). C'est aussi le mode d'imputation que l'art. 1848 prescrit, en principe, dans la même hypothèse.

Avant de déterminer les conditions dont la réunion est nécessaire pour que cet article soit applicable, nous dégagerons une idée fondamentale à la faveur de laquelle on reconnaîtra si l'imputation de payement doit ou ne doit pas être faite dans les termes indiqués par la loi. La pensée du législateur, en reproduisant sur ce point la solution de Pothier, a été de prémunir la société contre le sentiment d'injuste préférence qui porterait un associé à mettre son intérêt individuel au-dessus de l'intérêt collectif, et à obtenir le remboursement intégral de sa créance, sans se préoccuper en rien de la créance de ses coassociés. Or, si tel est le but de la loi, si c'est bien là, ce dont on ne saurait douter d'ailleurs, le mobile unique de sa disposition, nous concluons *à priori* qu'il n'y a lieu à la répartition proportionnelle par elle faite que lorsqu'il y a eu réellement conflit entre les deux intérêts, et qu'ainsi la préférence égoïste contre laquelle sa disposition est dirigée peut se concevoir de la part de l'associé. Alors certainement, mais seulement alors, l'imputation du payement devra être faite dans les termes de la loi.

329. Cela posé, reprenons l'hypothèse de l'art. 1848. La loi suppose qu'une personne, débitrice à la fois de la société et d'un associé considéré individuellement, fait, les deux dettes étant également échues, un payement partiel entre les mains de ce dernier. La question est de savoir si ce payement partiel va éteindre, jusqu'à concurrence, une seule des deux dettes ou les deux dettes proportionnellement. Toutes choses étant ainsi égales entre la créance de la société et celle de l'associé, il fallait supposer, pour résoudre la question, ou que l'associé

(1) Pothier (*Soc.*, n° 121).

qui a reçu le payement a affecté la somme touchée à l'extinction jusqu'à concurrence de l'une ou de l'autre créance, ou qu'il a reçu sans faire aucune affectation. Ainsi a procédé le législateur.

330. Si l'associé n'a rien dit en recevant le payement partiel, si la quittance par lui fournie au débiteur est absolument muette, la loi fait elle-même l'imputation. Elle entend que le payement opéré éteindra à la fois la créance de la société et la créance de l'associé dans la proportion des deux créances. Par exemple, le débiteur doit, au total, une somme de 30 000 francs, dont 20 000 à la société et 10 000 à l'un des associés pris individuellement. Il verse entre les mains de ce dernier une somme de 9 000 francs. Il est libéré d'autant. Mais la créance de la société, dans l'hypothèse, étant double de celle de l'associé, celui-ci est légalement présumé avoir encaissé les deux tiers de ce qu'il a reçu pour le compte de la société et un tiers pour son propre compte. En conséquence, les 9 000 francs payés par le débiteur seront imputés de la manière suivante : jusqu'à concurrence de 6 000 francs sur la créance sociale, qui ainsi se trouve réduite à 14 000 francs ; et jusqu'à concurrence de 3 000 francs sur la créance de l'associé, qui, par suite, reste créancier de 7 000 francs.

331. Mais si au lieu de garder le silence l'associé créancier qui a reçu le payement en a fait l'imputation dans la quittance par lui donnée, la loi établit une distinction.

La quittance exprime-t-elle que l'imputation sera faite en entier sur la créance de la société ; par exemple, en revenant à l'hypothèse du numéro précédent, l'associé qui a reçu 9 000 francs du débiteur commun a-t-il dit que la somme serait imputée en totalité sur la créance sociale de 20 000 francs, la loi sanctionne cette stipulation et entend qu'elle soit exécutée. L'associé a préféré l'intérêt de la société à son intérêt propre ; il a compris et largement pratiqué cette bonne foi, cette espèce de fraternité qui président aux rapports entre associés. La loi ne pouvait que se prêter à cette abnégation généreuse d'un associé qui, s'il ne doit jamais sacrifier l'intérêt social à son intérêt particulier, peut toujours, à l'inverse, sacrifier son intérêt propre à l'intérêt commun. Ainsi, dans notre espèce, les 9 000 francs versés entre les mains de l'associé sont acquis à la société exclusivement ; quoi qu'il advienne ensuite, et le débiteur devînt-il complétement insolvable, l'associé n'y peut rien prétendre : par l'imputation qu'il a faite, il a maintenu sa propre créance au chiffre de 10 000 francs, et l'a laissée soumise, dans cette mesure même, aux risques de l'insolvabilité.

Au contraire, l'imputation faite dans la quittance a-t-elle été dirigée intégralement sur la créance particulière de l'associé ; par exemple, dans l'espèce supposée, l'associé, en recevant 9 000 francs du débiteur commun, a-t-il exprimé que la somme entière serait imputée sur sa créance personnelle de 10 000 francs, la loi veut qu'il ne soit pas tenu compte de cette stipulation. Elle règle le cas, alors, comme si l'associé, créancier personnel, eût gardé le silence ; et intervenant, non plus à défaut de volonté expresse et pour y suppléer, mais contre une volonté égoïste formellement exprimée, elle exige que l'imputation soit faite sur la créance de la société et sur la créance de l'associé dans la proportion des deux créances, par conséquent, dans notre espèce, pour 6 000 francs sur la première et pour 3 000 francs seulement sur la seconde.

332. En résumé donc, lorsqu'un débiteur commun de la société et d'un associé remet une somme d'argent à ce dernier sans s'expliquer sur celle de ses deux dettes qu'il veut éteindre, on ne doit tenir compte de l'imputation faite par l'associé qu'autant qu'elle est complétement désintéressée. Si elle n'est pas telle, la loi s'interpose, et elle impute elle-même la somme versée sur les deux dettes proportionnellement.

Telle est l'économie de l'art. 1848. Il reste maintenant à préciser les situations auxquelles la disposition en doit être circonscrite.

VII. — 333. Et d'abord, cet article dispose en prévision d'une imputation faite *par le créancier,* c'est-à-dire par l'associé entre les mains de qui a été fait un payement partiel. Mais il se peut que l'imputation soit faite *par le débiteur,* usant en cela du droit que lui confère l'article 1253 du Code Napoléon, aux termes duquel « le débiteur de plusieurs dettes a le droit de déclarer, lorsqu'il paye, quelle dette il entend acquitter. » Si, les choses s'étant passées ainsi, le débiteur a fait constater sa déclaration dans la quittance, il est certain que l'imputation devra être respectée, en tant au moins qu'elle pourra être considérée comme le résultat de la libre volonté du débiteur et s'expliquera par son intérêt propre. On ne peut pas, en effet, ne pas tenir compte du droit que consacre l'art. 1253. C'est là un droit qui, le payement fait par le débiteur étant d'ailleurs régulier, s'impose comme la loi elle-même. « Quotiens, dit Ulpien, quis debitor ex pluribus causis unum debitum » solvit : *est in arbitrio solventis* dicere, quod potiùs debitum voluerit » solutum; *et quod dixerit, id erit solutum. Possumus enim certam* » *legem dicere ei, quod solvimus... »* (L. 1, ff. *De solut. et liberat.*) Ainsi, étant donnée l'espèce que nous avons supposée tout à l'heure, ajoutons-y cette circonstance que la créance sociale de 20 000 francs est pure et simple et a pour objet ce capital seulement, tandis que la créance privée de 10 000 francs, appartenant à l'un des associés, est productive d'intérêts ou garantie soit par une hypothèque, soit par un cautionnement : si, dans cet état des choses, le débiteur commun, en payant l'associé, fait constater par la quittance qu'il entend éteindre cette dernière créance, et que la somme par lui versée y sera imputée en entier, la stipulation vaudra et devra être exécutée.

Mais dans quelle mesure vaudra-t-elle? Et vis-à-vis de qui devra-t-elle être exécutée? Quelques auteurs pensent que, pour combiner ou concilier entre elles les dispositions des art. 1253 et 1848, il faut réserver le droit de la société. En conséquence, ils concèdent qu'en cette hypothèse le débiteur reste libéré vis-à-vis de l'associé sur la créance duquel il a dirigé l'imputation, et par suite qu'il est désormais affranchi de l'obligation de servir des intérêts ou de maintenir les sûretés promises. Mais ils estiment que l'art. 1848 n'en est pas moins applicable dans les rapports de l'associé avec ses coassociés; par suite, que l'as-

socié ne peut retenir sur la somme à lui payée qu'une part proportionnelle à sa créance, et qu'il doit faire raison du surplus à la société (1).
Toutefois, cette opinion est généralement repoussée; et nous croyons
également qu'elle ne doit pas être suivie. L'art. 1848 est écrit pour le
cas où l'imputation a été faite par l'associé, créancier personnel du débiteur commun. Sans doute, il peut être appliqué, nous le verrons
bientôt, même dans le cas où l'imputation aurait été indiquée par le
débiteur. Mais, on le verra aussi, c'est seulement alors que, toutes
choses étant égales, le débiteur est sans intérêt à acquitter l'une des
deux dettes plutôt que l'autre. L'imputation profitant, en ce cas, à l'associé exclusivement, il y a toute raison de croire qu'elle a été sinon
faite, au moins suggérée ou sollicitée par lui; en sorte qu'appliquer
l'art. 1848 en cette hypothèse, c'est se tenir encore dans les termes,
ou tout au moins dans les prévisions mêmes de cet article. Or, il s'en
faut qu'il en soit ainsi dans notre espèce. Les choses sont loin d'être
égales entre la dette dont le débiteur est tenu envers l'associé et celle
qui le grève vis-à-vis de la société. Tandis que celle-ci consiste en un
capital seulement, dû chirographairement et sans caution, la première
est productive d'intérêts; elle est hypothécaire ou cautionnée. Le débiteur a donc un intérêt puissant à se libérer de celle-ci plutôt que de
celle-là. Et si, en versant une somme aux mains de l'associé, il exige et
fait déclarer dans la quittance que l'imputation en sera faite en ce sens,
on peut dire assurément que c'est là une indication résultant de sa volonté libre et toute spontanée. Son intérêt évident et parfaitement légitime suffit à expliquer l'imputation qu'il a faite; il la justifie pleinement et est exclusif de l'idée que l'associé, ainsi contraint de recevoir
ce qui lui est dû, se soit concerté avec lui pour obtenir satisfaction au
détriment de ses coassociés. La société, d'ailleurs, si elle prenait une
part de la somme versée et imputée par le débiteur sur la créance de
l'associé, ne pourrait pas rendre à ce dernier soit les intérêts qui étaient
attachés à cette créance et dont le débiteur est quitte désormais, soit
les garanties qui en assuraient le payement et qui ont cessé de le protéger. Il est donc juste, à tous égards, qu'elle subisse l'imputation,
et un dommage en dût-il résulter ultérieurement pour elle, elle ne
saurait trouver aucun secours dans l'art. 1848, qui n'est pas fait pour
ce cas (2).

334. Il en doit être d'autant plus ainsi que l'imputation conventionnelle que nous avons supposée est en définitive calquée sur l'imputation
légale, sur celle que la loi elle-même aurait faite d'autorité, dans le silence de la convention. « In his vero, dit Ulpien, quæ præsenti die de-
» bentur, constat, quotiens indistincte quid solvitur, *in graviorem cau*

---

(1) V. MM. Duranton (t. XVII, n° 401); Malepeyre et Jourdain (*Tr. des soc. comm.,*
p. 68 et 69).
(2) V. MM. Delvincourt (édit. de 1824, t. III, p. 127, note 1); Duvergier (n° 336);
Troplong (n° 559); Aubry et Rau (3° édit., t. III, p. 402); Massé et Vergé, sur Zachariæ (t. IV, p. 434, note 10); Delangle (n° 168); Taulier (t. VI, p. 371); Alauzet
(t. I, p. 215); Larombière (sur l'art. 1255, n° 6); Demètre B. Polizu (p. 229). *Comp.*
MM. Mourlon (*Rép. écrit.,* t. III, p. 258 et 259); Rauter (p. 218).

» *sam videri solutum...* » (L. 5 *princ.*, ff. *De solut. et liber.*) Et l'article 1256 du Code Napoléon, conforme à cette pensée, dispose également que, lorsque la quittance ne porte aucune imputation, le payement doit être imputé sur la dette que le débiteur avait pour lors le plus d'intérêt d'acquitter entre celles qui sont pareillement échues.

Aussi n'hésitons-nous pas à décider encore, et même *à fortiori*, que la société serait sans droit à se plaindre de l'imputation si, la quittance étant muette, le débiteur exigeait après coup que la somme par lui versée aux mains de l'associé fût imputée, en conformité de l'art. 1256, sur la créance personnelle de ce dernier, à l'exclusion de la créance sociale, en tant que cette créance de l'associé serait réellement celle que le débiteur avait, lors du payement, le plus d'intérêt d'acquitter. Et en effet, l'art. 1848 est inapplicable à l'imputation légale. Fût-elle faite par l'associé lui-même, elle devrait tenir même vis-à-vis de la société ; car il impliquerait que la société reprochât à l'associé d'avoir agi suivant les prescriptions de la loi et d'avoir fait précisément ce que la loi impose l'obligation de faire dans le silence de la convention. Exigée par le débiteur, elle devra tenir de même et à plus forte raison. Car, après tout, qu'importe, surtout au point de vue où nous sommes placé, que celui-ci use de son droit à l'instant même où il paye, ou qu'il en use seulement après que le payement est effectué? En définitive, l'imputation supposée a toujours sa raison d'être et son entière justification dans l'avantage qu'il trouve à obtenir l'extinction de la dette la plus onéreuse. Si, en même temps, l'imputation profite à l'associé créancier, on ne peut pas dire que ce soit parce que, cédant à un sentiment égoïste, il s'est occupé de son affaire par préférence à celle de la société : il n'y a rien ici de son fait ; tout est l'œuvre de la loi, qui règle elle-même le mode d'imputation et le lui impose, loin de lui laisser le choix.

335. Mais, nous l'avons fait pressentir, nous supposons, en proposant les solutions qui précèdent, que le débiteur a un intérêt réel et sérieux à se libérer envers l'associé plutôt que vis-à-vis de la société. Aussi nous ne saurions nous ranger à l'avis de M. Pardessus, qui, posant en thèse générale que l'associé ne peut être présumé avoir préféré son intérêt à celui de ses coassociés que *s'il a dirigé lui-même l'imputation*, décide que l'art. 1848 cesserait d'être applicable par cela seul que l'imputation serait faite *sur la demande du débiteur* (1). Évidemment, la proposition pèche par la trop grande généralité. Il en faut restreindre les termes et dire que, dans le cas au moins où, toutes choses étant égales, le débiteur est absolument désintéressé sur la question ou le mode d'imputation, le fait que, sur sa demande, la quittance constate sa volonté d'imputer la somme par lui payée à l'associé sur la créance personnelle de ce dernier, à l'exclusion de la créance sociale, ne saurait par lui-même, et nonobstant la disposition de l'art. 1253, enlever à la société le droit de recourir à l'art. 1848 et de contraindre l'associé à en subir l'application. Sans doute, ce dernier article sup-

(1) M. Pardessus (*C. de dr. comm.*, t. III, n° 1016).

pose, par ses termes mêmes, une imputation dirigée par le créancier
dans la quittance qu'il délivre au débiteur. Mais quand il dit que l'imputation sera faite proportionnellement sur les deux créances, alors
même que la quittance l'aurait dirigée exclusivement sur la créance
particulière de l'associé, la quittance et l'imputation qu'il a précisément
en vue, ce sont celles qui peuvent être considérées comme l'effet combiné de la pensée du créancier et de la complaisance du débiteur. Or, tel
est bien leur caractère dans le cas supposé. Et en effet, à qui l'imputation profite-t-elle dans ce cas? Assurément ce n'est pas au débiteur
lui-même : grevé de deux dettes échues, l'une envers la société, l'autre
envers un associé, il fait un payement partiel aux mains de ce dernier;
l'une des deux dettes n'étant pas plus onéreuse que l'autre au point de
vue de l'obligation, il n'a pas le moindre intérêt à ce que ce payement
soit imputé sur la créance de l'associé plutôt que sur celle de la société.
Il devait, au total, 3 000 francs, par exemple; il en a payé 1 000; il
n'en doit plus que 2 000, et le résultat, en ce qui le concerne, serait
toujours le même, quel que fût le mode d'imputation. Au contraire,
l'associé a un intérêt évident et considérable à ce que l'imputation soit
faite en ce sens : il obtient un remboursement immédiat, et, en outre,
il demeure ainsi, dans la mesure de ce qu'il reçoit, affranchi des risques
de l'insolvabilité, qui désormais sont tous pour la société. C'est donc
pour lui que l'imputation est ainsi faite, c'est à lui qu'elle profite exclusivement; d'où l'on peut induire qu'elle est le résultat d'un accord
formé entre le créancier qui, sans droit pour diriger l'imputation, avait
seul intérêt à l'obtenir dans le sens où elle a été faite, et le débiteur
qui, sans intérêt à la faire, était seul investi du droit de déclarer quelle
dette il entendait payer (C. Nap., art. 1253). Comment donc ferait-on
abstraction de l'art. 1848 en ce cas? L'application en est nécessaire,
sans quoi l'associé peu soucieux des intérêts sociaux et plus particulièrement soigneux des siens propres aurait le moyen le plus facile
d'en éluder la disposition en obtenant de son débiteur, au moyen de
telles ou telles concessions, des déclarations propres à lui assurer l'injuste préférence contre laquelle la loi a entendu prémunir la société.

336. Toutefois, il convient d'ajouter que si l'art. 1848 est applicable, et s'il doit conduire à redresser l'imputation indiquée par la quittance à la demande du débiteur, c'est seulement dans l'intérêt de la
société. Dans les rapports du débiteur avec l'associé qui a reçu le payement, l'imputation subsiste telle qu'elle a été faite par la volonté, formelle sinon motivée, du débiteur; car l'art. 1848, quels qu'en soient
les termes, ne doit pas être considéré comme ayant eu pour objet de
déroger à l'art. 1253. Par conséquent, bien que l'associé soit tenu,
dans notre hypothèse, de rapporter à la masse ou d'appliquer, jusqu'à
concurrence, à l'extinction de la créance sociale une partie de ce qu'il a
reçu, le débiteur n'en reste pas moins libéré vis-à-vis de lui dans la
mesure de ce qu'il a payé. En d'autres termes et en un mot, tandis que
l'imputation dirigée par le débiteur est sans effet dans les rapports des
deux créanciers, c'est-à-dire de la société et de l'associé, elle a toute

son efficacité dans les rapports de l'associé avec le débiteur : par où l'on voit que si la question de *contribution* est résolue d'après l'art. 1848, c'est par l'art. 1253 que la question d'*obligation* est tranchée.

VIII. — 337. En second lieu, l'art. 1848 fixe le mode d'imputation en prévision du cas où la créance de la société et celle de l'associé sont pareillement exigibles; en sorte que l'exigibilité simultanée des deux créances paraît être, dans les termes de la loi, la condition de la répartition proportionnelle du payement. Il n'en doit pas être ainsi cependant; et s'il arrivait qu'un payement partiel fût fait avant terme par le débiteur commun entre les mains de l'associé, nous réglerions le mode d'imputation d'après les distinctions déjà indiquées.

Ainsi, supposons d'abord que l'imputation soit énoncée dans la quittance délivrée au débiteur par l'associé. L'art. 1848, alors, sera certainement inapplicable, et l'imputation devra être respectée à l'égard de tous si elle a été dirigée sur celle des deux dettes que, par une cause quelconque, le débiteur avait le plus d'intérêt d'acquitter. Par suite, à supposer que cette dette soit celle dont ce dernier est tenu envers l'associé, la société devra subir l'imputation; car l'associé, contraint qu'il est de recevoir son payement d'un débiteur qui ne fait en définitive qu'user de son droit, ne peut pas être accusé d'avoir sacrifié à son intérêt propre l'intérêt de la société. Au contraire, l'art. 1848 devra être appliqué si l'imputation énoncée ne trouve pas sa raison d'être et sa pleine justification dans l'intérêt du débiteur : par exemple, si, aucune des deux dettes n'étant échue, le terme d'échéance est le même pour l'une et pour l'autre; si les garanties accessoires qui accompagnent chacune des deux dettes sont semblables ou même analogues; si, en un mot, il y a, entre les deux dettes, une parité telle qu'il n'apparaisse d'aucun intérêt appréciable, pour le débiteur, à acquitter l'une plutôt que l'autre. La circonstance que le payement fait à l'associé serait, en ce cas, imputé par la quittance sur la créance personnelle de ce dernier, ne ferait pas que, par application de l'art. 1848, l'imputation ne dût être dirigée à la fois sur cette créance et sur la créance sociale dans la proportion des deux créances. La raison de le décider ainsi est, comme s'il s'agissait de créances également exigibles, que l'imputation profitant non pas au débiteur, qui n'y a aucun intérêt, mais à l'associé exclusivement, il y a lieu de penser qu'elle a été sollicitée et obtenue par ce dernier au détriment de la société.

Supposons maintenant que la quittance qui constate le payement partiel fait avant terme aux mains de l'associé ne contienne aucune indication relative au mode d'imputation. Alors, c'est à l'imputation proportionnelle qu'il faudra s'arrêter, à moins que le débiteur ne revienne après coup, en s'autorisant de l'art. 1256, réclamer le bénéfice de l'imputation légale. C'est là, en effet, une faculté qui ne peut pas ne pas être laissée à ce dernier. Et s'il en use, il n'y a pas d'autre mode d'imputation à suivre que celui qui est déterminé par la loi. Par suite, aucune des deux dettes n'est-elle échue, si le débiteur a intérêt à acquitter l'une plutôt que l'autre, c'est sur celle-là que l'imputation devra être dirigée. — Une seule dette, celle de la société, par exemple, est-elle échue, tandis que celle de l'associé n'est pas encore à échéance, le payement sera imputé en entier sur la dette de la société, fût-elle moins onéreuse que celle de l'associé. Il n'y aurait pas même lieu à l'exception proposée par Pothier, qui, pour l'imputation, faisait prévaloir sur la dette même échue, en tant qu'elle était une dette civile ordinaire, une dette dont le terme devait échoir dans peu de jours et qui emportait contrainte par corps (1). L'art. 1256 dit en termes absolus, exclusifs dès lors d'une telle réserve, que le payement doit être imputé sur la dette échue, quoique moins onéreuse que celles qui ne le sont pas. — Les deux dettes sont-elles d'égale nature et telles que le débiteur n'ait aucun intérêt à acquitter l'une plutôt que l'autre, c'est sur la dette la plus ancienne que le payement sera imputé; et si elles sont de la même date, ce sera sur celle qui doit échoir la première (2). — Enfin, toutes choses sont-elles égales, on s'attachera à la règle commune, et l'imputation se fera proportionnellement.

Telles sont, à nos yeux, les règles à suivre alors que, les deux dettes à la charge du débiteur n'étant pas également exigibles, le fait ne se produit pas dans les conditions mêmes que l'art. 1848 a supposées.

338. D'autres circonstances encore peuvent placer le fait en dehors des conditions prévues par la loi. Ainsi, l'art. 1848 suppose évidemment que, dans les termes de la convention, chaque associé peut donner son concours individuel aux affaires sociales. Il faut bien l'admettre, puisque la disposition en est fondée sur cette idée que l'associé doit veiller et pourvoir aux intérêts de la société comme aux siens propres, et que dans un conflit entre les deux intérêts l'associé ne doit pas déserter la cause de la société pour assurer le succès de la sienne. Donc, pour être dans les conditions de la loi, il faut supposer que l'associé a eu en main à la fois l'affaire commune et son affaire personnelle. Il ne saurait évidemment être réputé avoir fait passer l'une avant l'autre qu'autant qu'il aura été dans le cas de pouvoir choisir entre les deux.

Or, il peut arriver que l'acte social ait donné le pouvoir d'agir et d'administrer à un ou plusieurs des associés. Et alors se présente la question de savoir si l'art. 1848 est applicable à tous les associés même en ce cas; et spécialement si, même celui qui non-seulement ne serait pas administrateur, mais encore qui serait privé du droit de se mêler à l'administration par suite de la délégation à d'autres du pouvoir d'administrer et de gérer, serait tenu de subir l'imputation proportionnelle fixée par l'art. 1848, dans le cas où il aurait reçu le remboursement de ce qui lui était dû par un tiers, débiteur en même temps de la société. Les auteurs sont divisés sur ce point. Quelques-uns estiment que l'art. 1848 est aussi général que formel dans ses termes, et qu'un associé, quoique non gérant, ayant toujours mission pour faire le bien de la société, l'imputation proportionnelle doit être la règle même à son

(1) V. Pothier (*Tr. des oblig.*, édit. Bugnet, n° 567).
(2) Anal. Pothier (*loc. cit.*, n° 568).

égard (1). D'autres pensent, au contraire, que l'art. 1848 cesse d'être applicable, et que l'associé non gérant, par cela même qu'il ne peut recevoir pour la société, reçoit pour lui-même personnellement, et dès lors est fondé à imputer comme il l'entend (2).

Ce dernier avis nous semble préférable, et, selon nous, c'est celui qui rentre véritablement dans l'esprit de la loi. Vainement dit-on, dans l'opinion contraire, que l'art. 1848 est général dans ses termes et ne fait aucune distinction. Vainement ajoute-t-on encore que cet article s'adresse à tous les associés indistinctement, et non à tel ou tel associé, à cause de sa position et des droits ou des devoirs qui s'y rattachent; que c'est à tous les associés, par cela seul qu'ils sont associés, et indépendamment du rôle qui leur est assigné, qu'il ordonne de sacrifier, dans un cas spécial, leur intérêt particulier à l'intérêt commun. Sans doute, la distinction n'est pas écrite en termes formels dans l'article 1848, mais elle y est implicitement contenue; car l'associé dont il y est question, c'est celui qui peut valablement exprimer, dans la quittance par lui délivrée, que l'imputation sera faite en entier sur la créance de la société. La loi suppose donc que cet associé est capable de recevoir le payement fait par un débiteur de la société. Or, cette capacité ne saurait appartenir qu'à l'associé administrateur. Et c'est ainsi qu'il est établi par le texte même, par les dernières expressions de l'article, que l'associé dont il y est parlé est l'associé qui peut administrer. Sans doute, la raison de la loi ou le motif qui en a inspiré la disposition procède de la qualité même, du titre d'associé et des devoirs que cette qualité impose : c'est parce que le créancier qui reçoit est un associé qu'il lui est commandé de veiller avec une vigilance égale aux intérêts communs et à ses intérêts propres. Mais il faut qu'à cette qualité d'associé s'ajoute le pouvoir d'agir au nom de la société, pour qu'il soit possible de dire que ces devoirs et cette obligation lui sont imposés. Comment, en effet, la loi prescrirait-elle à l'associé qui n'aurait pas un tel pouvoir cette vigilance et ce soin pour des affaires qui lui sont étrangères sinon quant au fond, au moins quant à la direction? Comment exigerait-elle de lui qu'en recevant ce qui lui est dû, il imputât pour partie le payement sur une créance sociale qu'il n'a pas le droit de toucher pour la société, et dont il peut même ne pas connaître l'existence? Évidemment, telle n'a pas été la pensée de la loi. Par suite, lorsque l'acte social a constitué une gérance et institué un ou plusieurs des associés comme gérants, l'art. 1848 est exclusivement applicable à ces derniers; quant aux autres, dépouillés du droit d'administrer, ils sont sans qualité pour recouvrer le capital social; et

(1) V. MM. Duranton (t. XVII, n° 401); Malepeyre et Jourdain (Soc. comm., p. 67 et 68); Taulier (t. VI, p. 371); Delangle (Soc. comm., t. I, n° 170); Massé et Vergé, sur Zachariæ (t. IV, p. 434, note 10 in fine); Rauter (op. cit., p. 218 et 219). Comp. M. Alauzet (Comm. du C. de comm., t. I, n° 175, 2e édit.).
(2) V. MM. Pardessus (C. de dr. comm., t. III, n° 1018); Duvergier (Soc., n° 341); Troplong (sur l'art. 1848, Soc., n° 558); Boileux (t. VI, p. 296); Hubert Valleroux (Ass. ouvr., p. 154); Larombière (sur l'art. 1255, n° 6); Dalloz (Rép., v° Société, n° 551); Molinier (Dr. comm., n° 339).

comme ils ne peuvent pas recevoir pour la société, c'est nécessairement pour eux seuls qu'ils reçoivent, bien que le débiteur qui les paye soit en même temps débiteur de la société.

339. Quand nous traiterons des sociétés commerciales, et en particulier de la société en commandite, nous verrons qu'alors surtout il y a lieu de se rattacher à la solution proposée. L'associé commanditaire recevant de son débiteur ne saurait être assujetti à s'occuper de la créance sociale. S'en occuper, ce serait s'immiscer dans la gestion, et par conséquent abdiquer la qualité de commanditaire pour prendre celle d'associé en nom, tenu solidairement (C. comm., art. 26 et 27). L'art. 1848, dont l'observation exacte entraînerait une telle déchéance, ne peut donc lui être appliqué (1).

340. Notons, enfin, que notre article est écrit en vue d'un payement *effectif* fait entre les mains d'un associé, créancier pour son compte particulier, par une personne qui se trouve aussi devoir à la société. Donc, nous ne serions plus dans le cas prévu, et la disposition de l'article cesserait d'être applicable si, au lieu d'un payement réel, nous supposons un payement *fictif*, spécialement une compensation résultant de ce que le débiteur de l'associé était en même temps son créancier. C'est l'opinion commune (2). Cependant quelques auteurs estiment, au contraire, que la compensation étant un mode de payement et en produisant tous les effets, l'art. 1848 est applicable même en ce cas. Selon eux, si la compensation ne procure pas à l'associé une somme d'argent, elle le dispense d'acquitter le montant de sa dette et lui donne ainsi un avantage dont l'art. 1848 ne permet pas qu'il profite au delà de la proportion déterminée (3). Mais c'est, à notre avis, méconnaître la pensée même de la loi. L'art. 1848, nous le répétons, est une application de la règle que l'associé doit veiller et pourvoir aux intérêts de la société comme aux siens propres et avec une vigilance égale. Il redresse, sur ce fondement, une imputation égoïste qui, dans le conflit des deux intérêts, manifesterait, de la part de l'associé, une préférence pour le sien. Or, lorsque la créance personnelle de l'associé s'éteint par l'effet d'une compensation légale, comment imputerait-on à cet associé, qui alors se trouve payé sans le vouloir, et par la seule volonté de la loi, de s'être préféré à la société? Il n'est pas possible d'ailleurs, la société restant toujours créancière sans devenir débitrice, d'étendre à la créance sociale l'effet de la compensation et de supposer cette créance éteinte ainsi pour partie. Et si l'on est forcé de reconnaître que seule la créance personnelle de l'associé est éteinte par la volonté de la loi, pourquoi substituer à ce payement tout fictif un payement réel, et contraindre l'associé à prendre dans sa caisse, pour la verser dans celle de la société, une somme qu'il n'a pas reçue? Ce serait ajouter à la rigueur de la loi.

---

(1) V. MM. Troplong et Alauzet (*loc. cit.*).
(2) V. MM. Duranton (t. XVII, n° 404 *in fine*); Taulier (t. VI, p. 372); Duvergier (*Soc.*, n° 339); Boileux (t. VI, p. 297); Dalloz (*Rép.*, v° Soc., n° 549); Alauzet (*Comm. du C. de comm.*, 2e édit., t. I, n° 175).
(3) V. MM. Delangle (*Soc.*, t. I, n° 169); Massé et Vergé, sur Zachariæ (t. IV, p. 484, note 10); Demètre B. Polizu (*op. cit.*, n° 93).

M. Duranton, qui reconnaît que l'associé n'aurait, en ce cas, rien à rapporter à ses coassociés, ajoute qu'en sens inverse il n'aurait rien à leur demander, dans le cas où ce serait envers la société elle-même que le tiers débiteur serait devenu créancier, et que la compensation légale aurait éteint la créance et la dette de la société (1). C'est là une vérité évidente par elle-même, et si nous reproduisons l'observation en terminant sur l'art. 1848, c'est pour faire remarquer que cependant, et particulièrement au point de vue de l'obligation qui nous occupe, il n'y a pas de réciprocité entre l'associé et la société. La loi entend que l'associé ne s'occupe pas de son intérêt personnel par préférence à l'intérêt social ou au détriment de ses coassociés; mais elle n'exige pas que la société, de son côté, prenne soin à la fois des intérêts sociaux et des intérêts propres et individuels de chacun de ses membres. Par conséquent, si, en nous plaçant dans l'hypothèse de l'art. 1848, celle où l'un des associés est, pour son compte particulier, créancier d'une somme exigible envers une personne qui se trouve aussi devoir à la société une somme également exigible, il arrivait que la société reçût du débiteur le montant de la créance sociale, le payement serait tout entier pour elle; il n'y aurait pas lieu à la répartition proportionnelle, qui eût été de rigueur si le payement avait été fait entre les mains de l'associé créancier (2).

IX. — 341. L'art. 1849 procède de la même pensée que l'art. 1848 : il est aussi un corollaire de cette règle que chaque associé doit veiller et pourvoir aux intérêts sociaux comme aux siens propres; et, de même que la règle, il a son fondement dans le but du contrat de société, c'est-à-dire dans la volonté des parties de faire un profit commun. Aux termes de cet article, « lorsqu'un des associés a reçu sa part entière de la créance commune, et que le débiteur est depuis devenu insolvable, cet associé est tenu de rapporter à la masse commune ce qu'il a reçu, encore qu'il eût spécialement donné quittance *pour sa part*. » Ainsi, soit une société formée entre trois personnes. Elle a une créance de 6 000 fr. sur Paul. Pierre, l'un des associés, obtient le payement d'une somme de 2 000 francs et donne quittance pour sa part. Puis, après avoir effectué ce payement, Paul, débiteur, devient insolvable. Pierre, qui a reçu, ne profitera pas seul de sa diligence personnelle; il devra rapporter les 2 000 francs qui lui ont été payés à la masse commune, de telle façon que la somme étant partagée entre les trois associés, chacun y prenne une part égale, soit 666 fr. 66 cent. — Telle était la décision de la loi romaine, ainsi qu'il apparaît de ce fragment d'Ulpien : « Si, cum tres socii essent, egerit cum uno ex sociis socius, et partem suam integram sit consecutus : deinde alius socius cum eodem agat, et partem consequi integram non poterit, quia facere solidum non potest : an hic, qui minus consecutus est, cum eo agere possit, qui solidum accepit, ad communicandas partes inter eos (id est), exæquandas; quasi iniquum sit, ex eâdem societate, alium plus, alium minus consequi? Sed

(1) V. M. Duranton (*loc. cit.*).
(2) V. M. Duvergier (*Soc.*, n° 340).

» magis est, ut pro socio actione consequi possit, ut utriusque portio
» exæquetur. Quæ sententia habet æquitatem. » (L. 63, § 5, *Pro soc.*)

342. Pothier, qui décidait de même, et dont les rédacteurs du Code
ont reproduit à peu près l'expression, relevait toutefois avec soin les
raisons qui auraient pu justifier la décision contraire. L'associé remboursé, disait-il, pourrait objecter que ce qu'il a reçu du débiteur de la
société lui provient non pas du fonds commun, mais de la part qu'il avait
dans l'un des effets de la société : *non de medio tulit, sed tantummodo
quod sibi pro parte socii debebatur recepit;* et qu'en définitive les autres
associés ont à s'imputer de n'avoir pas été aussi vigilants que lui à exiger
leur part. Il pourrait de plus opposer au texte d'Ulpien le texte du jurisconsulte Paul, qui, entre communistes ou cohéritiers dont l'un a
reçu plus que l'autre, sans néanmoins excéder sa part, refuse toute action à ce dernier : « ... Paulus respondit, secundum ea, quæ proponun-
» tur, si Lucius non amplius ex reditu prædiorum communium accepit,
» quam pro hæreditaria portione ei competerit, nullam sorori ejus ad-
» versus eum competere actionem. Idem respondit, cum ex decretis
» alimentis à prætore amplius fratrem accepisse diceretur, quam soro-
» rem : non tamen ultra partem dimidiam. » (L. 38, ff. *Famil.
ercisc.*)

Néanmoins, Pothier ne s'arrête ni à ces raisons, ni au texte de Paul;
et avec Ulpien il décide que celui des associés qui a reçu sa part entière
de la créance sociale doit rapporter à la masse commune ce qu'il a reçu
de plus que l'autre associé, *quasi iniquum sit, ex eâdem societate,
alium plus, alium minus consequi;* décision qui peut n'être pas dans la
rigueur des principes, mais à laquelle on est conduit par ce sentiment
de l'équité qui, dans un contrat de bonne foi par excellence comme est
le contrat de société, est le premier et le meilleur guide à suivre : *quæ
sententia habet æquitatem.* D'ailleurs, ajoute Pothier, le texte de Paul
n'est nullement contraire, l'espèce de la loi étant toute différente. Paul
pose la question et la résout entre *cohéritiers.* Or, il n'en est pas des
associés auxquels se rapporte le texte d'Ulpien comme des communistes ou des cohéritiers. Les associés sont censés avoir un pouvoir réciproque de faire l'un pour l'autre les affaires de la société, et de faire
l'un pour l'autre payer les débiteurs. On s'explique dès lors que l'associé soit tenu de rapporter à la masse commune ce qu'il a reçu d'un
débiteur, parce que, devant l'exiger pour le compte de la société, *il
n'a pas dû préférer son intérêt propre à celui de la société.* Mais entre
communistes ou cohéritiers, il ne saurait être question d'une semblable
obligation dans la même hypothèse, puisque entre eux il n'y a pas engagement d'administrer les uns pour les autres, ou de faire les uns pour
les autres payer ceux qui doivent à la communauté (1).

343. Si nous avons insisté sur l'origine et les motifs de l'art. 1849,
c'est parce qu'ils fixent nettement l'objet et la portée de cet article,
dont les auteurs en général ont, à notre avis, méconnu et exagéré la

_____

(1) Pothier (*C. de soc.*, n° 122).

pensée. Reproduction exacte et presque littérale de la formule de Pothier, l'art. 1849 trouve sa signification précise dans la doctrine de ce
grand maître ; il est le résultat d'une sorte de transaction avec les principes, et il a sa raison d'être dans la nature, dans le but même du contrat de société. A la rigueur et en droit, la créance sociale, prise dans sa
nature même, ne resterait pas indivise ; elle se diviserait entre les associés proportionnellement à la part de chacun d'eux ; et, par suite,
chaque associé, créancier d'une fraction de la *créance commune*, aurait
le droit de s'en faire rembourser. Mais il fallait tenir compte de la qualité d'associé, et spécialement des devoirs et des obligations qui s'imposent à l'associé à raison de cette qualité même. Or, l'associé doit agir
dans l'intérêt de tous ; la bonne foi et la quasi-fraternité qui président
aux rapports entre associés ne permettent à aucun d'eux, selon l'expression de Pothier, de préférer son intérêt propre à celui de la société.
Donc, ce qu'un associé reçoit, il le reçoit *nécessairement* pour tous. De
là, et de là seulement, l'obligation pour lui de rapporter à la masse
commune ce qui lui a été payé, ce qu'il ne peut plus retenir pour lui
seul, alors que, l'insolvabilité du débiteur venant à se produire, il est
certain que ses coassociés ne pourraient pas toucher directement leur
part. Il est de toute équité que celui qui très-légalement a reçu une
fraction de la créance commune soit censé l'avoir reçue tant pour lui
personnellement que pour ses cocréanciers, et qu'il la rende à la masse
pour que chacun ait une part égale, *ut utriusque portio exæquetur*.

Telle est, selon nous, la signification de la loi ; tel est son unique
motif. Cependant les auteurs, en général, en ajoutent un autre. Selon
eux, la disposition de l'art. 1849 procéderait de la prétendue personnalité juridique des sociétés civiles. En conséquence, disent-ils, tant que
dure la société, les associés n'ont point chacun une part distincte et
tranchée dans les créances sociales, pas plus que dans les autres biens
de la société, quelque divisibles qu'ils soient de leur nature ; dès lors, si
l'associé qui a reçu sa part entière de la créance commune est tenu de
rapporter, c'est parce que ce qu'il a reçu n'était pas à lui, mais à la société dont il a été le ministre malgré lui et pour laquelle il a agi alors
qu'il croyait n'agir que dans son intérêt individuel (1). Cette raison a été
considérée sans doute comme celle qui pouvait justifier et expliquer de
la manière la plus simple la disposition de l'art. 1849, puisqu'elle est
proposée par la généralité des auteurs. Nous ne craignons pas cependant de dire que non-seulement elle est absolument inutile, mais encore
qu'elle est inexacte et n'a aucun fondement. Les sociétés civiles, nous
l'avons établi plus haut, ne supposent en aucune manière l'existence
d'une personne morale distincte de la personne des associés (*suprà*,
n°° 125 et suiv.) ; et loin que l'art. 1849 puisse être pris comme concourant à établir la personnalité juridique de ces sortes de sociétés, il est,
par son principe même ou par sa seule origine, une protestation éner-

(1) V. notamment MM. Duvergier (*Soc.*, n° 342) ; Troplong (*ibid.*, n° 560) ; Dalloz
(*Rép.*, v° Société, n° 553).

gique contre cette idée. La disposition a sa source dans le droit romain, d'après lequel les sociétés, sauf quelques associations industrielles et commerciales spécialement autorisées à se constituer en *corpora*, ne pouvaient pas être considérées comme personnes civiles. Et puis elle est empruntée au texte de Pothier, dont elle reproduit l'expression même. Or, Pothier n'admet pas la fiction de l'être moral dans les sociétés civiles; au contraire, un grand nombre de ses solutions en sont nécessairement exclusives. Aussi n'a-t-il garde d'expliquer par cette fiction l'obligation imposée à l'associé de rapporter à la masse commune la part afférente qu'il s'est fait payer par un débiteur de la société. Il dit seulement que, *devant exiger le payement pour le compte de la société, l'associé n'a pas dû préférer son intérêt particulier à celui de la société.* Et cette raison, la seule exacte, suffit encore aujourd'hui à motiver une disposition qui, nous le répétons, contient la reproduction pure et simple de la proposition de Pothier.

344. C'est pourquoi nous restreindrons l'art. 1849, dans son application, à l'hypothèse même qu'il a spécialement prévue, celle où le débiteur de la société est devenu insolvable depuis le payement partiel par lui fait à l'un des associés. Les auteurs, nous le reconnaissons, sont à peu près unanimes en sens contraire. Selon eux, le rapport de la somme touchée par un associé sur la créance commune ne serait pas subordonné à l'insolvabilité du débiteur; en toute hypothèse, ce rapport serait dû immédiatement, parce qu'en recouvrant sa part, l'associé n'aurait fait que recouvrer une partie de la chose commune (1). C'est là sans doute une déduction logique dans le système qui fait de la société même civile une personne morale distincte de la personne des associés. Mais de même que nous avons contesté le principe, nous contestons la conséquence. Selon nous, l'associé est à la fois créancier de sa part et administrateur investi, comme le dit Pothier, du pouvoir de faire les affaires de la société. Il peut recevoir le payement à l'un ou l'autre de ces titres; mais, comme associé, il ne peut pas préférer son intérêt à celui de la société et s'attribuer un avantage auquel ses coassociés ne pourraient pas participer. Or, tant qu'il n'est pas certain, par l'événement de l'insolvabilité du débiteur, que les autres associés perdront leur part de la créance commune, on ne peut pas dire que celui qui a touché s'est attribué cet avantage exclusif. C'est donc quand survient l'insolvabilité du débiteur que le rapport de la somme touchée par l'un des associés est dû et peut être exigé. Alors la loi, pour redresser une attribution égoïste qu'elle regarde comme injuste et contraire aux devoirs qu'impose le contrat de société, transforme la qualité en laquelle le payement

(1) V. MM. Duvergier (*Soc.*, n° 342); Troplong (n° 561); Taulier (t. VI, p. 373); Delangle (*Soc.*, t. I, n° 171); Boileux (t. VI, p. 299); Massé et Vergé, sur Zacharie (t. IV, p. 434, note 13); Alauzet (*Comm.*, *C. de comm.*, 2ᵉ édit., t. I, n° 175); Dallox (*Rép.*, v° Société, n° 554); Demètre B. Polizu (*op. cit.*, n° 94). — V. cependant MM. Duranton (t. XVII, n° 402), et Hubert Valleroux (*Ass. ouvr.*, p. 155). *Junge* M. Rauter, qui n'admet la nécessité du rapport immédiat que dans le cas où la créance sociale, y compris la fraction qui en a été touchée par un associé, était destinée à faire des affaires nouvelles (*op. cit.*, p. 219).

a été reçu, et suppose que l'associé a touché comme administrateur, dans l'intérêt de tous, ce que comme créancier il avait voulu toucher dans son intérêt particulier. Nous le croyons donc : lorsqu'un des associés a reçu sa part entière de la créance commune, le rapport de cette part est dû non pas à l'instant même où il l'a reçue, car il avait alors le droit, comme créancier, de la recevoir au moins provisoirement, mais seulement, d'après les termes formels de l'art. 1849, au moment où survient l'insolvabilité du débiteur de la société. L'utilité pratique de cette solution se révèle surtout au point de vue des intérêts, qui naturellement ne commenceront à courir que du jour où l'insolvabilité du débiteur se sera manifestée.

345. Disons en outre que, toute subordonnée qu'elle soit à l'insolvabilité du débiteur, l'application de l'art. 1849 pourrait n'avoir pas à être faite même dans ce cas de l'insolvabilité. Il en pourrait être ainsi si, l'un des asssociés étant payé de sa part de la créance, le non-payement du surplus, par suite de l'insolvabilité du débiteur, devait être attribué à l'inaction, à la négligence de l'autre associé, qui, par exemple, aurait laissé passer l'échéance sans réclamer le payement. Il y aurait là une faute dont cet associé aurait à porter la responsabilité (*infrà*, sur l'art. 1850, n° 356); et, par une sorte de compensation, on pourrait ne pas contraindre l'associé vigilant à rapporter la part qui lui aurait été payée sur la créance (1).

346. Mais, d'un autre côté, il faut dire aussi que l'art. 1849 pourrait être appliqué en dehors du cas de l'insolvabilité proprement dite du débiteur de la société. Il serait applicable si un accident, sinon identique, au moins analogue, par exemple la faillite, venait, après que ce débiteur aurait payé sa part à l'un des associés, le mettre dans le cas de ne pouvoir pas acquitter en totalité le surplus de la dette. Cela s'induit nettement d'un arrêt de la chambre des requêtes. Dans l'espèce, une société avait été formée par tiers entre trois associés pour la vente de laines que les mandataires de la société vendaient par indivis pour le compte des associés. L'un de ceux-ci avait déjà reçu 200 000 francs lorsque, par suite de faillite des mandataires, le produit des laines, qui devait s'élever à 600 000 francs, se trouva réduit d'un sixième environ. Sur la demande en rapport qui fut dirigée contre lui, il prétendit vainement qu'il n'avait reçu que sa part eu égard à la valeur réelle des laines. La Cour a décidé que la faillite du mandataire ayant occasionné des pertes sur le produit des ventes, l'associé devait rapporter sinon les 200 000 francs qu'il avait reçus, au moins ce qui dans cette somme excédait le tiers de la valeur à laquelle la laine était descendue par l'événement de la faillite (2).

X. — 347. Ceci nous conduit à faire remarquer que si l'art. 1849 dispose spécialement en vue du cas où il s'agit d'une *créance* sociale dont l'un des associés s'est fait payer sa part, ce n'est pas à dire que la

_____

(1) V. Troplong (*Soc.*, n° 562).
(2) Req., 17 déc. 1823 (Dall., *Rép.*, v° Société, n° 553, en note).

règle en doive être restreinte à ce cas. Elle serait incontestablement applicable dans l'hypothèse où l'un des associés aurait retiré un profit d'une chose qui était en commun. C'est l'avis de Pothier. « *Par la même raison,* dit-il, si un des associés trouvant une occasion de vendre avantageusement des marchandises de la société, au lieu de faire le marché pour le compte de la société, l'a fait pour son compte particulier, en vendant sa part dans les marchandises de la société, il sera obligé de rapporter à la masse commune *ce qu'il a vendu de plus sa part que l'autre associé n'a vendu la sienne.* » (1) Ainsi, l'un des associés a retiré une somme de 10 000 francs de sa part de choses destinées à être vendues par la société, tandis que l'autre associé n'a retiré que 6 000 francs de la sienne. Le premier devra rapporter à la masse commune les 4 000 francs qu'il a touchés en plus, pour que chacun des deux y prenant la moitié, soit 2 000 francs, ils se trouvent l'un et l'autre avoir retiré un prix égal (8 000 fr.) de la chose commune.

La décision est admise par la généralité des auteurs. Mais il ne faut pas, en rattachant encore la solution à la fiction de l'être moral, dire comme eux que l'associé doit faire raison du prix des marchandises, parce que, n'ayant aucun droit sur ces marchandises tant que dure la société, c'est la chose de la société et non la sienne qu'il a vendue (2). C'est au motif donné par Pothier qu'il s'en faut tenir. *Par la même raison,* dit-il; et d'après ses explications relatives au payement partiel d'une créance sociale, cela signifie que le rapport est dû par l'associé qui a vendu sa part dans les marchandises de la société, non pas parce qu'il n'avait aucun droit à vendre cette part, mais parce que pouvant la vendre soit en son nom particulier, soit pour le compte de la société, il aurait dû agir au nom de la société, dès que l'opération était avantageuse, comme cela est démontré par la comparaison du prix qu'il a retiré de sa part avec celui que l'autre associé a obtenu de la sienne. Fixons-nous donc à cette pensée de Pothier qui, à notre avis, a été mal comprise. L'associé qui a vendu sa part doit rapporter ce qu'il a vendu de plus cette part que l'autre, non parce qu'il a disposé de la chose d'autrui, c'est-à-dire de la chose de la société, mais uniquement parce qu'il y avait là un marché avantageux que, par cela même, il devait conclure pour tous et non pour son propre compte. Il ne devait pas préférer son intérêt particulier à celui de la société : c'est là le fondement de l'obligation de rapporter non pas le prix entier de la vente (comme on le suppose et comme cela devrait être en effet dans le système que nous contestons), mais seulement « ce qu'il a vendu *de plus* sa part que l'autre associé n'a vendu la sienne. »

348. Ces observations mêmes expliquent une autre solution de Pothier, mal à propos critiquée par quelques auteurs. « Il en serait autrement, dit-il, si l'un des associés avait vendu sa part dans une chose de la société *qui n'était pas destinée à être vendue pour le profit de la so-*

(1) Pothier (*Soc.*, n° 122).
(2) V. notamment Troplong (*Soc.*, n° 563).

ciété : quoique l'autre associé eût vendu la sienne moins que lui, il ne serait pas obligé de lui faire raison de ce qu'il l'a vendue plus que lui. » Cette solution, suivie par plusieurs auteurs nonobstant la fiction par eux admise de la personnalité juridique de la société civile (1), est repoussée par M. Duvergier, qui la signale comme complétement erronée, sur le fondement de cette fiction même (2). A ses yeux, la chose aliénée est une partie de l'actif social ; l'associé vendeur n'a pas sur elle un droit privatif et exclusif ; il doit donc faire rapport du prix. Quant à la raison qui, dans l'opinion de Pothier, distingue ce cas du précédent et motive la solution différente, à savoir « que la chose n'était pas destinée à être vendue pour le profit de la société », M. Duverger n'en tient aucun compte. Qu'importe, dit-il, que la vente ait eu lieu contrairement à la destination de l'objet. Mais cela importe essentiellement ! Car, nous l'avons dit, l'associé a le droit de vendre sa part dans les objets de la société ; seulement il peut, suivant l'art. 1849, qui naturellement doit être étendu à ce cas, être obligé de laisser la société profiter d'un marché avantageux qu'il avait passé en son nom personnel, parce qu'*associé,* et non pas simplement communiste, il devait agir pour le compte de la société et ne pouvait pas faire prévaloir son intérêt propre sur l'intérêt de tous. Or, quand il s'agit de choses *non destinées à être vendues pour le profit de la société,* comment pourrait-on dire de l'associé qui a vendu sa part qu'il a dû faire le marché au nom de la société ? Évidemment, il ne peut alors être considéré que comme ayant agi en son nom en vertu du droit particulier qu'il avait de vendre sa part dans la chose de la société. Par suite, bonne ou mauvaise, l'opération reste définitivement pour lui, et l'on n'a pas à se préoccuper du prix qu'il a retiré de sa part. L'associé, quel que soit ce prix, n'a pas préféré son intérêt propre à l'intérêt commun, puisqu'en raison de la destination même de la chose il ne pouvait pas agir dans cet intérêt commun. Le motif de l'art. 1849 ne trouve donc pas ici sa place ; et avec Pothier il faut dire que l'associé, en ce cas, n'aura pas à faire raison « de ce qu'il aurait vendu de plus sa part que l'autre associé n'aurait vendu la sienne. »

349. Du reste, même dans le cas où il s'agit de choses destinées à être vendues pour le profit de la société, nous supposons que l'associé qui a vendu sa part avait qualité pour vendre, soit en son nom, soit au nom de la société. C'est la condition même à laquelle est subordonnée l'application de l'art. 1849. S'il n'en était pas ainsi, si, par exemple, l'acte social avait constitué une gérance et institué des administrateurs, l'associé non administrateur qui aurait vendu sa part, n'ayant pas eu qualité pour traiter au nom de la société, serait à considérer comme ayant agi en son nom propre. Et comme il n'aurait pas eu le choix, il ne pourrait pas être accusé d'avoir agi dans un sentiment d'injuste pré-

---

(1) V. MM. Duranton (t. XVII, n° 402); Troplong (*Soc.,* n° 565); Boileux (t. VI, p. 290). (2) Comp. MM. Dalloz (*Rép.,* v° *Société,* n° 557); Taulier (t. VI, p. 373). V. M. Duvergier (*Soc.,* n° 342).

férence. Le motif de l'art. 1849 ne trouverait donc pas ici non plus sa
place, et il n'y aurait pas lieu d'en étendre la disposition à ce cas.

1850. — Chaque associé est tenu envers la société des dommages
qu'il lui a causés par sa faute, sans pouvoir compenser avec ces dommages les profits que son industrie lui aurait procurés dans d'autres
affaires.

SOMMAIRE.

I. 350. L'associé engage sa responsabilité si, par un manquement au devoir qui lui
    est imposé de donner ses soins aux choses et aux affaires sociales, il cause un
    dommage à la société. — 351. Il s'agit ici d'une autre espèce de responsabilité
    que celle que consacrent les art. 1382 et 1383, laquelle, au surplus, pourra
    aussi être encourue par l'associé. Division.
II. 352. Le principe de la responsabilité est dans le manquement par l'associé au
    devoir que sa qualité même lui impose. L'associé répond de son dol. — 353. Il
    répond aussi de sa faute : le point de savoir s'il y a faute est une question de
    fait. — 354. Le système de la loi romaine d'après lequel l'associé n'était pas
    responsable s'il avait donné à la chose commune le soin dont il était capable
    pour ses propres affaires ne peut plus contenir qu'un élément d'appréciation
    susceptible d'atténuer la responsabilité. — 355. A l'inverse, d'autres circon-
    stances peuvent la faire étendre, tout en laissant entière la règle relative à l'ap-
    préciation de la diligence. — 356. Il n'y a pas à distinguer, au point de vue de
    la responsabilité, entre la faute in committendo et la faute in omittendo. — 357.
    Mais l'associé ne répond pas, en général, des cas fortuits ou de force majeure.
    — 358. Ni des résultats malheureux d'une affaire, si d'ailleurs l'affaire avait été
    entreprise sans imprudence.
III. 359. La responsabilité se traduit en dommages, pour la fixation desquels il faut
    prendre en considération la perte faite par la société et le gain dont elle a été
    privée, sauf à abaisser ou à élever le chiffre suivant les circonstances. — 360.
    Mais, en aucun cas, l'associé ne peut compenser, avec les dommages, les pro-
    fits que son industrie a procurés à la société, — 361. A moins que les pertes et
    les profits se rapportent à la même affaire. — 362. Motifs de la loi quant à la dis-
    position qui prohibe la compensation. — 363. Suite et applications.

I. — 350. Les art. 1848 et 1849, dont le commentaire précède,
ont consacré par certains corollaires l'obligation imposée à l'associé de
veiller aux intérêts de la société comme aux siens propres, c'est-à-dire
de ne pas chercher, lorsque les deux intérêts se trouvent en conflit
entre ses mains, son avantage personnel au détriment de la société.
L'art. 1850, que nous avons à expliquer maintenant, est aussi, de son
côté, le corollaire d'une autre obligation, laquelle, inhérente également
à la nature du contrat de société, exige d'une manière plus générale que
l'associé donne ses soins aux choses et aux affaires sociales (1). Celui
qui par suite d'un manquement à ses devoirs nuirait à la société ou lui
causerait un dommage engagerait sa responsabilité; et c'est précisément cette responsabilité que l'art. 1850 consacre, supposant ainsi
l'obligation par la sanction qu'il édicte.

351. C'est dire qu'il ne s'agit pas dans cet article de la responsabilité générale incombant à la personne en dehors de toute obligation
précise et déterminée, de la responsabilité dérivant des faits prévus par
les art. 1382 et 1383 du Code Napoléon, qui la déclarent et la mesu-

_____
(1) V. Domat (Lois civ., liv. I, tit. VIII, sect. 4, n° 2).

rent. Celle-ci constitue une espèce de responsabilité à laquelle l'associé est soumis, sans doute, vis-à-vis de ses coassociés, comme il y serait soumis vis-à-vis de tout autre. Et il est vrai de dire que là où l'associé serait tenu, en vertu des articles précités, de réparer envers un tiers le dommage qu'il lui aurait causé par sa faute ou par sa négligence, il en serait tenu également envers la société, en vertu des mêmes articles, si le dommage avait été causé par sa négligence ou par sa faute à la société. Mais il est une autre espèce de responsabilité qui ne se conçoit qu'à raison de l'existence d'engagements spéciaux, et dont le principe est dans la méconnaissance ou la violation de ces engagements. Celle-ci a un tout autre caractère. Elle n'a lieu ou n'est engagée que parce qu'on n'a pas rempli une promesse donnée, soit en agissant quand on devait s'abstenir, soit en s'abstenant quand il fallait agir. Ainsi on est responsable parce que, étant vendeur, locataire, emprunteur, dépositaire, mandataire, etc., on a manqué aux obligations ou aux devoirs spéciaux qu'imposent les contrats de vente, de louage, de prêt, de dépôt, de mandat, etc. Or, c'est justement cette responsabilité particulière que l'art. 1850 a eu en vue et qu'il édicte spécialement eu égard au contrat de société. Dans quels cas? A quelles conditions? Dans quelle mesure? Ce sont les questions que nous avons à résoudre dans le commentaire de cet article.

II. — 352. Le principe de la responsabilité, avons-nous dit, est dans le manquement au devoir que leur qualité même impose aux associés (sauf, bien entendu, les exceptions dont nous aurons à parler en traitant des sociétés commerciales), de donner leurs soins aux choses et aux affaires sociales. Ce manquement prend un caractère plus ou moins grave. Il peut constituer un dol ou n'être qu'une faute, suivant qu'il a lieu sciemment ou insciemment, avec ou sans intention de nuire. Mais bien que, dans les termes de l'art. 1850, elle soit édictée pour le cas de faute seulement, la responsabilité est engagée de même, et *à fortiori*, par le dol. C'est de toute évidence. Si l'associé est tenu envers la société des dommages qu'il lui a causés par sa *faute,* c'est-à-dire sans mauvaise foi, à plus forte raison devrait-il être tenu des dommages causés par le dol qui, lui, au contraire, implique la mauvaise foi et le dessein de nuire. L'art. 1992, au titre du *Mandat,* exprime cette idée en disant que « le mandataire répond ·*non-seulement du dol, mais encore des fautes* qu'il commet dans sa gestion. » Il en faut dire autant des associés, qui, en définitive, dans leurs rapports entre eux et avec la société, sont respectivement mandataires. Ainsi, l'associé répond de son dol : ceci ne saurait souffrir aucune difficulté.

353. Il répond aussi de sa faute. Cela non plus ne peut pas être mis en doute, puisque l'art. 1850 le dit expressément. Mais quelle est la faute dont l'associé est tenu? En d'autres termes, quand peut-on dire de l'associé qu'il est en faute? Sur ce point, au contraire, il s'est élevé entre quelques jurisconsultes modernes des controverses dont il n'est pas facile d'apercevoir l'opportunité quand on se pénètre de la pensée de notre loi touchant la théorie générale de la prestation des fautes.

Nous l'avons dit déjà à diverses reprises (1) : le débiteur est en faute, dans le système du Code, lorsque, dans le cas où il s'est trouvé placé, il a fait ou a manqué de faire ce qu'aurait fait ou ce dont se serait abstenu un homme soigneux et diligent, c'est-à-dire un bon père de famille. Ainsi, il n'y a pas la moindre apparence, dans notre législation, de ce système prétendu des lois romaines qui, après avoir consacré la division tripartite des fautes, auraient considéré le débiteur comme responsable de la faute grave seulement, *culpa lata,* quant aux contrats formés dans l'intérêt unique du créancier, comme le dépôt; de la faute même très-légère, *culpa levissima,* en ce qui concerne les contrats établis dans l'intérêt exclusif de lui, débiteur, comme le commodat; de la faute légère, *culpa levis,* relativement aux contrats consentis pour l'avantage commun des deux parties, comme la vente, le louage, la société. A ce système, dont on a dit avec raison qu'il est trop symétrique pour être complétement vrai, le législateur en a substitué un autre infiniment plus simple et bien mieux approprié à une matière où tout est de tempérament et d'équité. Il a pris un type abstrait pour mesure ou pour point de comparaison, et pour tous les contrats en général il a entendu que la faute susceptible d'engager la responsabilité serait celle que ne commettrait pas un bon père de famille. L'art. 1137, qui pose le principe général à cet égard, dit en effet que « l'obligation de veiller à la conservation de la chose, soit que la convention n'ait pour objet que l'utilité de l'une des parties, soit qu'elle ait pour objet leur utilité commune, soumet celui qui en est chargé à y apporter tous les soins d'un bon père de famille. » L'art. 1850 fait une application de la règle au contrat de société, en sorte que la question de savoir si l'associé est ou n'est pas en faute se résume tout simplement en une question de fait ou d'appréciation.

Cela, d'ailleurs, a été expressément déclaré dans la discussion de cet article au conseil d'État. M. Lacuée ayant fait remarquer que « le mot *faute* employé dans la loi est trop vague, en ce qu'on pourrait en abuser pour rendre l'associé responsable des événements qui auraient trompé des combinaisons exactes dans leur principe », MM. Treilhard et Berlier défendirent la rédaction par ce motif précisément qu'à raison de son élasticité même, le mot faute était celui qui pouvait le mieux répondre à la pensée de la loi de s'en remettre aux tribunaux. « Les tribunaux, dit M. Treilhard, sauront faire les distinctions que réclame la justice; *la loi ne peut que s'en rapporter à eux :* vainement elle entreprendrait de spécifier d'avance tous les cas de la responsabilité. » — « Le principe posé est inattaquable, ajoute M. Berlier, et il me semble impossible d'en rendre l'idée par une autre expression. Le droit romain distinguait la faute *grave,* la faute *légère,* et même la faute *très-légère:* on a évité ces distinctions dans tous les titres adoptés, *mais sans ôter aux tribunaux la faculté d'apprécier ce qui constitue la faute ou en ab-*

---

(1) V. notre commentaire des *Petits Contrats* (t. I, n°° 76 et suiv., 424 et suiv., 990 et suiv.).

sout. Des spéculations raisonnables qui tournent mal sont un malheur, et non une faute ; tout cela doit être décidé *ex œquo et bono :* l'expression employée n'y fait point obstacle, et il est d'ailleurs impossible de la remplacer par aucune autre qui ait un sens tout à la fois plus précis et moins dangereux. » (1)

La question de savoir ce qui constitue la faute ou en absout est donc, suivant la déclaration expresse des rédacteurs de la loi, une question de fait abandonnée à la sagesse des tribunaux. Investis à cet égard d'un droit souverain d'appréciation, les tribunaux auront à résoudre la question d'après les circonstances, et à déclarer si, dans l'état des faits allégués contre un associé, il y a ou non faute engageant la responsabilité.

354. Cela étant, nous n'aurons garde de subordonner l'imputabilité de la faute au caractère, aux aptitudes, à la vigilance habituelle de la personne : nous ne dirons pas, en thèse générale et en droit, avec la loi romaine, qu'on ne peut exiger de chaque associé que le soin dont il est capable et qu'il apporte à ses propres affaires... « Culpa autem non ad » exactissimam diligentiam dirigenda est ; sufficit etenim *talem diligen-* » *tiam communibus rebus adhibere, qualem suis rebus adhibere solet;* » quia qui parum diligentem sibi socium adquirit, de se queri debet. » (L. 72, ff. *Pro soc.*) C'était sans doute l'avis de Pothier (2), qui, au surplus, en adoptant le principe, n'en acceptait pas toutes les conséquences. Et en effet, quand il en vénait à se demander si un associé peut s'excuser même de la négligence crasse, alors d'ailleurs qu'il serait constant qu'il apporte cette négligence à ses propres affaires, il répondait négativement, parce que, disait-il, il y a là une paresse volontaire et condamnable dont, à la vérité, on n'est comptable à personne pour ses propres affaires, mais dont on est comptable à ses associés lorsqu'on a cette paresse pour les affaires de la société. Mais dans le système de la loi moderne, le point de comparaison, pour apprécier la diligence, ce n'est pas la capacité et la vigilance de la personne dans ses propres affaires, c'est, en toute hypothèse, le type abstrait du bon père de famille.

Et cependant nous ne voulons pas dire que les données de la loi romaine doivent être absolument négligées, et que le caractère, les aptitudes, la vigilance habituelle de la personne, doivent rester sans influence à tous égards dans l'appréciation de la responsabilité. Le point de comparaison étant toujours le même, le type du bon père de famille, il en résulte que, dans tous les cas, chaque associé doit aux affaires sociales les soins mêmes qu'un bon père de famille donnerait à ses propres affaires. Voilà la règle que le droit moderne a substituée à celle du droit romain. Mais ensuite, l'associé auquel une faute est imputée a-t-il fait ce qu'un bon père de famille eût fait à sa place ? Et s'il a manqué de le faire, jusqu'à quel point a-t-il engagé sa responsabilité ? Voilà les questions que les tribunaux ont à résoudre et qu'ils résolvent souveraine-

_____

(1) V. Locré (t. XIV, p. 498); Fenet (t. XIV, p. 373 et 374).
(2) V. Pothier (*Contr. de soc.*, n° 124). *Junge :* Domat (*loc. cit.*, n° 3).

ment dans chaque affaire d'après les circonstances qui lui sont propres. Or, sur ces points, sur le second surtout, les données de la loi romaine pourront, à l'occasion, fournir aux tribunaux des éléments de décision. Par exemple, un associé a fait tort à la société, bien qu'il ait donné à la chose commune tous les soins dont il était capable et qu'il apporte à ses propres affaires : il est certain que si les faits particuliers de la cause n'y font pas obstacle, le juge se montrera moins rigoureux à son égard qu'envers celui qui, étant capable d'administrer et administrant sa chose en bon père de famille, aurait, à défaut d'une vigilance égale dans les soins dus aux affaires sociales, causé un dommage à la société. Par exemple encore, des associés ont été lésés par le fait et la faute de l'un de leurs coassociés qui était absolument incapable de gérer ses propres affaires : il est certain que le juge leur sera moins favorable dans l'allocation des dommages-intérêts si, avant de former le contrat de société, ils ont connu la manière d'agir de l'auteur de la faute que s'ils l'ont ignorée. Dans ces circonstances diverses, il y a un premier tort qui est imputable à la société elle-même : *qui parum diligentem socium sibi adquirit, de se queri debet.* Et ce tort, s'il n'efface pas la faute de l'associé négligent, peut au moins être envisagé comme susceptible de modérer le chiffre des dommages à allouer à la société.

355. C'est ainsi encore que, sans changer davantage la règle relative à l'appréciation de la diligence, d'autres circonstances peuvent agir en sens inverse et aggraver la responsabilité. Ainsi, une société est instituée avec une gérance qui investit un ou plusieurs associés du droit de l'administrer; un de ses membres, étranger à l'administration, fait néanmoins des actes de gestion. Si, dans cette situation, il néglige l'affaire qu'il gère, la responsabilité par lui encourue devra le soumettre à une sanction d'autant plus grave que c'est par une première faute, l'usurpation des fonctions de gérant, qu'il a été conduit à la seconde, la négligence dans la gestion. Ainsi encore, un associé est administrateur, et il lui est fait à ce titre des avantages consistant soit dans un traitement fixe et annuel, soit dans une part plus grande dans les bénéfices; si, dans cette situation, il ne donne pas les soins qu'il doit à la chose commune, et s'il en résulte un préjudice pour la société, le sens intime dit que les juges devront se montrer d'autant plus sévères en fixant les dommages alloués à titre d'indemnité. La loi le dit également dans l'art. 1992, qu'il convient d'invoquer ici par analogie, puisque aux termes de cet article la responsabilité relative aux fautes est appliquée plus rigoureusement au mandataire qui reçoit un salaire qu'à celui dont le mandat est gratuit.

Mais, nous le répétons, ces circonstances aggravantes laissent entière et toujours la même, aussi bien que les circonstances atténuantes dont nous parlons au numéro précédent, cette idée qu'en toute hypothèse la diligence doit être appréciée d'après le type abstrait du père de famille. Elles concourent seulement à former la conviction du juge dans l'exercice du droit qui lui est donné de fixer l'étendue de la responsabilité.

Nous renvoyons à cet égard à nos explications sur l'art. 1992 du Code Napoléon (1).

356. Au surplus, le point de comparaison étant celui que nous avons précisé, il n'y a pas à distinguer, au point de vue de la responsabilité, entre la faute *in committendo* et la faute *in omittendo*. L'associé répond de celle-ci comme de celle-là : il est évident qu'il ne manque pas moins à son obligation lorsqu'il ne fait pas ce qu'il doit faire que lorsqu'il fait ce qui lui est interdit. Il a été jugé, en ce sens, que lorsqu'il y a deux gérants, chacun répond des détournements opérés par son co-gérant et qu'il aurait pu empêcher par une surveillance plus active (2); et que le gérant d'une société en commandite est responsable, vis-à-vis de ses commanditaires, des vols et détournements commis au préjudice de la société par un employé qu'il a choisi sans prendre les renseignements propres à l'éclairer sur sa moralité (3).

357. Mais, *en principe*, l'associé n'est responsable ni des cas fortuits, ni des accidents de force majeure. C'est le droit commun consacré par l'art. 1148 du Code Napoléon, aux termes duquel il n'y a lieu à aucuns dommages-intérêts lorsque, par suite d'une force majeure ou d'un cas fortuit, le débiteur a été empêché de donner ou de faire ce à quoi il était obligé, ou a fait ce qui lui était interdit. La règle doit être appliquée à l'associé auquel, au surplus, elle était expressément étendue par la loi romaine : *Damna, quæ in prudentibus accidunt, hoc est, damna fatalia, socii non cogentur præstare*. (L. 52, § 3, ff. Pro soc.)

Toutefois, il y aurait exception dans le cas où l'associé serait en faute au moment où s'est produit le cas fortuit ou l'accident de force majeure (4). En ce point encore, il en devrait être de l'associé comme du débiteur en général, dont l'obligation n'est éteinte par la perte ou la destruction du corps certain qui en faisait l'objet que si la chose a péri ou a été perdue *sans sa faute et avant qu'il fût en demeure* (Code Nap., art. 1302). Et c'est ce que décidait en termes exprès le texte précité de la loi romaine : « Ideoque si pecus æstimatum datum sit, et id latrocinio, aut incendio perierit, commune damnum est, *si nihil dolo, aut culpa acciderit ejus, qui æstimatum pecus acceperit. Quod si a furibus subreptum sit, proprium ejus detrimentum est : quia custodiam præstare debuit, qui æstimatum accepit. Hæc vera sunt, et pro socio erit actio; si modo societatis contrahendæ causa pascenda data sunt, quamvis æstimata.* »

358. Enfin, l'associé ne répond pas des résultats malheureux d'une affaire que, d'ailleurs, il aurait entreprise sagement et sans imprudence. « Des spéculations raisonnables qui tournent mal sont un *malheur* et non une *faute* », disait au conseil d'État M. Berlier, dans la discussion que nous avons rappelée tout à l'heure (*suprà*, n° 353). C'est qu'en effet, ce n'est pas d'après ses résultats exclusivement qu'une entreprise

(1) V. notre commentaire des *Petits Contrats* (t. I, n° 991).
(2) Paris, 21 janv. 1852 (Dall., 52, 2, 279; *J. Pal.*, 1852, t. I, p. 673).
(3) Lyon, 3 déc. 1857 (S.-V., 58, 2, 471; *J. Pal.*, 1859, p. 306; Dall., 59, 2, 171).
(4) V. les arrêts cités aux notes qui précèdent.

doit être jugée. Quelque désastreux qu'ils soient, ils n'accusent pas nécessairement la témérité ou l'imprudence. Il y a à faire la part des accidents, des événements imprévus, et qui dès lors ne sauraient engendrer
une responsabilité, puisqu'ils dépassent les prévisions humaines. Les
juges se reporteront donc à l'origine de l'affaire; ils envisageront les
actes de l'associé au moment où ils ont été accomplis. Ils se demande-
ront ce qu'aurait dû faire alors un père de famille diligent et soigneux;
ils rechercheront ce qui a été fait; et c'est ainsi par la comparaison qu'ils
arriveront à reconnaître si la marche suivie par l'associé a été sage ou
imprudente; s'il y a une *faute* dont il soit responsable ou seulement un
malheur qui ne saurait engendrer aucune responsabilité.

III. — 359. Après avoir indiqué les cas où l'associé doit être déclaré
responsable, il nous reste à fixer la mesure dans laquelle il peut être
tenu de réparer les dommages qu'à défaut de donner ses soins à la chose
commune, il a causés à la société. A cet égard, on peut se référer à l'article 1149 du Code Napoléon, aux termes duquel les dommages-intérêts
dus au créancier sont, en général, de la perte qu'il a faite et du gain
dont il a été privé. C'est là le droit commun. Et s'il est une hypothèse
dans laquelle on conçoive l'application de ce texte, c'est assurément
celle dans laquelle nous nous trouvons ici. Il s'agit, en effet, du droit
d'une société qui, organisée en vue de bénéfices à réaliser, a subi des
pertes par le fait et la faute de l'un de ses membres, c'est-à-dire d'une
personne qui, à raison de sa qualité même, devait concourir au succès
de l'entreprise commune. Il est donc de toute justice que la réparation
due soit calculée eu égard non pas uniquement à la perte subie ou à la
diminution du patrimoine commun, mais aussi à la privation du bénéfice qu'une bonne et intelligente conduite de l'affaire aurait pu procurer
à la société. *Damnum emergens, lucrum cessans :* telles sont les bases
d'après lesquelles sera fixée l'indemnité due à la société par l'associé
dont la négligence ou la faute sera constatée. Ceci soit dit, du reste,
sans préjudice du droit des tribunaux de modérer ou d'élever, en se tenant dans ces limites, le chiffre des dommages suivant qu'ils sont en
présence de faits qui, tels que ceux indiqués aux nᵒˢ 354 et 355, atté-
nuent ou aggravent la responsabilité.

360. Toutefois, en aucune hypothèse, l'associé qui à raison de sa
faute encourt une condamnation à des dommages ne peut être admis à
compenser, avec ces dommages, les profits que son industrie aurait
procurés à la société dans d'autres affaires. Telle est la disposition
expresse de l'art. 1850, qui en cela a tranché, par rapport aux associés, ce qui, relativement aux mandataires, est un sujet de contestation. C'est, en effet, une question controversée, dans la matière du
mandat, de savoir si, quand le mandataire a par sa faute fait éprouver des
pertes au mandant, ces pertes peuvent ou doivent être compensées avec
les bénéfices que, d'un autre côté, celui-ci aurait retirés de l'exécution
du mandat. Mais ici la discussion n'est pas possible devant la disposition formellement prohibitive de l'art. 1850; et, par conséquent, la
décision qui admettrait la compensation entre les bénéfices et les pertes

en faveur d'un associé en faute contiendrait une violation expresse de la loi, tandis que dans la matière du mandat, où, à défaut d'un texte précis, cette compensation est simplement facultative, la décision qui l'admettrait ou qui la rejetterait serait, comme résultant d'une appréciation de faits, souveraine et inattaquable devant la Cour de cassation (1).

361. Seulement, il convient de bien mesurer les termes de la loi. L'art. 1850 exprime que l'associé tenu, envers la société, des dommages qu'il lui a causés par sa faute, ne peut compenser avec ces dommages les profits que son industrie aurait procurés à la société *dans d'autres affaires.* Il résulte de ces dernières expressions que la compensation serait admissible, au contraire, et devrait même être autorisée, si les bénéfices et les pertes se rapportaient à la même affaire. Tout ce qui provient d'une même opération, dirons-nous avec M. Delangle, « s'applique à la libération du gérant. L'opération doit être appréciée dans son ensemble. Il y aurait une flagrante injustice à séparer le commencement et la fin pour s'emparer du commencement s'il est heureux, et rejeter la fin qui ne l'est pas. C'est toute l'affaire, et non une partie de l'affaire, qu'il faut considérer. » (2) Ainsi une affaire, par exemple une vente de marchandises, a eu des débuts heureux par l'industrie d'un associé qui, s'en étant chargé, a vendu une partie à des conditions très-avantageuses et a, par là, procuré des bénéfices notables que les associés ont encaissés; puis, imprudemment et sans s'enquérir de la solvabilité des acheteurs, il a fait, quant au surplus, des ventes dont le prix a été mal ou incomplétement payé : c'est là une seule et même affaire dans laquelle il y a eu tout à la fois, par le fait de l'associé, des bénéfices et des pertes. Il sera donc de toute justice que l'opération soit envisagée dans son ensemble et que l'associé qui l'a accomplie soit admis à compenser, avec les bénéfices de la première partie, les pertes de la seconde.

Le point essentiel consiste ici à discerner si les bénéfices et les pertes se rapportent véritablement à la même affaire, ou s'ils se rattachent à des opérations qui, bien que liées en quelque sorte entre elles, sont cependant distinctes et indépendantes. Il est certain, par exemple, que si un associé avait été chargé de vendre des marchandises appartenant à la société pour en acheter d'autres (nous empruntons l'exemple à M. Duvergier), on ne devrait pas dire que la vente et le rachat constituent les deux parties d'une même opération : par conséquent, si l'associé, après avoir bien vendu, avait par sa faute ou son imprudence mal acheté, il n'y aurait pas lieu de compenser avec les bénéfices résultant de la vente les pertes causées à la société par l'achat ultérieur d'autres marchandises (3). Mais ce sont là des points dont l'appréciation n'est pas susceptible de présenter des difficultés sérieuses : ils seront résolus en fait. Il suffit ici d'indiquer la théorie de la loi. En définitive, le légis-

---

(1) V. notre commentaire du Mandat (*Petits Contrats*, t. I, n° 909).
(2) V. M. Delangle (*Soc. comm.*, t. 1, n° 165). Comp. Pardessus (*C. de droit comm.*, n° 1017).
(3) V. M. Duvergier (*Soc.*, n° 331).

lateur entend que l'associé qui a conduit une affaire inhabilement, imprudemment, avec négligence, soit responsable vis-à-vis de la société, sans qu'il lui soit permis d'opposer à titre de compensation le profit que, grâce à ses soins, ses coassociés auraient retiré d'affaires antérieures ou postérieures, plus ou moins voisines, mais indépendantes.

362. La raison de cette théorie serait, d'après quelques auteurs, que les profits appartiennent à la société; en sorte que l'un des éléments de la compensation fait défaut (1). Treilhard a dit, en effet, en ce sens, dans l'Exposé des motifs : « Les profits ne sont pas à l'associé; ils appartiennent à la société. » (2) Toutefois, Domat et Pothier, se plaçant à un point de vue plus élevé, ont dit plus exactement que « l'associé devant à la société son industrie, il n'a fait que s'acquitter envers elle de ce qu'il devait en lui apportant des profits qu'il a faits par son industrie. » (3) Il est certain, en effet, que l'associé qui procure des bénéfices à la société ne fait que remplir son devoir en concourant au but commun, qui est précisément la réalisation de bénéfices; et, comme le dit Pothier en complétant son explication, la société ne doit à cet associé rien de ce chef qu'il puisse opposer en compensation de ce dont il est débiteur à raison du dommage par lui causé.

363. Nous nous expliquons par là divers textes de la loi romaine qui, parfois, ont été présentés comme opposés ou contradictoires. Ainsi, c'est à la loi romaine, à deux textes, l'un de Paul, l'autre d'Ulpien reproduisant la décision de Marcellus, qu'est empruntée la règle d'après laquelle l'associé ne peut compenser les profits procurés par son industrie à la société avec les dommages dont il est tenu à raison de sa faute. « Non ob eam rem minus ad periculum socii pertinet, disait Paul, » quod negligentia ejus periisset, quod in plerisque aliis industria ejus » societas aucta fuisset... » (L. 25, ff. *Pro soc.*) Ulpien, de son côté, disait : « Et ideo, si socius quædam negligenter in societate egisset, in » plerisque autem societatem auxisset, non compensatur compendium » cum negligentiâ, ut Marcellus scripsit. » (L. 26, *Eod. tit.*) Et cependant un texte de Pomponius portait, en sens contraire : « Quod si in » quibusdam lucrum factum fuerit, in quibusdam damnum; absens » pensare lucrum cum damno debet. » (L. 11, ff. *De neg. gest.*) Mais il faut remarquer que ce dernier texte est écrit à propos de la gestion d'affaires; et l'on s'explique alors la différence des solutions (4). Il suffit de donner aux premières leur véritable fondement, qui est, non point le fait que les bénéfices procurés par l'industrie de l'associé ne lui appartiennent pas (car à cet égard il en serait du gérant d'affaires comme de l'associé), mais l'obligation de l'associé de concourir à la réalisation des bénéfices. Or cette obligation n'incombe pas au gérant d'affaires, dont

---

(1) V. notamment **MM.** Troplong (*Soc.*, n° 578); Mourlon (*Rép. écrit.*, t. III, p. 359).
(2) V. Locré (t. XIV, p. 523); Fenet (t. XIV, p. 400).
(3) V. Pothier (*loc. cit.*, n° 125); Domat (*loc. cit.*, n° 8).
(4) Nous devons dire, cependant, que la loi 23, § 1 (ff. *Pro soc.*), rapporte une autre décision de Pomponius qui applique la même solution à l'associé. Ulpien, qui la rappelle, ajoute : *Quod non est verum.*

le devoir est simplement de conserver. Et voilà pourquoi le droit qu'a le gérant d'affaires de balancer, en rendant son compte, les pertes par les bénéfices, ne saurait être invoqué par l'associé.

Du reste, nous entendons parler du gérant d'affaires qui n'aurait pas en même temps la qualité d'associé. Il est bien évident qu'en présence de la disposition générale de l'art. 1850, la compensation des profits avec les dommages serait interdite à l'associé qui aurait agi comme gérant d'affaires aussi bien que s'il avait agi comme mandataire de ses co-associés.

1851. — Si les choses dont la jouissance seulement a été mise dans la société sont des corps certains et déterminés, qui ne se consomment point par l'usage, elles sont aux risques de l'associé propriétaire.

Si ces choses se consomment, si elles se détériorent en les gardant, si elles ont été destinées à être vendues, ou si elles ont été mises dans la société sur une estimation portée par un inventaire, elles sont aux risques de la société.

Si la chose a été estimée, l'associé ne peut répéter que le montant de son estimation.

1867. — Lorsque l'un des associés a promis de mettre en commun la propriété d'une chose, la perte survenue avant que la mise en soit effectuée, opère la dissolution de la société par rapport à tous les associés.

La société est également dissoute dans tous les cas par la perte de la chose, lorsque la jouissance seule a été mise en commun, et que la propriété en est restée dans la main de l'associé.

Mais la société n'est pas rompue par la perte de la chose dont la propriété a déjà été apportée à la société.

SOMMAIRE.

certain et déterminé ; la loi spéciale au contrat de société ne statue pas directement sur la question des risques en ce cas ; elle la résout implicitement en décidant quand la perte met fin à la société ou la laisse subsister : art. 1867. — 377. Cet article a ainsi un objet distinct de celui de l'art. 1865, n° 2 : il suppose que l'un des associés a promis de rendre la société propriétaire, et, sans déroger aux principes sur la transmission de la propriété, il détermine, d'après une distinction, l'influence de la perte sur l'existence de la société. — 378. La perte est-elle survenue *avant* que la promesse soit accomplie, la société est dissoute. — 379. Au contraire, la perte de la chose est au compte de la société et n'en opère pas la dissolution quand elle survient après l'époque fixée pour la réalisation de la promesse. — 380. Du reste, la règle de solution posée par l'art. 1867 doit être suivie dans les hypothèses analogues : exemples.

IV. 381. 2° Du cas où l'apport a pour objet la *jouissance* de corps certains et déterminés. Distinction : ou la jouissance conférée à la société constitue un droit réel d'usufruit ; ou elle constitue un simple droit de créance semblable à celui du locataire ou du preneur. — 382. Dans le premier cas, les principes relatifs aux risques et, par voie de conséquence, à la dissolution de la société, s'appliquent de la même manière que s'il s'agissait de l'apport de la propriété. — 383. Suite. — 384. Néanmoins, la perte survenue après constitution de l'usufruit au profit de la société affranchit les associés de l'obligation de restituer à l'expiration de l'usufruit (art. 1851, § 1). — 385. Dans le second cas, l'apport de l'associé est, par sa nature même, successif et ne peut être complétement réalisé qu'à l'expiration de la société. — 386. La perte de la chose par cas fortuit ou de force majeure a un double effet : elle opère la dissolution de la société et enlève à l'associé, dont l'apport est perdu, sa créance à fin de restitution. — 387. Et, à la différence du cas où c'est la propriété même qui a été promise, l'effet de la perte fortuite est le même soit qu'elle survienne avant, soit qu'elle survienne après l'époque fixée pour la réalisation de la promesse (art. 1867, § 2).

V. 388. 3° Du cas où l'apport en jouissance est attributif de propriété au profit de la société : c'est le cas prévu par le § 2 de l'art. 1851, lequel a en vue un apport en jouissance *réalisé*, et par conséquent un apport en jouissance de corps certains et déterminés. — 389. En thèse générale, la société devenant propriétaire, la chose est à ses risques, en sorte que la perte par cas fortuit ou de force majeure doit être supportée par elle et n'opère pas la dissolution de la société. Transition aux quatre cas distincts que précise l'art. 1851, § 2.

VI. 390. Premièrement : Apport de choses qui se consomment ; la société supporte la responsabilité des risques. — 391. Développements et conséquences.

VII. 392. Deuxièmement : Apport de choses qui se détériorent en les gardant ; la loi modifie, à cet égard, les principes posés en matière d'usufruit (art. 589) : l'associé n'a à souffrir ni de la détérioration, ni de la perte totale ou partielle des choses par lui apportées. — 393. L'associé perd, par l'effet de l'apport, la propriété des choses par lui mises en commun, et reste créancier de leur valeur : par conséquent, si, à la dissolution de la société, elles existent détériorées ou amoindries à la suite d'un usage plus ou moins long, l'associé ne saurait être contraint de les reprendre en cet état. — 394. La valeur à restituer par la société est celle des choses, non à la dissolution, mais à la formation du contrat. — 395. Et en aucun cas, l'associé ne peut reprendre, au lieu de la valeur, la chose elle-même, si elle existe encore en nature à la fin de la société.

VIII. 396. Troisièmement : Apport de choses destinées à être vendues ; la destination même de la chose implique que la société en devient propriétaire ; mais la stipulation que la mise ne porte que sur la jouissance assure à l'associé le droit d'en retirer la valeur à la dissolution. — 397. La valeur à laquelle l'associé a droit est celle que les choses avaient au moment du contrat, et cela soit que les choses aient été, soit qu'elles n'aient pas été vendues.

IX. 398. Quatrièmement : Apport de choses mises en société sur estimation ; l'estimation implique transmission de la propriété à la société. — 399. Il n'y a pas à distinguer entre l'apport mobilier et l'apport immobilier. — 400. L'estimation peut n'être pas portée dans un inventaire ; un acte quelconque suffit, pourvu qu'il soit fait d'accord entre les parties. — 401. La perte de la chose laisse subsister la société, sans la dégager de l'obligation de payer à l'associé la valeur portée en l'estimation, laquelle ne peut être contestée ni par le débiteur, ni par le créancier ; — 402. Et bien que l'estimation vaille vente, il n'y a pas lieu à l'action en rescision du contrat pour lésion de plus des sept douzièmes. — 404.

X. 403. 4° Du cas où la mise consiste en corps incertains ou indéterminés. — 404. Avant la livraison, il ne saurait y avoir perte, puisqu'il s'agit de choses de genre : l'associé est donc toujours tenu de faire le versement ; — 405. Après la livraison, l'apport devient, par le fait même, certain et déterminé. — 406. La chose venant à périr en ce cas, pour qui est la perte, et la société est-elle dissoute? Distinction.

I. — 364. Nous avons traité, dans le commentaire des art. 1845 à 1850, des obligations dont chaque associé est tenu envers ses coassociés, c'est-à-dire envers la société. Il va être question maintenant des obligations de la société envers les associés. Celles-ci et les précédentes, dans leur ensemble, constituent ce que Pothier appelle les obligations *respectives* des associés, ou ce que les rédacteurs du Code ont appelé, dans l'intitulé de la présente section, « les engagements des associés entre eux. » Distinctes et séparées, elles se rapportent principalement, suivant la rubrique de Pothier, « aux choses dont un associé peut être créancier de la société, et dont les autres associés sont obligés de lui faire raison, chacun pour la part qu'il a dans la société. » (1)

365. L'une de ces obligations de la société, et la première dont le Code s'occupe, a trait à la restitution des apports. Toutefois, cette obligation n'est pas de celles qui grèvent la société dans tous les cas. Elle ne peut exister qu'autant que l'associé est resté créancier des choses par lui mises dans la société ou de leur valeur. Donc, il faut tout d'abord écarter le cas où les choses mises en commun ont été apportées pour la propriété même. Alors, en effet, la chose entre dans le fonds social dont elle fait partie désormais; comme chose commune, elle ne peut qu'être partagée entre tous les associés, avec et comme les autres biens de la société. On a dit néanmoins que « si, pendant la société, les mises se confondent, *le domaine, cependant, reste à ceux qui les ont fournies, et ne se communique point d'un associé à l'autre.* » (2) Cela n'est pas exact. La vérité proclamée par la généralité des auteurs est, comme nous l'avons établi plus haut, que la propriété de la chose déterminée mise en commun par l'associé à qui elle appartient est immédiatement communiquée aux associés; qu'au moment même où le contrat est formé, cet associé cesse d'être propriétaire; et que s'il participe au droit qu'ont maintenant tous les associés sur la chose commune, il n'a plus cette appropriation exclusive qu'il avait avant la date du contrat, l'objet de l'apport, meuble ou immeuble, étant désormais un bien social, retiré par la seule puissance de la convention du patrimoine de celui qui l'a mis en commun (*suprà*, n° 256). Cela étant, il en résulte nécessairement que les associés ne sauraient, à la fin de la société, être tenus de l'obligation de restituer, et que la seule chose à laquelle ils puissent être obligés, c'est de souffrir que celui qui a fait l'apport vienne, comme les autres, au partage de cet apport confondu désormais avec les biens de la société. Donc, en ce qui concerne l'obligation dont il s'agit ici, il faut supposer, en premier lieu, que les choses apportées ont été mises en commun non pour la propriété, mais pour la jouissance seulement. Alors il peut être exact de dire que l'associé

_____

(1) V. Pothier (*Cont. de soc.*, chap. VII, art. 2).
(2) V. M. Vincens (*Exp. rais. de la législ. comm.*, t. I, p. 366, n° VI).

qui a fait l'apport a voulu retenir la propriété de ces choses; d'où la conséquence qu'il serait créancier et qu'à la dissolution il devrait obtenir la restitution de ces choses ou en prélever la valeur avant le partage des biens de la société.

366. Mais en outre, et en second lieu, il faut supposer que la chose mise en commun pour la jouissance existe encore quand, la société ayant pris fin, il va être procédé au partage des biens sociaux entre les associés. En effet, l'extinction ou la perte fortuite de la chose pendant la durée de l'association peut faire perdre sa créance à l'associé et libérer la société de l'obligation de restituer.

367. Il en est ainsi quand l'associé retient, plus ou moins entière, la propriété des choses qu'il apporte pour que la société en ait la jouissance. Les risques étant, en principe, attachés à la propriété, il s'ensuit que, dans ce cas, si les choses viennent à périr fortuitement pendant la durée de l'association sans la faute de la société, elles ont péri pour l'associé qui en avait mis la jouissance en commun, soit que cette jouissance consistât en un droit réel d'usufruit, soit qu'elle dût se résumer en un simple droit aux fruits. Créancier *in specie* des choses dont il avait retenu la propriété, l'associé les eût reprises s'il les avait retrouvées en nature à la dissolution de la société. Dès qu'elles n'existent plus, la créance n'a plus d'objet; elle est éteinte, et la société, aucune faute ne lui étant imputable, n'a rien à restituer. — Cependant, la jouissance conférée à la société peut, soit à raison des conditions sous lesquelles l'apport a été fait, soit à cause de la nature des choses apportées ou de leur destination, être attributive de propriété. En ce cas, et en vertu du même principe, les risques, qui suivent la propriété, passent à la charge de la société. Dès lors, l'extinction ou la perte fortuite des choses apportées n'en laisse pas moins subsister l'obligation de restituer, sauf à la société, qui ne peut plus rendre ces choses mêmes, à se libérer, en souffrant que la valeur en soit prélevée avant tout partage de l'actif entre les associés. — Par où déjà l'on voit combien il importe de se fixer avant tout sur ce point de la responsabilité des risques, auquel est subordonnée la solution de la question de savoir quand la société est tenue ou se trouve affranchie de l'obligation de restituer l'apport qu'elle a reçu de tel ou tel associé.

368. Mais ce n'est pas tout. Cette question de la responsabilité des risques, que l'art. 1851 tranche précisément à ce point de vue de l'obligation de restituer, présente un intérêt considérable à un autre point de vue encore. L'une des conditions essentielles du contrat de société étant que chaque associé fasse un apport et mette quelque chose en commun, il en doit résulter qu'en cas de perte d'un apport la convention subsiste ou est rompue, suivant que la chose disparue était aux risques de la société et a péri pour elle, ou qu'elle était aux risques de l'associé et a péri pour lui. C'est ce qui s'induit, en effet, de l'art. 1867 du Code civil. Ainsi, la responsabilité des risques influe sur l'existence même de la convention, comme sur l'existence, au profit de l'associé, de la créance à fin de restitution. Aussi, bien que le législateur ait cru devoir ranger

l'art. 1867 parmi les dispositions du chapitre relatif aux différentes manières dont finit la société, nous écarterons-nous en ce point de l'ordre suivi par le Code, et expliquerons-nous cet article dans la présente section. On a dit, à la vérité, qu'il appartient exclusivement à la matière de la dissolution, et que, lié de la manière la plus intime à l'art. 1865, il n'a été introduit dans le Code que pour éclaircir et préciser ce dernier article qui met l'extinction de la chose sociale au nombre des causes de dissolution de la société. Nous contestons, pour notre part, cette appréciation ; et, sauf à le démontrer ultérieurement (*infrà*, n° 377), nous disons dès à présent que l'art. 1867 procède du même principe que l'art. 1851, et que, comme ce dernier article, il fait une application pure et simple ou déduit une conséquence de la responsabilité des risques ou de la maxime *Res perit domino*. C'est pour cela, et aussi pour éviter d'inutiles et de fatigantes répétitions, que nous rapprochons les deux dispositions dans notre commentaire.

369. Il y a d'ailleurs, entre les points résolus par ces deux articles, une corrélation qui justifie d'autant plus le rapprochement. Le contrat de société produit deux obligations respectives dont l'une est la cause de l'autre, celle de l'associé débiteur de l'apport et celle de la société créancière de cet apport. Dans cette situation, la chose apportée ou due vient à périr fortuitement. Si les risques étaient pour la société, l'associé, en tant qu'il conserve sa créance à fin de restitution, ne peut la conserver que parce que la perte fortuite étant, en ce cas, sans influence sur l'existence du contrat, la société subsiste, entre tous les associés, avec les obligations dont elle est tenue vis-à-vis de chacun. Si les risques étaient, au contraire, pour l'associé, la créance à fin de restitution n'est éteinte comme n'ayant plus d'objet que parce que l'apport étant désormais impossible la société ne peut plus se former ou se consolider. C'est ainsi que les deux points se trouvent liés en quelque sorte.

Fixons-nous donc tout d'abord sur la responsabilité des risques, ou plutôt rappelons les principes généraux à cet égard ; nous les étudierons ensuite dans leur application au contrat de société ; après quoi, pénétrant dans les détails, nous parcourrons les hypothèses diverses qui peuvent se présenter.

II. — 370. On sait ce qu'il faut entendre par risques de la chose : ce sont les dégradations, les détériorations, la perte partielle, même la perte totale, qui peuvent résulter d'un cas fortuit ou d'un événement de force majeure survenus depuis le contrat, sans qu'il y ait aucune faute imputable. En ce qui concerne la responsabilité de ces risques, le principe est posé dans l'art. 1138, aux termes duquel l'obligation de livrer la chose, parfaite par le seul consentement des parties contractantes, « rend le créancier propriétaire *et met la chose à ses risques* dès l'instant où elle a dû être livrée, encore que la tradition n'en ait point été faite, à moins que le débiteur ne soit en demeure de la livrer, auquel cas la chose reste aux risques de ce dernier. » Ainsi, la chose, le corps certain qui fait l'objet du contrat est mis immédiatement, par l'effet du contrat même, aux risques du créancier. Et de là il résulte qu'advenant le cas fortuit ou l'événement de force majeure avant la livraison, les dégradations, les détériorations, la perte partielle ou totale sont pour ce créancier, pourvu d'ailleurs qu'il ne fût pas en demeure de livrer; en sorte que le débiteur, en cas de perte totale, ne doit plus rien, son obligation étant éteinte *interitu rei,* et qu'il se libère, en cas de perte partielle, de détérioration ou de dégradation, en livrant la chose dans l'état où elle se trouve entre ses mains. Ceci est sans aucune difficulté, et nous n'avons pas à insister davantage si nous supposons un contrat unilatéral, c'est-à-dire un de ces contrats qui produisent une seule obligation.

Mais notre sujet même nous met en présence d'un contrat synallagmatique, par conséquent d'une convention d'où naissent des obligations corrélatives. Il faut donc préciser quelle est, eu égard à chacune de ces obligations corrélatives, la conséquence du principe d'après lequel la chose est aux risques du créancier par le seul effet du consentement. Sur ce point, il y a deux hypothèses à distinguer : celle d'un contrat pur et simple, et celle d'un contrat subordonné à une condition suspensive.

371. Dans ce dernier cas, le législateur, interprétant la volonté des parties contractantes, suppose que le créancier de la chose, objet du contrat formé sous une condition suspensive, entend n'être engagé à donner ou à faire ce qu'il a promis en retour qu'autant qu'il aura réellement la chose même; en d'autres termes, que, dans la pensée des parties, l'engagement du créancier, absolument corrélatif à celui du débiteur, implique la volonté de payer, au moyen d'un équivalent, la propriété effective et matérielle de la chose, et non pas une simple éventualité, qui, vu la condition suspensive, pourra ne se réaliser jamais. En conséquence, le législateur met la chose aux risques, non plus du créancier, comme dans le cas précédent, mais du débiteur, et, soit que l'obligation consiste à donner la chose, soit qu'elle consiste à en faire jouir, cette chose reste aux risques du débiteur tant que la condition est en suspens, *pendente conditione.* Cela s'induit de l'art. 1182 du Code civil, dont le paragraphe premier dispose, en termes généraux, que « lorsque l'obligation a été contractée sous une condition suspensive, la chose qui fait la matière de la convention demeure aux risques du débiteur qui ne s'est obligé de la livrer que dans le cas de l'événement de la condition. »

Tel est le principe. Quelle en est la conséquence? Le même article distingue à cet égard : il prévoit le cas de perte totale survenue avant l'accomplissement de la condition, et le cas de perte partielle ou de simple détérioration.

La chose est-elle entièrement périe sans la faute du débiteur, « l'obligation est éteinte », dit le deuxième paragraphe de l'art. 1182. Disons plus exactement que le contrat, tenu en suspens par la condition, n'a même pas pu se former, puisque par suite de la perte survenue avant l'accomplissement de la condition, il n'y a plus, quand la condition vient ensuite à s'accomplir, la chose faisant la matière de la convention.

Ainsi, comme l'indiquent tous les auteurs, l'obligation, ou plutôt les obligations, ne sont pas éteintes, à vrai dire; elles sont censées n'avoir jamais existé : celle du débiteur, faute d'objet; celle du créancier, à défaut de cause (1).

La chose s'est-elle détériorée avant l'accomplissement de la condition, on ne peut pas dire alors qu'il n'y ait plus la matière de la convention lorsque la condition vient ensuite à s'accomplir : la chose existe alors telle quelle; elle pourrait donc former l'objet de l'obligation de livrer tout comme la cause de l'obligation de payer. Dès lors il pouvait paraître logique, en appliquant dans ce cas les règles de la rétroactivité, de mettre aux risques du créancier la perte résultant des détériorations survenues, *pendente conditione*, sans la faute du débiteur. Et il en était ainsi en droit romain et dans notre ancienne jurisprudence (2). Cependant les rédacteurs du Code en ont décidé autrement. S'attachant sans doute encore à l'intention, à la volonté présumée des parties, ils ont pensé que, dans cette convention synallagmatique subordonnée à une condition suspensive, l'obligation du créancier, corrélative à celle du débiteur, est prise en vue non pas d'une chose telle quelle, mais de la chose même, de la chose entière qui a fait la matière de la convention. En conséquence, ils ont dit que les mêmes raisons qui avaient fait mettre la perte totale aux risques du débiteur devaient, en principe, faire mettre à ses risques également la perte partielle résultant des détériorations (3). Seulement, comme, en fait, même détériorée, la chose peut encore convenir au créancier, la loi ne devait pas lui enlever la faculté de la prendre, s'il le jugeait à propos, comme équivalent de sa propre obligation. C'est pourquoi, modifiant le principe eu égard à la situation particulière, elle a déféré au créancier le choix soit de résoudre le contrat, soit d'exiger la chose dans l'état où elle se trouve, sans diminution du prix (art. 1182, § 3). — Que si c'est par la faute du débiteur que la chose s'est détériorée, la même faculté d'opter entre ces deux partis est également accordée au créancier, qui, dans cette hypothèse, a droit à des dommages-intérêts (même art., § 4).

372. Si, au lieu d'être conditionnel, le contrat synallagmatique est pur et simple, il faut distinguer suivant que l'obligation dont l'objet est disparu ou péri consiste à donner ou à faire jouir.

S'agit-il d'une obligation de faire jouir, il ne peut être question, à proprement dire, de la responsabilité des risques. Ce n'est pas, en effet, une chose, un corps certain, qui est dû; c'est un fait qui a été promis. Si la chose dont la jouissance fait l'objet du contrat vient à périr, la perte en retombe sur le propriétaire, sans doute; mais elle rend désormais impossible le fait promis, et par cela même elle a pour effet de détruire le contrat qui prend fin immédiatement pour l'une et pour l'autre

(1) V. MM. Delvincourt (t. II, p. 698); Toullier (t. VI, n° 538); Duranton (t. XI, n° 72); Aubry et Rau (3ᵉ édit., t. III, p. 53, note 38); Larombière (sur l'art. 1182, n° 1); Demolombe (*Tr. des contr. ou oblig.*, t. II, n° 424. — *Comp.* n° 426).
(2) V. notamment Pothier (*Oblig.*, n° 219).
(3) V. l'Exposé des motifs du titre *Des Obligations*, par Bigot de Préameneu (Fenet, t. XIII, p. 243; Locré, t. XII, p. 341).

partie, tout comme si la durée assignée à la jouissance par la convention était arrivée à son terme (C. civ., art. 1722). Et quant à l'obligation de restituer la chose, celui des contractants à qui elle incombait dans les conditions mêmes du contrat en est certainement dégagé par suite de la perte fortuite. Mais on ne peut pas dire que les risques de la chose sont pour l'autre; car si sa créance à fin de restitution est éteinte faute d'objet, il n'y a, par contre, aucune dette correspondante ou corrélative dont il puisse rester tenu.

S'agit-il d'une obligation de donner, deux hypothèses peuvent se présenter : ou bien l'obligation a pour objet un corps certain et déterminé, ou bien elle porte sur des quantités, sur des choses indéterminées.

Quand l'obligation de donner a pour objet des choses indéterminées, la question des risques ne se pose même pas. Ou l'obligation a été exécutée, et alors la livraison même a précisé ce qui était dû. La perte survenue ensuite n'est ni pour le créancier, ni pour le débiteur, puisqu'il n'y a désormais ni débiteur, ni créancier; elle est pour le propriétaire, le seul qui ait maintenant un droit quelconque sur la chose. Ou, au contraire, l'obligation n'a pas été exécutée, et alors l'indétermination, quant à l'objet de la dette, ne permet pas de dire que cet objet a été atteint par un cas fortuit ou un événement de force majeure; car ce qui a été promis, ce n'est pas telle chose en particulier, c'est une certaine somme d'argent, une quantité, en un mot, un genre. Or, *genus nunquàm perit.*

Si l'obligation de donner a pour objet une chose déterminée, alors précisément se pose cette question des risques qui, en effet, suppose toujours une obligation ayant pour objet un corps certain. Pour qui donc, du débiteur ou du créancier, sont les risques dans un contrat synallagmatique pur et simple? Ou plutôt, à dater de quel moment les risques passent-ils à la charge du créancier? En principe, c'est en même temps qu'il acquiert la propriété ou le droit réel quant à la chose qui fait l'objet de la convention. La question est ainsi de savoir quand et comment s'opère la translation de la propriété. Suivant le droit romain et dans notre ancienne jurisprudence, la tradition même transférait la propriété; le consentement seul ou la convention n'y suffisait pas. La loi 20, au C. *De pact.*, disait en effet : « Traditionibus et usucapionibus » dominia rerum, non nudis pactis transferuntur. » Et Pothier, rappelant ce texte, disait de même : « Les contrats ne peuvent que former des engagements personnels entre les contractants : ce n'est que la tradition faite en conséquence du contrat qui peut transférer la propriété de la chose qui a fait l'objet du contrat, suivant cette règle : *Traditionibus, non nudis conventionibus dominia transferuntur.* » (1) Mais les rédacteurs du Code ont innové en ce point; et il est certain aujourd'hui que la translation s'opère, entre les parties, par le seul effet du consentement des contractants. Donc, à l'instant même où se forme le contrat

_____

(1) Pothier (*Contr. de vente,* n° 318).

qui constate l'existence de ce consentement, la chose passe aux risques du créancier, en ce sens que la perte survenue sans la faute du débiteur, encore que la tradition n'ait pas été faite, est à la charge du créancier, qui est désormais privé de sa créance, et n'en reste pas moins tenu de tous les engagements que le contrat lui impose corrélativement. La chose ne resterait aux risques du débiteur que si celui-ci était en demeure de la livrer quand est survenue la perte fortuite. Et même, en ce cas, la faute du débiteur en retard de livrer n'aurait pas pour effet de déplacer les risques si celui-ci prouvait qu'en la supposant livrée la chose qui a péri chez lui fût également périe chez le créancier (C. civ., art. 1138, 1148, 1302). Sauf cette réserve donc, les risques, en principe, sont à la charge du créancier du jour où, par le seul effet de la convention ou du consentement, la propriété lui est transférée. Et maintenant, est-ce là une application pure et simple de la maxime *Res perit domino* (1), ou une déduction de cette autre maxime : *Debitor rei certœ interitu fortuito rei liberatur?* (2) La question est vraiment sans intérêt, surtout en pratique, on le verra bientôt (*infrà*, n° 379); et, sans la discuter ici, nous constatons que le simple consentement ou la convention produit à la fois la transmission de la propriété et la mise de la chose aux risques du créancier, comme deux conséquences découlant non pas l'une de l'autre, mais toutes deux immédiatement de la convention. Ce qui le prouve, c'est que, dans l'ancien droit, où, comme on vient de le voir, la tradition était une condition nécessaire du transport de la propriété, c'est néanmoins le créancier qui, jusqu'à la tradition, avait la charge des risques, et qui, en conséquence, en cas de perte fortuite, perdait la chose promise et non encore livrée.

373. Ajoutons que, dans leur application au contrat de société, ces principes généraux sur la responsabilité des risques comportent des observations spéciales qu'il convient de présenter avant de pénétrer dans les détails.

Notons d'abord que la perte fortuite d'un seul apport a pour effet, sinon toujours, au moins en certains cas, de rompre le contrat par rapport à tous les associés. Cela se justifie par la nature même des choses. Les parties se sont réunies en vue de réaliser des bénéfices au moyen d'un certain capital ou d'un fonds commun composé de la réunion de toutes les mises ou de l'ensemble des apports de chaque associé. Si l'une des mises vient à manquer, il est clair que la société n'a pas l'instrument, le fonds commun sur lequel elle avait compté. En cet état, quel parti y avait-il à prendre? Il n'était pas possible de maintenir l'association en excluant celui des associés dont l'apport n'était pas fait à ses coassociés. C'eût été méconnaître, dans une certaine mesure, l'intention des parties, qui sont présumées avoir consenti à entrer dans la société en considération de tous ceux que la convention appelait à participer à l'affaire commune. Il fallait donc ou maintenir la société à

___

(1) V. notamment M. Larombière (sur l'art. 1138, n° 23).
(2) V. à cet égard la dissertation de M. Demolombe dans son *Traité des Contrats et Obligations* (t. I, n° 424).

l'égard de tous, ou la dissoudre vis-à-vis de tous également : la maintenir en laissant à l'associé dont l'apport est péri le même avantage que si la société profitait de l'apport; la dissoudre pour satisfaire à la règle de l'égalité, dans tous les cas où les principes généraux ne commandent pas de s'écarter de cette règle, qui est la loi même du contrat. Ainsi a disposé l'art. 1867 de notre titre. On verra bientôt comment et sur quel fondement, d'après cet article, la perte fortuite d'un apport est, en certains cas, sans influence aucune sur l'existence de la société, tandis que, dans d'autres cas, elle a pour effet de rompre le contrat (*infrà*, nᵒˢ 376 et suiv.). Quant à présent, nous nous bornerons à poser comme vérité générale, dont la confirmation se trouvera dans l'examen et la discussion des détails qui vont suivre, que toutes les fois que la mise est réellement aux risques de la société créancière de l'apport, la société survit à la perte fortuite de l'apport.

374. Observons ensuite que cet effet de la perte fortuite ne doit pas se produire dans toute société indistinctement. Il se produira sans doute dans les sociétés particulières, notamment dans celles qui auraient pour objet telles ou telles choses déterminées. Les apports étant alors précisés et limités, on s'explique que le cas fortuit qui atteint l'un de ces apports puisse mettre en question l'existence d'une société à laquelle l'un de ses membres ne donne rien, contrairement à la loi du contrat qui oblige chaque associé à apporter quelque chose. Mais il n'en serait plus ainsi déjà même dans une société particulière qui aurait pour objet l'exercice d'un métier ou d'une profession; car, à supposer un cas fortuit atteignant les instruments employés à l'industrie que comprend le fonds social, ces instruments pourront être remplacés par d'autres qui serviront à l'exercice de la même industrie. Et à plus forte raison n'en serait-il plus ainsi dans les sociétés universelles : on imaginerait même difficilement, dans une telle société, une perte fortuite impliquant l'anéantissement absolu d'une mise, puisque, soit l'industrie de l'associé, soit la jouissance de ses biens à venir, resteraient toujours comme élément constitutif d'un apport.

375. Ces préliminaires posés, nous passons aux détails. Et pour procéder avec ordre et utilement, nous examinerons successivement les diverses hypothèses qui peuvent se présenter. Elles varient nécessairement eu égard à l'objet même de la mise, à sa nature, aux conditions dans lesquelles elle est faite; et elles peuvent être ramenées aux quatre cas suivants : 1° mise en commun *de la propriété* d'un corps certain et déterminé; 2° apport de corps certains et déterminés *en jouissance* seulement; 3° mise en commun d'une jouissance attributive de propriété; 4° enfin, mise en commun de quantités, ou de choses déterminées non par l'espèce, mais par le genre.

III. — 376. En premier lieu, nous supposons que l'un des associés a promis de mettre en commun la propriété d'une chose, corps certain et déterminé.

Ici, nous avons à nous occuper de la responsabilité des risques seulement au point de vue de l'existence de la société, l'obligation de restituer étant hors de cause, comme nous l'avons déjà expliqué (*suprà*, n° 365).

L'hypothèse est prévue dans l'art. 1867. Sans statuer directement sur la responsabilité des risques, cet article préjuge la question. Il précise en quel cas la perte de la chose dont la propriété a été promise à la société met fin au contrat par rapport à tous les associés, et en quel cas l'association doit subsister, au contraire, nonobstant cette perte. Par cela même, il indique à qui de l'associé ou de la société incombe, dans sa pensée, la responsabilité des risques.

Et d'abord, constatons que l'art. 1867 règle deux cas différents : l'un, dans lequel la mise en commun doit avoir pour objet *la propriété* de la chose; l'autre, dans lequel *la jouissance seule* a été mise en commun, la propriété étant restée dans la main de l'associé. Nous laissons, quant à présent, à l'écart ce dernier cas, auquel se réfère le deuxième numéro de l'art. 1867. Et, sauf à y revenir bientôt (*infrà*, n°s 385 et suiv.), nous nous attachons au cas de la mise en commun *de la propriété*, le seul dont nous ayons à nous occuper maintenant.

377. « Lorsqu'un des associés a promis de mettre en commun la propriété d'une chose, la perte survenue avant que la mise en soit effectuée opère la dissolution de la société par rapport à tous les associés. — Mais la société n'est pas rompue par la perte de la chose dont la propriété a été déjà apportée à la société. » Ainsi disposent les n°s 1 et 3 de l'art. 1867. Peu de dispositions ont, plus que celle-ci, donné lieu à des dissentiments et à des controverses. Cela tient, croyons-nous, à ce que la pensée et même l'objet en ont été méconnus. D'un côté, Troplong suppose que l'art. 1867 a été introduit dans le Code *pour éclairer et préciser* l'art. 1865 dans la disposition qui comprend l'extinction de la chose parmi les causes de dissolution de la société. Et en se plaçant à ce point de vue, il s'attaque à la dernière partie de l'article, en ce qu'il y est déclaré sèchement que la société n'est pas rompue par la perte de la chose dont la propriété a déjà été apportée. L'auteur reproche au rédacteur de s'être en cela mis en contradiction, au moins apparente, avec le n° 2 de l'art. 1865, et d'avoir cru, en parlant en ces termes de la perte de la chose apportée *par l'un des associés seulement*, pourvoir suffisamment au cas de perte partielle dont il n'est pas autrement question soit dans l'art. 1865, soit dans l'art. 1867 (1). — D'un autre côté, Pardessus et d'autres auteurs, sans critiquer la disposition, et en l'approuvant, au contraire, trouvent, dans sa première partie notamment, la preuve qu'il a été dans la pensée du législateur de déroger aux principes sur l'effet des promesses de livrer des corps certains, et d'exiger, pour la société spécialement, la tradition comme condition complémentaire et nécessaire de la translation de la propriété (2). Ces appréciations sont à tous égards inexactes.

L'art. 1867 n'est nullement fait pour éclaircir et préciser l'art. 1865.

---

(1) V. Troplong (*Du Cont. de soc.*, t. I, n°s 917 à 926).
(2) V. les autorités citées en note du numéro suivant.

La vérité est que si ces deux articles ne sont pas absolument indépendants et sans affinité, il faut au moins reconnaître que chacun d'eux a son objet distinct et déterminé. L'art. 1867 a trait exclusivement au cas où *la chose que l'un des associés devait apporter à la société* est périe; et au point de vue de la question qu'il a eu pour objet de résoudre, il se distingue essentiellement de l'art. 1865, dont le n° 2, plus général, embrasse tous les cas où *la chose sociale, le fonds social,* est éteint, détruit, anéanti. La question, en ce dernier cas, était de savoir si la société peut continuer encore quand la chose qui en faisait l'objet n'existe plus. L'art. 1865 répond négativement; et en cela non-seulement il exprime une vérité frappante pour la raison ; comme le dit Troplong, mais encore il pourvoit à tout, même au cas de perte partielle, cette perte pouvant, quoique partielle, être telle cependant que la chose objet de la société ne soit plus à considérer comme existant encore (V. *infrà*, le commentaire de l'art. 1865). Bien autre est la question que l'art. 1865 avait à résoudre : elle est de savoir si l'un des associés a ou n'a pas satisfait à la loi du contrat, et en conséquence si la société doit ou ne doit pas subsister, alors que la chose déterminée, importante ou non, dont l'associé avait promis la propriété, est périe par cas fortuit ou par un événement de force majeure. L'art. 1867 répond à cela par une distinction, et s'il prononce la dissolution de la société dans l'une des deux hypothèses qu'il prévoit, ce n'est pas, comme l'art. 1865, en se plaçant au point de vue de l'extinction ou de l'amoindrissement *de la chose sociale, du fonds social,* c'est parce que l'un des associés se trouvant, par suite de la perte fortuite, dans le cas de ne pouvoir pas livrer *la chose qu'il avait promis de mettre en commun,* il n'est plus possible de donner suite à un contrat dont l'essence même est que chacune des parties apporte ou s'oblige d'apporter quelque chose à la société (*suprà*, n°s 59 et suiv.).

Par cela même, on comprend que le législateur, ayant uniquement à déterminer l'influence que, le cas échéant, la perte fortuite d'un apport devait avoir sur l'existence même de la société, n'avait nullement à se préoccuper des principes généraux sur l'effet des promesses de livrer des corps certains. Ce qui était en question, ce n'est pas le mode suivant lequel la propriété est transférée; c'est le point de savoir à qui incombait la responsabilité des risques, c'est-à-dire sur qui, de la société ou de l'associé, devait retomber la perte fortuite de l'apport. C'est ce point seulement que l'art. 1867 a entendu résoudre; et la preuve en est dans les observations du Tribunat, qui a lui-même proposé et fait admettre la rédaction de l'article, et qui dès lors en a précisé nettement la signification. « Lorsque, a-t-il dit, la chose dont l'un des associés *a promis de* mettre en commun la propriété même vient à périr *avant* que la mise en commun en soit effectuée, la perte de cette chose doit sans doute opérer la dissolution de la société, *cet associé se trouvant réduit à l'impossibilité de réaliser sa mise.* Mais si la chose dont la propriété même mise en commun ne vient à périr *qu'après* avoir été effectivement apportée à la société, *la perte en tombe alors sur la société qui en est dé-*

meurée propriétaire. » (1) Ainsi, d'après les rédacteurs de la loi, il faut distinguer sur cette question de la responsabilité des risques ou des effets de la perte fortuite eu égard à l'existence de la société; il faut dire que l'extinction ou la destruction d'un apport par cas fortuit rompra le contrat ou le laissera subsister, suivant que le cas fortuit sera survenu avant que la société fût devenue propriétaire ou qu'il aura lieu quand elle le serait déjà devenue. Les nᵒˢ 1 et 3 sont le résumé pur et simple des observations du Tribunat; et nous allons voir que, loin d'être dérogatoires en cela aux principes généraux du droit sur la transmission de la propriété, ils sont parfaitement conformes à ces principes, comme le reconnaissent d'ailleurs la plupart des auteurs (2).

378. Le numéro premier, d'abord, suppose qu'un associé ayant promis de mettre en commun la propriété d'une chose déterminée, d'un corps certain, par conséquent d'en rendre la société propriétaire, cette chose est venue à périr *avant* que la promesse ait été accomplie, ou, suivant ses propres expressions, *avant que la mise soit effectuée.* Il tient alors que la perte fortuite est à la charge de l'associé, et en conséquence il déclare la société dissoute par rapport à tous les associés. C'est en ceci que la loi aurait dérogé aux principes généraux, en ce qu'elle aurait exigé la tradition comme condition de la translation à la société de la propriété de la chose promise. Les mots « avant que la mise en soit effectuée » ne laisseraient aucun doute à cet égard. On n'effectue pas une mise, dit-on, par cela seul que, dans un acte de société, on déclare apporter tel ou tel objet déterminé. *Effectuer,* c'est mettre à effet, c'est exécuter. Le mot ne comporte pas d'autre sens. Ainsi, *on effectue un payement* quand on compte au créancier la somme qui lui est due, et non autrement; *on effectue sa mise* quand on met la société en possession des objets dont la mise se compose (3)...

Tout cela serait bien si nous étions ici dans les termes et dans le cas de l'art. 1845, où est précisée l'obligation, quant à l'apport, de l'associé qui déclare mettre en commun un corps certain, telle ou telle chose déterminée. Encore même y aurait-il à être surpris que, voulant déroger aux principes généraux, le législateur n'eût pas parlé de la tradition en termes plus explicites qu'il ne l'a fait dans l'art. 1867. Quand le droit romain et notre ancienne jurisprudence, où la tradition était re-

_____

(1) V. Fenet (t. XIV, p. 383); Locré (t. XIV, p. 510).
(2) V. MM. Delvincourt (édit. de 1824, t. III, note 5 de la page 128); Toullier (t. VII, nᵒ 451); Duranton (t. XVII, nᵒ 467); Duvergier (*Soc.,* nᵒ 421); Troplong (*ibid.,* nᵒ 927); Massé (*Dr. comm.,* 1ʳᵉ édit., t. V, nᵒ 523; 2ᵉ édit., nᵒ 2345); Aubry et Rau (3ᵉ édit., t. III, p. 412, note 5); Taulier (t. VI, p. 391 et 392); Massé et Vergé, sur Zachariæ (t. IV, p. 446, note 7); Boileux (t. VI, p. 379); Picot (t. II, p. 445); Mourlon (*Rép. écrit.,* t. III, p. 336); Bravard-Veyrière et son annotateur Demangeat (*Des Soc. comm.,* p. 243 et suiv.); Bédarride (*ibid.,* t. I, nᵒ 52); Rauter (*op. cit.,* p. 209 et 261); Demètre B. Polizu (*op. cit.,* nᵒˢ 79 et suiv., 154); Dalloz (*Rép.,* vᵒ Société, nᵒ 681).
(3) V. Pardessus (*C. de dr. comm.,* nᵒ 988). *Junge:* MM. Zachariæ (édit. Massé et Vergé, t. IV, p. 446, note 7 *in princ.*); Malepeyre et Jourdain (*Tr. des soc. comm.,* p. 39 et 40); Delangle (*Soc. comm.,* nᵒ 74); Alauzet (*Comm. du C. de comm.,* 2ᵉ édit., t. I, nᵒ 232); Etienne (*Rev. étrang.,* t. VIII, p. 353); Talon (*Des soc. civ.,* p. 207 et suiv.).

quise en principe, avaient laissé fléchir la règle précisément en faveur de la société, au moins de la société *omnium bonorum*, et avaient admis, par exception, la transmission des biens à la société par le seul effet et à l'instant même du contrat (*suprà*, n° 174), c'eût été le moins que le législateur moderne, qui a fait au contraire de la transmission de la propriété *solo consensu* la règle de droit commun, ne laissât planer aucune équivoque sur sa pensée s'il avait eu l'intention de consacrer une exception en sens contraire dans la matière des sociétés.

Mais toute autre est l'hypothèse de l'art. 1867; et la voici : une société se constitue entre plusieurs personnes dont l'une, en s'obligeant à mettre en commun la propriété d'un corps certain, d'une chose déterminée, qui lui appartient, déclare que sa mise sera effectuée, c'est-à-dire que la propriété promise sera apportée ultérieurement, par exemple dans un an. Ainsi, dans la prévision de la loi, il s'agit d'une promesse d'apport *in futurum*, non d'un apport actuel. C'est la pensée que révélait déjà le projet de loi soumis par M. Berlier à la discussion du conseil d'État, car il y était question de la perte « de la chose que l'un des associés *devait mettre dans la société*. » (1) Et cette pensée est mise dans tout son jour par le texte définitif, lequel, rédigé d'après les observations ci-dessus reproduites du Tribunat, parle, en prévoyant la perte fortuite, non pas d'une chose mise actuellement en commun par l'un des associés, mais d'une chose dont l'un des associés A PROMIS *de mettre* LA PROPRIÉTÉ *en commun*. La société est donc ainsi constituée, et il arrive que la chose, le corps certain, dont la propriété a été promise par l'un des associés, périt fortuitement sans qu'il y ait faute imputable. Quelle doit être la conséquence du cas fortuit?

Dans le système du projet présenté par M. Berlier et admis par le conseil d'État, la perte fortuite avait pour effet, en toute hypothèse ou sans réserve, d'opérer la dissolution de la société. C'était trop dire, évidemment; et le numéro premier de l'art. 1867, écrit pour ramener cette conséquence à la juste mesure, déclare qu'il y a là une cause de dissolution sans doute, mais seulement dans le cas où la perte fortuite survient *avant* que la mise soit effectuée, c'est-à-dire, eu égard à l'hypothèse prévue, *avant* l'époque où, d'après la convention, la propriété promise devait être apportée et acquise à la société. Pourquoi? Le Tribunat, dans ses observations, en donne la raison juridique et décisive : c'est que l'associé qui avait promis de mettre en commun la propriété de la chose disparue ou périe *se trouve désormais réduit à l'impossibilité de réaliser sa mise*. Ainsi, le législateur ne s'est en aucune manière préoccupé des principes généraux sur la transmission de la propriété; il n'a pas recherché comment et à quelle époque, dans l'hypothèse prévue, la propriété pouvait être considérée comme acquise à la société, et il n'avait pas à le rechercher, puisque ce point était réglé entre les parties par la convention elle-même; il a simplement déduit une conséquence de la règle qui attache les risques à la propriété et fait l'appli-

____
(1) V. l'art. 38 du projet (Locré, t. XIV, p. 489; Fenet, t. XIV, p. 365).

cation pure et simple de la maxime *Res perit domino*. Et, en effet, l'associé, le promettant, a retenu la propriété jusqu'au jour où il devait, d'après sa promesse, mettre cette propriété en commun. Il est donc resté propriétaire jusque-là : c'était la loi du contrat. S'il est resté propriétaire, et si la chose a péri fortuitement pendant qu'il en avait la propriété, c'est donc sur lui que retombe la perte fortuite. Si c'est pour lui que la chose a péri, il ne peut donc plus faire partie de la société, puisqu'il est désormais empêché de satisfaire à l'obligation de l'apport, c'est-à-dire à l'une des conditions essentielles du contrat. S'il ne peut plus faire partie de la société, la société doit être dissoute; et, comme l'exprime notre article, elle doit être dissoute *par rapport à tous les associés*. Car étant présumés tous s'être liés en considération de la participation de chacun d'eux à l'affaire commune, et l'obligation prise par chacun d'eux de faire un apport ayant pour cause l'obligation corrélative de chacun de ses coassociés, il est évident que si l'un des contractants est mis dans le cas de ne pouvoir pas faire son apport, l'obligation des autres n'a plus de cause (V. *suprà*, n° 374).

Ainsi s'explique la première disposition de l'art. 1867.

379. La dernière peut et doit être expliquée de la même manière. Ici et sans sortir de la même hypothèse, mais en la modifiant, la loi suppose que la perte de la chose dont la propriété était promise est survenue *après* que cette propriété a été apportée à la société, c'est-à-dire après l'époque où, aux termes de la convention, elle devait lui être acquise. Le dernier paragraphe de l'art. 1867 dispose que la société n'est pas rompue en ce cas. Or, en ce point encore, et non moins exactement que dans le cas précédent, la loi déduit la conséquence de cette même règle suivant laquelle les risques suivent la propriété. En effet, dès le jour même où la propriété promise a dû être apportée à la société, la société est devenue propriétaire. La propriété lui a été acquise par le seul effet de la convention, et par conséquent alors même qu'elle n'aurait pas été mise ou ne se serait pas mise en possession. Par cela même, la responsabilité des risques lui a été transmise dès ce jour avec la propriété. En sorte que si la chose vient à périr fortuitement *après*, sans la faute de l'associé qui en avait promis la propriété, on ne peut plus dire, comme dans le cas précédent, que cet associé n'a pas satisfait à l'une des conditions essentielles du contrat. La cause de dissolution ne se produit pas; et la perte fortuite ne pouvant plus avoir pour effet de rompre le contrat, la société reste debout par rapport à tous les associés, par conséquent, même vis-à-vis de celui dont l'apport est disparu ou péri, lequel, libéré désormais de son obligation par l'effet de la perte fortuite du corps certain qui en était l'objet, n'en reste pas moins investi, vis-à-vis de la société, de tous les droits attachés à la qualité d'associé.

Mais, notons-le bien, il faut supposer, avec la loi, que la perte est survenue *après* le jour où la propriété promise a dû être apportée à la société. C'est pourquoi nous contestons dans sa trop grande généralité la doctrine de M. Demolombe, qui, dans un cas analogue, celui de la vente d'une maison avec clause que la propriété en sera transférée à l'expiration du délai de deux ans, estime que la maison est aux risques de l'*acquéreur* et lui en fait supporter la perte fortuite si elle vient périr *dans l'intervalle* du contrat à la livraison (1). Évidemment, la maison ne sera aux risques de l'acheteur que du jour où la propriété doit, d'après la convention, lui être transférée, et, partant, la perte fortuite ne sera à sa charge qu'autant qu'elle surviendra *après ce jour.* L'auteur reconnaît qu'il en serait ainsi si la question des risques était subordonnée à la question de propriété, et devait se résoudre par la maxime *Res perit domino.* Et c'est uniquement parce que, s'agissant ici d'un corps certain, la question des risques devrait'être résolue par cette autre maxime *debitor rei certœ fortuito interitu rei liberatur,* que, selon lui, la perte fortuite serait à la charge du vendeur Mais, pas plus que la première maxime, celle-ci ne prête un appui solide à la solution. En thèse générale, le créancier ne se distingue guère du propriétaire quand il s'agit de corps certains. Quoi qu'il en soit, dans l'espèce supposée, l'acheteur auquel la maison a été vendue avec cette stipulation que la propriété lui en sera transférée dans deux ans n'est devenu créancier du corps certain qu'à l'expiration de la seconde année. Ce serait donc seulement dans le cas de perte survenue après les deux ans que le vendeur, débiteur alors de la chose qu'il devait livrer, pourrait invoquer la maxime *debitor rei certœ fortuito interitu rei liberatur.*

Par où l'on voit que, soit d'après l'une, soit d'après l'autre maxime, la question des risques, et par suite de l'influence de la perte fortuite sur la convention, devra toujours être résolue dans les termes de la distinction que, dans le cas supposé, l'art. 1867 a établie au point de vue du contrat de société. La perte fortuite est-elle survenue après l'époque fixée pour la translation de la propriété, elle libère le débiteur sans rompre le contrat; au contraire, est-elle survenue avant, elle est pour le compte de l'associé et rompt le contrat, la promesse ne pouvant plus êtré réalisée.

380. Du reste, de ce que l'art. 1867 semble avoir été rédigé en vue d'une hypothèse spéciale, celle où l'un des associés a promis non pas l'apport d'une chose déterminée, mais la propriété, qu'il doit mettre ultérieurement en commun, de cette chose, il ne faut pas induire que la disposition en soit applicable à cette seule hypothèse. D'autres cas peuvent se présenter dans lesquels la raison de décider étant la même, le principe posé dans l'art. 1867 devra être suivi. Il en est un notamment que les auteurs citent de préférence et qui même a été indiqué par M. Delvincourt comme celui dont il s'agirait spécialement dans cet article : c'est le cas où la chose promise n'appartiendrait pas, au moment du contrat, à l'associé qui s'était engagé à la livrer (2). Il est certain que si, dans ce cas, la chose vient à périr fortuitement avant que l'associé qui devait la livrer en ait fait l'acquisition, la décision du premier paragraphe de l'art. 1667 devra être appliquée, et qu'ainsi la so-

(1) V. M. Demolombe (*Oblig.*, t. I, n° 425).
(2) V. M. Delvincourt (t. III, note 5 de la page 128).

ciété sera dissoute par rapport à tous les associés. Ainsi en sera-t-il encore dans le cas où une condition suspensive serait apposée soit à la formation de la société, soit à l'une des promesses d'apport, si la chose promise, détruite par cas fortuit ou par un événement de force majeure, n'existait plus au moment où la condition vient à se réaliser (*suprà*, nº 371). Ainsi encore, dans le cas où l'un des associés s'étant engagé à faire une chose pour la mettre en commun (C. civ., art. 1787), cette chose vient à périr fortuitement avant d'avoir été agréée par la société. Dans ces hypothèses diverses, pas plus que dans celle sur laquelle l'article 1867 a entendu statuer, il n'y a dérogation au principe général de la transmission de la propriété par le seul effet des conventions. Ce principe est toujours dominant, en ce sens que c'est encore en vertu de la convention que la propriété doit être acquise à la société : seulement, cet effet est suspendu ou retardé par la volonté même des parties. Et si la société est dissoute par suite de la perte fortuite, ce n'est pas parce que la tradition n'a pas eu lieu, car la tradition aurait transféré non pas la propriété, mais simplement la possession ; c'est encore parce que la perte fortuite, survenue avant l'époque fixée pour l'exécution, est à la charge de l'associé à qui incombait jusque-là la responsabilité des risques, et le met désormais dans l'impossibilité de réaliser son apport et de satisfaire ainsi à une obligation dont tous les associés indistinctement sont tenus pour que la société puisse se constituer.

IV. — 381. Passons au cas où des corps certains et déterminés sont apportés à la société pour *la jouissance* seulement. Ici, nous aurons à nous placer successivement dans chacune des deux hypothèses qui, ainsi que nous l'avons indiqué déjà (*suprà*, nº 275), peuvent se produire : celle où la jouissance promise constitue un droit réel d'usufruit détaché de la propriété dont il est un démembrement, et celle où elle est un simple avantage résultant, en faveur de la société, non pas d'une faculté directe et immédiate qu'elle exercerait sur la chose, mais de l'exécution de l'engagement pris par l'associé de *faire jouir* la société.

382. Lorsque l'apport, d'après les circonstances ou les termes de la convention, consiste dans la constitution au profit de la société d'un droit réel d'usufruit, la communication a lieu de la même manière que s'il s'agissait de l'apport de la propriété. Ainsi, la société devient usufruitière du corps certain et déterminé par le seul effet de la convention ; elle a par cela même la possession de la chose, mobilière ou immobilière, sur laquelle elle exercera directement son droit, sauf son obligation de restituer lors de la dissolution cette chose, si elle existe encore, à l'associé qui en est resté nu-propriétaire. Mais si la chose n'existe plus, si elle a péri fortuitement, la société est-elle dissoute par l'effet de la perte fortuite ? Et l'associé conserve-t-il sa créance à fin de restitution ?

383. Sur la première question, il n'y a pas d'autres règles à suivre que celles qui régissent le cas où la propriété même est l'objet de la mise en commun.

Et, en effet, l'obligation de l'associé qui met une chose déterminée en commun pour l'usufruit est exactement de même nature que celle de l'associé qui apporte une pleine propriété. Elle tend à la création d'un droit réel, sinon aussi large, au moins aussi absolu. Elle participe de la même nature, puisqu'elle a pour objet non pas à vrai dire la propriété même pleine et entière, mais un démembrement de la propriété. Elle est, comme l'apport en propriété, susceptible d'une exécution instantanée. Il est donc bien clair qu'elle doit être soumise aux mêmes principes quant à la responsabilité des risques, et, par voie de conséquence, quant à l'influence de la perte fortuite sur l'existence de la convention. Dès lors, les principes du droit commun et les termes des paragraphes 1 et 3 de l'art. 1867 serviront encore ici de règle.

Ainsi, l'associé a-t-il simplement déclaré mettre en commun l'usufruit de telle chose déterminée dont il est propriétaire, la société est constituée usufruitière par le seul effet de la convention. Par conséquent, si la chose sur laquelle l'usufruit est établi vient à périr, la perte fortuite entraînera l'extinction de l'usufruit (C. civ., art. 617), sans opérer la dissolution de la société. En effet, la société, devenue usufruitière, a par cela même pris la responsabilité des risques. Par suite, la perte de la chose aura pour effet de la dépouiller de son droit, sans que l'associé perde les siens, parce que l'apport a été réalisé et que la perte survenue ultérieurement est sans influence aucune sur le contrat, qui n'en subsiste pas moins (art. 1867, § 3).

Mais l'apport en usufruit est-il destiné, d'après les termes de la convention, à se réaliser ultérieurement; par exemple, est-il subordonné à une condition suspensive, a-t-il pour objet l'usufruit d'une chose dont l'associé n'avait pas encore la propriété, ou qu'il avait, mais dont il entendait conserver la pleine propriété jusqu'à une époque déterminée : alors on fera la même distinction que s'il s'agissait de l'apport de la propriété. Dès lors on appliquera soit le § 1 de l'art. 1867, suivant lequel la perte fortuite d'un apport promis opère la dissolution de la société si la chose est périe *avant* l'époque où, aux termes de la convention, l'usufruit en devait être acquis à la société; soit le § 3, suivant lequel la perte fortuite ne rompt pas le contrat si la chose est périe *après* cette époque.

384. Maintenant, la société sera-t-elle tenue, à la dissolution, de l'obligation de restituer la chose dont l'usufruit a été mis en commun? C'est la seconde question, et celle-ci est résolue par l'art. 1851, dont le premier paragraphe dispose que « si les choses dont la *jouissance seulement* a été mise dans la société sont des corps certains et déterminés, qui ne se consomment point par l'usage, elles *sont aux risques de l'associé propriétaire.* » Toutefois, il ne faut pas se méprendre sur l'objet précis et sur la portée de cette disposition. La loi dit que les choses *sont aux risques de l'associé propriétaire.* Or, nous venons de voir qu'elles sont aussi ou que du moins elles peuvent être aux risques de la société, en ce sens que, survenue après que l'usufruit est acquis à la société, la perte de la chose ne rompt pas le contrat. Mais c'est que la loi ici statue à un point de vue spécial et tout différent. L'art. 1851,

dont l'unique objet a été de mettre en opposition le cas où il s'agit de choses qui se consomment par l'usage (*infrà*, n°s 390 et suiv.) et le cas contraire (1), est emprunté au Traité de Pothier, et à la partie de ce Traité où il est question *des choses dont un associé peut être créancier de la société, et dont les autres associés sont obligés de lui faire raison.* Pothier y pose en premier lieu cette règle que « lorsqu'un associé a mis dans la société des choses dont il ne devait que la jouissance par le contrat de société, il est créancier de la société pour lesdites choses, *qui doivent lui être restituées lors de la dissolution de la société.* » Puis, arrivant aux effets de la perte fortuite *par rapport à cette obligation de restituer* qui incombe à la société, il continue en ces termes : « Si ces choses étaient des corps certains et déterminés, des choses qui ne se consomment pas par l'usage…, ces choses demeurent à ses risques, et ne sont pas aux risques de la société. » La solution est reproduite à peu près littéralement dans le premier paragraphe de l'art. 1851. Mais Pothier va plus loin, et, déduisant la conséquence, il ajoute : « Si sans la faute des associés elles ont été détériorées, il les reprendra en l'état qu'elles se trouvent ; et si elles étaient entièrement péries par quelque force majeure, *la société serait déchargée envers lui de l'obligation de les lui restituer.* » (2) Cette conséquence, les rédacteurs du Code n'ont pas cru devoir la formuler. Mais elle est nécessaire, comme résultant de l'objet même de la disposition qui, placée dans la section relative *aux engagements des associés entre eux,* est écrite aussi, et limitativement, *à ce point de vue de l'obligation de restituer.* Par conséquent, bien que les choses déterminées dont la société a été constituée usufruitière puissent être aux risques de la société, en ce que leur perte fortuite n'aura pas pour effet de rompre le contrat, elles seront cependant toujours aux risques de l'associé propriétaire qui en a mis l'usufruit en commun, en ce sens que la perte fortuite affranchira la société de l'obligation qui pèse sur elle, comme sur tout usufruitier, de restituer, lors de l'extinction de l'usufruit, les choses qui y étaient sujettes. Ces choses étant disparues ou péries par cas fortuit ou force majeure, la créance de l'associé à fin de restitution est éteinte à défaut d'objet.

Notons, d'ailleurs, que cela s'entend de la perte survenue par cas fortuit ou force majeure. Il en serait autrement si les choses sujettes à l'usufruit avaient péri par la faute de la société. Alors la créance de l'associé ne serait pas éteinte, et à défaut de la chose qui, n'existant plus, ne pourrait pas lui être restituée, des dommages et intérêts devraient lui être alloués par application des art. 1382 et suivants du Code civil. Toute la question serait de savoir sur qui retomberait la charge des dommages et intérêts. Ils seraient supportés par les associés en commun et payés par le fonds social si la chose avait péri par la faute de la société, ou encore par la faute d'un administrateur, puisque, comme préposé, cet administrateur engagerait la responsabilité de la société

(1) V. la discussion de l'article au conseil d'État (Fenet, t. XIV, p. 574 ; Locré, t. XIV, p. 498 et 499).
(2) Pothier (*Contr. de soc.*, n° 126).

(C. civ., art. 1384). Et si la faute était imputable à tel ou tel associé non investi du droit d'administrer, cet associé seul et personnellement serait tenu des dommages. Mais nous reviendrons sur ce point dans le commentaire de l'article suivant.

385. Nous passons à la seconde espèce de jouissance que l'un des associés peut devoir à titre d'apport à la société. Le cas diffère du précédent en ce qu'au lieu d'être investie d'un droit réel, démembrement du droit de propriété, la société est simplement créancière des fruits que produira la chose, lesquels, à vrai dire, constituent la mise de l'associé. Les rapports respectifs entre la société créancière et l'associé débiteur sont, en ce cas, exactement les mêmes que ceux qui naissent du contrat de louage entre le locataire ou preneur et le bailleur. De même que le bailleur, l'associé qui s'est engagé à procurer à la société la jouissance de tel objet spécifié ou déterminé, garde pleine et entière, sans aucun démembrement, la propriété de la chose. Et, de même que le locataire ou preneur, la société acquiert uniquement un droit de créance qui lui permet de réclamer du propriétaire qu'il la mette toujours à même de jouir de la chose, c'est-à-dire d'en retirer les fruits. Ainsi l'apport, comme nous avons eu déjà l'occasion de le faire remarquer (*suprà*, n° 278), n'est pas de nature à pouvoir être effectué d'un seul coup, en une fois, et par un dépouillement partiel du droit du propriétaire sur la chose; il est successif en ce qu'il entraîne l'obligation de procurer tous les jours à la société, pendant sa durée, la jouissance de la chose dont le propriétaire a promis de la faire jouir.

Mais la chose vient à périr fortuitement avant que la société soit arrivée au terme fixé par la convention. Quelle est la conséquence de la perte fortuite? La société est-elle dissoute ou subsiste-t-elle? Et est-elle tenue d'une obligation quelconque envers l'associé propriétaire de la chose dont il devait la jouissance? A cet égard, le doute n'est pas possible, les deux points étant nettement réglés par la loi.

386. D'une part, l'art. 1851, § 1, écrit spécialement au point de vue de l'obligation de restituer, comme nous venons de le dire, contient, dans son premier paragraphe, une disposition générale qui embrasse tous les cas d'apport *en jouissance* de corps certains et déterminés ne se consommant point par l'usage. Les choses de cette nature, d'après cette disposition, sont aux risques de l'associé propriétaire. Par conséquent, dans notre espèce actuelle où nous supposons la société simplement créancière des fruits, tout comme dans l'espèce du n° 384 où elle est supposée usufruitière, la perte fortuite des choses dont la jouissance était due a pour effet de décharger la société et d'éteindre la créance de l'associé à fin de restitution. — D'une autre part, l'art. 1867, § 2, dispose que « la société est dissoute *dans tous les cas* par la perte de la chose, lorsque la jouissance seule a été mise en commun, et que la propriété en est restée dans la main de l'associé. » Mais cette disposition, à la différence de la précédente, s'applique limitativement à notre espèce. Nous savons, en effet, que lorsque la *jouissance* promise à la société consiste en un droit réel d'usufruit, l'apport, qui alors a pour

objet un démembrement du droit de propriété, rentre dans les termes des paragraphes 1 et 3 de l'art. 1867, lesquels précisent, à ce point de vue de la dissolution, les effets de la perte fortuite d'un apport en propriété (*supra*, n° 382). C'est donc bien à l'apport successif et mobilier, ayant pour objet seulement les fruits à provenir de la chose, que la disposition du second paragraphe est réservée. Ainsi, lorsque la chose dont la jouissance a été promise en ces termes par l'un des associés vient périr fortuitement ou par un événement de force majeure, la perte est pour cet associé qui en est resté propriétaire; et comme elle le met dans l'impossibilité de réaliser désormais l'apport, elle opère la dissolution de la société. — Par où l'on voit que, dans cette hypothèse, la chose est aux risques de l'associé propriétaire, non pas en un sens relatif et limité, comme dans le cas où la société est constituée usufruitière, mais dans un sens absolu, en ce que la perte fortuite de la chose dont la jouissance a été mise en commun, outre qu'elle enlève à l'associé propriétaire sa créance à fin de restitution, a pour effet, *dans tous les cas*, de dissoudre la société ou de résoudre la convention intervenue entre les associés.

387. Dans tous les cas, disons-nous, en reproduisant l'expression même du second paragraphe de l'art. 1867, et c'est là une autre différence entre notre hypothèse et celle où il a été fait apport à la société d'une chose déterminée soit en usufruit, soit en pleine propriété. Dans cette dernière hypothèse, il résulte des paragraphes 1 et 3 de l'art. 1867 que si la perte fortuite de la chose entraîne dissolution de la société quand elle est survenue *avant* la mise en possession, elle ne rompt pas le contrat lorsqu'elle est survenue *après*. Dans notre hypothèse actuelle, il n'y a pas à distinguer : la société est dissoute *dans tous les cas*. Cela tient à l'objet de l'apport et à sa nature même. « Si ce n'est pas la propriété même, a dit le Tribunat, mais la seule jouissance ou les fruits de la chose qui aient été mis en commun, que la chose périsse avant ou après que la mise a été effectuée, la perte de la chose dissout évidemment dans les deux cas la société, puisque dans l'un et dans l'autre l'associé dont la chose a péri ne peut plus contribuer pour rien à faire de mise dans la société, qui ne consistait qu'en fruits ou simple jouissance. » (1) L'apport est successif et multiple; il ne sera réalisé que par l'acquittement intégral de la dette, c'est-à-dire à la fin de la société quand l'associé aura procuré à ses coassociés une jouissance non troublée, non interrompue, pendant toute la durée de l'association. Et comme, par cela même, la perte fortuite de la chose, à quelque époque qu'elle survienne, aura pour effet de rendre impossible la réalisation de l'apport, il s'ensuit que la société n'existe pas, la convention elle-même étant résolue si la chose périt fortuitement avant d'être livrée, et que si elle périt après, la société cesse d'exister.

388. Nous arrivons à un cas où l'apport en jouissance présente un caractère tout particulier : c'est celui auquel s'appliquent les deux derniers paragraphes de l'art. 1851. Ici, et d'après les apparences, la

(1) Fenet (t. XIV, p. 383 et 384); Locré (t. XIV, p. 510 et 511).

société n'a encore qu'un droit de jouissance; toutefois, nous n'avons plus à en rechercher la nature, parce que cette jouissance est en quelque sorte translative de la propriété, qui, dans la réalité, passe et appartient à la société. Cette situation exceptionnelle se produit en plusieurs circonstances que nous indiquerons bientôt.

Remarquons auparavant qu'il s'agit encore ici d'un apport réalisé en jouissance. Par conséquent, il faut supposer que l'apport a pour objet la jouissance de corps certains et déterminés. C'est de toute évidence, la livraison étant nécessairement exclusive de l'indétermination. Ainsi, les objets dont la jouissance est promise sont-ils des choses indéterminées ou déterminées seulement par leur espèce, ce n'est plus le cas prévu aux §§ 2 et 3 de l'art. 1851; c'est un cas différent que nous étudierons en dernier lieu (*infrà*, nᵒˢ 403 et suiv.). Au contraire, ces objets sont-ils des corps certains et déterminés, l'obligation de livrer sera parfaite ordinairement par le seul consentement (C. civ., art. 1138), et le cas sera précisément celui dont nous avons à nous occuper maintenant.

389. En thèse générale, les choses dont la jouissance seulement est mise en société sont aux risques de l'associé qui fait l'apport, parce que ce dernier reste propriétaire de ces choses. C'est la règle écrite dans le premier paragraphe de l'art. 1851. Toutefois, il est des circonstances dans lesquelles, bien qu'un associé déclare ne mettre en commun que l'usufruit ou la jouissance d'une chose, la société acquiert cependant cette chose elle-même comme si elle avait été mise en commun pour la toute-propriété. La règle générale devait fléchir en ces circonstances. Et, en effet, d'après le deuxième paragraphe de l'art. 1851, la chose alors, quoique apportée en jouissance, est aux risques de la société. Donc, si elle périt fortuitement pendant la durée de la société, le contrat ne sera pas rompu, car la jouissance promise constituant une véritable propriété, et l'apport étant réalisé, c'est le cas de suivre la disposition du nᵒ 3 de l'art. 1867, et non celle du nᵒ 2. D'un autre côté, la créance de l'associé contre la société subsistera nonobstant la perte de la chose, car cette créance a pour objet non pas la chose même, mais la valeur représentative ou une chose équivalente.

Telle est l'exception. Il faut préciser maintenant les causes qui y donnent lieu. Et à cet égard, en reprenant les quatre cas d'exception que renferme le § 2 de l'art. 1851, lequel reproduit d'ailleurs l'énumération même de Pothier, nous parlerons successivement : 1° des choses qui se consomment; 2° de celles qui se détériorent en les gardant; 3° de celles qui ont été destinées à être vendues; 4° enfin, de celles qui ont été mises dans la société sur une estimation portée dans un inventaire (1).

VI. — 390. 1° *Des choses qui se consomment.* La société en devient propriétaire, quoique l'apport ne consiste que dans la jouissance, à raison de la nature même et du caractère de ces choses. Il s'agit, en effet, de choses qui, dans l'intention des parties, ont été considérées

_____

(1) Pothier (*C. de soc.*, nᵒ 126).

comme *fongibles*, de choses, par conséquent, dont on ne peut faire usage sans les perdre ou les consommer, ou sans en changer la substance. Or, dit très-exactement Delvincourt, « comme le droit de perdre ou de consommer est le caractère distinctif de la propriété, il en résulte qu'à l'égard des choses fongibles la jouissance et la propriété se confondent, tellement que le droit d'usufruit sur ces sortes de choses en confère la propriété, sauf restitution (C. civ., art. 587). Lors donc que la chose dont la jouissance a été mise dans la société est fongible, il est clair que, la société ne pouvant s'en servir sans la consommer, et ne pouvant la consommer sans en être propriétaire, la propriété en a été transférée à la société par cela seul qu'on lui en a donné la jouissance. » (1) Les relations entre l'associé qui a fait un tel apport et la société sont comparables à celles qui s'établissent entre l'emprunteur et le prêteur dans le prêt de consommation. L'emprunteur devient propriétaire de la chose prêtée (C. civ., art. 1893); il peut en disposer, l'aliéner ou la détruire, sauf à s'en procurer une semblable au terme convenu, pour en faire la restitution au prêteur, qui, par l'effet du prêt, n'a plus qu'un simple droit de créance (C. civ., art. 1902). De même, dans le contrat de société, la société devient propriétaire des choses fongibles apportées en jouissance, sauf l'obligation d'en rendre, à l'associé demeuré simplement créancier, de pareille quantité, qualité et valeur, ou leur estimation, lorsque l'association vient à prendre fin. L'art. 1851, 2°, déduit une conséquence juridique de cette situation en mettant, en ce cas, les choses aux risques de la société.

391. Et en effet, les risques suivant la propriété, il en doit nécessairement résulter que la société, par cela même qu'elle devient propriétaire, prend à sa charge la responsabilité des risques dans les termes et dans la mesure même où cette responsabilité pèse sur le propriétaire. Ainsi, un associé fait un apport d'argent, c'est-à-dire de la chose fongible par excellence. Nous supposons qu'à la différence du cas discuté *suprà*, nos 308 et 309, l'objet de l'apport est clairement précisé : l'associé a déclaré mettre en commun non pas un capital sans autre explication, mais la jouissance de ce capital; et des termes de la convention il résulte nettement que la mise ne consiste que dans le profit de l'argent. Dans ces conditions, si le capital vient à périr pendant la durée de l'association, la perte, de quelque manière qu'elle soit arrivée, fût-ce par cas fortuit ou force majeure, sera supportée par la société seule, parce que sur elle seule pesait la charge des risques. Donc, la société ne sera ni dissoute par l'effet de la perte fortuite, ni libérée envers l'associé, créancier du capital, de l'obligation de rendre ce capital dont la jouissance ou le profit seulement lui avait été conféré.

VII. — 392. 2° *Des choses qui se détériorent en les gardant.* Ici, la société devient propriétaire, bien que l'apport soit de la jouissance seulement, parce que les choses étant de telle nature qu'elles se détériorent en les gardant, l'associé ne peut être présumé avoir eu l'intention de les

_____

(1) Delvincourt (t. III, note 4 de la page 125, édit. de 1824).

garder. C'est pourquoi il en est de ces choses comme de celles qui se consomment de suite : quoique mises en commun pour la jouissance seulement, elles sont cependant aux risques de la société. Ainsi, c'est pour elle qu'elles se détériorent ou qu'elles périssent, sans qu'elle soit dissoute, ni libérée de son obligation de restituer la valeur à l'associé.

393. C'est qu'en effet l'associé, propriétaire de ces choses avant le contrat, n'est plus, après l'apport, que créancier de leur valeur. Pothier, à qui la disposition de l'art. 1851 est empruntée à peu près littéralement, s'en explique en termes précis. L'associé, dit-il, qui a apporté des choses qui se consomment ou se détériorent en les gardant pour que la société en ait seulement la jouissance, est créancier *non des choses mêmes, mais de la somme à laquelle monte l'estimation* (1). Il n'y a donc pas à se méprendre sur la portée de l'art. 1851. Aussi ne saurions-nous nous ranger à l'avis de M. Duranton, d'après qui la société ne devrait répondre que de la perte; en sorte que si, au moment de la dissolution, les choses existaient encore en nature, mais détériorées ou amoindries à la suite d'un long usage, la société serait libérée en les rendant à l'associé, qui devrait les reprendre en cet état (2). C'est aussi l'opinion de M. Delangle, qui, tenant comme un point certain le droit de l'associé de revendiquer les choses en nature s'il y trouvait un avantage, invoque, à l'appui de la solution, la réciprocité, qui doit être l'une des conditions des contrats synallagmatiques (3). Mais, sans nous arrêter, quant à présent, à ce dernier argument, auquel nous répondrons bientôt en invoquant nous-même la réciprocité en sens inverse (*infrà*, n° 395), nous disons que cette opinion est contraire à l'esprit non moins qu'au texte de la loi.

Sans doute il est des choses qui, sans se consommer de suite ou *primo usu*, se détériorent néanmoins par l'usage. Appliquée à ces choses, la solution proposée par les auteurs précités serait exacte, nous en convenons. Mais pourquoi? Parce que ces choses rentrent dans le premier paragraphe de l'art. 1851, qui précisément parle des choses qui ne se consomment point par l'usage, et qu'ainsi mises en commun pour la jouissance seulement, ces choses, d'après cette disposition, sont aux risques de l'associé propriétaire. De ces choses donc il sera vrai de dire, si elles existent encore à la fin de la société, que l'associé, qui en est propriétaire et par conséquent créancier, n'aura que le droit de les reprendre, quelque détériorées ou amoindries qu'elles soient, pourvu que les détériorations n'aient pas été causées par le dol ou par la faute de la société (4). C'est l'application des principes généraux que l'article 589 du Code civil a consacrés.

Mais ce n'est pas de ces sortes de choses qu'il s'agit dans le paragraphe second de l'art. 1851. En cette partie, l'article suppose que les choses dont la jouissance est mise dans la société sont de celles qui,

(1) Pothier (*loc. cit.*).
(2) V. M. Duranton (t. XVII, n° 409, 2°).
(3) V. M. Delangle (*Soc. comm.*, t. I, n° 82).
(4) V. MM. Aubry et Rau (3° édit., t. III, p. 412, note 2).

abstraction faite de tout usage qu'on en peut faire, sont détériorées par l'action du temps ; des choses qui, selon son expression même, *se détériorent en les gardant*. La loi tient que, par cela même, l'associé, bien qu'il ait parlé de la jouissance seulement, n'a pu cependant avoir la pensée, absolument contraire à son intérêt, de retenir la propriété de ces choses ; que, par suite, il a entendu transmettre à la société le droit d'en disposer. Et c'est précisément parce que la société acquiert ce droit de disposition, qui est l'un des attributs de la propriété, que, dans ce cas, à la différence du cas précédent, les choses sont mises à ses risques par la loi. Or, dès qu'elles sont aux risques de la société, sans exception ni réserve, il faut conclure, en prenant le mot risques dans son acception naturelle, que les détériorations produites par l'action du temps sont pour son compte et à sa charge, aussi bien que la perte réelle et complète. Et, par une conséquence ultérieure, il faut dire que l'obligation de restituer incombant à la société implique la nécessité, non pas d'abandonner les choses dans l'état de détérioration où elles peuvent se trouver quand finit l'association, mais d'en payer la valeur, qui, comme l'explique Pothier, est l'objet même et l'objet unique de la créance de l'associé (1).

394. Par ces mêmes considérations, nous pensons que la valeur à laquelle l'associé a droit est celle de la chose au moment où la société s'est constituée, et non celle que la chose peut avoir quand la société arrive à son terme. On a exprimé un avis différent : la loi, a-t-on dit, place sur la même ligne et les choses qui se consomment *primo usu*, c'est-à-dire les choses fongibles, et celles qui se détériorent en les gardant. Il résulte de ce rapprochement même que ces choses sont assimilées à tous égards. Donc la société, tenue dans les mêmes termes de l'obligation de restituer, se libère comme s'il s'agissait de choses fongibles, en payant les choses qui se détériorent en les gardant d'après leur valeur au moment de la dissolution (2). Mais si le législateur place ces deux sortes de choses sur la même ligne, c'est seulement au point de vue de la responsabilité des risques, en ce sens que la jouissance impliquant, pour les unes comme pour les autres, le droit de disposition, c'est-à-dire l'idée de propriété, elles passent, les unes et les autres, aux risques de la société par l'effet de la convention qui lui confère la jouissance. L'assimilation ne va pas au delà. Et spécialement, en ce qui concerne la manière dont la restitution doit être faite lorsque la société vient à prendre fin, il y a une différence nécessaire qui tient à la nature et au caractère propre à chacune de ces choses. Pour celles qui se consomment, que le premier usage a fait disparaître, et qui ainsi ne se retrouvent pas en nature à la dissolution de la société, elles sont aisément remplacées par des choses semblables ; et dès que la société en rend de pareille quantité, qualité et valeur que celles qu'elle a consommées en

(1) V., en ce sens, MM. Delvincourt (t. III, note 5 de la page 125); Duvergier (n° 180); Troplong (t. II, n° 589); Molinier (*Tr. du dr. comm.*, n° 330); Aubry et Rau (loc. cit.).

(2) V. MM. Duvergier (n° 183); Alauzet (t. I, n° 179).

en faisant usage, ou leur èstimation lors de la dissolution (art. 587); on peut dire qu'elle satisfait exactement à la disposition de la loi qui met la chose à ses risques. Pour les choses qui se détériorent en les gardant, il n'en est pas de même. Corps certains et déterminés, à vrai dire, elles sont susceptibles d'une estimation individuelle, spéciale, et résistent à une estimation de genre. Or, les estimer au moment de la dissolution, ce serait les mettre aux risques de l'associé, et autant vaudrait alors, en maintenant ou en reproduisant le principe de l'art. 589 au titre de l'Usufruit, autoriser la société à se libérer en rendant la chose elle-même à l'associé. Mais précisément l'art. 1851 a modifié ce principe. Il a supposé que, relativement aux choses de cette nature comprises dans un apport pour la jouissance, il intervient entre la société et l'associé un transport, une cession de la propriété, moyennant un prix dont ce dernier sera désormais créancier. Et par cela même qu'il a mis les choses *aux risques de la société,* il a entendu que ce prix ne serait autre que la valeur même de la chose au moment où la cession a été consentie; car évidemment la société serait affranchie des risques au lieu d'en être chargée si, s'agissant de choses qui se détériorent en les gardant, elle était quitte en payant, quand elle prend fin, la valeur à laquelle ces choses pourraient se trouver réduites à ce moment. C'est aussi l'avis de Troplong et des annotateurs de Zachariæ (1).

395. Mais nous n'allons pas, avec ces auteurs, jusqu'à dire que si l'associé désire reprendre la chose même au lieu de la valeur, *il en est le maître* (2). Selon Troplong, le droit d'option s'induirait de la dernière disposition de l'art. 1851, en ce que, en forçant l'associé à se contenter de l'estimation quand la chose a été estimée, cette disposition fournirait un argument *à contrario* pour décider que, lorsqu'elle ne l'a pas été, il peut opter pour la chose même ou pour sa valeur. C'est là, à notre avis, une fausse interprétation. Le dernier paragraphe de l'art. 1851 a eu pour but unique de fixer invariablement le montant de la reprise pour les choses qui ont été l'objet d'une estimation contradictoire entre les parties, et de mettre désormais à l'abri de toute critique le chiffre de l'estimation (*infrà,* n° 401). Mais assurément cela n'implique en aucune manière, ni ne permet de supposer que, dans la pensée du législateur, il suffit que les choses n'aient pas été estimées pour que, par cela même, l'associé soit maître, s'il le désire, de reprendre ces choses au lieu de leur valeur. Dans le cas particulier qui nous occupe, la situation respective des parties est nettement fixée, et ce droit d'option trouve un réel obstacle dans le principe de réciprocité dont nous avons parlé tout à l'heure. Quand la société devenue propriétaire de la chose n'a pas le droit d'en imposer la reprise à l'associé (*suprà,* n° 393), on ne peut reconnaître à ce dernier, créancier simplement de la valeur, le droit de revendiquer et de reprendre la chose elle-même. D'ailleurs, les plus-values n'étant guère à supposer par rapport aux choses dont il s'agit ici,

(1) V. MM. Troplong (*Soc.,* t. II, n° 590); Massé et Vergé, sur Zachariæ (t. IV, p. 452, note 4).
(2) Troplong (n° 591); MM. Massé et Vergé (*loc. cit.*).

l'associé aura bien rarement intérêt à demander la chose même au lieu de la valeur. Mais s'il en était autrement, par suite de circonstances exceptionnelles, son intérêt devrait céder devant celui de la société, qui seule, comme propriétaire de la chose, devrait profiter de la plus-value. Nous nous prononçons donc contre ce droit d'option, qu'aucun texte ne consacre, et qui, à défaut d'un texte, ne saurait être établi par un simple argument *à contrario,* fondé d'ailleurs sur une interprétation discutable. Tout ce qu'on peut concéder, c'est la faculté pour les parties de convenir entre elles que l'obligation de restituer sera modifiée dans son exécution, en ce sens que la société sera libre, si l'associé le demande, de donner la chose au lieu d'en payer la valeur. L'associé pourra ainsi, non pas exiger, mais simplement demander que la société satisfasse de cette manière à son obligation de restituer. Et cela n'aura rien de contraire à la loi, l'exécution de cette obligation ne touchant pas à l'ordre public, et pouvant dès lors être modifiée ou réglée par la convention.

VIII. — 396. 3° *Des choses destinées à être vendues.* Ces choses sont également aux risques de la société, et sur ce même fondement d'un transport, d'une cession présumée de la propriété même à la société. Ce transport s'induit ici de l'intention évidente des contractants. La chose étant destinée à être vendue, sa destination même implique, en effet, et nécessairement, l'idée que la société devient propriétaire, puisque c'est à elle désormais qu'il appartiendra de vendre la chose et d'en disposer ainsi suivant sa destination. Seulement, la réserve ou la stipulation que la mise en commun ne porte que sur la jouissance assure à l'associé le droit de reprendre, à la dissolution, la valeur de la chose dont il avait conféré la jouissance seulement à la société.

397. Il est inutile de reproduire ce qui a été dit déjà, et à diverses reprises, touchant la responsabilité en cas de perte. Mais il y a lieu et il convient de préciser quelle est la valeur que, soit en cas de perte, soit en cas de vente de la chose, l'associé aura le droit de réclamer à la dissolution de la société. C'est là une question que les auteurs, en général, résolvent par une distinction : ou les choses, disent-ils, ont péri fortuitement ou n'ont pas été vendues, et dans ce cas l'associé a droit à la valeur qu'elles avaient au moment de l'apport; ou elles ont été vendues, et dans ce cas c'est une valeur égale au prix de la vente qui est due à l'associé (1). A notre sens, la distinction n'est rien moins que logique. Et en effet, ou l'associé a été dessaisi de la propriété immédiatement à raison de la destination même de la chose, ou le dessaisissement a été subordonné à la vente de la chose mise dans la société pour la jouissance. Dans cette dernière hypothèse, il faudrait dire, pour être logique, que l'associé a droit au prix si la chose a été vendue, et à la chose elle-même si, n'ayant pas été vendue, elle existe encore aux mains des associés, puisque, dans ce cas, il serait resté saisi de la pro-

(1) V. MM. Delvincourt (t. III, note 6 de la page 125); Duvergier (*Soc.,* n° 184); Troplong (*ibid.,* t. II, n° 594); Alauzet (*Comm. du C. de comm.,* 2° édit., t. I, n° 179).

priété. Et dans la première hypothèse, pour être logique également, il faudrait dire que l'associé a droit à la valeur de la chose au moment du contrat, soit qu'elle ait été vendue par la société, soit qu'elle n'ait pas été vendue, puisque dès la formation du contrat il a cessé d'être propriétaire de la chose et n'a plus été que créancier de la valeur. Or, c'est cette dernière hypothèse qui est la réalité d'après la loi. L'associé, dans la pensée de l'art. 1851, 2°, est dessaisi de la propriété immédiatement et par cela même que les choses par lui mises en commun pour la jouissance sont destinées à être vendues. Le dessaisissement de l'associé et le transport de la propriété à la société sont l'effet immédiat de la destination des choses; ils ne sont nullement subordonnés aux actes de disposition que la société en pourra faire ultérieurement. C'est pourquoi la société, soit qu'elle ait vendu les choses et quelque prix qu'elle en ait retiré en ce cas, soit qu'elle les ait gardées ou qu'elles aient péri fortuitement dans ses mains, doit à l'associé la valeur que ces choses avaient au moment de l'apport, toute cette valeur et rien que cette valeur. — Il serait difficile, sans doute, de la déterminer si les choses n'existaient plus à la dissolution de la société; mais ce sera alors le cas, comme l'indique M. Duranton, de suivre la marche tracée par l'art. 868 du Code civil (1).

IX. — 398. 4° *Des choses mises dans la société sur une estimation portée dans un inventaire.* De ces choses encore, il est vrai de dire que, quoique apportées pour la jouissance, elles deviennent la propriété de la société par l'intention présumée des parties. L'estimation qui en est faite constitue en quelque sorte une vente qui rend la société propriétaire, à la charge de payer, quand elle prendra fin, le prix arbitré entre elle et l'associé au moment où elle s'est formée.

399. C'est ainsi que la dot mobilière, qui à défaut d'estimation quand elle est constituée resterait la propriété de la femme, devient la propriété du mari, aux termes de l'art. 1851, si les objets qu'elle comprend ont été estimés dans le contrat de mariage. Cependant il y a cette différence entre la dot remise au mari et l'apport fait à la société, que l'estimation vaut vente, en ce qui concerne l'apport social, même dans le cas où la chose estimée serait un immeuble. Il en est autrement, par rapport à la dot, d'après l'art. 1552, aux termes duquel l'estimation donnée à l'immeuble constitué en dot n'en transporte point la propriété au mari s'il n'y en a déclaration expresse. Mais l'art. 1851 ne fait pas la distinction. L'opinion de quelques auteurs qui ont cru pouvoir l'introduire dans notre matière (2) vient se heurter contre les termes mêmes de la loi. L'art. 1851 parle, non pas des objets mobiliers et des immeubles, comme les art. 1551 et 1552, mais des *choses.* C'est là une expression générale, une appellation sous laquelle les immeubles sont désignés aussi bien que les meubles. Donc, en déclarant que, mises dans la société sur une estimation, les choses *sont aux risques de la société,*

---

(1) V. M. Duranton (t. XVII, n° 409, 3°).
(2) V. MM. Malepeyre et Jourdain (*Soc. comm.*, p. 46); Molinier (*Droit comm.* n° 331); Boileux (t. VI, p. 304 et 305).

l'art. 1851 implique l'idée que l'estimation vaut vente et transporte la propriété des choses, mobilières et immobilières, qui en sont l'objet (1).

400. Seulement, la loi paraît exiger, en répétant d'ailleurs les expressions de Pothier, que l'estimation soit portée *dans un inventaire*. Mais, en cela, elle n'a rien de limitatif. La condition nécessaire, c'est que cette estimation, qui, on le verra tout à l'heure, doit être la loi des parties, soit faite contradictoirement entre elles, ou au moins approuvée par elles. Elle pourrait donc être portée dans l'acte même de société ou dans tout autre acte, et n'en aurait pas moins pour effet de transporter la propriété à la société.

401. Les conséquences à induire de là ont été déjà souvent formulées. D'une part, la propriété résidant désormais sur la tête de la société, il s'ensuit que l'extinction ou la perte de la chose ne rompt pas le contrat (art. 1867, § 3). D'une autre part, l'associé n'étant plus qu'un simple créancier, non de la chose même qu'il est censé avoir vendue, mais de la valeur, il en résulte que, quoi qu'il arrive et soit que la chose existe encore en nature à la dissolution, soit que, pour une cause quelconque, elle n'existe plus, il ne pourra jamais avoir droit qu'au prélèvement du prix.

Mais quel est le prix auquel il pourra prétendre? L'art. 1851, dans sa disposition finale, le dit expressément : « Si la chose a été estimée, l'associé ne peut répéter que le montant de l'estimation. » C'est donc l'estimation qui fait la loi des parties; et c'est pourquoi elle a dû être faite d'accord entre elles. Aucune d'elles ne peut revenir sur le chiffre qu'elles ont arrêté ensemble : ni la société, pour payer moins en cas de détérioration de la chose, car elle était chargée des risques; ni l'associé, pour obtenir davantage en cas de plus-value, car il a perdu tout droit aux bénéfices, par cela même qu'en s'affranchissant des risques, il s'est mis à couvert contre les chances de perte.

402. L'associé ne pourrait pas revenir sur l'estimation alors même qu'il alléguerait la lésion de plus de sept douzièmes, qui, dans le cas de vente, permet au vendeur de demander la rescision du contrat (C. civ., art. 1674). Nous supposons, bien entendu, que la chose mise dans la société sur une estimation est un immeuble, puisqu'en général il n'y a pas lieu à rescision quand il s'agit de meubles. Mais, même quand l'apport consiste en immeubles, l'action en rescision de plus de sept douzièmes doit être écartée ici. Sans doute, on peut, en vertu de cette maxime que l'estimation vaut vente, considérer que l'associé tient le rôle de vendeur et la société celui d'acheteur. Toutefois, ce n'est pas, en définitive, le contrat de vente proprement dit qui intervient entre les parties. Or, suivant la remarque de tous les auteurs, le motif qui explique la disposition de l'art. 1674 en cas de vente fait ici absolument

_____

(1) V., en ce sens, MM. Duranton (t. XVII, nº 409, 4º); Duvergier (nº 185); Troplong (t. II, nº 596); Massé et Vergé, sur Zachariæ (t. IV, p. 451, note 3); Alauzet (2ᵉ édit., t. I, nº 178).

défaut. On peut présumer que le vendeur, pressé de vendre pour satisfaire à d'impérieux besoins, a vendu à vil prix. Mais aucune nécessité
ne peut contraindre une personne à contracter une société, ni surtout
à estimer au-dessous de plus de moitié la valeur des choses qu'il apporte (1).

X. — 403. Dans tout ce qui précède, nous avons exposé les règles
relatives à la responsabilité des risques, en ce qui concerne l'apport de
corps certains et déterminés, soit en propriété, soit en jouissance. Une
dernière hypothèse reste à discuter, et de courtes observations y pourront suffire : c'est l'hypothèse où la mise en commun a pour objet des
quantités ou des choses déterminées non par l'espèce, mais par le
genre, comme des chevaux, des laines, des cotons, des denrées, etc. A
cet égard, nous distinguerons deux époques : celle qui précède et celle
qui suit la livraison.

404. Avant la tradition, les risques et les pertes sont incontestablement à la charge de l'associé qui a promis l'apport; ceci, toutefois, ne
doit pas être pris dans le sens propre des mots. En effet, il n'y a pas ici
d'objet particulièrement dû qui puisse périr. Ce qui est compris dans
l'obligation, *in obligatione,* ce n'est pas un objet individualisé, c'est un
genre, c'est-à-dire quelque chose qui ne périt pas : *genus nunquam
perit.* Mais les risques et la perte sont à la charge de l'associé, en ce
sens que l'associé reste toujours tenu vis-à-vis de la société de l'obligation de verser sa mise, et que les choses qu'il a en vue de mettre en
commun vinssent-elles à périr quand il les a déjà disposées pour les
livrer à la société, l'obligation resterait subsistante, et l'associé aurait à
se procurer des choses semblables pour les mettre dans la société.

Par exemple, dit Pothier, « nous avons contracté une société pour
acheter en différentes provinces certaines marchandises que nous ferions venir ici pour les y revendre, et nous sommes convenus d'apporter
chacun mille écus dans cette société. Si, avant d'exécuter cette convention, des voleurs ont forcé votre coffre-fort, et vous y ont volé une
somme de mille écus que vous destiniez pour la société, cette perte ne
tombera pas sur la société; car ces deniers qui vous ont été volés non-
seulement n'appartiennent pas à la société, mais on ne peut même dire
que c'était précisément de ces deniers qui ont été volés que vous étiez
débiteur envers la société. C'est pourquoi le vol qui vous a été fait ne
peut vous procurer la libération de la somme de 1 000 écus que vous
avez promis d'apporter à la société. » (2)

Nous appliquerons la même règle à l'apport consistant dans un certain nombre d'objets à prendre dans un ensemble qui appartient à
l'associé. La Cour de Lyon a jugé que lorsqu'il y a eu vente d'actions à
prendre dans le nombre de celles qui composent l'actif d'une société

(1) V. MM. Delvincourt (t. III, note 9 de la page 125, édit. de 1824); Duranton
(t. XVII, n° 410); Duvergier (n° 175); Troplong (t. II, n° 598); Massé et Vergé, sur
Zachariæ (*loc. cit.*).
(2) V. Pothier (*Cont. de soc.*, n° 112). *Junge* Domat (*loc. cit.*, n° 14).

industrielle, s'il arrive que les actions périssent avant la livraison, la perte est à la charge du vendeur (1). Substituons le contrat de société au contrat de vente, et il faudra dire que la perte, en ce cas, ne dispensera pas l'associé de mettre dans la société soit d'autres actions, soit une valeur égale à celle des actions qu'il avait promis de livrer.

405. Après la livraison, l'apport cesse d'être indéterminé. Il est déterminé et individualisé par le fait même de la tradition. Nous n'avons pas à revenir ici sur le point déjà discuté de savoir à quel instant la livraison est faite. Nous la supposons opérée, et nous précisons sur qui, de l'associé ou de la société, retombent alors la responsabilité des risques et la perte.

406. Et sur ce point, nous ne pouvons que nous référer aux observations dont les cas précédents ont été l'objet, et que nous résumons dans les termes suivants :

S'agit-il d'un apport en propriété, les risques sont en général pour la société devenue propriétaire, en sorte que la perte retombe sur elle et laisse l'associé entièrement libéré. Ainsi, en continuant l'hypothèse de Pothier, « si, étant parti pour aller en marchandises, en exécution du contrat de société, vous avez pris cette somme sur vous, et qu'on vous l'ait volée en chemin, la perte tombera sur la société; car vous êtes censé avoir payé à la société la somme de 1 000 écus que vous lui deviez, en emportant avec vous ces deniers pour le voyage que vous faisiez en exécution de la société : ces deniers sont par là devenus les deniers de la société, dont le vol doit par conséquent tomber sur la société. »

S'agit-il d'un apport en jouissance, les risques sont pour l'associé, et la perte a pour effet de rompre le contrat en même temps que d'éteindre la créance de l'associé à fin de restitution, si la jouissance promise est de telle nature que l'apport ne soit intégralement réalisé qu'à la fin de la société. Mais les risques sont pour la société, au contraire, si l'apport en jouissance est fait dans l'une des conditions précisées au paragraphe 2 de l'art. 1851; et, dans ce cas, la perte ou l'extinction de la chose laisse subsister la société et aussi son obligation de payer, à la dissolution, la valeur de la chose dont la jouissance lui avait été conférée.

1852. — Un associé a action contre la société, non-seulement à raison des sommes qu'il a déboursées pour elle, mais encore à raison des obligations qu'il a contractées de bonne foi pour les affaires de la société, et des risques inséparables de sa gestion.

SOMMAIRE.

(1) V. Lyon, 14 août 1850 (*J. Pal.*, 1850, t. II, p. 658; Dall., 51, 2, 178).

ciété. Exemples. — 410. L'action existe même au profit de l'associé dont l'apport consisterait uniquement dans son industrie. — 411. Elle est ouverte aux associés alors même que la dépense n'aurait pas été utile, pourvu qu'elle ait été faite de bonne foi et dans les limites du mandat. — 412. Quant à la dépense faite en dehors du mandat, l'action ne peut être exercée que dans la mesure du profit retiré de la dépense par la société. — 413. L'associé doit être remboursé non-seulement du capital, mais encore des intérêts qui, de plein droit, courent du jour où la dépense a été faite. Motifs et distinctions.

III. 414. 2° Créances ayant pour cause les obligations contractées par un associé pour les affaires de la société. Exemples. — 415. En quoi consiste l'indemnité à fournir par la société.

IV. 416. 3° Créances ayant pour cause les risques inséparables de la gestion. Motifs et exemples. — 417. Suite. — 418. L'indemnité due à l'associé doit lui procurer l'exacte réparation du dommage. Application au cas où l'associé est atteint d'infirmités permanentes par suite de blessures reçues dans la gestion. — 419. Mais il n'y a pas lieu de considérer comme risques inséparables de la gestion les accidents que l'associé aurait éprouvés par suite de son imprévoyance ou de sa propre imprudence : exemples; — 420. Ni les pertes dont la gestion de l'associé aurait été simplement l'occasion accidentelle et non la cause directe. — 421. Ni les dommages que l'associé alléguerait avoir soufferts dans ses propres affaires par suite des soins par lui donnés à l'affaire sociale; — 422. Ni la perte de la chose de l'associé même par les risques inséparables de la gestion, si cette chose avait été mise dans la société seulement pour la jouissance : renvoi à l'art. 1851.

V. 423. L'associé a, à raison de ces créances diverses, action contre la société. Toutefois, dans les sociétés civiles, cela doit être entendu en ce sens que la dette pèse sur les associés, chacun pour sa part. — 424. En conséquence, le créancier étant lui-même associé, et à ce titre débiteur d'une fraction de la dette commune, il en résulte qu'il ne peut agir contre les autres associés que déduction faite de cette fraction. — 425. Quid quand il y a des insolvables? L'insolvabilité est répartie entre l'associé créancier et les autres associés solvables. — 426. Mais la solidarité n'a pas lieu pour le remboursement dû à l'associé créancier. — 427. Transition à l'obligation qui a pour objet la part de chaque associé dans les choses communes et dans les bénéfices.

I. — 407. Nous savons comment les intérêts individuels d'un associé peuvent se distinguer de l'intérêt collectif de la société lorsque la mise en commun a eu pour objet seulement la jouissance d'un corps certain et déterminé. Nous savons que si la stipulation d'un tel apport constitue toujours et sans distinction aucune l'associé débiteur de la chose promise et qu'il doit livrer pour que la société y exerce son droit, par là elle fait naître au profit de l'associé une créance à fin de restitution qui en saisit l'associé, qui se trouve ainsi avoir, eu égard à son apport, des intérêts distincts de ceux de la masse de ses coassociés. Après cette créance, qui, on le voit, prend naissance au moment même de la formation de la société, et dont il a été question dans le commentaire de l'art. 1851, le législateur s'occupe d'autres créances que l'associé peut acquérir contre la société. C'est l'objet du présent article. Celles-ci, à la différence de la précédente, naissent au cours de la société et résultent des rapports juridiques qui peuvent s'établir par l'effet de contrats nommés intervenant entre la société et l'un de ses membres. Il n'y a rien de contraire, en effet, à la nature des choses et aux principes de la matière à ce que les membres qui composent une société traitent avec elle comme s'ils étaient des tiers. Cela a été bien vainement contesté dans une espèce où l'on mettait en question la validité d'un emprunt fait par une société et autorisé par un conseil d'administration dont le prêteur était membre. L'emprunt ayant été déclaré valable par les juges du fond, l'arrêt fût attaqué en ce que l'une des parties, membre du conseil d'administration de la société, avait figuré dans le contrat de prêt, et comme prêteur et comme emprunteur, contrairement au principe résultant de l'art. 1101 du Code civil. Mais le pourvoi fut rejeté non-seulement parce qu'en fait il était constaté que le membre du conseil d'administration n'avait pas pris part à la délibération, mais encore parce que, en droit, un associé peut être considéré en son privé nom comme une personne distincte de la société, et acquérir des droits ou exercer des actions contre elle, et que cette vérité ressort de l'art. 1852 du Code civil. » (1)

408. La vérité ressort, en effet, de cet article, qui indique comme cause habituelle des créances qu'un associé peut acquérir contre la société pendant qu'elle subsiste : 1° les déboursés qu'il aurait faits pour elle, 2° les obligations qu'il aurait contractées de bonne foi pour les affaires de la société; 3° les risques inséparables de la gestion. Avant de reprendre successivement chacune de ces causes, faisons remarquer que le principe commun n'est pas autre que celui qui, en matière de mandat, oblige le mandant à faire raison au mandataire de tout ce qu'il a coûté à celui-ci pour l'exécution même du mandat. Nous allons voir, en effet, que c'est dans le cours de l'administration de la société, et à cause de cette administration, que l'associé peut devenir créancier de la société dont il gère les affaires.

II. — 409. Un associé a action contre la société à raison de toutes les sommes qu'il a déboursées pour elle. Ces déboursés sont la première cause de créance que l'art. 1852 signale parmi celles qu'un associé peut acquérir contre la société au cours de sa durée. Ils s'entendent naturellement, selon l'expression de Domat, de toutes les dépenses nécessaires, utiles et raisonnables qui regardent la société et qui sont employées pour les affaires communes, comme sont les voyages, voitures, ports de hardes, salaires d'ouvriers, réparations nécessaires et les autres semblables (2). Telle était la disposition de la loi romaine. « Si quis ex sociis propter societatem profectus sit, disait Ulpien, veluti ad merces emendas, eos dumtaxat sumptus societati imputabit, qui in eam pensi sunt. Viatica igitur, et meritoriorum, et stabulorum, jumentorum, carrulorum vecturas, vel sui, vel sarcinarum suarum gratia, vel mercium, rectè imputabit. » (L. 52, § 15, ff. Pro soc.)

410. C'est d'ailleurs un droit acquis à tout associé qui aurait fait de telles dépenses pour la société. Il n'en faudrait pas excepter même celui dont l'apport consisterait uniquement dans son industrie. Sans doute, il s'est engagé envers la société à la faire profiter de son industrie ou de son expérience; mais en limitant ainsi son apport, il a laissé à la société la charge de lui procurer les moyens matériels que l'exercice de son industrie peut exiger. S'il pourvoit du sien à la dépense, il donne à

<hr>
(1) V. Rej., 7 mai 1844 (S.-V., 45, 1, 53; J. Pal., à sa date; Dall., 51, 5, 494).
(2) Domat (Lois civ., tit. VIII, sect. 4, n° 11). V. aussi Pothier (Soc., n° 126).

la société plus qu'il n'a promis; il fait une avance d'où naît, à son profit, une action en recouvrement, comme elle naîtrait au profit de tout autre associé qui individuellement aurait fait la dépense.

411. L'action ouverte à l'associé par la loi lui donne le droit de réclamer le remboursement intégral des sommes par lui employées pour les affaires communes. Toutefois, c'est à une double condition. Il faut d'abord que la dépense ait été faite de bonne foi. L'art. 1852 ne parle de cette première condition qu'à l'occasion de la seconde cause de créance (*infrà*, n° 414); mais, on le comprend, cela va de soi : la condition est tellement nécessaire qu'il n'y avait pas à l'exprimer. Il faut, en second lieu, que les dépenses aient été renfermées dans les termes du mandat. L'art. 1852 ne le dit pas davantage. Mais comme le principe de la créance est, ainsi que nous l'avons indiqué plus haut, dans le mandat dont l'associé qui fait la dépense était investi, tacitement ou expressément, par la société pour laquelle il a payé, il en résulte qu'il ne doit faire rien au delà du mandat. Les deux conditions sont donc nécessaires; mais lorsqu'il y est satisfait, le droit de l'associé reste entier, quels que soient les événements ultérieurs. Ainsi, il arriverait, par telle ou telle cause imprévue, que la société ne retirât pas de la dépense l'utilité ou le profit qu'on était en droit d'espérer, le remboursement intégral n'en serait pas moins dû à l'associé.

412. Au contraire, si la dépense avait été faite par l'associé en dehors du mandat, l'action en remboursement n'aurait pas la même étendue. Elle pourrait sans doute être acquise à l'associé, même en ce cas. Mais elle n'existerait qu'autant que la dépense aurait procuré un avantage à la société; et c'est seulement dans la mesure de cet avantage que l'action pourrait être exercée : *quatenus in rem versum est.*

413. En toute hypothèse, l'associé a droit à l'intérêt des sommes qu'il a employées pour les affaires de la société, ou de celles dont, à ce titre, la société doit lui tenir compte (1). C'était la règle en droit romain, et cela soit que l'associé eût fait la dépense de ses deniers, soit qu'il eût emprunté les deniers à un tiers pour la faire. (L. 67, § 2, ff. *Pro soc.*) Telle était aussi la solution de notre ancien droit; et, suivant Domat, l'associé doit recouvrer les intérêts depuis le temps qu'il a fait l'avance, quoiqu'il n'y en ait pas de demande en justice (2).

Cette dernière doctrine, généralement admise par les auteurs, doit incontestablement être suivie. Toutefois, nous ne la justifierons pas par l'argument de réciprocité que quelques interprètes ont cru pouvoir tirer de l'art. 1846, et qu'ils ajoutent aux raisons de décider. Si l'art. 1846, 2°, fait courir de plein droit, au profit de la société,

---

(1) Jugé même que l'associé qui, pour les affaires de la société, a fait des avances de fonds qu'il n'a pu se procurer qu'au moyen de comptes courants arrêtés périodiquement avec capitalisation des intérêts, a le droit d'exiger de la société le remboursement des intérêts d'intérêts dont lui-même s'est trouvé ainsi débiteur envers les bailleurs de fonds par suite de la capitalisation. Req., 24 mars 1869 (Dall., 70, 1, 105).

(2) Domat (*loc. cit.*).

les intérêts des sommes qu'un associé tire de la caisse sociale pour son usage personnel (*suprà*, n°s 294 et suiv.), il n'y a aucune disposition, au titre de la Société, qui, à l'inverse, fasse courir de plein droit, au profit des associés, l'intérêt des sommes qu'ils ont pu employer ou avancer pour les affaires sociales. Et, quelque équitable que cela paraisse, on ne pourrait suppléer cette disposition en vue d'établir la réciprocité sans aller contre la règle impérative de l'art. 1153 du Code civil, d'après lequel « les intérêts ne sont dus *que du jour de la demande*, excepté dans le cas où la loi les fait courir de plein droit. » Mais ce texte, qui manque dans le titre des Sociétés, on le trouve au titre du Mandat : c'est l'art. 2001, qui, formulant précisément l'un des cas exceptionnellement réservés par l'art. 1153, déclare que « l'intérêt des avances faites par le mandataire lui est dû par le mandant, *à dater du jour des avances constatées*. » Voilà le texte auquel l'associé qui a fait une dépense pour la société puise son droit à l'intérêt à dater du jour où la dépense a été faite. C'est le seul que l'associé puisse invoquer; mais il lui suffira dans les situations diverses qui peuvent se présenter. Et en effet, si le contrat de société ne contenait aucune disposition spéciale sur le mode d'administration, l'associé, en faisant la dépense, a agi en vertu du mandat tacite conféré par l'art. 1859 : il a été mandataire, et l'art. 2001 est directement applicable. Si le contrat de société a tout réglé quant au mode d'administration, l'article sera applicable également, soit que la dépense ait été faite par l'administrateur délégué, puisque l'associé a agi en vertu et en exécution du mandat général que comme administrateur il tenait de ses coassociés, soit qu'elle ait été faite par un associé étranger à l'administration, puisqu'en ce cas celui-ci aurait agi sinon comme mandataire, au moins comme *negotiorum gestor*. Or le gérant d'affaires doit, aussi bien que le mandataire, sortir complétement indemne de sa gestion; par cela même, il a droit, par application de l'art. 2001, aux intérêts de ses avances à dater du jour des avances constatées (1).

A peine est-il nécessaire d'ajouter que ces intérêts, dont le point de départ est de plein droit au jour même de la dépense, ne cessent de courir qu'à l'époque du remboursement. Il n'y a rien de contraire dans un arrêt de la Cour de cassation, chambre civile, qui arrête le cours des intérêts à une époque antérieure, spécialement au jour de la dissolution de la société (2). Dans l'espèce, il y avait cette circonstance particulière, que les associés avaient demandé le compte de la gestion au gérant et que celui-ci avait négligé de le présenter. La Cour a trouvé dans ce fait de négligence un juste motif pour déclarer interrompu le cours des intérêts; mais elle a en même temps reconnu le droit aux intérêts jusqu'au jour du remboursement, en décidant que l'interruption avait cessé et que les intérêts avaient recommencé à courir au profit de

---

(1) V. notre *Traité-Commentaire du Mandat* (Pet. Contr., t. I, n° 1098).
(2) Cass., 21 juin 1819 (S.-V., 19, 1, 411; Coll. nouv., 6, 1, 85; Dall., 19, 1, 450; J. Pal., à sa date).

l'associé gérant le jour où celui-ci était venu mettre ses coassociés en demeure de recevoir son compte et de l'acquitter.

III. — 414. Un associé a action contre la société non-seulement à raison des sommes déboursées pour elle, mais encore à raison des obligations contractées de bonne foi pour les affaires de la société. L'associé qui a traité en son nom est personnellement obligé envers le tiers avec lequel il a contracté. Mais puisque le traité, quoique fait en son nom, est en définitive pour le compte de la société et en vue des affaires sociales, il a droit d'exiger que ses coassociés le relèvent de son obligation en la prenant pour eux, de manière qu'il en sorte entièrement indemne. Ainsi, empruntons au jurisconsulte Paul un exemple reproduit par Pothier : un des associés a vendu à quelqu'un, du consentement de ses coassociés, quelque effet pour le compte de la société; s'il arrive que l'acheteur soit évincé, l'associé vendeur devra être indemnisé par la société de l'obligation de garantie qu'il avait contractée (1).

415. On comprend, d'après cela, en quoi doit consister l'indemnité à fournir par la société. L'engagement pris par l'associé en son nom personnel pour les affaires sociales peut mettre à sa charge une obligation actuelle dont l'exécution diminuerait son patrimoine, ou bien il peut, à défaut de précautions ou de garanties, l'obliger dans l'avenir à des déboursés réels et effectifs. La société est donc tenue, soit d'intervenir et de prendre avec le tiers contractant telles dispositions ou tels arrangements qui dégagent l'associé et le libèrent d'une dette dont il ne doit pas avoir la charge, soit de fournir à celui-ci les moyens de s'acquitter au terme convenu de l'obligation qu'il n'a contractée que pour le compte de la société.

Ceci soit dit, d'ailleurs, sous la réserve des conditions et des distinctions déjà indiquées dans nos observations touchant la première cause de créance des associés contre la société.

Ainsi, il faut avant tout que l'obligation constitutive de la seconde cause de créance ait été contractée de bonne foi par l'associé qui l'a prise pour les affaires de la société. A cette condition, relevée par la loi en termes exprès, il en faut ajouter une autre : l'associé doit être exempt de faute dans la consommation de l'affaire qu'il a faite pour le compte de la société. Cela étant, il sera indemnisé, quel que soit le résultat de l'affaire. L'insuccès de l'opération par telle ou telle cause, pourvu que cette cause soit étrangère à la gestion, ne suffirait pas à relever la société de son obligation. Nous supposons, bien entendu, que l'associé a traité comme mandataire de ses coassociés, soit en vertu d'un mandat spécial, soit en vertu d'un mandat général, comme administrateur désigné par le contrat de société, soit par suite du mandat tacite que l'art. 1859 confère à tous les associés à défaut de stipulation spéciale sur le mode d'administration. Que s'il a agi comme *negotiorum gestor*, en ce qu'il a traité pour le compte de la société alors que les conventions sociales déféraient l'administration à un autre, il n'aurait droit à

---

(1) V. la loi 67, *Princ.*, ff. *Pro soc.*; et Pothier (*Soc.*, n° 127).

l'indemnité qu'autant que le traité serait fait avec utilité pour la société, et ne serait pas pour celle-ci la cause d'une dépense exagérée (1). Et si le contrat avait interdit les actes d'administration à l'associé, l'action *de in rem verso* serait seule ouverte; la société ne devrait rien au delà de ce dont elle se serait enrichie par le traité.

IV. — 416. Enfin, un associé a action contre la société à raison des risques inséparables de sa gestion. C'est de la plus stricte équité : la société devant avoir tout le profit qui résulte de la gestion, il est équitable qu'elle supporte tous les risques : *Ubi lucrum, ibi et periculum esse debet* (2). D'après cela, le gérant, l'associé administrateur, est fondé à réclamer de la société non-seulement les frais faits pour les affaires communes, mais encore ceux qu'il a dû faire et les dommages ou les pertes qu'il a subis à l'occasion de ces affaires.

417. La loi romaine, qui avait déjà consacré cette règle, fournit quelques exemples qui en marquent nettement la portée. Ainsi, un associé, dans un voyage qu'il fait pour les affaires de la société, est attaqué par des voleurs qui le volent et qui blessent ses domestiques : il doit être indemnisé par la société de ce qui lui est volé et de la dépense qu'il a faite pour la guérison de ses domestiques : « Nam sicuti lucrum, ita damnum quoque commune esse oportet, quod non culpa socii contingit. » (L. 52, § 4, ff. *Pro soc.*)

Ainsi encore, un associé mène des esclaves à la foire, où il doit les vendre pour le compte de la société; il est blessé par ces esclaves en s'efforçant de les empêcher de fuir : la société doit l'indemniser des frais de pansement et de médicaments qu'il a dû faire pour sa guérison. C'était du moins le sentiment des sabiniens. « Secundum Julianum, et quod medicis pro se datum est, recipere potest. Quod verum est. » (L. 61, § *Pro soc.*) Les proculéiens tenaient, à la vérité, que l'associé n'avait pas de ce chef l'action *pro socio*, « quia (ait Labeo) id non *in societatem*, quamvis *propter societatem* impensum sit. » (L. 60, § 1, ff. *Eod. tit.*) Mais le sentiment contraire avait prévalu et avait dû prévaloir, puisque le risque, dans l'espèce, était inséparable de la conduite de ces esclaves que l'associé n'avait conduits que pour les affaires de la société (3). Modifions l'hypothèse, et, pour l'accommoder à nos mœurs et à notre civilisation, supposons que l'associé a été blessé par des bestiaux qu'il conduisait et devait vendre pour le compte de la société : il est incontestable que cette dernière doctrine prévaudrait également aujourd'hui (4).

418. L'indemnité due à l'associé doit lui procurer une équitable réparation des pertes ou des dommages subis par suite des risques inséparables de sa gestion. M. Delangle enseigne pourtant que si l'associé gérant éprouve un irréparable dommage, par exemple s'il reste atteint d'une infirmité permanente à la suite d'une blessure qu'il aurait reçue

(1) V. notre *Traité-Commentaire des Petits Contrats* (loc. cit.).
(2) V. Pothier (Soc., n° 128). V. aussi Domat (liv. I, tit. VIII, sect. 4, n° 12).
(3) V. Pothier et Domat (loc. cit.).
(4) V. Troplong (Soc., t. II, n° 606).

292 EXPLICATION DU CODE NAPOLÉON. LIV. III.

en accomplissant son mandat, la société ne serait pas obligée de l'indemniser de ce malheur. La société, dit notre auteur, n'est tenue que de réparer la perte matérielle; le reste n'est point à sa charge : c'est le résultat de la force majeure (1). Nous contestons cette solution. Nous la contestons d'abord au nom de l'équité naturelle. Il est difficile d'admettre que la société, alors que l'un de ses membres en s'employant pour elle est atteint, sans qu'il y ait ni faute ni imprudence à lui reprocher, et va rester désormais infirme, puisse se considérer comme quitte et entièrement libérée en remboursant à l'associé les sommes qu'il a dû payer lui-même à ceux dont il a reçu les soins. L'humanité, semble-t-il, exige que la société fasse plus et qu'elle prenne sa part du dommage irréparable occasionné par un accident dont l'associé n'a été victime, après tout, que parce qu'il gérait l'affaire commune. Le droit lui-même ne l'exige pas moins, et la solution peut être contestée aussi au nom de la loi. En effet, l'art. 1852 est général dans ses termes : il donne action à l'associé *à raison des risques inséparables de sa gestion.* Comment, en présence de ce texte, justifier la division proposée par M. Delangle? Un associé préposé aux machines est victime d'une explosion pendant qu'il les fait marcher; ou bien, pour reprendre l'espèce tirée des lois romaines, un associé est blessé par des animaux qu'il conduit à la foire pour le compte de la société; il est blessé si malheureusement que l'amputation d'un membre devient nécessaire : comment, à ce point de vue des risques mis par la loi à la charge de la société, séparer de l'accident lui-même les conséquences funestes de cet accident? L'infirmité permanente dont l'associé va se trouver atteint tient à cet accident, qu'il n'a éprouvé que parce qu'il administrait l'affaire de la société. Elle constitue la perte matérielle dont parle M. Delangle, puisqu'elle va enlever à l'associé tout ou partie des moyens qu'il avait jusque-là de pourvoir à ses besoins. Elle doit donc, aussi bien et au moins au même titre que les frais faits pour médicaments et pansements, entrer en ligne de compte, comme risques inséparables de la gestion, dans l'appréciation et la fixation de l'indemnité due par la société (2).

419. Ce n'est pas à dire que toute perte ou dommage subi dans la gestion de l'affaire commune constitue le risque à raison duquel la loi donne action contre la société. Ainsi, nous avons dit plus haut que si un associé, en faisant un voyage pour la société, est volé de l'argent qu'il emportait pour l'affaire commune, ou si lui-même ou les serviteurs qui l'accompagnaient sont attaqués par des voleurs et reçoivent des blessures, il doit être indemnisé de la perte sur le fonds de la société, parce que c'est pour la société qu'il l'a subie et qu'il n'y a ni imprudence, ni faute à lui reprocher. Mais si l'accident s'est produit par sa faute, s'il est victime d'un vol par suite de son imprudence, par exemple parce que, au lieu de suivre la voie la plus sûre, il s'est témé-

(1) V. M. Delangle (*Soc. comm.*, t. I, n° 154).
(2) V., en ce sens, MM. Malepeyre et Jourdain (*Soc. comm.*, p. 93); Molinier (*Tr. de dr. comm.*, t. I, n° 347).

rairement engagé dans un chemin connu pour être infesté de voleurs, le dommage sera pour lui et la société n'aura pas à en répondre. De même, si, au lieu d'emporter seulement l'argent nécessaire pour l'affaire commune, l'associé avait pris dans son argent propre et en avait emporté pour ses affaires personnelles ou pour ses plaisirs, la perte résultant du vol dont il serait victime au cours du voyage retomberait sur lui quant à cette dernière portion des sommes qu'il avait emportées (1).

A ce propos s'est élevée une question d'imputation. L'opération dont l'associé est chargé comme gérant comportait une dépense de 500 fr., et l'associé en a emporté 1 500. Attaqué par des voleurs, il a sauvé 300 francs sur la somme qu'il avait sur lui. Comment ces 300 francs seront-ils imputés? Sera-ce sur les 500 francs qui, comme nécessaires à l'opération, étaient aux risques de la société, ou sur les 1 000 qui, comme excédant, restaient aux risques de l'associé? Il faut dire, avec Pothier, que, n'y ayant pas de raison de les imputer sur l'une des deux sommes plutôt que sur l'autre, « l'imputation doit se faire sur l'une et sur l'autre par proportion. » (2) Ainsi, la société, tenue des risques jusqu'à concurrence du tiers de la somme totale (500 fr. sur 1 500), profitera, dans cette même proportion du tiers, de ce qui a échappé aux voleurs (100 fr. sur 300); en sorte que la perte résultant du vol sera pour elle de 400 francs, tandis qu'elle sera de 800 francs pour l'associé.

420. Ce n'est pas non plus une perte dont l'associé gérant doive être indemnisé que celle dont la gestion des affaires de la société n'a été qu'une cause purement accidentelle, et dont on pourrait justement dire, d'après la loi 60, § 1, ff. *Pro soc.*, qu'elle a été subie *non in societatem, quamvis propter societatem.* Entre autres exemples, la même loi cite le cas où *propter societatem socium hœredem quis instituere desisset, aut legatum prœtermisset.* C'est ainsi qu'à l'inverse, la société ne profiterait pas des choses advenues à un associé par succession, legs ou donation, l'administration que l'associé a eue de la société lui eût-elle fourni l'occasion de recueillir ces avantages (*suprà*, n° 196). Ces événements, ces pertes ou ces gains ne sont pas, en effet, une suite naturelle des hasards inséparables de la gestion; ils tiennent à des causes tout spéciales. Et, comme le dit Domat, la conjonction qui lie ces causes avec l'occasion des affaires de la société est comme un cas fortuit qui ne regarde pas la société, mais seulement l'associé à qui ces événements peuvent arriver (3).

421. Par identité de raison, et c'est un cas également relevé dans le texte précité de la loi romaine, l'associé administrateur ne serait pas fondé à réclamer une indemnité à raison de ce qu'ayant donné ses soins aux affaires sociales, il aurait négligé les siennes, *patrimonium suum negligentiùs administrasset*, ce qui a été pour lui la cause d'un dom-

_____

(1) V. Pothier (*Soc.*, n° 129); Domat (*loc. cit.*, n° 12).
(2) Pothier (n° 130).
(3) V. Domat (*loc. cit.*, n° 13). *Junge* Pothier (*Soc.*, n° 131).

mage. L'associé gérant est un mandataire. Sa réclamation serait donc rejetée par les motifs mêmes qui font repousser celle que le mandataire ferait dans le même cas. On lui opposerait que ce qui est la cause de la perte ou du dommage, ce n'est pas la gestion en elle-même de la société, c'est le fait par le gérant de s'être chargé d'une affaire qu'il n'avait pas le loisir de gérer. Il devait réfléchir avant d'accepter la gestion; la société n'a pas à le relever des dommages qu'il n'a soufferts que par suite de son imprudence (1).

422. Notons enfin qu'il est telles circonstances dans lesquelles la perte survenue même par suite des risques inséparables de la gestion ne serait pas à la charge de la société. Tel est spécialement le cas où la chose qui a été perdue avait été mise dans la société seulement pour la jouissance. Nous supposons, bien entendu, un apport en jouissance fait dans les termes du paragraphe premier de l'art. 1851, par conséquent d'un apport en jouissance qui, à la différence des hypothèses prévues au paragraphe deux du même article, laisse la propriété de la chose aux mains de l'associé. Cependant M. Duranton est, sur ce point, d'un avis différent. « Par exemple, dit-il, si, dans une société contractée pour une certaine entreprise, ou pour un certain commerce, l'un des associés, outre sa mise, a mis aussi dans la société la jouissance de son cheval pour la durée de l'entreprise, ou pour un certain temps, et que, dans un voyage entrepris pour les affaires de la société, ce cheval ait été volé ou ait péri d'une manière quelconque, par force majeure, sans aucune faute imputable à l'associé qui s'en servait alors, *la perte doit être supportée par tous les associés, attendu, comme le porte l'art. 1852, qu'un associé a action contre la société à raison des risques inséparables de sa gestion.* » (2) Mais c'est là une opinion à peu près isolée : un peu de réflexion fait voir que l'art. 1852 est dans ce cas tout à fait hors de cause, et que c'est au § 1 de l'art. 1851 qu'il faut se référer. Les pertes à raison desquelles l'art. 1852 donne action à l'associé gérant sont celles que cet associé a souffertes *personnellement*, par une suite naturelle, inséparable de la gestion des affaires de la société, et auxquelles tout autre membre de la société aurait été exposé comme lui s'il eût été chargé de cette gestion. Or telle n'est pas la situation dans l'espèce proposée par M. Duranton. Nul autre que l'associé propriétaire du cheval, dont la jouissance seulement a été mise dans la société, ne peut souffrir personnellement du vol ou de la perte de ce cheval. Supposons que la gestion de l'affaire sociale soit livrée à un autre associé à qui le cheval est volé, et il n'y a plus de préjudice dont cet associé ait à se plaindre *personnellement,* et à raison duquel il puisse, en s'autorisant de l'art. 1852, demander réparation à la société. D'un autre côté, comme le dit Troplong, ce dernier article est fait pour le cas où un associé a subi, en gérant l'affaire sociale, la perte imprévue d'une chose qu'il n'avait pas mise en

(1) V. notre *Traité-Commentaire du Mandat* (Pet. Contr., t. II, n° 1114).
(2) V. M. Duranton (t. XVII, n° 406). V. aussi MM. Massé et Vergé, sur Zachariæ (t. IV, p. 436, note 8), qui, d'ailleurs, se sont mépris à tous égards sur l'opinion de Troplong, qu'ils citent à tort à l'appui de la solution.

commun ou qui naturellement n'était pas au service de la société. Or c'est tout le contraire qui a lieu, dans l'espèce; le cheval qui a péri ou qui a été volé était à la disposition de la société, qui avait acquis le droit d'en faire usage; et l'associé qui en avait mis la jouissance seulement dans la société s'était sciemment et volontairement exposé à la perte qui pouvait être la conséquence naturelle et fortuite de cet usage. Tout se réunit donc ici pour écarter l'art. 1852; et, quel que soit l'associé chargé de la gestion entre les mains duquel vient à périr la chose dont la jouissance seulement a été mise en commun, fût-ce même le propriétaire de la chose, la maxime *res perit domino*, et le § 1er de l'article 1851, qui a virtuellement consacré la règle, protégent la société contre toute demande en indemnité (1).

V. — 423. Un dernier point nous reste à examiner : c'est de savoir dans quelle mesure et contre qui l'associé peut et doit réclamer le payement des créances dont nous venons de préciser les causes diverses. La loi donne action à l'associé *contre la société*. Mais les sociétés civiles, nous l'avons établi plus haut, ne supposent pas un être moral, une personne juridique. Donc la dette sociale, ce qu'on appelle *dette de la société*, est à vrai dire une dette qui pèse, pour une certaine part, sur chacun des membres de la société. Et c'est bien là ce qu'exprime nettement, dans le Traité de Pothier, cet intitulé de son chapitre VII, art. 2, que nous avons déjà indiqué et que nous rappelons ici : *Des choses dont un associé peut être créancier de la société, et dont les autres associés sont obligés de lui faire raison*, CHACUN POUR LA PART QU'IL A DANS LA SOCIÉTÉ.

424. Ainsi, l'obligation sociale se divise entre tous les membres de la société, chacun pour sa part. Et comme le créancier est lui-même membre de la société, comme ainsi il est tenu également de sa part dans la créance, il s'ensuit qu'il s'opère une confusion par l'effet de laquelle le créancier doit faire déduction de la fraction qui pèse sur lui, en réclamant à chacun de ses coassociés la part dont il est tenu dans la dette commune.

Ainsi, un associé est, à raison de l'une des causes déterminées dans l'art. 1852, créancier de la société pour une somme de 1 000 francs; la société est composée, lui compris, de quatre membres ayant chacun une part égale : chacun des associés, et le créancier lui-même, étant tenu du quart de la dette, ce dernier réclamera à chacun des trois autres une somme de 250 francs, ce qui lui procurera une somme totale de 750. Et quant aux 250 qui complètent le chiffre de la créance, ils se confondent avec cette même somme, qui est sa propre part de la dette. Supposons que les parts de ces quatre associés ne sont pas égales, par exemple que le créancier a deux cinquièmes, tandis que chacun des trois autres a un cinquième seulement. Dans ce cas, il ne pourra réclamer que 200 francs à chacun de ceux-ci, et la confusion

(1) V. MM. Duvergier (*Soc.*, n° 187); Troplong (*ibid.*, t. II, n° 610); Dalloz (*Rép.* v° Société, n° 181); Rauter (p. 223); Demètre B. Polizu (n° 99); Talon (p. 138).

s'opère pour les 400 francs correspondant aux deux cinquièmes dont il est personnellement tenu.

425. Tout cela est fort simple lorsque les associés sont solvables. Mais que décider en cas d'insolvabilité de l'un ou de plusieurs d'entre eux? Il est de toute évidence que les effets de cette insolvabilité ne sauraient peser entièrement sur l'associé créancier. Le principe d'égalité, qui est la règle même du contrat, y résiste absolument. La perte résultant de l'insolvabilité devra donc être répartie entre l'associé créancier et ses coassociés solvables. *Quoniam societas cum contrahitur, tam lucri, quam damni communio initur.* (L. 67, Princ., ff. Pro soc.) Ainsi, en reprenant la précédente hypothèse, des trois associés, outre le créancier, tenus chacun de 250 francs dans la dette sociale de 1 000 francs, l'un est complétement insolvable. Le créancier réclamera à chacun des deux autres d'abord les 250 francs qu'il doit personnellement pour sa part, plus 83 fr. 33 cent. pour le tiers des 250 francs formant la part de l'insolvable (1).

426. Telles sont les proportions dans lesquelles chaque associé doit définitivement concourir au remboursement de ce que la société peut devoir à l'un de ses membres à raison des causes déterminées dans l'article 1852. On a tenté parfois, cependant, d'aller plus loin, et l'on a prétendu que l'associé est créancier de tous ses coassociés, qui seraient tenus solidairement. Mais la prétention a été constamment rejetée. La Cour de cassation a décidé par un premier arrêt que la solidarité n'a pas lieu entre associés pour l'exécution des engagements respectifs des uns envers les autres, et notamment pour remboursement des sommes avancées par l'un des associés au delà de sa part contributive (2). Et, par un arrêt ultérieur, elle a jugé que le liquidateur d'une société, qui est en même temps associé, et qui a payé de ses propres deniers les dettes de la société, ne peut prétendre à une action solidaire contre les autres associés, et n'a contre chacun d'eux qu'une action en payement de leur part et portion dans la dette commune qu'il a acquittée, conformément à l'art. 1214 du Code civil (3). Cela peut néanmoins paraître n'être pas sans quelque difficulté. L'associé gérant est un mandataire, on le reconnaît. Et c'est sur ce fondement que, par application de l'article 2001, les intérêts des sommes par lui avancées pour les affaires de la société courent de plein droit à son profit. Or, s'il en est ainsi, si, comme mandataire, l'associé administrateur peut se prévaloir des dispositions de l'art. 2001, pourquoi ne pourrait-il pas, à ce même titre, invoquer l'art. 2002, d'après lequel « lorsque le mandataire a été constitué par plusieurs personnes pour une affaire commune, chacune d'elles *est tenue solidairement* envers lui de tous les effets du mandat » ? Nous considérons, cependant, comme parfaitement exacte la solution qui a prévalu. Tous les mandants sont solidaires, sans doute; mais ici l'associé gérant ou administrateur, en tant qu'associé, est lui-même

(1) V. Pothier (*Soc.*, n° 132). *Junge* Domat (*loc. cit.*, n° 15).
(2) Req., 16 nov. 1831 (S.-V., 32, 1, 10; *J. Pal.*, à sa date).
(3) Rej., 8 janv. 1862 (S.-V., 62, 1, 177; Dall., 63, 1, 75; *J. Pal.*, 1862, p. 905).

mandant, ou du moins il est tenu des obligations du mandant. Or, en cette qualité, il est censé avoir acquitté la dette pour le tout, et il se trouve alors placé dans le cas de l'art. 1214, auquel la Cour de cassation se réfère dans son dernier arrêt. Il a payé le tout; mais il n'a recours contre les autres codébiteurs solidaires, ici contre ses coassociés, que pour la part et portion de chacun.

427. Dans ce qui précède, nous avons supposé l'associé gérant ou administrant l'affaire sociale. Peut-être, en suivant le même ordre d'idées, serait-ce le cas maintenant d'expliquer les règles relatives à l'administration de la société; mais auparavant nous avons à nous occuper d'une dernière obligation de la société envers chaque associé. Celle-ci, à la différence des précédentes, qui naissent soit au moment où la société est formée (art. 1851), soit pendant la durée de la société (art. 1852), prend habituellement naissance au moment où la société arrive à son terme, car elle a pour objet la part que chaque associé doit avoir dans les choses communes et dans les bénéfices réalisés. Nous allons donc, en réunissant les art. 1853, 1854 et 1855 dans notre commentaire, expliquer comment et dans quelle mesure la loi restreint le droit des associés de fixer, par la convention, la part qu'ils entendent se faire; et comment, à défaut de stipulations sur ce point, elle fait elle-même la répartition.

1853. — Lorsque l'acte de société ne détermine point la part de chaque associé dans les bénéfices ou pertes, la part de chacun est en proportion de sa mise dans le fonds de la société.

A l'égard de celui qui n'a apporté que son industrie, sa part dans les bénéfices ou dans les pertes est réglée comme si sa mise eût été égale à celle de l'associé qui a le moins apporté.

1854. — Si les associés sont convenus de s'en rapporter à l'un d'eux ou à un tiers pour le règlement des parts, ce règlement ne peut être attaqué s'il n'est évidemment contraire à l'équité.

Nulle réclamation n'est admise à ce sujet, s'il s'est écoulé plus de trois mois depuis que la partie qui se prétend lésée a eu connaissance du règlement, ou si ce règlement a reçu de sa part un commencement d'exécution.

1855. — La convention qui donnerait à l'un des associés la totalité des bénéfices, est nulle.

Il en est de même de la stipulation qui affranchirait de toute contribution aux pertes, les sommes ou effets mis dans le fonds de la société par un ou plusieurs des associés.

SOMMAIRE.

que l'on reconnaît s'il y a des bénéfices ou des pertes. — 430. Il suit de là qu'en principe c'est à la dissolution de la société qu'il y a lieu de faire la répartition entre les associés : intérêt qu'il y a à attendre jusque-là. — 431. Néanmoins, les associés peuvent se départir de la règle et faire, après inventaire, des répartitions périodiques au cours de la société. L'exception est même présumée en certains cas. — 432. Transition au règlement des parts de chaque associé : le Code civil admet trois modes de répartition.

II. 433. 1° *Règlement des parts par la convention des parties.* En principe, les associés peuvent régler entre eux comme ils l'entendent la répartition des bénéfices et la contribution aux pertes. — 434. Leur convention, à cet égard, peut être certaine quoique non explicite : spécialement, la part des bénéfices étant déterminée, la répartition des pertes est fixée par cela même, quoiqu'il n'y ait pas de clause sur ce point. — 435. La liberté des parties n'est restreinte que par la nécessité de respecter le principe fondamental d'après lequel toute société doit être contractée pour l'intérêt commun des parties. — 436. Ainsi l'art. 1855 ne s'occupe de la répartition conventionnelle que pour proscrire deux conventions comme contraires à ce principe. Division.

III. 437. Première prohibition : elle est relative à la répartition des bénéfices. Les parties ne peuvent pas convenir que la totalité en sera attribuée à l'une d'elles ou à plusieurs à l'exclusion des autres. — 438. La prohibition s'étend au cas où la participation d'un associé aux bénéfices ne serait qu'illusoire, et même à celui où l'associé exclu serait déchargé de toute contribution aux pertes. 439. En résumé, la prohibition est écrite en vue de la société dite *léonine*. sens et portée de cette expression.

IV. 440. La prohibition n'est pas exclusive des conventions qui établiraient un système de répartition présentant un avantage au profit de l'un des associés ; — 441. Ni de la convention aux termes de laquelle la participation d'un associé aux bénéfices serait subordonnée à une condition. — 442. *Quid* de la convention qui attribuerait la totalité des bénéfices au survivant des associés ? — 443. Et de celle qui attribuerait au survivant non-seulement les bénéfices, mais encore les mises sociales? — 444. D'ailleurs, l'attribution conditionnelle de la totalité des bénéfices à un associé ne serait licite qu'autant qu'elle resterait conditionnelle.

V. 445. La prohibition de la loi n'est pas exclusive non plus de la convention qui attribuerait à l'un des associés une somme fixe à prendre sur les bénéfices au lieu d'une part aliquote, même dans le cas où la somme déterminée absorberait tous les bénéfices. — 446. *Quid* s'il était stipulé que la somme sera payée quoi qu'il arrive, c'est-à-dire même dans le cas où la société serait en perte? — 447. Si la somme était telle que, nécessairement, les bénéfices ne dussent pas y atteindre, la convention serait à considérer comme contraire à la prohibition de la loi. — 448. De la clause qui réserverait à un associé la faculté d'opter entre une somme déterminée et une quotité dans les bénéfices.

VI. 449. Seconde prohibition : elle est relative à la contribution aux pertes; mais elle ne concerne que les associés entre eux; elle ne touche pas aux obligations de la société vis-à-vis des tiers créanciers. — 450. Elle consiste en ce que la convention ne peut affranchir de toute contribution aux pertes les sommes ou effets mis dans le fonds de la société par un ou plusieurs des associés : — 451. Il en était autrement en droit romain et dans notre ancien droit français. 452. Toutefois, l'art. 1855 limite, par ses termes, la prohibition, qu'il établit : d'une part, il n'atteint pas la clause qui dispenserait un associé de contribuer aux pertes *au delà de sa mise;* d'une autre part, il n'atteint pas non plus la clause d'affranchissement absolu stipulée au profit de l'associé qui n'aurait apporté que son industrie. — 453. La faveur résultant de la seconde exception n'est pas seulement apparente : l'associé industriel a un réel intérêt à stipuler l'exemption. — 454. Conventions qui tendraient à garantir l'apport social. 455. L'objet de telles conventions diffère de celui qu'elles avaient sous l'empire de la loi prohibitive du prêt à intérêt. — 456. Vente par un associé à un associé de son droit dans la société moyennant un prix égal au montant de son apport : elle dissout les liens sociaux, mais elle est valable : conséquences. — 457. *Quid* de la convention par laquelle un associé assure la mise d'un autre contre les chances de perte? Distinctions du droit ancien sur ce point. — 458. Suite. — 459. Solution.

VII. 460. Sauf les deux prohibitions ci-dessus, toute liberté est laissée aux parties. Elles peuvent dès lors mettre leur part dans les gains et dans les pertes dans tels rapports qu'il leur convient d'établir. — 461. Peuvent-elles assigner à un associé une part différente dans les profits et dans les pertes? — 462. L'affir-

TIT. IX. DU CONTRAT DE SOCIÉTÉ. ART. 1853, 1854, 1855. 299

mative avait prévalu en droit romain. — 463. Elle était également admise dans notre ancienne jurisprudence. — 464. Sous le Code civil, la convention est permise par cela seul qu'elle n'est pas prohibée. — 465. Mais elle doit être appliquée en tenant compte de l'ensemble des opérations sociales qu'il ne faut pas considérer isolément.

466. Les prohibitions édictées par la loi sont placées sous une sanction de nullité. — 467. Et la nullité n'atteint pas seulement la convention contraire à la prohibition ; elle s'étend au contrat de société lui-même.

468. 2° *Règlement des parts par des arbitres.* Les associés peuvent convenir de s'en rapporter à l'un d'eux ou à un tiers pour la fixation des parts. — 469. La convention procède de causes ou de motifs différents suivant que les associés ont entendu que les parts seraient ainsi réglées d'avance par l'arbitre désigné, ou qu'elles seraient réglées seulement après la réalisation des opérations sociales. — 470. On détermine d'après cette distinction les conséquences de ce que l'arbitre ou les arbitres désignés ne pourraient ou ne voudraient pas faire le règlement. — 471. Application. — 472. Transition à quelques hypothèses particulières : — 473. Spécialement du cas où les parties déclarent s'en rapporter à un arbitre à désigner plus tard ; — 474. Et de celui où l'acte de société étant muet sur le règlement des parts, les associés conviennent ultérieurement de s'en rapporter à un arbitre qu'ils désignent.

475. L'arbitre ou les arbitres n'ont pas d'autres règles à suivre que celles de l'équité ; mais la prescription de la loi en ce point n'a plus la portée qu'elle avait en droit romain. — 476. Quoi qu'il en soit, le règlement ne peut être attaqué que lorsqu'il blesse l'équité ; — 477. Encore même faut-il que la réclamation soit élevée dans le bref délai de trois mois. — 478. Point de départ de ce délai et fins de non-recevoir contre la demande.

479. 3° *Règlement des parts par la loi.* A défaut de répartition par les parties elles-mêmes ou par arbitre, les parts sont faites par la loi. — 480. D'après quelles bases? Doctrine des jurisconsultes romains sur ce point, — 481. Et des auteurs dans notre ancien droit français. — 482. Le Code civil a tranché la controverse en fixant les parts proportionnellement aux mises. — 483. Il a ainsi rejeté la distinction de Pothier, qui admettait l'égalité entre toutes les parts, au moins dans le cas où les apports étaient d'une valeur incertaine. — 484. La répartition proportionnelle est de rigueur même en ce dernier cas; mais les juges pourront fixer rétroactivement la valeur de l'apport même à l'aide de la preuve testimoniale.

485. Règles spéciales à suivre touchant certains apports. — 486. Du cas où la jouissance seulement a été mise en commun. — 487. Du cas d'un apport en industrie : intérêt qu'il y a pour l'associé qui fait un tel apport à en déterminer la valeur dans l'acte de société. — 488. Faute par lui de prendre cette précaution, la loi fixe sa part comme si sa mise était égale à celle de l'associé qui a le moins apporté, — 489. Sauf réduction, d'ailleurs, l'apport étant successif, si la société vient à finir avant le terme fixé par la convention. — 490. Du cas où la société est formée entre deux associés dont l'un a apporté de l'argent et l'autre son industrie. — 491. Du cas où l'associé qui apporte son industrie met en outre dans la société de l'argent ou d'autres objets. — 492. Du cas où toutes les mises consistent en industrie, aucune n'étant évaluée dans l'acte de société.

I. — 428. Dès qu'elle est constituée, la société possède un patrimoine, une masse de biens, un fonds social enfin au moyen duquel l'administration va se livrer aux opérations que les associés ont eu en vue dans le but de réaliser les profits, sauf la chance de perte qui a dû aussi être prévue. Le fonds social ne peut donc pas demeurer fixe et invariable. Par la force même des choses, il se modifiera; il peut alternativement être accru et amoindri au cours de la société, dont le terme est fixé par la convention ou amené par un de ces événements qui entraînent la dissolution. Et c'est alors qu'après ces inévitables fluctuations dans l'actif, une liquidation mettra à jour et précisera les résultats de la gestion sociale. D'après cela, on s'explique aisément la portée des expressions *pertes* et *gains*. L'on comprend comment et quand il est permis soit de dire qu'une société a réalisé des bénéfices ou qu'elle a subi des pertes, soit de fixer à son chiffre le montant de la perte ou du gain. Il y a bénéfice lorsque, comparaison faite de l'actif au jour de la formation de la société avec l'ensemble des valeurs sociales au moment de la liquidation, on trouve une différence en plus, un excédant. Cet excédant, sauf, bien entendu, déduction des frais de gestion et des dettes communes, constitue les bénéfices réalisés, le profit auquel chaque associé a droit de participer. Au contraire, la société est en perte lorsque, déduction faite des dettes, des frais, des diminutions ou détériorations qui sont à la charge de la société, les valeurs sociales, au moment de la liquidation, sont au-dessous de ce qu'était l'actif quand la société a été constituée. La différence en moins constitue la perte que les associés ont subie et dont chacun d'eux doit supporter une part.

429. Mais par cela même que l'état de la société peut se modifier sans cesse et en sens divers, par cela même qu'aujourd'hui en perte le fonds social peut demain, à la suite d'une opération heureuse, se trouver notablement augmenté, il importe que les associés, à quelque moment, d'ailleurs, qu'ils veuillent se rendre compte de leur situation réelle, prennent les affaires sociales dans leur ensemble et ne les scindent pas. Le chiffre réel de la perte ou du gain, c'est celui que donne le résultat final des opérations consommées par la société pendant son existence plus ou moins prolongée; c'est celui qui résulte de l'examen, non pas des affaires prises isolément et divisées en deux catégories selon qu'envisagées distinctement elles ont ou n'ont pas réussi, mais de toutes les affaires envisagées dans l'ensemble et de la compensation entre les pertes et les bénéfices partiels. En un mot, le bénéfice s'entend de ce qui reste déduction faite des pertes partielles; la perte, de ce qui manque précompte fait des bénéfices partiels. Justinien disait en ce sens: « Si in alia re lucrum, in alia damnum illatum sit : compensatione » facta, solum quod superest, intelligetur lucri esse. » (Inst., lib. III, tit. XXVI, § 2 *in fine*); le jurisconsulte Paul disait en termes beaucoup plus généraux : « Neque enim lucrum intelligitur, nisi omni damno de » ducto; neque damnum, nisi omni lucro deducto. » (L. 30, ff. *Pro soc.*)

430. Il suit aussi de là qu'en principe la part de chacun des associés dans les bénéfices et dans les pertes ne peut être sûrement et, par suite, ne doit être calculée qu'au moment où la société arrive à son terme. Alors il n'y a plus d'éventualité à craindre ou à espérer. On peut envisager l'affaire sociale dans son ensemble; on en connaît le résultat définitif, et l'on peut dire avec certitude, en cas de déficit, ce qu'est la perte et dans quelle mesure chacun des associés y doit contribuer, ou, en cas de profit, quels sont les bénéfices et quelle part en revient à chacun. C'est donc à la dissolution de la société qu'il y a lieu de faire la répartition des gains ou des pertes entre les parties. Telle a été la règle de tous les temps. Et il n'y a rien de contraire dans l'obligation que toute société s'impose et que doivent même s'imposer les membres d'une société de commerce (C. comm., art. 9) de constater, par inven-

taire, à des époques périodiques, habituellement chaque année, l'état ou la situation de la société. Cet inventaire ou cet état de situation, on l'a dit avec raison, ne doit pas être confondu avec un partage effectif des bénéfices; c'est une simple mesure d'ordre dont l'utilité est incontestable, et qui n'implique en aucune façon la nécessité de distribuer à chaque associé sa part de bénéfices ou de lui réclamer sa contribution aux dettes (1). Tout cela doit être différé, en principe, jusqu'au jour de la liquidation définitive. Les associés ont à attendre jusque-là un intérêt qui, nous l'indiquerons bientôt, se manifeste surtout dans le cas où les conventions sociales leur assignent ou assignent à l'un d'eux une part différente dans les profits et dans les pertes (infrà, n° 465).

431. Néanmoins, la règle ne tient pas à l'ordre public. Sans doute, il est naturel et raisonnable d'attendre, pour faire la répartition des bénéfices, jusqu'au jour où il sera certain qu'il y aura réellement des bénéfices à partager; et rien n'est moins certain quand, au cours de la société, on procède à des répartitions périodiques, puisque les bénéfices partagés aujourd'hui pourront être absorbés et au delà par les pertes que la société subira dans les périodes suivantes. D'un autre côté, et au point de vue de l'affaire commune, il importe que les bénéfices ne soient pas retirés de la caisse sociale à mesure qu'ils sont réalisés. Il y a là un élément qui, en ajoutant au fonds social, donne une plus grande puissance à l'instrument de travail, permet à la société d'étendre ses opérations ou de donner une plus vive impulsion à l'affaire commune, et par cela même assure en quelque sorte aux associés un meilleur et plus fructueux résultat. Mais, nous le répétons, la règle n'est pas d'ordre public. Les associés peuvent donc s'en affranchir; et aucune disposition de loi n'y faisant obstacle, ils peuvent convenir que les bénéfices seront réglés et répartis, à des époques successives et déterminées, pendant le cours de la société. Il y a plus : la convention peut même n'être pas formellement exprimée; en certains cas, elle est implicite ou présumée. On la suppose, par exemple, dans les sociétés commerciales, où, en pratique, elle est réalisée sous la forme de distribution de dividendes. Et on y tient même qu'à *défaut de stipulation contraire,* chaque associé est libre de disposer de sa part dans les bénéfices annuels et de la retirer de la société sans que la majorité des voix puisse l'obliger à la laisser pour accroître les fonds sociaux (2). On la suppose également, même dans les sociétés civiles, lorsque la convention a pour objet des choses dont les produits ou les fruits sont périodiques, par exemple l'exploitation d'un immeuble; il est raisonnable alors de penser, comme le dit M. Duvergier, que les associés ont entendu se distribuer les produits aux époques où ils sont recueillis (3).

(1) V. M. Duvergier (Soc., n° 221).
(2) V. Pardessus (Cours de droit comm., t. III, n° 1000). Junge M. Duvergier (Soc., n° 222).
(3) V. M. Duvergier (loc. cit.). — C'est ainsi que la Cour de Grenoble, prenant le bail à colonage partiaire comme participant de la nature du contrat de société (suprà, n° 85), en conclut que les récoltes sont à partager aussitôt après leur perception, et que l'une des parties ne peut retarder le partage sous prétexte de le faire opérer par

Il en est ainsi encore dans les sociétés universelles, sans quoi les associés pourraient n'avoir aucun moyen de pourvoir à ces dépenses personnelles et d'entretien qui, selon nous du moins, sont à la charge de chacun d'eux, et nullement à la charge de la société (*suprà*, n°s 180, 181, 209). Nous supposons, d'ailleurs, que la convention est muette et n'a pas réservé aux parties le moyen de faire face à ces dépenses; car s'il avait été convenu, par exemple, que les associés prélèveraient chaque année sur le fonds commun une somme destinée à leurs besoins personnels, cette réserve (ceci est applicable à toutes les sociétés, aux sociétés particulières comme aux sociétés universelles), loin d'impliquer la dérogation dont il s'agit ici, serait à considérer, au contraire, comme une confirmation de la règle. En effet, stipuler que chaque associé aura le droit de prélever tous les mois ou tous les ans telle ou telle somme pour ses besoins et ceux de sa famille, c'est virtuellement ajourner au terme de la société le partage et la répartition des gains; c'est se placer sous l'empire de la règle d'après laquelle les associés, en parlant de bénéfices et des pertes, ont en vue, non pas le résultat particulier de chaque affaire ou de toutes les opérations accomplies dans une campagne, mais le résultat général et définitif de toute l'entreprise qui forme l'objet de la société.

En résumé donc, on pourra bien, par une exception fondée sur la volonté expresse ou l'intention présumée des parties, procéder à la répartition des pertes ou à la distribution des bénéfices pendant le cours de l'association, à des époques fixées; mais, en thèse, le principe est qu'il faut attendre la dissolution de la société pour faire cette répartition. Et voilà pourquoi nous disons que l'obligation de la société dont il s'agit ici, celle qui a pour objet la part de chaque associé dans les choses communes et dans les bénéfices réalisés, prend naissance généralement à la fin de la société.

432. Il s'agit maintenant de déterminer, et c'est le point important de cette partie de notre commentaire, en quoi consiste cette part à laquelle chaque associé a le droit de prétendre. Or, à cet égard, le Code admet trois modes de répartition. L'un est purement conventionnel : chaque associé prend, dans les bénéfices ou les pertes, la part que la convention sociale lui a attribuée, pourvu que cette convention ne soit pas contraire aux principes essentiels en matière de société (art. 1855). Le second procède encore de la convention : l'associé a droit à la part qui lui sera faite par un arbitre auquel les parties sont convenues de s'en rapporter (art. 1854). Le troisième est légal en quelque sorte : la part de chaque associé dans les bénéfices et dans les pertes est celle que la loi fixe elle-même dans le cas où l'acte de société n'a rien déterminé à cet égard (art. 1853). Voyons donc successivement ce qui a trait à chacun de ces modes de répartition.

II. — 433. *Règlement des parts par la convention des parties.* Le

un tiers (*infrà*, n°s 468 et suiv.), lorsque cela n'a pas été stipulé au contrat. Grenoble, 20 mars 1863 (S.-V., 63, 2, 108; *J. Pal.*, 1863, p. 242; Dall., 63, 5, 237).

principe, en ce point, est que les associés peuvent faire tous les arrangements qui leur conviennent, à l'exception de ceux qui sont prohibés par la loi. Leurs conventions, selon l'Exposé des motifs de notre titre, sont leurs premières lois, si elles ne se trouvent empêchées par aucune prohibition (1). Nous allons bientôt indiquer les restrictions que le législateur a cru devoir faire à la liberté admise en principe par la loi. Constatons auparavant que la règle est sage autant que certaine. Il est évident, en effet, que ceux qui forment une société sont mieux que personne à même de connaître et de justement apprécier ce que chacun d'eux y apporte en valeurs réelles, et surtout en industrie, en zèle, en talents, en activité, en courage (2). Or la réglementation des parts dans le gain ou la perte ayant nécessairement pour fondement, secret ou avoué, l'évaluation des mises sociales, c'est naturellement à ceux qui ont toute liberté pour faire cette évaluation que devait être laissé le soin de régler les droits ou les obligations de chacun lors du partage. Le législateur n'aurait pu arrêter le règlement à lui seul et l'imposer aux parties qu'à la condition de faire au préalable l'estimation des apports. Par cela même, il aurait dû procéder par la voie des présomptions ou par celle de l'expertise, ce qui l'aurait conduit inévitablement soit à consacrer très-souvent de flagrantes injustices, soit à susciter entre les parties des difficultés et des procès. Il a sagement évité ces inconvénients en ne réglant la part de chaque associé dans les bénéfices ou pertes que lorsque l'acte de société ne détermine rien sur ce point (art. 1853), et en n'intervenant ainsi que pour suppléer au silence des associés.

434. Sans nous arrêter encore aux clauses si nombreuses et si variées qui, en semblable matière, peuvent prendre place dans l'acte de société, faisons remarquer qu'en quelques points la convention doit être tenue comme certaine, bien qu'elle ne soit pas explicite. En ceci, nous faisons allusion au principe posé par les jurisconsultes romains, qui s'accordaient à reconnaître que lorsqu'on avait déterminé la part qu'un associé prendrait dans les profits, sans parler des pertes, cet associé devait subir les pertes dans la même proportion qu'en cas de succès il aurait participé aux profits. Ainsi, dire comment et dans quelle proportion les gains seront partagés entre les associés, c'est, quoique implicitement, déterminer la proportion en laquelle chacun d'eux contribuera aux pertes, s'il arrivait que la société ne prospérât pas. C'est là une déduction toute naturelle de cette idée de bon sens que les parts dans les bénéfices sont calculées eu égard aux mises de chacun, et les parts dans les pertes eu égard et proportionnellement aux parts dans le gain. Toutefois, si c'est là l'ordre naturel, ce n'est pas la condition nécessaire des choses; car, hâtons-nous de le dire, cette proportion, nous le verrons bientôt, pourrait être modifiée par une convention qui distribuerait les profits et les pertes d'une manière inégale entre les divers membres de

(1) Exposé des motifs de Treilhard (Locré, t. XIV, p. 524; Fenet, t. XIV, p. 400).
(2) Ainsi s'explique Boutteville dans son Rapport au Tribunat (Fenet, loc. cit.,
p. 405; Locré, loc. cit., p. 537).

la société (*infrà*, nᵒˢ 461 et suiv.). Mais il reste toujours qu'en l'absence d'une telle stipulation, le règlement auquel les parties se sont arrêtées quant aux bénéfices doit être présumé celui qu'elles ont entendu adopter aussi en ce qui concerne les pertes (1). « Si in altero partes » expressæ fuerint, velut in lucro, in altero vero omissæ, in eo quoque, » quod omissum est similes partes erunt. » (Gaïus, C. 3, § 150.) Notre jurisprudence est fixée aujourd'hui en ce sens. « Considérant, a dit la Cour d'Amiens, qu'en matière de société l'on doit admettre l'égalité proportionnelle entre les associés; que cette règle serait violée si, dans le silence de ceux-ci sur la proportion dans laquelle les pertes seraient supportées, l'on imposait à l'un d'eux une part dans les pertes supérieure à celle que la convention lui attribuerait dans les bénéfices; que les parties, en stipulant que les bénéfices qui devaient résulter de leur association seraient des deux tiers pour l'une et d'un tiers pour l'autre, ne se sont pas expliquées sur la proportion dans laquelle elles contribueraient aux pertes; que la présomption est donc qu'elles ont voulu qu'elle fût pour celles-ci la même que pour ceux-là... » (2) Et la Cour de cassation a reconnu que telle est en effet la présomption, et qu'elle avait pu être admise par les juges du fait même dans le cas où, les mises étant égales, l'acte de société, muet sur la contribution aux pertes, faisait une répartition inégale des bénéfices entre les associés (3).

435. Mais si les conventions des parties doivent, suivant l'Exposé des motifs, être respectées comme constituant leurs premières lois, ce n'est pas à dire que les associés aient un pouvoir absolu, sans limites, quant au règlement des parts. Il y a un type que l'équité leur propose pour modèle et qu'elles réaliseront assurément en observant ces deux règles indiquées par Pothier : 1° pour que le contrat de société soit équitable, il faut ordinairement que la part qui est, par le contrat de société, assignée à chacun des associés, dans le profit qu'ils se proposent de faire, soit en même proportion que la valeur de ce que chacun d'eux a apporté à la société; 2° régulièrement, chacun des associés doit supporter dans la perte que fera la société la même part qu'il doit avoir dans le gain au cas que la société prospère (4). Seulement, dans la pratique, l'observation même de ces règles peut et doit donner lieu à des stipulations particulières que détermine l'appréciation faite par les associés des choses qu'ils apportent à la société. Et c'est ainsi que fréquemment on trouve dans les conventions sociales des clauses dont l'effet est de rompre l'égalité au profit de tels ou tels qui, par plus de travail, de crédit, de soins ou d'argent, ont été considérés comme devant contribuer dans une plus large proportion que tels ou tels autres au succès de la société. Ces stipulations n'ont assurément rien d'illicite; et même, à

(1) Domat (titre de la Société, sect. 1, nᵒ 5).
(2) Amiens, 27 mai 1840 (S.-V., 42, 2, 113; Dall., 42, 2, 146; J. P., à sa date).
V. aussi MM. Delvincourt (t. III, note 2 de la page 123); Duranton (t. XVII, nᵒ 416);
Massé et Vergé, sur Zachariæ (t. IV, p. 435); Duvergier (nᵒ 240); Aubry et Rau
(t. III, p. 402); Bédarride (Soc., nᵒ 460); Dalloz (Rép., vᵒ Société, nᵒ 402).
(3) Cass., 11 janv. 1865 (J. Pal., 1865, p. 16; Dall., 65, 1, 9; S.-V., 65, 1, 12).
(4) Pothier (Cont. de soc., nᵒˢ 15 et 19).

supposer que l'équité en fût blessée, en ce que, par exemple, elles reposeraient sur une appréciation inexacte du concours de ceux qui en profitent, ceux-ci pourraient bien se sentir obligés en conscience de rétablir l'égalité injustement rompue à leur profit, sans qu'en droit et dans le for extérieur ils y pussent être contraints, la lésion n'étant pas, en thèse générale, un motif de rescision des contrats (C. civ., article 1118) (1). Mais au moins faut-il que les associés ne s'écartent en aucun cas de la règle de l'égalité jusqu'au point de méconnaître la nature du contrat qu'ils ont formé entre eux. La maxime fondamentale, celle sur laquelle ils doivent régler leur conduite, est formulée dans l'art. 1833 : « Toute société doit être contractée *pour l'intérêt commun des parties.* » Elle implique nettement cette idée, que la société étant formée en vue de réaliser des bénéfices en commun, pour les partager ensuite, il est de toute nécessité que la convention assure les droits de toutes les parties, sans sacrifier l'intérêt d'aucune.

436. De là l'art. 1855, qui ne s'occupe de la répartition conventionnelle que pour prohiber deux stipulations considérées comme plus ou moins contraires à cette idée. En effet, convenir que l'une des parties aura la totalité des bénéfices, ce serait disposer contre la pensée même et contre la nature d'un contrat dont l'essence est d'être formé pour l'intérêt commun des parties. Et, d'un autre côté, affranchir de toute contribution aux pertes les sommes ou effets mis dans le fonds commun par un ou plusieurs des associés, ce serait sinon absolument méconnaître la nature du contrat et en détruire l'essence (*infrà*, n° 451), au moins y introduire des conditions d'inégalité contraires au principe qui lui est propre. Ce sont donc là deux stipulations que les parties doivent s'interdire, car ce sont celles que l'art. 1855 a expressément prohibées sous une sanction de nullité dont nous aurons plus tard à préciser l'étendue et la portée (*infrà*, n°s 466 et suiv.). Mais précisément parce que ces stipulations sont expressément prohibées, on ne les voit jamais se produire ouvertement dans les contrats de société : on y peut rencontrer seulement des dispositions combinées de manière à éluder les prohibitions de la loi. C'est pourquoi nous reprendrons successivement les deux paragraphes de l'art. 1855 pour dire, d'une part, dans la prévision de bénéfices réalisés, quelles clauses doivent être regardées comme tombant sous le coup de la prohibition relative à la distribution des profits (III, IV, V, VI); d'une autre part, dans la prévision de pertes subies, quelles sont les dispositions qu'atteint la prohibition touchant la contribution aux pertes (VII, VIII). Et puis, comme cette division est purement théorique, nous envisagerons la convention dans son ensemble, et nous préciserons, au point de vue pratique, la relation que les parties peuvent établir entre les pertes et les gains, sans contrevenir aux prohibitions de la loi (IX). Enfin, nous nous occuperons de la sanction édictée par le législateur (X).

III. — 437. *Première prohibition.* « Il est de l'essence du contrat de

(1) V. Pothier (*loc. cit.*, n° 15).

société que les parties se proposent, par le contrat, de faire un gain ou profit, dans lequel chacune des parties contractantes puisse espérer d'avoir part, à raison de ce qu'elle a apporté à la société. » (1) Telle et telle doit être nécessairement la pensée de tous ceux qui se lient par une convention de société. L'éventualité d'un bénéfice est dans la vue de chacun d'eux; sans ce motif, ils ne contracteraient pas, ou du moins, s'ils contractaient, ce n'est point le contrat de société qu'ils formeraient. Ainsi, on ne conçoit pas la société sans une participation aux gains offerte à chacun des associés; et, par suite, il eût été manifestement injuste de maintenir une association dans laquelle serait effacé ce caractère essentiellement propre à la convention. Admettre une fois qu'il y a société et certitude pour un ou plusieurs des prétendus associés de ne prendre aucune part dans les profits obtenus, ce serait consacrer une contradiction flagrante entre les mots et les choses, sanctionner un mensonge. C'est incontestable, alors que les contractants ont voulu réellement et sérieusement fonder une société. Que s'ils n'ont entendu employer la forme de ce contrat que comme un moyen propre à déguiser des accords différents, la clause exclusive de l'idée de partage entre tous des bénéfices acquis pourrait sans doute ne pas faire connaître la volonté des contractants; elle pourrait même la traduire fidèlement, quoique d'une manière indirecte; mais elle répugne toujours à l'idée de société, la seule qui apparaîtrait d'après la forme donnée au contrat.

Le législateur s'inspire de ces pensées. En présence de contractants qui déclarent hautement s'associer, et qui pourtant insèrent dans l'acte une clause radicalement hostile à la convention déclarée, il ne recherche pas quelle a pu être au fond l'intention ou la volonté des parties; il tient pour vrai ce qui est exprimé; mais comme ce qui est exprimé est absolument contraire à la justice, il entend que la convention ne soit pas exécutée. « La convention, dit l'art. 1855, § 1, qui donnerait à l'un des associés la totalité des bénéfices, est nulle. » Cette convention est nulle en effet, et elle doit être annulée; car dès qu'on a la perception exacte de l'esprit qui doit présider à la formation d'une société, il est impossible de voir dans une stipulation pareille autre chose que le résultat d'une erreur grossière, ou l'abus de la force sur la faiblesse, de l'habileté et de la ruse sur l'inexpérience et la crédulité.

438. D'ailleurs, remarquons-le, ce ne serait pas assez de dire que les tribunaux doivent prononcer la nullité dans les cas où l'acte social fait une attribution formelle de la totalité des bénéfices à l'un ou à plusieurs des associés. Une infraction directe et ouverte à une disposition si expressément prohibitive n'étant guère à présumer, il faut ajouter que la nullité doit atteindre toute convention qui, par un ensemble de clauses ou de combinaisons, arriverait à ce résultat d'exclure de la participation aux bénéfices tel ou tel associé au profit de tel ou tel autre. Et même la participation de chacun dans les bénéfices fût-elle admise, nous te-

_____

(1) Pothier (Contr. de soc., nº 12). V. aussi suprà, nºˢ 68 et 89.

nons que la nullité serait de même encourue si, pour certains, la part se trouvait réduite dans des termes tels qu'elle serait véritablement illusoire. A plus forte raison admettrons-nous, avec l'unanimité des auteurs, que le vice radical de la clause prévue et prohibée par la loi ne saurait être effacé par les accords arrêtés entre les parties relativement à la contribution aux pertes. Ainsi, la convention qui, en cas de succès, attribuerait la totalité des bénéfices à l'un des associés à l'exclusion de l'autre serait nulle quand même il serait convenu que, dans le cas de revers, ce dernier serait déchargé de toute contribution aux pertes. C'est de toute évidence, puisque la communication des gains, cette condition essentielle à toute société, ferait absolument défaut. L'addition de la clause relative aux pertes, loin d'atténuer l'infraction, l'aggraverait au contraire. D'une part, l'affranchissement de toute contribution aux pertes serait lui-même une infraction nouvelle, comme nous le verrons en expliquant le deuxième paragraphe de l'art. 1855. D'une autre part, il aurait pour résultat, non pas de corriger l'iniquité de la clause spéciale aux gains, mais de désintéresser complétement l'associé qui ne doit ni profiter des bénéfices, ni supporter les pertes, et de le rendre ainsi étranger à la société, contrairement aux principes de ce contrat, dont le caractère ou l'essence est d'être formé pour l'intérêt commun des parties (*suprà,* arti. 1833).

Un arrêt récent de la Cour de cassation, chambre des requêtes, ne dit rien de contraire. Il est décidé par cet arrêt que la clause d'un acte de société qui, pour le cas de décès de l'un des associés, prescrit l'ajournement de la liquidation à une époque déterminée, l'établissement devant jusque-là continuer ses opérations sous le même nom et avec le même capital, dirigé sans contrôle par le survivant, *qui seul profitera des bénéfices et supportera les pertes,* n'est pas illicite ou contraire aux principes du contrat de société (1). Mais cela tient à ce qu'il était constant, en fait, dans l'espèce, que la clause n'avait eu ni pour but ni pour résultat d'établir la continuation de la société entre le survivant et les héritiers du prédécédé, et qu'elle avait tendu seulement à empêcher la liquidation brusque et intempestive qui pourrait résulter du décès de l'un des associés, en ajournant cette liquidation à une époque préfixe, celle où la société devait prendre fin. Or, dès qu'il était admis qu'il n'y avait pas société entre le survivant et les héritiers du prédécédé, il est évident que l'art. 1855 était absolument hors de cause; et c'est en effet cela seulement qui résulte de l'arrêt de la Cour de cassation. — Est-ce à dire que la disposition de cet article aurait dû être appliquée si la convention eût été entendue comme établissant une véritable association entre l'associé survivant et les héritiers du prédécédé? Ceci est une autre question : elle se rattache au point de savoir si l'attribution de la totalité des bénéfices à l'une des parties sous une certaine condition, spécialement au survivant des associés, est atteinte par la prohibition du § 1 de l'art. 1855. Et nous allons y venir tout à l'heure (*infrà,*

_____

(1) Réq., 17 août 1868 (S.-V., 69, 1, 22; *J. Pal.,* 1869, p. 33).

n° 442). Quant à présent, nous nous bornons à constater que la prohibition de la loi et la nullité qu'elle édicte s'appliquent indistinctement à toute convention qui, soit directement, soit au moyen de combinaisons plus ou moins habiles, a pour résultat d'attribuer à l'un des associés tous les bénéfices ou une part tellement importante que les autres n'auraient rien ou pour ainsi dire rien à y prendre.

439. Et cette nullité, il faut le remarquer, ne date pas de la loi nouvelle. Fondée qu'elle est sur le bon sens, sur l'honnêteté la plus vulgaire, et nécessaire même ne fût-elle pas écrite dans la loi, elle avait été cependant formulée par les jurisconsultes romains. A leurs yeux, c'était un genre d'association profondément inique que celle qui ne laissait entrevoir à un associé que des éventualités de perte sans aucun espoir de participer au profit. *Iniquissimum enim genus societatis*, dit Ulpien, *est, ex quâ quis damnum, non etiam lucrum spectet.* (L. 29, § 2, ff. *Pro soc.*) Et ils proscrivirent ce genre d'association, qu'ils qualifièrent de *société léonine*, par allusion à la fable du lion qui, s'étant associé avec d'autres animaux pour aller à la chasse, s'empara seul de toute la proie (1). «Aristo refert, Cassium respondisse, societatem ta-
» lem coiri non posse, ut alter lucrum tantum, alter damnum sentiret,
» et hanc societatem *leoninam* solitum appellare. Et nos consentimus
» *talem societatem nullam esse...*» (Même fragm.) Au temps des jurisconsultes, la convention ne valait pas même comme donation, en ce qu'elle impliquait une libéralité totale, laquelle ne pouvait résulter d'un simple pacte. C'est depuis Justinien seulement que la société léonine a été maintenue et confirmée comme pacte de *donando*, en tant, d'ailleurs, qu'il y avait certitude complète sur l'intention des parties.

Quoi qu'il en soit, une telle convention est proscrite aujourd'hui comme convention de société, et, de même qu'à Rome, l'association assise sur de telles bases reçoit la dénomination de société léonine, par allusion encore au même apologue, toujours instructif, et qui, sous sa forme allégorique, contient une leçon opportune dans tous les temps.

Toutefois, notons-le bien, ce que la loi défend, c'est la convention qui réglerait le partage *des bénéfices* de manière à les attribuer à un seul ou à quelques-uns des associés au détriment et à l'exclusion des autres. Ces accords, entachés de nullité de par là loi, sont les seuls qui, d'après la tradition, font de la convention une *société léonine*. Aussi ne pouvons-nous pas dire, avec Troplong, qu'il y a deux espèces de sociétés léonines : l'une qui a lieu quand un des associés participe aux pertes sans profiter des bénéfices ; l'autre quand, à l'inverse, toutes les chances de perte se concentrent sur un seul, *les chances de bénéfices étant communes à tous* (2). Il est vrai que cette dernière convention est prohibée, comme la première, par notre Code (art. 1855, § 2, *infrà*, n°s 449 et suiv.). Mais il n'en faut pas moins laisser aux mots la signification qu'ils ont toujours eue. Or il est certain que la dénomination de société léo-

(1) V. Pothier (*Soc.*, n° 12).
(2) V. Troplong (n° 629). V. aussi le rapport de Boutteville et le discours de Gillet (Locré, t. XIV, p. 538 et 553; Fenet, t. XIV, p. 411 et 422).

nine n'a pas pu être donnée, par les Romains, à la convention dans laquelle l'un des associés était affranchi des pertes, puisque cette convention était licite en droit romain (*infrà*, n° 451). Et il est clair même que l'expression serait absolument impropre. L'apologue ingénieux que Troplong prend le soin de raconter (1) en fournit la preuve irrécusable. Il montre nettement que le Lion, sans se préoccuper, en s'associant, du cas de perte qu'il ne veut même pas prévoir, s'attache exclusivement à repousser toute communauté *dans les chances de bénéfices*. Malheureusement pour lui, l'âne l'entendait autrement; c'est parce que, dans sa simplicité, il avait cru que, comme chaque associé, il avait son lot à prendre dans le butin, qu'il fut mis en pièces par le Lion. — Ainsi, ce qui constitue la société léonine, c'est seulement la convention par laquelle tels et tels associés sont exclus de toute participation aux bénéfices au profit de tel ou tel autre qui les prend en totalité.

IV. — **440.** Cependant, il faut le préciser, la prohibition de la loi n'est pas exclusive des conventions qui en apparence, ou même en réalité, établiraient l'inégalité, entre les associés, dans la répartition des bénéfices. Il serait équitable sans doute que, conformément à la première des deux règles ci-dessus rappelées, la part assignée par le contrat à chacun des associés dans le profit qu'ils se proposent de faire fût en même proportion que la valeur de ce que chacun d'eux a apporté à la société (*suprà*, n° 435). Mais la convention peut s'écarter de cette règle, et pourvu que tout associé ait dans les profits une part qui ne soit pas illusoire, il n'y a nullement à discuter et à contredire sur la proportion dans laquelle la répartition est faite entre les associés; la volonté manifestée par la convention doit être respectée. Ainsi, soit que les bénéfices aient été répartis sur le pied d'une égalité parfaite les apports étant inégaux, soit, en sens inverse, que les mises étant égales la part dans les gains ne soit pas la même pour chacun, la convention n'a rien d'illicite et il n'y a pas à la modifier dans l'exécution. « Ac proinde » etiam si inæquales servari placuerit in collatione æquali, pactio ser- » vanda erit : et contra si æquales servari placuerit in collatione inæ- » quali... » (2) Peut-être y aura-t-il dans de tels accords sociaux une pensée de libéralité, si c'est librement et sciemment que la répartition des bénéfices est ainsi disproportionnée; peut-être y aura-t-il un fait de lésion, si la disproportion est le résultat de combinaisons plus ou moins habiles ou même d'une erreur commune. Mais ni dans un cas ni dans l'autre le règlement ne peut, au moins au point de vue du droit, sinon en conscience, être l'objet d'aucune critique, et les tribunaux ne sauraient être appelés à le redresser. D'ailleurs, il se peut aussi, comme nous l'avons expliqué déjà (*suprà*, n° 433), que l'inégalité dans la répartition des gains ne soit qu'apparente et se concilie à merveille avec l'idée d'une distribution proportionnelle à l'apport, celui ou ceux qui reçoivent les plus fortes parts le pouvant devoir à ce que, selon l'appré-

_____

(1) V. Troplong (n° 628).
(2) Vinnius (*Inst.*, tit. de *Soc.*, 2e Comm., n° 3).

ciation même des parties, ils donneront un plus utile concours aux affaires de la société.

441. Ainsi, l'inégalité des parts entre les associés ne fait pas que chacun n'ait la sienne, et il est par là satisfait à la loi, d'après laquelle la société doit être contractée pour l'intérêt commun des parties. Mais il faut aller plus loin : en frappant de nullité la convention qui attribuerait la totalité des bénéfices à un associé, le législateur n'a pas entendu que, nécessairement et en toute hypothèse, chaque membre d'une société devrait, à peine de nullité, recueillir une part quelconque dans les bénéfices obtenus. Il est des conventions aléatoires par l'effet desquelles tel ou tel associé pourra être privé de toute participation aux bénéfices réalisés par la société : celles-là ne sont pas atteintes par la disposition prohibitive de la loi. Ce que l'art. 1855 proscrit en termes explicites et formels, c'est la clause emportant avec elle certitude que, quel que soit le gain obtenu, il sera recueilli en totalité par un ou plusieurs des associés à l'exclusion de tous les autres. Or les dispositions prohibitives sont restrictives de leur nature; si elles sont à maintenir dans leurs termes, elles doivent au moins être appliquées sans extension. Dès lors, une clause qui laisserait à tout associé l'espoir de prendre part aux bénéfices ne sera pas considérée comme illicite, sous prétexte que cet espoir sera peut-être déçu. Il suffit que la convention ne soit pas, avec une certitude inflexible, attributive de tout le gain à l'un des associés et exclusive pour les autres; que chacun, loin d'être assuré de n'avoir point de part aux bénéfices quoi qu'il arrive, ait un droit au moins éventuel à en profiter, pour qu'elle cesse d'être empreinte du caractère d'iniquité qui affecte la société léonine. Citons à ce propos l'espèce des lois romaines (44, ff. Pro soc., et 13, Prasc. verb.) ci-dessus analysées (suprà, n° 89). On y voit que la convention peut, sans se heurter contre les prohibitions de la loi, subordonner la participation d'un associé aux bénéfices, soit à une condition, soit même à telle ou telle circonstance tenant le rôle de condition, par exemple au fait que le bénéfice atteindra un chiffre déterminé. Sans doute il pourra, en fait, dans une telle hypothèse, arriver que la condition venant à défaillir, celui dont le droit aux bénéfices était conditionnel n'y prenne aucune part et que la totalité soit pour l'autre. Mais ce sera là le résultat d'un cas fortuit, d'une combinaison essentiellement différente de celle que la loi a entendu prohiber, et qui peut d'ailleurs n'être pas contraire à l'équité, par exemple si, comme dans les lois précitées, l'incertitude ou la fragilité du droit aux bénéfices pour l'un des associés était compensée par l'importance considérable des apports de l'autre.

442. Du reste, cette restriction à la première disposition de l'article 1855 n'est pas contestée dans la doctrine. Mais, dans cet ordre d'idées, un point est controversé : c'est de savoir s'il peut être convenu que la totalité des bénéfices appartiendra au survivant des associés. La convention était valable dans notre ancien droit. « Bien que l'hérédité ne puisse pas être donnée par contrat, mais seulement par testament, dit Despeisses en résumant sur ce point la doctrine des auteurs, néan-

moins, tout ainsi que, par privilége particulier, elle peut être donnée par contrat de mariage, pareillement, par un semblable privilége, elle peut être donnée par le contrat de société... Ainsi, ce pacte est valable, que le survivant des associés succédera au prémourant *en tous ses biens*, soit que ce pacte soit apposé à la convention faite entre les mariés, ou bien hors icelui, en simple contrat de société... » (1) La clause était ainsi validée alors même que, stipulée dans les sociétés de biens présents et à venir (aujourd'hui prohibées), elle avait pour effet de créer un véritable droit de succession contractuel. A peine est-il besoin de dire que la question ne saurait se poser dans ces termes sous le Code civil, qui évidemment exclut ce pacte de succéder.

Mais, en nous plaçant au point de vue de l'art. 1855, nous pensons qu'au moins sur ce terrain la convention ne doit pas être considérée comme illicite. On a dit, à la vérité, qu'elle exclut l'idée de société et enlève au contrat tout caractère social, puisque, si elle admet la collaboration commune, elle fait cependant qu'il n'y a rien à partager entre les associés, l'un d'eux, le survivant, devant recueillir la totalité des bénéfices (2). Toutefois, l'objection n'est rien moins que fondée. On peut contester d'abord que la convention soit absolument exclusive du partage. En toute hypothèse où la participation d'un associé aux bénéfices est subordonnée à une condition, et c'est ici le cas, la clause n'est exclusive du partage que dans le cas où la condition vient à se réaliser. Ainsi, supposons, dans notre espèce, que la société soit dissoute par toute autre circonstance que celle de la mort de l'un des associés; qu'elle prenne fin, par exemple, par l'expiration du temps fixé dans la convention, par la faillite de l'un des associés, ou encore par une renonciation (art. 1869) : évidemment, la société, en tous ces cas, sera liquidée et partagée comme si la condition de survie n'avait pas été stipulée. Il n'est donc pas exact dire qu'il n'y aura rien à partager entre les associés, et que *nécessairement* la totalité des bénéfices reviendra à l'un d'eux en vertu de la convention. Mais enfin le fait vînt-il à se produire par suite de la réalisation de la condition, il n'en serait pas moins impossible de prétendre que c'est là ce que le législateur a entendu prohiber. La Cour de Rouen l'a dit, avec une exactitude parfaite, le contrat de société est susceptible de toutes les modalités et de toutes les combinaisons qui ne sont pas contraires à son essence. C'est parce que l'attribution *exclusive et certaine* des bénéfices à un seul est en opposition directe avec le principe fondamental et la notion essentielle de ce contrat que l'art. 1855 proscrit une pareille convention. Or, en présence d'une stipulation qui se borne à réserver tous les avantages à celui des associés qui survivra, on ne peut pas prétendre que la société ne soit faite que dans l'intérêt particulier d'un seul des contractants. Aucun des asso-

---

(1) V. Despeisses (part. I, tit. III, sect. 2, n° 26). Il cite en ce sens l'opinion de Charondas (*Pand.*, liv. II, chap. de la Soc., XXXIII), de Masuer (tit. des Assoc., XXVIII, n° 20), et de Rauchin (part. II, conclus. 298).
(2) V. MM. Duranton (t. XV, n° 214); Duvergier (n° 268); Demètre B. Polizu (*op. cit.*, n° 114).

ciés n'est exclu par la convention, au moment où elle se forme, de la participation aux bénéfices en vue desquels chacun contracte; tous y ont, au contraire, un droit incontestable, quoique éventuel. Le contrat satisfait donc ainsi à la condition substantielle qu'il soit fait pour l'intérêt commun des parties (1). Ajoutons que l'art. 1525 fournit à cette solution un argument puissant lorsque, en permettant aux époux de stipuler que la totalité de la communauté appartiendra au survivant, il enlève à cet acte le caractère d'avantage sujet aux règles relatives aux donations, et n'y voit qu'une convention *entre associés*. Il suppose donc que la convention n'est pas illicite dans le contrat de société.

Tel est l'avis de la généralité des auteurs (2). M. Pardessus enseigne même que la clause ne serait point, en règle générale et sauf l'appréciation des circonstances par les juges, réputée avantage indirect si elle intervenait entre un père et l'un de ses enfants, ou entre autres personnes respectivement incapables de se donner ou de recevoir l'une de l'autre (3). Nous serions porté à conclure de même que le point doit être résolu par les juges d'après les circonstances, et nous écarterions ainsi l'opinion d'autres auteurs qui, s'attachant à la disposition de l'article 1840, posent en thèse, au contraire, que la clause doit être annulée en ce cas par application de cet article (4). L'art. 1840, nous l'avons établi plus haut, contient des dispositions essentiellement exceptionnelles; il doit par cela même être renfermé dans ses termes précis, et par conséquent il ne saurait être appliqué au moins à une société particulière, puisque c'est en vue et contre les sociétés universelles spécialement qu'il est édicté (*suprà*, n°s 213 et suiv.).

443. C'est aussi d'après les circonstances que, selon nous, devrait être résolue la question de savoir si la clause dont il s'agit doit être maintenue quand elle fait attribution au survivant des associés non-seulement des bénéfices en totalité, mais encore des mises sociales. Plusieurs auteurs se prononcent pour l'affirmative, en principe (5). Nous ne saurions aller jusque-là. L'art. 1525 du Code civil n'est plus à invoquer dans ce cas, car il ne tolère pas une telle disposition entre époux, puisque précisément il réserve aux héritiers de l'époux prédécédé le droit de faire la reprise des apports et capitaux tombés dans la communauté du chef de leur auteur. Et, il faut l'avouer : si, dans le cas donné, les héritiers de l'associé prédécédé n'ont pas un droit analogue, le contrat en peut être singulièrement défiguré. Cependant nous n'al-

---

(1) V. Arrêt de la Cour de Rouen du 31 juillet 1867. Il est rapporté, dans les Recueils, avec l'arrêt de rejet de la chambre des requêtes du 17 août 1868, cité plus haut sous le n° 438.
(2) V. MM. Delvincourt (t. III, note 3 de la page 122); Pardessus (n° 997); Malepeyre et Jourdain (n° 86); Molinier (n° 391); Championnière et Rigaud (*Tr. des droits d'enr.*, t. III, n° 2769); Troplong (n° 646); Delangle (n° 119); Boileux (t. VI, p. 319); Taulier (t. VI, p. 352); Massé et Vergé, sur Zachariæ (t. IV, p. 425, note 11); Talon (*op. cit.*, p. 149); Dalloz (*Rép.*, v° Société, n° 411).
(3) V. Pardessus (*loc. cit.*).
(4) V. MM. Delvincourt, Malepeyre et Jourdain, Molinier (*loc. cit.*).
(5) V. MM. Troplong (*loc. cit.*); Boileux (t. VI, p. 320); Malepeyre et Jourdain (*loc. cit.*); Molinier (*loc. cit.*).

lons pas non plus, avec d'autres auteurs, jusqu'à dire que la clause est nulle en principe et d'une manière absolue. La nullité, d'après ces auteurs, résulterait de ce que la convention constituerait une donation de biens à venir (1). Mais rien n'est moins exact, puisque les apports sociaux sont une chose certaine, déterminée et présente. Selon nous, la clause est de celles qui en soi ne sont pas caractérisées; la signification et la portée ne s'en dégagent pas d'elles-mêmes; tout dépend des circonstances et de l'intention des parties. Aussi faut-il laisser aux magistrats le soin de l'apprécier et de dire, d'après ces éléments, si elle constitue une convention licite de société, ou une donation réciproque subordonnée à une condition. Quant à avancer qu'elle implique toujours et nécessairement soit l'une, soit l'autre, on ne le peut faire sans s'exposer à se tromper sur la pensée véritable des parties et à prendre l'apparence pour la réalité.

444. En résumé, ce que la loi prohibe, c'est la convention certainement attributive à l'un ou plusieurs des associés de la totalité des bénéfices et, suivant les circonstances, des apports. Or tel n'est pas le cas lorsque l'attribution de la totalité des bénéfices est faite conditionnellement à l'associé en faveur duquel la condition sera réalisée, puisque la convention, à raison de son caractère aléatoire, loin de priver définitivement aucun des associés de sa part dans les bénéfices ou dans l'actif, donne à tous et à chacun indistinctement le droit éventuel de les recueillir. Donc la clause, dans ces termes, ne tombe pas sous la prohibition de la loi.

Toutefois, il faut bien le noter, elle n'est valable qu'autant qu'elle reste conditionnelle. Car, évidemment, du jour où la condition serait retranchée, le pacte social serait atteint dans son essence même; il constituerait la société léonine contre laquelle le § 1 de l'art. 1855 est édicté. Ceci s'expliquera par un exemple que nous empruntons à un arrêt de la Cour de cassation, et qui, en même temps qu'il précise nettement notre pensée, fera mieux ressortir la portée de la disposition de la loi. Une société, en vue de l'exploitation d'un étang, est formée entre quatre personnes dont l'une, chargée de la direction des dépenses, apporte son industrie seulement, et dont les trois autres font une mise de 60 000 francs. Il est expressément convenu que les bénéfices seront partagés par quart, mais néanmoins que si, par le fait de l'associé industriel, la dépense venait à dépasser même momentanément la somme versée par les bailleurs de fonds, la part de ceux-ci serait augmentée et celle de l'associé industriel diminuée proportionnellement à l'augmentation des sommes versées en sus des 60 000 francs. La clause en elle-même était parfaitement valable, car aucune des parties n'étant exclue du partage des bénéfices, il est vrai de dire que le pacte social était formé dans l'intérêt commun des associés. Mais il pouvait se faire que la condition sous laquelle l'associé avait consenti à l'augmentation de la part de ses coassociés et à la diminution de la sienne venant à se réaliser,

(1) V. Delvincourt (t. III, note 3 de la page 122).

la proportion établie eût pour effet d'attribuer la totalité des bénéfices à ces derniers et de n'en laisser rien pour lui. Or, c'est ce qui est arrivé. Les prévisions d'après lesquelles le gérant avait fixé la dépense aux 60000 francs apportés par ses coassociés ont été dépassées ; une somme de 20000 francs en plus a été employée à l'opération ; et par suite le gérant a été réduit, non pas temporairement, mais définitivement, à n'avoir plus aucune part dans les bénéfices. En cet état de choses, les juges du fond et après eux la Cour de cassation ont justement décidé que le pacte social, valable à l'origine, avait dû être maintenu et exécuté pour le passé ; mais que l'événement de la condition ayant eu pour effet de laisser l'une des parties sans aucun intérêt dans l'entreprise, la société ne pouvait plus subsister (1). Ainsi, et en définitive, la société qui a une existence légale tant que la condition reste en suspens tombe, pour l'avenir, sous la prohibition de la loi, comme si *ab initio* le pacte social eût purement et simplement privé l'un des associés de tout droit aux bénéfices.

V. — 445. Dans un autre ordre d'idées, la prohibition de la loi n'est pas exclusive non plus de la convention qui, au lieu d'attribuer à un associé une part aliquote, comme la moitié, le tiers ou le quart, lui alloue une somme fixe à prendre sur les bénéfices, la part des autres devant être prise sur le surplus. On trouve un exemple d'une telle stipulation dans un texte d'Ulpien, dont nous avons précisé l'espèce en nous occupant des caractères propres et essentiels du contrat de société (2). Ulpien ne voyait dans la convention rien d'illicite. Et, en effet, la validité n'en saurait être contestée. Sans doute il se pourra faire que, la somme déterminée étant prélevée, la masse des bénéfices soit absorbée. Mais, d'un autre côté, il peut arriver aussi que les bénéfices réalisés étant fort considérables, cet associé, réduit à la somme fixée, n'en prenne qu'une très-faible part. C'est justement cette incertitude qui explique et justifie la convention : « Taxatio, dit Felicius, illicita » dici non debet... cum potentialiter plus et minus in ea considerari » possunt... et ratione incertitudinis pacta tolerantur, qua alias non » tolerarentur. » (3)

Du reste, il faut considérer comme une convention de cette nature la clause, assez fréquente en pratique, par laquelle, en mettant un capital en société, un associé stipule qu'il prélèvera d'abord sur les bénéfices l'intérêt de la somme par lui mise en commun, le surplus des gains devant être réparti dans telle ou telle proportion entre les associés. La convention se distingue nettement de celle que nous avons en vue suprà, n° 92, et dans laquelle l'associé prétendu est, dans la réalité des choses, un simple *bailleur de fonds* qui, en se faisant attribuer sur les bénéfices une part réglée d'avance et à forfait, indépendamment de l'intérêt légal et du capital par lui versé, fait un prêt usuraire. Ici, au contraire, il y a société et non prêt, parce que le capital reste exposé aux

(1) Req., 16 nov. 1858 (S.-V., 59, 1, 382; J. Pal., 1859, p. 847; Dall., 59, 1, 29).
(2) V. suprà, n° 89, la loi 44, ff. Pro soc. — Junge l. 52, § 7, eod. tit.
(3) V. Troplong (Soc., n° 637).

pertes. La stipulation dont il s'agit ne change pas la nature du contrat : faite uniquement pour le cas où les opérations sociales donneront des bénéfices, elle n'est toujours qu'un mode particulier d'en régler la distribution. Au surplus, nous reviendrons sur ce point en traitant des sociétés commerciales.

446. Mais supposons qu'une somme fixe soit attribuée à l'un des associés *quoi qu'il arrive*, c'est-à-dire soit que la société ait réalisé des bénéfices, soit qu'elle ait subi des pertes : la clause sera-t-elle valable même en ces termes? Nous n'hésitons pas à le croire; car, en toute hypothèse, elle devra être considérée comme différant par sa nature du pacte léonin, contre lequel la prohibition de la loi est dirigée. C'est incontestable si des bénéfices sont réalisés par la société, le cas se confondant en quelque sorte avec celui dont nous venons de parler : la convention alors revient à dire qu'un associé aura une somme déterminée et fixe pour sa part dans les bénéfices, *s'il y a des bénéfices*. Ce ne serait pas moins certain, même si la société venait à être liquidée en perte. Au premier aperçu, cela paraît inconciliable avec l'obligation étroite qui, nous le verrons bientôt (*infrà*, n°s 449 et suiv.), incombe à chaque associé de contribuer aux pertes. Néanmoins, la conciliation est facile si l'on se pénètre du caractère de la clause. En définitive, il y a là moins une convention sociale qu'un marché conclu entre associés et dont l'objet unique est le bénéfice espéré par le vendeur. Or comment et en quoi une telle convention serait-elle illicite? Je ne vois rien de condamnable, dit Pothier, dans la convention par laquelle l'un des associés, *sans se faire assurer son apport à la société*, et en demeurant sujet à la perte pour sa part en cas de mauvaise réussite de la société, vendrait sa part, dans l'espérance du gain, pour une certaine somme. L'espérance du gain d'une société est quelque chose d'appréciable, comme l'est un coup de filet, et un associé peut la vendre, par conséquent, soit à son coassocié, soit à un tiers, de même qu'on peut vendre un coup de filet (1). C'est la raison de décider. Il n'y a pas, d'ailleurs, à distinguer entre le cas où le marché intervient au bout de quelques années après la constitution de la société, et celui où il a lieu en même temps que le contrat ou peu après. Troplong prête, bien à tort, à Pothier la pensée de faire la distinction et de n'admettre la validité du marché que dans la première hypothèse (2). La réserve de Pothier à laquelle Troplong fait allusion touche au cas où l'un des associés se *fait assurer par un autre son apport à la société*, et dès lors se rapporte plus particulièrement à la contribution aux pertes (*infrà*, n°s 454 et suiv.). Mais quant au point qui nous occupe, Pothier le résout, en thèse générale, par cette raison qu'il ne s'agit, en définitive, que de la vente d'une espérance. Et cette raison, exclusive par elle-même de la distinction supposée, montre en même temps, en caractérisant la convention, qu'elle n'est nullement contraire à l'obligation incombant à chaque associé de contribuer aux

(1) V. Pothier (*Soc.*, n° 26).
(2) V. Troplong (*Soc.*, n° 638 *in fine*).

pertes. Il y a un pacte particulier intervenant entre associés. La société existe avec son caractère propre et dans ses conditions constitutives, puisque les apports de chacun d'eux restent soumis à toutes les chances de l'association. Seulement, par un second contrat, indépendant du premier, quoique peut-être simultanément convenu, l'un des associés *vend* à l'autre, comme il le pourrait faire vis-à-vis d'un étranger avec lequel il traiterait, la part qu'il espère prendre dans les bénéfices de la société. Au lieu de dire, comme tout à l'heure : « Je vous cède pour telle somme ma part dans les bénéfices, *s'il y en a* », on dit maintenant : « *Qu'il y ait ou qu'il n'y ait pas des bénéfices*, je vous cède pour telle somme ma part espérée. » La convention est conditionnelle dans le premier cas ; elle est aléatoire dans le second : mais ni dans l'un ni dans l'autre elle n'est contraire aux principes en matière de société.

Ainsi, en présence d'une telle convention, la société sera liquidée purement et simplement, comme si aucune clause spéciale n'eût été insérée dans l'acte. Et puis, sans se préoccuper de la nature des mises, sans s'engager dans les distinctions que M. Duvergier a cru devoir faire à cet égard (1), on reconnaîtra, quel que soit le résultat de la liquidation, le droit de l'associé qui avait fait cession du bénéfice espéré moyennant une somme déterminée, de manière à ce qu'il puisse agir contre le coassocié qui avait accepté le marché, comme s'il avait traité avec un tiers du gain incertain qu'il avait espéré.

447. D'ailleurs, dans toutes ces hypothèses, où un pacte spécial convertit en une somme fixe la part d'un associé dans les bénéfices, nous admettons, avec tous les auteurs, que le pacte ne sera maintenu qu'autant que la somme stipulée ne serait pas manifestement excessive. La disposition prohibitive de l'art. 1855 serait applicable si la somme fixée était telle qu'évidemment et nécessairement les bénéfices possibles ne pourraient pas la dépasser ou même l'atteindre ; car alors les chances n'existeraient qu'en apparence ; au fond et en réalité, il y aurait une convention *qui donnerait à l'un des associés la totalité des bénéfices*, c'est-à-dire précisément le pacte léonin que la loi a expressément condamné. Les tribunaux auront donc à se livrer à une appréciation de fait pour reconnaître, d'après l'ensemble des circonstances qui environnent la société, si ou non la convention donne au contrat le caractère d'une société léonine.

448. Mais on ne saurait *de plano* attribuer ce caractère à la société dans laquelle il a été stipulé que l'un des associés aurait à prendre, à son choix, pour sa part dans les bénéfices, soit une somme fixée à l'avance, soit une quote-part, comme la moitié, le tiers, le quart, etc. (2). Le contraire a été soutenu, néanmoins, devant la Cour de cassation. Dans l'espèce, les conditions principales de l'association formée entre un fabricant de coiffures et d'équipements militaires et un ouvrier qui apportait son industrie étaient que celui-ci serait nourri, logé et blanchi

(1) V. M. Duvergier (nᵒˢ 263 à 265).
(2) V. MM. Pardessus (nᵒ 998) ; Duvergier (nᵒ 267) ; Troplong (nᵒ 643).

dans la maison, et que, pour son emploi dans les affaires, il recevrait en outre 1 200 francs par an ou le quart des bénéfices, à son choix. La troisième année expirée, l'associé industriel réclama le quart des bénéfices faits jusqu'alors, pour lesquels il déclara opter. La prétention, contestée par son coassocié, fut néanmoins accueillie par les juges du fond, dont la décision a été déférée à la censure de la Cour de cassation pour violation prétendue de l'art. 1855 du Code civil. Le demandeur, entre autres considérations, argumentait de ce que la convention aurait constitué une société léonine, en ce que le résultat en aurait été de laisser à l'associé industriel le droit de participer aux bénéfices et même de les prélever en entier, sans jamais être tenu des charges, puisque, si la société, au lieu de prospérer, eût éprouvé des pertes, cet associé, dans son système, n'en aurait pas moins prélevé 1 200 francs pour ses bénéfices sociaux. Mais ces considérations n'ont pas arrêté la Cour, qui a rejeté le pourvoi, en se fondant sur ce que la convention avait pour effet seulement de laisser à l'un des associés l'option d'une alternative dans le mode de partage des bénéfices, condition parfaitement légitime en elle-même et que les juges du fond avaient pu considérer comme n'impliquant en aucune façon l'affranchissement de toute contribution aux dettes (1). Ajoutons que la solution, dans l'espèce, était d'autant plus fondée qu'il s'agissait d'un associé dont l'apport consistait uniquement en industrie, et que la convention eût-elle eu pour effet de le décharger des dettes, elle n'en aurait pas moins dû être maintenue, l'associé industriel pouvant valablement stipuler qu'il ne sera pas tenu des pertes, ainsi que nous l'allons expliquer (*infrà,* n° 452) en nous occupant de la seconde prohibition, à laquelle nous arrivons maintenant.

VI. — 449. *Seconde prohibition.* Elle est relative à la contribution aux pertes; et par les raisons que nous avons exposées plus haut, n° 439, il ne serait pas exact de dire qu'elle est dirigée contre les conventions sociales rentrant dans la catégorie des *sociétés léonines* dont nous venons de parler. Le législateur se préoccupe ici du cas où les opérations sociales ayant mal tourné, la société est en perte; et, mû par la pensée de laisser au contrat la couleur d'équité qui lui est propre, il s'est proposé d'éviter qu'au moyen de stipulations exclusives, l'une des parties n'en vienne à détourner d'elle les mauvaises chances quand équitablement ces chances doivent être partagées ou supportées en commun.

Mais avant tout, précisons l'objet même sur lequel porte la prohibition édictée par la loi; l'étendue de cette prohibition en sera ensuite plus nettement déterminée. Nous avons défini les mots *bénéfices* et *pertes,* et nous savons que c'est en rapprochant de la valeur du fonds commun au moment de la constitution de la société la valeur de ce fonds au moment de la liquidation que, suivant qu'il y a un excédant ou un déficit, on constate que la société a réalisé des bénéfices ou qu'elle a subi des pertes (*suprà,* n° 428). Le deuxième paragraphe de l'art. 1855

---

(1) Rej., 7 déc. 1836 (S.-V., 37, 1, 650; *J. Pal.,* à sa date; Dall., 37, 1, 219).

nous place dans l'hypothèse où la comparaison donne pour résultat une différence en moins, un déficit. C'est ce déficit qui constitue la perte. Ainsi, le fonds commun ayant à l'origine une valeur de 100 000 francs, déduction faite des dettes et de tout ce qui est à la charge de la société, il vaut 20 000 francs seulement à la liquidation : la perte est de 80 000 francs. Si les dettes et charges se montent à 100 000 francs, le fonds commun est absorbé, et la perte alors se chiffre par la valeur même qu'avait ce fonds à l'origine : la perte est égale à la valeur du capital social. Mais le désastre peut être plus grand : il est possible que le fonds social soit insuffisant pour faire face aux engagements pris par la société, et par suite que non-seulement les mises sociales soient absorbées, mais encore que la responsabilité personnelle des associés se trouve engagée. Or ce sont là deux situations distinctes et qu'il ne faut pas confondre. L'art. 1855 se rapporte particulièrement à la première. En effet, eu égard à la contribution aux pertes, il parle seulement des *sommes ou effets mis dans le fonds de la société ;* et par là il indique que ce qu'il a eu en vue, c'est le cas de pertes entraînant la diminution ou même l'absorption des mises qui formaient le fonds de la société. Maintenant, le sinistre va-t-il plus loin, et les pertes sont-elles telles que, le fonds social étant complétement absorbé, les associés restent en outre grevés d'obligations ou de charges plus ou moins lourdes, la situation n'est plus la même et l'art. 1855 n'y touche pas. Il s'agit alors, non d'une question de contribution à discuter entre associés, mais d'un débat à vider entre ces derniers et les tiers créanciers que l'événement met en leur présence. Nous y reviendrons, dès lors, dans le commentaire des art. 1862 et suivants.

450. En nous plaçant dans les termes de l'art. 1855 ainsi précisé, nous supposons que les associés, réunis en vue de réaliser des bénéfices, ont prévu néanmoins que, les opérations venant à mal tourner, des pertes seraient éprouvées, et, dans cette prévision, ils veulent régler la part que chacun d'eux supporterait dans le sinistre. Que doivent-ils et que peuvent-ils stipuler à cet égard? En reprenant l'une des deux règles ci-dessus rappelées, on dira, avec Pothier, que, « régulièrement, chacun des associés doit supporter dans la perte que fera la société la même part qu'il doit avoir dans le gain au cas que la société prospère » (*suprà,* n° 435). Mais la loi n'a pas entendu restreindre dans ces termes la liberté des parties. Elle a senti que cette règle, très-équitable en elle-même, pourrait, dans l'application, être, dans bien des cas, contraire à l'équité. Elle a donc laissé aux associés la faculté de régler ce point comme ils aviseraient entre eux. Et, de même que pour l'attribution des bénéfices, le législateur ne s'est occupé des conventions relatives à la répartition de la perte que pour en interdire une seule, « la stipulation qui affranchirait de toute contribution aux pertes les sommes ou effets mis dans le fonds de la société par un ou plusieurs des associés. » (Art. 1855, § 2.)

451. Ce n'est pas qu'on doive dire d'une telle stipulation, comme de la convention qui donnerait à l'un des associés la totalité des bénéfices,

qu'elle est contraire à l'essence du contrat de société (*suprà*, n° 437).
Les précédents établis tant par la loi romaine que par notre ancien droit
en fournissent la preuve certaine. En effet, la loi romaine admettait la
validité de la convention qui, tout en réservant le partage des bénéfices,
affranchissait complétement un associé de la contribution aux pertes.
Ulpien le dit nettement, d'après l'avis de Cassius : « Ita coiri societatem
» posse, *ut nullius partem damnï alter sentiat, lucrum vere commune*
» *sit*, Cassius putat. » (L. 29, § 1, ff. *Pro soc.*) A la vérité, Ulpien
ajoute dans le même texte : « Quod ita demum valebit (ut et Sabinus
» scribit), si tanti sit opera, quanti damnum est : plerumque enim
» tanta est industria socii, ut plus societati conferat, quam pecunia.
» Item, si solus naviget, si solus peregrinetur, pericula subeat solus. »
Mais il ne faut pas se méprendre sur la portée de cette explication, et
surtout il ne faut pas dire, avec quelques auteurs, que, dans la pensée
de la loi romaine, la validité du pacte dépend de l'importance de la mise
industrielle seule, en sorte que le pacte ne vaudrait pas si l'apport était
d'une autre nature (1). La convention est valable, d'après Ulpien,
pourvu que *tanti sit opera, quanti damnum est,* pourvu que le concours
donné à la société balance la perte dont celui qui le donne est déchargé (2). En d'autres termes, la convention vaut si elle est juste ; elle
est juste s'il y a égalité entre la valeur de la mise et la part de perte dont
l'associé est affranchi. En sorte qu'en définitive et en principe, Ulpien
admet la convention et la tient pour licite s'il y a équilibre ou compensation entre l'utilité de l'apport et la décharge qu'en retour l'associé obtient de la société.

Sans insister davantage sur la législation romaine en ce point, ajoutons que, dans notre ancien droit français, la validité de la clause était
incontestée. « En général, dit Pothier, toutes les fois que l'un des associés apporte en son particulier quelque avantage à la société, on peut,
pour l'en récompenser, convenir qu'il sera déchargé pour partie, ou
même pour le total, de la perte que ferait la société... Cette convention est équitable si le prix du risque de la perte, pour la part dont on
le décharge, est égal au prix de l'avantage par lui apporté à la société. » (3) Domat est encore plus explicite. « Cette même considération
des différentes contributions des associés, dit-il, peut aussi rendre juste
la convention qui donne à un des associés une part au gain et le décharge de toute perte, à cause, par exemple, de l'utilité de son crédit,
de sa faveur, de son industrie, ou des peines qu'il prend, des voyages
qu'il fait, des périls où il s'expose ; car ces avantages que tire de lui la
société compensent celui qu'elle lui accorde de le décharger des pertes ;
et il a pu justement ne s'engager qu'à cette condition, sans laquelle il ne
serait point entré dans la société, qui peut-être ne pouvait se faire sans
lui. » (4) Sans doute, cette condition peut n'être pas considérée comme

(1) V. notamment Troplong (n° 648).
(2) V. aussi les *Inst.* de Gaïus (C. 3, § 149).
(3) V. Pothier (*Soc.*, n°ˢ 20 et 75).
(4) Domat (*Lois civ.*, liv. I, tit. VIII, sect. 1, n° 9).

le moyen normal et le plus sûr de tenir compte à un associé des avantages dont la société lui est redevable ; et nous reconnaissons qu'il pourrait paraître plus logique de faire entrer ces avantages comme élément dans le calcul de la valeur des apports, et d'attribuer à l'associé, en raison de la mise ainsi augmentée, une part plus considérable dans les bénéfices. Mais il faut reconnaître aussi que l'associé qui apporte un avantage particulier à la société peut préférer, comme moyen de compensation, un gain éventuel moins considérable, sans la perspective d'une contribution aux pertes, à des profits plus importants, avec toutes les chances de pertes en cas de revers. Or, encore une fois, la combinaison en elle-même n'est pas contraire à l'essence de la société ; c'est pourquoi elle était tolérée soit par la loi romaine, soit dans notre ancien droit français.

S'il en est autrement aujourd'hui, si les rédacteurs du Code civil ont cru devoir prohiber formellement la stipulation qui affranchirait de toute contribution aux pertes les sommes ou effets mis dans le fonds de la société par un ou plusieurs des associés, c'est peut-être parce qu'une telle stipulation peut aisément couvrir une convention contraire aux lois sur l'intérêt de l'argent ; et c'est probablement par crainte de l'usure qu'ils n'en ont pas permis l'introduction dans le contrat de société (1). Quoi qu'il en soit, la disposition du Code est précise, et elle doit être rigoureusement appliquée dans ses termes. Ainsi, lorsqu'un associé stipule à son profit l'affranchissement des conséquences désastreuses de l'opération sociale, pour les sommes ou effets qu'il a mis dans le fonds de la société, il n'y a pas à se demander s'il avait obtenu cet avantage en compensation d'un autre avantage particulier qu'il aurait apporté à la société, par exemple en donnant à l'œuvre commune un concours tout spécial et plus utile que celui d'aucun autre associé. La compensation en cette forme n'étant pas tolérée, la nullité doit être prononcée sans examen.

452. Cependant, ce n'est pas à dire que cette seconde prohibition faite par l'art. 1855 soit absolue ou applicable indistinctement, quelle que soit la nature des apports et quelles que soient les pertes dont le stipulant a voulu s'affranchir. Ce que la loi prohibe, c'est la convention qui affranchirait de toute contribution aux pertes les *sommes et effets mis dans le fonds de la société* par un associé. Et de ces termes mêmes il résulte que la prohibition comporte une double exception.

D'une part, en effet, on exceptera la clause qui dispenserait un associé de contribuer aux pertes *au delà de sa mise*. Une telle convention n'est pas contraire à la loi, puisqu'elle laisse exposé aux chances de perte ce qui a été mis dans le fonds de la société : elle doit donc être validée. La Cour de Paris a jugé qu'il peut être stipulé que l'un des associés sera affranchi de toute contribution aux dettes dépassant l'actif social (2), et, par un autre arrêt, qu'il faut tenir pour licite la clause des

---

(1) V. M. Delvincourt (t. III, note 4 de la page 122).
(2) Paris, 15 mars 1866 (S.-V., 66, 2, 235 ; J. Pal., 1866, p. 919.

statuts par laquelle l'un des associés est affranchi de toute contribution aux pertes tant qu'elles ne dépasseront pas le capital apporté par ses coassociés, surtout si l'apport de l'associé consiste en un établissement ou matériel industriel dont la dépréciation demeure à sa charge (1). Seulement, ces clauses, incontestablement valables en elles-mêmes et obligatoires entre associés, soulèvent une difficulté spéciale, celle de savoir comment et à quelles conditions elles seraient opposables aux tiers ou aux créanciers de la société. Mais ce point se rattache aux art. 1862 et suivants; nous l'étudierons en commentant ces articles.

D'une autre part, on exceptera la clause d'affranchissement stipulée en faveur d'un associé qui aurait apporté son industrie seulement à la société. Cela s'induit également des termes de la loi, qui ne prohibe que l'affranchissement *des sommes et effets* mis dans le fonds de la société, c'est-à-dire des mises matérielles. Et cela se concilie avec la pensée qui, selon nous, a pu déterminer la prohibition, l'usure n'étant pas à craindre de la part d'un associé dont l'apport consiste en industrie. Au surplus, le cas a été expressément réservé lors de la discussion de la loi. « S'il se trouvait quelque associé dont la mise fût uniquement en industrie, a dit le tribun Gillet en portant le vœu d'adoption au Corps législatif, *il pourrait être convenu de l'exempter des pertes;* cette exemption serait à son égard considérée comme une partie du prix qu'on aurait mis à ses travaux. » (2)

453. Cette seconde exception, qui rapprocherait le système du Code de la doctrine prêtée par certains auteurs aux jurisconsultes romains, a été depuis longtemps et généralement considérée comme établissant au profit de l'associé industriel une faveur plus apparente que réelle (3); d'où l'on a cru pouvoir conclure que l'associé industriel est sans intérêt à se faire exonérer de la contribution aux pertes. Sans contester absolument le point de départ, nous ne saurions adhérer à la conclusion. Certes, l'associé industriel, même affranchi par la convention de toute contribution aux pertes, y contribuera cependant toujours par la force même des choses. Ainsi, la société a-t-elle réalisé des bénéfices, l'associé qui a fourni son travail subira indirectement la conséquence des pertes partielles qui ont diminué l'importance des valeurs à partager, puisque sa part dans les bénéfices en sera d'autant amoindrie. Au contraire, la société n'a-t-elle rien gagné ou même a-t-elle perdu, l'associé en sera pour le travail qu'il aura fourni; en sorte que, malgré la clause d'exemption, il perdra à vrai dire l'apport par lui fait à la société, c'est-à-dire une portion appréciable de son capital, le travail, l'habileté, l'industrie, devant être considérés comme un capital qui, par l'usage, se restreint et diminue de jour en jour.

---

(1) Paris, 27 juill. 1869 (S.-V., 70, 2, 47; *J. Pal.*, 1870, p. 226).
(2) V. Fenet (t. XIV, p. 422); Locré (t. XIV, p. 553).
(3) V. MM. Delvincourt (t. III, note 4 de la page 122); Duvergier (n° 257); Troplong (n° 648); Molinier (n° 389); Bravard (*Man. du droit comm.*, p. 34); Alauzet (n° 189); Mourlon (*Rép. écrit.*, t. III, p. 360, 361); Dalloz (*Rép.*, v° Soc., n° 423); Rauter (*op. cit.*, p. 234); Demètre B. Polizu (*op. cit.*, n° 107).

Néanmoins, il n'y a pas à réfléchir beaucoup pour reconnaître que l'associé industriel au profit duquel l'exemption est convenue a une situation différente de celle des autres associés qui, eux, contribuent aux pertes, et que quant à lui-même la situation, eu égard au règlement des pertes, diffère de celle qu'il aurait dans le cas où l'exemption n'aurait pas été stipulée. Sans doute, quoique affranchi, il subira les conséquences de la mauvaise fortune; mais la perte qu'il éprouvera se renfermera toujours dans la mesure que nous venons d'indiquer; elle sera invariable, tandis que pour les autres associés que ne couvrira pas la clause d'exemption la perte ira peut-être jusqu'à l'extinction totale de ce qu'ils ont mis dans le fonds de la société. D'un autre côté, supposons que l'opération sociale ait été tellement désastreuse que la perte excède la valeur du fonds commun, il est évident qu'*entre associés* (sans parler des créanciers ou des tiers dont nous nous occuperons sous les art. 1863 et suivants), celui dont la mise est industrielle ne contribuera pas au payement des dettes excédant le capital de la société, s'il a stipulé qu'il ne subirait pas les pertes, et se trouvera ainsi moins mal traité non seulement que les associés ayant conféré des *sommes ou effets*, mais encore qu'il ne l'eût été lui-même si le bénéfice de l'exemption ne lui eût pas été réservé. Il n'est donc pas exact de dire que l'associé dont l'apport consiste en industrie est sans intérêt à se faire exonérer par la convention de la contribution aux pertes.

454. — Nous n'avons pas à revenir sur le cas, discuté ici par les auteurs, où l'associé industriel, ajoutant à la convention d'affranchissement, stipule en outre que telle somme fixe lui sera allouée en sus sur les bénéfices, ou encore que, même n'y eût-il pas de bénéfices, la somme lui sera payée. La règle à cet égard a été posée à l'occasion des conventions relatives aux attributions des profits; et comme elle est générale, il suffit de renvoyer à nos explications sur ce point (*supra*, n°s 440 et suiv.). Toutefois, il est d'autres conventions qui tendent à garantir, non pas les bénéfices espérés, ce qui se rattache à la première des deux prohibitions formulées dans l'art. 1855, mais l'apport social lui-même, ce qui constitue une convention ayant trait aux pertes. Il convient de s'occuper de celles-ci dans cette partie de notre commentaire.

455. Les conventions auxquelles nous faisons allusion sont loin d'être d'invention nouvelle. Elles ont leur raison d'être dans les chances mêmes que présente le contrat de société. Rien n'assure que les opérations sociales tourneront bien, en sorte que celui qui s'associe en vue de réaliser des bénéfices peut craindre d'être déçu dans son espoir par des revers de fortune qui lui infligeraient des pertes plus ou moins considérables. On a vu de tout temps des associés se préoccuper de cette incertitude des événements et s'efforcer de la combattre au moyen de combinaisons propres, dans leur pensée, à les mettre à l'abri des chances contraires, sans leur enlever rien des chances favorables. C'est ainsi que, dans notre ancien droit, il n'était pas rare de voir des contractants prenant la qualité d'associés tendre vers ce but à l'aide de divers

contrats, et notamment soit par une vente de leur droit dans la société pour un prix égal à la valeur de leur apport, soit par un contrat d'assurance de la somme ou de la valeur apportée. Ces mêmes combinaisons apparaissent encore aujourd'hui dans les contrats de société ; il y a donc lieu de les apprécier et de rechercher si elles peuvent ou non être efficaces sous l'empire du Code. Seulement, sous l'ancien droit, qui laissait aux associés la possibilité de s'exonérer des pertes par la convention (*suprà*, n° 451), les combinaisons dont il s'agit n'auraient pu être considérées comme contraires aux principes sur le contrat de société. Aussi la question était-elle uniquement de savoir si la vente ou l'assurance n'avait pas été employée pour dissimuler un prêt à intérêt, convention alors prohibée, et contrevenir ainsi aux lois sur l'usure. Aujourd'hui, sous l'empire d'une loi qui, sauf un taux légal, permet le prêt à intérêt, la question n'est pas seulement de savoir si la convention apparente ne cache pas l'usure, c'est-à-dire une stipulation d'intérêts excédant le taux légal ; en présence de la disposition formelle de l'article 1855, § 2, elle est en outre de savoir si la convention de vente ou d'assurance n'aboutit pas à cet affranchissement de toute contribution aux pertes que cette disposition a expressément prohibé, et, partant, si ce n'est pas le cas d'appliquer la sanction de la loi avec toutes les conséquences qui s'y attachent et que nous aurons bientôt à préciser (*infrà*, n°⁵ 466 et 467). Étudions successivement, à ce point de vue, chacune des deux conventions.

456. Sur la première, nous ne saurions mieux faire qu'emprunter à Pothier l'hypothèse et la question qui s'en dégage. « Si, dit-il, le particulier qui a fait avec un marchand un contrat de société, à laquelle il a apporté une certaine somme d'argent, pour avoir part tant dans le fonds que dans le gain ou la perte de la société à raison de cette somme, fait dans un temps non suspect, au bout de plusieurs années, une convention avec ce marchand par laquelle il vend son droit dans la société à ce marchand pour le prix de la même somme qu'il a apportée à la société, que ce marchand s'oblige de lui rendre à la fin du temps que doit durer la société, avec un certain intérêt pour chacun an, cette convention, qui n'eût pas été valable si elle eût été faite dans le temps du contrat, et qui eût passé alors pour un prêt à intérêt déguisé en un faux contrat de société, est-elle valable, ayant été faite au bout de plusieurs années ? » Pothier estime que la convention est valable soit dans le for de la conscience, soit dans le for extérieur. Elle est valable dans le for de la conscience, pourvu qu'elle soit une convention nouvelle et que la société n'ait pas été faite avec un pacte secret ; elle est valable dans le for extérieur, parce que l'intervalle entre les deux contrats ne permet pas de penser que le premier n'a pas été un véritable contrat de société, et exclut l'idée qu'il a été fait avec un pacte secret (1).

La solution serait la même aujourd'hui, ou plutôt elle devrait être généralisée. Au temps de Pothier, on le voit, la validité de la conven-

(1) V. Pothier (*Soc.*, n° 24).

tion était en réalité subordonnée à une question de date. Si, sous l'apparence d'une vente consentie entre les parties *en même temps que le* contrat de société, la convention couvrait un prêt à intérêt, c'est-à-dire un contrat dont la légitimité n'était pas reconnue par l'ancienne jurisprudence, la vente prétendue et la société restaient l'une et l'autre sans valeur juridique : l'apparence s'évanouissait devant la réalité de la convention usuraire. Au contraire, lorsqu'il y avait eu un véritable contrat de société entre les parties, et qu'*après coup, au bout de plusieurs années*, l'un des associés vendait à l'autre la part que, par le contrat de société, il avait acquise dans le fonds social, la convention n'avait rien d'illicite, alors même qu'elle était accompagnée d'une stipulation d'intérêts ; parce que le fonds étant quelque chose de frugifère, le vendeur pouvait retirer des intérêts du prix pour lequel il avait vendu sa part. Aujourd'hui, qu'il est permis de stipuler des intérêts pour simple prêt d'argent, de denrées ou d'autres choses mobilières (C. civ., art. 1905) aussi bien que pour prix de vente, la distinction n'a plus de raison d'être. Par conséquent, soit que réellement il y ait eu entre les associés vente d'une part sociale, soit qu'il y ait eu simplement prêt sous l'apparence d'une vente et d'une société, la convention est valable, et, sauf l'application de la loi du 3 septembre 1807 sur l'intérêt de l'argent, en tant que les intérêts stipulés excéderaient le taux légal, elle doit être maintenue. Il n'y aurait pas de différence entre les deux cas, sinon que, dans celui de vente, le prix stipulé pourrait être supérieur à la valeur de l'apport fait à la société supposée, tandis qu'il pourrait n'en être pas ainsi dans le cas de prêt, spécialement si l'excédant combiné avec les intérêts convenus rendait la convention usuraire.

Mais, dans un cas comme dans l'autre, une chose est certaine : c'est l'inexistence ou la rupture des liens sociaux. En effet, la convention n'est-elle qu'un prêt déguisé, la société n'a jamais existé ; est-elle une vente de son droit par l'un des associés à l'autre, la société n'existe plus, l'existence d'une société ne se concevant pas entre deux personnes qui n'ont plus d'intérêt commun et qui sont dans la position respective du vendeur et de l'acheteur. Par où l'on voit que, sur cette première convention, la question n'est pas de savoir s'il y a nullité par application de l'art. 1855, § 2, en ce que la convention aboutirait à l'affranchissement d'une mise sociale de toute contribution aux pertes. Elle se pose dans un ordre d'idées tout différent ; elle engage le débat sur le terrain des lois autrefois prohibitives, et aujourd'hui simplement limitatives de l'intérêt pour prêt d'argent. Aussi, sans y insister davantage, nous passons à l'hypothèse du contrat d'assurance intervenant entre deux associés.

457. Ici encore, nous emprunterons l'espèce à Pothier. « On doit décider de même, dit-il, à l'égard d'un contrat d'assurance par lequel ce particulier, *au bout de quelques années*, se ferait assurer la somme qu'il a apportée à la société, par le marchand son associé, qui se chargerait à sa décharge de toute la perte qui pourrait survenir dans la société, en cas de mauvaise réussite, moyennant une part que ce particulier céde-

rait au marchand dans sa part du gain qu'il avait lieu d'espérer. — Ce contrat, de même que le précédent, est très-légitime, pourvu que le prix de l'espérance du gain que le particulier cède au marchand soit égal au prix du risque de la perte dont il le charge. » Et, abordant ensuite l'hypothèse où le contrat d'assurance intervient, non plus au bout de quelques années, mais *peu après le contrat de société*, Pothier ajoute qu'il y aurait lieu de présumer alors que l'assurance « ne serait que l'exécution d'un pacte secret apposé au contrat de société ; en conséquence, dans le for extérieur, ce contrat d'assurance, aussi bien que le contrat de société, devrait être déclaré nul et simulé, comme n'étant fait que pour déguiser un prêt usuraire de la somme d'argent apportée au marchand par le particulier. » (1) Sur ce dernier point, il n'y a pas de difficulté. Tous les auteurs étaient d'accord sous l'ancienne jurisprudence ; et nous ne pouvons que reproduire, en la maintenant, la doctrine, unanimement adoptée, de Pothier. Il convient seulement de modifier la solution dans les termes voulus par l'état actuel de la législation sur le prêt à intérêt. Autrefois, en présence de la disposition prohibitive de la loi, le déguisement pouvait être employé pour obtenir un intérêt quelconque d'une somme prêtée. La stipulation d'intérêts étant permise aujourd'hui dans une mesure déterminée par la loi, on n'y aura recours qu'en vue d'obtenir des intérêts excédant cette mesure. Néanmoins, sauf cette nuance, la théorie reste la même : dès que la fraude est certaine, dès que la dissimulation est constante, le juge, sans s'arrêter aux vaines apparences des contrats d'assurance et de société, doit atteindre le prêt et le condamner dans ce qu'il aurait d'usuraire.

458. Mais, sur le premier point, il s'en faut que l'avis de Pothier fût unanimement adopté. Des auteurs nombreux tenaient pour l'opinion contraire (2), et Pothier lui-même fait connaître que, suivant l'auteur des *Conférences de Paris sur l'usure,* non-seulement au temps du contrat de société, mais aussi au bout de quelques années, un associé ne pouvait faire licitement ce contrat d'assurance avec un autre associé, bien qu'il le pût faire avec un tiers, en ce que l'assurance de la mise contre les chances de perte avait pour effet de détruire le contrat de société. Sous l'ancienne jurisprudence, le motif était sans valeur, nous en convenons ; et Pothier répondait victorieusement « qu'un contrat de société pouvait être valable, quoique l'un des associés ne dût supporter aucune part de la perte (*ce qui est bien assurer ce qu'il y a apporté*), pourvu qu'il ait donné à ses associés, qui se sont chargés du risque de la perte qu'il en devait porter, quelque chose d'équivalent au prix de ce risque. » (3) Mais cette explication même, cette appréciation des effets du contrat d'assurance, montre qu'en présence de l'art. 1855 du Code civil la doctrine de l'auteur des Conférences est aussi vraie aujourd'hui qu'elle paraissait fausse à Pothier sous l'ancienne jurisprudence. Et, en

(1) Pothier (*Soc.*, nos 25 et 27).
(2) Troplong reproduit l'état de l'ancienne doctrine sur ce point (*Soc.*, n° 653).
(3) V. Pothier (n° 25), et *suprà*, n° 451.

effet, dès qu'en assurant la mise d'un associé, son coassocié ne fait pas autre chose *que garantir son apport contre les risques de perte*, il est de toute évidence que la convention ne saurait plus tenir, puisque, contrairement à l'ancien droit, l'art. 1855 déclare nulle la stipulation qui affranchirait de toute contribution aux pertes les sommes ou effets mis dans le fonds de la société par un ou plusieurs des associés. Il est donc vrai de dire, aujourd'hui, qu'un associé ne peut faire licitement ce contrat d'assurance avec son associé, quoiqu'il pût le faire avec un tiers, parce qu'entre associés une telle convention aboutissant à l'exonération, quant à l'un des associés, de toute participation aux dettes, détruirait la société dans l'une des conditions jugées nécessaires par les lois nouvelles. Ainsi a décidé la Cour de cassation par ce motif même [1], et c'est l'opinion qui domine dans la doctrine [2].

459. Cependant, Troplong, dont l'avis semble avoir entraîné quelques auteurs, estime que si un premier aperçu conduit à la solution qui, selon nous, doit être admise, un examen plus réfléchi en éloigne. Voici comment il raisonne : « Si Pierre, que j'ai associé à mon négoce, prétend se soustraire à la clause par laquelle il s'est chargé de toute la perte, est-ce que je ne pourrai pas soutenir avec vérité que la convention équivaut au pacte par lequel un associé met dans le fonds social la simple jouissance d'une somme d'argent, convention autorisée et règlementée par l'art. 1851? Quelle différence y a-t-il entre stipuler qu'on reprendra intacte la somme qu'on a mise dans la société et stipuler qu'on n'en apporte que la jouissance? » Puis, résumant sa doctrine, l'auteur ajoute : « Si l'art. 1855, pris isolément, paraît conforme à la rigueur des *Conférences*, l'art. 1851, combiné avec lui, le ramène aux tempéraments de Pothier. » [3] Mais il est aisé de voir en quoi pèche le raisonnement. L'auteur assimile à tort des stipulations essentiellement différentes. Stipuler qu'on apporte une somme pour la jouissance seulement, c'est limiter son apport, et par suite sa part éventuelle dans les profits et le fonds; c'est dire que, quant au capital, on entend rester créancier et n'être pas associé. Au contraire, mettre une somme dans la société et se la faire garantir par son coassocié, ou stipuler qu'on la reprendra intacte, ce n'est pas seulement limiter son apport, c'est l'annihiler; c'est d'une part se créer un droit aux bénéfices et au fonds en proportion de la mise effectuée, et d'une autre part soustraire cette mise aux chances de perte. Or, si l'art. 1851 autorise la première stipulation, l'art. 1855 prohibe expressément la seconde. Il est donc impossible d'admettre que l'on puisse sauver par le premier de ces articles la clause que le second a formellement condamnée. En définitive, et en un mot,

_____

(1) Req., 16 janv. 1867 (S.-V., 67, 1, 173; *J. Pal.*, 1867, p. 400).
(2) V. MM. Delvincourt (t. III, note 4 de la page 122); Pardessus (n° 998); Duranton (t. XVII, n° 418); Duvergier (n° 274); Malepeyre et Jourdain (p. 83); Taulier (t. VI, p. 352, 353); Molinier (n° 387 *in fine*). Comp. MM. Rauter (*op. cit.*, p. 236); Demètre B. Polizu (n° 110).
(3) V. Troplong (n° 653). *Junge* MM. Dalloz (*Rép.*, v° Société, n° 429). *Comp.* MM. Massé et Vergé, sur Zachariæ (t. IV, p. 425, note 12); Delangle (n°s 114 et suiv.); Boileux (t. VI, p. 318 et 319).

celui qui ne met en société que la jouissance d'une somme a le droit de reprendre le capital entier, *précisément* parce que ce capital n'était pas mis dans la société et que par cela même il n'était pas offert aux pertes ; tandis que celui qui déclare faire l'apport d'une somme ne peut avoir la prétention de la retrouver et de la reprendre intacte, *précisément* parce qu'elle a été mise en société, et qu'à ce titre elle doit *nécessairement*, malgré toutes conventions d'assurance, de garantie ou autres, être et rester exposée aux chances de la mauvaise fortune.

Ces observations répondent à l'argumentation de Troplong, et nous dispensent aussi de nous expliquer sur diverses stipulations qu'il a cru devoir apprécier à l'occasion du deuxième paragraphe de l'art. 1855 (1). Ces stipulations ont toutes pour objet d'affranchir une chose restée en dehors du fonds de la société et non pas un apport social. Il est bien évident qu'en ce qui concerne les choses non communes, la responsabilité des risques du cas fortuit peut être déplacée par la convention (*suprà*, art. 1851). Mais ce sont là des points absolument étrangers à ce qui fait l'objet actuellement de notre commentaire ; et, sans y revenir, nous continuons l'explication de l'art. 1855, le seul dont nous avons, quant à présent, à nous occuper.

VII. — 460. Cet article, nous l'avons dit, ne s'occupe de la répartition conventionnelle que pour prohiber deux stipulations relatives l'une au partage des bénéfices, l'autre à la distribution des pertes. Après avoir étudié distinctement chacune de ces prohibitions et recherché quelles stipulations sont à considérer soit comme directement contraires à l'une ou à l'autre, soit comme l'enfreignant par un détour, il convient de rapprocher les deux ordres d'idées, et de préciser la relation que les parties peuvent établir entre les pertes et les gains sans contrevenir à la loi.

Régulièrement, la mesure du droit d'un associé aux profits réalisés par la société est la valeur même de son apport, et la part dans les pertes est proportionnelle à celle qui est déterminée dans les gains. Telle est la règle établie par la loi et par elle indiquée, ainsi que nous l'allons voir tout à l'heure (*infrà*, n°s 478 et suiv.), comme devant être suivie à défaut de conventions spéciales entre les parties intéressées. Mais cette règle, par des motifs divers, peut être modifiée plus ou moins profondément par le pacte social. Ainsi, nous savons déjà que, toutes les mises étant égales, les parts peuvent néanmoins être faites inégalement ; et réciproquement que, les apports étant inégaux, la répartition peut être établie sur le pied d'une égalité parfaite (*suprà*, n° 440). Ces conventions sont licites, et ce qui, nonobstant l'inégalité des parts, ne permet pas de considérer la répartition comme contraire aux règles de l'équité, c'est qu'elle reste toujours la même ou procède du même principe, soit que la société ait réalisé des bénéfices, soit qu'elle ait subi des pertes.

À ce propos, nous citerons un arrêt qui confirme la solution, bien

(1) V. Troplong (*Soc.*, n°s 658 et suiv.).

qu'il n'en donne pas la raison juridique. Une société avait été constituée pour le commerce des tissus de laines entre deux personnes qui avaient formé un fonds commun de 50 000 francs. L'une d'elles y avait contribué pour 30 000 francs, tandis que l'autre en avait mis seulement 20 000, et néanmoins l'acte social portait que « les bénéfices et les pertes seraient supportés *par moitié par chacun des associés.* » Au bout de plusieurs années d'exercice, les mises sociales se trouvèrent complétement absorbées par les pertes, et la société entra en liquidation. L'associé dont l'apport excédait de 10 000 francs celui de l'autre se crut alors en droit de prétendre que, les mises étant intégralement perdues, il était fondé à répéter, contre ce dernier, une somme de 5 000 francs, puisque aux termes de l'acte social les pertes devaient être supportées par moitié par chacun des associés. La prétention fut même accueillie par les arbitres auquel le différend avait été soumis. Mais la sentence arbitrale fut infirmée par la Cour de Paris, qui considéra que « l'inégalité de mise sociale était l'une des stipulations de l'acte constitutif de la société, et qu'aucune clause n'autorisant l'un des associés, pour le cas où les mises sociales auraient été complétement perdues, à répéter contre son associé la différence qui avait existé entre les mises, c'est à tort que les arbitres avaient accueilli l'action en répétition. » Le pourvoi dirigé contre cet arrêt a été rejeté (1). Mais la Cour de cassation a fait de la décision un arrêt d'espèce : elle a fondé le rejet sur cette circonstance de fait qu'aucune des clauses de l'acte de société n'autorisait l'associé qui avait fait le plus fort apport à exercer contre l'autre une action en répétition dans le cas où les mises seraient complétement perdues, et qu'en rejetant l'action en répétition dans ces circonstances, les juges du fond n'avaient fait qu'apprécier et appliquer les conventions des parties. Or il y avait mieux que cela à dire. La raison de décider, la raison juridique, c'est que la convention qui, les mises étant inégales, fait cependant, entre les associés, une répartition égale des bénéfices et des pertes, ne modifie en aucune manière le principe d'après lequel chaque associé, en entrant dans la société, fait l'abandon de tout son apport à ce fonds commun qui, à la dissolution, sera partagé entre tous les associés dans les proportions déterminées soit par le pacte social, soit à défaut par la loi. Ainsi, y a-t-il des bénéfices, ou le fonds commun se trouve-t-il augmenté au moment de la liquidation, ce n'est pas cette augmentation seulement qui sera partagée dans les proportions déterminées ; le partage aura pour objet l'ensemble de l'actif, c'est-à-dire les bénéfices proprement dits et le fonds social. Y a-t-il des pertes, et le fonds social se trouve-t-il amoindri ou même absorbé, les conséquences de l'abandon de son apport fait par chaque associé à la société se produisent de même ; et celui qui ayant apporté le plus a néanmoins consenti la répartition égale ne perd jamais, en perdant davantage, que dans la mesure de ce qu'il a abandonné au fonds de la société.

_____

(1) V. Rej., 27 mars 1861 (S.-V., 61, 1, 315; Dall., 61, 1, 161; J. Pal., 1861, p. 444).

Donc, dans l'espèce, l'action en répétition devait être rejetée, non pas à raison de cette circonstance de fait que le pacte social n'avait pas autorisé l'exercice de cette action, mais, en droit, parce que le contrat de société avait eu pour effet de former, au moyen des deux apports, une masse commune de 50 000 francs, appartenant aux deux associés dans la proportion convenue pour le partage, c'est-à-dire à chacun d'eux pour une moitié. Les parts ainsi fixées, que fût-il advenu si, au moment de la liquidation, ce capital de 50 000 francs se fût retrouvé intact? Évidemment, chacun des associés, nonobstant l'inégalité des apports, aurait pris 25 000 francs et n'aurait pu prendre que cela. Il était donc vrai de dire, le capital ayant été complétement absorbé par les pertes, que la perte avait été la même pour l'un et pour l'autre; c'est pourquoi celui qui avait mis en commun la plus forte somme ne pouvait pas être admis à répéter.

461. En suivant le même ordre d'idées, nous tenons pour valable la clause par laquelle deux parts, tant dans les gains que dans les pertes, seraient attribuées à l'un des associés, tandis qu'une seule part serait assignée à l'autre. La convention est de même nature que la précédente, et le principe d'équité n'y est pas moins respecté, « *Quoniam,* dit un ancien commentateur du droit romain, *incertum est lucrum an damnum communi negotiatione proventurum sit : neque enim semper favente Mercurio negotia procedunt.* »

Mais que faut-il dire de la convention en vertu de laquelle un associé aurait une part différente dans les profits et dans les pertes? Il n'y a plus là uniformité de situation dans la bonne comme dans la mauvaise fortune; le danger de contribuer aux pertes dans une plus large mesure n'est pas combattu par l'espoir de prendre une plus grande part dans les gains, et réciproquement, la pensée qu'en cas de succès on sera peu favorisé, ne se trouve pas soutenue par l'assurance d'être faiblement atteint en cas de revers. La convention est-elle néanmoins licite, et peut-on stipuler valablement, par exemple, que Pierre, associé de Paul, aura droit à *deux* parts ou à deux tiers dans les gains, tandis qu'il contribuera pour *un* tiers aux pertes, et que celui-ci supportera deux tiers des pertes et aura dans les gains un tiers seulement?

462. Ce fut là une grave question en droit romain. *Magna autem quæstio fuit,* dit Gaïus, *an ita coiri possit societas, ut quis majorem partem lucretur, minorem damni præstet.* (*Inst.,* C. 3, § 149.) Gaïus rapporte ensuite la controverse entre Quintus Mutius et Servius Sulpicius sur ce point. Q. Mutius, dit-il, a pensé que cela était contraire à la nature de la société (*contra naturam societatis esse censuit*). Mais S. Sulpicius, dont l'opinion a prévalu, estimait si bien que la société peut être contractée ainsi, que, selon lui, la société pourrait même être formée avec convention que l'un des associés ne supportera aucune perte et prendra part cependant au bénéfice, si sa coopération paraît assez utile pour qu'il soit équitable de l'admettre dans la société sous cette condition (*ut dixerit illa quoque modo coiri posse, ut quis nihil omnino damni præstet, sed lucri partem capiat, si modo opera ejus tam pretiosa*

videatur, ut œquum sit, eum cum hac pactione in societatem admitti). Justinien, retraçant la même controverse, explique l'opinion qui avait prévalu par ce motif qu'il prête à Sulpicius : « *Quia sæpe quorundam ita pretiosa est opera in societate, ut eos justum sit conditione meliore in societatem admitti.* » (Inst., lib. XXVI, § 2.)

Mais il est résulté de cette explication même que les auteurs ne se sont pas accordés sur la portée de la divergence. Selon les uns, Mutius aurait posé sa thèse en prévision d'apports égaux de la part de tous les associés, auquel cas il aurait considéré comme inique et même contraire à la nature de la société la clause qui aurait attribué à chaque associé des parts différentes dans les profits et dans les pertes. En sorte que Sulpicius, sans contredire à cette doctrine, y aurait simplement introduit un tempérament en décidant qu'il est cependant telles circonstances dans lesquelles, à raison de l'importance relative des apports, l'équité exige que l'un des associés puisse être autorisé à prendre dans les bénéfices une part supérieure à celle qui lui incomberait dans les pertes. D'après d'autres, le dissentiment entre Mutius et Sulpicius était plus tranché, en ce que le premier tenait la clause pour illicite dans tous les cas, comme contraire au principe d'égalité entre associés, tandis que l'autre la tenait pour valable en toute hypothèse, même dans celle où il y avait égalité parfaite d'apports, *cum non planè tollatur lucri communio, in quá consistit societatis substantia* (1).

463. Quoi qu'il en soit, l'avis de Sulpicius a été suivi sans difficulté dans notre ancienne jurisprudence. « C'est un effet de l'inégalité des contributions, dit Domat, qu'il peut être convenu entre deux associés que l'un aura plus de part au gain qu'il ne portera de perte, et que l'autre, au contraire, portera une plus grande part de la perte que celle qu'il pourra avoir au profit; et qu'ainsi, par exemple, l'un entrera dans la société pour deux tiers de gain et un tiers de perte, et l'autre pour un tiers de gain et deux tiers de perte... » (2) Pothier donne la même solution, et il en fait une application en ces termes : « Par exemple, si, dans un commerce de tonneaux, l'un des associés s'est chargé seul de la garantie du vice du fût, et s'est obligé d'en indemniser la société, on peut, pour le récompenser de cet avantage qu'il fait à la société, convenir que, quoiqu'il soit associé pour moitié, et qu'il doive prendre moitié dans le gain s'il y en a, néanmoins, en cas de perte, il en supportera une moindre part, *putà*, le tiers ou le quart seulement. » (3) Remarquons, d'ailleurs, que si Pothier suppose que l'associé ainsi favorisé a procuré à la société quelque avantage particulier, ce n'est pas pour justifier sa doctrine au point de vue du droit et de la loi; c'est plus particulièrement pour en montrer l'équité. Il indique en cela les causes qui d'habitude amènent les parties à introduire la clause dans le pacte social. Mais il n'entend en aucune manière subordonner la légitimité de

(1) V. Vinnius (§ 2, tit. de la *Soc.*, aux *Inst.*).
(2) Domat (*Lois civ.*, liv. I, tit. VIII, sect. 1, n° 8).
(3) Pothier (*Soc.*, n° 20).

la convention à l'existence démontrée d'un avantage que la société au-rait tenu de l'associé ainsi récompensé par une répartition différente de la perte et du gain.

464. Dans tous les cas, c'est ainsi que la question doit être résolue aujourd'hui. Et, d'abord, quant à la validité, elle ne saurait être con-testée. Nous ne trouvons, en effet, dans l'art. 1855, rien qui rappelle les dispositions prohibitives soit de l'art. 1811, soit de l'art. 1521 : de l'art. 1811, qui, dans la matière du cheptel simple, ne permet pas de stipuler que le preneur « supportera, dans la perte, une part plus grande que dans le profit »; de l'art. 1521, qui, en matière de communauté conjugale, entend que l'époux dont la part est réduite par une conven-tion qui fait aux conjoints l'attribution de portions inégales, ne soit tenu des dettes de la communauté que dans la proportion de son émolument dans l'actif, et même déclare la convention nulle si elle oblige l'époux dont la part est ainsi réduite, ou ses héritiers, à supporter une plus forte part dans les dettes, ou si elle les dispense de supporter dans les dettes une part égale à celle qu'ils prennent dans l'actif (1). Or, la loi n'a rien dit de semblable dans la matière des sociétés, et c'est d'autant plus significatif que la Cour de Lyon proposait précisément, à propos de l'art. 1855, d'assimiler à la société léonine, et par suite d'annuler, « la convention qui assignerait à l'un des associés une portion dans les bé-néfices différente de celle qu'il aurait dans les pertes. » (2) Il n'a pas été tenu compte de la proposition. C'est donc à dire que la convention, interdite pour certaines sociétés d'une nature particulière, reste auto-risée dans le droit commun des sociétés (3).

Et quant aux conditions de validité, il est certain que la loi n'en pose aucune. Pourtant, quelques auteurs, tout en tenant la convention pour valable, ne l'admettent qu'à titre de compensation, spécialement lorsque la mise de l'un des associés est plus considérable que celle des autres. Ils estiment, d'ailleurs, que s'il est raisonnable et sage de for-muler l'explication dans l'acte de société, cela n'est pas néanmoins in-dispensable, en ce que « les associés, en se distribuant entre eux les avantages ou les pertes d'une manière inégale, seront présumés avoir reconnu que la valeur de leurs apports est différente, et leur estimation échappera à toute critique. » (4) Nous n'admettons pas cette réserve : en toute hypothèse, il est permis à ceux qui forment une société de s'attribuer individuellement une part dans les bénéfices autre que leur part dans les pertes; cela leur est permis uniquement parce qu'aucune

(1) V., pour l'explication et la justification de cette disposition, notre commentaire du Contrat de mariage en collaboration avec M. Rodière (1re édit., t. II, n° 324; 2e édit., t. III, n° 1584).
(2) V. Fenet (t. IV, p. 312).
(3) V. MM. Delvincourt (t. III, note 1 de la page 122); Pardessus (n° 996); Toul-lier (t. XIII, n° 411); Duranton (t. XVII, n° 422); Malepeyre et Jourdain (p. 81); Troplong (n° 633); Duvergier (n° 260); Delangle (n° 118); Molinier (n° 390); Massé et Vergé sur Zachariæ (t. IV, p. 425, note 11); Taulier (t. VI, p. 349); Bédarride (Soc., n° 36); Dalloz (Rép., v° Soc., n° 415); Talon (op. cit., p. 152); Demètre B. Po-lixu, n° 112).
(4) V. M. Duvergier (loc. cit.). — Junge MM. Taulier et Bédarride (loc. cit.).

disposition de la loi ne le leur interdit. S'il est vrai qu'en conscience la clause doive trouver sa raison d'être dans une inégalité correspondante quant à la valeur des apports, cela ne fait pas, cependant, que la convention ne soit pas licite et obligatoire *en droit,* quand même cette cause n'existerait pas *en fait.* Les parties étaient libres de le vouloir ainsi, et dès qu'elles l'ont voulu, leur résolution doit prévaloir : il n'y a pas à rechercher si, en équité, en conscience, le parti auquel elles ont cru devoir s'arrêter est ou n'est pas justifié.

465. Mais il importe de rappeler, en reprenant une observation dont l'importance et l'utilité pratique se manifestent ici dans toute leur évidence, que les opérations sociales ne doivent pas être scindées ; il faut, au contraire, les envisager dans leur ensemble, et exécuter la convention d'après le résultat final (*suprà,* n° 430). Ainsi, supposons une société dans laquelle Pierre a deux parts des bénéfices et une part des pertes, tandis que son coassocié Paul subira les deux tiers de la perte et n'aura qu'un tiers des bénéfices ; on pressent à quelles iniquités la convention pourrait conduire si chacune des opérations accomplies par la société était prise distinctement et si l'on procédait à des partages partiels. Par exemple, certaines affaires ont donné un bénéfice de 45 000 francs, tandis que d'autres ont causé une perte de 30 000 francs. Si l'on attribue à Pierre 30 000 francs pour ses deux tiers des bénéfices dans les premières, en mettant à sa charge 10 000 francs pour le tiers de perte qui lui incombe dans les secondes, il arrivera que, dans cette société dont, tout compté, le gain est de 15 000 francs, Pierre, cependant, en gagnera 20 000, en sorte que Paul sera privé de sa part et même grevé, en outre, des 5 000 francs pris par Pierre en sus des bénéfices réalisés. Si nous supposons, en sens inverse, que la société a perdu 45 000 francs sur certaines opérations et qu'elle en a gagné 30 000 sur d'autres, il arrivera que, dans la société dont la perte en fin de compte est de 15 000 francs, Pierre prendra cependant 20 000 fr. pour ses deux tiers dans les profits. Évidemment, ce n'est pas ainsi que la convention peut et doit être entendue. Il faut, pour l'exécuter équitablement, embrasser toute l'affaire sociale, compenser les pertes avec les bénéfices, et faire la répartition eu égard au résultat définitif. *Quod tamen ita intelligi oportet, ut si in aliquâ re lucrum, in aliquâ damnum allatum sit, compensatione factâ solum quod superest intelligatur lucri esse* (*suprà,* n° 429). Ainsi, dans les deux termes de l'hypothèse proposée, le résultat sera : d'un côté, dans le cas où la société a réalisé un bénéfice de 15 000 francs, que Pierre, qui d'après la convention avait deux parts, prendra 10 000 francs et en laissera 5 000 à Paul ; d'un autre côté, dans le cas où la société est en perte de 15 000 francs, que Pierre, tenu du tiers seulement, aux termes de la convention sociale, en supportera 5 000, le surplus restant à la charge de Paul.

VIII. — 466. Terminons, sur le règlement conventionnel, par une dernière observation. La liberté des parties n'est limitée, nous l'avons dit, que par la nécessité de s'interdire les deux stipulations spéciales dont nous avons essayé de déterminer le caractère et la portée. Mais s'il arrivait que, soit directement, soit à l'aide de clauses plus ou moins habilement combinées, la prohibition fût enfreinte, c'est-à-dire que la totalité des bénéfices fût attribuée à l'un des associés, ou qu'une mise sociale fût affranchie de toute contribution aux pertes, quelle serait la sanction? La convention même de société serait nulle, à raison de l'iniquité de la clause. Il en était ainsi en droit romain, d'après le texte d'Ulpien déjà cité : « Et nos concedimus *talem societatem nullam esse.* » (L. 29, § 2, *Pro soc.*) Les rédacteurs du Code paraissent l'avoir entendu de même, à en juger par ce fragment du rapport de Boutteville : « Si le projet a le soin d'ajouter qu'une convention qui donnerait à l'un des associés tous les profits et l'affranchirait de toutes les pertes *n'est pas une société,* mais l'association si justement proscrite sous le nom de société léonine, c'est principalement pour ne pas laisser oublier que jamais la violence, la force, ne produisent de véritables droits, de conventions légitimes. » (1)

467. Il faut le dire cependant, l'expression de la loi n'est pas sans quelque ambiguïté. L'art. 1855 déclare nulle *la convention* qui donnerait à l'un des associés la totalité des bénéfices, et la *stipulation* qui affranchirait une mise sociale de toute contribution aux pertes. Or, en prenant le texte à la lettre, on peut dire que ce qui est déclaré nul, c'est seulement la convention ou la stipulation contraire à la loi, et que dès lors la société elle-même doit subsister. Plusieurs auteurs émettent cet avis, et en conséquence enseignent que la répartition dans les bénéfices ou dans les pertes devrait alors être faite conformément à l'art. 1853, comme si les parties n'avaient rien stipulé à cet égard (2). Mais la doctrine de la loi romaine a été plus généralement adoptée. Et cela devait être. Un acte de société crée un ensemble de résolutions prévues et réglées par les parties elles-mêmes. C'est un tout composé d'éléments qui, dans la pensée et par la volonté des contractants, se combinent entre eux et se modèrent les uns par les autres. Il faut donc l'admettre pour le tout ou le rejeter en entier. Le scinder pour en conserver telle partie et en supprimer telle autre, ce serait défigurer la convention et souvent sacrifier l'intérêt de l'une des parties à celui de l'autre. La division n'est donc pas possible à ce point de vue. Juridiquement, elle ne l'est pas davantage; car, ainsi qu'on l'a fait remarquer, supprimer la convention dont il s'agit en maintenant la société, ce ne serait pas seulement anéantir le pacte social tel qu'il s'était formé par l'accord des parties, ce serait lui substituer un autre pacte, c'est-à-dire créer un pacte différent et l'imposer aux parties contrairement à la volonté formelle qu'elles avaient exprimée. Or cela répugne à tous les principes en matière de nullité des conventions : aussi, quelque ambiguës qu'elles puissent paraître, les expressions de la loi ne sau-

(1) V. Fenet (t. XIV, p. 411); Locré (t. XIV, p. 538).
(2) V. MM. Delvincourt (t. III, note 2 de la page 122); Pardessus (n° 998); Zacharise (édit. Massé et Vergé, t. IV, p. 425); Delangle (n° 120); Pàris (n° 694 *ter*); Alauzet (t. I, n° 188).

raient être prises comme ayant consacré une telle dérogation (1).

IX. — 468. *Règlement des parts par arbitres.* Ceci procède encore de la convention, en ce sens que les associés qui n'ont pu ou n'ont pas voulu fixer eux-mêmes le droit de chacun dans la société se sont accordés pour confier le soin de le faire soit à l'un d'eux, soit à un tiers. « Cet abandon à l'autorité d'un seul, a-t-on dit dans la discussion de la loi, est favorable en plusieurs occasions, où les associés ne sont que des collaborateurs choisis et protégés par le chef de la famille ou de la maison. » (2) Ce mode de règlement est néanmoins très-peu pratiqué. Il est rare que la détermination des parts ne soit pas faite par l'acte social lui-même, quand les parties entendent ne pas s'en remettre à la loi sur ce point; et assurément, l'arbitrage d'un tiers, que l'art. 1854 a cru devoir autoriser bien qu'il ne soit pas dans nos habitudes, n'a, dans notre droit, ni la raison d'être, ni la portée qu'il pouvait avoir (*infra*, n° 475) dans le droit romain, auquel il a été emprunté. Les jurisconsultes romains exposaient, et avaient d'abord discuté, une doctrine qui supposait l'intervention, dans divers contrats, d'une volonté étrangère pour régler un point que les contractants eux-mêmes n'avaient pas fixé. Ainsi, la question de savoir s'il y avait ou s'il n'y avait pas vente lorsque les parties s'étaient référées, pour la fixation du prix, à la décision d'un tiers, avait été controversée. « Pretium autem certum esse debet; alio-
» quin si ita inter eos convenerit, ut quanti Titius rem æstimaverit, tanti
» sit empta, Labeo negavit, ullam vim hoc negotium habere; quam
» sententiam Cassius probat; at Offilius et eam emptionem putat et ven-
» ditionem, cujus opinionem Proculus secutus est. » (Gaïus, *Inst.*, c. 3, § 140.) Il en était de même pour le louage, quant au chiffre de la *merces*. (L. 25, *Princ.*, ff. *loc. cond.*) Toutefois, Justinien, confirmant à cet égard une doctrine qui d'ailleurs avait prévalu, déclarait que le contrat ainsi formé était valable, mais conditionnel, en sorte que le défaut de fixation du prix par le tiers désigné produisait les effets attachés habituellement à l'inaccomplissement d'une condition. (*Inst.*, lib. III, tit. xxiv, § 1.) C'est cette théorie que les lois 75 à 81, ff. *pro soc.*, appliquent au contrat de société. De là elle est passée successivement dans notre ancienne jurisprudence française (3) et dans l'art. 1854 du Code civil.

469. La convention dont il s'agit peut être faite dans deux cas différents et sous l'inspiration de pensées diverses, qu'il ne faut pas confondre. S'en rapporter à l'appréciation de l'une des parties ou d'un tiers relativement à la part qui sera attribuée à chacune d'elles; c'est le fait

(1) V., en ce sens, MM. Duranton (t. XVII, n° 423); Duvergier (n° 103); Troplong (n° 662); Malepeyre et Jourdain (p. 82); Molinier (n° 386); Aubry et Rau (3° édit., t. III, p. 393, note 9); Massé et Vergé, sur Zachariæ (*loc. cit.*, note 10); Boileux (t. VI, p. 322); Rauter (*op. cit.*, p. 236); Demante B. Polizu (*op. cit.*, n° 11).
(2) V. le discours de M. Gillet au Corps législatif (Fenet, t. XIV, p. 422; Locré, t. XIV, 553).
(3) V. Pothier (*Soc.*, n° 74); Domat (*Lois civ.*, liv. I, tit. viii, sect. 2, n° 11); Despeisses (part. I, t. iii, sect. 1, n° 4).

de personnes qui veulent ainsi arriver à un règlement, soit immédiatement et avant que la société ait commencé à fonctionner, soit plus tard quand, la société ayant accompli son œuvre, il s'agira d'en liquider la situation. Dans le premier cas, les contractants entendent que d'avance la position de chacun soit nettement fixée, et que les opérations communes ne soient entamées qu'autant qu'on aura précisé dans quelles proportions les suites seront réparties. Dans le second, au contraire, les contractants sont d'accord sur les conditions préliminaires. Ils ont fondé cette association; ils ont promis et réalisé leurs mises; ils se proposent de faire des bénéfices auxquels ils savent que chacun d'eux participera; mais ils ont ajourné jusqu'au moment de la distribution la fixation des parts. Si un arbitrage a été ainsi constitué pour dire dans quelle mesure chaque associé participera aux gains ou contribuera aux pertes, ce ne peut être évidemment que dans l'une ou l'autre pensée; qui, bien qu'elles doivent l'une et l'autre conduire à une clause conçue en termes identiques ou analogues, ne doivent pas cependant être confondues, car cette clause n'est pas susceptible de la même interprétation dans les deux cas.

470. Et cela apparaît tout d'abord dans l'un des points les plus discutés de la matière, celui de savoir ce qui doit advenir de la société lorsque, les associés étant convenus de s'en rapporter à l'un d'eux ou à un tiers pour le règlement des parts, il arrive : soit que la personne désignée par le contrat de société meurt avant d'avoir accédé à la demande qui lui a été faite, ou, pour un motif quelconque, ne veut ou ne peut pas procéder au règlement; soit, si plusieurs arbitres ont été désignés, qu'ils ne tombent pas d'accord ou que l'un d'eux refuse d'émettre son avis. Dans ces hypothèses diverses, la convention particulière insérée dans l'acte de société ne pourra pas recevoir son effet, et, à défaut de clause qui, dans cette prévision, ait réglé le mode de procéder, il y a lieu de se demander quelle doit être la conséquence. Les auteurs, pour la plupart, estiment que la convention imprime à la société un caractère conditionnel, et qu'étant formée sous cette condition que l'arbitre ou les arbitres désignés accompliront leur mission, la société doit être considérée comme non avenue si l'arbitre ou les arbitres ne peuvent ou ne veulent pas faire le règlement (1). Or, la thèse est trop absolue, et, selon nous, la question se résout par la distinction que nous venons d'indiquer.

471. Ainsi, lorsque les parties ont entendu que le tiers désigné fixerait la part de chaque associé dans les bénéfices à réaliser ou dans les pertes que la société pourrait éprouver, de manière que tout cela fût réglé avant le commencement des opérations, nous admettons assurément que la société sera comme non avenue si, par suite du refus, de

---

(1) V. MM. Delvincourt (t. III, note 6 de la page 122); Duranton (t. XVII, n° 425); Duvergier (n° 245); Troplong (n° 625); Taulier (t. VI, p. 355); Delangle (n° 122); Massé et Vergé, sur Zachariæ (t. XIV, p. 435, note 4); Dalloz (*Rép.*, v° Société, n° 405); Alauzet (n° 191); Rauter (p. 238); Talon (p. 146); Demète B. Polizu (n° 116).

l'empêchement ou du désaccord des arbitres, la condition reste inaccomplie. Maintenir la société dans ce cas, ce serait aller contre la volonté manifestée par les parties; car la convention d'arbitrage étant supprimée, il faudrait leur imposer le règlement des parts établi par la loi. Or, elles ont formellement déclaré, dans l'acte de société, qu'elles entendaient l'exclure. C'est donc le cas ici de dire, avec Celsus : « ...
» hil agitur; nam id ipsum actum est, ne aliter societas sit, quam
» Titius arbitratus sit. » (L. 75, ff. *Pro soc.*)

Mais si les parties ont eu en vue seulement de confier à un tiers le soin de fixer la part de chaque associé dans les bénéfices *déjà réalisés*, et alors qu'il s'agira de les partager, nous ne pensons pas que le refus ou l'empêchement de l'arbitre de procéder au partage soit susceptible de porter aucune atteinte à l'existence de la société. Nous ne le pensons pas à cause de l'intention des parties qui, dans ce cas évidemment n'ont pas entendu s'associer sous condition; et, en outre, parce que l'inexistence de la société n'en laisserait pas moins subsister une communauté de fait qu'il faudrait liquider. Il y aurait donc lieu pour les parties, dans cette seconde hypothèse, à s'entendre sur le choix d'un nouvel ou de nouveaux arbitres. Et si elles n'y parvenaient pas, elles auraient à en référer aux tribunaux et à leur remettre le soin de faire le choix sur lequel elles ne peuvent pas s'accorder (1).

472. Dans ce qui précède, nous avons supposé que les associés, agissant sous l'impulsion de mobiles différents, ont investi l'un d'eux ou une tierce personne désignée du droit de statuer entre tous les membres de la société sur la mesure dans laquelle chacun participera aux gains ou aux pertes. Nous aurons bientôt à dire comment l'arbitre devra procéder, en quels cas et à quelles conditions un recours est ouvert aux parties contre sa décision. Auparavant, nous devons nous arrêter à deux conventions, rattachées par quelques interprètes à celle que prévoit l'art. 1854, et que, par ce motif, nous ne voulons pas passer sous silence.

473. Et d'abord, on suppose que l'acte de société réserve à une tierce personne le droit de fixer les parts, en remettant toutefois à une époque ultérieure la désignation de cette tierce personne. Selon quelques auteurs, la société se trouverait par là soumise à une condition potestative qui l'entacherait de nullité (2). Nous ne partageons pas cet avis. Le droit de chaque associé est certain, reconnu quant à son existence; ce qui n'apparaît pas encore, c'est la délimitation ou la mesure de ce droit; mais cela ne saurait être une cause de nullité de la convention. Donc, si les parties, remplissant leur engagement, désignent plus tard une personne, comme elles en étaient convenues, tout sera dit : il n'y aura plus qu'à suivre le mode de partage indiqué par l'arbitre désigné. Et si elles ne peuvent tomber d'accord sur la personne à nommer, elles au-

_____

(1) V. MM. Pardessus (n° 998 *in fine*); Malepeyre et Jourdain (P. 89). Conf. M. Molinier (n° 385).
(2) V. Troplong (n° 226). *Junge* : MM. Massé et Vergé, sur Zachariæ (t. IV, P. 455, note 4).

ront à en référer aux tribunaux, à qui il appartient de résoudre toutes les difficultés qui s'élèvent entre particuliers (1).

474. En second lieu, on suppose que l'acte social étant absolument muet sur le mode de partage des bénéfices et la contribution aux pertes, il intervient ultérieurement une convention par laquelle les associés déclarent s'en rapporter, sur ce point, à une tierce personne qu'ils désignent. Selon quelques auteurs, cette convention nouvelle ferait désormais partie intégrante du contrat de société dont elle ne pourrait plus être séparée. En sorte que si la personne désignée était empêchée ou refusait de remplir la mission, la société serait nulle et non avenue (2) tout comme si la désignation avait été faite par le pacte social (*suprà*, n° 471). C'est encore une solution que nous ne saurions admettre. La convention nouvelle survient, en ce cas, à un moment où les choses sont tellement avancées qu'on ne peut évidemment prêter aux parties la pensée de faire dépendre l'existence de cette société, qui a fonctionné, qui a accompli son œuvre, du fait que les parts en seront déterminées par le tiers désigné. Elles ont pu vouloir uniquement adopter un mode de partage autre que le mode établi par la loi, auquel elles auraient été soumises par suite du silence de leur convention primitive. Dès lors, le refus de l'arbitre désigné de faire le règlement, ou son empêchement, aura pour effet non pas, comme on l'a dit parfois, de replacer les associés sous l'empire des dispositions légales par lesquelles ils étaient d'abord régis (3), mais de les obliger à choisir un autre arbitre, et, s'ils ne s'accordent pas, à s'adresser aux tribunaux, qui le choisiront pour eux : il ne se peut pas, en effet, que les bénéfices réalisés restent impartagés, ou que les pertes subies ne soient pas réparties entre ceux qui doivent les supporter (4).

X. — 475. Maintenant, d'après quels principes l'arbitre doit-il se diriger lorsque, acceptant la mission, il procède au règlement des parts? En quels cas et à quelles conditions les associés peuvent-ils recourir contre la décision?

Sur le premier point, le législateur, sans entrer dans les détails ni imposer aucune règle spéciale, se borne à prescrire à l'arbitre ou aux arbitres l'observation des règles de l'équité. « Si les associés sont convenus de s'en rapporter à l'un d'eux ou à un tiers pour le règlement des parts, ce règlement ne peut être attaqué *s'il n'est évidemment contraire à l'équité*. » (Art. 1854, § 1.) Il en était ainsi en droit romain ; mais la règle y avait une portée qui n'apparaît pas également sous le Code civil. En droit romain, la règle commune, quant au règlement des parts, c'était l'égalité absolue entre tous les membres de la société (*infrà*, n° 480). La clause qui confiait à l'un des associés ou à un tiers le soin de faire le règlement des parts avait cet avantage, qu'elle écartait l'ap-

(1) V. MM. Duranton (t. XVII, n° 425); Duvergier (n° 248). *Comp.* MM. Dalloz (*Rép.*, v° Société, n° 106); Talon (*op. cit.*, p. 14); Demètre B. Polizu (*op. cit.*, n° 117).
(2) V. MM. Duvergier (n° 249); Dalloz (*loc. cit.*, n° 407); Rauter (*op. cit.*, p. 238).
(3) V. MM. Duranton (n° 425); Massé et Vergé, sur Zachariæ (*loc. cit.*).
(4) V. Pardessus (n° 998). *Comp.* M. Talon (*op. cit.*, p. 148).

plication de ce droit commun, car elle avait pour effet d'imposer à la personne choisie l'*arbitrium boni viri*, où le devoir d'établir une proportion *équitable* entre les apports sociaux et les parts des associés dans les profits ou dans les pertes. « Si societatem mecum coieris, ea conditione, *ut partes societatis constitueres*, ad boni viri arbitrium ea re redigenda est ; et conveniens est viri boni arbitrio, ut non utique æquis partibus socii simus : veluti si alter plus operæ, industriæ, pecuniæ in societatem collaturus sit. » (L. 6, ff. *Pro soc.* — V. aussi l. 76, *Eod. tit.*) Ainsi, l'utilité de la convention ressortait avec évidence de la portée même du précepte donné à l'arbitre de procéder d'après les règles de l'équité. Mais le droit commun, d'après le Code (art. 1853, *infrà*, n° 482), c'est précisément le système de l'égalité proportionnelle qu'en droit romain l'arbitre devait s'efforcer de réaliser pour répondre aux exigences de l'équité. Cela étant, à quoi bon, pour les associés, confier à un arbitre le règlement des parts dès qu'en définitive cet arbitre ne fera que ce que la loi ferait elle-même dans le silence de la convention ? Et quelle utilité trouvent-ils à ce que de par la loi l'arbitre soit tenu de se soumettre aux règles de l'équité, alors que ces règles mêmes sont celles que le droit commun a consacrées ?

Néanmoins, et quoiqu'il ne soit pas facile d'expliquer en quoi l'arbitrage pourrait, quant au règlement des parts, donner un résultat différent de celui auquel conduirait l'application de la loi commune, on peut dire que l'arbitre procédera, dans l'appréciation, d'après des bases plus larges, plus certaines, et généralement plus solides que celles sur lesquelles repose la loi. Il est probable, en effet, que le choix des associés a porté sur une personne qui, mieux qu'aucune autre, était dans le cas d'apprécier leurs droits respectifs eu égard à la valeur de leurs apports. Par cela même, l'arbitre aura des éléments d'appréciation qui échappent au législateur. Il s'arrêtera à des nuances, tiendra compte de détails dont le Code ne peut évidemment pas se préoccuper dans la répartition plus sévère et en quelque sorte mathématique qu'il fait par l'art. 1853. C'est en cela seulement que la convention d'arbitrage peut avoir quelque utilité.

476. Sur le second point, il faut d'abord rappeler ces termes de la loi : « *Le règlement ne peut être attaqué s'il n'est évidemment contraire à l'équité.* » Ces expressions correspondent à ce texte du jurisconsulte Paul : « Unde si Nervæ arbitrium ita pravum est, ut manifesta iniquitas ejus appareat, corrigi potest per judicium bonæ fidei. » (L. 79, ff. *Pro soc.*) Seulement, la loi n'a dit nulle part ce qui peut donner au règlement fait par l'arbitre un caractère d'iniquité ; et à défaut d'une disposition explicite sur ce point, on a supposé qu'il n'y avait lieu d'admettre le recours que dans le cas où le règlement contiendrait une lésion d'outre moitié, par analogie de l'art. 1674 du Code civil (1). Mais cet avis est justement repoussé par la généralité des auteurs. Le règlement peut être évidemment inique, alors même que la lésion n'atteindrait pas

---

(1) V. Maleville (sur l'art. 1854).

cette mesure, et il suffit qu'il soit inique pour que l'associé lésé soit autorisé à en demander le redressement (1). C'est donc à dire que, dans le silence de la loi spéciale, la demande en redressement soulève une question purement de fait abandonnée à la conscience du juge (2).

477. Mais ce n'est pas tout que le règlement soit évidemment inique pour que le recours dont il serait l'objet doive être accueilli. L'art. 1854 ajoute dans sa seconde disposition : « Nulle réclamation n'est admise s'il s'est écoulé plus de trois mois depuis que la partie qui se prétend lésée a eu connaissance du règlement, ou si ce règlement a reçu de sa part un commencement d'exécution. » Dans le projet primitif de la loi, le délai était de trente jours seulement. Le consul Cambacérès aurait voulu qu'il fût d'un an, pour laisser aux parties le temps de prendre conseil et de se concerter. Mais on opposa que, dans la rigueur des principes, aucun délai ne devrait être accordé, le règlement étant exécutoire à l'instant, et que si néanmoins un délai était donné, encore fallait-il qu'il ne fût pas trop long pour que la société, si elle n'était pas dissoute, ne se trouvât pas paralysée. Et ce fut par une sorte de transaction que, sur la proposition de Boulay, le délai primitif de trente jours fut porté à trois mois (3). Seulement, il importe de le remarquer, ce dont le législateur s'occupe ici, ce n'est pas le partage même, c'est le règlement des parts, c'est-à-dire ce qui doit servir de base au partage. Par conséquent, l'art. 1854 ne doit pas être pris comme limitant la durée de l'action en rescision du partage : cette action a toujours une durée de dix ans, d'après les dispositions combinées des art. 877 et 1304, auxquels renvoie l'art. 1872 de notre titre (4). C'est donc la réclamation contre le règlement des parts qui est renfermée dans ce bref délai de trois mois. Le législateur a voulu, selon l'expression du tribun Boutteville, que la décision d'un arbitre du choix des associés fût sacrée pour eux ou du moins ne pût être attaquée que dans un temps très-court, et n'être anéantie que par la cause qui détruit tout pouvoir, l'abus et le dernier terme de l'injustice (5).

478. Quant au point de départ du délai, ou aux fins de non-recevoir tirées soit de la connaissance du règlement, soit du commencement d'exécution, il faut tenir compte des causes qui ont pu déterminer les associés à adopter ce mode de règlement, en se référant à la distinction ci-dessus proposée (supra, n° 469). Ainsi, s'agit-il d'un règlement fait au début de la société et incorporé à l'acte social lui-même, le délai partira du jour même où la partie lésée aura connaissance du règlement, et le commencement d'exécution s'entendra non pas de la mise à effet du règlement par le partage, mais de son exécution par l'exécution du contrat de société qui le renferme. S'agit-il d'un règle-

(1) V. MM. Duranton (t. XVII, n° 424); Molinier (n° 383); Aubry et Rau (3ᵉ édit., t. III, p. 403, note 2); Boileux (t. VI, p. 315).
(2) V. MM. Malepeyre et Jourdain (p. 89, à la note); Taulier (t. VI, p. 355).
(3) V. Fenet (t. XIV, p. 375); Locré (t. XIV, p. 499).
(4) V. MM. Delvincourt (t. III, note 1, sur la page 123); Bravard-Veyrières (Man. de droit comm., p. 55); Massé et Vergé, sur Zachariæ (t. IV, p. 435, note 4 in fine).
(5) V. Locré (t. XIV, p. 538); Fenet (t. XIV, p. 411).

ment destiné à préparer un partage imminent, la fin de non-recevoir résultera du commencement d'exécution du règlement lui-même. La raison de décider sera d'ailleurs la même dans les deux cas : la partie est non-recevable parce qu'il y a, de sa part, approbation de l'œuvre de l'arbitre, approbation qui, quoique tacite, est, à raison des circonstances, également certaine dans les deux cas.

XI. — 479. *Règlement des parts par la loi.* Il arrivera, sans doute rarement, que les associés ne prennent pas le soin de fixer eux-mêmes par le pacte social le droit de chacun d'eux dans la société. Les contractants s'étant unis en vue de réaliser des bénéfices, tout en prévoyant néanmoins la possibilité de subir des pertes, il est de toute évidence que l'un des points les plus importants pour eux, c'est de déterminer, par l'acte de société, la part de chacun dans les bénéfices espérés ou dans les pertes possibles. Cependant il peut arriver et il arrive parfois que, soit par oubli, soit volontairement, les associés se taisent sur ce point. La loi intervient alors par des dispositions dont la raison d'être est le silence même de la convention; et, interprète en quelque sorte de la volonté des associés, elle fixe leur part comme elle suppose qu'ils l'eussent fixée eux-mêmes s'ils y avaient songé ou s'ils avaient voulu le faire. Tel est l'objet de l'art. 1853, dont la disposition nette et précise a coupé court aux controverses que la réglementation légale a pu soulever tant dans le droit romain que dans notre ancien droit.

480. Et pourtant, on peut dire qu'en droit romain les textes paraissent non moins précis. « Si non fuerint partes societati adjectæ, *dit* » Ulpien, *æquas eas esse* constat. » (L. 29, *Princ.*, ff. *Pro soc.*) Gaïus est plus explicite encore : « Et illud certum est si de partibus lucri et » damni nihil inter eos convenerit, tamen *æquis ex partibus commo-* » *dum ut incommodum inter eos commune esse...* » (Inst., c. 3, § 150.) Justinien dit à peu près dans les mêmes termes : « Et quidem si nihil de » partibus lucri et damni nominatim convenerit, *æquales scilicet partes* » *et in lucro et in damno* spectantur. » (Iust., lib. III, tit. xxvi, § 1.) Il s'induit naturellement de ces textes que, dans le silence de la convention sur le règlement des parts, ces parts devaient toujours être égales entre tous les associés, les apports respectivement faits fussent-ils inégaux.

Néanmoins, des interprètes en assez grand nombre ne l'ont pas entendu ainsi. En invoquant la bonne foi et l'équité qui doivent présider au contrat de société, en s'autorisant aussi des lois 6 et 80, ff. *Pro soc.*, ils ont expliqué les textes ci-dessus en ce sens, non pas que les parts devaient être égales d'une manière absolue, mais que l'égalité en devait être proportionnelle, c'est-à-dire proportionnée à la valeur des apports respectifs, et fixée *pro ratâ pecuniæ allatæ*. Mais les mots *æquæ partes*, dont se servent Ulpien, Gaïus et Justinien, s'entendent toujours dans le sens de portions viriles en droit romain. Par cela même, dire que les parts seront égales signifie qu'elles seront *égales entre elles*, et ne peut pas signifier qu'elles seront *inégales entre elles* ou proportionnées aux apports. Les lois 6 et 80, ff. *Pro soc.*, invoquées contre cette interprétation, ne la contredisent en aucune manière; tout au contraire, elles la confirment et la corroborent. Ces textes de Pomponius et de Proculus, écrits pour le cas où les associés ont remis à un tiers le soin de procéder au règlement de leurs parts, imposent pour règle à ce tiers l'*arbitrium boni viri;* et ils expliquent ensuite qu'il n'est pas nécessaire que les parties soient déclarées associées *ex æquis partibus,* et spécialement que celui-là peut obtenir une part plus large qui a apporté dans la société plus de travail, d'industrie, de crédit ou d'argent : *veluti, si alter plus operæ, industriæ, gratiæ, pecuniæ in societatem collaturus erat.* Or, dire que l'égalité absolue n'est pas nécessaire en ce cas, et que l'arbitre peut et doit établir la proportionnalité, c'est reconnaître que, dans le silence de la convention, le droit commun, c'est l'égalité absolue, et non la proportionnalité. Et quant à l'objection tirée de l'équité et de la bonne foi, elle ne milite pas non plus contre la solution. Il y en a deux raisons décisives. Lorsque les associés ont gardé le silence sur la détermination des parts, on peut supposer que, dans leur pensée, les apports, même inégaux, s'équilibrent, en ce qu'il est possible que celui qui, en apparence, apporte moins que les autres, ajoute, en fait, à sa mise par quelque avantage personnel qu'il procurera à la société. A ce premier point de vue, il n'y a rien d'exorbitant, ni de contraire à l'équité, à admettre que le partage par portions égales a été dans la pensée des contractants. Et, en outre, la convention entendue en ce sens pourrait se justifier encore par l'incertitude du résultat. Ainsi, les mises sont inégales : l'un des associés a versé 10, l'autre 30. S'il y a eu 15 en bénéfices, il ne sera pas injuste d'en attribuer moitié au lieu d'un tiers (7 et demi au lieu de 5.) au premier, dont la mise représente le tiers seulement de celle du second; parce que si, à l'inverse, la perte était de 15, ce dernier, quoique sa mise fût des deux tiers du fonds commun, n'en devrait supporter que la moitié (7 et demi au lieu de 10). Au surplus, c'est la solution qui, sur ce point, néanmoins controversé, semblait prévaloir en droit romain (1).

481. Dans notre ancien droit français, on peut constater le même désaccord entre les auteurs. D'une part, Domat tient pour l'égalité absolue. « Si les portions de perte et de gain n'étaient pas réglées par la convention, dit-il, elles seront égales; car si les associés n'ont pas fait de distinction qui donne plus à l'un et moins à l'autre, leurs conditions n'étant pas distinguées, celle de chacun doit être la même que celle des autres. » (2). C'est, comme on le voit, la reproduction de la loi romaine entendue comme nous venons de l'indiquer. Mais, d'une autre part, Pothier tient pour la proportionnalité des parts en principe, et s'il admet l'égalité absolue, c'est seulement dans le cas où les apports faits à la société étaient d'une valeur incertaine. « Lorsque la valeur de ce que chacun des associés apporte à la société est apparente, dit-il, comme

(1) V. Connanus (lib. VII, cap. XIII); Warn-Kœnig (*Elém. jur. rom.*, n° 434); Ducaurroy (*Inst. expliq.*, n° 1060); Picot (*Trad. comm. des Inst. de Justinien*, p. 462); Ortolan (*Expl. hist. des Inst. de Justinien*, t. II, p. 272 et 273).
(2) Domat (*Lois civ.*, liv. I, tit. VIII, sect. 1, n° 4).

lorsque cet apport consiste en argent ou en effets auxquels on a donné une estimation, il n'est pas nécessaire de s'expliquer par le contrat de société sur les parts que chacun devra avoir dans les gains et les pertes, *chacun devant y avoir, en ce cas, la même part que celle dont il a contribué à la société.* — Quoiqu'on n'ait pas donné une estimation certaine à ce que chacun a apporté à la société, il n'est pas encore nécessaire que les parties s'expliquent sur les parts qu'elles auront chacune, lorsque leur intention est de partager la société par portions égales; *car c'est ce partage par portions égales qui a lieu, en ce cas, lorsque les parties ne s'en sont pas expliquées.* » (1)

482. Aujourd'hui, ce point est tranché de la manière la plus nette par le législateur. La proportionnalité est érigée en principe dans l'article 1853, dont le premier paragraphe dispose que « lorsque l'acte de société ne détermine point la part de chaque associé dans les bénéfices ou pertes, *la part de chacun est en proportion de sa mise dans le fonds de la société.* » Ces expressions ne laissent pas de prise à l'équivoque ou à l'incertitude. Chaque associé a droit à une part des gains par cela seul qu'il est associé et qu'il a réalisé son apport. Son droit à participer à la distribution des profits ou son obligation de subir les pertes se mesure à la valeur de la mise par lui effectuée. En général, rien n'est plus juste que ce système; mais, il faut le dire, rien aussi n'est plus difficile souvent, ni plus embarrassant dans l'application. La distinction proposée par Pothier contenait peut-être une heureuse conciliation des deux systèmes et prévenait les difficultés considérables qui peuvent se présenter lorsque, les parties n'ayant pas estimé leurs apports, les juges doivent suppléer à leur silence et faire l'estimation. Toutefois, la distinction n'est pas textuellement reproduite dans l'art. 1853. Y est-elle au moins tacitement contenue, et peut-on dire que, dans une hypothèse quelconque, les parts puissent être égales entre les associés qui ont négligé de s'expliquer? C'est ce qu'il faut examiner.

483. Et d'abord, il est un cas dans lequel le doute n'est pas possible : c'est lorsque les apports ont une valeur apparente, par exemple lorsqu'ils consistent en argent ou en effets estimés. Il est certain que, dans cette hypothèse, la loi nouvelle s'écarte du système du droit romain et confirme pleinement la doctrine de Pothier. Chaque associé aura dans l'affaire sociale, quel qu'en soit le résultat, une part proportionnelle à la valeur des choses qu'il avait mises en commun. C'est la conséquence nécessaire et irrésistible du texte de l'art. 1853, dont l'application ne présentera d'ailleurs aucune difficulté dans cette hypothèse.

Au contraire, la nécessité de procéder à une évaluation rétrospective rend le système de la proportionnalité d'une application difficile lorsqu'il n'a pas été fait estimation par les parties de ce qu'elles ont apporté à la société. Est-ce une raison pour adopter le système de l'égalité absolue que Pothier proposait en ce cas? Quelques auteurs l'ont pensé.

_____

(1) Pothier (*Soc.*, n° 73).

Selon M. Duranton, « l'on doit dire, en thèse générale, que précisément parce que les associés n'ont pas fait d'estimation des choses qu'ils mettaient dans la société, ils les ont probablement considérées comme étant de valeur égale, et, par conséquent, les parts, soit dans la masse commune, soit dans ce qui en resterait après le prélèvement des apports, soit enfin dans les dettes qu'il y aurait après la perte de toutes les choses mises dans la société, devraient être en raison du nombre des associés, c'est-à-dire d'une égalité virile ou arithmétique. » (1) D'autres auteurs, allant plus loin encore, disent que, dans le silence des parties, la présomption est que les mises sont d'une valeur égale, et ne font fléchir la présomption qu'autant qu'il apparaît que, malgré leur silence, les parties ont considéré les apports comme inégaux (2).

Nous pensons, quant à nous, et c'est l'opinion dominante (3), que, par son texte absolu, positif, énergique, l'art. 1853 résiste à cette explication. La part de chacun des associés dans les bénéfices ou pertes est en proportion de sa mise dans le fonds de la société : voilà la règle posée par cet article. Les termes en sont tels qu'ils ne comportent aucune distinction. La règle doit donc être observée en toutes circonstances, non-seulement quand elle est aisément applicable, mais encore quand l'application en peut être difficile, et, par conséquent, soit que chaque mise ait une valeur apparente ou déterminée, soit que la valeur n'en puisse être fixée qu'au moyen d'investigations ou d'expertises rétrospectives, dont le résultat par cela même doit être plus ou moins sûr. Et il ne faut pas dire que, dans le silence des parties, il y a présomption que les mises sont égales : en fait, l'égalité pourra exister parfois; mais en droit, il est impossible de la présumer, c'est-à-dire de la tenir pour établie en thèse; car il serait contraire aux principes d'introduire, sans texte, donc sans fondement, une présomption légale de cette nature. Les profits ou les pertes devront donc toujours être répartis au prorata des mises sociales. La répartition sera facile si les mises ont été estimées ou si elles consistent en une somme d'argent. Au contraire, elle pourra présenter des difficultés graves et sérieuses si aucune estimation n'a été donnée aux choses mises dans la société. Mais, quelque difficile qu'elle puisse être, la tâche est imposée par la loi aux tribunaux d'une manière si précise qu'il ne leur est pas permis de s'en affranchir à la faveur d'une présomption souvent erronée et certainement extralégale.

484. La répartition proportionnelle étant de rigueur même dans ce dernier cas, comment et par quels moyens les juges arriveront-ils à

---

(1) V. M. Duranton (t. XVII, n° 426 et aussi n° 360). Junge M. Alauzet (Comm. du C. de comm., 2ᵉ édit., t. I, n° 184).
(2) V. MM. Pardessus (n° 985); Malepeyre et Jourdain (p. 88); Molinier (n° 377); Boileux (t. VI, p. 311).
(3) V. MM. Duvergier (n°ˢ 224 et 225); Troplong (n° 615); Bravard (Man. de droit comm., p. 52); Taulier (t. VI, p. 354); Dalloz (Rép., v° Société, n° 391); Rauter (op. cit., p. 226); Talon (op. cit., p. 143); Demètre B. Polizu (op. cit., n° 102).

apprécier rétroactivement la valeur respective des apports, et à déterminer en conséquence le droit de chaque associé dans la société? Il est de toute évidence qu'ils pourront recourir à tous les genres de preuves mis par la loi à leur disposition. M. Molinier, en traitant des sociétés *commerciales,* dit que les tribunaux « qui seront appelés à statuer sur les différends entre associés pourront s'aider de tous les genres de preuves, afin de s'éclairer sur la nature, la qualité et la valeur respective des apports »; et il n'excepte pas même la preuve testimoniale, bien que l'art. 41 du Code de commerce défende d'entendre des témoins sur ce qui serait allégué avoir été dit lors de l'acte de société (1). Cela doit être dit également pour les sociétés *civiles,* nonobstant l'art. 1341 du Code civil; car la preuve testimoniale ne porterait pas sur une convention, elle aurait seulement pour objet, selon l'expression de notre auteur, « de constater en fait la valeur des mises des associés, pour en venir à la fixation de leur part, par application de la loi. »

XII. — 485. Cependant, il y a une certaine nature d'apports à l'égard desquels le travail d'appréciation est facilité par la loi elle-même. Il existe, en effet, des règles écrites dont l'application peut ou doit être faite sinon toujours, au moins en bon nombre de cas. Les apports auxquels nous faisons allusion sont ceux qui consistent en jouissance ou en industrie.

486. Quant aux premiers, il faut supposer que la mise en commun a pour objet la jouissance d'une somme d'argent. S'il s'agissait d'autre chose, c'est-à-dire de corps certains, d'immeubles, même de choses fongibles autres que l'argent, il est manifeste qu'à défaut d'estimation par les parties, l'appréciation restera souvent fort difficile, à cause de la fragilité des bases sur lesquelles elle repose. Mais lorsque c'est la jouissance d'un capital qui a été mise en commun, il y a une règle que Pothier a donnée, en l'empruntant à Puffendorf, et que nos auteurs modernes ont admise, les uns sans aucune hésitation, les autres avec quelques scrupules qui cependant ne les ont pas arrêtés. Pothier suppose une association formée entre un artisan dont le travail, qui seul forme son apport, vaut 100 écus, et un marchand qui apporte 1 000 écus en argent, sous la réserve de prélever cette somme au partage de la société, qui doit durer une année. En ce cas, dit-il, le marchand n'aura pas droit à 10/11, à raison de ses 1 000 écus, et l'artisan, dont le travail ne vaut que 100 écus, à 1/11 seulement; « car ce n'est pas la somme de 1 000 écus que le marchand apporte à la société; il n'en apporte que l'usage pendant l'année que doit durer la société, puisqu'il la doit prélever. Il ne faut donc compter, pour ce que le marchand est censé avoir apporté à la société, que la valeur de l'usage de cette somme, *que Puffendorf croit devoir être évaluée à l'intérêt ordinaire de l'argent.* Suivant ce principe, le marchand, dans l'espèce proposée, sera censé avoir apporté seulement à la société la somme de 150 livres,

---

(1) V. M. Molinier (*loc. cit.*).

et ne devra avoir, par conséquent, que le tiers dans le profit de la société. » (1) Ainsi, en présence de la loi qui aujourd'hui fixe à un taux légal l'intérêt de l'argent, cette loi elle-même donnerait la règle d'évaluation. Toutefois la règle, bonne à suivre lorsque la société est de courte durée (c'est le cas prévu par la généralité des auteurs) (2), conduirait à un résultat inacceptable si elle était appliquée dans le cas où la durée de la société dépasserait la période de vingt années. En effet, supposons un apport de 3.000 francs à prélever lors du partage de la société qui doit durer vingt-cinq ans. Il résulterait de l'application de la règle précitée que l'associé qui a mis en commun seulement *la jouissance* de 3.000 francs, c'est-à-dire 150 francs par an pendant vingt-cinq ans, devrait être traité comme s'il avait apporté *en propriété* un capital de 3.750 francs. Il sera plus juste et plus exact, en ce cas, de fixer la valeur de cet apport en jouissance à ce que peut valoir une rente de 150 francs payable pendant vingt-cinq ans (3).

487. En ce qui concerne les apports consistant en industrie, la règle d'évaluation est fournie par notre art. 1853 lui-même. On n'y avait pas songé d'abord : dans le projet primitif du Code, l'article se bornait à dire que lorsque l'acte de société ne déterminerait pas la part de chaque associé dans les bénéfices ou pertes, la part de chacun serait en proportion de sa mise dans le fonds de la société. On se préoccupa bien, au conseil d'État, du point de savoir comment cet article recevrait son application lorsque l'un des associés n'aurait apporté que son industrie. Mais on passa outre, et la rédaction fut maintenue telle qu'elle était proposée; sur cette observation de Tronchet que, dans le silence de l'acte de société, celui-là serait réputé avoir mis autant que les personnes qui auraient fourni en argent la totalité de la mise, en raison du nombre des associés, et qu'il partagerait dans cette proportion. L'explication, cependant, était peu satisfaisante; car il se peut faire, et il doit fréquemment arriver, que les mises des autres associés ne soient pas égales : et comment, en ce cas, suivre à la fois la proportion du nombre des associés et celle de leurs mises? Aussi le Tribunat, sur la communication officieuse qui lui fut faite du projet, pensa-t-il que le point devait être réglé par une disposition spéciale. De là le second paragraphe de l'art. 1853, lequel, introduit dans le projet dans les termes mêmes que le Tribunat avait proposés, dispose « qu'à l'égard de celui qui n'a apporté que son industrie, sa part dans les bénéfices ou dans les pertes est réglée *comme si sa mise eût été égale à celle de l'associé qui a le moins apporté.* » (4) Ainsi, la loi établit une sorte de présomption à la faveur de laquelle le juge se trouve déchargé, quant aux apports qu'on est convenu d'appeler industriels, des difficultés considérables d'une appréciation délicate et souvent des plus embarrassantes.

---

(1) Pothier (*Soc.*, n° 16).
(2) V. M. Delvincourt (t. III, note 5 de la page 122); Duvergier (n° 230); Troplong (n° 616); Boileux (t. VI, p. 312); Dalloz (*Rép.*, v° Société, n° 395); Talon (*op. cit.*, p. 143).
(3) V. M. Rauter (*op. cit.*, p. 227).
(4) V. Locré (t. XIV, p. 488, 499 et 508); Fenet (t. XIV, p. 362, 374 et 381).

488. Il est, d'ailleurs, bien entendu que la présomption est établie uniquement pour le cas où la convention est muette sur l'importance de l'apport. Elle n'est donc en aucune façon exclusive du droit, pour l'associé industriel, de faire déterminer dans l'acte social la valeur d'une mise dont, à raison de sa nature, nul n'est plus que lui en mesure de faire l'estimation. Au contraire, c'est pour l'inviter à prendre ce soin que le législateur l'assimile, lorsqu'il néglige de le prendre, à l'associé qui a le moins apporté. La loi lui assigne la part la plus faible, a dit le tribun Boutteville, « parce que si elle lui donnait la plus forte, elle encouragerait l'insouciance et l'oubli de la précaution la plus facile à prendre, et qu'en ne lui assignant que la plus faible, elle lui donne le sage avertissement de ne jamais négliger de stipuler lui-même ses intérêts et de faire régler son sort. » (1) Par où l'on voit que la dernière disposition de l'art. 1853 a, en quelque sorte, un caractère pénal. Il se peut en effet, et le cas n'est pas rare, que celui qui va fournir à la société son travail, son industrie, son habileté, son expérience, contribuera au succès plus qu'aucun autre. Il n'importe : faute par lui d'avoir fait régler ses droits ou sa part, il sera traité, dans la distribution des profits, comme l'associé qui aura le moins apporté. La loi punit ainsi l'associé industriel de son imprévoyance, parce que, selon l'expression du tribun Gillet, « sa mise étant la plus susceptible d'estimation arbitraire, il doit s'imputer à lui-même de n'en avoir pas fait d'avance stipuler le prix. » (2)

Nous dirons plus tard, en expliquant l'art. 4 de la loi du 24 juillet 1867, comment et à l'aide de quelles précautions nécessaires et sages le législateur s'est efforcé, en vue d'une certaine catégorie d'associations, d'obvier au danger des déclarations exagérées de la part des associés industriels. Quant à présent, nous devons nous en tenir à l'hypothèse prévue dans la dernière disposition de l'art. 1853, celle d'un apport industriel fait sans déclaration ni estimation, et à indiquer comment et quand doit être appliquée la règle posée dans cette disposition.

489. Et, d'abord, nous rappelons qu'il s'agit ici d'un apport successif résistant à une réalisation instantanée et immédiate (suprà, n° 304). Il en résulte que celui qui apporte son industrie à la société ne peut avoir droit même à une part égale à celle de l'associé qui a le moins apporté qu'autant que, la société étant parvenue à son terme, l'apport a été réalisé en totalité. Ainsi, une société est formée, pour une durée de cinq ans, entre trois personnes dont l'une, a apporté 20 000 francs, l'autre 10 000, et la troisième son industrie seulement. Arrivée à ce terme de cinq ans, la société a un fonds commun de 40 000 francs à partager entre les trois associés. L'associé industriel, qui a fourni son industrie et son travail depuis le commencement jusqu'à la fin de l'association, a complétement réalisé son apport. Il prendra donc 10 000 fr.

---

(1) Locré (t. XIV, p. 537 et 538); Fenet (t. XIV, p. 410 et 411).
(2) V. Locré (t. XIV, p. 552 et 553); Fenet (t. XIV, p. 422).

sur les 40 000, comme celui des deux autres associés qui a le moins apporté. Mais il y aurait lieu à une réduction proportionnelle si, le pacte social ayant déterminé la durée de la société, il arrivait que, par une cause légitime et légale, l'association fût dissoute avant l'expiration du terme fixé. Ainsi, en modifiant l'hypothèse ci-dessus, au lieu d'accomplir sa période de cinq ans, la société a été dissoute deux années après sa formation. L'associé industriel sera considéré comme n'ayant apporté que 4 000 francs, et il sera traité en conséquence dans le partage. En comparant le temps pendant lequel la société a existé à celui de la durée prévue par l'acte social, il a réalisé son apport seulement dans la proportion des deux cinquièmes. Donc, eu égard aux trois cinquièmes non réalisés, il subira justement une réduction proportionnelle dans le partage de ce fonds commun qu'alimente la mise en argent de ses co-associés (1).

490. Il résulte de l'art. 1853 que lorsque la société est constituée entre deux personnes seulement, dont l'une apporte des fonds et l'autre son industrie, on doit considérer les deux apports comme absolument égaux en valeur, et, par cela même, attribuer à chacun des associés une part égale tant dans les bénéfices que dans les pertes. D'après cela, nous tenons comme contraire aux principes un arrêt de la Cour de Riom duquel il résulte que, dans un tel cas, l'associé qui a fourni les fonds a le droit de prélever, avant tout partage des bénéfices, l'intérêt de son capital. Le pourvoi dirigé contre cet arrêt a été rejeté, à la vérité (2); mais c'est parce qu'il s'élevait contre ce pourvoi une fin de non-recevoir tirée de l'exécution que le demandeur avait donnée à la décision attaquée. Sans cela, la Cour suprême, si elle avait pu aborder le fond, aurait probablement déclaré que l'arrêt attaqué avait à tort, en autorisant le prélèvement d'intérêts, rompu l'égalité qui, dans l'espèce, devait exister entre les associés.

491. Mais la règle de l'art. 1853, § 2, peut n'être pas suivie lorsqu'un associé apporte à la société, outre son travail, apport successif, une mise actuelle, comme de l'argent ou d'autres valeurs. Le droit de cet associé devant, en ce cas, être fixé eu égard à la fois à son apport en argent ou en nature et à son apport en industrie, on pourrait dire, à la vérité, que la part afférente à ce dernier apport doit être réglée en prenant l'art. 1853 pour base, et, par conséquent, en tenant la mise industrielle comme égale à la mise *de celui des autres associés qui a le moins apporté.*

Mais le texte même de l'art. 1853 indique qu'il n'est pas écrit pour ce cas. Il parle tout spécialement de l'associé qui *n'a apporté que son industrie;* il ne suppose donc pas un apport comprenant à la fois du travail et de l'argent ou d'autres objets. C'est pourquoi les tribunaux pourraient, en ce cas, s'écarter d'une règle qui, toute conforme qu'elle

(1) Rej., 14 juin 1865 (Dall., 66, 1, 133; J. Pal., 1866, p. 534; S.-V., 61, 1, 207). Junge MM. Bravard (*Man. de droit comm.*, p. 53); Mourlon (*Rép. écrit.*, t. III, p. 361); Alauzet (t. 1, nᵒ 185); Rauter (*op. cit.*, p. 228); Demètre B. Polizu (nᵒ 103).
(2) Req., 25 mars 1839 (S.-V., 39, 1, 705; Dall., 39, 1, 199; J. Pal., à sa date).

soit à l'équité, ne saurait être considérée comme obligatoire dans un cas différent de celui en vue duquel elle est édictée.

Ainsi, soit une société formée entre Pierre, qui fournit son industrie plus une somme de 10 000 francs; Paul, qui apporte 30 000 francs, et Joseph, qui en verse 25 000. En prenant l'art. 1853 pour base, la part de Pierre devrait être réglée comme s'il avait fait un apport de 35 000 francs (1). Et en effet, bien que les 10 000 francs par lui fournis représentent la plus faible des sommes versées dans la société, ce n'est pas à ces 10 000 francs qu'il faudrait s'attacher pour fixer la valeur de son apport en industrie. La loi entend que le terme de comparaison sera pris entre les mises des autres associés. Il serait contraire à la raison et à la justice d'y comprendre la sienne propre et de s'y arrêter sous prétexte qu'elle est la plus faible. D'une part, ce qu'il apporte en sus de son industrie n'est pas une mise distincte; c'est une partie de sa mise. D'une autre part, évaluer son industrie d'après ce qu'il a fourni en argent, c'est-à-dire, dans l'espèce, à 10 000 francs, et porter ainsi à 20 000 fr. le montant total de l'apport, ce serait lui accorder moins que s'il avait apporté son industrie seulement, laquelle, équivalente alors à la mise de Joseph, serait évaluée à 25 000 francs.

Mais l'art. 1854 n'étant pas fait, nous le répétons, pour le cas où l'un des associés apporte en même temps son industrie et de l'argent ou d'autres valeurs, les juges pourraient s'en écarter incontestablement. Il leur appartiendrait, à défaut de convention spéciale sur la valeur de l'apport industriel, de la déterminer d'après les circonstances. Et c'est ce qui résulte de l'arrêt déjà cité sous le n° 489. Dans l'espèce, l'un des associés avait apporté dans une société formée pour vingt-cinq ans non seulement son industrie, mais encore ses procédés de fabrication, son nom et son achalandage. La dissolution étant survenue au bout de trois ans et quatre mois, il fut vainement soutenu, dans la liquidation, que cet apport, étant purement industriel, ne pouvait être considéré comme réalisé que proportionnellement à la durée de la société. Sans contester ce principe, les juges reconnurent, en fait, que l'apport était industriel, c'est-à-dire éventuel et successif pour partie seulement; que, pour le surplus, il était actuel et immédiatement réalisé; et il fut décidé que, dans le silence de la convention sur l'importance relative de l'industrie et des autres éléments de l'apport, c'est aux juges qu'il appartient de fixer cette importance; et que leur décision à cet égard procède d'une appréciation souveraine qui ne tombe pas sous le contrôle de la Cour de cassation (2).

492. Enfin, voici une dernière hypothèse dans laquelle il faut faire abstraction absolument de la règle posée dans le deuxième paragraphe

(1) V. MM. Duranton (t. XVII, n° 433); Duvergier (n° 232); Troplong (n° 619); Molinier (n° 380); Aubry et Rau (3° édit., t. III, p. 403); Massé et Vergé, sur Zachariæ (t. IV, p. 435, note 3); Taulier (t. VI, p. 354); Boileux (t. VI, p. 313); Mourlon (Rép. écrit., t. III, p. 362); Alauzet (n° 185); Dalloz (Rép., v° Société, n° 398); Talon (p. 144); Rauter (p. 228).
(2) V. l'arrêt du 14 juin 1865. Junge la plupart des auteurs indiqués à la note précédente.

de l'art. 1853, et se rattacher à la règle générale du paragraphe premier : c'est lorsque toutes les mises consistent en industrie et qu'aucune d'elles n'a été évaluée dans l'acte de société. Peut-être paraîtra-t-il étrange que les magistrats, affranchis par la loi de l'obligation d'apprécier dans le cas où il y a un seul apport industriel, soient obligés de prendre ce soin précisément alors que, les apports industriels étant multiples, la tâche est plus compliquée et plus difficile. C'est sans doute ce qui a conduit la Cour de Nancy à juger que tous les membres d'une société ont droit *à une part égale dans les bénéfices*, à moins de convention contraire, bien que le matériel de l'entreprise ait été fourni par eux dans des proportions inégales, si, d'ailleurs, l'industrie de chacun constituait son véritable apport et si la fourniture de matériel n'était qu'accessoire (1). Néanmoins, quand tous les apports non estimés consistent réellement en industrie, il est plus vrai de dire que le terme de comparaison indiqué par le § 2 de l'art. 1853 faisant absolument défaut, il y a lieu de faire retour à la règle générale du paragraphe premier, c'est-à-dire d'apprécier distinctement la valeur de chacune des industries, afin que chaque associé prenne, soit dans les profits, soit dans les pertes, une part proportionnée à sa mise dans le fonds de la société (2).

1856. — L'associé chargé de l'administration par une clause spéciale du contrat de société, peut faire, nonobstant l'opposition des autres associés, tous les actes qui dépendent de son administration, pourvu que ce soit sans fraude.

Ce pouvoir ne peut être révoqué sans cause légitime, tant que la société dure; mais s'il n'a été donné que par acte postérieur au contrat de société, il est révocable comme un simple mandat.

1857. — Lorsque plusieurs associés sont chargés d'administrer, sans que leurs fonctions soient déterminées, ou sans qu'il ait été exprimé que l'un ne pourrait agir sans l'autre, ils peuvent faire chacun séparément tous les actes de cette administration.

1858. — S'il a été stipulé que l'un des administrateurs ne pourra rien faire sans l'autre, un seul ne peut, sans une nouvelle convention, agir en l'absence de l'autre, lors même que celui-ci serait dans l'impossibilité actuelle de concourir aux actes d'administration.

SOMMAIRE.

493. De l'administration des affaires sociales. Difficultés que présente l'organisation du pouvoir d'administrer. — 494. La loi n'intervient pour poser certaines règles d'administration que pour le cas où les parties n'ont pas elles-mêmes tout réglé à cet égard; et cela répond aux critiques dont le système de

(1) Nancy, 14 mars 1868 (S.-V., 69, 2, 214; J. Pal., 1869, p. 971; Dall., 1869, 2, 5). Junge M. Dalloz (*Rép.*, v° Société, n° 401).
(2) V. Troplong (n° 620).

sociétés commerciales, les pouvoirs des gérants à cet égard sont plus étendus : renvoi. — 532. Forme de la demande portée en justice par le gérant. — 533. De la compétence. — 534. Du cas où la société est défenderesse. — 535. Le pouvoir d'administrer peut être confié à plusieurs associés. — 536. S'il n'y a pas limitation quant aux actes permis aux gérants, chacun d'eux peut faire seul tous les actes d'administration. — 537. Si chacun est investi de pouvoirs spéciaux, aucun ne peut faire rien en dehors de son mandat. — 538. S'il est dit que les gérants agiront de concert, ils doivent s'entendre, et tout acte émanant d'un seul est irrégulier et sans valeur. — 539. *Quid* en cas d'urgence? Controverse.
540. Dans les limites qui viennent d'être posées, les pouvoirs des gérants ne sont pas absolus ni exercés sans contrôle. Les associés non administrateurs peuvent veiller à ce que l'intérêt commun ne soit pas compromis par la gestion. — 541. Vis-à-vis du gérant non statutaire, leur intérêt est sauvegardé par le droit absolu de révocation. — 542. Quant au gérant statutaire, il peut à la vérité faire les actes d'administration nonobstant l'opposition des autres associés; mais il doit agir sans fraude. — 543. Aussi, en cas de fraude, ou même de gestion malhabile et compromettante, les associés ont le triple moyen de l'opposition, de la révocation motivée, de la dissolution. — 544. Quel que soit le moyen employé par les associés, la demande doit être soumise aux tribunaux. — 545. Elle peut être introduite par un seul des associés.

I. — 493. Lorsque la société est formée, quand la chose sociale est constituée par la réunion des apports, il est impossible d'admettre que chaque associé soit libre d'agir et puisse à son gré conduire les affaires de la société. L'intérêt de tous exige qu'un pouvoir soit institué qui, chargé de gérer la chose commune, prévienne les dissentiments qui résulteraient nécessairement d'une action multiple, et procède avec l'unité de vues sans laquelle la société ne pourrait pas compter sur cette réalisation de bénéfices, qui est le but en vue duquel elle s'est formée. L'organisation d'une administration est donc, pour la société, une nécessité évidente par elle-même; il serait oiseux de chercher à la démontrer.

Le problème à résoudre consiste à concilier les pouvoirs de l'administrateur avec l'intérêt des associés, c'est-à-dire à instituer une gestion dont l'action soit libre et facile, et qui pourtant ne compromette pas les intérêts des membres de la société. Or, cela n'est rien moins que facile. D'une part, si l'on restreint à l'excès les pouvoirs du gérant, si son action est paralysée par un ensemble de précautions et de garanties exagérées prises contre lui, on arrive, sans doute, à se protéger et à le prémunir lui-même contre les imprudences par lesquelles il pourrait engager et compromettre le fonds social. Mais, du même coup, on le met dans l'impossibilité d'imprimer aux affaires communes une marche rapide et une fructueuse direction. D'une autre part, si on laisse au gérant une liberté sans limite, on abandonne la fortune de la société au hasard. Dans son action omnipotente, le gérant peut abuser des moyens de succès que la société a mis dans ses mains, en faire un instrument de ruine, et, par une suite de témérités, d'imprudences, même d'infidélités, conduire la société à sa perte.

Il faut savoir prendre le milieu entre ces deux partis extrêmes. Là est la difficulté, et cette difficulté ne saurait être résolue théoriquement; car la solution varie nécessairement suivant des circonstances de fait particulières à chaque association; par exemple, le nombre des associés, la nature des opérations, la durée de l'entreprise, l'importance du fonds social, etc. Ce sera donc par une étude spéciale de chaque société que l'on parviendra à reconnaître le genre d'administration qui convient le mieux à sa nature et à combiner les moyens les plus propres à constituer une gérance assez libre pour qu'elle puisse agir en vue de réaliser les bénéfices espérés, mais pourtant assez contenue pour que la société ne soit pas exposée aux désastres qui peuvent être la suite d'agissements téméraires accomplis, sans contrôle, par un pouvoir illimité. Cette conciliation nécessaire ne saurait, on le comprend bien, être l'œuvre de la loi ; c'est un point exclusivement de pratique qui ne comporte pas une réglementation absolue.

494. Aussi le législateur s'est-il abstenu, si ce n'est dans le cas où les parties ne se sont pas expliquées elles-mêmes. L'art. 1859, auquel nous arriverons bientôt, n'est écrit que pour ce cas. C'est pourquoi nous ne saurions nous associer aux critiques dirigées par M. Duvergier contre le système du Code. Suivant cet auteur, la loi aurait posé, relativement à l'administration de la société, *un principe anarchique;* au lieu d'établir l'ordre et l'harmonie, elle aurait organisé la lutte et excité les collisions (1). Peut-être ces observations ne manqueraient-elles pas de vérité si le législateur avait entendu imposer un système uniforme, un mode général d'administration pour toutes les sociétés, tant civiles que commerciales; mais telle n'est pas sa pensée. Loin d'imposer un système auquel toute société serait tenue de se conformer, il donne certaines règles qui ne sont à suivre qu'*à défaut de stipulations spéciales.* En outre, ces règles, qui n'ont de valeur et d'autorité qu'autant que cela convient aux associés, toujours maîtres d'en stipuler d'autres, ont dû être et ont été profondément modifiées par la loi en ce qui concerne les associations commerciales, notamment les sociétés anonymes et en commandite, comme nous l'expliquerons plus tard. Elles ne touchent donc qu'au mode d'administration des sociétés civiles pures et simples, c'est-à-dire de sociétés qui, non revêtues de la forme anonyme ou en commandite, sont généralement peu importantes et presque toujours formées entre deux ou trois personnes seulement. Il est bien évident que, dans ces termes et dans ces conditions, l'intervention du législateur, suppléant au silence du pacte social sur le mode d'administration, ne saurait avoir ni les inconvénients, ni les dangers supposés par notre auteur.

495. D'autant plus que la réglementation de ce point par l'art. 1859 n'est pas autre chose en définitive, comme on le verra dans le commentaire de cet article, que la consécration des droits naturels de chaque membre de la société; en sorte qu'il est vrai de dire que, même dans le cas où elle intervient pour régler le mode d'administration, la loi ne fait que traduire la volonté présumée des parties. « Quant à l'administration du fonds social, a dit M. Boutteville (2), comment la sagesse du législa-

_____

(1) V. M. Duvergier (*Soc.*, n°⁵ 7, 8, 9, 281, etc.).
(2) Rapport au Tribunat (Locré, t. XIV, p. 138 et 139; Fenet, t. XIV, p. 411).

teur peut et doit-elle intervenir sur ce point? D'abord, par la sage pré-caution d'avertir ici, comme sur toute espèce de convention, des incon-vénients que le silence des contractants ne manque jamais d'entraîner ; en cherchant, ensuite, à prévoir les clauses les plus usitées ; enfin, à sup-pléer par des règles générales aux lois que les intéressés ont toujours le droit et souvent seuls le moyen, mais que trop souvent aussi ils négli-gent de se dicter... » Ainsi, les parties ont-elles choisi un gérant et réglé par des conventions expresses tout ce qui a trait à l'administration, l'administrateur désigné tient directement des associés et de leur vo-lonté expresse les pouvoirs dont il est investi. Au contraire, les parties se sont-elles abstenues d'exprimer leur pensée à cet égard, c'est encore de leur volonté que procède le mode d'administration ; mais c'est d'une volonté *présumée* et non plus expresse : le législateur, après l'avoir in-terprétée et déclarée, en fait la loi de l'association.

496. Nous laissons, quant à présent, le second cas à l'écart ; comme nous venons de le dire, il est régi par l'art. 1859, lequel institue le ré-gime légal de gestion : nous l'étudierons en commentant ce dernier ar-ticle. Il ne sera question, quant à présent, que de l'administration con-stituée par les associés eux-mêmes. A ce cas se réfèrent les art. 1856, 1857 et 1858, dont les dispositions ont pour objet : 1° la nomination du gérant ou administrateur ; 2° les causes qui peuvent mettre fin à la gestion, et tout spécialement la révocation du gérant ; 3° l'étendue des pouvoirs, et plus particulièrement la détermination des actes que l'ad-ministrateur peut ou ne peut pas faire, et des contestations judiciaires dans lesquelles il est autorisé à agir soit comme demandeur, soit comme défendeur ; 4° l'exercice de ces pouvoirs et leur combinaison lorsque l'administration de la société a été confiée à plusieurs associés.

II. — 497. La nomination par les associés d'un administrateur ou de plusieurs peut avoir lieu de deux manières, ou plutôt à deux époques différentes. Elle peut être faite, dès le début de la société, dans l'acte où sont établies les conditions constitutives de l'association ; elle peut n'avoir lieu que par un acte postérieur au contrat de société. Le pouvoir conféré à l'administrateur ou aux administrateurs nommés a un carac-tère essentiellement différent suivant que la nomination est faite de l'une ou de l'autre manière. Lorsque, par une sage prévoyance, les parties, avant même de s'engager dans les opérations sociales, en confient la di-rection à des coïntéressés qu'ils désignent par une clause spéciale du con-trat de société, elles posent par là même l'une des conditions du pacte social, elles constatent une des conventions dont l'ensemble constitue le contrat qui les engage et les lie. Par conséquent, le pouvoir conféré dans ces termes doit être irrévocable ; et en effet, selon l'expression de la loi, *il ne peut être révoqué sans cause légitime, tant que la société dure* (art. 1856, § 2). Il n'en est plus de même lorsque, après s'être associées sans organiser une administration, les parties pourvoient à cet objet au cours de la société. Elles s'étaient soumises d'abord, par leur silence, au régime légal, au système d'administration organisé par la loi elle-même. Éclairées ensuite par l'expérience, instruites par la marche même des choses des inconvénients inhérents au défaut d'unité dans la gestion, elles modifient ce régime et confient à une personne de leur choix le soin de continuer l'entreprise commencée. L'acte qui intervient à cet effet ne peut évidemment pas être regardé comme faisant partie du pacte social; c'est un mandat que les coassociés constituent après coup, mandat absolument subordonné à la volonté de ceux qui le confèrent. Par conséquent, l'irrévocabilité ne saurait être attachée au pouvoir qui découle de ce mandat. Et en effet, selon l'expression de la loi encore, ce pouvoir *est révocable comme un simple mandat* (art. 1856, § 2).

498. Toutefois, cette différence s'efface en certaines circonstances. Le pouvoir de l'administrateur nommé par acte postérieur au contrat de société est révocable toujours et nécessairement, sans qu'il y ait à distinguer entre le cas où ce pouvoir est confié à un associé ou à plusieurs, et le cas où il est remis à des étrangers. L'acte de nomination se détachant nettement du contrat de société dont il est indépendant, il est vrai de dire qu'en toute hypothèse le gérant nommé, quel qu'il soit, associé ou étranger, n'est qu'un simple mandataire. Au contraire, le pouvoir des gérants statutaires, ou constitués par le contrat de société, n'est irrévocable qu'autant qu'il a été remis par les statuts sociaux à des membres de la société. Cela s'induit des termes mêmes de l'art. 1856, qui, en consacrant l'irrévocabilité, parle du pouvoir de l'*associé* chargé de l'administration. Dès lors, si le gérant nommé par les statuts est un étranger, il est mandataire au même titre que s'il eût été nommé par un acte postérieur au contrat de société; son pouvoir est révocable comme celui d'un simple mandataire. Ce sont les qualités d'associé et de gérant statutaire, concourant ensemble, qui donnent au pouvoir ce caractère d'irrévocabilité par lequel il se distingue de celui de l'administrateur nommé par un acte postérieur au contrat de société.

499. Mais il n'en est pas du principe même de la gérance ou de son origine comme de son caractère. En thèse générale, pris dans la société ou en dehors, les administrateurs doivent être nommés par l'*unanimité* des associés. Il est bien un cas particulier où la simple majorité devrait suffire : c'est lorsqu'en organisant l'administration dans le pacte social, les parties conviennent de désigner le gérant ultérieurement. Alors, en effet, il s'agit d'exécuter une clause du contrat, acceptée de tous, et dont l'exécution dès lors ne peut être paralysée par le dissentiment ou la résistance de quelques-uns : c'est le cas de faire prévaloir l'avis de la majorité. Mais en dehors de cette hypothèse tout exceptionnelle, l'accord de toutes les parties est nécessaire pour la nomination d'un administrateur. C'est évident par rapport à l'administrateur statutaire, puisqu'il s'agit là, comme nous l'avons expliqué, de l'une des conditions constitutives du contrat. C'est non moins évident en ce qui concerne l'administrateur nommé par acte postérieur au pacte social. Et en effet, par cela même que la convention n'avait rien réglé quant à l'administration, ni pourvu à la nomination des administrateurs, chacun des associés avait adhéré à une association dont le régime administratif devait être celui de la loi. Nommer un administrateur

après coup, c'est donc revenir sur cet état de choses et substituer à un régime accepté par tous un régime nouveau et différent. Or, ce régime nouveau ne peut être imposé par la majorité à la minorité, cette minorité fût-elle composée d'un seul associé. Car, en principe, l'accord unanime des parties n'est pas moins nécessaire pour déroger à un contrat que pour y introduire une clause essentielle.

500. Après ces explications sur la constitution de la gérance, ce serait le cas de suivre les administrateurs nommés dans l'exercice de leurs fonctions. Cependant la loi elle-même, en confondant dans une même disposition la création des pouvoirs du gérant et leur révocation, nous invite à nous écarter de cet ordre logique et à nous occuper auparavant des différentes manières dont le droit de gérer peut prendre fin.

III. — 501. L'art. 1856 a prévu le cas de révocation seulement. Il est d'autres causes pourtant qui mettent fin aux fonctions du gérant, et cela si nécessairement que le législateur n'avait même pas à s'en expliquer. Par exemple, il va de soi que la mort d'un administrateur, quel qu'il soit, termine la gestion qui lui avait été confiée. De même, il est certain que l'administrateur nommé pour un temps limité perd tous ses pouvoirs à l'expiration du terme fixé. Ce sont là des vérités si évidentes par elles-mêmes qu'il serait puéril d'insister.

502. Mais lorsque l'administration prend fin par l'une de ces causes, une question s'élève à laquelle il convient de s'arrêter : c'est celle de savoir quel est l'effet de cette vacance de l'administration sur l'existence même de la société. Cette société qui, momentanément au moins, n'est pas administrée, est-elle dissoute? Au contraire, survit-elle à l'événement et y a-t-il lieu seulement à la pourvoir d'un nouvel administrateur? Si elle survit, comment ce nouvel administrateur devra-t-il être nommé? Bien entendu, nous supposons que les statuts sociaux n'ont rien prévu sur ce point; car s'ils ont tout réglé, ils sont la loi du contrat; en ce point, comme en tous autres, cette loi s'impose aux associés, qui ne peuvent se dispenser de la suivre. Nous supposons également que, le cas n'étant réglé par aucune stipulation particulière, les parties intéressées ne s'entendent pas sur le parti à prendre et sur la marche à suivre; car si elles sont d'accord, il n'y a plus de question. Par cela même qu'elle ne prescrit ni ne prohibe rien, la loi laisse toute liberté aux associés; et dès que la volonté de tous se fixerait à une solution, il n'y aurait pas de raison pour que leur détermination, quelle qu'elle fût, ne dût pas être suivie.

Ainsi, la convention étant muette, il y a dissentiment entre les associés, et divers avis sont en présence : dans ce cas, on devra s'attacher à la cause qui a mis fin à la gestion de l'administrateur, et statuer en conséquence. — L'administration cesse-t-elle par l'expiration du terme convenu, la société continue, et désormais le mode d'administration en doit être soumis au régime légal établi par l'art. 1859 du Code civil. En effet, cet article pose certaines règles d'administration en vue du cas où les parties ont gardé le silence sur ce point. Or, les associés, en fixant un terme à l'administration que le pacte social avait constituée, n'ont pas déterminé le mode d'administration pour la période ultérieure; en sorte qu'il y a sur ce point silence de leur part au moment où cette période commence, silence volontaire et intentionnel ; car, en fixant un terme à l'administration, les associés n'ont pas pu ne pas prévoir qu'un moment viendrait où leur association cesserait d'être administrée. C'est donc à tous égards le cas de l'art. 1859, et il convient d'imposer à la société le régime établi par cet article, puisque ses membres ne s'entendent pas sur tel autre régime qu'ils pourraient adopter. — L'administration prend-elle fin par la mort du gérant, il faut distinguer. Si l'administrateur décédé était un gérant *statutaire* dont le choix a été une des conditions du contrat, la société est dissoute, à moins que tous les associés sans exception ne confient le pouvoir d'administrer à un nouveau gérant. A défaut d'unanimité sur ce point, il n'y a pas accord des associés sur la gestion à organiser, et l'on ne saurait les soumettre au régime légal, parce qu'ils ont manifesté dès l'origine la volonté de l'exclure. Si le gérant décédé avait été nommé par un acte postérieur au contrat de société, il ne pourrait, sans doute, être remplacé que du consentement unanime des associés, car sa nomination n'a pu être faite qu'avec et par le concours de tous (*supra*, n° 499). Mais si les associés ne s'entendent pas sur le choix du remplaçant, la société n'en subsiste pas moins; et elle se replace sous le régime légal, auquel elle s'était tacitement soumise à l'origine par le silence des statuts sociaux sur le mode d'administration (*supra*, n° 497).

IV. — 503. Ceci expliqué, revenons à la révocation, seule cause prévue par le législateur entre toutes celles qui mettent fin à l'administration.

En ce point, il y a, entre l'administrateur nommé par le contrat de société et le gérant choisi par acte postérieur à ce contrat, une différence capitale que les observations précédentes font déjà pressentir et que l'art. 1856, § 2, précise en ces termes : « Ce pouvoir (de l'associé chargé de l'administration par une clause spéciale du contrat de société) ne peut être révoqué sans cause légitime, tant que la société dure ; mais s'il n'a été donné que par acte postérieur au contrat de société, il est révocable comme un simple mandat. » Ainsi, comme l'exprime Pothier, le gérant statutaire a un pouvoir qui ne peut être révoqué pendant la durée de la société, si ce n'est pour cause légitime, tandis que le gérant nommé après coup par un acte postérieur au contrat de société est un simple mandataire auquel son pouvoir peut toujours être retiré par les associés (1).

504. C'est là une différence propre aux sociétés civiles. Nous verrons en effet, en traitant des sociétés commerciales, que dans certaines, spécialement dans les sociétés anonymes, les administrateurs sont, d'après l'art. 31 du Code de commerce, dont la disposition est reproduite à cet égard par l'art. 22 de la loi du 24 juillet 1867, des mandataires à temps, *toujours révocables;* et nous étudierons les questions qui, soit

---

(1) V. Pothier (*Soc.*, n° 71).

pour ces sociétés, soit pour les sociétés en commandite, se rattachent à la révocabilité des administrateurs. Quant à présent, il faut s'en tenir aux sociétés civiles, et se rendre compte de la différence établie par l'art. 1856.

Le pouvoir de gérer confié par les statuts sociaux est irrévocable pendant la durée de la société, parce que ce pouvoir, tel qu'il a été constitué, a été l'une des conditions du contrat. D'une part, l'associé administrateur n'a consenti à la société que parce qu'il devait l'administrer, et n'y serait pas entré sans cela. D'une autre part, les autres associés se sont liés en vue de la personne du gérant choisi, et ne se seraient pas engagés dans le contrat si le soin de leurs intérêts avait été confié à un autre. La convention les lie donc tous réciproquement, et pourvu que le gérant agisse sans fraude et pour le bien de la société, elle ne peut pas être révoquée, si ce n'est de leur consentement mutuel (C. civ., art. 1134). Au contraire, le pouvoir de gérer ne se lie pas au contrat comme une condition constitutive lorsque c'est après coup qu'il a été conféré. C'est alors un simple mandat qui, de même qu'il a été *donné* librement, a été spontanément *accepté*. Et dès lors, le droit du gérant, c'est-à-dire du mandataire, est, en vertu des principes particuliers au contrat de mandat, révocable *ad nutum* par les autres associés, c'est-à-dire par les mandants.

505. Par une réciprocité nécessaire, bien que le législateur ait omis de l'exprimer, si les pouvoirs du gérant statutaire sont plus solides que ceux du gérant simple mandataire, ses obligations et ses devoirs sont aussi plus impérieux. Le gérant statutaire n'est pas libre de s'affranchir quand il lui plaît, sans motifs, de la charge qu'il a acceptée. De même que vis-à-vis de lui ses coassociés sont tenus de le laisser administrer, de même, vis-à-vis d'eux, il est tenu d'administrer et ne peut s'en dispenser sans l'assentiment de tous. Au contraire, le gérant simple mandataire peut abdiquer son mandat par une renonciation qui y met fin (C. civ., art. 2003), et pourvu que la renonciation ne soit ni préjudiciable ni inopportune, il peut la notifier à ses mandants quand il le juge à propos (1).

506. Tel est le droit commun. Mais il est certain et reconnu par tous les auteurs que les associés sont absolument libres de le modifier. Ainsi, rien ne s'oppose à ce que le pouvoir du gérant statutaire, irrévocable d'après le droit commun, soit déclaré révocable par les statuts sociaux. Et à l'inverse, rien ne s'oppose non plus à ce que les pouvoirs, révocables *ad nutum*, du gérant simple mandataire, soient constitués irrévocables par l'acte qui nomme le gérant après coup (2). Bien entendu, dans ce dernier cas, l'acte de nomination, qui modifie le pacte primitif en ce qu'il donne au gérant les mêmes pouvoirs que s'il était nommé par ce pacte, doit émaner de tous les associés.

(1) V. notre *Traité-Commentaire des Petits Contrats* (t. I, n°s 972, 1164 et suiv.).
(2) V. MM. Duranton (t. XVII, n° 434); Duvergier (n° 294); Troplong (n° 669); Massé et Vergé, sur Zachariæ (t. IV, p. 438, note 1 *in fine*); Rauter (p. 246); Demître B. Polizu (n° 132); Talon (p. 158).

V. — 507. Cependant il convient de s'entendre sur l'irrévocabilité du pouvoir conféré au gérant statutaire ou à celui qu'un acte de nomination postérieur au contrat de société assimile au gérant statutaire. « Ce pouvoir, dit l'art. 1856, § 2, ne peut être révoqué *sans cause légitime* tant que la société dure. » Et cela montre clairement que la situation respective des parties n'est pas telle que l'administrateur puisse tout faire et que les autres associés ne puissent empêcher rien. L'administrateur n'est pas érigé en maître absolu des affaires ou des intérêts communs; il est sous le contrôle de ceux qu'il représente. Toutefois ceux-ci n'ont pas un droit tout-puissant. S'ils n'abdiquent pas complétement entre les mains de leur gérant, le gérant de son côté n'est pas vis-à-vis d'eux dans une étroite dépendance. Il a le *droit* d'administrer, et le devoir d'administrer loyalement. Ses associés sont tenus de respecter ses actes. Mais s'il commet des infidélités, s'il dissipe, s'il gère avec une inhabileté notoire, s'il compromet follement les ressources de la société, la *cause légitime* de révocation dont parle la loi se produira à l'instant, et les associés peuvent alors s'adresser aux tribunaux pour faire briser entre les mains du gérant statutaire un pouvoir que son infidélité ou son incapacité ne permet pas de lui laisser.

508. Sans parler quant à présent des autres moyens qu'ont les associés de se garantir contre la mauvaise gestion de leur gérant, statutaire ou non statutaire, et auxquels nous reviendrons bientôt (*infrà*, n°ˢ 540 et suiv.), relevons une question discutée entre les auteurs, celle de savoir si la révocation ou la destitution du gérant pour cause légitime peut être provoquée par un seul associé. Selon quelques auteurs, la demande doit, comme toute autre mesure, avoir été l'objet d'une délibération prise à la majorité (1). D'autres estiment que la poursuite motivée d'un seul suffit. Si l'associé qui seul demande la révocation, dit en ce sens Troplong, argumentait ainsi : « Vous ne voulez pas me l'accorder, eh bien, je vais demander la dissolution, car les causes légitimes qui peuvent faire prononcer la révocation sont aussi de celles qui peuvent dissoudre la société », qu'aurait-on à lui répondre? (2) Nous sommes de ce dernier avis, et nous tenons que l'argument de Troplong serait sans réplique au moins vis-à-vis du gérant d'une société dont la durée serait illimitée. La volonté d'un seul associé, sans motifs assignés et appréciés, étant, en ce cas, une cause suffisante de dissolution (*infrà*, art. 1869), il serait déraisonnable de ne pas accorder à un seul associé la faculté de demander la révocation pour cause légitime, alors qu'il pourrait demander la dissolution. Toutefois l'argument vaudrait moins vis-à-vis du gérant dans le cas d'une société à terme. Il ne suffit pas à un associé, pour faire dissoudre une telle société, de le vouloir; il doit nécessairement établir l'existence de l'une des causes de dissolution prévues par la loi. Or, il ne va pas de soi, pensons-nous, que tout ce qui peut être cause de révocation du gérant soit aussi cause de dissolution de la so-

(1) V. MM. Duvergier (n° 293); Boileux (t. VI, p. 327). *Comp.* Req., 7 janv. 1868 (S.-V., 68, 1, 172; *J. Pal.*, 1868, p. 68).
(2) V. Troplong (n° 676) et Bravard (*Man. de droit comm.*, p. 56).

ciété. Et dès lors, on ne peut plus dire que chaque associé individuellement peut provoquer la première mesure parce qu'il pourrait provoquer la seconde, puisqu'il est possible que telle cause légitime, suffisante pour faire révoquer le gérant, ne suffirait pas pour dissoudre la société. Mais la raison de décider que tout associé peut agir seul en vue de la destitution du gérant statutaire d'une société, soit à durée illimitée, soit à terme, et n'a pas besoin du concours ou de l'intervention de la majorité, c'est qu'il s'agit là d'une mesure émanant de l'autorité judiciaire et non des associés eux-mêmes. La révocation ou la destitution pour cause légitime est prononcée par le tribunal sur la demande d'un associé, qui ne peut pas exiger que sa volonté de révoquer soit sanctionnée purement et simplement, mais dont le rôle se borne à signaler les motifs ou les causes qui permettront aux juges, après examen, de mettre un terme à une administration préjudiciable aux intérêts de la société. Ainsi, la destitution du gérant n'est pas un acte de puissance de la part des associés ; elle est l'œuvre du juge. C'est pourquoi l'intervention de la justice peut être provoquée par un seul associé, sans le concours de la majorité, à laquelle il n'y a lieu de faire appel qu'autant que, s'agissant d'une décision à prendre par les associés eux-mêmes, ils sont divisés entre eux.

509. D'ailleurs, cette révocation du gérant nommé par les statuts, lorsqu'elle est prononcée par les tribunaux et définitive, entraîne la dissolution de la société. A défaut d'une administration qui en dirige et en gère les affaires, une société ne saurait subsister. Or, ici le gérant étant révoqué, il n'y a plus d'administration. Et comme il n'est pas possible de mettre à la place de cette administration, telle que le pacte social l'avait constituée, une autre administration quelconque, soit l'administration légale organisée par l'art. 1859, soit tel autre mode d'administration qu'imaginerait le tribunal ou la majorité des associés ; comme rien de cela ne pourrait être fait qu'au mépris du pacte social et en lui substituant un contrat nouveau, il faut bien reconnaître que ce pacte primitif est rompu et que la société a cessé d'exister. Aussi n'admettons-nous pas la doctrine de quelques auteurs d'après lesquels la révocation du gérant n'emporterait pas dissolution de la société, mais donnerait seulement à chaque associé le droit de demander cette dissolution (1). Selon nous, la dissolution de la société est un effet naturel et nécessaire de la destitution du gérant, comme elle serait aussi un effet de la retraite volontaire, sauf l'action en dommages-intérêts à laquelle sa désertion donnerait ouverture. Tout ce qu'on peut accorder, c'est que la cause de la dissolution étant uniquement ici la vacance de la gérance, il dépendrait des associés, s'ils étaient unanimes, de pourvoir à cette vacance ; auquel cas la volonté de tous ferait loi, et la société suivrait sa marche avec le nouveau gérant que les parties auraient choisi pour remplacer le premier (2).

(1) V. notamment Troplong (n° 677) et M. Rauter (op. cit., p. 245).
(2) V., en ce sens, MM. Malepeyre et Jourdain (Soc., p. 122) ; Duvergier (n° 295) ;

510. Il en serait autrement de la révocation prononcée contre un administrateur nommé par un acte postérieur au contrat de société. Soit que la nomination ait été faite par l'unanimité des associés renonçant ainsi à l'administration légale à laquelle ils s'étaient soumis tacitement par le silence de l'acte constitutif de leur société, soit qu'elle ait été faite par la majorité des associés en exécution d'une clause spéciale du contrat de société (*suprà,* n° 502), la révocation du gérant ne saurait entraîner dissolution. Le changement du mode d'administration a pour effet, dans le premier cas, de replacer la société sous le régime légal de l'art. 1859 ; ou, dans le second, de la soumettre au régime créé par la décision de la majorité. Mais, dans les deux hypothèses, la société survit à la révocation du gérant.

511. Au contraire, il y a lieu de distinguer sur le point de savoir comment peut être faite la révocation de ce gérant, et spécialement si elle peut être le résultat de la volonté d'un seul associé ou s'il faut le concours de la majorité.

Si l'administration a été conférée par une convention postérieure au contrat de société et faite spontanément entre tous les associés, la volonté d'un seul suffit pour faire tomber le mandat ou pour que le gérant mandataire cesse de représenter la société et d'en diriger la marche. Le pouvoir d'administrer n'avait été concentré entre les mains de ce gérant que par l'effet de la délégation librement consentie par chacun du droit qu'aux termes de l'art. 1859 il avait d'administrer lui-même. Si le mandat de l'un est révoqué (et il est de principe que la volonté du mandant suffit à opérer la révocation), l'ensemble des pouvoirs conférés au gérant est rompu. Désormais ce gérant peut bien rester le représentant de quelques-uns des associés. Mais il n'est plus l'administrateur *de la société,* ou du moins il ne l'est plus seul, puisque celui des associés qui lui a retiré sa confiance a repris par cela même le droit d'administrer tel que la loi le donne à chaque associé, à défaut de stipulation spéciale dans le pacte social sur le mode d'administration (1).

Mais la majorité est nécessaire, et elle suffit, si le pouvoir d'administrer a été donné postérieurement à la formation de la société, en exécution d'une clause du contrat. Nous avons vu que dans ce cas le choix d'un administrateur par la majorité est obligatoire pour la minorité, et qu'après avoir adhéré à la stipulation par laquelle chacun des associés consentait à déléguer ultérieurement à un mandataire commun son droit propre d'administration, aucun d'eux ne peut rendre impossible la réalisation de ce pacte par sa résistance (*suprà,* n° 499). Or, par cela même que la convention a pour effet de faire triompher la volonté de la majorité dans le choix du gérant, elle fait que ce gérant ne peut être révoqué ou destitué autrement que par la majorité. Un seul des as-

Massé et Vergé, sur Zachariæ (t. IV, p. 439, note 4); Delangle (*Soc. comm.*, n° 175); Taulier (t. VI, p. 376).

(1) V., en ce sens, MM. Duranton (t. XVII, n° 434); Troplong (n° 680); Massé et Vergé, sur Zachariæ (t. IV, p. 438, note 1). — V. cependant MM. Duvergier (n° 293); Aubry et Rau (3e édit., t. III, p. 406); Rauter (*op. cit.*, p. 251). *Comp.* M. Delangle (n° 174).

sociés ne pourrait pas s'opposer à la nomination ; un seul ne peut pas opérer la révocation. Sans cela, le droit réservé à la majorité de faire la nomination serait vraiment dérisoire, puisque son vote pourrait être détruit dès le lendemain par le caprice d'un seul associé. Il est donc nécessaire, en ce cas, que le gérant élu et désigné par la majorité ne puisse être destitué et remplacé que par la majorité.

512. Ces règles sur la révocation de l'administrateur et sur les effets de la mesure quant à l'existence de l'association se déduisent de la nature même des pouvoirs conférés aux gérants, du mode de leur nomination et de la corrélation existant entre ce mode et le terme des fonctions des gérants. Mais il est bon de faire remarquer que dans le cas où, par une sage prévoyance, les parties auraient elles-mêmes déterminé les causes de révocation, réglé la forme dans laquelle la révocation serait prononcée, décidé enfin comment il serait pourvu au remplacement de l'administrateur révoqué ou destitué, ces conventions spéciales constitueraient la loi en exécution et en conformité de laquelle toutes choses, à cet égard, devraient être réglées. Et si les parties n'étaient pas d'accord sur l'exécution, les tribunaux n'auraient qu'à interpréter les conventions et à statuer en conséquence. La Cour de Paris a décidé, en ce sens, que lorsque l'acte de société attribue au conseil général le pouvoir de révoquer le directeur dans certains cas déterminés et suivant certaines formalités, c'est aux tribunaux qu'il appartient, en cas de contestation sur l'exécution de la clause, d'apprécier si le conseil général était régulièrement composé, s'il s'est conformé aux règles prescrites, et si la révocation a été prononcée pour un fait prévu par les statuts (1). Citons encore, dans cet ordre d'idées, un arrêt de la Cour de Nîmes duquel il résulte que lorsque les statuts d'une société portent que les actes d'administration ne pourront être faits que d'après l'adhésion d'un nombre déterminé de membres de cette société, la révocation du gérant nommé en conformité de cette clause ne peut être faite valablement par des associés inférieurs à ce nombre, sans le concours des autres (2).

VI. — 513. Nous devons maintenant, en revenant sur nos pas, prendre l'administrateur en exercice, et rechercher quels en sont les pouvoirs.

Et d'abord, un cas doit être prévu, bien que les exemples en soient assez rares : c'est celui où les associés, en désignant l'un d'eux pour administrateur, soit dans le pacte social, soit par un acte postérieur, ont, en outre, précisé les pouvoirs de cet administrateur, énuméré ou déterminé les actes qu'il aurait le droit d'accomplir. En ce cas, l'administrateur désigné doit s'en tenir strictement à l'acte qui l'investit ; il doit le suivre à la lettre ; il ne peut rien faire, selon l'expression de l'art. 1989 du Code civil, au delà de ce qui est porté dans son mandat.

514. Mais quels sont les droits du gérant et quels actes peut-il ac-

_____

(1) Paris, 29 juin 1850 (Dall., 54, 5, 706).
(2) Nîmes, 3 juill. 1855 (Dall., 55, 5, 416).

complir quand la nomination est faite sans aucune détermination à cet égard?

Le Code a prévu quelques cas spéciaux, et posé des règles précises en ce qui concerne certaines administrations, par exemple l'administration des biens d'un mineur ou d'un interdit par son tuteur, l'administration des biens d'une femme par son mari. Ce que le tuteur, ce que le mari peut faire, est nettement indiqué, comme ce qui est interdit à l'un et à l'autre. Le législateur n'a pas cru devoir prendre la même précaution par rapport à la gestion des affaires sociales; et il faut reconnaître que cela n'était pas également nécessaire, puisqu'il ne s'agit plus ni de sauvegarder les droits d'une personne naturellement incapable de les défendre, ni de combiner les devoirs d'un administrateur avec les prérogatives qu'il tient de sa puissance sur la personne dont il administre les biens. Ici les intéressés sont capables et ont la pleine disposition de leurs droits. La loi n'avait donc plus à intervenir pour circonscrire dans une mesure déterminée le pouvoir d'administrer. Elle a laissé ce soin aux parties, qui, lorsqu'elles ne s'en expliquent pas, sont censées conférer au gérant un pouvoir égal à celui d'un mandataire général, du *procurator totorum bonorum*. « Ce pouvoir, dit en effet Pothier en reproduisant une ancienne doctrine, renferme, par rapport aux biens et aux affaires de la société, ce qu'a coutume de renfermer une procuration générale qu'une personne donne à quelqu'un pour administrer ses biens : car celui de ces associés à qui on a donné cette administration est comme le procureur général de ses associés pour les biens et affaires de la société. » (1)

515. *Pour les biens et affaires de la société* : c'est donc à dire que si l'associé-gérant doit être assimilé à un mandataire pourvu d'une procuration générale, il y a en outre, de l'aveu de tous les auteurs, à tenir compte de la nature des affaires sociales, en ce que l'administrateur y peut trouver le droit d'accomplir tels ou tels actes qui habituellement ne sont pas permis à un mandataire général (2). L'administrateur est préposé à la direction d'une société fondée pour atteindre un but déterminé. Or, le premier devoir du gérant est de conduire la société à ce but, et de tendre vers la fin qu'elle s'est proposée. S'il y a, pour cela, une série d'actes à accomplir, d'opérations à exécuter, il faut bien admettre que ces opérations ou ces actes rentrent dans les pouvoirs du gérant, alors même qu'en soi ils excéderaient les pouvoirs de l'administrateur ordinaire ou même d'un mandataire général. D'après cela, il n'est pas possible, on le comprend, de dire, en thèse générale, quels sont les actes que l'administrateur associé peut ou ne peut pas faire. Tout dépend, en effet, non pas du caractère des actes pris en eux-mêmes, de leur nature, mais de leur rapport avec le but de l'association, c'est-à-dire d'un point essentiellement variable, chaque association

_____

(1) Pothier (*Soc.*, n° 66).
(2) V. MM. Duvergier (n° 310); Troplong (n° 681); Delangle (n° 137); Massé et Vergé, sur Zachariæ (t. IV, p. 438, note 2); Rauter (p. 247 et 248); Demètre B. Polizu (n° 134).

ayant son but particulier et sa raison d'être spéciale. Donc, il appartient plutôt au juge d'apprécier en fait la légalité des actes d'un gérant, qu'il ne convient au jurisconsulte de déterminer, en thèse générale et absolue, la limite des pouvoirs qui lui sont conférés. Attachons-nous cependant à certains actes qui sont dans le cours habituel des choses. Il en est quelques-uns qui sont pour ainsi dire hors de discussion.

516. Ainsi, bien que d'après l'art. 1988 le mandat, même conçu en termes généraux, n'emporte pas le droit d'aliéner et par conséquent de consentir une vente qui opère un dessaisissement complet et irrévocable de la chose, il est cependant des sociétés dans lesquelles le gérant a plein pouvoir pour effectuer la vente des objets qui, d'après la nature même de la société, sont destinés à être vendus. En matière commerciale surtout, il va de soi que le gérant est capable de vendre, puisque le commerce pour lequel on s'est associé consiste dans une succession de ventes et d'achats. — Le pouvoir de vendre, et conséquemment le pouvoir d'acheter, doivent même, suivant le cas, être laissés au gérant, alors que l'acte a des immeubles pour objet. Il en serait ainsi, par exemple, dans une société formée pour spéculer sur l'achat et la revente des immeubles. Donc, l'achat ou la revente constituera, abstraction faite de la nature ou de l'importance des objets, un acte d'administration permis au gérant, si cet achat et cette revente correspondent à la fin que les associés se sont proposée en se réunissant. Et, en effet, comment ne pas présumer qu'ils ont tacitement accordé à celui qu'ils ont mis à la tête de l'entreprise le droit d'accomplir librement tous les actes sans lesquels l'objet même qu'ils ont eu en vue ne pourrait pas être réalisé?...

517. Cette faculté de vendre comporte néanmoins des limitations et des réserves. Il est évident, par exemple, que l'associé gérant qui a le pouvoir de vendre les objets même immobiliers faisant partie du fonds social, s'ils sont destinés à être vendus d'après le but de la société, ne pourrait pas, au contraire, vendre les choses communes destinées à être louées ou employées à un autre usage. A cet égard, la distinction a été nettement indiquée par Pothier. Le pouvoir du gérant, dit-il, « consiste à faire tous les actes et marchés nécessaires pour les affaires de la société; comme... de faire les achats des choses nécessaires, de vendre les choses dépendantes de la société, qui sont destinées à être vendues, et non d'autres. Par exemple, dans une société universelle, celui des associés à qui on a donné l'administration de la société peut vendre tous les fruits qui proviennent des récoltes des héritages dépendants de la société, la coupe des bois taillis lorsqu'ils sont en âge d'être coupés. Mais il ne peut pas vendre les héritages ni les autres biens immeubles appartenant à la société, ni même les meubles qui servent à les garnir, si ce n'est ceux qui sont de nature à se détruire s'ils étaient gardés. (L. 63, ff. De procur.) Dans une société de commerce, l'associé qui a l'administration peut bien vendre les marchandises de cette société, ces marchandises n'y étant entrées que pour être revendues. Mais son pouvoir ne s'étend pas jusqu'à pouvoir vendre la maison qui a été acquise pour

faire le siége du commerce, ni à y imposer des servitudes : il ne peut pas même vendre les meubles qui sont dans cette maison pour y rester, comme des chaudières, des métiers et autres ustensiles de commerce. » (1) Cette doctrine, dont l'application peut n'être pas sans quelque difficulté dans la pratique, est admise et reproduite par la généralité des auteurs (2).

Notons, d'ailleurs, que l'administrateur de la société, qui n'a pas qualité pour vendre la chose sociale non destinée à être vendue, pourrait, au contraire, demander la conversion en vente sur publication judiciaire d'une saisie immobilière formée contre la société (3). Ici, la vente volontaire, qui se substitue à l'expropriation forcée, n'est pas le fait propre du gérant; elle a lieu, sans son concours, sous l'œil de la justice; et en outre elle constitue un acte de bonne administration, en ce que la conversion atténue les conséquences onéreuses que l'expropriation, si elle était suivie, pourrait avoir pour la société.

518. On est moins d'accord sur le point de savoir si l'associé gérant a le droit de faire sur les immeubles de la société les innovations qu'il estimerait avantageuses.

Faisons d'abord remarquer qu'il ne faut pas confondre les innovations avec les réparations que l'état des immeubles sociaux pourrait rendre nécessaires au cours de la société. Ces réparations tendent à conserver la chose, non à la modifier : non-seulement elles peuvent, mais elles doivent être faites par tout gérant véritablement soigneux des intérêts de la société. Les innovations s'entendent donc de tels ou tels travaux dont l'exécution aurait pour effet de transformer les immeubles, par exemple la construction de bâtiments sur un terrain nu, l'addition à des bâtiments existants de constructions nouvelles, etc. A cet égard, nous estimons, sinon avec l'unanimité au moins avec la majorité des auteurs (4), que, sauf les cas exceptionnels où il apparaîtrait que l'exécution du travail a été prévue et autorisée implicitement ou considérée comme rentrant dans l'administration, les innovations excèdent les pouvoirs du gérant. Cette solution a été parfois justifiée par argument du § 4 de l'art. 1859, aux termes duquel, dans le cas où il n'y a pas eu d'administration organisée, l'un des associés ne peut faire d'innovations sur les immeubles dépendant de la société, même quand il les soutiendrait avantageuses à cette société, si les autres associés n'y consentent. Toutefois, cet argument n'est pas décisif. On pourrait induire, par analogie de la disposition précitée, que le concours de tous les associés étant nécessaire dans le cas prévu par cet article où *tous les associés sont*

---

(1) Pothier (*Soc.*, nᵒˢ 66 et 67).
(2) V. MM. Pardessus (nᵒ 1014); Malepeyre et Jourdain (p. 53 et 54); Duvergier (nᵒ 310); Troplong (nᵒˢ 682 et 683); Delangle (nᵒ 641); Molinier (nᵒ 300); Aubry et Rau (3ᵉ édit., t. III, p. 407 et note 2); Massé et Vergé, sur Zachariæ (t. IV, p. 438, note 2); Rauter (p. 248); Alauzet (nᵒ 197).
(3) V. Rej., 23 août 1836 (S.-V., 36, 1, 705; Dall., 37, 1, 139; *J. Pal.*, à sa date). — *Junge :* M, Bédarride (*Des Soc.*, nᵒ 208).
(4) *Comp.* MM. Duvergier (nᵒ 321); Troplong (nᵒˢ 697 et 698); Malepeyre et Jourdain (p. 54); Molinier (nᵒ 300); Boileux (t. VI, p. 325); Delangle (nᵒ 143); Talon (p. 164 et 166).

administrateurs par la force des choses, il faudrait, dans notre espèce, l'unanimité des gérants dans le cas où l'administration aurait été déléguée à plusieurs. Et cela laisse entière la question de savoir si le gérant unique ou tous les gérants d'accord ont ou n'ont pas le droit de décider la mesure. Mais ce qui nous détermine, c'est d'abord que les innovations dont il s'agit ici conduisent nécessairement à des dépenses considérables; c'est ensuite et surtout qu'elles ont pour résultat la transformation de la chose sociale. Or, en cela elles constituent une œuvre qui, si elle peut être faite par celui qui a le droit de disposer de la chose en maître, ne rentre assurément pas dans les pouvoirs de celui qui n'a qu'un droit d'administration.

519. Quoi qu'il en soit du motif de la solution, toujours est-il que les innovations qui transforment les immeubles sociaux restent interdites au gérant. Il suit de là que les associés ont le droit de s'opposer à l'exécution des travaux, ou à la continuation si les travaux ont été commencés à leur insu. D'où la conséquence ultérieure que si, témoins de l'exécution et ayant tout connu, ils ont laissé faire sans réclamation ni opposition, ils doivent être considérés comme ayant tout ratifié par leur silence. Et ils sont désormais inadmissibles soit à se plaindre, soit à demander la suppression des travaux.

520. Que si les travaux ont été commencés et parachevés à l'insu des associés et malgré leur opposition, il y aura lieu d'examiner, suivant la juste observation de M. Delvincourt, si les innovations sont utiles à la société, si elles sont nuisibles, au contraire, ou seulement inutiles. Sont-elles utiles, sans être d'ailleurs excessives, il en doit être tenu compte au gérant jusqu'à concurrence de la plus-value. Sont-elles nuisibles, les associés pourront exiger la démolition et le rétablissement des lieux en l'état primitif, et même avec des dommages-intérêts, suivant les circonstances. Enfin, les innovations sont-elles inutiles à la société, le gérant, qui, ayant excédé ses pouvoirs, ne saurait prétendre à aucune espèce de recours, devra au moins, à titre de ressource subsidiaire, être autorisé à enlever tout ce qui pourra être déplacé sans détériorer le fonds (1).

521. Du reste, les innovations dont nous venons de parler sont interdites au gérant non-seulement quant aux immeubles, mais encore quant aux meubles de la société. Il ne lui est pas plus permis de modifier les objets mobiliers dépendant du fonds social que de transformer ou de changer l'état des immeubles sociaux. Mais, pour les meubles comme pour les immeubles, les innovations interdites au gérant s'entendent des changements qui transforment la chose, en modifient l'état ou touchent à l'objet même de la société, et non de ceux que les progrès de l'industrie peuvent commander ou qui consistent à approprier la chose sociale aux besoins de la société. Ainsi, un gérant pourra soit, comme le dit M. Delangle, substituer aux instruments servant à l'ex-

_____

(1) V. Delvincourt (t. III, note 7 de la page 126).— *Junge* : MM. Duvergier (n° 321); Delangle (n° 144).

ploitation de la société tels ou tels procédés nouveaux qui, en diminuant les frais, perfectionnent la main-d'œuvre; soit, comme le dit Troplong, louer un corps de logis précédemment occupé par les bureaux, ou transporter les employés dans des appartements loués jusque-là (1). Ce sont là des modifications qui, touchant seulement à la destination de la chose, n'excèdent assurément pas les pouvoirs de l'administrateur. Ce que le gérant ne pourra pas faire, ce sera, par exemple, remplacer un matériel d'exploitation par un matériel nouveau propre à une industrie différente. Un tel changement s'attaque à l'objet même de la société; il est clair que celui-là seul a le droit de le faire qui peut disposer de la chose en maître. Nous citerons à ce propos une décision judiciaire qui, en mettant la distinction en lumière, montre en même temps que, dans l'application au moins, cette thèse peut n'être pas sans quelque difficulté. Il s'agissait, dans l'espèce, d'une société fondée pour l'établissement et l'exploitation de deux chemins de fer partant d'un même point et arrivant à deux destinations différentes. Le gérant, appuyé d'ailleurs par la majorité des actionnaires, crut pouvoir restreindre la société à l'établissement, à l'exploitation d'un seul chemin de fer. Et cette résolution fut approuvée par la Cour de Paris, qui, voyant là une simple *restriction* à l'étendue des opérations sociales, n'hésita pas à penser que cela rentrait dans les pouvoirs du gérant et de la majorité (2). Toutefois, sur le pourvoi, la Cour de cassation, sans contredire à cette doctrine, sans infirmer l'appréciation, mais en se plaçant à un autre point de vue, estima que la mesure constituait un *changement dans l'objet même* de l'association; en conséquence, elle décida qu'il n'appartenait ni à l'administrateur, ni même à la majorité des actionnaires, de faire un tel changement (3).

522. Le bail fait naître également certaines difficultés d'appréciation. — On ne peut contester, en principe, à l'associé administrateur, le droit de donner à bail les immeubles sociaux, de prendre à bail ceux qui peuvent être nécessaires aux besoins de l'exploitation sociale, de traiter avec des employés, des gens de service, etc. Ce sont là des actes de louage qui, par leur nature même, se concilient à merveille avec les pouvoirs habituels de l'administrateur (4). Et pourtant, ils ne seront pas toujours et en tous cas inattaquables, ou du moins ils ne seront pas nécessairement et à tous égards obligatoires pour les associés. Il se peut, en effet, qu'à raison de l'objet de la société, du terme assigné à son existence, ou de toute autre circonstance, tel ou tel de ces actes, par exemple la prise à bail d'un immeuble, doive, dans les conditions où elle a été effectuée, être envisagée comme excédant les pouvoirs de l'associé administrateur. Il y a donc là encore une question de fait et d'ap-

---

(1) V. MM. Delangle (n° 143) et Troplong (n° 699).
(2) Paris, 26 avril 1850 (S.-V., 50, 2, 329; *J. Pal.*, 1850, t. II, p. 409; Dall., 50, 2, 129).
(3) Cass., 14 fév. 1853, et, sur le renvoi, Orléans, 20 juill. 1853 (S.-V., 53, 1, 424; 2, 486; *J. Pal.*, 1854, t. I, p. 459; Dall., 53, 1, 45). V. aussi Req., 17 avril 1855 (S.-V., 55, 1, 652; *J. Pal.*, 1855, t. I, p. 598; Dall., 55, 1, 213).
(4) Req., 19 nov. 1838 (S.-V., 39, 1, 307; Dall., 39, 1, 18; *J. Pal.*, à sa date).

préciation. Et en effet, il n'y a dans le titre de la Société rien d'analogue aux dispositions de la loi qui, dans le titre du Contrat de mariage, fixent la mesure dans laquelle le mari, administrateur des biens de sa femme, peut faire seul des baux obligatoires vis-à-vis de celle-ci ou de ses héritiers (C. civ., art. 1429 et 1430). Par cela même, ce sera exclusivement d'après les circonstances, et spécialement eu égard aux besoins sociaux, que les tribunaux auront à décider si les baux consentis ou souscrits par l'associé administrateur sont, sinon valables en eux-mêmes, au moins obligatoires vis-à-vis de la société. On peut consulter sur ce point un arrêt qui, dans le cas où un bail souscrit par l'associé administrateur était reconnu dépasser en durée les besoins de la société, juge que cet associé peut, lorsque la société vient à être dissoute avant l'expiration du bail, être condamné à en payer seul les termes restant à courir (1).

523. Ajoutons à ces divers points sur lesquels, nous le répétons, il ne s'élève pas de difficulté sérieuse, l'indication de quelques actes qui, d'une manière certaine, rentrent dans les pouvoirs du gérant ou en sont exclus. Ainsi, d'une part, il peut recevoir et donner quittance de ce que doit la société à ses créanciers ou de ce qui lui est dû par ses débiteurs; il peut, par cela même, payer les créanciers ou faire contre les débiteurs les poursuites nécessaires pour arriver à obtenir payement; il peut faire telles ou telles dépenses dans l'intérêt de la société, et il résulte de la jurisprudence que ces dépenses, alors qu'elles ont été faites sans aucune opposition de la part des intéressés, sont à la charge de la société, bien qu'elles n'aient pas été expressément autorisées (2). — D'une autre part, le gérant doit s'interdire, comme absolument contraires à son mandat, tous actes ayant le caractère de libéralité. Ses pouvoirs ne peuvent comprendre que ce qui est de la nature du contrat de société, contrat qui a pour but l'intérêt commun des associés, et ne permet pas à l'un de donner ce qu'il peut seulement employer d'une manière profitable à tous (3). Néanmoins, la prohibition ne s'étend pas aux donations dites de bienséance, aux gratifications consacrées par l'usage, aux remises consenties dans un concordat au profit d'un débiteur de la société. Ces remises, selon l'expression de Pothier, sont faites par esprit d'économie, pour ne pas tout perdre, plutôt que par esprit de donation (4).

A côté des actes certainement permis à l'associé gérant et de ceux qui lui sont tout aussi certainement interdits, il en est d'autres dont les auteurs ne s'accordent pas à dire s'ils appartiennent ou n'appartiennent pas au droit d'administration.

VII. — 524. En premier lieu, nous signalons l'emprunt. Et, à cet égard, on ne peut guère s'étonner de ce que des dissentiments se soient produits sur le point de savoir si l'associé administrateur a ou n'a pas le pouvoir de faire un tel acte. Par sa nature même, l'emprunt se prête

(1) Req., 7 mars 1837 (S.-V., 37, 1, 940; J. Pal., à sa date; Dall., 37, 1, 289).
(2) Paris, 3 janv. 1831 (S.-V., 32, 2, 394; Dall., 32, 2, 212; J. Pal., à sa date).
(3) V. Pardessus (C. de droit comm., t. III, n° 1014).
(4) Pothier (Soc., n° 69).

mal à une qualification qui permette de dire, en thèse générale et d'une manière absolue, si l'acte est de ceux qui habituellement rentrent dans les pouvoirs d'un administrateur ordinaire ou qui en sont exclus. Tel emprunt, à raison de son importance par les sommes qu'il a pour objet ou les stipulations qui l'accompagnent, se rapprochera beaucoup d'un acte de disposition du fonds, tandis que tel autre emprunt, limité quant à la somme empruntée et quant au terme pris pour le remboursement, ne constituera véritablement, au contraire, qu'un acte d'administration. Par où l'on voit qu'en ce point, comme en beaucoup d'autres, le fait domine et la question de droit résiste à une solution absolue. C'est donc à tort, selon nous, que certains auteurs dénient d'une manière générale au gérant le droit d'emprunter au nom de la société (1). Et c'est à tort également que d'autres auteurs posent en thèse, au contraire, que l'emprunt est toujours compris dans les actes auxquels s'étendent les pouvoirs de l'administrateur associé (2). Il y a de part et d'autre une exagération dans laquelle la jurisprudence, quoi qu'on en ait dit, n'est pas tombée. Si quelques arrêts ont déclaré nuls, relativement à la société, des actes d'emprunts faits par les administrateurs en son nom (3), c'est généralement dans des cas où l'emprunt était contraire aux statuts sociaux, en ce qu'ils interdisaient formellement tout appel de fonds par l'administrateur. Mais telle n'est pas notre hypothèse; nous supposons que les associés, en constituant une administration, n'ont rien dit relativement aux pouvoirs de l'administrateur. Or, en ce cas, le point de savoir si l'emprunt fait par l'administrateur est licite ou illicite, c'est-à-dire s'il constitue un acte d'administration ou un acte de disposition, soulève une question toute spéciale et exclusivement de fait. Les tribunaux, auxquels seuls il appartient de la résoudre, auront à prendre en considération la situation de la société, les nécessités de la gestion, le montant de la somme empruntée, l'époque fixée pour le remboursement, etc. Ce sont les éléments principaux à l'aide desquels ils arriveront à caractériser l'acte et à reconnaître si, en le contractant, le gérant est resté dans la mesure de son pouvoir ou s'il l'a dépassée, par conséquent *si l'acte est ou n'est pas obligatoire*.

525. Car c'est là la question; et il faut bien le préciser pour éviter une méprise dans laquelle paraissent être tombés les auteurs qui reconnaissent à l'administrateur le droit d'emprunter : il s'agit uniquement de savoir si, de sa nature, un emprunt est ou n'est pas un acte d'administration, et, en conséquence, s'il peut ou non être opposé par le gérant soit aux tiers, soit aux associés, indépendamment de toute considération tirée, par exemple, du profit que la société aurait retiré d'un tel acte. En ce qui touche la légalité ou l'illégalité de l'emprunt con-

(1) V. MM. Malepeyre et Jourdain (p. 55); Duvergier (n° 314); Delangle (n° 140).
(2) V. notamment MM. Troplong (n°⁸ 684 et 685); Boileux (t. VI, p. 323, note 3); Massé et Vergé, sur Zachariæ (t. IV, p. 438, note 2); Alauzet (n° 198).
(3) V. Req., 22 août 1844; Douai, 15 mai 1844; Alger, 18 mai 1863 (S.-V., 45, 1, 209; 44, 2, 403; 63, 2, 156; J. Pal., 1863, p. 1093; Dall., 45, 1, 21; 63, 5, 353); Junge : Lyon, 9 janv. 1870 (J. Pal., 1870, p. 910; S.-V., 70, 2, 235).

tracté par un gérant, seul point dont nous ayons à nous occuper, cette dernière circonstance est absolument indifférente. Sans doute, en supposant que l'emprunt en général, ou mieux, selon nous, que tel emprunt donné excède les pouvoirs d'un administrateur, il sera très-intéressant, aussi bien pour le prêteur que pour le gérant, de pouvoir exciper d'un gain ou d'un profit que l'acte aurait procuré à la société; car il y aurait dans ce profit le principe de l'action *de in rem verso* à exercer soit par le tiers, bailleur de fonds, contre la société, soit par l'associé administrateur contre ses coassociés. Mais ce n'est pas de cela qu'il s'agit. Ce qui est en question, c'est précisément la légalité de l'acte; c'est le point de savoir si l'emprunt rentre dans le droit d'administration; en un mot, s'il est valablement contracté par l'associé administrateur, auquel cas, profitable ou non, et abstraction faite de l'emploi des fonds empruntés, il donnera un droit certain et à l'associé emprunteur au nom de la société, et au créancier prêteur des deniers. Et ceci réduit à sa juste valeur l'argument prétendu irrésistible tiré par quelques auteurs du texte de l'art. 1852. Le gérant, disent-ils, a action contre la société, d'après cet article, pour la somme qu'il débourse dans l'intérêt social. Or, s'il peut constituer la société débitrice à son égard, pourquoi ne pourrait-il pas l'obliger vis-à-vis d'un tiers qui a fourni les fonds nécessaires? (1) Mais cet argument, qui peut bien assurer à ce tiers le bénéfice de l'action *de in rem verso,* ne touche en rien à la question de validité de l'emprunt. Car une obligation (l'art. 1864 s'en explique catégoriquement), bien qu'elle ait été contractée indûment au nom de la société et en dehors de tout pouvoir, peut cependant donner lieu à une action limitée au profit procuré à la société. La question reste donc toujours de savoir, nonobstant l'art. 1852 mal à propos invoqué, si le gérant est ou non investi du pouvoir d'emprunter. Et cette question, nous le répétons, ne comporte pas une solution absolue : elle doit être résolue d'après les circonstances, dont l'appréciation, comme nous l'avons expliqué, appartient souverainement aux juges du fait.

526. On ne trouve pas les mêmes incertitudes ou les mêmes dissentiments en ce qui concerne le droit d'hypothéquer les immeubles sociaux. Ce droit est nettement refusé à l'associé administrateur, en ce que l'hypothèque peut conduire à l'expropriation, et qu'ainsi le droit d'hypothéquer ne saurait appartenir à qui n'a pas le droit d'aliéner l'immeuble grevé.

Ce n'est pas à dire que les immeubles de la société ne puissent pas être affectés hypothécairement. Par exemple, la société débitrice est poursuivie faute de satisfaire à son obligation, et le créancier obtient jugement contre elle. Il est évident que les immeubles sociaux seront grevés de l'hypothèque judiciaire, car c'est là une conséquence légale que la société, débitrice par suite d'engagements autorisés, doit subir comme tout autre débiteur contre lequel des condamnations judiciaires

____

(1) V. MM. Troplong (n° 684); Rauter (*op. cit.*, p. 248); Demètre B. Polizu (n° 135).

seraient prononcées (1). Par exemple encore, les statuts sociaux autorisent le gérant à conférer hypothèque, ou, à défaut d'avoir accordé
cette autorisation, les associés s'unissent tous dans la pensée commune
d'accorder cette garantie à leur créancier, il est certain que les immeubles sociaux pourront être hypothéqués dans le premier cas par le gérant, et dans le second par la société elle-même représentée par tous ses
membres. (2).

Mais ce qui ne saurait être, c'est qu'une hypothèque soit donnée directement sur les immeubles sociaux par le gérant seul ou non autorisé.
La raison de le décider ainsi, raison décisive et qui ne souffre pas de
réplique, est tirée de l'art. 2124 du Code civil, lequel, mesurant le
pouvoir d'hypothéquer au pouvoir d'aliéner, déclare expressément que
les hypothèques conventionnelles ne peuvent être consenties que par
ceux qui ont la capacité d'aliéner les immeubles qu'ils y soumettent.
Or, il est hors de doute qu'un gérant ne peut pas disposer des biens de
la société et en aliéner le fonds immobilier. Il ne peut donc pas l'hypothéquer. C'est l'opinion que, d'accord avec la jurisprudence, nous
avons exprimée dans notre *Traité-Commentaire des Privilèges et Hypothèques* (3). Par suite, le créancier qui, traitant avec le gérant seul,
accepterait de lui une hypothèque sur tel immeuble de la société, recevrait une garantie vaine et inefficace. La société eût-elle même retiré
de la convention garantie par l'hypothèque un profit incontestable, le
créancier s'en prévaudrait inutilement pour établir la validité de cette
hypothèque. Cette circonstance pourrait bien servir de base à une action personnelle, l'action *de in rem verso*, dont nous parlions tout à
l'heure; mais il s'agit de l'action réelle résultant de l'hypothèque. Or
le créancier en doit rester privé, car le profit que la société a pu retirer
de l'affaire n'a pas réparé le vice d'origine de l'hypothèque; et à raison
de ce vice l'action réelle n'est pas née.

527. Ceci nous conduit à une remarque qui complétera nos précédentes explications touchant le droit d'emprunter. L'emprunt, comme
nous l'avons exposé, peut être soit un acte de disposition, soit un acte
d'administration, suivant les circonstances, par conséquent un acte
permis ou interdit à l'administrateur de la société. Mais supposons un
emprunt garanti par hypothèque, la stipulation accessoire d'hypothèque constitue l'un des traits les plus caractéristiques de la convention principale, l'une des circonstances qui la distinguent le plus profondément d'un acte d'administration. L'emprunt ne peut plus, en ce
cas, être considéré comme un moyen de faire face immédiatement à

(1) V. MM. Delangle (n° 146); Talon (*op. cit.*, p. 167); Alauzet (n° 198).
(2) V. Req., 3 mai 1853, 27 janv. 1868 (S.-V., 53, 1, 617; 68, 1, 53; Dall., 53, 1,
186; 69, 1, 410; J. Pal., t. I, 1854, p. 464; 1868, p. 120). — Il a même été décidé que
le mandat exprès, nécessaire pour la validité de la concession d'hypothèque, peut s'induire des termes et de l'objet de l'acte d'où l'on prétend le faire résulter, et qu'à cet
égard les juges ont un pouvoir souverain d'appréciation. Req., 8 nov. 1869 (J. Pal.,
1870, p. 35; S.-V., 70, 1, 23).
(3) V. notre *Commentaire des Privilèges et Hypothèques* (t. II, n° 633), et les autorités qui y sont indiquées.

un besoin urgent, un expédient pour réaliser à l'avance des ressources certaines, mais plus ou moins éloignées. Il devient une mesure grave, aux conséquences les plus dangereuses; un fait qui, en raison de la publicité nécessaire de l'hypothèque, est susceptible de ruiner ou de diminuer le crédit de la société. Aussi faut-il dire que si pour un emprunt simple contracté par le gérant il y a à rechercher en fait si les bornes assignées à l'administration ont été dépassées, une telle recherche n'est pas à faire lorsqu'il s'agit d'un emprunt hypothécaire. La question est tranchée alors; l'emprunt est évidemment un acte de disposition excédant les pouvoirs du gérant; par suite, il doit tomber comme et avec l'hypothèque, parce qu'il émane d'un administrateur sans mandat.

528. Il en est de la transaction et du compromis comme de l'hypothèque. Cependant, il faut le dire, les auteurs ne tiennent pas avec la même unanimité que les actes de cette espèce faits par le gérant ne sont pas obligatoires pour la société. Et d'abord on distingue entre les sociétés de commerce et les sociétés civiles. Pardessus reconnaît, sans difficulté aucune, aux gérants des sociétés commerciales le droit de transiger sur des intérêts relatifs au commerce de la société, ou de s'en rapporter, sur des contestations de cette espèce, à la décision d'arbitres, et de les choisir. « Le commerce, dit-il, présente un grand nombre de circonstances dans lesquelles il est de l'intérêt évident des parties de transiger, et l'arbitrage étant le moyen le plus raisonnable de terminer les contestations, il est juste que les gérants de la société puissent y recourir. » (1) Ensuite, même en ce qui concerne les sociétés civiles (seul objet quant à présent de notre étude), des auteurs se rattachent à une autre distinction, qui, selon eux, serait justifiée par les textes. « Pour transiger, dit l'art. 2045 du Code civil, il faut avoir la capacité de disposer des objets compris dans la transaction. » L'article 1003 du Code de procédure civile dit de même que « toutes personnes peuvent compromettre sur les droits dont elles ont la libre disposition. » Et l'on conclut de ces textes que le gérant doit avoir qualité pour transiger ou compromettre toutes les fois au moins que le procès porte sur des objets ou des droits dont il pourrait disposer (2). Nous sommes, quant à nous, d'un avis différent; et, suivant en cela la doctrine de la loi romaine, nous dirons avec Pothier : « Dans les sociétés, soit universelles, soit particulières, le pouvoir de l'associé administrateur ne s'étend pas jusqu'à pouvoir, sans l'avis de ses coassociés, transiger sur les procès de la société; car cela passe aussi le pouvoir d'un fondé de procuration générale : *Mandato generali non contineri etiam transactionem dicendi causa interpositam* (1. 60, ff. *De procur.*). » (3)

---

(1) V. Pardessus (*C. de droit comm.*, t. III, n° 1014). *Junge* : MM. Malepeyre et Jourdain (p. 55 et 56); Molinier (n°° 306 et 308); Alauzet (n° 198); Bédarride (*Des Soc.*, t. I, n°° 202 à 206); J. Pâris (n° 733). On cite, en ce sens, un arrêt de la Cour de Rouen du 19 août 1841 (*J. Pal.*, 1842, t. II, p. 126).
(2) V. MM. Troplong (n° 690); Duvergier (n° 320); Boileux (t. VI, p. 323); Massé et Vergé, sur Zachariæ (t. IV, p. 437, note 2).
(3) Pothier (*Soc.*, n° 68). *Junge* : MM. Duranton (t. XVII, n° 435); Delangle (n° 150); Rauter (*op. cit.*, p. 248). *Comp.* Req., 12 avril 1842 (Dall., 42, 1, 246).

Sans doute, la doctrine reconnaît, et nous avons reconnu au gérant le droit de consentir certains actes d'aliénation ; mais c'est uniquement parce qu'à raison de la nature des objets aliénés ou de leur destination, l'aliénation consentie par le gérant ne peut être envisagée que comme un acte de simple administration (*suprà*, n°ˢ 516 et 517). Or, c'est se méprendre gravement, à notre avis, de comparer et même d'assimiler à l'abandon résultant de l'un de ces actes d'aliénation l'abandon certain qu'implique la transaction ou l'abandon éventuel auquel le compromis peut conduire. Le gérant qui aliène des choses destinées par la société à être vendues, et qui en reçoit le prix pour faire des acquisitions nouvelles, n'aliène pas à vrai dire, il remplace des objets par d'autres. Celui qui transige ou compromet abandonne sans compensation aucune la chose sociale ; il fait en quelque sorte acte de disposition à titre gratuit, par conséquent un acte toujours interdit à qui n'a qu'un droit de simple administration, quelque minime que soit la valeur ou l'importance de la chose ou du droit ainsi aliéné. Répétons donc avec Pothier que l'associé administrateur ne peut transiger ni compromettre sans prendre l'avis de ses coassociés.

VIII. — 529. Du pouvoir de transiger ou de compromettre au droit d'agir ou de défendre dans les affaires judiciaires la transition est toute naturelle. Quelle est donc la mesure des pouvoirs du gérant en ce qui concerne les contestations judiciaires intéressant la société ? Il faut, à cet égard, distinguer entre le droit d'introduire la demande ou de défendre à l'action introduite contre la société et la forme à observer dans l'exercice de ce droit. Le premier de ces points est du domaine du droit civil ; le second engage une question de procédure.

530. En ce qui concerne la capacité, l'administrateur d'une société *civile* doit évidemment être investi du pouvoir d'intenter certains procès au nom et dans l'intérêt de la société ou d'y défendre. Évidemment aussi ce pouvoir doit lui être refusé relativement à d'autres contestations dont l'importance et la gravité sont telles que le droit de les engager ou de les soutenir en justice ne peut pas raisonnablement être considéré comme rentrant dans le mandat d'un administrateur. Cherchons donc à tracer la ligne de démarcation. A défaut d'une disposition précise et formelle de la loi à cet égard, il faut se décider par une raison de principe et par un argument d'analogie. La raison de principe est fournie par notre art. 1856, d'après lequel, seul et même nonobstant l'opposition de ses coassociés, l'administrateur peut faire tous les actes dépendant de son administration. L'argument d'analogie se tire de l'art. 1428, qui, après avoir constitué le mari administrateur de tous les biens personnels de sa femme, dit, en conséquence, d'une part, qu'il peut exercer seul toutes les actions mobilières et possessoires qui appartiennent à sa femme ; et, d'une autre part, qu'il ne peut, au contraire, aliéner les immeubles personnels de celle-ci sans son consentement, ce qui implique la négation du pouvoir d'exercer seul les actions dans lesquelles se trouverait engagé le droit de propriété des choses qu'il ne peut pas aliéner. D'après cela, on doit décider que le gérant peut, en sa qualité

d'administrateur des biens sociaux, exercer seul les actions personnelles, mobilières ou possessoires, qui appartiennent à la société; et, au contraire, qu'il ne peut, sans l'assentiment de tous ses coassociés, procéder soit en demandant, soit en défendant, dans les actions réelles ou mixtes. Le droit de l'associé gérant, quant aux premières, est une conséquence nécessaire de sa qualité d'administrateur; comme tel, il peut agir au nom de la société et représente tous les associés, si bien qu'aucun d'eux ne serait recevable à former tierce opposition au jugement rendu avec lui sur un fait d'administration (1). Son incapacité, quant aux secondes, tient à ce que, comme administrateur, il lui est interdit de s'immiscer dans les actes de disposition et d'y pourvoir sans l'assentiment du maître. *Est enim absurdum cui alienatio interdicitur, permitti actiones exercere...* (l. 7, § 3, ff. *De jure delib.*). Telle est la doctrine de tous les auteurs (2). Remarquons seulement que, dans le cas où l'administrateur ne peut pas agir sans le consentement ou l'autorisation de ses coassociés, il n'est pas indispensable que cette autorisation soit expresse; le consentement tacite suffit. La Cour de cassation a validé l'action exercée sans pouvoir spécial par un administrateur que ses coassociés n'avaient pas désavoué (3).

531. Le gérant des sociétés de *commerce* a des pouvoirs plus étendus. La coutume commerciale a consacré, relativement au droit pour le gérant d'agir ou de défendre en justice, des usages qui varient suivant la nature de la société qu'il administre. C'est un point que nous aurons à préciser quand nous traiterons des sociétés de commerce.

532. En ce qui concerne la forme, la question principale est de savoir s'il suffit d'insérer le nom de la société dans l'assignation donnée par un administrateur ayant qualité pour cela, ou s'il faut y énumérer les nom, qualité, domicile de tous et de chacun des associés. Douteuse en ce qui touche certaines associations commerciales, la question est surtout débattue en matière de société civile. A nos yeux, la solution, nous avons eu déjà l'occasion de l'indiquer (*suprà*, n° 125), est subordonnée à l'opinion qu'on se forme sur cette autre question principale de savoir si la société civile constitue un être moral. Il est vrai que, même entre ceux qui admettent la fiction de l'être moral, il y a dissentiment, en ce sens que les uns tiennent comme suffisante la mention du nom de la société, véritable et unique demandeur, tandis que les autres repoussent cette forme de l'action collective : *poursuites et diligences du gérant de la société* (4). La logique est incontestablement du côté des premiers. Mais pour quiconque tient, comme nous, qu'aujourd'hui, pas plus que du temps de Pothier, la société civile ne constitue pas une personne juridique (*suprà*, n° 126), la vérité est du côté des seconds,

(1) Req., 19 nov. 1838 (S.-V., 39, 1, 307; J. Pal., à sa date).
(2) V. MM. Duvergier (n°s 316 et 318); Troplong (n° 691); Massé et Vergé, sur Zachariæ (t. IV, p. 438, note 2); Boileux (t. VI, p. 324); Dalloz (*Rép.*, v° Société, n° 485); Alauzet (n° 198); Rauter (*op. cit.*, p. 248).
(3) Rej., 14 fév. 1859 (Dall., 59, 1, 113).
(4) V., sur ce point, les autorités en sens divers citées *suprà*, n° 125 (p. 97, notes 2, 3 et 4).

sinon quant au point de départ, au moins quant à la solution même. C'est, en effet, parce que la société civile n'engendre pas l'être moral que, selon nous, l'assignation donnée en son nom doit, pour être valable, contenir l'indication des associés avec les désignations détaillées que la loi sur la procédure exige d'un demandeur ordinaire. En un mot, c'est parce que nous rejetons la fiction de l'être moral dans les sociétés civiles que nous reconnaissons la nécessité de l'action individuelle des associés dans l'assignation donnée par la société (1).

533. La même nécessité, ou du moins une nécessité analogue, s'impose au demandeur quand la société est défenderesse. Il y a, quant à la compétence, une règle spéciale qui oblige ce demandeur à assigner la société, tant qu'elle existe, devant le juge du lieu où elle est établie. L'art. 59 du Code de procédure le dit en termes qui, dans leur généralité, embrassent les sociétés civiles et les sociétés commerciales.

534. Mais le demandeur ne procéderait pas utilement en donnant son assignation dans les conditions indiquées par l'art. 69, n° 6, du même Code. Aux termes de cette disposition, les *sociétés de commerce*, tant qu'elles existent, sont assignées « en leur maison sociale ; et s'il n'y en a pas, en la personne ou au domicile de l'un des associés. » Or cet article, en mentionnant les *sociétés de commerce* seulement, exclut par cela même les sociétés civiles. D'où nous concluons, avec la jurisprudence, que les membres de ces dernières sociétés doivent être assignés individuellement sur les demandes intéressant leur association (2).

IX. — 535. Les associés ont constitué l'administration de leur société ; mais au lieu d'avoir nommé un seul administrateur soit dans le pacte social, soit par un acte ultérieur (ce qui est le cas dont il vient d'être traité), ils en ont désigné plusieurs. C'est l'hypothèse prévue par les art. 1857 et 1858, qui, en consacrant les principes du droit romain (l. 1, §§ 13 et 14, *De exercit. act.*), déterminent les effets des trois stipulations qui peuvent être faites dans ce cas.

536. Plusieurs associés sont chargés d'administrer, sans que leurs fonctions soient déterminées, ou sans qu'il ait été exprimé que l'un ne pourrait agir sans l'autre : chaque administrateur, alors, peut faire seul et séparément tous les actes de l'administration (art. 1857), absolument comme s'il n'avait pas de cogérant. *Si plures sint magistri non divisis officiis, quodcumque cum uno gestum erit, obligabit exercitorem.* Cette première stipulation répond aux nécessités résultant de la nature des choses, lorsque les affaires sociales réclament, en différents lieux, une sorte d'administration séparée mais complète. En dehors de ce cas, on concevrait difficilement une combinaison qui, en supprimant l'accord par la division absolue de la gestion, ne peut qu'entraîner des difficultés et de fréquentes complications.

537. Plusieurs administrateurs sont nommés, mais chacun est investi de pouvoirs spéciaux ; l'un est préposé à telles opérations, l'autre

(1) *Comp.* Crim. rej., 15 mai 1850 (Dall., 50, 5, 216).
(2) V. les arrêts des 8 nov. 1836 et 26 mai 1841 déjà cités (*supra*, n° 125). *Comp.* Rej., 29 juin 1853 (Dall., 54, 1, 288).

à des opérations différentes; celui-ci est chargé de vendre, celui-là d'acheter : chacun, alors, doit rester dans les termes de son mandat spécial; ce qu'il ferait en dehors constituerait un acte excessif, non avenu et non obligatoire pour la société. *Si divisis, ut alter locando, alter exigendo, pro cujusque officio obligatur exercitor.* Cette seconde stipulation se conçoit lorsque la société, ayant à accomplir une série d'opérations distinctes dont chacune exige des soins exclusifs ou une aptitude particulière, il importe au bien commun de distribuer et de répartir en conséquence les pouvoirs de la gestion.

538. Enfin, plusieurs associés ont été chargés d'administrer; mais il a été stipulé que l'un des administrateurs ne pourra rien faire sans l'autre : dans ce cas, les administrateurs devront agir de concert; tout acte fait par l'un d'eux en l'absence de l'autre serait irrégulier et sans valeur. *Si sic præposuit ne alter sine altero quid gerat : qui contraxit cum uno, sibi imputabit.* Telle est la décision qui s'induit aussi de l'article 1858. Et pour couper court à toute interprétation, à toute distinction arbitraire, cet article déclare qu'un seul administrateur ne peut, sans une nouvelle convention, agir en l'absence de l'autre, *lors même que celui-ci serait dans l'impossibilité actuelle de concourir aux actes d'administration.* D'où il suit que l'acte fait par un seul serait sans valeur aussi bien dans le cas où l'autre aurait été fortuitement empêché d'y concourir, par exemple parce qu'il était malade ou absent, que dans le cas où, n'approuvant pas l'acte, il aurait refusé de s'y associer.

539. De là est née une question qui divise les auteurs : c'est celle de savoir si l'urgence au moins ne devrait pas motiver une exception à la règle, en ce sens que, dans les cas urgents, l'un des administrateurs pût agir sans le concours de l'autre. L'opinion dominante tient pour l'affirmative; et quelques auteurs vont jusqu'à dire qu'en ce cas il y a lieu de rentrer dans le droit commun, d'après lequel chaque associé peut administrer (art. 1859) (1). Mais, en présence des termes absolus de l'art. 1858, nous pensons que, même dans le cas d'urgence, si l'un des administrateurs agit seul, sans cette convention nouvelle que cet article exige, il agit à ses risques et périls, et ne fait un acte obligatoire pour la société qu'autant qu'il obtient après coup de ses coadministrateurs l'approbation ou la ratification de l'opération à laquelle ils n'ont pas concouru (2). Il ne paraît pas possible, en effet, d'admettre l'un des administrateurs à substituer utilement son action isolée à l'action collective, qui est la condition même du contrat. Ce que les associés ont voulu, c'est que l'administration fût l'œuvre commune de plu-

---

(1) V. MM. Delvincourt (t. III, note 4 de la page 123); Duranton (t. XVII, n° 438); Molinier (n° 303); Aubry et Rau (3ᵉ édit., t. III, p. 407 et note 3); Delangle (n° 178); v° Société, n° 297); Massé et Vergé, sur Zachariæ (t. IV, p. 440, note 5); Dalloz (*Rép.*, v° Société, n° 456); Boileux (t. VI, p. 328 et 329); Talon (*op. cit.*, p. 169); Taulier (t. VI, p. 377).

(2) V. en ce sens, MM. Troplong (n° 707); Alauzet (t. I, n° 195); Pàris (n° 742); Ranter (*op. cit.*, p. 247); Demêtre B. Polizu (n° 133). *Comp.* MM. Malepeyre et Jourdain (p. 57).

sieurs gérants par eux choisis ; telle est la loi qu'ils se sont faite. Ce serait donc violer ouvertement cette loi que d'autoriser ou de valider tel ou tel acte d'administration qui émanerait d'une seule personne, soit de l'un des administrateurs désignés, soit de tout autre associé. Ce serait méconnaître aussi les règles du mandat, en ce qu'accompli par une seule personne, alors que le contrat exige le concours de plusieurs, l'acte serait fait par un mandataire en réalité sans pouvoir. Sans doute, il peut n'être pas sans inconvénient de subordonner ainsi la marche des affaires à l'accord persévérant, à l'unanimité des gérants : la résistance d'un seul tiendra ainsi en suspens les opérations sociales et en compromettra peut-être le succès. Mais la société n'a pas à s'en plaindre, puisque exiger le concours de tous les gérants c'est, en définitive, exécuter la loi du contrat par l'observation exacte des conditions qu'elle a cru devoir stipuler elle-même.

Au surplus, la société serait protégée contre le mauvais vouloir d'un gérant qui, par d'injustes refus, l'entraverait dans sa marche. Nous n'hésitons pas, en effet, à penser que l'administrateur qui, par un tel refus ou par tout autre fait à lui imputable, causerait un préjudice à la société, serait passible de dommages-intérêts. Et en outre ajoutons, sauf à y insister plus tard, qu'un désaccord constant entre les cogérants conduirait à la dissolution, dans le cas du moins où les gérants étant chargés de l'administration par une clause spéciale du contrat de société, il ne serait pas permis aux associés de remettre en d'autres mains le soin de diriger la société.

X. — 540. Après avoir étudié la constitution des pouvoirs du gérant et en avoir mesuré l'étendue, il ne nous reste plus qu'à rechercher si, dans les limites qui leur sont assignées, ces pouvoirs sont absolus. L'administrateur qui a le droit incontestable de faire tels ou tels actes, vendre, acheter, louer, etc., peut accomplir ces actes soit mal à propos, soit dans des conditions ruineuses. Il peut, en un mot, mésuser de son droit, et, tout en se renfermant strictement dans son rôle d'administrateur, administrer cependant de manière à compromettre les intérêts de la société. Les associés non administrateurs sont-ils à la merci du gérant, et sont-ils impuissants à sauvegarder leur droit mis en péril par une gestion coupable ou malhabile? Non, assurément. Ils ont les moyens d'entraver la marche inconsidérée de l'administrateur délégué. Mais c'est ici le cas de rappeler la différence importante qui existe, comme nous l'avons déjà indiqué (supra, nos 503 et suiv.), entre le gérant chargé de l'administration par une clause spéciale du contrat de société, et le gérant nommé par un acte postérieur à ce contrat.

541. Vis-à-vis du gérant ou de l'administrateur choisi par les associés après la constitution de la société, l'intérêt social trouve sa sauvegarde dans le caractère même des pouvoirs dont cet administrateur est investi. C'est un simple mandataire. Il est donc essentiellement révocable, et toujours à la discrétion de ceux dont il a reçu le mandat. Dès lors, si les associés le voyaient près d'accomplir un acte téméraire, dangereux ou même inutile, ils n'auraient, pour l'empêcher, qu'à user de

leur droit de révocation. Ce droit, en effet, est absolu, et ils peuvent l'exercer sans en donner aucune raison. Le mandat n'a pas d'autre cause que leur confiance en la personne de l'administrateur par eux choisi; il n'a plus sa raison d'être quand les actes accomplis ou préparés par l'administrateur lui font perdre cette confiance; et dès lors celui-ci est tenu de se démettre à la première injonction.

542. Mais si l'administrateur tire ses pouvoirs du pacte social lui-même, il est irrévocable en ce sens, dit l'art. 1856, que, pour les actes dépendant de son administration, il peut les faire nonobstant l'opposition des autres associés, pourvu que ce soit sans fraude. Ainsi, on ne peut pas se méprendre sur la portée de cette disposition. Le gérant a le *droit* d'administrer à son gré, et il ne peut pas être privé de ce droit arbitrairement et sans raison vérifiée. Mais il a le *devoir* d'administrer sans fraude et, comme le dit Pothier, *pour l'intérêt de la société* (1). D'où il suit que, s'il agit contre cet intérêt, soit par dol, soit par impéritie, il doit être permis aux associés de l'en empêcher, à la charge toutefois de justifier leur opposition, c'est-à-dire d'établir que l'administration du gérant, ou l'acte qu'il prépare, est compromettant pour la société. Remarquons, en effet, que ce n'est pas d'une question de responsabilité qu'il s'agit ici. Nous ne sommes pas en présence d'un administrateur qui, arrivé au terme de sa gestion, aurait à rendre son compte. A ce point de vue et dans cet ordre d'idées, il importerait peu que l'administrateur fût un gérant statutaire ou un mandataire choisi après coup : dans l'une et l'autre situation, la responsabilité est la même et l'obligation de rendre compte repose sur les mêmes principes. Il est question ici d'un gérant en exercice, d'un gérant dont l'administration compromettante peut, en se prolongeant, conduire la société à sa perte. Et si l'irrévocabilité attachée par la loi aux pouvoirs du gérant n'a pas pour effet de condamner les associés à rester impassibles en présence de ce danger (*suprà,* nos 507 et suiv.), elle les oblige au moins à prouver l'existence des torts qui le font naître et justifient l'emploi des moyens qu'ils peuvent avoir de le conjurer.

543. Ces moyens sont multiples. La doctrine en signale trois, qui sont : l'opposition ou le *veto,* la révocation motivée, la dissolution de la société (2). Sans entrer dans des détails auxquels il nous paraît inutile de nous arrêter, nous nous en tiendrons à faire remarquer que l'opposition, la révocation et la dissolution, différentes par le résultat, procèdent d'une même cause, peuvent être proposées par les mêmes personnes et aux mêmes conditions.

Le principe de l'action, ce qui doit en permettre l'exercice, c'est, d'après l'art. 1856, la fraude ou le dol du gérant. Mais il importe de noter, d'une part, qu'en droit la faute lourde est équivalente au dol; et, d'une autre part, que même tel ou tel acte préparé par le gérant impliquât-il seulement la faute moyenne, cette faute prendrait le ca-

---

(1) Pothier (*Soc.*, n° 71).
(2) V. Troplong (n° 673); et **MM.** Boileux (t. VI, p. 325); Rauter (*op. cit.*, p. 245); Demètre B. Polizu (*op. cit.*, n° 128).

ractère de la faute lourde assimilée au dol si, averti par l'opposition d'un coassocié, le gérant persistait et passait outre sans avoir fait décider la question soulevée par l'opposition.

Quant au résultat, il se précise en quelque sorte de lui-même. Le *veto* ou l'opposition suspend ou arrête l'exécution de tel ou tel acte projeté par l'administrateur, sans mettre fin à l'administration de celui dont le projet est critiqué. La révocation, au contraire, brise l'administrateur en arrêtant l'exécution de l'acte. La dissolution coupe court à tout, de la manière la plus énergique, en supprimant l'association. Rappelons seulement que ces deux derniers moyens peuvent se confondre, et se confondent en effet, lorsque c'est la révocation qui est demandée *à priori*. Car, ainsi que nous l'avons établi plus haut, la révocation du gérant statutaire entraîne dissolution de la société (*supra*, n° 509).

544. Dans tous les cas, et quel que soit le parti auquel les intéressés s'arrêtent, c'est un débat qui s'élève entre eux, un débat judiciaire qui doit être tranché par les tribunaux. Donc, quel que soit l'objet de la demande, les tribunaux auront à apprécier les critiques dirigées contre l'administration du gérant. Mais ils devront particulièrement se défendre de les admettre avec trop de facilité. C'est par une appréciation exacte et rigoureuse des choses qu'ils éviteront le très-grave inconvénient de déplacer l'administration, et de la faire passer des mains du gérant institué par la convention des parties dans celles de la justice.

545. Et par cela même qu'il s'agit d'un débat judiciaire à porter devant les tribunaux, nous tenons que l'action peut être introduite par un seul des associés non administrateurs, contre l'avis de quelques auteurs d'après lesquels une délibération de la majorité ou même l'unanimité serait requise. Nous rappelons ici ce que nous avons dit à propos de la révocation du gérant statutaire (*supra*, n° 508). Et, en généralisant notre observation, nous maintenons que le *veto*, la révocation, la dissolution, impliquant non pas un acte de puissance de la part des associés, mais un débat dont le dernier mot appartient à la justice, l'intervention des tribunaux peut être provoquée par un seul intéressé. En fait, sans doute, ce sera une présomption considérable au profit du gérant que l'isolement de l'associé qui se plaint et critique la gestion. Mais, en droit, cet isolement ne saurait constituer une fin de non-recevoir susceptible de faire rejeter la demande sans en examiner le fond.

1859. — A défaut de stipulations spéciales sur le mode d'administration, l'on suit les règles suivantes :

1° Les associés sont censés s'être donné réciproquement le pouvoir d'administrer l'un pour l'autre. Ce que chacun fait, est valable même pour la part de ses associés, sans qu'il ait pris leur consentement; sauf le droit qu'ont ces derniers, ou l'un d'eux, de s'opposer à l'opération avant qu'elle soit conclue.

2° Chaque associé peut se servir des choses appartenant à la société, pourvu qu'il les emploie à leur destination fixée par l'usage, et qu'il ne s'en serve pas contre l'intérêt de la société, ou de manière à empêcher ses associés d'en user selon leur droit.

3° Chaque associé a le droit d'obliger ses associés à faire avec lui les dépenses qui sont nécessaires pour la conservation des choses de la société.

4° L'un des associés ne peut faire d'innovations sur les immeubles dépendants de la société, même quand il les soutiendrait avantageuses à cette société, si les autres associés n'y consentent.

SOMMAIRE.

VI. 574. 2° Chaque associé peut obliger ses coassociés à contribuer avec lui aux dépenses nécessaires pour la conservation de la chose sociale. — 575. C'est le droit de tout associé qui peut l'exercer en cette qualité, bien qu'en principe le soin de conserver les choses sociales incombe au gérant. — 576. Toutefois, le droit ne saurait aller jusqu'à contraindre les coassociés à faire un versement équivalent à un supplément de mise.

VII. 577. 3° L'un des associés ne peut faire des innovations sur les immeubles sociaux si les autres associés n'y consentent. — 578. Cela s'entend uniquement des innovations qui tendraient à transformer la chose sociale : exemples. — 579. A cet égard, le consentement de tous est nécessaire ; l'avis de la majorité ne lie pas la minorité. — 580. *Quid* si l'innovation était faite par un associé à l'insu ou sans empêchement des autres ? — 581. Transition au droit de disposition.

I. — 546. Après les art. 1856, 1857 et 1858, qui traitent de l'administration organisée par les parties elles-mêmes, l'art. 1859, prévoyant le cas où le pacte social est muet sur ce point, fixe le régime légal de l'administration. Nous avons présenté plus haut (n°s 494 et suiv.), sur l'objet même de cet article, des observations qui nous dispensent de nous engager et de prendre parti dans la controverse toute théorique à laquelle il a donné lieu (1). Tout ce que nous voulons dire, c'est que le régime légal qui, en certains cas et spécialement dans les sociétés nombreuses, présenterait sans doute de graves inconvénients, est, au contraire, dans les petites sociétés, entre personnes unies par des liens d'amitié et de confiance, singulièrement favorable à l'esprit d'association. Abstenons-nous donc de discussions vaines et précisons le caractère, le sens et l'objet de notre disposition.

547. Lorsque plusieurs personnes se réunissent et forment ensemble une société sans désigner un administrateur et sans rien stipuler quant au mode d'administration, on peut croire que, dans la pensée des contractants, les choses qu'ils ont mises en commun ou les affaires sociales doivent être administrées collectivement par eux tous. Ils sont tous, en effet, copropriétaires ; le fonds social est leur propriété commune, et il semble que tout acte d'administration qui serait le fait d'un seul et non de tous porterait atteinte au droit de propriété de ceux qui n'y auraient pas concouru. Il n'y a pas à réfléchir beaucoup, cependant, pour comprendre qu'il n'en saurait être ainsi. L'administration serait impossible si sur chacun des actes et des détails infinis qu'elle comporte il fallait le concours de tous les associés. Le silence de la convention sur le mode d'administration ne peut donc pas être pris comme impliquant l'idée d'une administration collective qui, ainsi entendue, aboutirait à la négation de l'action administrative par les entraves qui, à chaque instant, en arrêteraient la marche. Et si l'administration collective doit s'induire de cette absence de stipulations spéciales dans le pacte social, c'est uniquement en ce sens que le droit d'administrer appartient indistinctement à tous les associés, dont chacun peut agir individuellement et administrer pour les autres. C'est la pensée que consacre l'art. 1859.

548. Et toutefois il ne faudrait pas croire que cet article soit, dans son ensemble, la manifestation de cette seule pensée. S'il résulte de son préambule qu'il a eu pour objet de suppléer au silence des parties sur

---

(1) V. MM. Duvergier (n°s 7, 280 et 286) ; Troplong (n° 711).

le mode d'administration et de créer un système de gestion par l'ensemble des règles qu'il pose, en y regardant de près, cependant, on aperçoit que, sauf la première, toutes les dispositions en sont plus ou moins étrangères au droit d'administration proprement dit. L'art. 1859 est tout simplement un résumé de plusieurs des maximes développées par Pothier dans le premier paragraphe du chapitre V de son traité du Contrat de société (n°s 84 à 91). Or, Pothier s'occupe, dans ce paragraphe et dans le paragraphe suivant (n°s 91 à 96), du droit qu'a chacun des associés, non comme administrateur, mais comme membre de la société, dans les choses qui dépendent de la société. Et ce n'est qu'incidemment, et encore en parlant des sociétés de commerce, qu'il formule cette idée qu'à défaut de stipulation, les associés sont censés s'être réciproquement donné le pouvoir d'administrer l'un pour l'autre (n° 90). C'est cette idée que les rédacteurs du Code reproduisent la première dans l'art. 1859, en l'appliquant expressément aux sociétés civiles. Et puis ils écrivent à la suite, et paraissent considérer comme maximes propres au droit d'administration, ce que Pothier ne présente que comme l'expression du droit appartenant à chaque associé, gérant ou non, sur les choses de la société.

549. Nous distinguerons donc ce qui ne doit pas être confondu. Nonobstant le préambule trop général de notre article, et pour rétablir chacune de ses dispositions dans sa signification véritable, nous rattacherons au paragraphe premier les règles de l'administration proprement dite, de l'administration organisée par la loi dans le silence de la convention, et aux paragraphes suivants ce qui se rapporte au droit appartenant *à tout associé* sur les choses qui dépendent de la société.

II. — 550. *De l'administration proprement dite.* Toute société a un but vers lequel elle doit nécessairement être conduite par une gérance. Là où la volonté expresse des contractants n'a pas constitué cette gérance, le pouvoir de gérer ou d'administrer appartient aux associés par la force même des choses. Et comme il n'y a pas de raison pour qu'il appartienne, plus ou moins étendu, à l'un plutôt qu'à l'autre, il réside aux mains de tous et il est le même pour chacun. « Les associés, dit le paragraphe premier de notre article, sont censés s'être donné réciproquement le pouvoir d'administrer l'un pour l'autre. » Ainsi, chaque associé est gérant dans une position à peu près identique à celle que règle l'art. 1857; en sorte que seul, comme chacun des administrateurs lorsque plusieurs ont été institués sans aucune détermination de leurs fonctions, il peut faire aussi tous les actes de cette administration.

551. Le mandat tacite, dont les associés sont réciproquement investis, est un mandat général. Il embrasse tout ce qui rentre dans le cercle d'une procuration générale. Ainsi, chaque associé peut acheter les objets nécessaires aux opérations sociales, vendre les choses destinées à être vendues, donner à bail les choses destinées à être louées, prendre à bail celles dont la location est nécessaire pour les affaires sociales, payer les créanciers, poursuivre les débiteurs, etc., etc. Rappelons, d'ailleurs, qu'ici, comme dans le cas où il s'agit d'une

administration constituée par la convention sociale, c'est moins par le caractère ou la nature de l'acte que par ses rapports avec le but de l'association qu'on reconnaît s'il est permis à chaque associé comme acte d'administration, ou s'il lui est interdit comme acte de disposition (*suprà*, n° 515).

Par exemple, le bail en lui-même constitue un acte d'administration, et par cela même un associé, à la différence d'un communiste, pourra donner à bail un immeuble de la société, sans le concours des autres associés, copropriétaires. Mais il faut supposer qu'il s'agit d'un immeuble destiné à être loué pour en tirer un revenu dans l'intérêt de la société. Que s'il en était autrement, s'il s'agissait d'un immeuble mis en société pour être occupé par la société elle-même ou pour servir d'habitation aux associés, il n'appartiendrait pas à un associé, usant de son droit d'administration, d'en faire seul la location. Nous reviendrons, au surplus, sur ce point spécialement, dans le commentaire du paragraphe second de notre article (*infrà*, n° 572).

Par exemple encore, bien qu'en elle-même la vente constitue un acte de disposition, et à ce titre ne soit pas comprise dans le mandat même conçu en termes généraux (art. 1988), un associé peut cependant, en exécution du mandat tacite dont il est question ici, vendre seul, pourvu que la vente ait pour objet des choses destinées à être vendues d'après le but de la société. Et quand telle est bien la destination, il n'y a pas à distinguer si les choses sont mobilières ou immobilières : la vente de celles-ci est, aussi bien que la vente de celles-là, comprise dans le mandat tacite et réciproque de chaque associé. Une société avait été formée entre deux personnes pour l'achat et la vente des biens nationaux. L'un des associés ayant vendu un domaine dépendant de cette société, un créancier de l'autre associé poursuivit son payement sur ce domaine. L'acquéreur lui opposa son contrat de vente, et le créancier objecta vainement que l'un des associés n'avait pu vendre seul l'immeuble entier, que la vente était nulle au moins quant à la moitié afférente à son débiteur. La Cour de Rennes et la Cour de cassation, écartant cette prétention, pensèrent justement que l'acquéreur s'était valablement libéré, en ce que, dans l'espèce où la société avait pour objet l'achat et la revente d'immeubles, la vente d'un immeuble faite par un associé seul était valable tant pour la part de son coassocié que pour la sienne propre (1).

552. C'est qu'en effet, les actes émanés de l'associé, administrateur tacite, ont la même valeur que l'opération faite par un mandataire exprès et en doivent produire toutes les conséquences. Le mandant est tenu comme s'il avait agi lui-même. « Ce que chacun fait, dit notre article, est valable même pour la part de ses associés, sans qu'il ait pris leur consentement. » Ce consentement est présumé. Ainsi, pour les tiers qui ont traité, la sécurité est la même; elle est égale soit que le

_____

(1) Rennes, 4 juill. 1816; Réq., 10 mars 1818 (S.-V., Coll. nouv., 5, 1, 448; *J. Pal.* à sa date; Dall., *Rép.*, v° *Société*, n° 503).

gérant ait été désigné dans l'acte de société, soit qu'il se trouve tacitement investi de ses pouvoirs en vertu du premier paragraphe de l'article 1859. « Ce que chacun fait est valable, *même pour la part de ses
associés.* »

Et ces expressions de la loi, remarquons-le en passant, ont leur
grande importance pour la discussion relative à la prétendue personnalité juridique de la société (*suprà,* n°ˢ 124 et suiv.). Il en résulte que
l'administrateur *de la société,* agissant dans le cercle de ses pouvoirs,
oblige non la société, être collectif et sans réalité, mais bien chaque
associé *pour sa part.* Or, la division des parts pendant la durée même
de l'association est par elle-même exclusive de la supposition que cette
association serait une personne civile, seule débitrice, seule créancière.

553. Quoi qu'il en soit, le fait d'un associé ne lie tous les autres
qu'autant qu'il s'agit réellement d'un fait ou d'un acte d'administration. La prétention d'étendre au delà le principe de l'art. 1859 a cependant été élevée en justice, et elle avait même prévalu devant la Cour
d'Angers. Dans l'espèce, deux personnes s'étaient associées pour l'achat
et la revente de biens immeubles, et avaient chargé un notaire de recevoir différentes sommes pour le compte de la société. Après la dissolution de la société par le décès de l'un des associés, le notaire rendit
compte de sa gestion aux héritiers de ce dernier, auxquels fut remise la
somme par laquelle le compte se soldait au profit de la société. Assigné
plus tard par l'associé survivant en payement des sommes qu'il avait
reçues, le notaire opposa le compte qu'il avait rendu, et sa défense fut
accueillie par la Cour d'Angers, par ce motif entre autres « que les dispositions de l'art. 1859 consacrent le principe qu'à défaut de stipulation spéciale sur le mode d'administration, ce que fait l'un des associés
devient valable pour l'autre, sans le consentement de celui-ci, pour peu
qu'il n'ait pas manifesté d'improbation en temps utile. » Mais, sur le
pourvoi en cassation, la décision a été cassée (1). Et elle devait être
annulée par deux raisons décisives : l'une, que la société était dissoute
et que les héritiers de l'associé dont le décès avait opéré la dissolution
ne tenaient pas de l'art. 1859 le pouvoir de faire le règlement sans la
participation de l'ancien associé survivant, cet article n'ayant de force
que pendant la durée de la société; l'autre, qu'il ne confère de pouvoirs
à un des associés que pour les simples actes d'administration, et que le
règlement de compte est un acte d'une tout autre nature.

554. L'administration simultanée des associés suppose un accord
parfait entre tous. S'il y a concert, délibération commune sur les entreprises à faire ou à abandonner, la gestion de chacun liant tous les
autres est vraiment l'expression de leur volonté unanime et persistante.
Ce mode d'administration est alors le plus conforme de tous à la nature
de la société, puisqu'il a pour fondement l'égalité qui doit régner entre
tous ses membres. En tout cas, et même abstraction faite de la délibération commune, il préserve la société, plus qu'aucun autre, des abus

_____

(1). Cass., 4 fév. 1852 (S.-V., 52, 1, 245; *J. Pal.,* 1852, t. I, p. 427; Dall., 52, 1, 82).

et des dangers d'une administration isolée et omnipotente; car le contrôle y est incessant et absolu, puisqu'il peut s'étendre jusqu'à l'action. Chacun est à la fois gérant et surveillant actif vis-à-vis de ses cogérants et coassociés. C'est ce qui résulte du droit d'opposition que la loi confère à tout membre de la société.

III. — 555. Ce que chacun fait, dit en effet la loi, est valable même pour la part de ses coassociés, « *sauf le droit qu'ont ces derniers, ou l'un d'eux, de s'opposer à l'opération avant qu'elle soit conclue.* » La présomption de l'accord tombe et s'évanouit alors. En présence d'un dissentiment manifesté, l'associé qui s'est proposé d'agir doit s'abstenir et attendre. L'acte qu'il exécuterait nonobstant l'opposition formulée par ses coassociés, ou même par l'un d'eux, ne serait pas valable.

556. Il ne serait pas valable d'une manière absolue vis-à-vis des associés et entre eux. Ceux-ci seraient toujours fondés à laisser l'opération au compte exclusif de celui qui l'aurait accomplie au mépris de l'opposition. Ils pourraient n'en tenir aucun compte et la rejeter du nombre des opérations sociales.

557. Vis-à-vis des tiers, c'est autre chose. Il faut distinguer suivant qu'ils ont été de bonne ou de mauvaise foi, c'est-à-dire suivant qu'en traitant avec l'associé qui s'est présenté comme gérant, ils ont connu ou n'ont pas connu l'opposition faite par les coassociés ou par l'un d'eux. Ont-ils connu l'opposition, qui est une véritable révocation de mandat, les engagements de l'associé avec lequel ils ont traité ne sauraient être exécutés à l'égard des coassociés. L'ont-ils ignorée, ces engagements lient tous les associés comme s'il n'y avait eu aucune désapprobation. Leur silence est la raison même et la base des pouvoirs conférés à leur coassocié administrateur. Tant que ce silence persiste, ou, ce qui revient au même, tant que rien ne fait savoir aux tiers qu'il a été rompu, l'associé qui a traité avec eux conserve son caractère ou sa qualité de gérant; et ces tiers sont fondés à dire qu'il a lié par ses agissements la société qu'il a représentée. C'est l'application pure et simple des principes consacrés, en matière de mandat, par les art. 2005 et 2009 du Code civil. Nous avons présenté ailleurs, à l'occasion de ces articles, des explications auxquelles nous n'avons ici qu'à nous référer (1).

558. Ajoutons seulement qu'il peut se faire que, même l'opposition étant connue des tiers avec lesquels l'un des coassociés a traité, cette opération lie la société, bien que par suite de l'opposition non ignorée des tiers elle ait été conclue par un associé sans pouvoirs : c'est lorsque l'affaire a tourné au profit de la société. C'est le cas alors de faire l'application de l'art. 1864, comme il sera bientôt expliqué dans le commentaire de cet article.

559. Le Code civil, en consacrant le droit de *veto* au profit de tout associé, n'en soumet l'exercice à aucune forme précise. Il suffit donc à l'associé de manifester nettement une volonté contraire à l'opération

(1) V. notre *Traité-Commentaire des Petits Contrats* (t. I, n°s 1177 à 1181).

projetée pour que le coassocié qui se propose de l'engager doive s'arrêter. Seulement, l'opposant doit, en prévision du cas où il serait passé outre nonobstant l'opposition, garder par devers lui une preuve écrite de sa résistance. La prudence lui commande d'aviser, dans son propre intérêt et dans celui de la société, au moyen sûr d'échapper aux conséquences d'une opération qu'il désapprouve. Dans cette vue, il agira sagement en recourant au ministère d'un huissier pour faire constater son opposition au moyen d'une sommation formelle.

560. En tout cas, l'opposition doit être opportune, c'est-à-dire que, pour être faite en temps utile, elle doit précéder l'opération que l'opposant ou les opposants n'approuvent pas. Si elle arrivait après, il serait trop tard; il n'y aurait plus à revenir sur un acte désormais consommé, à moins que cet acte ne fût entaché de fraude ou qu'il ne fût le résultat d'une erreur grossière. Mais, en principe, l'opposition n'est pas et ne doit pas être autre chose qu'un moyen préventif.

Ceci nous conduit à préciser les conséquences ou les effets du *veto* dûment formulé.

IV. — 561. Ainsi, nous supposons le droit de *veto* exercé en temps utile. Nous avons dit quelles seraient les conséquences si l'associé, dédaignant l'avertissement, avait passé outre. Mais l'associé s'est arrêté. L'opération reste suspendue, et c'est là le grand avantage du droit d'opposition consacré par la loi. Est-ce à dire que cette opération suspendue ne puisse pas être réalisée tant que le désaccord subsiste? Au contraire, n'y a-t-il pas des moyens de vider le différend et de faire cesser le conflit qui s'est élevé? Il y a un moyen, assurément : c'est le moment de déterminer quels sont, en matière d'administration, les droits du plus grand nombre.

562. *En matière d'administration,* disons-nous. C'est qu'en effet, s'il s'agissait, non pas d'opérations sociales, mais de mesures touchant aux bases mêmes de la société, il ne saurait être question de la prépondérance de la majorité. Le contrat ne peut être modifié que par l'accord unanime des associés. « Les délibérations de la majorité, dit Pardessus, dont l'opinion est suivie par tous les auteurs, n'ont de force que pour ce qui concerne l'administration ; elles ne pourraient changer les conditions primitives ou constituantes de la société si l'acte lui-même n'autorise cette majorité à y apporter des changements. Cet acte est la réunion des conditions sans lesquelles l'association n'aurait pas eu lieu, et qui doivent être exécutées, quelque nombreux que soient ceux qui veulent y déroger. L'unanimité des associés pourrait seule apporter des modifications à un acte qui est lui-même l'ouvrage de l'unanimité de ceux qui l'ont primitivement signé... » (1) La Cour de Lyon s'y était néanmoins trompée, et l'arrêt qu'elle avait rendu en sens contraire a été justement annulé par la Cour de cassation. Dans l'espèce (déjà citée

_____

(1) V. Pardessus (n° 980). *Junge* : MM. Malepeyre et Jourdain (p. 80); Duvergier (n° 287); Troplong (n° 724); Delangle (n°s 131 et suiv.); Massé et Vergé, sur Zachariæ (t. IV, p. 440 et 441); Alauzet (n° 209); Boileux (t. VI, p. 331); Rauter (p. 250); Demètre B. Polizu (n° 139); Talon (p. 173).

suprà, n° 109), il avait été stipulé dans les statuts d'une société formée entre les concessionnaires d'une mine pour l'extraction de ses produits que chaque actionnaire *recevrait en nature sa part proportionnelle des produits*, et concourrait dans la même proportion aux dépenses d'exploitation. Mais plus tard il fut arrêté, dans un règlement délibéré et voté par la majorité des actionnaires, sur la proposition de l'un d'eux, que faute par un intéressé de payer son contingent de dépenses dans la quinzaine de la signification des feuilles, *les parts et portions qui pourraient leur revenir seraient retenues par la masse à un prix déterminé*, et que le produit serait employé à solder le débet des retardataires en capital et intérêts. Et ce règlement ayant été appliqué à des actionnaires qui n'avaient pas pris part à la délibération, ceux-ci résistèrent par ce motif que, n'ayant pas été consenti par eux, le règlement ne leur était pas opposable. La Cour de Lyon n'en jugea pas moins que « la délibération, régulièrement intervenue entre les actionnaires et à la majorité des suffrages, faisait la loi des parties », et qu'ainsi il y avait lieu d'en ordonner l'exécution entre toutes. Elle ne prit pas garde que la mesure qu'elle imposait ainsi comme une loi à la minorité changeait les droits des parties, qu'elle modifiait leurs rapports, qu'elle disposait de leur propriété, en cas d'infraction, dans une forme et à un prix arbitrairement fixés; en un mot, qu'*elle changeait les conditions primitives et constituantes de la société*, toutes choses à l'égard desquelles les délibérations d'une majorité, quelque imposante qu'elle soit, restent absolument sans force. Aussi la décision de la Cour de Lyon a-t-elle été cassée par un arrêt dont la Cour de renvoi a pleinement suivi la doctrine (1).

Il faut donc soigneusement renfermer ce que nous avons à dire de la prépondérance de la majorité à l'accomplissement des opérations sociales, ou, autrement dit, des actes de simple administration. Quand il s'agit d'un acte à faire, d'une décision à prendre, dans cet ordre d'idées, il est bien évident que la majorité, en cas de dissentiment, est nécessaire pour déterminer la marche à suivre, mais qu'elle suffit et doit être prépondérante. C'est là une nécessité même du contrat : les associés ont certainement voulu que l'administration eût son cours; or, elle serait à chaque instant arrêtée si les actes journaliers qu'elle comporte n'étaient possibles ou obligatoires qu'à la condition d'être consentis par l'unanimité des associés.

563. Cela posé, revenons à l'idée qu'en présence de l'opposition manifestée par un associé à l'exécution d'une opération projetée par un autre, l'opération n'est que suspendue; elle n'est pas définitivement abandonnée. Celui qui se proposait d'agir s'arrête, en attendant que le vote de la majorité se prononce sur la convenance, l'utilité et l'opportunité de la mesure mise en discussion dans une délibération commune. Toutefois, supposons que le conflit se produise dans une société composée de deux personnes seulement, dont l'une veut agir et dont l'autre

(1) V. Cass., 10 mars 1841, et, sur le renvoi, Riom, 21 janv. 1842 (Dall., 41, 1, 173; 42, 2, 202; S.-V., 41, 1, 357; 42, 2, 260; *J. Pal.*, 1841, t. I, p. 487; 1842, t. II, p. 641).

est opposante. Alors la mesure, l'opération, ne restera pas simplement suspendue. Elle devra être définitivement abandonnée, par application de cette règle de bon sens formulée par Papinien, que, dans le conflit entre deux puissances égales, c'est l'immobilité ou l'inaction qui doit prévaloir. « Sabinus, *in re communi neminem dominorum jure facere quicquam, invito altero posse.* Unde manifestum est, prohibentis jus esse : *in re enim pari potiorem causam esse prohibentis, constat.* » (L. 28, ff. *Comm. divid.*)

564. D'ailleurs, ce n'est pas uniquement dans le cas de dissentiment entre les deux seuls membres d'une société que l'abstention devra prévaloir ; il faudra s'abstenir également lorsque, la société étant composée d'un plus grand nombre de membres, il se trouvera qu'entre ceux qui se prononcent pour l'exécution de la mesure et ceux qui s'y opposent les voix se partagent en nombre égal, par exemple deux contre deux, trois contre trois, quatre contre quatre, etc. En ce point, cependant, il y a dissentiment entre les auteurs. « S'il y a égalité de voix, dit M. Taulier, je ne saurais croire que l'abstention devienne la règle. Il est dans la nature des sociétés d'agir et non pas de s'abstenir. Il faut donc s'inspirer de la loi même de leur existence. Les opposants pourront être appelés devant les tribunaux, qui apprécieront les motifs avancés de part et d'autre. Une opposition mal fondée donnerait lieu à des dommages-intérêts si elle avait entraîné un préjudice. » (1) Tel paraît avoir été aussi l'avis de Pardessus ; il avait d'abord enseigné que, dans le cas d'égalité de voix, des arbitres devaient être appelés à vider le partage. Mais cette doctrine n'est pas reproduite dans les dernières éditions de son livre (2) ; et bien que des auteurs, en la combattant d'ailleurs, la lui prêtent encore, on doit conclure qu'en reconnaissant l'inexactitude il l'a rétractée. Les associés, qu'on y songe, ne sont divisés que sur un fait de simple administration, sur une opération sociale proposée par les uns et rejetée par les autres. Or, en semblable matière, les tribunaux n'ont pas à intervenir, car il ne s'agit pas d'une contestation proprement dite ou d'un véritable litige. Le désaccord se produit uniquement sur une question d'opportunité ou de convenance que seuls, par cela même, les intéressés peuvent et doivent être appelés à résoudre. Et dès que les voix se partagent en nombre égal, il n'y a pas une majorité qui autorise l'acte ou l'opération sociale ; le parti de l'abstention prévaut et l'emporte, par une application nécessaire et toute naturelle de la maxime : *In re pari, potior est causa prohibentis* (3).

565. Et dès lors il en serait autrement si, sur les deux avis qui se produisent, les voix se partageaient en nombre inégal. Ainsi, dans une société composée de sept membres, quatre se prononcent pour l'exécution de l'opération ou du marché projeté par l'un d'eux, et trois sont

---

(1) V. M. Taulier (t. VI, p. 379 et 380).
(2) V. Pardessus (n°ˢ 979 et 980).
(3) V., en ce sens, MM. Malepeyre et Jourdain (p. 79); Molinier (n° 313); Troplong (n° 720); Boileux (t. VI, p. 330); Alauzet (n° 207); Bravard (*Des Soc. comm.*, p. 55 et 56); Mourlon (*Rép. écrit.*, t. III, p. 363).

opposants. L'affaire devra être conclue, puisqu'il y a une majorité qui l'autorise. Seul, M. Pâris est d'un avis contraire : prenant à la lettre le texte de l'art. 1859, il estime que l'opposition même *d'un seul* des associés suffirait à empêcher la conclusion de l'acte (1). Toutefois, si l'article consacre le droit d'opposition en faveur des associés ou *même de l'un d'eux,* c'est en vue du cas où la société serait formée entre deux membres seulement ; mais cela ne signifie en aucune manière que la résistance d'un seul, dans les sociétés plus nombreuses, doive obliger à s'abstenir d'une opération que la majorité trouve utile et opportune. — Au contraire, dans cette société composée de sept membres, quatre résistent à l'exécution de l'affaire projetée, tandis que trois seulement autorisent : il n'y a pas de doute possible. L'affaire doit être abandonnée, puisqu'il y a une majorité qui la repousse.

566. Dans tout cela nous supposons, on le voit, que la majorité est calculée, eu égard au nombre des associés, sur le pied d'une voix par tête. On s'est demandé pourtant si c'est là le mode de supputation le meilleur et le plus juste, et s'il ne conviendrait pas mieux, en mesurant la puissance du vote à l'importance de l'intérêt, d'accorder à chaque associé autant de voix qu'il a de parts ou d'actions dans la société. Les auteurs, en général, se prononcent pour la négative (2). C'est aussi notre avis, et nous estimons que si quelques-uns de ceux qui le partagent y ont trouvé de graves difficultés, c'est uniquement parce qu'ils se sont mépris sur la nature même, sur le caractère du point en question. Ainsi, M. Duvergier, celui de tous les auteurs que la question semble avoir le plus embarrassé, met en regard les résultats définitifs des délibérations des associés et la manière dont ceux-ci sont tenus envers les tiers. Sous le premier rapport, dit-il en substance, les effets des résolutions prises par les associés se distribuant entre eux selon la part déterminée pour chacun dans les bénéfices ou dans les pertes, il semble naturel de conclure que chacun doit avoir autant de voix qu'il y a de parts. Mais, sous le second rapport, la position de tous les associés étant la même, et leur intérêt étant semblable malgré l'inégalité de leurs droits dans l'actif social, on est conduit à donner à tous la même autorité. Et l'auteur s'arrête, en définitive, à ce dernier parti, tout en regrettant que la loi n'ait pas indiqué une combinaison semblable à celle d'après laquelle, dans certaines sociétés en commandite, on donne au porteur de dix ou vingt actions un nombre plus grand de voix qu'au porteur d'une action unique. Toutefois, plaçons la question sur son véritable terrain, et ces incertitudes, ces doutes, ces regrets, ne sont plus de mise. De quoi s'agit-il ? De prendre un parti et de se déterminer *sur une mesure d'administration.* Or, comment chacun des associés n'aurait-il

(1) V. M. Pâris (*Comm. du C. de comm.*, n° 749). *Comp.* M. Taulier (t. VI, p. 376).
(2) V. MM. Pardessus (n° 979); Molinier (n° 311); Duvergier (n° 288); Troplong (n° 722); Bravard (p. 77); Delangle (n° 134); Massé et Vergé, sur Zachariæ (t. IV, p. 440, note 7); Alauzet (n° 208); Boileux (t. VI, p. 330); Taulier (t. VI, p. 375); Rauter (p. 250); Talon (p. 173).

pas le même suffrage quand, de par l'art. 1859, chacun d'eux, quel que soit son intérêt, qu'il soit considérable ou restreint, est administrateur, et quand il est administrateur de *toutes* les affaires sociales? C'est là ce qu'il ne faut pas perdre de vue. Les associés, dans notre hypothèse, ne discutent pas comme associés; ils délibèrent en tant qu'*administrateurs*. Or la loi, en les considérant comme s'étant donné respectivement le pouvoir d'administrer l'un pour l'autre, a par cela même conféré, à chacun indistinctement, des droits et des pouvoirs d'administration identiques. Sans nul doute, c'est le nombre des votants qu'il faut compter, sans se préoccuper ni de l'importance de leur mise, ni de la manière dont ils seront tenus envers les tiers, toutes choses qui n'influent en aucune manière sur leur qualité et leur pouvoir de gérant.

567. Nous avons montré que lorsqu'il y a partage égal des votes, l'abstention en doit être la conséquence, et que lorsque les avis se divisent de manière à ce que l'un réunisse la majorité absolue des suffrages, c'est-à-dire la moitié plus un, le parti à prendre est celui que dicte cette majorité. Une troisième hypothèse peut se produire : il peut arriver que, les associés se divisant en plusieurs groupes, il se forme plus de deux avis dans la délibération. A quel parti s'arrêtera-t-on en ce cas? Dans les premières éditions de son *Cours de droit commercial,* Pardessus appliquait, par analogie, l'art. 117 du Code de procédure civile : « Par exemple, disait-il, sur douze associés cinq sont d'un avis, quatre d'un autre, et les trois autres encore d'un différent. L'opinion des premiers a pour elle la pluralité des suffrages, c'est-à-dire qu'elle est soutenue par un plus grand nombre d'associés que chacune des deux autres; mais elle n'a pas la majorité absolue, la moitié plus un. Il ne paraît donc pas convenable de la préférer; car il est évident qu'elle n'est pas celle de la majorité, puisque sept des associés la rejettent, quoique par des motifs différents. Il faut donc que les associés continuent leur délibération, en prenant de nouveau les voix : ceux dont l'avis est le plus faible en nombre doivent se réunir à l'un des deux plus forts, de telle manière que la délibération ne soit plus partagée qu'en deux avis; et s'ils s'y refusaient, ou s'il y avait nombre égal de chaque côté, on ferait juger comme en cas de contestation entre les associés. » Cette opinion est reproduite et admise dans son ensemble par M. Duvergier, et en partie par MM. Taulier et Alauzet, d'après lesquels la division des associés en plusieurs groupes devrait être assimilée au cas de partage égal, et rendrait nécessaire sinon l'abstention, au moins le recours aux tribunaux, comme en cas de contestation entre associés (1).

Mais, d'une part, on l'a dit avec raison, l'argument d'analogie tiré de l'art. 117 du Code de procédure manque par la base. Le tribunal saisi d'un litige ne peut, sans déni de justice, s'abstenir de juger; c'est pourquoi cet article donne aux tribunaux la marche à suivre lorsqu'il se forme plus de deux opinions; au contraire, dans le cas de conflit entre

_____

(1) V. MM. Duvergier (n° 289); Taulier (p. 379 et 380); Alauzet (n° 207).

associés sur une mesure d'administration, rien n'oblige à agir plutôt qu'à s'abstenir. D'une autre part, et par cela même qu'il s'agit d'une mesure d'administration, les associés seuls sont juges de l'opportunité, et il ne saurait y avoir lieu de recourir à la justice, à laquelle il ne doit être fait appel que sur les points qui par leur nature sont susceptibles de constituer une *contestation judiciaire* entre associés. Aussi Pardessus n'a-t-il pas maintenu l'opinion par lui émise primitivement; déterminé surtout par cette dernière considération, il a fini par se ranger à l'opinion dominante, d'après laquelle, aucun des trois avis n'obtenant la majorité absolue des suffrages, il faut s'abstenir aussi dans ce cas (1). Et comment, en effet, en pourrait-il être autrement? Pour faire triompher le parti de ceux qui regardent l'opération comme bonne à conclure, il leur faudrait la majorité des suffrages. Et mieux encore, pour que les opposants fissent prévaloir leur avis, il leur suffirait de se trouver en nombre égal à celui des partisans de la mesure (*supra*, n° 564). Or non-seulement le nombre est égal, mais il est supérieur; car, contre la mesure soutenue par cinq voix, il y en a sept qui disent non; contre la mesure soutenue par quatre des votants, il y en a huit qui s'opposent; et contre celle que trois voix soutiennent, il y a neuf voix d'opposition. Dans tous les cas donc, c'est bien évident, une majorité plus ou moins forte, mais très-réelle, s'élève contre le projet. C'est une majorité de coalisés, sans doute; mais cette coalition toute spontanée, qui tend uniquement à prévenir ou empêcher un acte d'administration, n'impose pas de sacrifice à la conscience; et comme elle n'oblige en aucune manière pour l'avenir, comme elle laisse toujours chaque associé libre de son vote sur les mesures à exécuter ultérieurement, elle peut, dans cet ordre d'idées au moins, être considérée comme parfaitement légitime. Il est dès lors juste autant que raisonnable qu'elle fasse obstacle à l'exécution de la mesure projetée.

568. Du reste, et pour terminer sur l'administration proprement dite, notons que dans tous les cas où le parti de la résistance à l'opération proposée ou engagée par l'un des associés prévaudra, le recours à la voie extrême de la dissolution serait ouvert à ceux qui estimeraient qu'il y a désormais impossibilité pour la société de fonctionner suivant sa destination. Ceux-là pourraient au moins porter la demande en dissolution devant la justice, en s'autorisant de l'art. 1871, qui sera ultérieurement expliqué.

V. — 569. *Des droits des associés sur les choses de la société.* Ainsi que nous l'avons indiqué plus haut (n° 548), les dernières dispositions de l'art. 1859, étrangères en quelque sorte au système de l'administration établie par le législateur à défaut de stipulations spéciales dans le pacte social, ont plus particulièrement pour objet de préciser les droits de chaque associé dans les choses dépendant de la société. Et sur ce

(1) V. M. Pardessus (5ᵉ et 6ᵉ édit., n° 980). *Junge*, dans le même sens, MM. Malepeyre et Jourdain (p. 78); Molinier (n° 312); Troplong (n° 723); Massé et Vergé, sur Zachariæ (t. IV, p. 440 et 441, note 7); Boileux (t. VI, p. 331); Demète B. Politi (n° 138); Paris (n° 787).

point elles ont leur complément dans les art. 1860 et 1861, qui statuent dans le même ordre d'idées. C'est ce que nous montrerons bientôt en expliquant ces articles. En attendant, reprenons successivement les trois derniers paragraphes de l'art. 1859, et voyons en quoi consistent les divers droits qu'ils consacrent.

570. Et d'abord, chaque associé peut se servir des choses sociales. Au premier aperçu, ceci paraît s'écarter des règles propres au contrat de société et convenir plus particulièrement à la situation juridique créée par la *copropriété* ou la simple communauté. En effet, il est de principe, dans les simples communautés, que chaque copropriétaire jouisse de la chose commune dans la proportion de son droit. Mais en matière de société, la règle est tout autre : les choses qui dépendent du fonds commun y ont été mises non en vue d'une jouissance individuelle et privée, mais pour servir à produire les bénéfices dont la répartition est le but et la fin de toute association. Les choses sociales ne doivent donc pas être détournées de leur destination dans un intérêt particulier : elles sont un instrument de gain commun; par cela même, elles ne peuvent pas, au moyen de la jouissance divise qui en serait organisée, procurer des avantages individuels et divisés. Ce sont là les notions premières du contrat de société. Et pourtant, le deuxième paragraphe de l'art. 1859 prévoit et autorise cette jouissance individuelle exercée par les associés sur les choses sociales. Mais, hâtons-nous de le dire, il y met de telles conditions que, loin de déroger au principe, il en est la pleine confirmation. « Chaque associé, dit-il en effet, peut se servir des choses appartenant à la société, *pourvu qu'il les emploie à leur destination fixée par l'usage, et qu'il ne s'en serve pas contre l'intérêt de la société, ou de manière à empêcher ses associés d'en user selon leur droit.* » C'est à peu près littéralement le texte de Pothier (1). Il en résulte que si chaque associé peut se servir de la chose sociale, c'est à cette double condition qu'il laissera prédominer l'intérêt commun de tous les associés, et qu'il respectera le droit égal des autres membres de la société.

571. La prédominance de l'affaire sociale est consacrée par l'obligation imposée à l'associé qui voudrait se servir de la chose commune de l'employer à sa destination fixée par l'usage, et de ne pas en user contre l'intérêt de la société. Ainsi, d'une part, l'associé devra conserver à sa destination la chose sociale dont il voudra se servir. Le plus souvent, la destination d'une chose mise en commun sera exclusive de l'idée que chaque associé en puisse user privativement. Mais, en tout cas, si l'usage privatif est possible, c'est à cette condition qu'il rentrera pleinement dans les vues supérieures des personnes qui s'associent et concourent à ce qui est le but de la société, la production de bénéfices par une action, par un travail commun. Par exemple, il dépend de la société un immeuble destiné à être exploité d'une certaine manière par un locataire, et il arrive que momentanément l'immeuble n'est pas

---

(1) Pothier (*Contr. de soc.*, n° 84).

loué. Dans ce cas, chaque associé pourra bien, en attendant qu'on ait trouvé à faire la location, se servir de l'immeuble; mais il ne pourra le faire qu'à la condition de ne pas modifier la destination de la chose sociale, c'est-à-dire de l'employer à l'exploitation déterminée soit par la convention, soit par l'usage.

572. D'une autre part, il faut aussi que l'associé qui emploie la chose commune dans son intérêt particulier ne s'en serve pas contre l'intérêt de la société. S'il en était autrement, le lien social serait rompu, et c'en serait fait des avantages qu'il procure : le fait stérile de l'indivision prendrait la place de l'action féconde de la société. Donc, ce sera seulement quand l'intérêt commun ou social ne réclamera pas un usage entier ou continu de la chose qu'il pourra être question de l'usage individuel au profit de chaque associé. Ainsi, pour revenir à Pothier et aux exemples qu'il cite, il y a dans la société une maison destinée à servir à l'habitation des associés; un associé ne pourra pas être empêché par ses coassociés d'en occuper une partie proportionnée à la part qu'il a dans la société. Mais supposons que la maison soit destinée à être louée pour en tirer un revenu, et qu'il soit de l'intérêt de la société de la louer en entier, aucun associé ne pourrait s'opposer au bail à loyer que ses coassociés en voudraient faire à un étranger, en prétendant occuper, dans cette maison, une partie proportionnée à sa part sociale, et en laissant le surplus à ses coassociés : il serait tenu de consentir le bail, ou de faire la condition meilleure, et de faire trouver un plus haut prix dans un court délai qui lui serait imparti. Ainsi encore, si, parmi les objets de la société, il y a un cheval, un associé ne pourrait pas en réclamer l'usage pour lui seul au moment où le cheval va être employé aux affaires de la société; mais si, pendant quelques jours, le cheval n'avait pas à faire de voyages pour les affaires communes, c'est alors que l'un des associés ne pourrait pas être empêché de l'employer dans son intérêt particulier (1).

573. Le respect du droit des associés, seconde condition à laquelle est subordonné l'usage individuel d'une chose commune, est assuré par l'obligation que notre article impose à chacun de se servir de cette chose *de manière à ne pas empêcher ses coassociés d'en user selon leur droit.* Ainsi, dans la mesure restreinte où se trouve renfermée la faculté pour les associés d'user individuellement des choses appartenant à la société, il faudra donc organiser la jouissance privative à laquelle chacun a droit, eu égard à son apport ou à son intérêt dans la société. Cette jouissance, en effet, est un profit, et il est de principe que les profits seront répartis en proportion des mises (art. 1853). D'ailleurs, ce règlement d'une jouissance alternative sera toujours facile si les associés sont unis entre eux et animés d'un esprit de concorde. On l'a fait justement remarquer (2), l'entente sera certaine s'il règne entre les associés ces dispositions d'esprit sans lesquelles une association florissante n'est pas pos-

(1) V. Pothier (n° 85).
(2) V. Troplong (n° 732).

sible. Que si, au contraire, la société est formée entre personnes méticuleuses ou entêtées, dont le mauvais esprit transforme les bagatelles en questions orageuses, les difficultés naîtront sans doute à chaque pas. Mais le législateur n'y peut rien : il a rempli sa mission en posant la règle. Le moment de mettre fin à l'association est bien proche quand ceux qu'elle gouverne ne savent pas s'entendre pour l'observer.

VI. — 574. En second lieu, chaque associé a le droit d'obliger ses associés à faire avec lui les dépenses nécessaires pour la conservation des choses de la société (art. 1859, § 3). Même en simple communauté, chaque copropriétaire ou communiste doit subir pour sa part la charge des dépenses de conservation. « Si ædes communes sint, aut pa » ries communis, et eum reficere, vel demolire, vel in eum immittere » quid opus sit : communi dividundo judicio erit agendum, aut inter » dicto *uti possidetis* experimur. » (L. 12, ff. *Comm. divid.*) A plus forte raison en doit-il être ainsi des associés que rapproche et unit non pas le simple fait d'une communauté plus ou moins accidentelle, mais le lien plus étroit d'une association librement contractée. D'ailleurs, la maxime est toute de bon sens : chacun doit pouvoir conserver sa chose ; si en la conservant il conserve en même temps la chose d'un tiers, il est raisonnable et il va de soi que celui-ci puisse être mis de part dans la dépense, puisqu'il doit avoir part au profit.

575. Rappelons que ceci n'est pas seulement affaire d'administration. Sans doute, et en principe, c'est aux administrateurs de veiller à la conservation de ce qui appartient à la société ou en dépend, et d'aviser aux moyens d'y pourvoir, car c'est à eux que l'administration est confiée. Mais s'ils négligent ce soin ; si, par imprévoyance ou par une autre cause quelconque, ils demeurent inactifs quand la chose sociale périclite, tout associé peut agir à sa place, chacun puisant dans cette seule qualité d'associé le droit d'exiger qu'il soit fait, à frais communs, ce qui importe à la conservation de la chose commune.

576. Mais il ne faut se méprendre ni sur l'objet même, ni sur l'étendue de ce droit. Pothier, à qui sur ce point encore le législateur moderne a emprunté sa formule, donne des exemples qui précisent nettement la portée de la maxime (1). « Si, dit-il, des bâtiments ont besoin de réparation, s'il y a une partie de vin dont les tonneaux aient besoin d'être reliés à neuf, chacun des associés peut obliger ses associés à concourir avec lui à faire ces réparations ou ces reliages, et, pour cet effet, à consentir les marchés qu'il a projetés avec des ouvriers pour les faire, si mieux ils n'aiment, dans un bref temps, tel que celui qui leur sera imparti par les juges, faire la condition meilleure en faisant les ouvrages à meilleur compte. Les associés sont aussi obligés de concourir aux frais des ouvrages pour les parts qu'ils ont dans la société. » Par où l'on voit que, loin d'être absolu et sans limites, le droit pour chaque associé de faire contribuer ses coassociés à une dépense est déterminé et restreint. Il est nécessaire que la dépense ait pour objet la conservation de ce qui

(1) V. Pothier (n° 86).

appartient à la société ou en dépend ; et, en outre, il faut que, même dans cet objet, la dépense ne soit pas exagérée. Ainsi, supposons que le fonds social soit presque intact et que quelques avances suffisent pour en assurer la conservation : dans ce cas, il n'y aura pas à hésiter ; tout associé pourra demander que la dépense soit faite, et en s'autorisant du § 3 de l'art. 1859, exiger que tous les associés y contribuent avec lui et chacun pour sa part. Mais la dépréciation est telle que les mises sont notablement amoindries, et qu'elles ne peuvent être reconstituées qu'au prix de sacrifices considérables : alors il ne saurait dépendre de la volonté d'un seul associé d'imposer ces sacrifices à tous les autres. Encore qu'il s'agisse d'une dépense de conservation, il faut, à raison de son importance même, laisser sa liberté à chacun ; il faut que tel ou tel, à qui il pourrait convenir d'abandonner son apport plutôt que de faire un nouveau versement équivalent à un supplément de mise, soit libre de le faire. C'est pourquoi il convient, dans une telle hypothèse, que tous les associés soient appelés à une délibération commune, et que la dépense, toute de conservation qu'elle est, ne soit obligatoire que pour ceux qui en ont reconnu la nécessité et ont consenti à y contribuer (1).

VII. — 577. Nous arrivons à la dernière disposition de l'art. 1859 ; et, sur ce point, il n'en est plus de la société comme de l'indivision ou de la simple communauté. Un copropriétaire par indivis d'un immeuble a, en principe, le droit de faire à cet immeuble, nonobstant l'opposition de ses copropriétaires, toutes les innovations qui peuvent être utiles pour lui, pourvu, d'ailleurs, qu'elles ne changent ni la nature, ni la destination de l'immeuble, et qu'elles ne causent point aux autres copropriétaires une gêne ou un dommage grave (2). Au contraire, en matière de société, « l'un des associés ne peut faire d'innovations sur les immeubles dépendant de la société, même quand il les soutiendrait avantageuses à cette société, si les autres associés n'y consentent. » Ce sont les termes du dernier paragraphe de l'art. 1859, qui, en ce point encore, ne fait que reproduire l'une des maximes formulées par Pothier relativement aux droits de chaque associé dans les choses dépendant de la société (3).

578. Rappelons cependant deux observations déjà présentées à l'occasion de l'administration des gérants. D'une part, s'il n'est parlé que des *immeubles* dans le texte de la loi, il ne s'ensuit pas que tout associé puisse, sans le consentement de ses coassociés, faire des innovations sur les objets mobiliers dépendant de la société : interdites quant aux immeubles, les innovations doivent, par identité de raison, être considérées comme interdites également quant aux meubles. Toutefois, d'une autre part, l'interdiction ne s'applique pas aux changements qui,

(1) V., en ce sens, MM. Duvergier (n° 363); Troplong (n° 736); Massé et Vergé, sur Zachariæ (t. IV, p. 441, note 10); Boileux (t. VI, p. 332); Demètre B. Poliza (n° 141).
(2) V. Metz, 6 fév. 1857 (S.-V., 58, 2, 44; J. Pal., 1857, p. 588; Dall., 57, 2, 196).
(3) Pothier (n° 87).

en conservant à la chose commune, meuble ou immeuble, son état et sa destination, n'ont pour objet que de faciliter pour l'un des associés l'usage qu'il a le droit d'en faire (*suprà*, n°ˢ 570 et suiv.), sans nuire aux droits des autres associés (1). Les innovations qu'aucun associé ne peut faire sans le consentement de ses coassociés, même sous le prétexte d'être utile à la société, s'entendent uniquement des changements qui transformeraient la chose, qui en modifieraient l'état, ou même qui obligeraient à des dépenses telles que les conditions sociales en pourraient être changées. Ainsi, pour revenir à des exemples déjà cités, chaque associé aura sans doute le droit de faire aux immeubles sociaux les réparations nécessaires à leur conservation ou d'approprier la chose sociale, mobilière ou immobilière, aux besoins de la société (*suprà*, n°ˢ 518 et 521). Mais il ne pourra pas, sans le consentement de ses coassociés, construire des bâtiments sur un terrain nu, ajouter à des bâtiments existants des constructions nouvelles, remplacer un matériel d'exploitation par un autre matériel propre à une industrie différente, etc. Ce sont là des modifications qui s'attaquent à l'objet même de la société, qui sortent des conditions du pacte social, et qui par cela même ne sauraient être faites que du consentement de tous ceux entre qui le pacte a été formé.

579. Et en effet, ce n'est pas d'un acte d'administration qu'il s'agit ici; nous sommes en présence d'un fait qui, touchant aux bases mêmes de l'association, constitue essentiellement un acte de disposition. Or, il y a entre ces deux sortes d'actes cette différence notable que, tandis que pour les premiers on consulte en certains cas et on fait prévaloir l'avis de la majorité (*suprà*, n°ˢ 565 et suiv.), pour les seconds, au contraire, la résistance d'un associé, tous les autres fussent-ils d'accord, suffit pour en empêcher l'exécution. Quelque nombreuse qu'elle soit, la majorité est impuissante contre l'opposition d'un seul, dont le *veto* puise une force invincible dans la convention primitive, c'est-à-dire dans la loi commune que seul le consentement de tous, sans exception, peut modifier. « Les associés, dit justement Domat, ne peuvent faire en la chose commune que ce qui est de leur charge, *ou agréé de tous*. Et si un associé veut entreprendre quelque changement, *chacun des autres* peut l'en empêcher; car, entre personnes qui ont le même droit, ceux qui ne veulent pas souffrir une nouveauté sont mieux fondés pour l'empêcher que ne le sont pour innover ceux qui l'entreprennent. » (2) — Il n'y a rien de contraire dans un arrêt récent par lequel la chambre des requêtes a considéré un associé comme lié par des délibérations prises en son absence, et qui introduisaient par des statuts nouveaux des modifications aux anciens statuts (3). Dans l'espèce, cet associé avait donné par lettre son adhésion aux nouveaux statuts. A la vérité, l'adhésion était accompagnée d'un engagement de ratification en as-

(1) Toulouse, 30 mai 1828 (Dall., 28, 2, 212; S.-V., 28, 2, 274; Coll. nouv., t. IX, part. II, p. 88; J. Pal., à sa date).
(2) Domat (Lois civ., liv. I, tit. VIII, sect. IV, n° 22).
(3) Req., 24 mai 1869 (Dall., 69, 1, 323; J. Pal., 1870, p. 288; S.-V., 70, 1, 125).

semblée générale. Mais il résultait des circonstances que l'adhésion n'était pas subordonnée à cette ratification.

580. Il peut se faire que, quoique interdite, l'innovation projetée par l'un des associés soit accomplie sans que les autres associés y aient consenti, mais aussi sans qu'ils s'y soient opposés. Dans ce cas, le droit de ceux-ci ne va pas, en principe, jusqu'à exiger la destruction de ce qui a été fait et la remise des choses dans leur état primitif. Ils sont fondés seulement à exiger de celui qui a innové au mépris de la prohibition qu'il indemnise la société de ce qu'elle a pu souffrir. Cependant, si le maintien de l'ouvrage fait par l'un des associés en l'absence et à l'insu des autres était une cause de dommage considérable pour la société, la démolition ou la destruction en pourrait être exigée (1). *Quod si quid absente socio, ad læsionem ejus fecit, tunc etiam tollere cogitur.* (L. 28, ff. *Comm. divid.*)

581. Dans ce qui précède, nous avons traité spécialement de l'administration organisée soit par les parties elles-mêmes, soit par la loi, et aussi de l'exercice de certains droits reconnus en faveur de chacun des membres de la société. Seulement, les droits dont il a été question ont trait uniquement à la jouissance des choses communes. Mais ce n'est pas à dire que les associés n'ont pas aussi, au moins dans une certaine mesure, le droit de disposer des choses ou des biens compris dans la société. C'est à ce droit précisément que se rapportent les art. 1860 et 1861, par lesquels se termine la section relative aux engagements des associés entre eux.

1860. — L'associé qui n'est point administrateur, ne peut aliéner ni engager les choses même mobilières qui dépendent de la société.

SOMMAIRE.

I. 582. L'art. 1860 refuse à l'associé *qui n'est pas administrateur* la faculté d'aliéner ou d'engager les choses, même mobilières, de la société. Cela ne veut pas dire que cette faculté est accordée à l'associé gérant. — 583. Gérant ou non, un associé ne peut pas disposer des choses sociales soit immédiatement par aliénation, soit éventuellement et à terme par constitution d'hypothèque. — 584. Justification du principe. — 585. Suite : la qualité d'associé est insuffisante pour autoriser de tels actes, et la qualité de gérant ne relève pas l'associé de son incapacité à cet égard. — 586. En effet, la propriété des choses sociales appartient à la réunion de tous les associés, chacun d'eux n'y ayant qu'un droit indivis.
II. 587. Mais par cela même qu'il avait un droit indivis, chaque associé, en droit romain et dans notre ancien droit, pouvait disposer des choses de la société *au moins pour sa part.* — 588. Il le peut de même aujourd'hui : réponse aux auteurs qui supposent le contraire, et trouvent dans le silence du Code à cet égard une preuve de la personnalité juridique des sociétés civiles. — 589. Toutefois, en aliénant sa part dans un effet de la société, l'associé fait un marché conditionnel subordonné à l'événement du partage ; — 590. Et le droit qu'il confère est limité par les obligations que lui impose sa qualité d'associé : ainsi, l'acquéreur ne peut user du bénéfice de l'art. 815 du Code civil, — 591. Ni se permettre aucun acte susceptible de gêner la société dans l'exercice de son droit de jouissance de la chose commune. — 592. Suite : des droits que peuvent exercer les créanciers personnels d'un associé sur les objets dépendant de la société. — 593. Transition à la cession par un associé de sa part, en tout ou en partie, dans la société elle-même.

_____

(1) V. Pothier (*Soc.*, n° 88).

I. — 582. « L'associé *qui n'est point administrateur*, dit l'art. 1860, ne peut aliéner ni engager les choses même mobilières qui dépendent de la société. » Serait-ce à dire que l'associé administrateur le pourrait faire? et faudrait-il, par argument *à contrario*, conclure de la prohibition édictée contre l'associé non administrateur à la faculté au profit du gérant? La solution affirmative fausserait assurément la pensée de la loi. Nous avons expliqué déjà que le gérant n'a pas le droit de disposer des choses sociales; que si parfois il lui est permis de vendre des choses mobilières appartenant à la société, comme des produits manufacturés, des fruits, des produits industriels, etc., même des choses immobilières, c'est seulement lorsque, ces choses étant destinées à être vendues par la convention ou d'après l'usage, leur vente ne constitue à vrai dire qu'un acte d'administration (*supràà*, n°s 516 et 517). Évidemment, l'art. 1860 n'a en aucune manière dérogé à ces règles essentielles sur le droit et les pouvoirs de l'administrateur.

583. Donc, sans nous arrêter aux distinctions indiquées par Troplong entre l'associé qui est administrateur et l'associé qui ne l'est pas, entre l'administrateur virtuel et l'administrateur délégué (1), nous posons cette règle bien simple : l'associé gérant, élu, délégué ou virtuel, administre et a seul le droit d'administrer; l'associé, gérant ou non, n'a pas le droit de disposer des choses sociales non vénales; il ne peut, selon la pensée révélée par le texte même de l'art. 1860, en disposer soit immédiatement par un acte d'aliénation, soit éventuellement et à terme par une constitution d'hypothèque (*supràà*, n°s 517 et 526).

584. De courtes observations suffiront à justifier cette double proposition. *Nemo ex sociis*, dit la loi romaine, *plus parte suâ potest alienare, et si totorum bonorum socii sint* (l. 68, *princ.* ff. *Pro socio*). Voilà le principe. Dès qu'il s'agit d'aliéner, la volonté d'un seul des associés est impuissante : *nemo ex sociis potest alienare.* Y eût-il même, dans la société, une majorité favorable à l'aliénation, son avis serait sans valeur, comme l'explique Felicius, cité par Troplong : *et non sufficit consensus majoris partis et unius socii habentis etiam majus jus in re* (2). C'est qu'en effet, pour aliéner, il faut être propriétaire. Or, évidemment, la chose mise en société est commune à tous les associés. Donc, c'est à eux tous, réunis dans un avis commun, qu'il appartient de l'aliéner ou d'en disposer.

585. Et l'on comprend que sur ce point il n'y a pas à distinguer entre l'associé simple et le gérant. Si l'associé ne peut pas aliéner ou engager les choses sociales sans l'assentiment de tous les autres associés, il est bien évident que la qualité de gérant ne lui donnera pas ce pouvoir qui lui manque en la qualité d'associé. En effet, la faculté de disposer ne rentre pas dans les attributions du gérant ou de l'administrateur, la mission de celui-ci se bornant à la conservation de la chose, et à la réalisation des bénéfices par l'accomplissement des divers actes en vue des-

---

(1) V. Troplong (*Soc.*, n°s 745, 746 et 747).
(2) *Id.* (*loc. cit.*, n° 744).

quels la société a été formée. Il est donc vrai de dire, conformément à notre double proposition, qu'un associé, investi ou non de la gérance, n'a pas le pouvoir de disposer d'un effet de la société.

586. C'est, d'ailleurs, en même temps que l'application des principes dans leur rigueur, la consécration des droits mêmes de la société; en d'autres termes, c'est un hommage rendu à cette vérité que, seul, le propriétaire d'une chose a le droit d'en conférer la propriété ou de la grever de droits réels au profit d'un tiers. Et en effet, le propriétaire des choses dépendant d'une société, c'est la réunion de tous les associés; chacun de ceux-ci y a un droit *indivis* seulement. Par cela même, aucun d'eux ne saurait être admis à faire acte de disposition par rapport à ces choses, puisqu'il ne pourrait s'en dépouiller qu'en dépouillant autrui.

II. — 587. Toutefois, l'existence de ce droit *indivis* au profit de chacun des associés a conduit à un tempérament que le texte ci-dessus cité de la loi romaine précise, et qui atténue ce que la règle de l'article 1860 paraîtrait avoir d'exagéré. Ce qui en droit romain était interdit à l'associé, c'est d'aliéner *au delà de sa part* s'il n'en avait pas reçu mandat de ses coassociés. Mais il lui était permis de vendre la part correspondante à son droit indivis dans les choses sociales; et en présence de ce texte, « nemo ex sociis *plus parte suâ potest alienare* », cela ne faisait aucun doute. Il en était de même dans notre ancienne jurisprudence, comme l'atteste cette formule si précise de Pothier : « Un associé ne peut aliéner ni engager les choses dépendant de la société, si *ce n'est pour la part qu'il y a*. » (1)

588. L'art. 1860 du Code civil n'est pas aussi précis, il faut le reconnaître. S'exprimant d'une manière générale, il dit que l'associé « ne peut aliéner ni engager les choses même mobilières qui dépendent de la société »; et il n'ajoute pas cette restriction de Pothier : « si ce n'est pour la part qu'il y a. » De là quelques auteurs ont conclu que le droit moderne s'est écarté de la tradition, et que sous le Code civil un associé ne peut à lui seul aliéner ni engager les biens de la société, *même pour sa part* (2). M. Bravard-Veyrières va même jusqu'à s'autoriser de cette doctrine par lui déduite de l'art. 1860 pour prétendre que cet article à lui seul suffit à prouver la personnalité juridique des sociétés civiles. « Aujourd'hui, dit-il, quelle que soit la nature des objets dont se compose le fonds social, un associé ne peut, soit directement, soit indirectement, aliéner, hypothéquer ou engager ces choses. Il ne le peut pour aucune partie, tandis que Pothier et les jurisconsultes romains, reconnaissant les associés comme copropriétaires du fonds social, leur permettaient de l'aliéner ou de l'hypothéquer pour la part qu'ils y avaient. Or, l'art. 1860 leur refuse manifestement ce droit. Il s'exprime de la manière la plus générale et la plus absolue. Il a donc rejeté l'ancien sys-

(1) Pothier (*Soc.*, n° 89).
(2) V. MM. Malepeyre et Jourdain (p. 65); Mourlon (*Rép. écrit.*, t. III, p. 65); Bravard-Veyrières (*Man. de droit comm.*, p. 59, et *Traité des soc. comm.*, p. 29); Rauter (*op. cit.*, p. 191). — *Comp.* MM. Alauzet (n° 196); Talon (*op. cit.*, p. 676).

tème et *consacré le principe de la personnalité des sociétés, qu'il présuppose, puisqu'il en consacre la conséquence essentielle.* » L'induction est fautive, et par cela même la prétendue personnalité juridique des sociétés civiles ne saurait trouver aucun appui dans l'art. 1860. Il est bien certain que si les rédacteurs du Code ont cru pouvoir se dispenser de répéter la restriction de Pothier, ils n'en ont pas moins entendu reproduire sa doctrine. Il suffit, pour s'en convaincre, de se reporter à la disposition de l'art. 1861, dont le commentaire va suivre (1). Cet article permet à chaque associé de s'associer une tierce personne relativement à la part qu'il a dans la société. Or, cette faculté de s'associer une tierce personne pour sa part n'est et ne peut être qu'une conséquence du droit acquis à l'associé de disposer de cette part. « Chacun des associés, dit en effet Pothier, n'ayant le droit de disposer des effets de la société que pour la part qu'il a dans cette société, *c'est une conséquence* qu'il peut bien, sans le consentement de ses associés, s'associer un tiers à la part qu'il a dans la société. » (2)

C'est donc bien évidemment la doctrine de Pothier que les rédacteurs du Code ont entendu suivre. Et nous pouvons tenir pour certain que, même sous l'empire du Code, un associé, comme tout copropriétaire d'une chose indivise, peut transférer à un tiers le droit qui lui appartient dans la proportion de sa part dans la chose commune.

589. Seulement, il y a des principes généraux qui s'imposent ici et, limitent dans ses conséquences l'usage par les associés d'une telle faculté. Ainsi, en aliénant sa part dans un effet de la société, l'associé fait un marché conditionnel, comme tout communiste qui cède sa part d'une chose indivise. La vente est nécessairement subordonnée à l'événement du partage; car avant le partage, le droit de chaque copropriétaire est indéterminé. C'est le partage qui fixera ce droit, et comme par la fiction de la loi (C. civ., art. 883) le partage est simplement déclaratif, il en résulte que la vente consentie par l'un des associés aura ou n'aura pas effet suivant que la chose vendue tombera dans le lot du vendeur ou en sera exclue. Ainsi, la chose tombe-t-elle dans son lot, la vente sera valable, parce que le vendeur était propriétaire, et qu'en vertu de la fiction du partage déclaratif il est censé avoir été toujours et seul propriétaire. Est-elle exclue de son lot, la vente restera sans effet, elle sera nulle et comme non avenue, la convention n'ayant pas d'objet, parce qu'en vertu de la même fiction le vendeur est censé n'avoir jamais eu aucun droit sur la chose échue à un de ses coassociés.

590. De même, en aliénant sa part dans un objet de la société, l'associé fait un acte qui ne saurait avoir pour effet d'entraver ou d'arrêter la marche de la société subsistante. A cet égard, il n'en est pas de la société comme de la simple communauté. Ainsi, lorsqu'un communiste a cédé sa part à un tiers, il a, par l'effet de la cession, mis ce

---

(1) V. M. Demangeat, sur Bravard-Veyrières (*Traité des soc. comm.*, p. 30). *Junge:* Troplong (n° 750). *Comp.* M. Rauter (*loc. cit.*).
(2) Pothier (*Soc.*, n° 91).

tiers acquéreur en son lieu ou place. Celui-ci, devenu copropriétaire, peut désormais, à ce titre, demander à sortir de l'indivision et provoquer le partage. Rien ne s'oppose alors à l'exercice de ce droit que la loi consacre en faveur de tout copropriétaire d'une chose indivise (C. civ., art. 815). Mais il en est autrement lorsque c'est un associé qui cède sa part dans une chose de la société. Le cédant est à la fois associé et copropriétaire de chacun des objets mis en commun. En cette dernière qualité, il peut sans doute céder son droit; mais la première lui impose des obligations auxquelles il ne peut pas se soustraire, et ces obligations toujours subsistantes réagissent sur l'aliénation qu'il a consentie et restreignent inévitablement les droits conférés à son cessionnaire.

591. Par identité de raison, ce cessionnaire, auquel il est interdit de se prévaloir de l'art. 815, ne pourrait non plus se permettre aucun acte susceptible de nuire aux droits des associés. Ainsi, la vente a eu pour objet partie de choses destinées à un usage déterminé, ou d'un immeuble mis en société pour la jouissance. Ces choses n'en conserveront pas moins leur destination, nonobstant la vente : elles continueront à servir à l'emploi prévu, le droit de jouissance conféré à la société subsistera et sera exercé dans toute sa plénitude par les associés. Vainement, en raisonnant *in apicibus juris*, dirait-on que l'obligation de faire ou de laisser jouir incombant à chaque associé pèse sur les associés seulement; que, par suite, le tiers qui a traité avec l'un d'eux sur des choses dont celui-ci pouvait disposer pour sa part a acquis des droits entiers, et qu'il doit pouvoir les exercer sans se préoccuper de l'affectation sociale de ces choses, sauf aux associés à poursuivre la réparation du dommage contre le vendeur au moyen de l'action *pro socio*. L'objection serait sans valeur : pas un seul interprète, dans l'ancien comme dans le nouveau droit, ne s'y est arrêté. Et, en effet, elle tomberait aujourd'hui devant la disposition précise et formelle de l'art. 1743 du Code civil, d'après lequel, « si le bailleur vend la chose louée, l'acquéreur ne peut expulser le fermier ou locataire qui a un bail authentique ou dont la date est certaine, à moins qu'il ne se soit réservé ce droit par le contrat de bail. » Or, il n'y a aucune différence de position entre le propriétaire vendeur d'une chose par lui louée, et le copropriétaire vendeur d'une chose qu'il avait mise en société. Ce dernier, comme l'autre, a disposé d'un objet qu'il avait grevé d'un certain droit de jouissance par l'apport qu'il en avait fait à la société. Ce droit ne saurait donc être méconnu ni paralysé dans son exercice par l'acquéreur; car l'existence lui en a été connue aussi bien que si le droit eût été conféré par un acte dont la date serait certaine, par cela seul qu'on lui a cédé et qu'il a acquis d'un associé *sa part de choses comprises dans la société*. La réserve du droit préexistant de la société est tacitement, mais nécessairement inhérente à la vente faite en ces termes.

592. Ceci montre comment et dans quelle mesure les créanciers personnels de l'un des associés peuvent poursuivre leur débiteur sur les biens mis en société. De ce que celui-ci a la faculté d'aliéner ou

d'engager, au moins conditionnellement, sa part des choses dépendant de la société, il résulte que ses créanciers personnels peuvent se faire subroger judiciairement dans les droits sur les choses comprises dans le fonds social. Mais, d'un autre côté, par cela même que l'associé ne peut pas détourner ces objets de leur destination consacrée par l'usage ou par la convention, il est certain que ses créanciers ne pourraient pas saisir et encore moins faire vendre la part de leur débiteur. C'est ainsi, d'ailleurs, que les créanciers personnels d'un cohéritier ne peuvent, aux termes de l'art. 2205, saisir et mettre en vente la part indivise de leur débiteur avant le partage ou la licitation; et, comme nous l'avons expliqué en commentant cet article, ce que la loi dit là à propos de l'indivision *entre cohéritiers* doit, par identité de raison, être étendu à l'indivision *à titre de société* (1). Seulement, à supposer que le débiteur fût en état de déconfiture, il y aurait à se demander si les créanciers, en ce cas, ne seraient pas autorisés, en excipant de l'art. 1865, n° 4, à provoquer la dissolution de la société et le partage, pour exercer ensuite leurs droits sur la part revenant à leur débiteur. Mais c'est un point dont nous réservons l'examen pour y revenir quand nous traiterons de la dissolution de la société.

593. Sans insister davantage sur l'explication de la règle relative aux aliénations que chaque associé peut faire *de sa part* dans les effets mobiliers ou immobiliers de la société, nous passons, pour compléter ce qui a trait aux droits des membres d'une société sur les choses communes, au cas où un associé cède en tout ou en partie sa part *dans la société elle-même*. A ce cas se réfère l'art. 1861, qui se lie ainsi, comme l'art. 1860, aux dernières dispositions de l'art. 1859, et statue dans le même ordre d'idées.

1861. — Chaque associé peut, sans le consentement de ses associés, s'associer une tierce personne relativement à la part qu'il a dans la société : il ne peut pas, sans ce consentement, l'associer à la société, lors même qu'il en aurait l'administration.

SOMMAIRE.

(1) V. notre *Traité-Commentaire de l'Expropriation forcée* (art. 2205, n°⁸ 7 et 8.

un associé peut avoir lieu si les autres y consentent. — 603. Toutefois, le consentement de tous les associés est nécessaire; l'assentiment de la majorité ne suffirait pas. — 604. Il en est ainsi alors même que l'association d'un tiers à la société serait faite par l'associé administrateur. — 605. *Quid* dans les associations pour l'exploitation des charges d'agent de change?

IV. 606. Le consentement des associés n'est soumis à aucune forme, mais la preuve de l'admission d'un tiers est soumise au droit commun, comme la preuve de la société. — 607. Il peut être donné soit au moment de la cession, soit par avance, même dans l'acte de société. — 608. Dans ce dernier cas, l'acte règle les conditions sous lesquelles les associés sont autorisés à introduire ou à substituer un tiers dans la société. — 609. L'appréciation de la convention, sous ce rapport, appartient souverainement aux juges du fait.

V. 610. De la clause qui, en autorisant la cession, réserve à la société un droit de préférence. — 611. Elle est empruntée à l'art. 841, et constitue ce qu'on nomme *clause de retrait social.* — 612. Elle doit être limitée dans son objet précis : par suite, elle n'a pas de raison d'être si, au lieu d'être cédée, la part d'un associé est donnée en nantissement, ou si, au lieu de traiter de sa qualité, l'associé n'a cédé que son droit aux bénéfices. — 613. Le retrait, lorsqu'il peut avoir lieu, doit être exercé dans un délai fixé habituellement par la convention et qui doit être observé; il n'est pas purement comminatoire. — 614. Le délai a pour point de départ la notification de la cession à la société, notification qui doit être faite dans les formes convenues. — 615. Dans le silence de la convention sur la forme et le mode de la notification, les tribunaux décident en fait si connaissance suffisante a été donnée à la société de l'acte intervenu entre le cédant et le cessionnaire.

VI. 616. 2º *De la faculté pour tout associé d'associer un tiers à sa part.* L'associé peut, même sans le consentement des autres, céder en tout ou en partie, à un tiers, les droits qu'il a dans la société. — 617. Lorsqu'un associé use de cette faculté, son cessionnaire, dit croupier ou participant, n'en est pas moins étranger à la société, qui demeure intacte dans son organisation primitive, dont le cédant reste toujours membre. — 618. Et si la cession est partielle, il s'établit entre le croupier et son cédant, relativement à la part de celui-ci, une autre société qui se juxtapose à la société principale, et marche parallèlement avec elle. — 619. Réfutation de l'opinion d'après laquelle la convention créerait, entre le cédant et le croupier, que des rapports de simple communauté. — 620. *Quid* lorsque la convention embrasse tous les droits du cédant dans la société? — 621. Chaque associé peut, en ce qui le concerne, se donner un croupier, et même s'en donner plusieurs distinctement et successivement. — 622. Transition à l'examen des situations et des rapports divers que la convention fait naître. Division.

VII. 623. Situation respective du croupier et du cédant. Le croupier, étranger à la société principale, n'étant l'associé que du cédant, n'a d'action directe que contre celui-ci, et réciproquement ne doit compte direct qu'à lui. — 624. Mais à l'occurrence il pourrait agir indirectement contre la société principale, en vertu de l'art. 1166, de même que cette société pourrait, en vertu du même article, agir indirectement contre lui. — 625. L'action directe du croupier contre le cédant peut avoir pour objet soit une participation à tous les gains obtenus par les associés de ce dernier, — 626. Soit l'indemnité des dommages qui ont pu être causés aux biens de la société principale par la faute de ses membres. — 627. Mais le cédant ne doit communication de ses droits et actions que dans les conditions d'utilité où ils existent en ses mains. Ainsi, il n'est pas garant de l'insolvabilité de ses coassociés envers le croupier. — 628. Et même si, étant solidaire, il est obligé de payer en sus de sa part dans la dette de la société principale, le croupier doit contribuer à toute la perte.

VIII. 629. Rapports du croupier avec les associés principaux. Ils naissent du fait que le croupier, mêlé par le cédant aux affaires de la société, aurait agi en cette qualité. — 630. Si le croupier a réalisé des bénéfices, il en doit compte, non aux associés principaux, mais seulement au cédant, sauf le droit des associés d'agir contre ce dernier à l'effet d'obtenir communication de ces bénéfices. — 631. Si, au contraire, il a fait des pertes ou causé un dommage à la société, les associés principaux auraient sans doute contre lui l'action de l'art. 1383; mais c'est contre le cédant seul qu'ils pourraient procéder par l'action pro socio. — 632. Le cédant actionné en réparation des dommages resterait responsable alors même que le croupier serait insolvable. — 633. Et il ne pourrait pas compenser la perte avec les profits que d'un autre côté l'industrie du croupier aurait procurés à la société.

IX. 634. Rapports du croupier avec les tiers. Les créanciers de la société principale sont sans aucun droit contre le croupier. — 635. En ce qui concerne les créanciers personnels de l'associé qui a admis le croupier en société de sa part, la cession leur est opposable dès qu'elle est certaine et constatée; — 636. Encore que l'acte n'ait pas acquis date certaine antérieurement à leurs oppositions. — 637. A plus forte raison, l'art. 1690 n'est-il pas applicable. — 638. *Secùs* lorsque le fonds social comprend des créances que le partage met dans le lot du croupier.

I. — 594. Le contrat de société, tel qu'il est prévu et organisé par le Code civil, repose avant tout sur la confiance personnelle et réciproque des contractants. La considération de la personne y est dominante : c'est à raison de leurs aptitudes, de leur position, de leurs qualités, même de leur caractère, que les parties se choisissent et consentent à s'associer. Les associés, dit très-bien Domat, doivent se choisir et s'agréer réciproquement pour former entre eux une liaison qui est une espèce de fraternité. Le choix des personnes est tellement essentiel que les héritiers mêmes des associés ne succèdent point à cette qualité, parce qu'ils peuvent n'y être pas propres, et qu'eux aussi peuvent ne s'accommoder pas ou du commerce que faisait la société, ou des personnes qui la composaient (1). Et même s'il était convenu entre associés qu'en cas de décès la société continuerait avec ou entre les héritiers, la convention impliquerait la condition que les héritiers seraient agréés, et qu'eux aussi agréeraient les autres (2).

595. Or, si tel est le caractère du contrat, s'il est formé par la confiance personnelle et si le choix des personnes en est le fondement, l'une de ses conditions inhérentes, c'est nécessairement qu'aucun des associés ne puisse traiter de sa qualité et l'abdiquer soit en se retirant de la société, soit en y introduisant un étranger qui viendrait y prendre sa place ou la partager. Ceci, d'ailleurs, n'est nullement contraire au droit que nous avons reconnu à tout associé d'engager et d'aliéner, au moins pour sa part, la chose dépendant de la société (*suprà*, n°s 587 et suiv.). L'associé pouvant disposer de sa part de toutes les manières qui ne sont pas prohibées par la loi, c'est une conséquence, comme nous l'avons expliqué *loc. cit.*, qu'il puisse, sans prendre conseil d'aucun autre que de lui-même, traiter des droits qu'il a dans la société et les céder à une tierce personne. Mais il le peut précisément parce qu'en traitant ainsi il n'en conserve pas moins sa place dans la société à laquelle le cessionnaire reste complétement étranger, et qu'en s'adjoignant un tiers qu'il associe simplement à ses chances de gain et de perte, il demeure toujours, vis-à-vis de la société, tenu des obligations et en possession de tous les droits inhérents à sa qualité d'associé.

---

(1) V. Domat (*Lois civ.*, liv. I, tit. VIII, sect. 2, n°s 1 et 3). — *Comp.* Req., 13 nov. 1860 (Dall., 61, 1, 198; S.-V., 61, 1, 884; *J. Pal.*, 1861, p. 941).

(2) C'est ce que dit encore Domat (*loc. cit.*, n° 4). Et la Cour de Caen a jugé en ce sens, par arrêt du 10 novembre 1857, que la stipulation dans un acte de société que l'un des associés sera, en cas de décès, remplacé de plein droit par l'un de ses enfants dénommé, n'est pas obligatoire pour celui-ci, alors qu'il y est demeuré étranger, et quand bien même il aurait accepté purement et simplement la succession de son père (S.-V., 59, 2, 31; Dall., 59, 2, 56; *J. Pal.*, 1858, p. 779).

596. L'art. 1861, dont nous avons maintenant à présenter le commentaire, établit et consacre ces deux points en des termes précis. « Chaque associé, dit-il, peut, sans le consentement de ses associés, *s'associer une tierce personne relativement à la part qu'il a dans la société* : il ne peut pas, sans ce consentement, *l'associer à la société*, lors même qu'il en aurait l'administration. » Ainsi, l'article, écrit en vue de deux hypothèses distinctes, d'un côté affirme le droit pour tout associé de s'associer une tierce personne relativement à sa part, et d'un autre côté refuse à tout associé, à moins que les autres n'y consentent, le droit d'associer une tierce personne à la société. Ces deux hypothèses formeront la division principale de notre commentaire.

II. — 597. 1° *De la prohibition d'associer une tierce personne à la société.* Le caractère essentiellement personnel du contrat, nous venons de l'indiquer, résiste à l'idée qu'on puisse après coup introduire dans la société une personne jusque-là étrangère. Chacun de ceux entre qui le contrat s'est formé serait fondé à dire, pour écarter le tiers que l'un d'eux voudrait mettre à sa place : « Je ne me serais pas engagé si j'avais dû avoir telle personne pour associée, ou si je n'avais pas eu telle autre personne; ce que j'ai voulu, c'est une société formée avec ceux qui ont figuré au traité, avec eux tous, mais avec eux seulement. J'ai consenti à entrer dans cette société; je me serais éloigné de toute autre. » Le caractère même du contrat justifierait pleinement ce langage; c'est pourquoi le législateur a voulu que nul ne pût être contraint de se trouver en société avec des personnes autres que celles qu'il a choisies pour co-associées.

598. Toutefois, c'est là une règle propre aux sociétés *par intérêt,* dans lesquelles la considération de la personne est dominante. Elle est étrangère aux sociétés *par actions,* lesquelles ne constituent que des associations de capitaux. Et en effet, s'il est vrai et juste de dire des sociétés par intérêt qu'étant formées *intuitu personæ,* chacun de leurs membres est fondé à exiger qu'elles restent intactes dans leur organisation primitive, il n'en saurait être de même en ce qui concerne les sociétés par actions. La division du capital social en actions, la nature du titre représentatif de l'intérêt de l'actionnaire, son caractère, les conditions mêmes de l'émission, sont autant de circonstances qui rendent absolument indifférente la composition du personnel social. Les sociétés de ce genre font appel au crédit; quiconque répond à l'appel en souscrivant devient actionnaire ou associé et ne s'enquiert en aucune façon de ceux qui deviendront actionnaires en souscrivant comme lui. Loin de se choisir, les associés peuvent ne pas se connaître, et généralement ils ne se connaissent pas. Ce qu'ils considèrent avant tout, c'est le capital ou l'apport; et pourvu qu'il soit réalisé, il importe peu que ce soit par tels et tels souscripteurs ou par tels et tels autres. Rien ne s'oppose donc à ce que l'actionnaire qui est entré dans une société de ce genre en souscrivant des actions en sorte par la cession de ses actions à un tiers qui vient prendre sa place et lui est à tous égards substitué.

599. Ceci nous servira à fixer le sens et la portée de ces deux ex-

pressions, *intérêt* et *action,* qui, l'une et l'autre, sont employées pour désigner « le droit, pour chaque associé, de participer, en retour de son apport, aux bénéfices que la société peut faire jusqu'à sa dissolution, et, lors de sa dissolution, au partage du fonds social. » (1) Sans parler des divers systèmes proposés pour expliquer en quoi les deux termes, qui en définitive expriment une idée commune, se distinguent cependant juridiquement l'un de l'autre, systèmes d'ailleurs que M. le professeur Beudant a très-exactement exposés (2), nous précisons, avec quelques auteurs, notamment MM. Aubry et Rau, « que l'action s'entend de la part d'un associé dans une société anonyme ou dans une société en commandite par actions, et que le mot *intérêt,* qui, dans son acception étendue, s'applique à la part d'un associé dans une société quelconque, désigne plus spécialement le droit de l'associé dans une société en nom collectif, ou du commanditaire dans une société en commandite non divisée par actions. » (3) Et puis, rapprochant de ces définitions la distinction indiquée au numéro précédent, nous concluons que ce qui constitue l'action et la distingue juridiquement de l'intérêt, c'est la cessibilité. L'action est cessible, puisqu'elle représente une part d'associé dans une société où l'élément personnel s'efface, et fait place à de simples rapports d'affaires ou d'argent. Au contraire, l'intérêt est de sa nature incessible, puisqu'il est la part d'un associé dans une société dont le caractère essentiel et fondamental est d'être formée par la confiance réciproque des parties et basée sur la considération de la personne.

Nous devons le dire, cependant, ce système n'a pas échappé non plus aux critiques de M. Beudant. Selon le docte professeur, il serait, aussi bien que les autres systèmes par lui discutés, insuffisant à caractériser l'action et à la distinguer de l'intérêt. « La cessibilité, dit-il, est une qualité accessoire, qui peut, sous des conditions diverses, appartenir également à l'intérêt et à l'action; dès lors, il n'est pas possible de voir en elle le caractère constitutif et distinctif de l'action. Le caractère spécifique d'une chose la fait connaître de manière à la distinguer de toute autre : un élément commun à deux termes ne saurait être le signe distinctif ni de l'un ni de l'autre; or il peut y avoir des parts d'intérêts cessibles, il peut y avoir des actions qui ne sont cessibles que sous les mêmes conditions que les parts d'intérêts. En effet, c'est exagérer la portée de l'art. 1861 du Code Napoléon que d'en induire l'incessibilité des parts d'intérêts. Ce qu'il interdit à l'associé, ce n'est pas de céder ses droits, c'est seulement d'introduire un nouveau membre dans la société en son lieu et place, sans le consentement de ses coassociés; c'est, pour employer les expressions mêmes de la loi,

---

(1) Ce sont les expressions de M. Bravard-Veyrières (*Traité des soc. comm.,* p. 110).
(2) *Des caractères distinctifs de l'intérêt et de l'action en matière de société,* mémoire publié par la *Revue critique de législation* (t. XXXIV, p. 135 et suiv.).
(3) MM. Aubry et Rau (3ᵉ édit., t. II, p. 26, note 19). *Comp.* M. Demolombe (t. IX, nᵒ 411).

d'associer une tierce personne à la société. » (1) Mais évidemment il y a ici une méprise ou une équivoque qu'il faut dissiper. La cessibilité, dans le sens où, sur le point en question, il convient de prendre ce mot, s'entend de la faculté pour tout associé de transporter à un tiers non-seulement ses droits, *mais encore sa qualité.* Or, c'est là ce qui, dans les sociétés par intérêt, n'est pas permis par la loi; c'est même ce qui est expressément prohibé par l'art. 1861. L'associé pourra bien, d'après cet article, céder en tout ou en partie ses droits dans la société, c'est-à-dire *associer un tiers à sa propre part* et partager avec ce tiers ses chances de gain ou de perte, comme nous l'expliquerons *infrà,* n°s 616 et suiv. Mais quoi qu'il fasse et quoi qu'il dise, il ne pourra pas, par un acte de sa seule volonté, céder sa *qualité,* c'est-à-dire sortir de la société et y donner sa place à une tierce personne, ni même la partager avec elle. C'est là précisément ce qui, quant à la part d'associé qualifiée *intérêt,* constitue l'incessibilité dans le sens nécessaire du mot. Et c'est par cette incessibilité que ladite part d'associé diffère de celle que l'on nomme *action,* laquelle laisse l'actionnaire ou l'associé libre de céder à la fois son droit et sa qualité, et de sortir ainsi, quand il le veut, de la société en y mettant à sa place un tiers auquel il transmet ses obligations aussi bien que ses droits. Sans doute, il n'est pas impossible que, tout en donnant à la part d'associé la qualification d'action, ou en distribuant les parts en titres qui prennent la forme et le nom d'actions, les parties stipulent que les actions ne seront cessibles que sous la même condition que les parts d'intérêt, c'est-à-dire avec l'assentiment de tous les associés. Mais alors la convention même imprimerait à la société le caractère tout personnel que la qualification d'action improprement donnée à la part d'associé ne suffirait pas à lui enlever. L'action prétendue serait en réalité un intérêt; et, soumis aux règles des sociétés par intérêt, tout associé pourrait bien, nonobstant la convention, *céder son droit aux bénéfices ou associer un tiers à sa part,* mais il n'en retiendrait pas moins sa qualité d'associé qu'en vertu de l'incessibilité à la fois conventionnelle et légale, dans le cas supposé, il ne pourrait ni abdiquer, ni partager, sans le consentement des autres associés (2).

La cessibilité est donc bien la condition qui sépare et distingue l'action de l'intérêt; et avec M. Bravard-Veyrières, l'un des auteurs qui ont le mieux posé cette thèse, on peut dire : « Pour reconnaître s'il y a intérêt ou action, il n'y a qu'une seule chose à examiner, savoir si le droit (c'est-à-dire, dans la pensée de l'auteur, *la qualité d'associé)* est cessible ou s'il ne l'est pas; en d'autres termes, s'il y a des rapports

---

(1) V. M. Beudant (*Rev. crit.*, loc. cit., p. 148). Mais en cette partie le mémoire de M. Beudant a été l'objet, de la part de M. Batbie, d'une réfutation suivie elle-même de répliques (*Rev. crit.*, loc. cit., p. 328 et suiv., 402 et suiv., et 413).
(2) Dans cet ordre même d'idées, la Cour de cassation a consacré, par un arrêt sur lequel nous aurons à revenir bientôt, le droit pour les juges du fond de rendre à une convention, d'après l'ensemble de ses clauses, le caractère propre que lui aurait enlevé la qualification des parties (V. Req., 24 nov. 1856 : S.-V., 57, 1, 516; Dall., 56, 1, 429; J. Pal., 1858, p. 68).

de choses ou des rapports de personnes. Partout donc où la cessibilité existera, se rencontrera, il y aura une action ; partout où elle n'existera pas, il n'y aura qu'un intérêt. » (1)

600. Et maintenant, passant à l'application pour mieux préciser la distinction, nous admettons les solutions suivantes.

Dans les sociétés civiles, qui sont telles par la forme aussi bien que dans le fond, la part d'associé est manifestement un *intérêt* incessible dans les termes de l'art. 1861. C'est de toute évidence, puisque c'est spécialement en vue des sociétés de ce genre que la disposition de cet article a été édictée.

Mais si la société civile au fond affecte la forme commerciale, ce qui est légalement possible, ainsi que nous l'avons établi (*suprà*, n°s 122 et 123), il faut distinguer. La forme adoptée est-elle celle de l'anonymat ou de la commandite par actions, il y aura dérogation virtuelle à l'art. 1861. La convention aura substitué aux rapports de personnes des rapports de choses. Les parts d'associé seront dès lors des actions cessibles, en sorte que chaque associé sera libre de transmettre son action et de céder ainsi à une tierce personne non-seulement son droit aux bénéfices, mais encore sa place ou sa qualité d'associé. La forme adoptée est-elle celle de la société en nom collectif ou de la commandite simple ou ordinaire, les parties resteront sous l'empire de l'art. 1861. La convention n'aura rien changé au caractère tout personnel de la société, qui restera classée parmi les sociétés *par intérêt,* et, par suite, la part d'associé sera un intérêt incessible dans le sens plus haut précisé. Et à cet égard nous n'admettons même pas, en ce qui concerne la commandite ordinaire, la différence qui paraît résulter de l'opinion ci-dessus reproduite de MM. Aubry et Rau, entre les associés en nom et les simples commanditaires. Nous tenons que les parts d'associé, qu'ils soient en nom ou simplement commanditaires, sont de leur nature incessibles, et que, comme les parts d'associé dans les sociétés en nom collectif, elles ne pourraient être cédées par un associé que du consentement de tous les autres, parce que dans la commandite simple ou ordinaire le caractère personnel du contrat subsiste, au moins dans les rapports de tous les associés entre eux (2).

601. Cela étant, il paraît difficile d'expliquer et de justifier l'extension que, dans son dernier état, la jurisprudence de la Cour de cassation en matière d'enregistrement a donnée à la disposition favorable du tarif applicable « aux cessions d'actions et coupons d'actions mobilières des compagnies et sociétés d'actionnaires. » Les cessions d'actions et des coupons d'actions, si elles n'eussent pas été l'objet d'une dénomination particulière dans le tarif, seraient incontestablement tombées

---

(1) V. M. Bravard-Veyrières (*Traité des soc. comm.*, p. 114 et suiv.). *Junge :* MM. Pardessus (n°s 973 et 993); Troplong (n°s 128 et suiv.); Demangeat, sur Bravard (*op. cit.*, p. 116, à la note); Molinier (n° 512); Batbie (*Rev. crit.*, t. XXXIV, p. 328 et suiv.).

(2) V. MM. Bravard-Veyrières (*loc. cit.*); Beudant (*Rev. crit. de législ.*, t. XXXIV, p. 405); Batbie (*ibid.*, p. 332).

sous l'application du § 5, art. 69, de la loi du 22 frimaire an 7, dont le n° 1 classe parmi les actes soumis à un droit proportionnel de 2 fr. par 100 francs « les adjudications, ventes, reventes, *cessions*, rétrocessions, marchés, traités et tous autres actes, soit civils, soit judiciaires, translatifs de propriété, à titre onéreux, de meubles, récoltes de l'année sur pied, coupes de bois taillis et de haute futaie, *et autres objets mobiliers généralement quelconques...* » En effet, le caractère mobilier des actions dans les compagnies de finances, de commerce et d'industrie, étant certain (C. civ., art. 529), il eût été par cela même certain aussi que la cession de ces actions se serait trouvée atteinte par cette disposition générale du tarif. Mais le législateur a voulu qu'elle en fût affranchie, et par une autre disposition, favorable et tout exceptionnelle, il a réduit à 50 centimes par 100 francs le droit à percevoir sur « les billets à ordre, *les cessions d'actions et coupons d'actions mobilières des compagnies et sociétés d'actionnaires*, et tous autres effets négociables de particuliers ou de compagnies... » (L. 22 frim. an 7, art. 69, § 2, n° 6.)

Telle est l'exception; et comme il est de la nature de l'exception d'être limitative et de se renfermer dans son objet précis, il faut conclure que tandis que les cessions par acte particulier (1) d'*actions* dans les compagnies et sociétés d'actionnaires, c'est-à-dire dans les sociétés anonymes ou en commandite par actions, ne sont passibles que du droit de 50 centimes par 100 francs aux termes de cette dernière disposition, les cessions d'*intérêt* dans les sociétés soit civiles, soit commerciales, en nom collectif ou en commandite simple ou ordinaire, doivent, comme restant sous l'empire de la règle générale édictée par l'art. 69, § 5, n° 1, de la loi du 22 frimaire an 7, donner ouverture au droit de 2 francs par 100 francs. Ainsi ont décidé et décident encore les tribunaux en général; et jusqu'en 1845, c'était la jurisprudence de la Cour de cassation elle-même (2). Mais, depuis, la Cour suprême a

---

(1) Nous disons *par acte particulier*, parce que la disposition dont il s'agit ne peut atteindre que les cessions constatées par acte. Cass., 6 juin et 21 août 1837 (S.-V., 37, 1, 489 et 103; Dall., 37, 1, 103 et 431; *J. Pal.*, à leur date). Quant aux transmissions qui s'opèrent par endossement ou par un transfert, elles tombent sous l'application de l'art. 6 de la loi des finances du 23 juin 1857, lequel, en soumettant à un droit d'enregistrement les actions et obligations des sociétés, compagnies et entreprises françaises ou étrangères, a rangé les titres passibles du droit en deux catégories distinctes, comprenant : l'une, les titres nominatifs dont la cession s'opère par un transfert sur les registres des sociétés, et rend exigible un droit de transmission de 20 centimes par 100 francs de la valeur négociée; l'autre, les titres au porteur et ceux dont la transmission peut s'opérer sans un transfert sur les registres sociaux, et pour lesquels le droit est converti en une taxe annuelle et obligatoire de 12 centimes par 100 francs du capital desdites actions et obligations. V., pour l'application de cet article : Rej., 26 janv. 1869, 6 avr. 1870 (Dall., 69, 1, 354; 70, 1, 412; S.-V., 69, 1, 322; *J. Pal.*, 1869, p. 792; 1870, p. 767); Cass., 8 et 15 déc. 1869, 15 mars et 20 juin 1870 (Dall., 70, 1, 409, 412 et 416; *J. Pal.*, 1870, p. 407 et 673; S.-V., 70, 1, 177, 271 et 373).

(2) V. notamment Cass., 27 janv. 1841, 14 déc. 1842, 11 janv. 1843 (Dall., 41, 1, 100; 43, 1, 86 et 90; S.-V., 41, 134; 43, 1, 317; *J. Pal.*, à leur date), arrêts desquels il résulte que la cession par un associé de son intérêt dans une société dont le capital n'est pas divisé en actions négociables est passible du droit proportionnel de 2 francs pour 100, et non du droit de 50 centimes.

cru devoir revenir sur cette jurisprudence; et, par une longue suite d'arrêts, dont l'un même a été rendu par les chambres réunies, elle a jugé que l'art. 69, § 2, n° 6, de la loi du 22 frimaire an 7, n'est pas limité aux actions proprement dites; et que, quel que soit le mode de division du capital d'une société, en nom collectif ou autre, même civile, la cession à titre onéreux est passible seulement du droit réduit, et non pas de celui de 2 francs par 100 francs, dès que la transmission s'opère abstraction faite des valeurs mobilières ou immobilières de la société (1). Nous nous expliquons mal ce retour de jurisprudence. La Cour se fonde, pour le justifier, sur une série de considérations qui aboutissent en définitive à cette proposition, formulée dans son arrêt des chambres réunies, « que la disposition du n° 6 du § 2 (qui réduit à 50 centimes le droit de cession) *s'applique à toutes les sociétés,* sous quelque forme qu'elles soient constituées, *la loi à cet égard n'ayant fait aucune distinction.* » Mais la distinction résulte non-seulement du texte même où il est parlé seulement des *actions* et des compagnies et sociétés d'*actionnaires,* mais encore et surtout des motifs qui ont déterminé le législateur à réduire le tarif. D'après toutes les décisions judiciaires, sans excepter même celles de la Cour de cassation, l'exception a été introduite « pour favoriser des entreprises qui intéressent la prospérité commerciale ou industrielle, *en facilitant la circulation des capitaux engagés* »; — « pour favoriser les grandes entreprises d'utilité générale, embrassant d'immenses intérêts créés au moyen d'un mode nouveau auquel a été donné le nom d'actions, lesquelles, destinées *à une circulation rapide,* doivent, par la facilité des transactions, vivifier le commerce et l'industrie. » Or, ces motifs fixent avec netteté l'objet et la portée de l'exception. Ils montrent que le législateur a eu en vue la cession intervenant dans les sociétés *par actions,* où les parts d'associé consistent en fractions dont la cessibilité est la condition naturelle, et qu'il n'a pas pu songer aux sociétés *par intérêt,* par la raison décisive que les parts d'associé y étant incessibles de leur nature, il ne pouvait pas être question d'en faciliter ou d'en favoriser la transmission. Il nous semble donc que la première jurisprudence de la Cour est seule conforme à la vérité juridique (2). Nous admettons sans doute que l'abaissement du tarif doit profiter à la cession quelle que soit la dénomination donnée aux fractionnements du capital, parce que tous ces fractionnements, qu'on les nomme sous, deniers, sous-deniers, parts, ou même parts d'intérêt, produisent en réalité des actions, dès que l'acte con-

(1) V. notamment Cass., 3 mai 1864, 16 nov. 1868, 29 déc. 1868 (ch. réun.), 15 mars 1869, 14 fév. 1870 (*J. Pal.,* 1864, p. 1178; 1869, p. 302 et 673; 1870, p. 307; S.-V., 64, 1, 93; 69, 1, 133 et 279; 70, 1, 136; Dall., 64, 1, 170; 69, 1, 73; 70, 1, 394).

(2) V., en ce sens, MM. Dalloz (*Rép.,* v° Enreg., n°' 1776 et suiv.); Garnier (*Rép.,* n°' 1037 et suiv.); Beudant (Dissertation sur l'arrêt des ch. réun. : Dall., 69, 1, 73); Demante (*Princ. de l'enregistr.,* n°' 508 et suiv.). L'opinion contraire a cependant été soutenue par MM. Championnière et Rigaud dans leur *Supplément,* auquel nous avons concouru (V. *Suppl. au Traité des droits d'enregistr.,* n°' 108 et suiv.), et par les annotateurs de l'arrêt des chambres réunies, au *Journal du Palais* et dans le Recueil de S.-V.

stitutif de la société a fait la division du capital social dans la prévision de cessions futures (1). Mais aller au delà, et notamment étendre la faveur même aux cessions de parts qui peuvent avoir lieu dans les sociétés *par intérêt*, c'est méconnaître la pensée de la loi; car, par un oubli complet ·des vues qui l'ont dirigée, c'est appliquer une mesure prise dans l'intérêt général du commerce et de l'industrie, en vue des sociétés *de capitaux*, et pour favoriser le mouvement et la circulation qui font leur puissance, aux sociétés *de personnes,* dans lesquelles le droit des associés est de sa nature incessible, ou ne peut être cédé qu'à de certanes conditions *et dans un intérêt tout particulier*.

. III. — 602. Après cette digression, revenons à l'art. 1861, et précisons la portée de la prohibition qu'il édicte. Nous avons dit que l'incessibilité résultant de cette prohibition est propre aux sociétés par intérêt. Ajoutons maintenant que, même dans les sociétés de cette sorte, l'incessibilité ou la prohibition n'est pas absolue. La loi dit que l'associé ne peut pas, *sans le consentement de ses associés,* associer une tierce personne à la société. Donc l'adjonction d'un nouvel associé à la société serait possible avec le consentement des autres associés. Cela, d'ailleurs, s'explique de soi-même. Dès que la tierce personne présentée par l'un des associés est agréée par les autres, qui en conséquence l'admettent soit comme associé nouveau, soit comme prenant la place de celui qui la présente, il est vrai de dire que le contrat reste dans ses conditions constitutives, dans son caractère propre : le choix des parties, l'*intuitus personæ,* en forment toujours la base.

603. Mais, par cela même, le consentement *de tous les associés* est nécessaire. La jurisprudence décide que l'assentiment de la majorité ne suffirait pas (2). Et c'est de toute justice. Admettre comme associé une personne jusque-là étrangère à la société, c'est changer sa constitution première et en quelque sorte former une nouvelle société. Or, pour revenir sur un contrat légalement formé et le révoquer, il faut l'accord de toutes les parties : c'est la règle générale (C. civ., art. 1134). On en fait une application particulière en décidant que la substitution d'une société nouvelle à une société précédemment établie et organisée ne saurait jamais avoir lieu que par la volonté de tous les associés. Donc, si un seul résistait, la majorité formée de tous les autres resterait impuissante. « Cum enim societas consensu contrahatur, socius » mihi esse non potest, quem ego socium esse nolui. » (L. 19, ff. *Pro soc.*)

604. Ajoutons que la loi ne fait pas d'exception en faveur de l'associé administrateur. Elle lui refuse, aussi bien qu'à tout autre associé, la faculté d'introduire un tiers dans la société sans l'agrément de tous les autres. L'art. 1861 le dit expressément, et c'était déjà l'avis de Pothier. « C'est une chose qui me paraît passer les bornes d'une simple

(1) V. Cass., 8 fév. 1837 et 16 juill. 1845 (Dall., 37, 1, 163; 45, 1, 314; S.-V., 37, 1, 113; 45, 1, 664; *J. Pal.*, 1837, à sa date; 1845, t. II , p. 604).
(2) V. Besançon, 23 avril 1845 (S.-V., 46, 2, 655; Dall., 47, 2, 15; *J. Pal.,* 1847, 1, 456).

administration des biens de la société, disait-il, que de donner à ses associés un associé qu'ils n'ont pas choisi eux-mêmes. » (1) Sous sa forme réservée et timide, cette réflexion est d'une justesse évidente. Nul ne pourrait comprendre, dans la mission et les droits du gérant, la faculté de bouleverser la société par le changement qu'il lui plairait de faire à sa composition actuelle et future. Sur ce fondement repose la jurisprudence qui refuse au gérant d'une société en commandite le droit de consentir, même par voie de transaction, la retraite d'un ou plusieurs associés, et de faire avec les commanditaires des conventions particulières à l'effet de leur restituer la mise déjà versée par eux, ou de les exonérer de la mise restant à verser (2). Nous y reviendrons en traitant des sociétés commerciales.

605. Notons cependant une exception toute spéciale. Nous avons parlé des dispositions législatives qui, sanctionnant une pratique dès longtemps établie, ont, contrairement à la règle prohibitive des associations organisées en vue de gérer un office public et d'en partager les bénéfices, autorisé l'exploitation des charges d'agent de change au moyen de capitaux associés (*suprà*, nos 46 et 57). Il s'agit, on le comprend, de la loi du 2 juillet 1862, par laquelle l'art. 75 du Code de commerce a été ainsi modifié : « Les agents de change près des bourses pourvues d'un parquet pourront s'adjoindre des bailleurs de fonds intéressés, participant aux bénéfices et aux pertes résultant de l'exploitation de l'office et de la liquidation de sa valeur... » Or, dès la promulgation de cette loi, les traités par lesquels les agents de change se sont adjoint des bailleurs de fonds intéressés ont dérogé à la règle d'après laquelle aucune modification ne peut être faite utilement à la constitution d'une société sans le consentement de tous les associés : il y a été stipulé que les bailleurs de fonds pourraient céder leurs droits soit en partie, soit même en totalité, en se substituant une tierce personne, *du consentement du titulaire ou gérant de la charge seulement, et après avoir obtenu au préalable l'agrément de la chambre syndicale.* La clause est habituelle, et il est aisé de la justifier. D'une part, elle semble avoir pour base le décret du 1er octobre 1862, rendu en exécution de l'art. 90 du Code de commerce modifié par cette même loi du 2 juillet, lequel, en exigeant la publication des traités dont il s'agit, paraît n'en soumettre les stipulations *qu'au contrôle de la chambre syndicale* et du ministre des finances. D'une autre part, les associations en question sont plus particulièrement, au moins en ce qui concerne les bailleurs de fonds, des associations de capitaux. En sorte que la considération de la personne n'y a pas la même importance que dans les sociétés par intérêt.

Cependant, par cela même qu'elle déroge au droit commun, l'ex-

(1) Pothier (*Soc.*, n° 95).
(2) V. notamment Cass., 12 avril 1842, 11 mai 1853, 6 nov. 1865 (S.-V., 42, 1, 417; 54, 1, 22; 66, 1, 109; *J. Pal.*, 1842, t. I, p. 545; 1855, t. II, p. 331). V. aussi Bel., 14 déc. 1869, et Bourges, 26 déc. 1870 (S.-V., 70, 1, 165, et 2, 318; *J. Pal.*, 1870, p. 387 et 1176).

ception doit être renfermée dans son objet précis. La Cour de cassation a décidé, en rejetant un pourvoi vainement dirigé contre un arrêt
de la Cour de Paris, que la faculté conférée aux bailleurs de fonds par
l'acte d'association, de céder leurs parts du consentement du titulaire
et avec l'agrément de la chambre syndicale, n'autorise en aucune manière la cession faite par un associé au titulaire même de la charge ou
à tous les associés collectivement, *moyennant un prix à payer sur l'actif social* (1). Et c'est de toute évidence. Une telle cession conduit à
tout autre chose qu'à la substitution, autorisée par la clause, d'un tiers
qui, en venant prendre la place du cédant, verse ses fonds à la société
dont le capital reste ainsi intact. Elle aboutit à la retraite d'un associé
qui emporte sa mise, diminuant d'autant le capital de la société. Or, si
la substitution du cessionnaire au cédant peut, en vertu des stipulations
du traité, avoir lieu sous le contrôle de la chambre syndicale, et avec
le seul consentement du titulaire, l'adhésion du gérant est évidemment
insuffisante, et il faut l'assentiment de tous pour une cession par l'effet
de laquelle le capital social va se trouver diminué. Cela résulte de l'arrêt
précité; et, en cela, la décision rentre dans la jurisprudence d'après
laquelle l'associé, même administrateur ou gérant, ne peut faire seul
avec les associés ou actionnaires des traités susceptibles de modifier soit
le personnel, soit le capital de la société. (V. au numéro précédent.)

IV. — 606. La loi ne dit pas comment et en quelle forme doit être
donné le consentement des associés. Les auteurs, généralement, en
concluent que la forme ici est indifférente; que l'adhésion a sa valeur
de quelque manière qu'elle se produise. C'est aussi notre avis : nous
n'hésitons pas à reconnaître que le consentement verbal serait suffisant
et ne vaudrait pas moins que le consentement écrit; qu'il pourrait
même être tacite, et résulter par exemple de ce qu'après qu'un associé
s'est substitué un cessionnaire, les autres se sont mis en relation avec
ce dernier, l'ont admis à délibérer avec eux sur les affaires de la société, l'ont laissé s'immiscer dans l'administration, etc., etc. (2). Mais,
en tout cas, que le consentement soit tacite ou exprès, verbal ou écrit,
il faut que l'existence en soit certaine et non contestée. A défaut, l'admission d'un nouvel associé devrait être prouvée; et la preuve à cet
égard ne pourrait être faite que d'après les règles du droit commun,
de même que la preuve des sociétés (*suprà*, art. 1834). Une association avait été formée entre onze personnes pour l'exploitation de mines
d'antimoine. Un tiers se présenta, qui acquit les actions de plusieurs
sociétaires. Les mines ayant été concédées plus tard à la société, l'acquéreur requit l'inscription sur les registres de la cession qui lui avait
été faite à l'effet d'obtenir sa part dans les bénéfices. Les associés s'y
refusèrent, par le motif que l'association avait été formée entre onze
personnes individuellement désignées, et qu'il ne leur convenait pas

---

(1) V. Req., 22 fév. 1869 (*J. Pal.*, 1869, p. 641; S.-V., 69, 1, 260; Dall., 69, 1,
420).

(2) V. MM. Bédarride (*Soc.*, n° 21); Alauzet (t. I, n° 212); Dalloz (*Rép.*, v° *Société*,
n° 583).

d'admettre un nouvel associé. Sur ce, le cessionnaire conclut à l'apport au greffe des registres de la société pour établir que, depuis la cession, il avait figuré comme cessionnaire dans les délibérations de la société, et demanda à prouver, tant par titres que par témoins, que la cession avait été reconnue par les associés. La prétention fut rejetée par la Cour de Nîmes, « attendu que la société n'avait pas été formée entre négociants... qu'elle n'avait point le caractère d'une société anonyme; qu'aucun associé ne peut, sans le consentement de ses associés, associer un tiers à la société; qu'il n'était pas établi que le cessionnaire eût été admis dans la société comme l'un de ses membres; que son offre en preuve n'était pas admissible, aux termes de l'art. 1341 du Code civil; que la demande en remise de livres ne saurait non plus être admise, nul n'étant tenu de fournir des titres contre lui-même... » Et le pourvoi formé contre cet arrêt a été rejeté, en ce que « la Cour de Nîmes, appréciant avec justesse et sagacité l'acte d'association dont il s'agissait, avait sainement et précisément décidé que la société n'était ni commerciale, ni anonyme, et qu'ainsi elle avait pu rejeter soit la demande de la production des registres de la société, soit celle de la preuve testimoniale. » (1)

607. Le consentement indispensable des membres de la société peut être donné soit au moment même où intervient le traité entre l'associé cédant et le tiers cessionnaire, soit par avance, et d'une manière générale, dans l'acte de société lui-même.

608. En ce dernier cas, il est rare que l'acte social se borne à autoriser tout associé à céder sa part et à introduire dans la société une tierce personne qu'il lui appartiendra, à lui seul, de choisir. On prévoit habituellement la cession, c'est-à-dire la substitution de personnes qui en doit résulter. On la prévoit pour la réglementer; on l'autorise, mais on impose des conditions.

609. Il faut alors obéir aux prescriptions du pacte social, et cela soit que les conditions touchent au fond, soit qu'elles tiennent à la forme. La Cour de Paris a déclaré valable et obligatoire la clause des statuts d'une société civile qui, en soumettant le cessionnaire d'une part d'intérêt à toutes les obligations de l'associé cédant, stipulait que ce dernier serait déchargé de toute contribution aux dettes contractées, même antérieurement à cette cession, par la société (2). Et nous approuvons la décision, tout en réservant le point de savoir si la clause, valable dans les rapports des parties entre elles, serait également opposable aux tiers. (V. là-dessus le commentaire des art. 1862, 1863 et 1864.) D'une autre part, et quant aux conditions relatives à la forme, l'interprétation reste dans le domaine des juges du fait dont l'appréciation à cet égard est souveraine. Ainsi, quand il a été convenu que les associés qui vendraient leur intérêt seraient tenus d'en avertir *les membres du comité un jour de*

---

(1) Req., 7 fév. 1826 (S.-V., Coll. nouv., t. VIII, part. 1, p. 274; Dalloz (*Rép.*, t. XL, p. 425, note 1).
(2) V. Paris, 28 janv. 1868 (S.-V., 69, 2, 105; *J. Pal.*, 1869, p. 468; Dall., 68, 2, 244).

séance, le jugement par lequel il est déclaré que le but de la clause n'a pas été atteint par des significations faites soit au receveur de la société, soit aux sociétaires individuellement, est une décision de fait qui ne saurait constituer la violation d'aucune loi (1).

V. — 610. Les clauses ou conditions sous lesquelles la cession peut être autorisée sont susceptibles de varier; nous n'avons pas à insister à cet égard. Mais il en est une à laquelle il convient de s'arrêter, parce qu'elle est très-fréquemment stipulée et qu'elle a donné lieu à des décisions judiciaires importantes à relever. Nous voulons parler de la clause qui, à côté de l'autorisation donnée à tout associé de céder son intérêt ou sa part à un tiers, — lequel deviendra, par l'effet de la cession, membre de la société avec tous les droits et les devoirs d'un associé originaire, — impose à l'associé qui voudrait user de cette faculté l'obligation d'offrir, au préalable, son intérêt ou sa part aux autres associés auxquels le droit de préférence se trouve ainsi réservé. M. Dalloz rapporte, dans la première édition de son *Répertoire*, un arrêt, dont il ne donne pas la date, par lequel une cour d'appel, qui n'est pas non plus désignée, aurait déclaré une telle clause contraire à la loi, « attendu que le retrait que les appelants veulent exercer ne peut être considéré comme un réméré ou retrait conventionnel, puisque celui-ci ne compète qu'au vendeur, à ses héritiers ou ayants cause; que le retrait de société a été aboli, et que si on pouvait le rétablir par des conventions, ce serait un moyen de rétablir un usage contraire à la loi, et d'en éluder les effets. » (2) Assurément, rien n'était moins exact que cette solution. La loi du 13-18 juin 1790, sur laquelle elle était fondée, avait entendu abolir le retrait légal ou coutumier; et il en résultait que le retrait coutumier n'avait plus lieu en matière de société. Mais il n'en résulte en aucune manière que sous l'empire du Code civil le retrait ne puisse pas être stipulé. Le Code ne le défend pas, et par cela même il le permet, puisqu'en lui-même il n'a rien de contraire ni à la loi, ni à la morale (3). Aussi voit-on que la stipulation a été reproduite journellement sans que la validité en ait jamais été mise en question devant les tribunaux.

611. Elle est empruntée à l'art. 841 du Code civil, dont les dispositions, sages et utiles dans leur application directe, ont inspiré la pratique et lui ont servi de règle et de modèle dans une situation analogue. Le législateur prévoit le cas où un héritier, usant d'une faculté naturelle, a cédé à une personne non successible du défunt son droit à la succession; et par respect pour l'esprit de famille, il consacre une faculté de retrait; il permet à tous les cohéritiers, et même à un seul, d'écarter du partage l'étranger que la cession aurait amené en lui remboursant le prix du marché. De même, ici, on prévoit que l'un des associés, profitant de l'autorisation accordée à tous par la convention, voudrait se retirer de la société et y mettre à sa place une tierce personne à laquelle il vendrait son intérêt ou sa part; et dans cette prévision,

(1) Req., 17 avril 1834 (S.-V., 34, 1, 276; Dall., 34, 1, 346; *J. Pal.*, à sa date).
(2) V. M. Dalloz (*Rép.*, 1re édit., v° Soc., ch. I, sect. 1, n° 6, à la note).
(3) V. M. Duranton (t. XVII, n° 443).

pour garantir le bon accord entre associés, pour les mettre en mesure de maintenir l'union entre les mêmes parties, on réserve à la société un droit de préférence, ou, en d'autres termes, on permet à chacun de ses membres ou à eux tous de rejeter une intervention étrangère en prenant le marché pour eux-mêmes et en en payant le prix. De cette manière, tous les intérêts sont sauvegardés : si un associé peut, en exécution de la convention, se retirer de la société en cédant sa part, les autres associés peuvent, en exécution de la convention également, écarter l'étranger, le laisser en dehors de la société, en payant le prix de la cession, c'est-à-dire en exerçant le droit justement qualifié de *retrait social.*

612. La convention devant être limitée dans son objet même, le retrait ne saurait avoir lieu que dans le cas où l'un des associés a cédé sa part, et l'a transmise à un tiers qui, si la cession sortait à effet, viendrait prendre sa place. Il ne pourrait donc pas en être question si, au lieu de céder sa part dans la société, un associé l'avait simplement donnée en nantissement à l'un de ses créanciers, même avec subrogation dans tous ses droits et actions. En un tel cas, en effet, les associés n'ont pas à se préoccuper de la pensée d'exclure un étranger, car le créancier gagiste avec lequel l'un des leurs a traité n'entre pas dans la société ; il n'acquiert même pas le droit d'actionner directement le gérant en reddition de compte (*infrà,* n⁰ˢ 616 et suiv.) ; il ne peut prétendre qu'à toucher les dividendes et les reliquats de compte à débattre entre son débiteur et le gérant (1). De même, et par le même motif, il ne saurait être question du retrait social si, au lieu d'avoir traité de sa qualité, un associé avait pris un croupier auquel il aurait simplement cédé, en tout ou en partie, son droit aux bénéfices dans la société. Mais le point de savoir si l'acte intervenu entre le cédant et le cessionnaire constitue l'abandon de la qualité d'associé ou la transmission du droit aux bénéfices, est une question de fait ou d'interprétation dont la décision souveraine est laissée aux juges du fond. La Cour de cassation a décidé, en ce sens, que la cession faite par un associé à un tiers d'une partie de ses droits dans la société peut, malgré la qualification de *croupier* donnée au cessionnaire, et d'après l'ensemble des clauses de l'acte, être déclarée constituer une vente d'une part d'intérêt ; et, par suite, que si l'acte social donne à la société le droit d'exercer le retrait en cas de vente par un des associés de son intérêt, tout en lui refusant ce droit au cas où un associé ne ferait que prendre un croupier, le retrait peut être exercé par la société contre ce cessionnaire, sans qu'il puisse se prévaloir de la qualité de croupier qui lui est donnée par l'acte de cession (2).

613. La faculté d'exercer le retrait social, lorsqu'elle est réservée à la société, est habituellement circonscrite dans un délai déterminé. Il est convenu généralement que la société, à laquelle un droit de pré-

---

(1) V. Rouen, 2 janv. 1847 (S.-V., 48, 2, 660 ; *J. Pal.,* 1849, t. II, p. 222 ; Dall., 51, 2, 232).

(2) V. Req., 24 nov. 1856 (Dall., 56, 1, 429 ; S.-V., 57, 1, 516 ; *J. Pal.,* 1858, p. 68).

férence est accordé, devra se prononcer dans un certain délai, par exemple dans quinze jours, dans un mois, etc., à partir de la notification qui lui sera faite du contrat. C'est que la cession est une convention légitime et valable, et que, par cela même, il n'est pas possible de la laisser instable en en livrant le sort au caprice ou aux indécisions des associés du cédant. Aussi le délai fixé est-il de rigueur, et non purement comminatoire (1). Comme toute autre, cette convention doit être exécutée dans ses termes; il ne saurait appartenir aux tribunaux d'en restreindre la portée en prolongeant arbitrairement le délai dans lequel les parties ont entendu qu'elle serait exécutée.

614. Quant à la notification qui fixe le point de départ du délai, et qui met la société en demeure d'exercer son droit de retrait, elle doit être faite dans les formes convenues. Le plus habituellement, il est stipulé qu'on aura recours à un acte extrajudiciaire, et, par suite, c'est par le ministère d'un huissier que la société est avertie de la cession, en même temps que le cédant et le cessionnaire se procurent la preuve de l'accomplissement d'une formalité nécessaire à la confirmation de leur marché. Mais, en tout cas, c'est la forme convenue, quelle qu'elle soit, qui doit être observée; sans quoi la notification pourrait être tenue comme non avenue. C'est ainsi que, suivant un arrêt déjà cité, lorsqu'il a été stipulé que la notification serait faite *aux membres du comité, un jour de séance,* pour que la société exerce, si elle le juge convenable, dans un certain délai, le droit de retrait qu'elle s'est réservé, il peut être décidé que le délai n'a pas couru si la notification a été faite soit au receveur de la société, soit aux sociétaires individuellement (2).

615. Que si la prévision des associés ne s'est pas étendue jusqu'à régler la forme et le mode de notification, c'est aux tribunaux qu'il appartient alors de décider en fait si la cession a été ou n'a pas été notifiée, c'est-à-dire s'il a été donné connaissance à tous les associés de l'acte intervenu entre le cédant et le cessionnaire. Une communication écrite ou même verbale, si elle est certaine en fait et non contestée, peut être considérée comme suffisante. Aussi a-t-il été décidé que lorsque par un acte de société il a été convenu que l'associé qui voudra vendre son intérêt devra l'offrir aux directeurs de la société, pour être repris ou abandonné par les associés, dans un délai fixé, sans rien préciser quant à la forme en laquelle l'offre devra être faite, on doit entendre qu'il suffit à l'associé, pour faire courir le délai, d'instruire par lettre les directeurs de la cession qu'il veut faire, sans qu'il soit tenu de le leur notifier par exploit d'huissier (3).

VI. — 616. 2° *De la faculté pour tout associé d'associer un tiers à sa part.* Si, comme nous venons de le voir, nul associé ne peut, sans le consentement de tous les autres, traiter de sa qualité d'associé, c'est-à-dire céder sa place à un tiers en l'associant à la société, tout associé est, au contraire, parfaitement libre de traiter, par sa seule volonté, de

_____

(1) V. Douai, 10 janv. 1839 (S.-V., 39, 2, 495; Dall., 40, 2, 23; *J. Pal.,* à sa date).
(2) V. l'arrêt du 17 avril 1834, cité sous le n° 609.
(3) V. l'arrêt de la Cour de Douai cité à l'avant-dernière note.

son droit aux bénéfices, c'est-à-dire de s'associer une tierce personne relativement à la part qu'il a dans la société. C'est là un droit certain, expressément consacré par notre article ; il est, comme nous l'avons fait remarquer d'après Pothier, la conséquence même du droit de tout associé de disposer, pour sa part, des choses de la société (*suprà*, n° 588). La convention a un objet essentiellement restreint. Membre d'une société en exercice, l'associé, mesurant les risques qu'il court, et en rapprochant les gains qu'il est raisonnable et sage d'attendre, préfère ne pas garder les chances pour lui seul ; et, voulant les partager, il fait appel à un tiers, dont les intérêts vont se confondre avec les siens. Tout est ainsi l'œuvre du cédant et du cessionnaire ; tout se passe exclusivement entre eux. L'assentiment des coassociés n'est donc pas nécessaire.

617. Et en effet, la convention leur est absolument étrangère. Leur société demeure intacte dans son organisation première ; car la cession n'y amène pas un associé de plus ou un associé nouveau, ce qui, tout à l'heure, nous a fait dire, d'accord avec la jurisprudence, que le retrait social n'y a pas sa raison d'être (*suprà*, n° 612). Le cessionnaire reste en dehors de la société, et le cédant continue d'y tenir sa place avec toutes ses obligations et tous ses droits. Ulpien, dans les lois 19 et 20, ff. *Pro soc.*, précise la situation avec cette netteté si remarquable dans la langue juridique des Romains : « Qui admittitur socius, ei tantum » socius est, qui admisit, et rectè : cum enim societas consensu contra-» hatur, socius mihi esse non potest, quem ego socium esse nolui. » Quid ergo, si socius meus eum admisit? Ei soli socius est (l. 19). » Nam socii mei socius, meus socius non est (l. 20). » Ce tiers, que le cédant se donne pour associé sans le donner à la société, est généralement désigné sous la qualification de *croupier :* et en effet, il chevauche en quelque sorte avec l'associé qui le prend en croupe, car il n'y a pour eux deux qu'une seule et même part.

618. Lorsque la cession est partielle, c'est-à-dire quand l'associé transmet seulement une partie de ses droits dans la société, il s'établit, parallèlement à la société principale, une sous-association, ou une société accessoire entre le cédant et le cessionnaire : « Qui admittitur so-» cius, *ei socius est qui admisit.* » L'art. 1861 dit également que chaque associé *peut s'associer* une tierce personne relativement à sa part dans la société. Et cela s'induit de la convention elle-même, dans laquelle on retrouve les éléments constitutifs du contrat. Il y a un fonds commun formé d'apports réciproques, puisque le cédant met dans sa sous-association la part d'intérêt qui lui reste dans la société principale, et que, de son côté, le cessionnaire y apporte, sinon la somme qu'il a payée pour prix de la cession, laquelle somme entre dans la caisse du cédant et non dans celle de la sous-association, au moins la part d'intérêt par lui acquise au moyen de ce prix. Il y a ensuite une communion d'intérêts établie en vue de partager les bénéfices qui en pourront résulter, puisque c'est ce partage qui est l'objet même et la raison d'être du contrat (*suprà*, n° 616). La convention rentre donc très-exactement dans

la définition de l'art. 1832, et il est vrai de dire qu'elle constitue une société véritable entre le cédant et le cessionnaire. C'est, d'ailleurs, l'avis des auteurs (1).

619. Seul, M. Duvergier estime que la convention crée seulement des rapports de simple communauté entre les contractants. Il se fonde d'abord sur ce qu'il n'y aurait point d'apport fourni par chacune des parties, le prix de la cession devenant la propriété personnelle du cédant, et n'étant pas, dès lors, la mise du cessionnaire. Et puis, abandonnant cette première considération qui, en effet, nous venons de l'indiquer, repose sur une appréciation inexacte de ce qui constitue la mise du cessionnaire, l'auteur ajoute que, d'ailleurs, on ne retrouve pas dans les conséquences du contrat les effets ordinaires d'une société : ainsi, et notamment, le cessionnaire doit rester complétement étranger à la gestion, contrairement au droit commun, d'après lequel chaque associé, à moins de conventions contraires, a l'administration de la société ; il ne peut pas, comme le peut tout associé, d'après l'art. 1859, user des choses dépendant de la société ; sa mort ou sa déconfiture ne met pas fin, nonobstant la disposition de l'art. 1865, aux rapports établis entre lui et son cédant (2). Mais, en admettant l'exactitude de ces conséquences, ce qui est contesté (3), ces raisons ne sont rien moins que décisives. Et d'abord, les points relevés par l'auteur comme étant propres à la société ne sont en aucune manière de l'essence du contrat. Ils peuvent très-bien être modifiés par la convention et en fait ils sont souvent modifiés. Ici, la modification résulte de la force même des choses. Et de ce que cette association est assujettie à des conditions particulières, sinon quant à l'organisation et à sa constitution, au moins quant à l'exercice et à son fonctionnement, on ne saurait conclure qu'elle ne constitue pas une société. Ensuite, ce qui nous touche surtout et nous détermine, c'est l'intention commune des parties, cet élément si important, et tout à fait décisif, pour la définition des contrats, lorsqu'il ne vient pas se heurter contre des obstacles résultant de la contradiction formelle entre les volontés et les actes. Or, ici, n'est-il pas évident que c'est l'esprit d'association qui a guidé le cédant et le cessionnaire? N'est-il pas clair que c'est en considération de la société déjà existante qu'ils se sont rapprochés? L'un et l'autre, ils ont voulu être deux là où il y avait d'abord une seule personne, deux associés là où il y a en avait un seul. Sans doute, la société principale ne reconnaît pas ces deux associés, et pour elle il n'y en a toujours qu'un, le cédant. Mais quant à celui-ci et au cessionnaire, vis-à-vis l'un de l'autre, ils sont certainement associés ; le cédant est en droit de dire au cessionnaire : « La part que vous aviez originairement dans la société est désormais notre fonds

_____

(1) V. MM. Delvincourt (t. III, note 9 de la page 126); Troplong (n° 757); Delangle (nos 193 et suiv.); Molinier (n° 364); Massé et Vergé, sur Zachariæ (t. IV, p. 436, note 9); Boileux (t. VI, p. 334, à la note); Bédarride (nos 23 et 24); Alauzet (n° 211); Rauter (p. 242); Demètre B. Polizu (no 121).
(2) V. M. Duvergier (Des Soc., n° 375).
(3) V. Troplong (loc. cit.).

commun; comme vous dès lors, au moins vis-à-vis de vous, je suis membre de la société. » Comment donc dénier le titre d'associé à des personnes qu'une pensée si évidente d'association a unies?...

620. Mais, rappelons-le, nous supposons une cession ayant pour objet seulement une partie des droits du cédant dans la société. Que si la cession était totale, si elle embrassait la généralité de ces droits, il y aurait vente du cédant au cessionnaire; il n'y aurait pas société. Le cédant resterait sans doute en nom dans la société principale, puisqu'il ne lui est pas permis de se substituer un tiers sans le consentement des autres associés. Mais comme il n'a rien retenu de l'intérêt qu'il avait dans cette société principale, comme personnellement il y est désormais dessaisi de ce droit aux bénéfices qu'il a cédé, il n'y resterait plus, ainsi que l'exprime M. Delangle, que comme représentant du cessionnaire, auquel il n'est pas permis d'agir par lui-même pour ou contre la société (1).

621. En terminant sur ce qui a trait à la formation, aux conditions constitutives et au caractère du contrat, ajoutons qu'il pourrait y avoir autant et même plus de sociétés particulières ou de sous-associations que d'associés dans la société principale. Et en effet, chaque associé, usant du droit qui appartient à tous de disposer pour sa part des choses de la société, pourrait se donner, en ce qui le concerne, un participant ou croupier associé. Bien plus, chacun d'eux, après avoir traité avec un tiers auquel il aurait cédé partie de ses droits, pourrait, en cédant encore une part de ce qu'il a retenu, former une nouvelle sous-association avec un autre croupier. Toutes ces sociétés, étrangères à la société principale, seraient également étrangères les unes aux autres. En théorie, ce fractionnement se conçoit aisément et s'explique; mais en pratique, il conduirait à une complication de droits et à un enchevêtrement de situations d'où pourraient naître d'inextricables difficultés.

622. Cela se conçoit si l'on songe aux rapports variés que crée la convention spéciale dont il s'agit ici et que nous allons maintenant préciser. Nous nous occuperons successivement de la situation respective du croupier et du cédant, des rapports du croupier avec les associés de son cédant et de ses rapports avec les tiers.

VII. — 623. La situation respective du cédant et du croupier est précisée et définie par ce qui vient d'être dit. Vis-à-vis du cédant, le croupier est un associé véritable. Donc ils sont tenus l'un envers l'autre de la même manière que des associés sont respectivement tenus entre eux. Mais d'un autre côté, vis-à-vis de la société principale, le croupier est et reste toujours un étranger. Donc il ne saurait en aucun cas être admis à agir directement et comme associé contre cette société. Ainsi, par la force des choses et en vertu de la cession, il profitera sans doute des actes accomplis par les associés du cédant au profit de leur société, comme aussi il recevra le contre-coup des actes nuisibles et préjudiciables à cette société. Mais l'action qu'il voudrait exercer, soit pour

_____

(1) V. M. Delangle (n° 194).

avòir participation aux profits, soit pour obtenir réparation du dommage, il ne pourra pas la diriger de son chef contre la société principale, bien qu'elle ait son principe et sa base dans les agissements des membres de cette société. Il devra s'adresser au cédant, contre lequel seulement il a l'action directe, et c'est par l'intermédiaire de ce dernier que l'action pourra être dirigée contre la société.

624. Cependant ceci doit s'entendre seulement de l'action directe *pro socio*. Dès que du croupier aux membres de la société principale la cession est comme non avenue, il va de soi que cette action directe reste aux mains du cédant, que seul les associés principaux reconnaissent comme associé. Mais ce n'est pas à dire que le cessionnaire soit complétement désarmé même vis-à-vis d'eux. En définitive, il lui est dû compte, par son cédant, de la part dans les avantages ou les dédommagements que les agissements de la société principale ont procurés à ce dernier. Dans la mesure de cette part, le cédant est donc son débiteur. Et dès lors, à défaut de l'action *pro socio* qu'il n'a pas *jure proprio* contre la société principale, il peut, usant du bénéfice de l'art. 1166 du Code civil, agir contre elle *jure alieno*, c'est-à-dire en vertu du droit et au nom de son débiteur. Les créanciers, aux termes de cet article, peuvent exercer tous les droits et actions de leur débiteur, à l'exception de ceux qui sont exclusivement attachés à la personne. Or, il est bien certain que le droit en question ne touche par aucun côté à ceux qu'on peut considérer comme exclusivement personnels. Donc, il peut être exercé par le cessionnaire ou croupier, du chef du cédant, son débiteur, dès que celui-ci ne se met pas en mesure de le faire valoir lui-même. Et le croupier n'a pas même besoin pour cela, comme sous l'empire du droit romain, d'obtenir au préalable la subrogation, en demandant la cession de ses actions à son débiteur. La subrogation est légale aujourd'hui; elle a lieu de plein droit de par l'art. 1166; et il suffit que le débiteur s'abstienne ou néglige d'agir lui-même contre ses débiteurs pour que son créancier propre puisse agir à sa place pour la conservation de ses droits. Seulement, il est à noter que, dans ces conditions, le croupier est, vis-à-vis des associés principaux contre lesquels il procède, l'ayant cause du cédant, au nom et du chef duquel il agit. Et, par suite, toutes les exceptions qui pourraient être opposées à ce dernier (payement, compensation, renonciation, etc.) lui seraient opposables, sauf, bien entendu, la faculté qu'il aurait alors d'attaquer, comme faits en fraude de ses droits, les actes d'où l'exception serait tirée (article 1867).

625. Le croupier a donc tout intérêt à procéder directement contre son cédant, dont il est l'associé, et vis-à-vis duquel, par conséquent, il a l'action *pro socio*, comme nous l'avons indiqué. Mais quel sera l'objet de cette action? Que pourra demander le croupier? La solution se produit en quelque sorte d'elle-même. Le cédant et le cessionnaire sont des coparticipants, eu égard à la part du premier dans la société principale. Dès lors, et en premier lieu, le cessionnaire a action contre le cédant pour avoir participation à tous les gains obtenus par les associés

principaux. La raison en est simple. Ces gains devant entrer en société, le cédant peut agir pour les faire mettre en commun. Et comme le résultat de cette action est de grossir sa part, le cessionnaire qui, en tant qu'associé à cette part profite de l'augmentation, doit être admis à demander qu'il lui en soit tenu compte dans la mesure du droit à lui cédé.

626. En second lieu, et par identité de raison, le croupier peut agir contre le cédant à raison du dommage causé à la société principale non-seulement par la propre faute de ce dernier, mais encore par la faute des autres membres de la société principale. La raison en est simple encore : c'est, dit Pothier, « parce que l'action que cet associé a pour raison de ce dommage contre ses associés qui l'ont causé est une action dépendant du droit qu'il a pour sa part en la société, et qui tombe, par conséquent, dans la société particulière qu'il a contractée. C'est ce qu'enseigne Gaïus en la loi 22, ff. *Pro soc. : Ex contrario factum quoque sociorum debet ei præstare, sicuti suum, quia ipse adversus eos habet actionem.* » (1)

627. D'ailleurs, il va de soi que le croupier ne peut demander communication des droits et actions de son cédant que dans les conditions mêmes d'utilité que ces droits et actions ont entre les mains de ce dernier. Et ceci va nettement contre la thèse de Merlin, d'après qui le cédant serait tenu de faire raison au croupier de l'insolvabilité qui viendrait mettre les associés principaux hors d'état de satisfaire à leur obligation (2). Merlin suppose que l'objet de la société particulière du croupier et du cédant est *l'entreprise formée par la société principale,* que cet objet est purement *réel,* et que c'est uniquement à la chose que le croupier doit prendre part. « Ainsi, continue-t-il, il entrera dans toutes les pertes *qui naîtront de l'entreprise même.* Si un incendie consume le magasin dans lequel sont renfermées les marchandises pour le commerce desquelles on s'est associé; si quelques-uns de ceux à qui on les a vendues n'en payent pas le prix, le croupier en souffrira comme son cédant. Cela est sans difficulté. — Mais il ne sera nullement chargé des pertes qui proviendront *des associés mêmes de son cédant,* parce qu'il n'est point garant de leurs faits. Qu'ils enlèvent la caisse de la société, qu'ils deviennent insolvables, peu lui importe : ces pertes ne regardent point la société considérée en soi, mais seulement les associés entre eux; et loin qu'elles puissent rejaillir de la personne de son cédant sur la sienne, il aura, au contraire, une action contre son cédant même, pour s'en faire indemniser. » Mais évidemment cela part d'un faux point de vue. Il n'est pas exact de dire que la société formée accessoirement entre le croupier et le cédant a pour objet la part de ce dernier dans l'entreprise même de la société principale ou dans les choses composant le fonds social, objet purement réel sur lequel le fait des personnes resterait sans aucune influence. Les auteurs, tous contraires à la doctrine de Merlin (3), tiennent que ce qui est l'objet du contrat, ce sont les

_____

(1) V. Pothier (*Soc.*, n° 94).
(2) V. Merlin (*Quest. de droit,* v° Croupier).
(3) V. MM. Duvergier (n° 380); Troplong (n° 762); Delangle (n°ˢ 196 et suiv.);

droits du cédant dans la société principale ; ces droits qui, moyennant un prix, sont passés pour partie aux mains du cessionnaire, et qui, bien que divisés maintenant entre deux personnes, constituent toujours néanmoins un seul et même intérêt. Cela étant, comment pourrait-on faire entre les ayants droit une part différente des chances? En s'associant à la part d'une personne dans une société en exercice, et dont le personnel est de lui connu, le croupier prend à ses périls et risques l'avenir, quel qu'il soit, de l'association ; il précise sa pensée et reconnaît que son cédant sera quitte envers lui en l'admettant au partage de ce qu'il retirera, pour sa part, de la société principale. Il ne peut donc avoir rien à prétendre lorsque, cette part se trouvant annihilée par l'effet des insolvabilités survenues, le cédant n'a plus entre les mains qu'une créance sur ses coassociés, c'est-à-dire une action inutile et stérile par suite de l'insolvabilité de ceux contre qui elle serait exercée. Le croupier aurait pu, en s'associant à la part du cédant, stipuler la garantie. Dès qu'il n'a pas pris ce soin, il ne saurait être soustrait aux conséquences de cette insolvabilité. En définitive, l'insolvabilité des associés est une perte pour la société. Le croupier en doit donc recevoir le contre-coup, puisque c'est précisément en vue de la répartition éventuelle des pertes et des gains que la société accessoire s'est placée à côté de la société principale précédemment établie.

628. Aussi pensons-nous que le croupier devrait faire compte à son cédant, dans la mesure de la portion à lui cédée et proportionnellement, de ce que ce dernier viendrait à payer, en vertu de la solidarité, en sus de sa part dans la société principale. Notons, d'ailleurs, que sur le terrain de la société civile, où quant à présent nous sommes placé, le cas ne pourra se produire qu'autant que les associés principaux, en formant la société principale, auraient renoncé au bénéfice de l'art. 1862 du Code civil, soit par un consentement exprès à être tenus solidairement, soit encore, ce qui équivaudrait à une stipulation de solidarité (*suprà*, n° 123 *in fine*), en donnant à leur société civile celle des formes commerciales qui, en principe, rend les associés solidaires. Mais le cas se produisant, le croupier aurait à contribuer à la perte subie par le cédant, même à celle qui serait une suite de la solidarité. M. Bédarride est sur ce point d'un avis différent. Selon lui, la perte, quoi qu'il arrive, serait à la charge du croupier pour la quotité d'intérêt qu'il a prise, et seulement quant à la portion que son cédant *était naturellement appelé à supporter*. Ainsi, si, débiteur solidaire, celui-ci paye la part de ses codébiteurs, il ne peut avoir de recours, quant à ce, que contre les codébiteurs eux-mêmes, et jamais contre son croupier, *qui, en droit et en fait, ne s'y est jamais soumis* (1). A notre sens, c'est le contraire qu'il faut dire, et cela par les considérations mêmes qui ont conduit l'auteur à décider, comme nous, sur la question précédente, que le cédant n'est

Dalloz (*Rép.*, v° Société, n° 594); Massé et Vergé, sur Zachariæ (t. IV, p. 436 et 437, note 9); Boileux (t. VI, p. 335 et 336); Bédarride (n° 41); Alauzet (n° 213); Talon (p. 180 et 181); Demètre B. Polizu (n° 122, 3°).
(1) V. M. Bédarride (*Des Soc.*, t. I, n° 43).

pas tenu, vis-à-vis de son cessionnaire, de l'insolvabilité de ses coassociés. Ce qui le détermine, en effet, c'est qu'en traitant, le cessionnaire a nécessairement connu le personnel de la société principale, et que l'acceptation d'une part d'intérêt, en l'état de cette connaissance, implique, lorsqu'il n'a rien stipulé sur l'insolvabilité des associés principaux, sa soumission à accepter la société telle qu'elle est constituée, avec ses éléments préexistants de prospérité et d'infortune, par conséquent sa soumission volontaire à toutes les chances de l'administration telle que l'avait faite le contrat primitif. Or, la prétention élevée par le croupier de rejeter pour sa part les conséquences de la solidarité subie par le cédant rencontrerait les mêmes objections devant elle. Est-ce qu'en s'associant à la part de l'un des associés il n'a pas connu la situation de la société principale et les conditions dans lesquelles cette société était constituée? Est-ce qu'il n'a pas su que la solidarité dérivait de la qualité d'associé en vertu de la convention sociale, et par suite que, *légalement aussi bien que naturellement,* un associé pouvait, le cas échéant, être tenu pour les autres, et était exposé à des pertes excédant sa part? Assurément il a su tout cela. Et, le sachant, il est entré en communauté d'intérêts avec l'un des associés; il a traité avec lui et est devenu son partenaire relativement à ses droits dans la société. Il a donc accepté, pour sa part, la situation telle qu'elle était établie par le contrat constitutif de la société principale. En sorte qu'il est vrai de dire, contrairement à l'affirmation de M. Bédarride, qu'en fait aussi bien qu'en droit le croupier s'est sciemment et volontairement soumis, pour sa part, aux conséquences légales de la solidarité sous laquelle le cédant était tenu, dès qu'il n'a pas pris le soin de les réserver (1). Et, en définitive, y a-t-il rien de plus juste? Par l'effet de sa convention, le croupier est associé *d'une manière indéfinie* à tous les bénéfices que le cédant pourra retirer de la société principale. Quel que soit le succès des opérations sociales, et eût-il pour effet de donner à chaque associé cent fois la valeur de sa mise, le croupier aura, sans aucune retenue, sa part proportionnelle à l'intérêt qui lui a été cédé. C'est son droit. Son obligation, qui ne saurait reposer sur des bases différentes, ne peut pas n'être pas corrélative. Et dès lors, si, les affaires de la société venant à mal tourner, le cédant, solidaire de ses coassociés, est contraint de payer au delà de sa part dans la société principale, il impliquerait que le croupier pût se décharger des conséquences de cette solidarité, dont la cause unique est la qualité même de celui à la part de qui il s'est associé.

VIII. — 629. Passons aux rapports du croupier avec les membres de la société principale. Ces rapports ne sauraient être ceux que la société crée pour les associés entre eux. C'est évident, puisque, étant absolument étranger à la société principale, dans les opérations de laquelle il n'a pas à s'immiscer, le croupier est simplement l'associé de celui qui l'a associé à sa part en lui cédant partie de ses droits dans cette société.

(1) V., en ce sens, M. Alauzet (t. I, n° 213).

Mais il peut arriver en fait que cet étranger se mêle aux affaires de la société sans que les associés y contredisent. Il peut y être mêlé par le cédant, qui se l'est adjoint peut-être pour partager avec lui sa mission dans la société, ou même pour l'y substituer. Dans ce cas, le fait de s'être mêlé ou d'avoir été mêlé aux affaires de la société ne donne pas au croupier la qualité de membre de cette société. Par conséquent, il doit simplement un compte de mandat aux associés principaux, si c'est par suite de leur tolérance qu'il a pu s'ingérer dans leurs affaires. Et il ne leur doit rien s'il a agi comme préposé du cédant. Vis-à-vis d'eux, le fait du cessionnaire est le fait du cédant lui-même; par suite, celui-ci n'ayant pas cessé d'être membre de leur société, c'est contre lui exclusivement qu'ils ont l'action directe *pro socio*.

630. Ainsi, le croupier que le cédant a mêlé aux affaires de la société principale y a réalisé des bénéfices. Bien que ces bénéfices proviennent de la chose sociale, il n'en doit pas compte à la société dont il n'est pas membre; il n'est obligé d'en compter qu'au cédant, qui se l'est associé relativement à sa part dans la société. « Et quidquid fuerit de societate » nostrâ consecutus, cum illo, qui eum adsumpsit, communicabit : nos » cum eo non communicabimus. » (L. 22, ff. *Pro soc.*) Mais comme, vis-à-vis de la société principale, le fait du croupier est le fait du cédant lui-même, comme c'est le cédant dès lors qui est réputé avoir opéré et qui a fait fructifier le fonds social par les mains du croupier, il pourra être actionné directement par les associés principaux, à l'effet de l'obliger à tenir compte à leur société de ce qu'il en a tiré pour mettre entre les mains du croupier (1).

631. De même, le croupier mêlé par le cédant aux affaires de la société principale a causé par sa faute un dommage à cette société; il n'est pas responsable envers elle, ou au moins il ne peut pas être poursuivi par elle en réparation par la voie de l'action directe *pro socio*. Tout au plus pourrait-il être recherché par elle par l'action en dommages-intérêts de l'art. 1382, comme pourrait l'être toute autre personne qui aurait causé un dommage à la société. Mais comme le fait ou la faute du croupier est, vis-à-vis d'elle, le fait ou la faute du cédant lui-même, celui-ci en est tenu, et les associés principaux sont fondés à agir directement contre lui pour en obtenir la réparation. « Sed factum ejus præs- » tabitur societati, id est, aget socius, et societati præstabit, quod fuerit » consecutus. » (L. 22 précitée.) C'est une conséquence que les rédacteurs du Code avaient cru devoir exprimer aussi dans la rédaction primitive de l'art. 1861, où il était dit que le cédant « répond des dommages causés à la société par le croupier, comme de ceux qu'il aurait causés lui-même. » La disposition a été retranchée comme inutile et oiseuse, en ce que la garantie qu'elle exprimait est de droit, et qu'en ne considérant le tiers que comme un préposé de l'associé, celui-ci répond de ses faits (2).

---

(1) Pothier (*Soc.*, xº 92).
(2) V. Fenet (t. XIV, p. 375 et 376); Locré (t. XIV, p. 500).

632. D'ailleurs, la responsabilité du cédant subsisterait tout entière alors même que son croupier serait insolvable. Le cas diffère essentiellement de celui dont il a été question au n° 627. Nous avons dit là que le croupier n'a droit à la communication des actions du cédant que dans les conditions d'utilité où elles existent entre les mains de ce dernier, et par suite que si les associés principaux sont insolvables, le cédant n'est pas garant de l'insolvabilité envers le croupier. Mais c'est parce qu'aucune faute, en ce cas, n'est imputable au cédant, et que le croupier, qui a traité en connaissance de cause, ne peut s'en prendre qu'à lui-même d'avoir accepté une part d'intérêt de l'un des membres d'une société dont le personnel n'offrait pas toutes les garanties désirables de solvabilité. Ici, au contraire, le cédant est en faute. Il se devait à lui-même, et surtout il devait à la société, dès qu'il s'adjoignait un associé pour lui donner le maniement des affaires sociales, de bien placer sa confiance. Tant pis pour lui s'il a mal choisi; il doit seul porter la peine d'une imprudence que seul il a commise, et dont il serait injuste, par cela même, de faire peser les conséquences sur ses coassociés (1). C'est le motif par lequel Ulpien tranchait le doute élevé par Pomponius sur ce point. « De illo Pomponius dubitat, utrum actionem eum mandare » sociis sufficit, ut, si facere ille non possit, nihil ultrà socius præstet : » an vero indemnes eos præstare debeat. Et puto, omnimodo eum te- » neri ejus nomine, quem ipse solus admisit, *quia difficile est negare,* » *culpa ipsius admissum.* » (L. 23 *princ.*, ff. *Pro soc.*)

633. La même loi statue sur un autre point également débattu entre Pomponius et Ulpien, celui de savoir si le cédant, actionné en réparation du dommage causé par le croupier, ne pourrait pas au moins être admis à compenser ce dommage avec les profits que d'un autre côté l'industrie du croupier aurait procurés à la société principale. Pomponius, dont nous avons eu déjà l'occasion de citer la décision (*suprà,* n° 363, à la note), se prononçait pour la compensation : *Ait compensandum.* Ulpien était de l'avis contraire : « *Quod non est verum,* disait- » il. Nam et Marcellus scribit, si servus unius ex sociis, societati a do- » mino præpositus, negligenter versatus sit, dominum societati, qui » præposuerit, præstaturum : nec compensandum commodum, quod » per servum societati accessit, cum damno. Et ita Divum Marcum pro- » nunciasse : nec posse dici socio, *abstine commodo, quod per servum* » *accessit, si damnum petis.* » (L. précitée, § 1er.) Cette dernière solution est incontestable, dès qu'il faut tenir pour certain que le fait du croupier mêlé par le cédant aux affaires de la société principale est le fait du cédant lui-même. Cela étant, en effet, la disposition précise et formelle de l'art. 1850 (*suprà,* n°s 350 et suiv.), trouve ici son application toute naturelle; et la solution de Pomponius est repoussée par cet article aux termes duquel chaque associé est tenu envers la société du dommage qu'il lui a causé par sa faute, *sans pouvoir compenser avec*

(1) V. Pothier (n° 93); Domat (*Lois civ.,* liv. I, tit. VIII, sect. 4, n° 9).

ces dommages les profits que son industrie lui aurait procurés dans d'autres affaires.

IX. — **634.** Arrivons enfin à la situation du croupier vis-à-vis des tiers. En première ligne viennent les créanciers de la société principale. Mais le croupier, qui n'a jamais fait partie de cette société, ne leur doit rien. Donc, quel que soit leur droit contre chacun des membres de la société (ce que nous aurons à rechercher sous les articles suivants), ils n'en ont aucun contre le croupier, et notamment ils ne peuvent pas l'actionner directement pour qu'il contribue au payement des dettes dont la société est grevée. Toutefois, nous référant ici aux observations présentées plus haut (n° 624), nous dirons que, privés de l'action directe contre le croupier, les créanciers de la société ont au moins l'action de l'art. 1166, et peuvent exercer contre lui les droits et les actions de leur débiteur, sauf à être repoussés par toutes les exceptions qui seraient opposables à ce dernier.

635. Viennent ensuite les créanciers personnels de l'associé qui s'est donné un croupier. Et ici s'élève un conflit d'intérêts. D'un côté, le croupier est cessionnaire d'une portion de la part que le cédant a dans la société. Or, d'un autre côté, cette part tout entière est grevée, au profit des créanciers du cédant, du droit de gage général dont sont grevés *tous les biens du débiteur* (C. civ., art. 2092, 2093). Toutefois, le conflit doit être vidé au profit du croupier, que la cession a rendu propriétaire de la part d'intérêt à lui cédée. Propriétaire, il a un droit supérieur à celui que les créanciers puisent dans le droit de gage. Il doit leur être préféré, et il suffit pour cela que la cession qui a dessaisi le cédant soit certaine et constatée.

636. Ainsi, nous n'allons même pas jusqu'à dire, avec la généralité des auteurs, que la cession, pour être opposable aux tiers, créanciers personnels du cédant, doit résulter d'un acte ayant acquis date certaine, par l'une des circonstances énumérées dans l'art. 1328, avant l'opposition desdits créanciers sur la part sociale du cédant (1). Sans parler des matières commerciales, auxquelles l'art. 1328 n'est pas applicable, et en restant sur le terrain des sociétés civiles, nous considérons, avec la doctrine et la jurisprudence, le créancier chirographaire du cédant comme l'ayant cause de son débiteur, sur la part sociale duquel il fait opposition. Or, d'après le texte même de l'art. 1328, c'est seulement quand on veut l'opposer aux tiers que l'acte privé doit avoir date certaine. Donc l'acte privé fait foi de sa date, sauf, bien entendu, la preuve contraire, quand c'est à un ayant cause qu'il est opposé. Et par suite le croupier, dès que la cession est certaine et constatée, alors même que son titre d'association n'aurait pas acquis date certaine par l'un des moyens que l'art. 1328 énumère, pourra néanmoins le faire

(1) V. MM. Duvergier (n° 378); Troplong (n°° 764 et 765); Molinier (n° 368); Boileux (t. VI, p. 335); Bédarride (n° 44); Alauzet (n° 218); Massé et Vergé, sur Zachariæ (t. IV, p. 437, note 10).

valoir et s'en autoriser contre les créanciers de son cédant, pour se dire nanti de la part à lui cédée.

637. A plus forte raison, nous rangeons-nous à l'avis à peu près unanime des auteurs lorsqu'ils disent que la cession est opposable aux créanciers personnels de l'associé, bien qu'elle n'ait pas été accompagnée ou suivie des formalités exigées par l'art. 1690 du Code civil pour la cession d'une créance, c'est-à-dire la signification du transport au débiteur (ici à la société), ou l'acceptation du transport faite par le débiteur dans un acte authentique. Il s'agit ici d'une convention dont l'objet est un ensemble de droits, comprenant le droit de copropriété, le droit de créance, etc. Affranchie, dès lors, des règles exceptionnelles de l'art. 1690, lesquelles ont en vue la transmission des droits incorporels, elle reste soumise aux principes du droit commun relativement aux actes d'aliénation (1). — Et puis, comme Troplong en fait la remarque, une signification à la société par le croupier de la cession à lui faite ne se concevrait pas, en ce qu'elle serait un acte contradictoire avec la qualité de croupier. En effet, dans les termes de l'art. 1690, la signification est un acte par lequel le cessionnaire, prenant pour ainsi dire possession de la créance cédée, lie la personne du débiteur, à qui il fait connaître que le cédant, maintenant dessaisi, est remplacé par lui, cessionnaire, et que c'est envers lui désormais que, comme débiteur, il est obligé. Or, peut-elle avoir ce caractère dans le cas où elle aurait pour objet la cession résultant de la convention intervenue entre un associé et le tiers qu'il s'est donné pour croupier? Non, évidemment. Le croupier est et doit rester étranger à la société principale, dans laquelle le cédant conserve sa place entière et toujours la même. Il ne dépend pas de lui de prendre cette place, de s'y substituer au cédant, et, quand la société ne le connaît pas et ne peut connaître que ce dernier, de se la donner pour obligée. La signification serait donc sans objet et vaine : c'est une raison de plus pour que le croupier en soit dispensé.

638. Mais, notons-le bien, nous supposons la cession d'une part dans une société préexistante et en exercice. Il s'agit alors d'un droit dont l'objet est indéterminé, puisqu'il est subordonné à la cessation de l'état de société d'abord, et ensuite à l'événement de la liquidation et du partage. La situation n'est plus la même lorsque ces événements venant à se produire, le droit se précise dans son objet même, qui désormais apparaît. A ce moment le croupier, en vertu de son acte d'association, est investi, vis-à-vis du cédant, d'une part dans les droits et dans les choses que celui-ci retire de la société. Est-ce à dire qu'il en soit également saisi vis-à-vis des tiers? Non, assurément. Nous avons dit plus haut, en traitant des mises sociales (*suprà*, n⁰ˢ 258 et 259), que pour qu'un apport fait à la société soit opposable aux tiers, il faut

—————————

(1) V. les auteurs cités à la note précédente. — V. cependant M. Delangle (n⁰ 203). — Comp. Bordeaux, 5 août 1868 (Dall., 69, 2, 111; *J. Pal.*, 1869, p. 351; S.-V., 69, 2, 77).

que la société assure son droit ou veille à ce qu'il soit assuré par l'observation des règles propres à la transmission et à la consolidation de la propriété (1). On doit dire de même ici que le croupier ne sera saisi, vis-à-vis des tiers, des choses qu'il retire de sa participation avec le cédant qu'à la condition de se conformer à ces mêmes règles. Ainsi, y a-t-il une créance dans le lot de son cédant, il n'est investi de la part qui lui en revient que par la signification ou l'acceptation qu'exige l'art. 1690. Y a-t-il des immeubles, il n'en devient propriétaire et n'est saisi relativement aux tiers que par la transcription de son acte, conformément à la loi du 23 mars 1855. C'est ainsi seulement et par l'observation de ces règles que, dans cette situation, le croupier assurera son droit à l'encontre des tiers intéressés.

SECTION II.

DES ENGAGEMENTS DES ASSOCIÉS À L'ÉGARD DES TIERS.

1862. — Dans les sociétés autres que celles de commerce, les associés ne sont pas tenus solidairement des dettes sociales, et l'un des associés ne peut obliger les autres si ceux-ci ne lui en ont conféré le pouvoir.

1863. — Les associés sont tenus envers le créancier avec lequel ils ont contracté, chacun pour une somme et part égales, encore que la part de l'un d'eux dans la société fût moindre, si l'acte n'a pas spécialement restreint l'obligation de celui-ci sur le pied de cette dernière part.

1864. — La stipulation que l'obligation est contractée pour le compte de la société, ne lie que l'associé contractant et non les autres, à moins que ceux-ci ne lui aient donné pouvoir, ou que la chose n'ait tourné au profit de la société.

SOMMAIRE.

I.　639. Transition aux rapports de la société et des associés avec des tiers. Aperçu général et division.

II.　640. Conditions auxquelles les engagements des associés constituent des engagements sociaux. Il faut avant tout que l'acte soit fait au nom de la société. — 641. Il peut être considéré comme fait au nom de la société, bien que cela ne soit pas déclaré : les termes de l'acte ou les circonstances peuvent suppléer, en ce sens, au silence de la convention ; — 642. Mais, dans le doute, l'acte doit être réputé fait par l'associé en son privé nom. — 643. *Secus* s'il était fait par un membre d'une société universerselle.

III.　644. Il faut en outre, pour que la société soit obligée, que l'acte fait en son nom soit accompli en vertu des pouvoirs conférés à l'associé qui l'a consenti, ou que la chose ait tourné au profit de la société. — 645. *Première hypothèse.* Tout ce qui est fait par un associé dans la mesure du pouvoir à lui conféré oblige la société et les autres associés. — 646. Pour ce qui aurait été fait au delà, il y a lieu d'appliquer l'art. 1997 du Code civil. — 647. Le pouvoir de l'associé contractant doit-il être exprès ? Distinction. — 648. *Deuxième hypothèse.* La société est obligée lorsque l'affaire *traitée en son nom* par un associé sans pouvoirs a tourné à son profit. — 649. Le tiers avec qui l'affaire a été conclue a alors

_____

(1) Req., 28 avril 1869 (*J. Pal.*, 1869, p. 777; Dall., 69, 1, 445 ; S.-V., 69, 1, 313).

l'action *de in rem verso* contre la société, — 650. Mais à la charge de prouver que la société a réellement retiré un avantage de l'affaire : c'est à lui qu'incombe la charge de prouver. — 651. La loi a prévu le cas où l'affaire dont la société a profité a été faite au nom de la société. *Quid* si elle avait été conclue par un associé sans pouvoirs en son privé nom ? — 652. Suite et solution : le tiers avec qui l'affaire a été faite n'a que l'associé pour obligé ; et s'il peut agir contre la société, c'est seulement comme exerçant les droits de son débiteur, en vertu de l'art. 1166 du Code civil.

IV. 653. Mesure dans laquelle les associés sont tenus des engagements sociaux. En principe, dans les sociétés civiles, la dette sociale est divisible et non solidaire. — 654. Mais la solidarité peut, par dérogation, être stipulée ; — 655. Et même résulter de la nature ou du caractère de l'obligation.

V. 656. La dette sociale étant divisible en principe, il y a lieu de fixer la part de chaque associé. — 657. Dans les rapports des associés entre eux, c'est-à-dire *quant à la contribution*, la part de chaque associé est proportionnelle à celle qu'il a dans la société. — 658. Mais dans les rapports des associés avec les tiers, ou en d'autres termes *eu égard à l'obligation*, il faut distinguer. — 659. Si la dette est sociale, en ce que l'engagement a été conclu par un associé sans pouvoirs au nom de la société qui en a profité, chaque associé n'est tenu et ne peut être recherché que dans la mesure du profit qu'il a personnellement retiré. — 660. Si la dette est sociale, en ce que l'engagement a été souscrit par tous les associés ou au nom de la société par l'un d'eux ayant pouvoir des autres, le créancier peut demander une part virile à chaque associé, quel que soit son intérêt dans la société ; — 661. Et cela quand même il n'aurait pas ignoré que les parts de chacun étaient inégales. *Secùs* si au moment de la convention il a été averti que celui qui avait une part moindre n'entendait s'engager qu'en proportion de cette part. — 662. De la clause de l'acte de société qui limite à sa mise l'obligation de tel ou tel associé. Est-elle opposable aux tiers créanciers ? — 663. Le créancier pourrait-il, s'il y avait intérêt, s'écarter de la règle et demander à tel ou tel associé sa part proportionnelle au lieu d'une part virile ? Controverse. — 664. Quand la convention limite l'obligation de chaque associé à une part proportionnelle, l'associé reste néanmoins tenu sur tous les biens et non sur cette part seulement.

VI. 665. Les créanciers sociaux ont pour gage les biens de la société. — 666. Mais ont-ils, sur ces biens, un droit de préférence à l'encontre des créanciers personnels de chaque associé ? — 667. *Quid* des créanciers personnels relativement aux biens sociaux ?

VII. 668. Créances de la société contre des tiers. A défaut de dispositions spéciales sur ce point, il y a lieu de suivre les règles du droit commun. — 669. Applications. — 670. Conséquences.

I. — 639. Nous avons étudié la société dans ses rapports avec elle-même et dans les rapports des associés entre eux. C'est l'objet de notre commentaire des art. 1843 à 1861. Il s'agit maintenant des rapports de la société et des associés avec les tiers. La matière, infiniment moins compliquée, est régie par les art. 1862, 1863 et 1864, que nous réunissons ici. A cet égard, et pour donner tout d'abord un aperçu général de la pensée du législateur, nous ne saurions mieux faire que nous référer à l'exposé présenté au Tribunat, en assemblée générale, à la suite de la communication officielle du projet. « Les sociétés de commerce, a dit le tribun Boutteville, soumettent les associés à des obligations étendues et rigoureuses envers les tiers... Celles qui concernent les sociétés étrangères au commerce, moins étendues, moins sévères, se trouvent renfermées dans ces deux notions fort simples : qu'il n'y a jamais solidarité dans les obligations qu'en conséquence d'une stipulation expresse ; que toute convention ne lie que ceux qui l'ont formée, et qu'ils sont seuls présumés légalement en connaître les conditions. — Il n'y a donc pas solidarité entre associés dans les sociétés étrangères au commerce. L'obligation d'un seul n'engage pas les autres s'il n'en a reçu de ses associés expressément le pouvoir. — Le tiers qui contracte avec les associés, toujours censé ignorer leurs conventions particulières, peut demander à chacun d'eux une part égale de sa créance, à moins qu'il n'ait été averti par la convention même que l'un des associés avait une part moindre que les autres, et qu'il n'entendait s'engager qu'en proportion de sa part. — L'associé enfin qui, en contractant, déclare, mais sans en tenir le pouvoir de ses associés, que c'est pour le compte de la société qu'il traite, n'en demeure pas moins le seul obligé, et ne lie les autres qu'autant que l'obligation aurait tourné au profit de la société. » (1) On voit, par cette paraphrase des art. 1862 à 1864, comment, à quelles conditions, d'après ces articles, les engagements des associés peuvent faire naître des dettes sociales, et puis comment et de quelle manière les membres de la société sont tenus de ces dettes envers les tiers. Ce sont les deux points qu'il convient de reprendre tout d'abord, car chacun d'eux comporte des observations particulières. Nous y ajouterons ensuite deux autres points ayant pour objet, l'un, le conflit qui peut s'élever entre les créanciers de la société et les créanciers personnels des associés; l'autre, *les créances* sociales dont il n'est pas question dans les articles précités qui ne s'occupent que des dettes de la société.

II. — 640. Pour que la société soit obligée, il faut tout d'abord et avant tout que l'obligation ait été contractée pour son compte et en son nom. Tel sera l'effet de l'engagement pris conjointement par tous les associés en leur qualité, le caractère social de l'obligation étant alors incontestable. Mais si l'engagement a été souscrit par un seul, il faut que le contractant ait traité encore en cette qualité d'associé au nom de la société, et qu'il n'ait pas parlé en son privé nom. Et, en effet, le contrat qui, bien que fait par un associé, n'est pas contracté par lui en cette qualité, *nomine sociali,* est à vrai dire un contrat émanant d'un tiers étranger à l'association, et par cela même insusceptible de créer aucun droit contre elle. En supposant donc qu'un associé, par exemple, a fait une vente, contracté un emprunt, passé un bail, etc., une question se pose tout d'abord, préalablement à celle de savoir si la société est ou n'est pas obligée, et c'est celle-ci : l'associé a-t-il agi en son nom personnel, *nomine proprio,* pour ses affaires personnelles, ou bien au nom de tous et dans l'intérêt commun, *nomine sociali?* Dans le premier cas, l'associé n'aura obligé que lui seul; dans le second, il aura obligé la société.

641. Ainsi, et d'après cela, pour qu'on envisage l'acte d'un associé comme fait au nom de la société, il n'est pas indispensable que le contractant s'en soit expliqué en termes formels. Sans doute, il est plus sage de le faire; l'associé et le tiers avec lequel il contracte y sont également intéressés. Mais si la précaution était omise, il en pourrait résulter une certaine difficulté d'interprétation; il n'en résulterait pas que le contrat ne pût pas être considéré comme passé au nom de la société.

---

(1) V. Locré (t. XIV, p. 540 et 541); Fenet (t. XIV, p. 413).

C'est dire qu'il y a là un point de fait à vérifier et à résoudre d'après les termes de la convention ou d'après sa nature et les circonstances qui ont présidé à sa conclusion. L'acte se rattache-t-il à l'ensemble des opérations sociales et se renferme-t-il dans la période que ces opérations embrassent, on sera naturellement porté à conclure que l'obligation est contractée pour le compte de la société. Au contraire, l'acte rentre-t-il dans le genre d'affaires auxquelles l'associé contractant se livre pour son compte particulier, on inclinera aisément à penser que l'obligation est étrangère aux associés, et que le tiers avec lequel elle a été contractée, s'il devient créancier ou débiteur personnel de l'associé, demeure sans titre contre la société qui, de son côté, n'acquiert aucun droit contre lui. Aussi a-t-il été jugé que le bail passé par l'associé gérant, à son profit personnel, du local où est exercée l'industrie de la société, n'est pas réputé avoir été stipulé pour le compte de la société et dans son intérêt, lorsque ce bail ne doit commencer à courir qu'après que la société aura pris fin (1).

642. Mais quand les circonstances pas plus que les termes du contrat ne présentent rien de décisif; par conséquent lorsqu'il y a doute sur le point de savoir si l'associé a entendu traiter en son privé nom, ou comme associé et au nom de la société, il est censé avoir voulu contracter *proprio nomine*, pour ses affaires personnelles et non pour celles de la société. Car c'est une règle ordinaire du droit, que l'on est présumé traiter pour soi-même plutôt que pour autrui (2). *Nam regula ordinarii juris traditur : quemque in dubio sibi potiùs quàm alteri stipulari, contrahere, acquirere, negotium gerere presumendum* (3).

643. Toutefois, il en est ainsi seulement dans les sociétés particulières. La présomption contraire domine dans les sociétés universelles dont nous avons parlé en commentant l'art. 1837 (*suprà*, n°s 168 et suiv.). C'est qu'en effet, l'association est habituellement un fait accidentel et en quelque sorte accessoire pour le membre d'une société particulière, tandis qu'il est essentiel et principal pour celui qui forme avec d'autres une société de tous biens présents. La personne de celui-ci est en quelque sorte absorbée dans la société; et comme par le fait même de cette association qu'il a contractée, il lui est interdit de traiter pour son profit particulier, on comprend qu'il soit facilement présumé, alors même qu'il traite seul, traiter au nom et pour le compte de la société (4).

III. — 644. Ce n'est pas tout, pour que la société soit obligée, que l'obligation, alors qu'elle a été souscrite par un seul associé, ait été contractée *nomine sociali*. Si cela suffisait, l'intérêt social en pourrait être gravement atteint; car il dépendrait d'un associé, en se servant sans droit comme sans scrupule du nom social, de mettre à la charge de la société des opérations sans intérêt pour elle, et de lui faire porter le

(1) Rej., 16 nov. 1870 (Dall., 70, 1, 350).
(2) V. MM. Troplong (n° 778); Talon (*op. cit.*, p. 187); Demètre B. Polizu (n° 145).
(3) D'Argentrée (sur l'art. 96 de la Cout. de Bretagne, nota 2, n° 3).
(4) V. Pothier (*Soc.*, n° 106).

poids d'engagements auxquels elle n'aurait pris aucune part. Aussi la loi exige-t-elle en outre que le marché passé par un associé au nom de la société ait été fait en vertu d'un pouvoir à lui conféré par ses coassociés, ou au moins, si l'affaire a été conclue sans pouvoirs, qu'elle ait tourné au profit de la société. C'est la disposition de l'art. 1864, aux termes duquel « la stipulation que l'obligation est contractée pour le compte de la société ne lie que l'associé contractant et non les autres, *à moins que ceux-ci ne lui aient donné pouvoir, ou que la chose n'ait tourné au profit de la société.* » — On voit par là que des engagements d'un ordre différent peuvent naître des actes conclus par un associé; des engagements exclusivement personnels à cet associé, et des engagements sociaux. Nous dirons plus tard comment doit être réglé le conflit entre les créanciers avec lesquels ces engagements ont été pris, lorsqu'ils se trouvent en présence pour l'exercie de leurs droits respectifs (*infrà,* nᵒˢ 665 et suiv.). Quant à présent, il convient de s'arrêter aux circonstances dans lesquelles l'engagement conclu avec un associé, en dehors des autres, constitue néanmoins un engagement social. Et pour cela nous reprenons successivement les deux hypothèses prévues par l'art. 1864.

645. Et d'abord, lorsqu'un associé, stipulant pour le compte de la société, est muni de pouvoirs donnés par les autres, la dette qu'il contracte devient au premier chef une dette sociale. Et en effet, tout ce que fait l'associé, mandataire alors de ses coassociés, dans la mesure de ces pouvoirs, oblige la société comme si elle avait contracté elle-même. Car, aux termes de l'art. 1998, le mandant est tenu d'exécuter les engagements contractés par le mandataire, conformément au pouvoir qui lui a été donné. Le tiers peut donc agir directement contre la société et contre tous les associés, tout comme s'il avait traité avec la société elle-même ou collectivement avec tous les associés, et non avec un seul d'entre eux. Ainsi, des effets souscrits par le gérant d'une société civile en vertu du pouvoir conféré à ce gérant par l'acte social d'obliger la société ont été déclarés obligatoires pour la société (1). Cela, d'ailleurs, n'avait été mis en doute, dans l'espèce, que parce que les effets avaient été souscrits par le gérant après la révocation des pouvoirs à lui conférés par l'acte de société, laquelle révocation résultait d'une délibération portant dissolution de la société avec nomination d'un liquidateur investi d'un mandat nouveau et plus limité que le premier. Mais il était constant en fait que la révocation, loin d'avoir été portée à la connaissance des tiers, leur avait été cachée, et que les tiers, porteurs des effets, avaient traité dans l'ignorance de cette révocation. Les mandants restaient donc liés dans ces circonstances; et d'après les art. 2005 et 2009, ils ne pouvaient pas se soustraire à l'exécution des engagements du mandataire vis-à-vis des tiers de bonne foi (2).

646. Pour ce qui excéderait les pouvoirs de l'associé contractant,

_____

(1) Req., 27 nov. 1861 (*J. Pal.,* 1863, p. 684; S.-V., 63, 1, 188; Dall., 62, 1, 483).
(2) V. notre *Traité-Commentaire des Petits Contrats* (t. I, nᵒˢ 1177 et suiv.).

l'engagement cesserait de peser sur l'ensemble de ses coassociés ; c'est incontestable, puisque si le mandataire représente le mandant et l'oblige, c'est seulement dans le fait et les actions qui tiennent au mandat et s'y trouvent compris. Ainsi, les associés ne seront pas tenus de ce qui aurait pu être fait par l'associé contractant au delà des pouvoirs dont il était investi.

Mais l'engagement pèsera-t-il au moins en entier sur celui-ci ? A s'en tenir au texte de l'art. 1864, il faudrait répondre affirmativement. Car en exprimant que « la stipulation que l'obligation est contractée pour le compte de la société *ne lie que l'associé contractant et non les autres*, à moins, etc. », il semble dire que, dans le cas où les associés ne sont pas liés, celui qui a stipulé au nom de la société est tenu pour le tout. Toutefois, c'est là une fausse apparence : la disposition doit être combinée avec les principes du mandat, auxquels les rédacteurs de l'article 1864 n'ont certainement pas entendu contredire. Or, en matière de mandat, il est de principe que, même quand il excède ses pouvoirs, le mandataire ne s'oblige pas personnellement. A la vérité, il engage sa responsabilité s'il va au delà de ce qui est porté dans son mandat. Mais envers qui ? En principe, envers le mandant seulement. Et s'il peut être tenu aussi vis-à-vis de la partie avec laquelle il a traité, c'est par exception et uniquement dans les deux cas qui font l'objet de l'art. 1997 du Code civil, à savoir : 1° s'il n'a pas donné à cette partie une suffisante connaissance des pouvoirs dont il était investi ; 2° si, en donnant connaissance de ses pouvoirs, il s'est porté fort ou s'est personnellement soumis à la garantie de ce qu'il aurait fait au delà du mandat (1). Donc, en combinant l'art. 1864 avec l'art. 1997, on arrive à reconnaître que la question proposée se résout par une distinction. Les pouvoirs de l'associé contractant ont-ils été ignorés du tiers, la dette sera pour le tout à la charge de cet associé ; et cela s'induit d'un arrêt déjà cité (*suprà*, n° 524) suivant lequel l'emprunt contracté par les administrateurs d'une société, contrairement aux prohibitions du pacte social, est néanmoins valable, sinon vis-à-vis de la société elle-même, au moins relativement aux administrateurs, et obligatoire pour eux s'ils ont agi en cette qualité et si le prêteur a dû les croire suffisamment autorisés (2). Au contraire, le tiers a-t-il eu connaissance complète des pouvoirs de l'associé contractant, il ne saurait avoir action pour ce qui a été fait au delà du mandat, ni contre les associés mandants, puisque pour eux la chose est *res inter alios acta*, ni même contre l'associé mandataire, à moins que celui-ci ne se soit porté fort, puisqu'en principe le mandataire ne s'oblige pas personnellement, et que, faisant les affaires de la société, il est réputé avoir voulu n'obliger qu'elle.

647. Nous en aurions fini de cette première hypothèse si nous ne rencontrions ici une question que, bien à tort selon nous, M. Durantou a soulevée. Il s'agit de savoir s'il est nécessaire que le pouvoir dont l'as-

(1) V. notre *Traité-Commentaire des Petits Contrats* (t. I, n°° 1054 et suiv.).
(2) V. Douai, 15 mai 1844 (S.-V., 44, 2, 403; *J. Pal.*, à sa date). *Comp.* Req., 22 août 1844 (Dall., 45, 1, 21; S.-V., 45, 1, 209; *J. Pal.*, à sa date).

socié doit être muni à l'effet d'obliger la société et les autres associés soit exprès. Seul, l'auteur précité résout la question affirmativement (1). Selon lui, le pouvoir dont parlent les art. 1862 et 1864 n'est pas celui d'après lequel l'associé qui contracterait la dette aurait été chargé de la simple administration de la société, par une clause du contrat, ou par un acte postérieur, ni, encore moins, celui dont chaque associé est investi d'après l'art. 1859, à défaut de stipulations relatives à l'administration. En conséquence, l'auteur estime qu'il faut un mandat spécial autorisant clairement l'associé qui a contracté la dette à obliger ses coassociés pour les affaires communes. Mais cette thèse a été rejetée tout d'une voix dans ce qu'elle a de trop absolu (2). Sans doute, un associé ne pourrait pas, sans un pouvoir exprès et spécial, faire un acte obligatoire pour la société au nom de laquelle il stipulerait, s'il s'agissait d'un acte devant avoir pour effet d'entamer le fonds social, c'est-à-dire d'un acte de disposition. Fût-il même le gérant institué par la société, il ne le pourrait pas faire; car, si sa qualité de gérant le constitue mandataire de la société, les pouvoirs dont il est investi à ce titre ne vont pas, au moins sur ce terrain des sociétés civiles où quant à présent nous restons placé, jusqu'à lui permettre de consentir des actes de cette nature (suprà, nos 513 et suiv.). Mais c'est toute autre chose s'il s'agit d'un de ces actes qui appartiennent à l'administration et rentrent dans les nécessités de la gestion des affaires sociales. Alors, soit que les associés aient institué un ou plusieurs gérants, soit qu'à défaut de stipulations sur le mode d'administration chaque associé soit administrateur, en vertu de ce pouvoir qu'ils sont censés s'être donné réciproquement d'administrer l'un pour l'autre (art. 1859), il est dé toute évidence que les gérants dans le premier cas, et les associés dans le second, trouvent dans le pouvoir dont ils sont investis la faculté de rendre obligatoires pour la société et pour les autres associés les actes que, comme gérants, ils sont capables de faire. C'est aussi de toute nécessité; car enfin ce pouvoir ne serait rien, à vrai dire, si les actes faits dans l'ordre d'idées qu'il embrasse n'avaient pas pour effet de réagir contre la société et de lier les associés.

648. En résumé donc, sur cette première hypothèse, tout se résume en une application pure et simple des principes généraux du droit commun. Il n'en est plus ainsi quant à la seconde hypothèse de l'art. 1864, celle où l'obligation, quoique prise par un associé pour le compte de la société, constitue un engagement social, en ce que la chose a tourné au profit de la société. Loin de se conformer en ceci aux principes généraux du droit, l'art. 1864 s'en écarte et y déroge. Et en effet, si l'on contracte sans pouvoir au nom d'autrui, en principe, quand même le résultat de l'opération serait avantageux pour le tiers au nom duquel on a contracté, ce tiers ne peut être engagé sans une ratification expresse

<hr>

(1) V. M. Duranton (t. XVII, n° 447).
(2) V. MM. Duvergier (n° 385); Troplong (n° 807); Massé et Vergé, sur Zachariæ (t. IV, p. 443, note 4); Taulier (t. VI, p. 385); Dalloz (Rép., v° Société, n° 607); Rauter (p. 254); Talon (p. 184); Demètre B. Polizu (n° 146).

ou tacite de sa part. Ici, au contraire, et d'après l'art. 1864, le fait d'un associé sans pouvoirs, s'il est profitable, oblige ses associés. Ainsi, un emprunt est fait au nom de la société par un associé stipulant sans pouvoirs à cet effet, il n'y a pas à rechercher si les autres associés ont ratifié l'emprunt, si même ils l'ont connu : il suffit que les fonds empruntés aient tourné au profit de la société pour que les associés soient obligés (1).

649. Le tiers créancier, s'autorisant en ce cas de la maxime toute d'équité que nul ne doit s'enrichir aux dépens d'autrui, est en droit d'exercer directement l'action de gestion d'affaires, ou *de in rem verso*, contre la société. Seulement, on le voit et il faut le remarquer, la situation faite au tiers créancier dans cette seconde hypothèse diffère notablement de celle qu'il prend dans la première. Sans doute, dans l'une et dans l'autre, l'action du tiers procède d'un traité passé au nom et pour le compte de la société. Mais dans la première, c'est-à-dire quand l'associé a traité en vertu des pouvoirs de ses coassociés, l'action contre ceux-ci compète au tiers créancier sans condition ni réserve ; et les suites du marché fussent-elles ruineuses pour la société, le tiers peut agir sans avoir à s'en préoccuper. Au contraire, dans la seconde, quand l'associé a traité sans pouvoirs pour le compte de la société, l'action du tiers est conditionnelle ; elle ne peut être exercée contre les associés qu'autant que ceux-ci ont profité des conventions passées *nomine sociali* par leur coassocié.

650. Et précisément parce que l'action a sa raison d'être et sa base dans l'avantage retiré par la société de la convention faite en son nom, le tiers qui veut agir directement doit faire sa preuve en établissant que la société a réellement profité. Cette preuve ne serait pas à sa charge s'il se bornait à exercer contre la société l'action indirecte ouverte par l'article 1166 du Code civil. Mais dès qu'il procède de son chef et directement en vertu de l'art. 1864, il doit, pour justifier sa demande, établir l'existence du fait auquel est subordonnée par ce dernier article l'action directe qu'il prétend exercer. *Ei incumbit probatio qui dicit.*

651. La loi statue dans l'hypothèse où l'obligation prise par un associé sans pouvoirs *a été contractée pour le compte de la société*. Mais si l'associé a traité *en son nom personnel*, devra-t-on, même en ce cas, considérer l'engagement comme social lorsque la société en a profité, et par suite reconnaître au tiers créancier le droit d'agir directement contre les associés ? La doctrine est divisée sur ce point. D'après quelques auteurs, la raison de décider serait la même dans les deux cas : dans celui-ci, tout comme dans celui auquel l'art. 1864 se réfère littéralement, les associés qui ont profité de l'engagement s'enrichiraient aux dépens d'autrui s'ils écartaient par une fin de non-recevoir l'action directe exercée contre eux par le tiers créancier (2). D'autres

---

(1) Req., 7 juill. 1868 (S.-V., 68, 1, 357; *J. Pal.*, 1868, p. 926; Dall., 69, 1, 319). V. aussi Bordeaux, 11 avril 1845 (Dall., 45, 4, 482; *J. Pal.*, 1845, t. II, p. 203; S.-V., 46, 2, 315).

(2) V. MM. Merlin (*Quest.*, v° Société, § 2); Duranton (t. XVII, n° 449); Duvergier

auteurs, et en plus grand nombre, enseignent, au contraire, que les règles de la *versio in rem* sont étrangères à notre hypothèse actuelle; que, dans cette hypothèse, le tiers créancier a seulement pour obligé l'associé avec lequel il a traité et dont il a suivi la foi (1). Et, d'accord avec la jurisprudence, ils estiment que celui des associés qui ayant traité *en son nom* met néanmoins dans le fonds commun ou emploie à des opérations sociales les valeurs par lui reçues du tiers créancier fait de deux choses l'une : ou il satisfait en cela à une obligation personnelle envers la société, auquel cas on ne peut pas dire que celle-ci à profité (2); ou il se constitue créancier lui-même envers ses coassociés, et alors le tiers créancier a tout simplement, au lieu de l'action directe contre ceux-ci, laquelle en ce cas compète à l'associé lui-même et à lui seul, l'action indirecte ouverte par l'art. 1166 (3). A peine est-il nécessaire de faire ressortir l'intérêt de la question et son importance pour le tiers créancier. Est-il réduit à l'action indirecte de l'art. 1166, d'une part il n'en a pas l'exercice exclusif, car l'action appartient à tous les autres créanciers de l'associé aussi bien qu'à lui, et d'une autre part les exceptions qui pourraient être opposées à l'associé son débiteur par ses coassociés lui seraient également opposables. Au contraire, a-t-il une action directe à exercer de son chef, il a son droit à lui propre contre lequel les associés ne peuvent invoquer aucun des moyens de défense qu'ils auraient vis-à-vis de leur coassocié.

652. Entre ces deux solutions, nous adoptons sans hésiter celle de la majorité. C'était celle de Pothier; et il la donnait sans imaginer qu'elle pût être contestée (4). « Lorsque, dit-il, c'est *en son nom seul* que l'un des associés a contracté, il n'est pas douteux, en ce cas, qu'il est seul obligé envers le créancier avec qui il a contracté... *sauf à lui à se faire indemniser de cette dette par ses associés pour la part qu'ils en doivent porter, lorsqu'elle a tourné au profit de la société.* » Plus explicite encore, en parlant des sociétés de commerce en nom collectif, Pothier avait dit (5) : « Lorsque l'un des associés ne paraît pas avoir contracté au nom de la société, mais *en son nom seul,* quoique le contrat eût tourné au profit de la société, *putà* si, ayant emprunté en son nom seul une somme d'argent pour ses affaires, il l'a employée aux affaires de la société, *celui qui a contracté avec cet associé n'aura pas*

(n° 404); Zachariæ (édit. Massé et Vergé, t. IV, p. 444); Taulier (t. VI, p. 386); Pardessus (n° 1049); Malepeyre et Jourdain (p. 97).

(1) V. MM. Delvincourt (t. III, note 4 de la page 124); Delamarre et le Poitvin (*Traité de la comm.*, t. II, n° 250, et *Traité du droit comm.*, t. III, n°s 29 et suiv.); Troplong (n°s 772 et suiv.); Aubry et Rau (t. III, p. 409 et note 2); Massé et Vergé, sur Zachariæ (*loc. cit.*, note 8); Bravard (*Man.*, p. 60); Massé (*Droit comm.*, n° 1959); Mourlon (*Rép. écrit.*, t. III, p. 365); Alauzet (n° 224); Rauter (*op. cit.*, p. 255); Dalloz (*Rép.*, v° Société, n° 613); Talon (p. 193); Demètre B. Polizu (n° 145). — V. aussi et surtout la consultation publiée par M. Cresp.

(2) Req., 13 mai 1835 et 8 juin 1869 (S.-V., 35, 1, 854; 69, 1, 428; *J. Pal.*, 1869, p. 1100; Dall., 35, 1, 237).

(3) Cass., 12 mars 1850 et 16 fév. 1853 (S.-V., 50, 1, 257; 53, 1, 209; Dall., 50, 1, 86; 53, 1, 47; *J. Pal.*, 1852, t. I, p. 166; 1853, t. II, p. 654).

(4) Pothier (*Soc.*, n° 105).

(5) *Id* (*ibid.*, n° 101).

pour cela d'action contre les autres associés; car, selon les principes du droit, un créancier n'a d'action que contre celui avec qui il a contracté, et non contre ceux qui ont profité du contrat... Le créancier n'a à l'égard des autres associés que la voie de saisir en leurs mains ce qu'ils doivent à son débiteur pour raison de cette affaire. »

Sans parler, quant à présent, des sociétés de commerce, à l'occasion desquelles nous aurons à revenir sur la question (C. de comm. art. 22), il paraît bien évident, par le texte même de l'art. 1864 du Code civil, que c'est là, quant à l'action directe au moins, la solution à laquelle les rédacteurs du Code ont voulu s'arrêter. L'article dispose expressément et spécialement pour le cas où il est stipulé que l'obligation est contractée *pour le compte de la société.* Il n'est donc pas applicable au cas tout différent où l'engagement est pris *pour le compte et au nom de l'associé qui le contracte.* Au fond, d'ailleurs, c'est là autre chose et mieux que l'argument *à contrario sensu,* généralement peu concluant. L'article 1864 se lie à des règles particulières qu'il confirme et applique. Il procède de cette idée que l'associé qui a parlé au nom de la société est présumé avoir agi ou à titre de mandataire de ses associés, ou en gérant d'affaires. Et comme cet associé a fait des choses ou des valeurs, objet du contrat, un emploi utile et profitable pour la société, l'article 1864, en déclarant les associés directement obligés envers le tiers contractant, ne fait que déduire la conséquence formulée soit par l'article 1998 en matière de mandat, soit par l'art. 1375 relativement à la gestion d'affaires. Or, il n'y a pas à parler de la présomption sur laquelle cette décision est fondée, quand l'associé traite *en son nom personnel et pour son compte.* Le contrat qui intervient alors est absolument étranger aux autres associés, dont on ne peut pas dire que l'associé contractant soit le mandataire ou le gérant d'affaires. Donc, le tiers contractant ne les a pas pour obligés : il ne peut rien leur demander directement. Il se prévaudrait en vain de ce que l'associé avec qui il a traité a versé dans le fonds commun ou employé pour les affaires sociales les valeurs que son engagement lui a procurées. Cet emploi, s'il n'a pas été fait pour acquitter une obligation dont l'associé aurait été tenu envers la société, constituera sans doute un titre de créance en faveur de celui-ci vis-à-vis de ses associés. Mais le tiers créancier ne saurait en exciper contre la société, parce que l'emploi des valeurs est le fait propre de l'associé, et que, quant à lui, il n'y a participé en aucune manière. Et cela même répond à l'objection tirée de ce qu'autoriser, même en ce cas, les créanciers à repousser par une fin de non-recevoir l'action directe du tiers contractant, ce serait méconnaître, à leur profit, la maxime que nul ne doit s'enrichir aux dépens d'autrui. La société s'est enrichie sans doute, mais par le fait de qui? Ce n'est pas par le fait du tiers contractant, qui, encore une fois, n'est pour rien dans l'emploi des valeurs produites par l'engagement. C'est par le fait de l'associé, qui, entré en possession de ces valeurs en conséquence d'un contrat souscrit en son nom et pour lui personnellement, en a disposé ensuite en faveur de la société. A lui seul donc appartient de ce chef l'action directe contre les associés. Quant au tiers créancier, il n'y a aucun droit; et s'il peut être admis à agir contre la société, c'est seulement en tant qu'exerçant les droits de son débiteur, dans les termes de l'art. 1166 du Code civil.

IV. — 653. Après avoir indiqué comment et à quelles conditions un engagement pris par les associés ou par l'un d'eux constitue une dette sociale, il importe de préciser la mesure dans laquelle les associés sont tenus de l'obligation qui désormais lie la société. Le principe, à cet égard, est posé par l'art. 1862, aux termes duquel « dans les sociétés *autres que celles de commerce* les associés ne sont pas tenus solidairement des dettes sociales, et l'un des associés ne peut obliger les autres si ceux-ci ne lui en ont conféré *le pouvoir*. » Là est écrite la règle quant aux *sociétés civiles;* et, dans cette partie de notre titre, c'est le seul point dont la loi eût à se préoccuper. Aussi faut-il se garder d'induire de cette sorte d'opposition que, par ses termes, elle semble établir entre les sociétés civiles et les sociétés commerciales que toujours et nécessairement les personnes qui s'engagent dans une société de commerce sont tenues par un lien de solidarité. Nous verrons, en traitant des sociétés de cette nature, qu'il n'en est pas ainsi et qu'il y a de notables exceptions à relever. Quant à présent, il suffit de dire que l'unique objet de l'art. 1862 a été le règlement du point en question dans les sociétés civiles, et que la mention des sociétés de commerce n'y a pas d'autre portée que celle d'une réserve à laquelle la législation commerciale devait prendre et a pris en effet le soin de faire droit.

Ainsi, en principe, dans les sociétés civiles, le tiers, créancier de la société, a bien tous les associés pour obligés, mais ils ne sont pas obligés de telle sorte que chacun puisse être contraint pour la totalité : la dette est divisible et non solidaire. Donc, soit que les associés aient contracté tous ensemble avec le créancier, soit qu'ils aient été obligés par l'intermédiaire d'une personne, étrangère ou associée, investie de leurs pouvoirs, il n'y a entre eux aucune solidarité. Telle est la règle.

654. Toutefois, il ne répugne pas à l'essence des sociétés même civiles que les associés soient obligés les uns pour les autres et chacun pour le tout. Il est dès lors permis de déroger au droit commun à cet égard par des conventions particulières. Par exemple, le tiers qui traite avec l'associé, désirant accroître ses garanties, exige que tous les associés se constituent et soient solidairement obligés, *correi debendi :* si les associés acceptent et consentent, la convention sera incontestablement valable. Le tiers créancier aura devant lui, alors, des associés à chacun desquels il pourra demander la totalité de la dette, sinon à raison de sa qualité d'associé, au moins en vertu de la convention dérogatoire par laquelle il s'est soumis à la solidarité.

655. Bien plus, cette solidarité exceptionnelle, il n'est pas même nécessaire qu'elle soit expressément ou spécialement stipulée. Elle peut résulter, en effet, soit de la forme qu'a revêtue le contrat de société, soit même de la nature ou du caractère de l'engagement pris avec le tiers créancier. Ainsi, d'une part, les membres d'une société civile se-

ront néanmoins solidaires si, empruntant sa forme au droit commercial, ils ont pris pour leur association le type de la société en nom collectif (1). Car, ainsi que nous l'avons expliqué plus haut (*suprà*, n° 122), revêtir la société civile d'une forme qui, en principe et par la volonté de la loi, rend les associés solidaires pour tous les engagements de la société, c'est renoncer virtuellement, mais nécessairement, au bénéfice de l'art. 1862. D'une autre part, les associés seront solidaires également, sinon à raison du caractère de leur association, au moins à raison de la nature même de l'opération conclue avec le tiers créancier, lorsque, d'après le droit commun, cette opération les soumet à la solidarité. Il en serait ainsi, par exemple, si l'obligation contractée par la société envers le tiers créancier était indivisible. On peut citer en ce sens deux arrêts, l'un de la Cour de Bruxelles, suivant lequel des associés qui prennent un moulin à ferme pour l'exploiter ensemble sont solidairement tenus des loyers, l'entreprise de mouture à laquelle ils veulent se livrer étant indivisible (2); l'autre, de la Cour de cassation, aux termes duquel des concessionnaires associés d'une mine peuvent être condamnés solidairement au payement de la redevance due au propriétaire de la surface, alors que cette mine, étant exploitée par un seul gérant ou administrateur, dans l'intérêt de tous les concessionnaires, la redevance peut être considérée comme une dette indivisible à raison de l'indivisibilité de l'exploitation (3).

V. — 656. En dehors de ces cas exceptionnels dans les sociétés purement civiles, la dette sociale est divisible et non solidaire : les associés n'en sont pas tenus individuellement *in solidum*. Ils ne doivent être recherchés que chacun pour une part. Et alors se pose la question de savoir quelle est cette part.

657. Notons d'abord qu'il ne s'agit plus en ce moment des rapports des associés entre eux, c'est-à-dire de la *contribution* aux dettes sociales. Ce point a été traité dans notre commentaire des art. 1853, 1854 et 1855 (*suprà*, n°s 428 et suiv.). A cet égard, la règle est simple, et nous savons qu'à défaut de conventions spéciales entre les parties intéressées, chaque associé doit en définitive supporter dans la dette une part proportionnelle à sa mise dans le fonds de la société, ou, en cas de conventions spéciales, la part déterminée par le pacte social.

658. Nous avons à nous occuper ici seulement de l'*obligation* des associés au payement des dettes sociales, et cela touche aux rapports des associés avec les tiers. A ce point de vue, la règle est toute différente. Elle est posée par l'art. 1863, d'après lequel, dans les sociétés civiles, tous les associés, lorsque par eux-mêmes ou par mandataire ils ont contracté avec un tiers, sont, sauf stipulation contraire, obligés envers ce tiers, *pour une somme et part égales*, encore que la part de l'un d'eux dans la société fût moindre. Ainsi, ce que le tiers peut et doit demander à chaque associé, ce n'est pas une part proportionnelle à la

(1) *Comp.* Aix, 4 juin 1868 (Dall., 69, 2, 242).
(2) Bruxelles, 28 nov. 1806 (S.-V., Coll. nouv., 2, 2, 177).
(3) Req., 10 déc. 1845 (S.-V., 46, 1, 623; *J. Pal.*, 1846, t. II, p. 423).

mise, car « il est censé ignorer les conventions particulières des associés » (1) ; c'est une part virile. Toutefois, il y a une distinction à faire : la règle, comme cela résulte des termes mêmes de la loi, ne régit pas tous les cas.

659. Ainsi, il n'y a pas lieu de la suivre quand la dette est sociale en ce que l'engagement a été contracté par un associé sans pouvoirs, au nom de la société, qui en a profité (*suprà*, n° 648). En effet, l'art. 1863 est écrit en vue du cas où *les associés* ont contracté avec le tiers. Or, dans l'espèce, les associés n'ont contracté ni par eux-mêmes, ni par un mandataire : le contrat émane d'un associé à qui ils n'avaient pas donné pouvoir de les engager. Et si la société est obligée, c'est uniquement parce qu'elle a profité de la convention et à raison de l'avantage qu'elle en a retiré (art. 1864). Or, l'obligation de la société ayant pour principe et pour cause unique cet avantage même, il en résulte : d'abord que, quelque considérable que soit la dette contractée envers le tiers, l'obligation, pour la société, ne pourra jamais excéder la somme représentant son profit dans l'affaire conclue en son nom ; ensuite, et nécessairement, que chacun des associés non contractants sera tenu de cette obligation seulement en proportion de sa part dans la société, puisque chacun d'eux ne s'est réellement enrichi que dans la mesure de cette part. Telle est la doctrine de la Cour de cassation. On soutenait devant elle que l'art. 1864 ne fixant pas la part de chaque associé dans la dette lorsque l'affaire conclue au nom de la société a tourné à son profit, il y avait lieu d'appliquer l'art. 1863, qui prévoit le cas où tous les associés sont tenus, et dispose que chacun doit une somme et part égales. La Cour a répondu « qu'en droit, dans les sociétés non commerciales, les associés qui n'ont contracté aucun engagement personnel envers un tiers créancier, ne peuvent être actionnés par lui qu'au cas où la dette ayant tourné à l'avantage de la société a, par là, profité encore aux mêmes associés ; que, dans ce cas, leur profit ne pouvant être qu'en proportion de la part qu'ils ont dans la société, c'est aussi en proportion seulement de cette part qu'ils doivent contribuer au payement de la dette, car autrement l'action *de in rem verso* serait, dans ses effets, étendue au delà de sa cause, et les associés non-seulement ne s'enrichiraient pas au préjudice du créancier, mais ils seraient même obligés de payer en pure perte la dette d'autrui... » (2) Ainsi, dans ce cas, il n'y a pas de différence entre *l'obligation* et *la contribution* des associés au payement de la dette sociale : la part de chacun, sous l'un et l'autre rapport, est correspondante à son intérêt dans la société, à la mesure de sa participation aux affaires communes. Et, d'après la jurisprudence, l'exception n'est pas propre seulement aux

(1) V. *suprà*, n° 639, le Rapport de M. Boutteville.
(2) Rej., 18 mars 1824 (S.-V., 25, 1, 138 ; Coll. nouv., 7, 1, 417 ; *J. Pal.*, à sa date ; Dall., 24, 1, 476). V. aussi, en ce sens, MM. Duranton (t. XVII, n° 448) ; Duvergier (n° 402) ; Troplong (n° 820) ; Zachariæ et ses annotateurs Massé et Vergé (t. IV, p. 442, 444 et note 9) ; Aubry et Rau (t. III, p. 411, note 7) ; Dalloz (*Rép.*, v° *Société*, n° 622) ; Talon (p. 190 et suiv.).

sociétés légalement constituées; elle s'étend et s'applique aussi aux sociétés de fait, spécialement aux communautés religieuses non autorisées par le gouvernement (1).

660. Mais si la dette est sociale, en ce que l'engagement a été pris par tous les associés, ou, au nom de la société, par l'un d'eux muni de pouvoirs à cet effet, c'est le cas de suivre la règle posée par l'art. 1863. Chaque associé est donc obligé et peut être recherché par le tiers créancier *pour une part virile,* encore que les parts d'intérêt fussent inégales entre les associés. Donc, quelles que soient les stipulations du pacte social eu égard à la mesure dans laquelle chaque associé aura droit aux profits et participera aux pertes, elles ne sont pas opposables au tiers créancier. Par exemple, un engagement est pris par trois associés dont, aux termes du pacte social, l'un doit supporter une moitié dans les dettes, et chacun des deux autres un quart; le tiers créancier, absolument étranger au pacte qui règle ainsi la contribution aux dettes, n'a pas à en tenir compte : il peut et il doit demander une somme et part égales, c'est-à-dire un tiers, à chacun des trois associés. Le créancier avec qui les associés ont contracté « n'est pas obligé de savoir quelle part ils ont chacun dans la société. » (2) Il est même, d'après les termes du rapport de Boutteville rappelés plus haut (n° 639), toujours censé ignorer les conventions particulières de ces derniers.

661. Il y a plus : la connaissance personnelle qu'en fait le tiers créancier aurait eue de l'inégalité des parts ne suffirait pas à lui enlever le droit de réclamer une part virile à chaque associé. Celui des associés qui étant tenu, d'après le pacte social, dans une proportion moindre que les autres, traite avec un tiers sans entrer dans aucune explication à cet égard, est présumé renoncer à son droit par cela même qu'il ne le réserve pas. Vainement dirait-il qu'en fait le tiers n'a pas ignoré que de par la convention sociale son obligation était restreinte dans une mesure déterminée. La convention est dérogatoire au droit commun; et, pour qu'elle soit opposable aux tiers, il ne suffit pas que ceux-ci en aient pu avoir ou en aient eu une connaissance telle quelle; il faut que les associés en fassent la déclaration expresse au moment où ils se mettent en rapport et contractent avec eux. Cela s'induit avec évidence de l'art. 1863, d'après lequel les associés sont tenus, envers le créancier, chacun pour une somme et part égales, encore que la part de l'un d'eux dans la société fût moindre, *si l'acte n'a pas spécialement restreint l'obligation de celui-ci sur le pied de cette dernière part.* Donc, en l'absence de cette clause spéciale dans l'acte par lequel les associés s'obligent, le tiers, soit qu'il ait ignoré, soit qu'il ait connu l'inégalité de parts établie par le pacte social, reste avec son droit tel qu'il résulte de l'art. 1863 : il peut poursuivre chaque associé pour une part virile,

(1) Comp. Req., 30 déc. 1857, et Paris, 8 mars 1858 (*J. Pal.*, 1858, p. 527; Dall., 58, 1, 21, et 2, 49; S.-V., 58, 1, 225, et 2, 145).
(2) Ce sont les expressions de Pothier (*Soc.*, n° 104).

parce que le pacte social, auquel il est absolument étranger, ne peut lui nuire, pas plus qu'il n'en pourrait profiter.

662. D'après cela, nous ne saurions admettre la doctrine consacrée par un arrêt de la Cour de Paris, déjà cité, et d'après lequel la clause des statuts d'une société civile qui, en soumettant le cessionnaire d'une part d'intérêt à toutes les obligations de l'associé cédant, stipule que ce dernier sera déchargé de toute contribution aux dettes contractées par la société, même antérieurement à cette cession, serait opposable aux tiers, par cela seul qu'elle serait inscrite dans l'acte social (1). Que la clause soit valable dans les rapports des associés entre eux, c'est incontestable, et nous l'avons reconnu dans notre commentaire de l'art. 1861 (*suprà*, n° 609). Mais dans les rapports des associés avec les tiers, c'est autre chose. Ceux-ci, nous venons de le voir, ne sont pas liés par une clause dérogatoire au droit commun que les associés auraient insérée dans le pacte social. Ainsi, il a été convenu, dans un acte de société civile, que la responsabilité de tel ou tel associé sera limitée à sa mise; la convention, valable entre les associés, ne pourra pas être opposée aux tiers. Si, en traitant avec ceux-ci, l'associé que la clause exonère n'a pas eu le soin de le porter à leur connaissance et de déclarer qu'il entendait ne s'obliger envers eux que dans la proportion de sa part, il est obligé pour une part virile, et cela encore même qu'en fait les tiers eussent eu une connaissance personnelle de la convention dérogatoire au droit commun. Cette connaissance personnelle ne supplée pas la déclaration spéciale exigée par la loi et sans laquelle le pacte social qui restreint la responsabilité de tel ou tel associé reste absolument étranger et sans valeur relativement aux tiers créanciers. Or, s'il en est ainsi, à plus forte raison en devait-il être de même dans l'espèce jugée par la Cour de Paris, où il s'agissait, non pas simplement d'une clause restrictive de l'obligation d'un associé quant aux dettes sociales, mais d'une convention à la faveur de laquelle les associés pouvaient, en cédant leur part d'intérêt, se décharger de toute contribution aux dettes de la société. Plus que d'aucune autre il convient de dire, avec l'article 1165, de cette convention sociale, qu'elle n'a d'effet qu'entre les parties contractantes, et qu'elle ne saurait nuire aux tiers, ni leur profiter.

663. Par là même, en quelque sorte, se trouve résolue la question controversée de savoir s'il serait loisible au tiers créancier qui y aurait intérêt de se départir de la règle, et de demander à chaque associé sa part proportionnelle telle qu'elle est fixée par l'acte de société, au lieu d'une part égale ou virile. Les auteurs qui tiennent pour l'affirmative supposent que l'art. 1863 a été écrit uniquement dans l'intérêt du créancier et pour ôter à l'associé qui, aux termes de l'acte de société, devrait une part moindre dans la dette, la faculté d'opposer, à raison de ce, une exception au créancier. D'où ils concluent logiquement que

---

(1) V. l'arrêt de la Cour de Paris du 28 janv. 1868, cité sous le n° 609.

celui-ci pourrait renoncer au bénéfice de cet article, et déclarer qu'il a en connaissance de l'acte de société et qu'il a contracté dans les termes de cet acte (1). Toutefois, c'est là un faux point de vue. L'art. 1863 est tout simplement une application spéciale de ce principe fondamental établi par Toullier, « que le droit et l'obligation se divisent de plein droit par portions égales ou viriles entre toutes les personnes énumérées conjonctivement dans un contrat, soit comme créancières, soit comme débitrices d'une seule et même chose. » (2) Vainement on oppose qu'il s'agit non pas d'une obligation simplement conjonctive, mais d'une obligation sociale (3). L'obligation est sociale sans doute, en ce sens que les associés dans leurs rapports entre eux sont tous obligés et liés. Mais la question ici se pose dans les rapports des associés avec les tiers. Or, vis-à-vis des tiers, l'obligation ne cesse pas d'être conjonctive pour être prise par des associés; c'est la conséquence de l'art. 1863, qui a voulu *que les associés personnellement,* et non la société, fussent obligés envers les créanciers, et tenus chacun pour une part égale. Dès lors, quand ils ont contracté par eux-mêmes ou par mandataire, ils ne peuvent, quelles que soient les stipulations de l'acte de société, être recherchés que chacun pour moitié s'ils sont deux, pour un tiers s'ils sont trois, pour un quart s'ils sont quatre, etc. Pour qu'il en fût autrement, pour que le créancier pût demander à chaque associé sa part proportionnelle au lieu d'une part virile, il faudrait que l'acte même d'obligation contînt une déclaration spéciale à cet effet. La connaisance personnelle que le créancier aurait eue du pacte social ne saurait, pas plus dans cette hypothèse que dans le cas inverse dont nous venons de parler, tenir lieu de cette déclaration. Il impliquerait, en effet, que le créancier auquel cette connaissance personnelle n'est pas opposable par l'associé dont la part dans la société est moindre qu'une part virile eût, de son côté, le droit de l'opposer à tel ou tel autre associé dont la part sociale serait supérieure. Ni le texte ni l'esprit de la loi ne permettent de penser que le législateur ait voulu consacrer une telle inégalité.

664. En résumé donc, et en toute hypothèse, l'obligation conjonctive des associés vis-à-vis des tiers créanciers se divise de plein droit par portions viriles ou égales. C'est seulement quand l'acte fait avec le créancier a spécialement fixé l'*obligation* dans la mesure convenue entre les associés pour la *contribution* de chacun au payement des dettes que le créancier peut, s'écartant du droit commun, demander à chacun sa part proportionnelle. Mais ajoutons que lorsque la convention, en se référant au pacte social, fixe à cette part proportionnelle l'obligation

---

(1) V. MM. Delvincourt (t. III, note 6 de la page 124); Duranton (t. XVII, n° 451); Taulier (t. VI, p. 388); Dalloz (*Rép.*, v° Société, n° 624).
(2) V. Toullier (t. VI, n° 910). *Junge:* MM. Duvergier (n° 393); Aubry et Rau (t. III, p. 409, note 4); Massé et Vergé, sur Zachariæ (t. IV, p. 443, note 7); Rauter (p. 253); Demètre B. Polizu (n° 144). *Comp.* Troplong (n°s 818, 819 et 856).
(3) V. Dalloz (*loc. cit.*).

des associés, chacun de ceux-ci est tenu sur tous ses biens, et non pas seulement sur sa part proportionnelle (C. civ., art. 2092).

VI. — 665. Nous arrivons ainsi à une difficulté qui se rattache à notre matière, bien que les art. 1862, 1863 et 1864 ne l'aient pas touchée. Il résulte des explications dont ces articles viennent d'être l'objet qu'un associé, même quand il fait son affaire unique ou principale de l'entreprise sociale, et à plus forte raison quand il se livre à des opératious distinctes pour son compte particulier, est dans le cas d'accomplir des actes qui n'obligent que lui et aussi des actes qui, en l'obligeant lui-même, obligent en même temps ses coassociés envers les tiers avec qui il a contracté. De là deux ordres de créanciers : les uns, *sociaux;* les autres, *personnels.* Les premiers, qui ont tous les associés pour obligés, sont incontestablement en droit de les assigner tous ensemble, sans avoir à se préoccuper des suites possibles de leur action au point de vue de la marche des affaires sociales et de leur prospérité. En cela, ils sont à distinguer des seconds, qui, n'ayant de droit que sur ce qui appartient à l'associé qu'ils ont pour seul obligé, doivent, comme nous l'avons fait remarquer déjà (*suprà,* n° 592), s'abstenir, en exerçant ce droit, de tout ce qui pourrait porter atteinte au droit égal des autres associés sur les choses que leur débiteur a mises dans la société (1).

666. Cela conduirait à la solution de la difficulté élevée sur le point de savoir si les créanciers sociaux, qui naturellement ont pour gage tous les biens de la société, ont sur ces biens un droit de préférence à l'encontre des créanciers personnels de chaque associé. La question, nous avons eu l'occasion de l'indiquer (*suprà,* n° 125), a été liée par la doctrine et par la jurisprudence au grave problème de la personnalité juridique des sociétés. En effet, quant aux sociétés de commerce et même aux sociétés civiles revêtues de l'une des formes commerciales (*suprà,* n° 122), il est admis que les créanciers de la société ont, eu égard au fonds social, à l'ensemble de biens dont ce fonds se compose, la priorité sur les créanciers personnels des associés. Pourquoi cela? Parce que ces sociétés donnent naissance à un être moral, lequel est seul propriétaire des biens communs, et que les créanciers sociaux ayant l'être moral pour obligé, doivent trouver avant tous autres leur gage sur les biens qui lui appartiennent (2). D'un autre côté, quant aux associations en participation, il est admis, au contraire, que les créanciers personnels et les créanciers sociaux ont les mêmes droits sur les biens communs. Pourquoi? Parce que ces sortes d'associations ne comportent pas l'existence d'un être moral distinct de la personne des associés; que

---

(1) *Comp.* Paris, 13 août 1834 (S.-V., 34, 2, 674; Dall., 35, 2, 54; *J. Pal.,* t. XXVI, p. 876).

(2) Ajoutons aux décisions déjà citées (n° 125) un arrêt duquel il résulte que la donation par contrat de mariage, faite par le membre d'une société commerciale, d'une somme à prendre sur son apport social, ne confère pas au donataire qui a été crédité de la somme donnée, au compte de l'associé donateur, un droit de concurrence avec les créanciers sociaux. Rej., 14 mars 1848 (S.-V., 48, 1, 703; Dall., 48, 1, 120; *J. Pal.,* 1848, t. II, p. 876).

ceux-ci sont des copropriétaires, dont tous les biens, y compris les biens sociaux, se confondent et s'offrent pour gage à tous les créanciers, par conséquent aux créanciers personnels aussi bien qu'à ceux de la société (1). Ce sont aussi les données suivies, en général, par rapport aux sociétés civiles ordinaires. D'après cela, dans le système qui écarte la fiction de l'être moral, on tient que les biens de la société sont le gage commun de tous les créanciers indistinctement, des créanciers personnels aussi bien que des créanciers sociaux (2). Et, dans le système de la personnalité juridique, on tient, au contraire, que le patrimoine de la société est avant tout le gage de ses créanciers, et que si les créanciers personnels des associés y peuvent prétendre, c'est seulement après que les créanciers sociaux sont entièrement désintéressés (3).

Si la question devait être résolue d'après cette distinction, nous n'hésiterions pas à reconnaître que les biens sociaux sont le gage commun de tous les créanciers indistinctement. Car, nous l'avons dit déjà à diverses reprises, nous sommes, pour notre part, de ceux qui pensent que la société civile ordinaire ne constitue pas une personne juridique ayant un patrimoine actif et passif, distinct du patrimoine des associés. Et s'il fallait une preuve de plus à l'appui de cette appréciation, nous l'emprunterions précisément aux dispositions de la présente section. En effet, les art. 1862 et 1836, statuant en prévision d'une société en plein exercice, supposent une dette sociale. Dès lors, si la société donnait naissance à un être moral, lequel serait le débiteur, le droit du créancier serait réglé par les art. 1220 et 1244 du Code civil, d'après lesquels l'obligation susceptible de division doit être exécutée, entre le créancier et le débiteur, *comme si elle était indivisible,* en sorte que celui-ci ne peut pas contraindre l'autre à recevoir, en partie, le payement de la dette. Or, suivant les art. 1862 et 1863, la dette sociale se partage de plein droit, au contraire, entre tous les associés, et le créancier, obligé de diviser sa demande et de ne réclamer que sa part virile à chaque associé, ne peut pas se refuser à recevoir la part qui lui serait offerte par l'un d'eux! Qu'est-ce à dire, sinon que la loi ne reconnaît pas l'existence de l'être moral, et que s'il peut y avoir des dettes sociales en ce sens qu'elles procèdent d'obligations contractées pour les affaires communes, ces dettes, dans la vérité des choses, n'en restent

---

(1) V. *suprà,* en note du n° 125, les autorités en ce sens. Citons cependant ici un arrêt d'après lequel celui qui a fait au gérant d'une société en participation des avances pour les travaux formant l'objet de l'association, *avances qui ont profité à cette association,* doit être préféré, sur les bénéfices réalisés, aux autres associés, qui ne peuvent avoir droit aux bénéfices que déduction faite des charges (Cass., 17 août 1864 : S.-V., 65, 1, 183; *J. Pal.,* 1865, p. 419; Dall., 65, 1, 302). Mais ce n'est là qu'une application spéciale de l'art. 1864, sur laquelle nous aurons à revenir quand nous nous occuperons des associations en participation.

(2) V., en ce sens, MM. Vincens (*Soc. par act.,* p. 6); Fremery (*Et. de droit comm.,* p. 32); Aubry et Rau (t. III, p. 410 et note 5); Zachariæ (éd. Massé et Vergé, t. IV, p. 444); Mourlon (*Rép. écrit.,* t. III, p. 365); Alauzet (n° 225); Rauter (p. 256); Demètre B. Polizu (n° 150).

(3) V. MM. Duranton (t. XVII, n° 457); Duvergier (n° 405); Delangle (n°s 14 et suiv., et 718); Troplong (n° 865); Massé et Vergé, sur Zachariæ (*loc. cit.,* note 10); Dalloz (*Rép.,* v° Société, n° 628); Talon (p. 197).

pas moins les dettes *des associés*. Mais, à notre avis, cela n'implique pas le concours à droit égal des créanciers sociaux et des créanciers personnels sur les biens de la société. Il y a la disposition de l'art. 1860, dont il faut faire état. Or, elle nous semble exclure ce concours et donner la priorité aux créanciers sociaux. L'art. 1860, comme nous l'avons expliqué dans notre commentaire, s'il ne prive pas les associés de la faculté qu'ils avaient en droit romain, et aussi d'après notre ancienne jurisprndence, de disposer de la part correspondante à leur droit indivis dans les choses communes, entend du moins que les associés ne pourront pas, par des actes de disposition, arrêter ou entraver la marche de la société. En sa qualité de propriétaire, un associé peut sans doute vendre ou céder son droit; mais en sa qualité d'associé il reste toujours tenu de l'obligation par lui prise dès l'origine de laisser dans le fonds commun les choses qu'il y a mises, pour être employées suivant leur destination consacrée par l'usage ou par la convention. Et c'est pourquoi les droits qu'il confère à un tiers acquéreur ou cessionnaire, sur ces choses, sont conditionnels et limités par cette obligation même, en sorte que ce dernier doit s'abstenir, tant que la société dure, de tous faits ou actes susceptibles de la gêner dans l'exercice de son action et de ses droits (*suprà,* n°s 588 et suiv.). Cela étant, il est de toute évidence que lorsqu'il procède par voie de dispositions indirectes, et se grève de dettes pour causes étrangères à la société, un associé ne confère pas à ses créanciers personnels plus de droits ou des droits plus actuels sur l'actif commun. Ainsi, et spécialement, il ne leur confère pas le droit de poursuivre immédiatement, sur sa part dans cet actif, le recouvrement de leurs créances. Car, de quoi servirait-il à la société qu'un acquéreur ne pût pas, en vertu de son titre, la déposséder de la part compétant à l'associé son vendeur dans la chose commune si, en vertu du sien, un créancier pouvait aboutir à la dépossession en faisant saisir cette part? L'obligation dont l'associé est tenu vis-à-vis de la société s'impose donc à ses créanciers personnels non moins qu'à un acquéreur. Elle limite leur droit en le subordonnant au droit certain et préexistant de la société, et, par conséquent, elle les met aussi dans le cas de ne rien faire qui retire à la société les choses que les associés ont mises en commun ou paralyse en ses mains la faculté d'employer ces choses aux fins qu'elle s'est proposées en s'établissant. Or, cela paraît décisif pour la solution de la question proposée. Dès que des créanciers en présence il en est qui ont tous les associés pour obligés et pour gage tous les biens de la société, et d'autres qui, sans rapports avec la société, n'ont pas d'action sur l'actif social, il est clair que ceux-ci doivent s'effacer devant les premiers et leur céder le pas. C'est la conséquence en quelque sorte nécessaire de leur situation respective.

Toutefois, remarquons-le bien, ce droit de préférence accordé aux créanciers sociaux sur les biens de la société ne les protége qu'autant que subsiste la cause dans laquelle il trouve sa justification. Or, s'ils sont ainsi favorisés, ce n'est pas que, comparée à la créance des créanciers personnels, leur créance à eux leur donne un droit plus fort ou d'une nature différente; c'est uniquement, comme on vient de le voir, à raison des obligations dont tout associé est tenu vis-à-vis de la société dans laquelle il est entré. Donc, la cause de préférence ne milite en faveur des créanciers sociaux que pendant la durée de la société. Elle cesse quand la société prend fin par la dissolution. Alors sont éteintes les obligations qui liaient les associés entre eux; l'état de communauté ou de simple indivision succède à l'état de société. Et il n'y a plus aucun obstacle à ce que les créanciers personnels des communistes viennent en concurrence avec les créanciers de la société dissoute, et, s'autorisant du droit de gage général constitué par les art. 2092 et 2093, se fassent admettre à droit égal sur les biens de leurs débiteurs, sans distinction entre leurs biens propres et ceux qui leur proviendraient de l'ancienne société. Cette distinction, dont M. le professeur Thiry a démontré la vérité juridique (1), trouve un appui dans les motifs d'un arrêt récent de la Cour de cassation, qui, ayant à statuer à propos d'une société en commandite par actions, sinon dissoute, au moins annulée pour n'avoir pas été constituée dans les conditions prescrites par la loi, déclare que par suite de la nullité la société s'était transformée en une commandite de fait dont l'actif s'était confondu avec les autres biens des associés et était devenu le gage commun de tous les créanciers, par conséquent des créanciers personnels des associés aussi bien que de ceux de la société (2).

667. Le droit des créanciers de la société *sur les biens extra-sociaux* des associés ne comporterait pas la même distinction. Ces biens sont aussi leur gage comme celui des créanciers pour cause étrangère à la société. Ce serait, de la part de ces derniers, une prétention inadmissible de dire que les biens personnels de leur débiteur sont avant tout leur gage, et que les créanciers sociaux ne peuvent pas venir avec eux en concours sur ces biens. Seul, M. Duranton est d'un avis contraire, et prétend que si les créanciers de la société demandaient à être payés par préférence sur son actif, ils devraient souffrir que les créanciers particuliers de l'associé fussent payés par préférence à eux sur les biens personnels de cet associé (3). Mais il ne prend pas garde que les créanciers de la société sont en même temps créanciers de tous les associés et de chacun d'eux pris individuellement, puisque chacun d'eux est tenu, pour une part, de la dette et peut être recherché directement. Ils ont donc, par rapport aux biens personnels des associés, un droit égal à celui des créanciers particuliers (4). Et ce droit qu'ils pouvaient exercer pendant la durée de la société, ils peuvent à plus forte raison l'exercer encore après que la société est venue à se dissoudre par une cause quelconque. C'est de toute évidence, puisque alors l'associé, tou-

---

(1) V. *Revue crit. de législ. et de jurispr.* (t. VII, p. 289 et suiv.).
(2) Cass., 11 mai 1870 (*J. Pal.*, 1870, p. 1123; Dall., 70, 1, 405; S.-V., 70, 1, 428).
(3) V. M. Duranton (t. XVII, n° 458).
(4) V. MM. Duvergier (n° 406); Troplong (n° 863); Fremery (*Et. de droit comm.*, p. 33); Massé et Vergé, sur Zachariæ (t. IV, p. 444 et 445, note 10); Dalloz (*Rép.*, v° Société, n° 632); Talon (p. 199); Thiry (*loc. cit.*).

jours tenu personnellement pour sa part des engagements pris pendant la durée de la société, réunit en ses mains ce qu'il avait mis dans la société comme ce qui était resté en dehors, et que d'après la loi ce sont *tous les biens* du débiteur et non pas telle ou telle fraction de ses biens (art. 2093.) qui sont le gage commun de ses créanciers.

VII. — 668. Il reste à parler des *créances* sociales. C'est un autre point auquel ne touchent pas non plus les art. 1862, 1863 et 1864, qui, statuant sur les *engagements des associés à l'égard des tiers*, s'occupent seulement des *dettes* de la société. Comment donc, dans le silence de la loi, les engagements ou les obligations des tiers envers la société devront-ils être réglés? Troplong s'est posé la question, et l'a résolue en ces termes : « La société étant une personne civile, ceux qui se sont engagés envers elle ne sont pas précisément les débiteurs des individus qui la composent; ils sont les débiteurs de la personne civile; et quand cette personne se présente à eux par le ministère d'un organe légal, ils doivent payer, sans division, le total de la dette. Le droit de recouvrer les créances sociales appartient au gérant; et comme, à défaut de gérant, chaque associé est revêtu du droit d'administrer (art. 1859), il s'ensuit que le payement fait pour le total à l'un des associés, pour le compte de la société, libère le débiteur pour le tout. » [1] Après nos observations touchant la personnalité juridique des sociétés, il n'est pas besoin de dire que nous n'admettons pas toutes ces solutions. Dans le silence de la loi spéciale, il faut, selon nous, s'en référer au droit commun, en s'éclairant d'ailleurs, dans les diverses hypothèses qui peuvent se présenter, des dispositions de la présente section.

669. Ainsi, la fiction de l'être moral étant écartée au moins par rapport aux sociétés civiles ordinaires, les seules dont il soit question ici, il s'ensuit qu'en aucun cas les tiers qui se sont engagés envers les associés ne sont les débiteurs de la personne civile. Si le contrat est intervenu avec l'un des associés agissant *en son propre nom* pour le compte de la société, cet associé, par argument de l'art. 1864, est seul créancier, et c'est vis-à-vis de lui seulement que les autres peuvent avoir action à l'effet d'obtenir communication des bénéfices résultant de l'obligation contractée par le tiers. Et si le tiers a traité avec tous les associés (l'obligation n'étant pas d'ailleurs indivisible ou solitaire) ou avec l'un d'eux agissant comme gérant ou en qualité de mandataire des autres, la créance acquise à tous les associés est, par argument de l'art. 1863, divisée entre eux tous par portions égales, quelle que soit la part de chacun dans la société. C'est pourquoi le payement du total fait entre les mains d'un associé ne libérerait pas le débiteur pour le tout, en toute hypothèse, comme le suppose Troplong. Le payement serait libératoire, sans doute, s'il avait été fait aux mains du gérant ou d'un mandataire investi du pouvoir de tous les associés à l'effet de recevoir [2]. Mais hors de ce cas, chaque associé n'étant créancier que

---

(1) V. Troplong (n° 866). V. aussi M. Dalloz (*Rép.*, v° Société, n° 636).
(2) Il a même été jugé que le tiers qui a reçu en dépôt des valeurs sociales avec

d'une portion, ne peut réclamer que cette portion, en sorte que le payement du total fait à un seul ne libérerait pas le débiteur vis-à-vis des autres.

670. Les créances sociales donnent lieu à une autre difficulté généralement présentée comme se liant au problème de la personnalité juridique des sociétés. Elle est relative à la compensation. Dans le système qui fait de la société un être moral, les créances sociales appartiennent à la société; d'où il suivrait que les débiteurs poursuivis ne pourraient pas opposer à la société, en compensation, les créances qu'ils auraient eux-mêmes sur les associés personnellement, et réciproquement qu'un associé poursuivi par son créancier ne pourrait lui opposer aucune compensation à raison des dettes de celui-ci envers la société (1). Dans le système inverse, les créances sociales appartiennent aux associés, entre lesquels elles se divisent de plein droit par portions égales; d'où on conclut que les débiteurs de la société sont en droit d'opposer en compensation leurs créances contre les associés personnellement pour la part dont ceux-ci profitent individuellement dans les créances sociales, et réciproquement qu'un associé est fondé à réclamer à son créancier personnel la compensation des sommes dues par celui-ci à la société, proportionnellement à sa part dans ces sommes (2).

Toutefois, en ce point encore, comme tout à l'heure par rapport au concours des créanciers sociaux et des créanciers personnels, la question est dominée par le principe de l'art. 1860. D'après cela, voici la distinction qu'il conviendrait de substituer à la précédente. D'une part, quant aux créanciers personnels, comme ils n'ont pas pour gage, nous venons de le voir, l'actif social tant que dure l'association, il s'ensuit que, devenus débiteurs de la société, ils ne peuvent pas lui opposer en compensation leur créance personnelle sur l'un des associés. Sans doute, cet associé est propriétaire pour partie de la créance de la société sur son débiteur. Toutefois, il n'en a pas la libre disposition; il ne peut pas en disposer, au moins avec effet actuel, d'après l'art. 1860, et, par cela même, il ne peut pas l'offrir en compensation. Mais, d'une autre part, quant au créancier de la société, il pourra, au contraire, s'il est constitué débiteur de cette société, lui opposer sa créance en compensation jusqu'à due concurrence, par la raison toute simple « que les créanciers sociaux peuvent poursuivre leur payement sur les biens de la

_____

obligation de les remettre au gérant, selon les besoins sociaux, est libéré jusqu'à due concurrence au moyen des remises par lui effectuées, alors même que le gérant, au lieu d'en faire emploi pour les affaires de la société, les aurait appliquées à ses affaires personnelles, quand d'ailleurs aucune convention spéciale ne rend le tiers dépositaire responsable de l'emploi des fonds ou valeurs, et qu'il ne s'est établi aucun concert frauduleux entre lui et le gérant. V. Cass., 28 janv. 1861 (S.-V., 61, 1, 446; Dall., 61, 1, 56; J. Pal., 1861, p. 450); et, sur le renvoi, Angers, 15 juin 1861 (Dall., 61, 2, 130; S.-V., 62, 2, 87; J. Pal., 1861, p. 1118).

(1) V. MM. Troplong (n° 79); Larombière (sur l'art. 1291, n° 6); Toullier (t. VII, n° 378). Junge: Rej., 17 déc. 1853 (Dall., 54, 1, 25; S.-V., 54, 1, 701; J. Pal., 1855, t. II, p. 396); Cass., 14 mars 1861 (J. Pal., 1861, p. 603; Dall., 60, 1, 171; S.-V., 69, 1, 575).

(2) V. MM. Duranton (t. XII, n° 432).

T. VII.   29

société et sur les créances aussi bien que sur les autres choses, en sorte que rien ne s'oppose à ce qu'une créance sociale soit donnée en paye-ment, et qu'ainsi rien ne fait obstacle à la compensation. » (1)

TROISIÈME PARTIE.

DES DIFFÉRENTES MANIÈRES DONT FINIT LA SOCIÉTÉ CIVILE.

1865. — La société finit,

1° Par l'expiration du temps pour lequel elle a été contractée;

2° Par l'extinction de la chose, ou la consommation de la négo-ciation;

3° Par la mort naturelle de quelqu'un des associés;

4° Par la mort civile, l'interdiction ou la déconfiture de l'un d'eux;

5° Par la volonté qu'un seul ou plusieurs expriment de n'être plus en société.

SOMMAIRE.

I. 671. Transition aux modes de dissolution de la société. — 672. D'après les jurisconsultes romains, la société se dissolvait *ex personis, ex rebus, ex voluntate, ex actione.* — 673. L'énumération de l'art. 1865 rentre dans cette classification. — 674. Pourquoi le consentement mutuel des associés n'y figure pas. — 675. Ces modes de dissolution sont propres aux sociétés civiles : renvoi quant aux causes particulières aux sociétés de commerce. — 676. Mais il existe, entre ces divers modes, des différences notables quant à leur caractère et à leurs effets; — 677. Et quant à la preuve de la dissolution. — 678. Division.

I. — 671. Après avoir pris la société à son point de départ, dans sa constitution même, et l'avoir suivie dans son fonctionnement pendant sa durée, nous arrivons à sa dissolution et aux conséquences néces-saires, ou aux suites de sa dissolution.

672. Les circonstances ou les événements susceptibles d'entraîner la dissolution des sociétés sont nombreuses et diverses dans leur nature comme dans leurs effets. En droit romain, elles étaient indiquées par Modestin dans la loi 4, § 1, ff. *Pro soc.*, et, d'une manière plus géné-rale et plus compréhensive, par Ulpien, dans la loi 63, § 10, *eod. tit.* « Dissociamur, disait la loi 4, *renunciatione, morte, capitis minutione,* » *et egestate.* » La loi 63 disait de son côté : « Societas solvitur *ex per-* » *sonis, ex rebus, ex voluntate, ex actione.* Ideoque sive homines, sive » res, sive voluntas, sive actio interierit, distrahi videtur societas. » Et puis, relevant quelques événements propres à chacune de ces causes diverses, Ulpien ajoutait : « Intereunt autem homines quidem maximâ, » aut mediâ capitis diminutione, aut morte. Res vero, cum aut nullâ » relinquantur, aut conditionem mutaverint : neque enim ejus rei, quæ » jam nulla sit, quisquam socius est; neque ejus, quæ consecrata pu- » blicata ve sit. Voluntate distrahitur societas, renunciatione. »

(1) V. la dissertation déjà citée de M. Thiry (*Revue critique*, loc. cit., p. 302 et 303).

673. Moins méthodiques, les rédacteurs du Code civil, à l'exemple de Pothier qu'ils prennent encore en ceci pour guide (1), ont laissé de côté les causes mêmes d'où procède la dissolution; ils se sont attachés à préciser les événements qui la produisent ou sont susceptibles de la produire. Du reste, ces événements rentrent exactement dans les classifications du droit romain. Cela apparaît dans le texte de l'art. 1865, qui, indiquant par forme d'énumération simplement les différentes manières dont finit la société, mentionne : 1° l'expiration du temps pour lequel elle a été constituée; 2° l'extinction de la chose ou la consommation de la négociation; 3° la mort naturelle de quelqu'un des associés; 4° la mort civile, l'interdiction ou la déconfiture de l'un d'eux; 5° et la volonté qu'un seul ou plusieurs expriment de n'être plus en société.

674. La loi, qui range parmi les modes de dissolution la volonté exprimée par un seul ou par plusieurs associés de n'être plus en société, ne parle pas *de l'accord unanime des parties*, et ne dit pas que c'est là aussi une cause de dissolution. C'est qu'il n'y avait aucune nécessité de le dire. Il est clair, en effet, que la société peut, comme tous les contrats consensuels, être rompue du consentement des parties. C'était la règle du droit romain, qui même n'exigeait pas une manifestation expresse et tenait comme suffisant à l'effet de dissoudre la société l'accord tacite résultant du fait par les associés d'agir séparément et chacun dans son intérêt particulier. « Itaque, cum separatim socii agere » cœperint, et unusquisque eorum sibi negotietur, sine dubio jus socie- » tatis solvitur. » (L. 64, ff. *Pro soc.*) Si les rédacteurs du Code n'ont pas mentionné ce mode de dissolution avec les autres, il n'en a pas moins été dans leur pensée de l'admettre. Cela s'induit nettement de l'Exposé des motifs, où il est dit que le contrat de société « étant formé par le consentement, peut se résoudre sans contredit par une volonté contraire. » (2) Il y a même ceci à noter que cette cause de dissolution est générale, plus que celle dont parle l'art. 1865. La dissolution par la volonté de l'une des parties est limitée, comme nous l'expliquerons dans le commentaire de l'art. 1869, aux seules sociétés dont la durée est illimitée. Au contraire, la dissolution par l'accord unanime des parties peut avoir lieu dans les sociétés à terme aussi bien que dans les sociétés à durée illimitée.

675. Ces divers modes de dissolution sont propres aux sociétés civiles. Nous aurons à dire plus tard dans quelle mesure et sous quelles modifications ils s'appliquent aux sociétés de commerce, et à étudier d'autres causes de dissolution qui, d'après la loi récente du 24 juillet 1867 (notamment art. 11, 18, 37, 38, 54, 61), sont particulières à quelques-unes de ces sociétés.

676. Mais, dans les sociétés civiles en vue desquelles est écrite l'énumération de l'art. 1865, les causes de dissolution se distinguent entre elles par des différences notables. Les unes agissent par elles-mêmes,

(1) V. Pothier (*Des Soc.*, n° 138).
(2) V. Fenet (t. XIV, p. 401); Locré (t. XIV, p. 525).

immédiatement et mettent fin *de plein droit* à la société. Les autres permettent seulement de provoquer l'intervention de la justice si les parties ne s'accordent pas entre elles pour résoudre le contrat à l'amiable. Ainsi, et par elles-mêmes, les premières ont cet effet que du jour où se produit l'événement constitutif de la cause de dissolution, les associés cessent d'être en société et ne sont plus, jusqu'au partage, qu'en état de simple communauté. Sans doute, il n'est pas impossible que cet événement donne lieu, entre les associés ou de la part des tiers, à des contestations que l'autorité judiciaire devra trancher, par exemple si le fait en lui-même est nié, s'il est discuté dans telle ou telle de ses conditions constitutives, si la date en est contestée, etc. Mais la mission du juge sera uniquement alors de vérifier si l'événement s'est réellement accompli, d'en fixer la date, en sorte que l'existence du fait venant à être déclarée constante, c'est par le fait lui-même que, encore dans ce cas, la dissolution sera opérée, et non pas par le jugement. Au contraire, quant aux causes de dissolution de la seconde espèce, la société cesse d'exister soit en vertu du jugement si la contestation a été portée en justice, et la dissolution ne remonte pas plus haut alors qu'à la date de demande; soit en vertu de la convention si la dissolution a été amiablement consentie, et alors elle prend date du jour de la convention même ou de celui qui aurait été convenu entre les parties (1).

677. Une autre différence encore est à signaler : elle est relative aux moyens de faire preuve de la dissolution. Lorsqu'elle procède d'un fait plus ou moins notoire, comme la mort d'un associé, son interdiction, l'inexécution de ses engagements, la consommation de l'affaire, la perte du fonds social, etc., la dissolution doit pouvoir être prouvée par tous les moyens de droit, même par témoins. Ce qui est à prouver en cette occurrence, c'est *un simple fait :* il n'y a pas lieu de faire appel aux règles du droit commun sur la preuve des *conventions* (2). Au contraire, ces règles devront être suivies s'il s'agit de la dissolution procédant de la seule volonté des parties. Ainsi, la preuve testimoniale est rejetée, en principe; elle ne pourrait être admise que si les parties se trouvaient dans l'un des cas où ce genre de preuve est exceptionnellement autorisé par la loi (3). En dehors de ces cas, la dissolution, l'objet de la société étant d'une valeur de plus de 150 francs, devra être rédigée par écrit; et la preuve testimoniale ne pourra être admise contre et outre le contenu en l'acte, ni sur ce qui serait allégué avoir été dit avant, lors et depuis, encore qu'il s'agisse d'une somme ou valeur moindre de 150 francs. C'est, comme on voit, l'application à la preuve de la dissolution, de la disposition écrite, en vue de la preuve du contrat de société, dans l'art. 1834, ci-dessus commenté (*suprà,* n°s 129 et suiv.). Mais ajoutons que si la dissolution est constatée par un acte

(1) V. Pardessus (n° 1050). *Junge* : MM. Malepeyre et Jourdain (p. 284 et 285).
(2) Comp. *suprà*, n° 156. — V. aussi Req., 10 janv. 1831 (S.-V., 32, 1, 207; Dall., 31, 1, 305; *J. Pal.*, à sa date).
(3) *Comp.* Bordeaux, 25 nov. 1827 (S.-V., 28, 2, 77; Coll. nouv., 8, 2, 419; Dall., 28, 2, 193; *J. Pal.*, à sa date).

écrit, cet acte, fût-il sous seing privé, serait opposable aux créanciers personnels des associés aussi bien qu'aux associés eux-mêmes, et aurait date certaine vis-à-vis d'eux, en tant qu'il ne serait pas attaqué pour cause de dol, de concert ou de fraude. L'opinion contraire émise par Troplong (1) est repoussée par la Cour suprême, sur cette considération décisive qu'en pareil cas les créanciers sont les ayants cause de leur débiteur (2).

678. Ces préliminaires posés, nous allons reprendre successivement les diverses causes qui opèrent la dissolution de la société, soit de plein droit, soit par la volonté d'un ou de plusieurs associés ou de leur accord mutuel. Mais comme quelques-unes de ces causes sont susceptibles de modifications que le législateur a pris le soin de préciser dans les articles 1866 et suivants, nous les étudierons distinctement sous ces divers articles. Ainsi, nous nous occuperons de la dissolution de plein droit sous les art. 1866, 1867, 1868, et de la dissolution conventionnelle, facultative ou judiciaire, sous les art. 1869, 1870 et 1871. Après quoi nous aurons à indiquer, sous l'art. 1872, les suites principales de la dissolution.

1866. — La prorogation d'une société à temps limité ne peut être prouvée que par un écrit revêtu des mêmes formes que le contrat de société.

SOMMAIRE.

I.
679. La société finit de plein droit soit par l'expiration du temps pour lequel elle a été contractée, soit par la consommation de la négociation.

II.
680. De la dissolution par la consommation de la négociation : elle a lieu, mais seulement en tant que l'objet de la société a été circonscrit dans une spécialité. — 681. C'est la consommation de la négociation qui constitue la cause de dissolution, et non les modifications que la négociation aurait subies au cours de l'entreprise. — 682. Et néanmoins il peut arriver que la société prenne fin même avant que la négociation en vue de laquelle elle s'est formée soit consommée : exemples.

III.
683. De la dissolution par l'expiration du temps pour lequel la société a été contractée : elle a lieu quand même la négociation qui avait été l'objet de la société ne serait pas consommée; — 684. À moins que le temps fixé par les parties n'ait été calculé par elles approximativement comme étant celui que réclamerait l'accomplissement de l'œuvre commune; — 685. Que si le terme a été fixé pour marquer la durée, la société ne peut être dissoute auparavant que du consentement de tous les associés; la majorité ne suffirait pas.

IV.
686. De la prorogation des sociétés à temps limité : elle ne peut avoir lieu que sous les conditions nécessaires pour la fondation d'une société. — 687. Ainsi, et en premier lieu, il faut le consentement exprès ou tacite de tous les associés. — 688. Ensuite il faut, si la prorogation est contestée, que l'existence en soit prouvée selon les règles du droit commun relativement à la preuve des obligations. — 689. Suite et application. — 690. Mais ces règles ne sont plus applicables et tous les moyens de preuve sont admissibles lorsqu'il s'agit d'une prorogation tacite résultant de l'exécution par les associés après l'expiration du terme primitivement fixé. — 691. À plus forte raison ces règles ne concernent-elles pas les tiers qui ont traité avec la société continuée.

(1) V. Troplong (no 911).
(2) V. Req., 12 juill. 1825 (S.-V., 27, 1, 87; Coll. nouv., 8, 1, 152; Dall., 25, 1, 361; J. Pal., à sa date). V. aussi M. Alauzet (no 228).

I. — 679. En général, les parties, en s'associant, ont le soin de fixer la durée et le terme de leur société ou l'opération en vue de laquelle elles ont formé leur association. Quand il en est ainsi, il est clair que la société n'a plus de raison d'être, dans le premier cas, dès que le terme fixé vient à échoir, et, dans le second, aussitôt que l'opération est consommée : aussi, la société est-elle alors dissoute immédiatement et de plein droit. Chacun des associés désormais est libre et dégagé, vis-à-vis de ceux qui furent ses coassociés, de toutes les obligations inhérentes à sa qualité d'associé. L'œuvre sociale est accomplie; il n'y a plus qu'à dégager le résultat en liquidant d'après l'état des choses au jour où s'est produit le fait qui a opéré la dissolution et à procéder au partage entre tous les ayants droit.

Voyons, cependant, les particularités propres à chacune de ces deux causes de dissolution.

II. — 680. Lorsque la société a été formée en vue d'une certaine affaire ou de certaines négociations déterminées, elle n'a plus d'objet, et par cela même elle doit prendre fin dès que cette affaire ou ces négociations sont consommées. « Item, si alicujus rei contracta societas sit, » et finis negotio impositus est : finitur societas. » (Inst. Just., lib. III, tit. XXVI, § 6. V. aussi loi 65, § 10, ff. *Pro soc.*) Par exemple, dit Pothier, « deux marchands ont contracté société pour acheter ensemble une certaine partie de marchandises qu'ils iraient vendre à la foire de Guibray, il est évident que cette société sera finie lorsqu'ils les auront toutes vendues. » (1)

Bien entendu, il faut supposer que la société avait pour objet une négociation, une affaire spéciale et déterminée; par exemple, le creusement d'un canal, la construction d'un pont ou d'un navire, la vente des récoltes de plusieurs propriétaires désignés, etc. Car si la société n'avait pas pour but une affaire ainsi déterminée, si elle était formée pour exploiter telle ou telle branche de commerce comportant une série d'opérations successives et indéfinies, il n'y aurait pas à parler de la dissolution par la consommation de la négociation, puisque la négociation est destinée à se renouveler sans cesse et n'a pas de fin (2).

681. D'ailleurs, même dans le cas où la société a été formée en vue d'une négociation spéciale et déterminée, c'est la *consommation* de cette négociation, et non les modifications dont elle a pu être l'objet au cours de l'entreprise, qui seule constitue la cause de dissolution de la société. La Cour de Bruxelles a justement décidé, en ce sens, qu'une société formée pour exécuter des travaux publics suivant un plan donné ne serait pas dissoute par cela seul que le gouvernement changerait ce plan et passerait en conséquence un nouveau marché, si les travaux étaient d'ailleurs de la même espèce et s'ils étaient continués en com-

---

(1) Pothier (*Soc.*, n° 143).
(2) V. MM. Troplong (*Contr. de soc.*, n° 878); Massé et Vergé, sur Zachariæ (t. IV, p. 446, note 5). *Comp.* M. Alauzet (n° 235).

mun par les associés (1). De même, on peut dire que, quoique le décès de quelqu'un des associés soit une cause de dissolution (*infrà*, nᵒˢ 701 et suiv.), une société formée en vue d'une affaire organisée pour un temps déterminé ne serait pas dissoute par le décès de l'un de ses membres survenu avant l'expiration de ce temps (2).

682. Mais il faut remarquer aussi que si dans le cas spécial dont il s'agit ici c'est en général par la consommation de la négociation que la société prend fin, il peut arriver, cependant, que la société se dissolve avant que la négociation soit consommée. Tel sera le cas, par exemple, où la société établie pour une opération déterminée étant contractée sous une condition résolutoire, la condition se réalise avant que l'opération sociale soit engagée ou terminée. On peut rattacher à cet ordre d'idées un arrêt par lequel il a été décidé que lorsqu'une société pour exploitation de mines concédées par le gouvernement a été contractée sous la condition de dissolution au cas de non-exploitation, sans fixation de délai, la société est dissoute par le fait seul de révocation de la concession avant toute exploitation; tellement que si plus tard un des associés devient concessionnaire pour son compte personnel, les autres associés sont sans droit pour prendre part à cette concession (3). Tel serait encore le cas où, après la formation de la société, les associés se trouveraient par leur propre faute dans l'impossibilité de pourvoir aux nécessités de l'affaire en vue de laquelle le contrat a été formé. Il a été jugé, en ce sens, que la société contractée entre un auteur et l'éditeur, pour la publication d'un ouvrage, est dissoute lorsque l'éditeur est dans l'impossibilité avouée de continuer l'impression (4). Mais ceci touche à la dissolution ayant pour cause le manquement par un associé à ses engagements. Nous y reviendrons en commentant l'art. 1871.

III. — 683. La dissolution de la société s'opère aussi de plein droit par l'événement du terme fixé dans le contrat social. Ainsi, une société est fondée pour trois, quatre ou cinq ans, à partir de la date du contrat : elle prend fin à l'instant même où expire la troisième, la quatrième ou la cinquième année. Ou bien elle est fondée pour durer jusqu'à une date déterminée ou jusqu'à un événement certain : elle prendra fin de plein droit au jour même de l'échéance du terme prévu ou de l'accomplissement de l'événement indiqué. Et il importerait peu qu'à ces divers moments l'affaire ou l'opération que la société avait pour objet ne fût pas encore terminée. Il ne s'agit plus maintenant d'une société formée en vue d'une négociation spéciale et déterminée, auquel cas la cause de dissolution est, comme nous venons de le dire, dans la consommation de la négociation. Il s'agit d'une société dont les membres ont fixé la durée par l'indication de circonstances précises qui en marquent net-

---

(1) Bruxelles, 13 janv. 1810 (S.-V., 10, 2, 215; Coll. nouv., 3, 2, 186; *J. Pal.*, à sa date). V. aussi Pardessus (nᵒ 1053).
(2) V. Paris, 10 juin 1869, arrêt rapporté avec celui de la chambre des requêtes du 7 février 1870 (Dall., 70, 1, 303).
(3) Rej., 17 déc. 1834 (S.-V., 35, 1, 651; Dall., 35, 1, 115; *J. Pal.*, à sa date).
(4) Bourges, 14 juin 1844 (Dall., 46, 2, 41; S.-V., 45, 2, 632; *J. Pal.*, 1845, t. II, p. 587).

tement le terme. Et dès lors, que l'œuvre sociale soit ou non accomplie, les rapports sociaux s'arrêtent dès que ces circonstances se produisent, parce qu'ils ne sauraient subsister au delà du terme que les parties elles-mêmes leur ont assigné.

684. Mais les deux éléments peuvent être et sont souvent combinés dans les conventions sociales. Il n'est pas rare de voir qu'au lieu de marquer le terme de la société par des indications directes et précises, les parties conviennent de rester associées durant une période de temps pendant laquelle seront accomplies les opérations qui font l'objet de leur association. Dans ces cas, l'expiration du temps aura-t-elle également pour effet de dissoudre la société, l'œuvre sociale fût-elle encore inachevée? Non, assurément, s'il peut résulter de la convention que l'indication d'une période de temps y est secondaire et non principale. Par exemple, il ressort des termes du contrat où les circonstances permettent de reconnaître que l'indication d'une limite de temps, loin d'avoir eu pour objet, dans la pensée des contractants, de marquer la durée de leurs rapports d'une manière fixe et précise, a été le résultat d'un calcul dans lequel elles ont apprécié approximativement ce que l'exécution de l'entreprise sociale exigerait de temps : il est évident, en ce cas, que ce qui a été spécialement dans les prévisions des contractants, c'est l'achèvement des travaux ou des opérations qu'elles entreprenaient en commun. Par conséquent, la survenance du terme approximativement fixé ne devra pas faire obstacle à ce que la société (sauf, bien entendu, les autres causes accidentelles de dissolution dont il sera question sous l'art. 1871) continue et subsiste jusqu'au jour où ces opérations seront complétement achevées (1). Il y a donc là une question de fait et d'appréciation. Elle est dans le domaine souverain des juges du fond, dont les décisions à cet égard ne doivent jamais, par cela même, être considérées que comme décisions d'espèce.

685. S'il était reconnu que le terme a été indiqué dans l'acte pour fixer d'une manière précise la durée des relations sociales, l'échéance seule, nous le répétons, entraînerait dissolution de la société, quand même les associés n'auraient pas atteint leur but ou n'auraient pas mis fin à leur entreprise commune. Il importerait peu, d'ailleurs, que le terme eût été fixé d'une manière implicite, comme il arriverait, par exemple, dans le cas où, sans parler de la durée de leur société, les parties, en s'associant, auraient loué pour un certain nombre d'années le local destiné à leur exploitation (2), ou encore si la société avait été constituée pour durer jusqu'à la réalisation de tel événement prévu et certain. Dans ces hypothèses diverses, tous les associés sont liés par la convention. En sorte que tant que le terme fixé n'est pas échu, ou que

_____

(1) V. l'arrêt du 13 janv. 1810, déjà cité sous le no 681. *Comp.* Nîmes, 2 janv. 1839 (S.-V., 39, 2, 74; Dall., 39, 2, 44; *J. Pal.*, à sa date). V. aussi MM. Duranton (t. XVII, no 461); Duvergier (no 414); Troplong (no 871); Delangle (no 633); Aubry et Rau (t. III, p. 412, note 3); Bédarride (no 47); Alauzet (no 229); Bravard et Demangeat (p. 142).

(2) V. Troplong (no 872).

l'événement prévu n'est pas réalisé, ils restent dans les liens de la société. Le consentement de tous pourrait seul suffire à les rompre. La Cour de Paris s'est placée dans cet ordre d'idées en jugeant que la majorité n'a pas le pouvoir de dissoudre la société avant l'échéance du terme pour lequel elle a été formée et en dehors des prévisions de ses statuts (1).

IV. — 686. Cependant, et d'un autre côté, bien que les associés se soient liés en fixant le jour ou l'époque où ils cesseraient d'être associés, la dissolution par l'expiration du terme fixé n'est pas inévitable. En effet, les associés ont toujours la faculté de proroger leur société. Mais la prorogation constituant sinon une société nouvelle, comme l'a dit à tort le tribun Boutteville (2), au moins une constitution nouvelle de la société même dont la durée a été primitivement indiquée, elle ne vaut et ne peut avoir d'effet que sous les conditions sans lesquelles une société ne saurait être légalement constituée.

687. Ainsi, et en premier lieu, la prorogation doit être consentie par l'unanimité des associés. La majorité ne pourrait pas imposer la prolongation des relations sociales à la minorité. Cela peut être mis en question dans les associations de capitaux, et nous verrons ce qu'il en faut penser quand nous traiterons des sociétés commerciales. Mais dans les sociétés de personnes, et par conséquent dans les sociétés civiles, il est hors de doute que le consentement de tous est nécessaire pour que les relations sociales puissent subsister au delà du terme qui leur avait été primitivement assigné. Ces sortes de sociétés ont leur fondement et leur raison d'être dans la confiance réciproque des associés. Elles résistent donc, par leur nature même, à toute idée de continuation, alors que, l'heure de sa dissolution étant venue, la dissidence de quelques-uns, ou même d'un seul, manifeste que cette confiance réciproque a cessé d'exister.

Toutefois, ce consentement exigé de tous les associés et de chacun d'eux peut être tacite; il s'induirait tout naturellement de l'exécution libre et volontaire. On conçoit, en effet, que si après le terme fixé les associés continuaient, l'affaire commune étant restée inachevée, à agir en commun comme ils agissaient auparavant, en vue de cette affaire et pour la mener à fin, ils seraient naturellement présumés avoir voulu continuer la société, sans tenir compte du fait qui devait en opérer la dissolution. Il y a là un consentement tacite qui, même entre les associés, doit ne valoir pas moins que s'il était exprès (3). On peut invoquer à l'appui de cette solution une jurisprudence locale de la Cour de Be-

(1) Paris, 20 mai 1869 (Dall., 70, 2, 12).
(2) V. Fenet (t. XIV, p. 414); Locré (t. XIV, p. 542). Un arrêt de la chambre des requêtes déjà cité, et sur lequel nous aurons à revenir en traitant des sociétés commerciales, décide en effet que la prorogation, depuis la loi du 17 juillet 1856, de la durée d'une société en commandite par actions, n'est pas la création d'une société nouvelle soumise aux prescriptions de cette loi, et notamment au versement du quart exigé par son article premier. Req., 24 mai 1869 (Dall., 69, 1, 323; J. Pal., 1870, p. 288; S.-V., 70, 1, 125).
(3) V. Req., 14 mars 1848 (Dall., 48, 1, 120). Junge : MM. Duvergier (n° 417); Dalloz (Rép., v° Société, n° 648); Talon (p. 203 et 204).

sançon, qui, à propos des sociétés fromagères dont nous avons eu déjà l'occasion de parler (*suprà*, n° 138), décide que ces associations sont réputées se proroger tacitement d'une année à l'autre (1).

688. Ensuite, et en second lieu, il en est de la prorogation de la société comme de sa constitution même : la preuve en est soumise aux règles du droit commun sur la preuve des obligations. Cela résulte de notre article même, d'après lequel « la prorogation d'une société à terme limité ne peut être prouvée que par un écrit *revêtu des mêmes formes que le contrat de société.* » Au surplus, la disposition ne doit pas être prise à la lettre. Entendue dans son sens littéral, elle signifierait que l'acte de prorogation devrait être fait exactement dans la forme donnée à l'acte constitutif de la société, et spécialement que si l'acte social était fait, par exemple en la forme authentique, l'acte de prorogation ne ferait preuve qu'à la condition d'être authentique également. Mais, tous les auteurs l'ont fait justement remarquer, telle n'est pas la signification de l'art. 1866; il en résulte seulement que la prorogation conventionnelle d'une société fondée pour un temps limité ne peut être prouvée que par les moyens à l'aide desquels il est permis d'établir l'existence même de la société (2).

689. L'art. 1866 ne fait donc pas autre chose qu'étendre à la prorogation la disposition contenue dans l'art. 1834 relativement à la constitution de la société. Aussi, sans revenir sur les explications dont ce dernier article a été l'objet (*suprà*, n°s 135 et suiv.), et auxquelles *mutatis mutandis* il convient de se référer, nous nous bornons à rappeler : 1° qu'en thèse générale, l'écriture est nécessaire pour faire preuve de la prorogation, la preuve testimoniale étant inadmissible en principe; 2° mais que la prorogation peut être prouvée par l'aveu, par le serment, même par témoins dans les cas où la preuve testimoniale est exceptionnellement autorisée par la loi, spécialement si l'objet de la société est d'une valeur moindre de 150 francs, s'il y a commencement de preuve par écrit, etc. (3); 3° et néanmoins, que la société à temps limité ayant été constatée par écrit, nul associé ne pourrait, l'objet de la société fût-il même d'une valeur moindre de 150 francs, être admis à prouver par témoins que la durée en a été prorogée; ce serait, en effet, demander à prouver contre la teneur de l'acte ou sur ce qui serait allégué avoir été dit depuis, ce que la seconde disposition de l'art. 1834 prohibe formellement, encore qu'il s'agisse d'une somme ou valeur moindre de 150 francs (*suprà*, n° 143).

690. Au surplus, ces règles ne sont pas à suivre même entre asso-

(1) V. Besançon, 12 mars 1867 (*J. Pal.*, 1867, p. 998; S.-V., 67, 2, 281; Dall., 67, 2, 33). *Comp.* Besançon, 24 déc. 1862 (Dall., 63, 2, 4).

(2) V. MM. Delvincourt (t. III, note 9 de la page 127); Duranton (t. XVII, n° 462); Duvergier (n° 416); Troplong (n° 912); Taulier (t. VI, p. 389); Aubry et Rau (t. III, p. 411, note 2); Zachariæ et ses annotateurs Massé et Vergé (t. IV, p. 445, note 4); Mourlon (*Rép. écrit*, t. III, p. 366); Alauzet (n° 228); Bravard et Demangeat (p. 241 et 242); Rauter (p. 259).

(3) V. Rej., 12 déc. 1825 (S.-V., 26, 1, 284; Coll. nouv., 8, 1, 234; *J. Pal.*, à sa date; Dall., 26, 1, 102); Rej., 19 juill. 1852 (S.-V., 53, 1, 33; *J. Pal.*, 1854, t. I, p. 257; Dall., 52, 1, 299).

ciés dans le cas, dont nous parlions tout à l'heure, où les parties, renonçant en quelque sorte à exciper du terme, ont continué, après son
échéance, à agir comme associés. La loi suppose une convention nouvelle qui, au moment où les liens sociaux étaient rompus ou étaient
près de se rompre, a ravivé en quelque sorte la société et l'a maintenue
pour une autre période déterminée. C'est en vue de la prorogation ainsi
consentie et convenue que l'art. 1866 dispose; de celle-là il est vrai de
dire que la preuve en est soumise, comme celle de la constitution même
de la société, à toutes les règles du droit commun sur la preuve des conventions, et par conséquent qu'elle ne peut pas être établie par témoins,
si ce n'est dans le cas où le témoignage oral est exceptionnellement autorisé.

Mais telle n'est pas notre hypothèse. Il s'agit d'associés qui, sans
faire une convention nouvelle et précise, ont librement et volontairement continué d'agir en associés, de vivre dans les liens d'un contrat
dont, s'ils l'avaient voulu, ils auraient pu se dégager. Ce qui est en
question, ce n'est pas une convention proprement dite, un pacte nouveau; c'est l'existence, la réalité ou la signification de faits et d'agissements dont les parties ne pouvaient pas exiger la preuve écrite. La
raison juridique sur laquelle repose la prohibition de la preuve testimoniale ne peut donc pas être mise en avant dans ce cas; et dès lors il
est juste et naturel de laisser ce genre de preuve, aussi bien que tous les
autres, à la disposition des parties. Ainsi, pour mieux préciser par une
espèce, qui en même temps fera ressortir l'intérêt de la question, nous
supposons qu'une société a été contractée entre deux personnes pour
une durée de cinq ans à partir du 1er septembre 1862. Le 31 août
1867, cette société était dissoute de plein droit, et les associés pouvaient la liquider immédiatement. Cependant, comme elle était prospère, les associés ont continué leurs opérations dans les mêmes termes
et dans les mêmes conditions qu'auparavant. Mais la fortune a été contraire autant qu'elle avait été favorable jusque-là; et les affaires entreprises par l'un des associés ayant mal tourné, d'ailleurs sans sa faute, il
se trouve qu'au 1er janvier 1870 la société a éprouvé des pertes considérables. L'autre associé pourra-t-il, se ravisant alors, prétendre que
la société a été dissoute de plein droit le 31 août 1867, et que toutes
les affaires faites depuis doivent rester pour le compte de son ancien
coassocié qui les a entreprises? Non, évidemment, ou tout au moins ce
dernier devra être admis à prouver que la société s'est maintenue et a
continué après et nonobstant l'expiration du temps pour lequel elle
avait été constituée : bien qu'il n'y ait pas trace écrite de la continuation, il sera admis à faire cette preuve même par témoins, parce que la
continuation qu'il allègue résulte d'un fait et non d'une convention.
Puis, si la preuve est faite, l'associé contestant sera libre sans doute de
se dégager pour l'avenir, mais il n'en restera pas moins lié pour le
passé, et devra souffrir que le fonds commun soit liquidé d'après son
état à la date du 1er janvier 1870 et non à celle du 31 août 1867.

691. A plus forte raison, les règles du droit commun relatives à la

preuve des conventions ne devront pas être suivies si le débat sur la continuation de la société s'engage entre les associés qui la dénient et des tiers qui l'affirment. Pas plus que l'art. 1834, l'art. 1866 ne dispose en vue de ce cas. En nous référant donc à nos précédentes observations sur le premier de ces articles (*suprà*, nos 158 et 159), nous répétons ici que les entraves à la liberté de la preuve des conventions sont mises par la loi pour retenir les associés contractants, et nullement les tiers dans le cas du moins où ils ont traité avec les associés agissant comme tels.

1867. — Lorsque l'un des associés a promis de mettre en commun la propriété d'une chose, la perte survenue avant que la mise en soit effectuée, opère la dissolution de la société par rapport à tous les associés.

La société est également dissoute dans tous les cas par la perte de la chose, lorsque la jouissance seule a été mise en commun, et que la propriété en est restée dans les mains de l'associé.

Mais la société n'est pas rompue par la perte de la chose dont la propriété a déjà été apportée à la société.

SOMMAIRE.

I. 692. La société finit encore de plein droit par l'extinction de la chose : c'est une application au contrat de société de la règle de droit commun consacrée par les art. 1234 et 1302 du Code civil. — 693. L'art. 1865, qui régit cette cause de dissolution, suppose, par ses termes, la perte totale ou l'extinction du fonds commun. — 694. Cependant la perte partielle pourrait aussi, et en vertu du même article, être une cause de dissolution : distinctions.
II. 695. Transition au cas de perte partielle prévue par l'art. 1867, la perte d'un apport. En quelles hypothèses il se confond avec le cas précédent : exemples. — 696. Mais en lui-même et au fond, l'art. 1867 se distingue par son objet de l'art. 1865 : la dissolution qui peut résulter, et qui en certains cas résulte de la perte d'un apport, est corrélative à la responsabilité des risques. C'est pourquoi le commentaire de l'art. 1867 a été réuni à celui de l'art. 1851. — 697. Application au cas où, s'agissant d'une mise industrielle, celui qui l'a faite est hors d'état de donner son travail.

I. — 692. D'après le droit commun, la perte de la chose est l'une des causes qui opèrent l'extinction des obligations. La règle, posée d'abord dans l'art. 1234 du Code civil, est ensuite précisée et définie par l'art. 1302, aux termes duquel « lorsque le corps certain et déterminé qui était l'objet de l'obligation, vient à périr, est mis hors du commerce, ou se perd de manière qu'on en ignore absolument l'existence, l'obligation est éteinte si la chose a péri ou a été perdue sans la faute du débiteur, et avant qu'il fût en demeure. » L'art. 1865 fait une application spéciale de cette règle au contrat de société lorsqu'en énumérant les différentes manières dont finit la société, il mentionne *l'extinction de la chose* à côté de la consommation de la négociation dont il a été question sous l'article précédent. D'ailleurs, la loi, en cela, a exprimé une vérité évidente par elle-même. On imaginerait difficilement, en effet, la persistance de la société après l'extinction de la chose qui en devait faire l'objet.

693. L'hypothèse de la loi prise dans ses termes, c'est la perte totale de la chose ou des choses que les associés avaient mises en commun. Ainsi l'entendait également Ulpien dans le texte ci-dessus rapporté, lorsqu'en parlant de la dissolution *ex rebus* il disait : « Intereunt... res, » *cum aut nullæ relinquantur,* aut conditionem mutaverint : néque enim » ejus rei, *quæ jam nulla sit,* quisquam socius est. » (*Suprà,* n° 672.) Pothier ne l'entendait pas autrement, en s'autorisant, d'ailleurs, de ce texte. « Lorsque, disait-il, la société a été contractée d'une certaine chose, il est évident que la société doit finir *par l'extinction de cette chose.* » (1) L'art. 1865 reproduit exactement cette formule. Et dès lors, il est certain que la perte totale a été principalement dans les prévisions du législateur. Ainsi, deux personnes se sont associées en vue d'exploiter pendant trois années telle usine déterminée, ou de construire un navire au moyen duquel ils réaliseront pendant le même nombre d'années leur entreprise de transports. Mais il arrive qu'avant le terme fixé l'usine est détruite par un incendie ou que le navire périt dans un sinistre. Cette perte de la chose commune met fin à la société, qui se dissout de plein droit, bien que l'événement se soit produit avant l'expiration des trois années.

694. Cependant, si la perte totale a été surtout dans les prévisions de la loi, ce n'est pas à dire que la perte partielle ne puisse pas être aussi une cause de dissolution. L'Exposé des motifs de la loi est précis à cet égard ; après avoir exprimé qu'il n'y a plus de société si tous les objets mis en commun viennent à périr, il ajoute : « Il n'est pas même nécessaire que tous ces objets périssent pour que la société soit rompue. » (2) Et en effet, ce qui fait de l'extinction ou de la perte de la chose une cause de dissolution, c'est que la société, désormais privée de ce qui en était l'objet même, ne peut plus agir et tendre vers le but en vue duquel elle avait été formée. Or, si la chose sociale, sans être absolument perdue, est cependant tellement amoindrie que les opérations communes ne puissent plus être continuées conformément à la pensée des contractants, il est évident qu'au point de vue des fins que les parties se sont proposées, cette perte partielle équivaut à la perte totale ; et dès lors, le même effet y doit être attaché.

Il y a plus : la perte partielle pourrait être une cause de dissolution même quand elle aurait seulement pour effet de diminuer les produits de la chose. Sans doute, il n'en serait pas ainsi en l'absence de toute stipulation spéciale dans le pacte social. On conçoit, en effet, que, dans le silence de la convention, lorsque la chose n'est atteinte qu'en partie, et de telle manière que ce qui en reste puisse encore être utilement employé à la réalisation de l'œuvre commune, la société doit continuer, bien que l'amoindrissement de la chose doive entraîner une diminution

_____

(1) V. Pothier (*Soc.,* n° 140).
(2) V. l'Exposé des motifs de Treilhard (Locré, t. XIV, p. 526; Fenet, t. XVI, p. 402).

dans les profits. Mais si le cas a été prévu, et si, comme il arrive fréquemment, il a été stipulé que la société sera dissoute ou que la dissolution en pourra être demandée le cas échéant où le fonds social serait diminué d'un tiers, d'un quart, etc., la diminution dans la proportion déterminée ferait naître la cause de dissolution quand bien même la chose, quoique diminuée, resterait encore propre à l'accomplissement de l'entreprise sociale. Seulement, la société finira de plein droit ou la dissolution en devra être judiciairement prononcée sur la demande des associés, suivant les termes de la convention. Les parties ont-elles dit que la diminution du capital dans la proportion déterminée constituerait une cause radicale de dissolution, la société finira d'elle-même et de plein droit par le seul fait de la diminution. Mais si elles ont dit que ce serait là simplement une cause facultative de dissolution, la société subsistera tant que les parties n'auront pas usé de la faculté d'en faire prononcer la dissolution (1). Tout ceci paraît sans difficulté.

II. — 695. Au contraire, des difficultés très-sérieuses et très-graves s'attachent au cas de perte partielle prévu et réglé par l'art. 1867 : celui où le fonds social est atteint par la perte d'un apport promis ou réalisé. En quelques situations, ce cas peut se confondre avec le cas précédent ou lui être assimilé. Il en est ainsi, par exemple, quand l'apport qui a péri constitue à lui seul l'objet même de la société. Ainsi, les parties se sont réunies pour l'exploitation industrielle d'un brevet apporté par l'une d'elles et qui forme la base même de leur société. S'il arrive que ce brevet, frappé de déchéance, soit annulé sur la demande d'un tiers, il y a évidemment extinction de la chose dans le sens de l'art. 1865. Par cela même, la société doit prendre fin.

696. Mais en elle-même et au fond, la disposition de l'art. 1867 se distingue par son objet de celle de l'art. 1865. Et c'est à tort, nous l'avons établi plus haut (suprà, n° 377), que ce dernier article a été présenté comme ayant été introduit dans le Code pour éclairer et préciser l'art. 1865 dans la disposition qui comprend l'extinction de la chose parmi les causes de dissolution de la société. Comme nous l'avons dit, l'art. 1867 répond à la question de savoir, non plus si la société peut continuer encore quand la chose qui en fait l'objet n'existe plus, mais si le contrat est rompu lorsque la chose promise par l'un des associés est venue à périr, et qu'ainsi cet associé n'est plus en état de satisfaire à son obligation. Et il a résolu cette question par une distinction dans laquelle se résument les conséquences de la maxime *res perit domino*, par rapport à la dissolution de la société. La rupture du contrat par suite de la perte d'un apport, ou sa persistance nonobstant cette perte, est ainsi un fait corrélatif à la responsabilité des risques, d'après l'art. 1867 et la pensée qui a présidé à sa rédaction. C'est pourquoi nous avons cru devoir réunir le commentaire de cet article avec celui de l'art. 1851 (suprà, n° 376 à 388).

697. Mais un cas reste à fixer dans cet ordre d'idées : c'est celui où

_____
(1) V. MM. Pardessus (n° 1054 et 1055); Malepeyre et Jourdain (p. 292 et 293).

il arrive qu'un associé dont la mise consistait seulement en travail ou en industrie se trouve subitement hors d'état de fournir son travail ou son industrie à la société. C'est une espèce qui, tout en se rapprochant du cas indiqué dans l'art. 1872, où un associé manque à ses engagements, ne se confond pas cependant avec ce cas. Elle est posée par Pothier. Lorsqu'un marchand de bois, dit-il, a contracté une société avec un tonnelier pour faire et vendre des tonneaux, à laquelle société le marchand devait apporter le bois et le tonnelier son travail seulement pour faire les tonneaux, ce tonnelier étant depuis devenu paralytique et incapable par conséquent de faire des tonneaux, cette société cesse-t-elle en ce cas, et peut-on dire que le tonnelier n'a plus de quoi y contribuer? (1) Le sens intime indique la distinction à laquelle il convient de s'arrêter avec Pothier. Assurément, si c'est en vue du travail et à raison de l'habileté personnelle de l'ouvrier que le marchand a consenti à former le contrat de société, ce contrat sera rompu du jour où l'ouvrier ne pourra plus fournir son travail ; car l'un des associés étant désormais empêché de livrer la chose par lui promise, il n'est plus possible de donner suite à un contrat qui par essence exige que chacune des parties apporte quelque chose à la société (art. 1832 et 1833). Mais si la convention a eu pour objet uniquement la confection des travaux, il importe peu que l'ouvrier soit empêché de les faire par lui-même; le point essentiel est qu'ils soient exécutés. Et si l'associé y pourvoit au moyen d'ouvriers qui travailleront sous sa direction ou sous sa surveillance, il aura satisfait à la loi du contrat, car il aura apporté au fonds commun la chose même qu'il a promis d'y mettre. La société devra donc être maintenue et subsister en ce cas.

1868. — S'il a été stipulé qu'en cas de mort de l'un des associés, la société continuerait avec son héritier, ou seulement entre les associés survivants, ces dispositions seront suivies : au second cas, l'héritier du décédé n'a droit qu'au partage de la société, eu égard à la situation de cette société lors du décès, et ne participe aux droits ultérieurs qu'autant qu'ils sont une suite nécessaire de ce qui s'est fait avant la mort de l'associé auquel il succède.

SOMMAIRE.

(1) Pothier (n° 142).

d'une manière quelconque du fait du décès : la preuve qu'ils en auraient eu connaissance est à la charge des associés. — 707. La déclaration d'absence de quelqu'un des associés peut-elle, sous ce rapport, être assimilée à la mort?
III. 708. Effets de la dissolution : la société est dissoute tant entre les associés survivants que par rapport aux héritiers du prédécédé. — 709. Exceptions relativement à certaines sociétés. — 710. Autres exceptions résultant soit du fait de la continuation de la société après le décès de l'un des associés, — 711. Soit de la convention introduite dans le pacte social. En droit romain, il pouvait être stipulé que la société continuerait entre les survivants, mais non que l'héritier deviendrait associé à la place du défunt. — 712. Ce dernier point était controversé dans notre ancienne jurisprudence; — 713. Mais il a été résolu en sens contraire par le Code civil. — 714. Ainsi, d'une part, il peut être dérogé à la règle de la dissolution en stipulant qu'en cas de mort de l'un des associés la société continuera avec son héritier. — 715. Sens et portée du mot *héritier* dans une pareille stipulation. — 716. La clause doit recevoir son exécution même quand l'héritier est en état de minorité. — 717. Mais la stipulation étant exceptionnelle et dérogatoire, ne doit pas être étendue au delà des termes convenus. — 718. D'une autre part, il peut encore être dérogé à la règle, en stipulant que la société continuera entre les associés survivants à l'exclusion des héritiers de l'associé prédécédé. — 719. Quels sont, en ce cas, les droits de ces héritiers. — 720. Suite.
IV. 721. 2° Dissolution par l'interdiction de l'un des associés. — 722. Elle est opérée par l'interdiction judiciaire aussi bien que par l'interdiction légale. — 723. *Quid* dans le cas où l'un des associés viendrait à être placé sous l'assistance d'un conseil judiciaire? — 724. La cause de dissolution est absolue, en sorte qu'elle peut être opposée par l'interdit aussi bien que par les autres associés.
V. 725. 3° Dissolution par la déconfiture de l'un des associés; — 726. Ou par sa faillite s'il est commerçant. — 727. *Quid* en ce qui concerne les sociétés de commerce? Renvoi. — 728. La dissolution ayant lieu de plein droit, il s'ensuit que le concordat obtenu par l'associé failli ne ferait pas revivre la société; — 729. Et que les autres associés ne pourraient pas exiger la continuation de la société. — 730. Les créanciers de l'associé en état de faillite ou de déconfiture pourraient-ils, en excipant de l'art. 1865, provoquer la dissolution et la liquidation de la société?

I. — 698. Enfin, l'art. 1865 range parmi les causes qui de plein droit rompent la société : la mort naturelle de quelqu'un des associés, la mort civile, l'interdiction ou la déconfiture de l'un d'eux. Notons tout d'abord que ces quatre dernières causes sont désormais réduites à trois par l'effet de la loi du 31 mai-3 juin 1854, abolitive de la mort civile. Elles se justifient d'ailleurs d'elles-mêmes dans les sociétés contractées *intuitu personæ*. La considération de la personne y étant dominante, il est naturel que les parties soient déliées à l'instant même où le personnel de la société ne se trouve plus constitué dans les conditions qui avaient déterminé leur association. Ces conséquences, déjà déduites dans les observations que nous avons eu l'occasion fréquente de présenter sur les sociétés de personnes, se manifesteront dans toute leur évidence quand, en étudiant distinctement chacune des causes précitées, nous en préciserons les effets nécessaires. Nous n'y insisterons donc pas quant à présent.

699. Ajoutons seulement, à titre d'observation générale, que si elles agissent de plein droit, ces causes de dissolution ne sont pas pourtant d'ordre public. Le législateur lui-même a dérogé à la règle pour les sociétés à capital variable, à l'occasion desquelles l'art. 54 de la loi du 24 juillet 1867 dispose que « la société ne sera point dissoute par la mort, la retraite, l'interdiction, la faillite ou la déconfiture de l'un des associés, et qu'elle continuera de plein droit entre les autres associés. »

Et les parties elles-mêmes peuvent aussi déroger à la règle. Cela résulte nettement de l'art. 1868, qui, à propos de la dissolution par la mort de quelqu'un des associés, exprime que s'il a été convenu entre les associés qu'en ce cas la société continuerait avec l'héritier ou seulement entre les associés survivants, ces dispositions seront suivies. Or, ce que la loi dit à cet égard pour le cas de dissolution par la mort de quelqu'un des associés, il faut le dire à plus forte raison de la dissolution par les autres causes. Telle est la pensée d'un arrêt de la Cour d'Orléans, rendu sur une demande à fin de liquidation et de partage, formée par des associés sous prétexte que la société aurait été dissoute par la déconfiture ou la faillite de l'un de ses membres. Du texte même de l'art. 1868, a dit la Cour, il ressort une double conséquence : d'abord, la preuve que l'art. 1865 n'a rien d'absolu ; et ensuite, que si, pour le cas de décès, c'est-à-dire pour le fait qui rompt le plus évidemment la société, celle-ci peut encore subsister dès que les parties l'ont ainsi réglé dans leur contrat, il faut nécessairement admettre aussi qu'il doit en être de même pour les autres causes de dissolution. Et la Cour, en rejetant la demande en partage, a reconnu même qu'une clause expresse n'est pas nécessaire, et qu'il suffit, pour que la dissolution ne soit pas opérée, que l'ensemble des clauses de l'acte social révèle l'intention des parties de continuer la société nonobstant la survenance de l'événement qui, sans cela, l'aurait rompue de plein droit (1).

700. Sans insister autrement sur les observations communes aux causes de dissolution dont nous avons maintenant à nous occuper, nous passons à l'étude spéciale de chacune de ces causes. Elles restent au nombre de trois, abstraction faite de celle qui, d'après l'art. 1865, devait résulter de la mort civile de l'un des associés. Il y en aurait bien une autre encore, que cet article n'a pas comprise dans son énumération. On la peut trouver dans la retraite ou la révocation du gérant, laquelle, si elle n'est pas toujours une cause nécessaire de dissolution (2), a cependant pour effet quelquefois de rompre immédiatement la société. Mais nous nous sommes expliqué déjà à cet égard dans notre commentaire de l'art. 1856 (*suprà*, n° 502). En sorte que, pour compléter la série des causes qui par elles-mêmes mettent fin à la société, nous n'avons plus à parler que du cas de mort naturelle de quelqu'un des associés, et des cas d'interdiction ou de déconfiture de l'un d'eux.

II. — 701. Et d'abord, la société finit par la mort de quelqu'un des associés. La société diffère des autres contrats à titre onéreux en général en ce point que, formée en vue des personnes, elle a pour fondement même la considération de la personne. Donc, tandis qu'en général les obligations survivent à l'individu qui les a contractées et passent à ses successeurs, il est naturel que le contrat de société se rompe, au contraire, si, pendant qu'il est en cours d'exécution, la mort vient à atteindre l'un des associés. Quand j'ai contracté une association avec

_____

(1) Orléans, 29 août 1844 (S.-V., 54, 2, 341, à la note ; J. Pal., à sa date).
(2) Comp. Req., 9 mai 1860 (Dall., 60, 1, 279 ; J. Pal., 1860, p. 1125 ; S.-V., 60, 1, 621).

plusieurs personnes que je connaissais et dont j'avais apprécié les qualités, je ne puis pas, si l'une d'elles meurt, être contraint d'admettre à sa place son héritier que je ne connaissais pas au moment du contrat. Je ne puis pas non plus être contraint de rester en société avec les survivants, car, outre que le défunt peut être celui en considération duquel j'avais consenti à me lier, les proportions établies par le contrat seraient changées contre mon gré. La société doit donc prendre fin. La conséquence, si elle n'est pas nécessaire en ce qu'elle peut être prévenue et évitée par la convention (*suprà*, n° 699, et *infrà*, n°s 711 et suiv.), est au moins absolue en ce sens que nulle société de personnes n'y doit échapper, quelle qu'en soit l'étendue ou la durée. Ainsi, que la société soit universelle ou particulière, qu'elle soit indéfinie ou contractée pour un certain temps limité, le contrat est rompu par la mort de l'un des associés (1). A plus forte raison l'obligation serait-elle rompue si elle avait pour objet une simple promesse de s'associer (2).

702. La dissolution a lieu de plein droit. En sorte que l'événement de la mort par l'effet duquel elle s'opère ne fût-il connu que d'un associé, la société n'en serait pas moins dissoute à l'instant même pour tous indistinctement, et cela sans qu'il fût besoin d'aucune notification de l'événement par l'associé qui en a connaissance à ceux qui l'ignoraient.

703. Il faut néanmoins réserver le cas où, dans l'ignorance de la mort de quelqu'un des associés, les parties survivantes auraient agi comme associés. En droit romain, la société continuait, en ce cas, nonobstant l'événement. « Quod si, integris omnibus manentibus, alter » decesserit, deinde tunc sequatur res, de quâ societatem coierunt, » tunc eadem distinctione utemur, quâ in mandato; ut, si quidem » ignota fuerit mors alterius, valeat societas; si nota, non valeat. » (L. 65, § 10, ff. *Pro soc.*) Il en était de même dans notre ancienne jurisprudence française. « Si la société ayant été contractée de certain trafic, dit Despeisses, l'un des associés vient à décéder, toutes choses étant encore en leur entier; si, après, l'autre associé fait ledit trafic, le gain et la perte qui y sont survenus doivent être communiqués, lorsque l'associé survivant avait ignoré la mort de son associé au temps qu'il a fait le trafic,... car il l'a fait comme associé... Et tout ainsi que lorsque le procureur, après la mort du mandant, a exécuté le mandement, ignorant la mort dudit mandant, il a action de mandat contre les héritiers du mandant, à cause de sa juste ignorance; pareillement il est raisonnable que la juste ignorance de l'associé ne nuise ou ne profite pas à l'associé qui a fait le trafic après la mort de son associé. » (3) Il n'en doit pas être autrement aujourd'hui; c'est l'avis de tous les auteurs (4). Et la raison

(1) V. Pothier (*Soc.*, n° 144).
(2) V. Paris, 24 fév. 1860 (Dall., 60, 2, 84).
(3) Despeisses (t. I, tit. III de la *Société*, sect. 3, n° 5, 4°).
(4) V. MM. Delvincourt (t. III, note 6 de la page 128); Duranton (t. XVII, n° 471); Duvergier (n° 438); Troplong (n° 901); Taulier (t. VI, p. 394); Massé et Vergé, sur Zachariæ (t. IV, p. 447 et 448, note 11); Talon (p. 214).

de décider est toujours la même : dans les rapports des associés entre eux, l'ignorance doit avoir l'effet qu'elle a précisément, en matière de mandat, entre le mandant et le mandataire. Or, selon l'art. 2008, ce que le mandataire a fait dans l'ignorance de la mort du mandant est validé; ce qui revient à dire, comme nous l'avons expliqué dans notre commentaire de cet article (1), que le mandat, qui dans la rigueur des principes devrait finir au jour de la mort du mandant, persiste néanmoins et se maintient, par une exception ou une faveur due à la bonne foi du mandataire, jusqu'au jour où ce dernier a eu connaissance de l'événement.

704. Mais la question, ainsi résolue pour les associés dans leurs rapports entre eux, se pose aussi pour la société vis-à-vis des tiers. On se demande si, vis-à-vis d'eux, la société est également dissoute de plein droit par la mort de quelqu'un des associés, et si la dissolution peut leur être opposée, bien qu'elle n'ait pas été publiée dans les formes prescrites originairement par l'art. 46 du Code de commerce, et aujourd'hui par l'art. 61 de la loi du 24 juillet 1867. La question, quoique particulièrement propre aux sociétés de commerce, n'est cependant pas hors de propos ici, en raison de ce que les sociétés civiles peuvent affecter l'une des formes commerciales, auquel cas, nous l'avons dit, elles sont soumises aux conditions de publicité imposées par la loi aux sociétés de commerce (*suprà,* n° 123).

Nous croyons, quant à nous, que, même vis-à-vis des tiers, la mort d'un associé met de plein droit fin à la société, sans qu'il soit besoin de la publication prescrite par les dispositions précitées de la loi commerciale. Il y en a une raison de texte d'abord : la loi soumet à la formalité de la publication « *tous actes et délibérations ayant pour objet la dissolution de la société avant le terme fixé pour sa durée.* » Or, il apparaît nettement de là que la publication est exigée en vue de la dissolution *conventionnelle,* c'est-à-dire procédant du fait volontaire des associés, ce qui ne comprend pas le cas où la dissolution est la suite d'un événement de force majeure qui, comme le décès, vient à l'improviste mettre fin à la société. Il y a ensuite et de plus une raison tirée de l'esprit de la loi : ce qu'elle a voulu, sans aucun doute, c'est protéger les tiers contre les fraudes que les associés pourraient pratiquer à leur préjudice en modifiant clandestinement leurs statuts. Or, le décès n'est pas un acte de la volonté des parties; il est en lui-même exclusif de l'intention de frauder, d'où il suit que la dissolution pour cette cause est restée en dehors des prévisions de la loi. Aussi la Cour suprême, lorsque la question s'est posée devant elle, n'a-t-elle pas hésité à casser un arrêt de la Cour de Grenoble qui avait consacré la solution contraire *en pur droit.* « Attendu, a-t-elle dit, qu'aux termes de l'art. 1865 la société finit par la mort naturelle de l'un des associés; que l'art. 46 du Code de commerce, en soumettant les faits qui modifient la société au même mode de publication que l'art. 42 prescrit pour ceux qui la forment, n'a eu

(1) V. notre *Traité-Commentaire des Petits Contrats* (t. I, n°° 1171 et suiv.).

en vue que les faits de l'homme quand il envisage soit la continuation de la société après son terme, soit la dissolution anticipée, soit les changements apportés à la personne de ses membres, aux stipulations qui les régissent ou à la raison sociale; qu'en appliquant *en pur droit* ces dispositions à la mort naturelle d'un associé, l'arrêt attaqué leur a donné une extension qu'elles n'ont pas, et refusé à la mort naturelle l'effet que lui attribue la loi; en quoi il a faussement appliqué l'art. 46 du Code de commerce et violé l'art. 1865 du Code civil. » (1)

705. Donc, vis-à-vis des tiers aussi bien que par rapport aux associés entre eux, la dissolution par le décès d'un membre de la société a lieu de plein droit et abstraction faite de toute notification ou publication. Mais c'est *en pur droit* seulement, comme l'indique l'arrêt précité. Et ces expressions mêmes marquent la portée de la cassation prononcée. On en peut induire que le cas où la société, quoique dissoute, aurait néanmoins continué, doit être réservé aussi en faveur des tiers, comme nous l'avons réservé tout à l'heure en faveur des associés. En principe et en droit, il n'y a pas lieu d'étendre à la dissolution par décès la nécessité de la publication, puisque cette cause de dissolution ne présente pas en elle-même le danger en prévision duquel la publication est exigée. Mais en fait et en équité, la dissolution par cette cause doit être inopposable aux tiers si les associés eux-mêmes n'en ont pas tenu compte et si par leurs propres actes ils ont induit les tiers en erreur. Par exemple, une société est dissoute par la mort de l'un de ses membres, et cependant les survivants, soit qu'ils connaissent, soit qu'ils ignorent le décès, agissent de telle sorte que les tiers, à qui la cause de dissolution n'est pas révélée, sont amenés à penser que la société est toujours debout. Les associés gardent la raison sociale et en font usage; les tiers, de leur côté, se confient à elle, ils traitent avec la société, ils livrent leurs fonds. Évidemment, si, dans un pareil état de choses, ceux-ci viennent demander l'exécution des engagements contractés, les associés ne sauraient être admis à repousser la demande en opposant la dissolution de leur société.

En ce point encore, nous pouvons nous autoriser de la jurisprudence de la Cour de cassation. Saisie, en effet, de la question de savoir, non plus si, *en pur droit,* l'art. 46 du Code de commerce est applicable au cas de dissolution d'une société par décès, mais si, *en fait,* la société ne doit pas être réputée subsister au regard des tiers, quand elle a continué de marcher après la mort de l'un de ses membres, la Cour s'est prononcée pour l'affirmative. « Attendu, a-t-elle dit, qu'Albert Robert, l'un des associés, est décédé le 21 janvier 1837; qu'il est constaté, soit par les qualités, soit par les motifs de l'arrêt attaqué, que nonobstant ce décès, *l'établissement avait continué de marcher dans l'intérêt des*

(1) Cass., 10 juill. 1844 (S.-V., 44, 1, 763; Dall., 44, 1, 297; J. Pal., 1844, t. II, p. 113). *Junge* : Lyon, 5 janv. 1849 (J. Pal., 1849, t. I, p. 597; S.-V., 49, 2, 190; Dall., 49, 2, 99). V. aussi MM. Troplong (n° 904); Delangle (n° 580); Bédarride (*Des Soc.*, n° 403). — V. cependant MM. Pardessus (n° 1088); Bravard (*Man. de droit comm.*, p. 61).

*associés ou de leurs représentants, qu'il ne fut procédé à aucune liqui-
dation de la société*, et que les sieurs Coste, qui avaient postérieurement
au décès de Robert prêté de l'argent à l'établissement, *se prévalaient
comme créanciers des négociations qu'ils avaient faites dans l'intérêt
des forges dont l'exploitation formait l'objet de la société;* qu'il suit de
là que cette société a continué de subsister; que les tiers qui, dans cette
confiance, ont traité, n'ont pu être victimes de leur bonne foi. » (1)

Ainsi, il ne faut pas dire, comme le prétendent à tort quelques auteurs, que cet arrêt est en opposition avec le précédent. Sur ce point
important, la jurisprudence de la Cour de cassation, nous l'avons établi
ailleurs en conciliant les deux décisions (2), est complexe et non contradictoire. D'une part, la Cour tient en principe que la dissolution de
la société par décès agit de plein droit même à l'encontre des tiers et
sans qu'il soit besoin de la publication exigée par la loi, quand la société s'est immédiatement arrêtée. Mais, d'une autre part, elle entend
que, subissant la loi qu'elle s'est faite elle-même, la société soit réputée
continuer vis-à-vis des tiers qui ont ignoré la vérité, lorsqu'en fait, au
lieu de s'arrêter, elle a voulu se survivre et a continué d'employer le
crédit et le nom social.

706. Mais, remarquons-le bien, il faut supposer, avec la Cour suprême, que les tiers ont traité de bonne foi, c'est-à-dire qu'en traitant
ils ont ignoré le fait par lequel la dissolution de la société s'était opérée.
Dès lors, s'ils en avaient eu connaissance *d'une manière quelconque*, la
dissolution leur serait opposable, et ils ne seraient pas admis à prétendre qu'à leur égard du moins la société, en traitant avec eux, a fic-
tivement continué. Vainement diraient-ils qu'à défaut de publication
dans les formes prescrites par la loi ils n'ont pas été légalement avertis.
La connaissance par eux acquise en fait du décès qui, de plein droit,
opérait la dissolution, est en elle-même exclusive de l'erreur, condition
première de cette bonne foi sur laquelle la jurisprudence appuie ses
décisions.

Seulement, il y a lieu de se demander, en cette hypothèse, comment
et par qui, en l'absence d'un fait précis et positif susceptible de faire
preuve par lui-même, il devra être établi qu'au moment où ils traitaient
avec la société, les tiers avaient connaissance du décès de l'un de ses
membres. Toutefois, la question se résout par les principes généraux
du droit. Or, il est certain que la bonne foi est toujours présumée jusqu'à preuve contraire. Donc ce sera, non par les tiers, mais contre eux,
que la preuve devra être faite. Elle sera ainsi à la charge de la société,
qui, d'ailleurs, pourra procéder par tous les moyens de droit et même
par la preuve testimoniale.

---

(1) Rej., 26 juill. 1843 (S.-V., 43, 1, 881; *J. Pal.*, à sa date; Dall., 44, 1, 135).
V. encore Rej., 16 mai 1838 (Dall., 38, 1, 349; S.-V., 38, 1, 836; *J. Pal.*, à sa date).
(2) V. *Revue de législ. et de jurispr.* (t. XXI, p. 518 et suiv.). V. aussi, pour cette
conciliation, une dissertation spéciale de Troplong (*ibid.*, t. XXXI, p. 35 et suiv.) et
son traité *Des Sociétés* (t. II, n° 903). *Junge :* MM. Delangle (n° 581) et Alauzet
(n°s 246 et 247).

707. On pourrait être tenté d'assimiler au décès considéré comme cause de dissolution la déclaration d'absence d'un associé. En effet, l'absent déclaré est, en ce qui le concerne personnellement, présumé mort quant aux biens qui lui appartenaient (C. civ., art. 120 et suiv.). Toutefois, vis-à-vis des tiers, l'absent n'est réputé ni mort, ni vivant. Et comme c'est d'un contrat fait avant l'absence avec des tiers qu'il s'agit ici, il s'ensuit que les associés présents ne pourraient arriver à la dissolution de la société par application de l'art. 1865 qu'à la condition de prouver que l'absent est réellement décédé. Mais à défaut de cet article, ils puiseraient soit dans l'art. 1869, soit dans l'art. 1871, suivant que leur société serait contractée pour une durée illimitée ou à terme, le droit de provoquer la dissolution (1). Nous reviendrons sur ce point dans le commentaire de ces articles.

III. — 708. La dissolution de la société par la mort de quelqu'un des associés produit des effets que les observations précédentes font déjà pressentir, mais sur lesquels il convient d'insister maintenant.

Et d'abord, elle rompt le contrat par rapport aux héritiers de l'associé prédécédé. C'est une suite naturelle de la personnalité de ce contrat. Celui qui a bien voulu s'associer avec Paul en considération de sa personne qu'il connaissait et dont il avait apprécié les qualités et le caractère, ne peut pas être contraint de rester en société avec l'héritier de Paul, personne incertaine, inconnue de lui au moment du contrat. L'héritier pourra donc bien succéder au défunt pour la part qu'avait celui-ci dans les biens de la société au moment de sa mort; et nous aurons tout à l'heure à déduire les conséquences de cela (infrà, nos 719 et 720). Mais il ne prendra pas la place du défunt dans la société, car il ne lui succédera pas en la qualité d'associé.

Ensuite, la dissolution par la mort d'un associé rompt le contrat même entre les associés survivants. Et cela tient également au caractère de ce contrat. Les qualités personnelles de chacun des associés, dit Pothier, entrent en considération dans le contrat de société. Je ne dois donc pas être obligé, lorsque l'un de mes associés est mort, à demeurer en société avec les autres, parce qu'il peut se faire que ce ne soit que par la considération des qualités personnelles de celui qui est mort que j'ai voulu contracter la société (2), et aussi, comme nous l'avons indiqué tout à l'heure (suprà, n° 701), parce que, associé pour un quart avec trois autres personnes, je ne puis pas me trouver, malgré moi, associé pour un tiers s'il arrive que la mort enlève un de ses membres à notre société.

709. Cependant ces effets de la dissolution par décès ne s'attachent pas à toutes les sociétés indistinctement. Ils sont propres aux associations de personnes et ne touchent pas généralement aux sociétés de capitaux. Nous aurons à insister sur ce dernier point en traitant des so-

(1) V. MM. de Moly (De l'Absence, n° 735); Demolombe (t. II, n° 144); Dalloz (Rép., v° Absence, n° 369).
(2) Pothier (Soc., n° 146).

ciétés de commerce, à l'occasion desquelles il y a quelques difficultés spéciales et quelques réserves à préciser. Mais, même dans les sociétés de personnes, et par conséquent dans les sociétés civiles, il en est qui par la force des choses subsistent après la mort de quelqu'un des associés, et continuent naturellement entre les survivants ou avec les héritiers du prédécédé. Troplong cite notamment les sociétés formées pour l'exploitation d'une propriété foncière par le bail à colonage et les sociétés de cheptel (1), sociétés sur l'existence desquelles, en effet, la mort du propriétaire ou du bailleur est sans influence. Nous pouvons ajouter les sociétés fondées pour l'exploitation d'une mine. Et en effet, il a été jugé qu'une telle société est perpétuelle de sa nature et continue de droit entre les héritiers des associés tant que la dissolution n'en est pas établie (2). De même, il faut ajouter, comme nous l'indiquons plus haut, les sociétés formées en vue d'une affaire organisée pour une période de temps déterminée (*suprà*, n° 681).

710. En outre, ces effets de la dissolution, qui consistent à mettre fin à la société tant pour les associés que par rapport aux héritiers, peuvent, sous l'un et l'autre rapport, être modifiés par la volonté des parties.

Ils peuvent être modifiés *après coup par le fait de la continuation de la société*. Car rien ne s'oppose à ce que, l'un des membres de la société étant mort au cours des opérations sociales, les associés survivants s'entendent soit par un accord formel et spécial, soit tacitement par leurs agissements (*suprà*, n° 705), pour maintenir leur association et la continuer. Rien ne s'oppose non plus à ce que les associés survivants et l'héritier de l'associé décédé, quand les uns et les autres sont majeurs et maîtres de leurs droits, continuent la société dans laquelle l'héritier de l'associé décédé prend la place du défunt (3). Seulement, il serait plus vrai de dire, en ce dernier cas, que par l'adjonction de l'héritier il y a moins une continuation de l'œuvre sociale que la constitution d'une société nouvelle (4). « Plane si hi, qui sociis hæredes extiterint, animum » inierint societatis in eâ hæreditate novo consensu; quod posteà gesse- » rint, efficitur, ut in pro socio actionem deducatur. » (L. 37, ff. *Pro soc.*) Quoi qu'il en soit, ces modifications, quel qu'en soit le caractère, ne répugnent pas à l'essence du contrat. Et même quand elles ne sont pas l'objet d'une convention formelle entre les associés survivants et l'héritier de l'associé décédé, elles doivent être considérées comme résultant des circonstances, par exemple si, par leurs propres faits, les parties donnent à penser qu'elles ont eu la volonté ou de s'associer, ou de continuer la société. La jurisprudence tient, en effet, que les tribu-

---

(1) V. Troplong (*Soc.*, n°˙ 884 et 885). V. aussi MM. Massé et Vergé, sur Zachariæ (t. IV, p. 448, note 12).

(2) V. Lyon, 22 juill. 1858 (*J. Pal.*, 1860, p. 42; Dall., 59, 2, 80).

(3) Ce sont les expressions d'un arrêt récent de la Cour de cassation, qui s'en autorise pour décider que la société ainsi continuée a pu conserver son ancienne raison sociale, et par conséquent contracter sous cette raison. Rej., 10 janv. 1870 (S.-V., 70, 1, 157; J. *Pal.*, 1870, p. 373; Dall., 70, 1, 60).

(4) V. MM. Troplong (n° 957); Bédarride (n° 63); Taulier (t. VI, p. 394).

naux peuvent suppléer par l'appréciation des circonstances à une stipulation formelle de continuation de société avec les héritiers au cas de mort de quelqu'un des associés. Si elle y fait une réserve, c'est seulement dans l'hypothèse où, s'agissant de sociétés commerciales, il se trouve qu'au jour du décès de l'associé son héritier est en état de minorité. « Des mineurs, dit la Cour de cassation, ne peuvent pas, *dans l'absence d'une stipulation formelle faite par leur auteur,* être engagés dans les suites et les conséquences d'une société commerciale à laquelle ils n'ont pris et ne pouvaient prendre aucune part à raison de leur incapacité. » (1)

711. Les effets ordinaires de la dissolution peuvent aussi être modifiés *par les conventions du pacte social, éventuellement et en prévision de l'événement.* A cet égard, cependant, les parties n'ont pas eu toujours une liberté entière ou incontestée. En droit romain, d'abord, il y avait une différence entre les sociétés privées et les sociétés pour la ferme des revenus publics. Celles-ci subsistaient de plein droit même après la mort d'un associé. *In societate vectigalium nihilominus manet societas, et post mortem alicujus.* (L. 59, princ., ff. *Pro soc.*) Quant aux sociétés privées, les parties pouvaient sans doute, en s'associant, prévoir le cas où l'une d'elles viendrait à mourir pendant la société, et convenir, par le pacte social, que, le cas échéant, l'association continuerait entre les survivants. « Morte unius societas dissolvitur, et si » consensu omnium coita sit, plures vero supersint : *nisi in coeundá so-* » *cietate aliter convenerit...* » (L. 65, § 9, ff. *Pro soc.*) Mais elles ne pouvaient pas, en prévision du même cas, stipuler que l'héritier de l'associé décédé lui succéderait en la qualité d'associé, et qu'ainsi la société continuerait avec cet héritier. « Adeo morte socii solvitur so- » cietas, *ut nec ab initio pacisci possimus ut hæres etiam succedat so-* » *cietati.* Hæc ita in privatis societatibus... » (L. 59, princ., ff. *Pro soc.*) La raison de cette décision, dit Pothier, était que la société étant un droit qui est fondé sur l'amitié que les parties ont l'une pour l'autre, sur la confiance réciproque que l'une a dans la fidélité et les bonnes qualités de l'autre, il était contre la nature de la société qu'elle pût se contracter avec une personne incertaine et inconnue, et par conséquent avec les héritiers des parties contractantes, qui, lors du contrat, étaient des personnes incertaines (2). On peut ajouter que, les parties eussent-elles eu le soin de désigner la personne que l'associé se donnerait pour héritier et avec laquelle la société serait continuée, la convention n'en eût pas moins été inefficace et nulle, comme contraire, en ces termes, à la liberté de tester. « Hæredem, dit le président Fabre, non facit nisi » hæreditas. Hæreditatem vero sola lex facit... Voluit enim ambulato- » riam esse hominis voluntatem ad summum usque vitæ exitum, ac » proinde manere liberam ita, ut nullo pacto nullaque arte constringi » possit. Atqui non maneret libera, sed constringeretur, si societas in-

_____

(1) Cass., 10 nov. 1847 (Dall., 47, 1, 355; S.-V., 48, 1, 5; J. Pal., 1848, t. I, p. 19).
(2) Pothier (*Soc.*, n° 145).

» ter te et me ita posset iniri , ut in Titium quoque tanquam hæredem
» meum testamentarium transire deberet... » (1) .

712. Dans notre ancienne jurisprudence française, la même distinction était aussi proposée, bien qu'elle ne fût pas généralement admise.
Pothier, notamment, ne faisait aucune différence entre la convention
qui faisait continuer la société pour les associés survivants seulement et
celle qui la faisait continuer avec l'héritier de l'associé décédé. La raison donnée par les jurisconsultes romains pour proscrire celle-ci ne lui
paraissait pas bien décisive. « Je crois, disait-il, qu'elle a plus de sub-
tilité que de solidité : c'est pourquoi je pense que, dans notre droit,
quoique régulièrement la société finisse par la mort de l'un des associés, et que son héritier ne lui succède pas aux droits de la société pour
l'avenir, néanmoins la convention qu'il y succédera est valable. C'est
l'avis de l'ancien praticien Massier, *Des Associations*, 28, n° 33. Les
jurisconsultes romains admettaient eux-mêmes cette convention dans
les sociétés pour la ferme des revenus publics. Pourquoi ne la pas admettre pareillement dans les sociétés ordinaires? » (2) L'opinion contraire avait cependant de nombreux défenseurs. Despeisses, qui les cite,
en approuve la doctrine. Il pose en thèse que l'héritier de l'associé défunt ne succède pas en la société. Puis il ajoute : « Ce qui a lieu, bien
qu'en la société il y eût pacte qu'elle serait transmise aux héritiers...
sinon qu'il fût question d'une société de ferme publique; car, par
pacte, telle société peut être transmise aux héritiers... Pareillement,
bien que le pacte que les héritiers de l'associé défunt succéderont en la
société ne soit pas valable, néanmoins la société contractée entre trois
ou plus grand nombre de personnes ne prend pas fin par la mort de
l'un des associés, lorsqu'en la société il y a pacte exprès, qu'après la
mort de l'un les autres continueront en la société, car ce pacte est valable... L'industrie de tous les associés est connue de chacun d'eux, et
ainsi ils peuvent convenir que par la mort de l'un d'eux la société ne
prendra pas fin, mais sera continuée avec les autres : mais l'industrie
des héritiers des associés n'étant connue auxdits associés, le pacte fait
par les associés, que la société serait transmise aux héritiers de celui
d'eux qui décéderait, n'est valable. » (3)

713. Le Code civil a mis fin à cette controverse. En se rattachant
à la doctrine de Pothier, il fait prévaloir le principe de la liberté des
conventions. Et comme, en définitive, il n'y a rien qui blesse la bonne
foi, les convenances ou les bonnes mœurs, ni dans l'une, ni dans l'autre
convention (4), il admet qu'elles sont, l'une et l'autre, également licites
et valables. L'art. 1868 dispose, en effet, que « s'il a été stipulé qu'en
cas de mort de l'un des associés, la société continuerait avec son héritier, ou seulement entre les associés survivants, *ces dispositions seront
suivies*... » Si donc la discussion est possible désormais, c'est unique-

(1) Faber (*Ration.*, lib. XVII, tit. II, ad leg. 52, § 9).
(2) V. Pothier (*loc. cit.*).
(3) Despeisses (*Des Contr.*, part. I, tit. III, sect. 3, n° 4).
(4) Exposé des Motifs de Treilhard (Locré, t. XIV, p. 527; Fenet, t. XIV, p. 403).

ment sur la portée de la clause du pacte social qui introduit dans le contrat de société soit l'une, soit l'autre disposition.

714. Arrêtons-nous d'abord à la première. Il a été convenu que la société, au lieu de finir par la mort de quelqu'un des associés, continuerait avec le représentant de l'associé décédé : quel est, en premier lieu, le caractère de cette clause? Nous avons dit plus haut qu'elle n'est pas absolument obligatoire pour ceux que l'associé décédé a eu la pensée, d'accord avec ses coassociés, d'adjoindre à la société. Et sur ce point, nous nous bornons à rappeler l'arrêt déjà cité, duquel il résulte que la stipulation dans un acte de société que l'un des associés sera, en cas de décès, remplacé de plein droit par l'un de ses enfants dénommé, n'est pas obligatoire pour celui-ci, alors qu'il y est demeuré étranger, et quand bien même il aurait accepté purement et simplement la succession de son père (1).

715. Mais quelle est la portée de la convention? Cela dépend des termes dans lesquels elle est conçue. S'il est dit, par exemple, qu'en cas de mort de quelqu'un des associés la société continuera avec les représentants du défunt, on peut admettre que la clause comprend, outre les héritiers proprement dits, les ayants droit ou ayants cause de l'associé décédé (2). S'il est dit qu'elle continuera avec les héritiers, la continuation pourra avoir lieu avec tous les héritiers de l'associé décédé, quel qu'en soit le nombre; il n'en serait autrement que si la convention avait été limitée à tel ou tel héritier spécialement désigné.

Quant au mot *héritiers*, il s'entend, en ce cas, uniquement des personnes auxquelles cette qualification peut être donnée d'après la loi. Mais il les comprend toutes, et par conséquent l'héritier testamentaire aussi bien que l'héritier du sang, le successeur irrégulier comme le successeur légitime, l'héritier bénéficiaire non moins que l'héritier pur et simple (3). Sur ce dernier point, cependant, M. Pardessus est d'un avis contraire. La succession que l'héritier bénéficiaire est appelé à administrer, dit-il, se trouve, par l'effet de la mesure que la circonstance de cette acceptation fait présumer, dans une sorte de déconfiture, en sorte que les rapports de cet héritier avec la société n'offriraient plus la garantie que le défunt présentait dans sa personne (4). Cela ne justifie pas la solution, à notre avis. Sans doute, les embarras de la succession pourraient bien, s'ils venaient à troubler la liberté des rapports entre associés, être une cause légitime de demander la dissolution de la société continuée avec l'héritier bénéficiaire, et cela en vertu et dans les

(1) V. l'arrêt de la Cour de Caen du 10 nov. 1857, cité sous le n° 594.
(2) Paris, 13 août 1834 (S.-V., 34, 2, 674; Dall., 35, 2, 54; J. Pal., à sa date). Il a même été décidé que le créancier personnel d'un associé peut, *après le décès de celui-ci*, saisir sa part sociale et le droit de ses héritiers à la continuation de la société, surtout s'il est dit dans l'acte social qu'au cas de décès de l'un des associés, le défunt pourra être remplacé par ses héritiers ou ayants cause. Alger, 11 juin 1866 (*J. Pal.*, 1867, p. 221; S.-V., 67, 2, 46).
(3) V. MM. Duranton (t. XVII, n° 473); Pardessus (n° 1059); Duvergier (n° 440); Troplong (n° 952); Delangle (n° 655); Taulier (t. VI, p. 394); Massé et Vergé, sur Zachariæ (t. IV, p. 448, note 12).
(4) V. Pardessus (*loc. cit.*).

termes de l'art. 1871. Mais on ne saurait admettre qu'*à priori* ces embarras prétendus mettent l'héritier bénéficiaire dans le cas de ne pouvoir pas invoquer l'effet d'une stipulation qui, si elle est générale et sans réserve, comme nous le supposons, doit lui profiter aussi bien qu'à l'héritier pur et simple (1).

716. De l'héritier bénéficiaire à l'héritier mineur, la transition est toute naturelle, puisque le mineur est nécessairement un héritier bénéficiaire (C. civ., art. 461). La clause doit-elle donc ou peut-elle recevoir exécution même dans le cas où, au jour de la mort d'un associé, son héritier se trouve en état de minorité? L'hypothèse n'est plus celle du n° 710, où, comme nous l'avons fait remarquer, il s'agit plutôt de la constitution d'une société nouvelle que de la continuation de l'ancienne société. Dans ce cas, il est vrai de dire qu'*en l'absence d'une stipulation formelle de leur auteur,* des mineurs ne peuvent pas être engagés dans des opérations auxquelles leur incapacité ne leur permet pas de prendre part. Mais cette stipulation formelle dont l'absence, on l'a vu, formait la raison de décider dans l'hypothèse du n° 710, nous la trouvons, au contraire, dans l'hypothèse actuelle. Tous les associés ont voulu et expressément déclaré qu'en cas de décès de l'un d'eux la société continuerait avec son héritier. La continuation de la société est donc, le cas échéant, une charge ou un droit inhérent à la succession de l'associé défunt. Et dès lors, même quand il est mineur, l'héritier doit avoir la faculté d'invoquer cette clause et de rester dans la société. Ainsi décide la jurisprudence (2); et, sauf de rares exceptions, la doctrine est conforme (3).

717. Il faut cependant ne pas perdre de vue que la clause est exceptionnelle et dérogatoire. Par cela même, comme tout ce qui a le caractère d'exception, elle doit être renfermée dans ses termes et ne saurait être étendue au delà. Nous en concluons que l'héritier ne succéderait pas, en vertu de la clause, aux fonctions de gérant dont, à sa mort, l'associé prédécédé se trouvait investi. Prise dans ses termes mêmes, la convention peut bien avoir pour résultat la transmission à l'héritier de la qualité d'associé qu'avait son auteur; elle ne transmet pas la gérance, qui finit nécessairement avec le gérant (*supra,* n° 501) (4). Nous en concluons encore que s'il était dit, par exemple, qu'en cas de mort de tel ou tel associé nommément désigné la société continuerait avec son héritier, la convention serait sans effet s'il arrivait que la mort atteignît tel ou tel autre associé (5). La société serait dissoute, en ce cas, et la

(1) V. M. Alauzet (n° 245).
(2) V. Bordeaux, 29 juill. 1862; Aix, 16 déc. 1868 (S.-V., 63, 2, 31; 70, 2, 240; J. Pal., 1863, p. 863; 1870, p. 918).
(3) V. MM. Duranton (t. XVII, n° 473); Pardessus (n° 1059); Troplong (n° 954); Taulier (t. VI, p. 394); Aubry et Rau (4e édit., t. IV, p. 569); Massé et Vergé, sur Zachariæ (t. IV, p. 448, note 12); Bédarride (n° 62); Rauter (p. 263); Alauzet (n° 244). — V. cependant MM. Duvergier (n° 441); Pâris (n° 877), et les distinctions proposées par M. Délangle (n°s 650 et 651).
(4) V. MM. Duvergier (n° 435); Délangle (n° 649).
(5) V. MM. Duranton (t. XVII, n° 473); Duvergier (n° 439); Troplong (n° 955); Massé et Vergé, sur Zachariæ (t. IV, p. 448, note 12).

continuation n'en pourrait pas être exigée même par les associés survivants; qui, le cas spécialement prévu ne s'étant pas réalisé, resteraient soumis à la règle d'après laquelle la société finit de plein droit par la mort de quelqu'un des associés.

Il en serait ainsi, d'ailleurs, même dans le cas de décès de l'associé désigné, si son héritier renonçait à la succession ou à se prévaloir de la clause. La stipulation serait alors comme non avenue, et, la règle générale reprenant le dessus, la société serait dissoute même par rapport aux associés survivants.

718. Arrivons maintenant à la seconde dérogation. Il a été stipulé dans le pacte social qu'en cas de mort de l'un des associés la société continuerait entre les associés survivants seulement, c'est-à-dire à l'exclusion des héritiers du prédécédé : à la différence de la précédente disposition, celle-ci est obligatoire pour les parties qu'elle concerne. Les qualités, ou, comme dit Despeisses, l'industrie de tous les associés était connue de chacun d'eux; et, sur cette connaissance qu'ils avaient de leurs aptitudes respectives, ils ont entendu que la mort de l'un d'eux resterait sans influence sur l'existence de leur association. Ils sont obligés par cela même; l'un des associés venant à décéder, les autres n'en restent pas moins dans les liens de la société, puisque telle est la loi qu'ils se sont faite.

719. Mais il y avait à se préoccuper, sinon de la situation des survivants que la convention même a réglée, au moins de la part de l'associé décédé, au point de vue de ses héritiers qui succèdent à ses droits et à ses charges. Il y a été pourvu par l'art. 1868, aux termes duquel, dans le cas de continuation de société entre les associés survivants seulement, « l'héritier du décédé n'a droit qu'au partage de la société, eu égard à la situation de cette société lors du décès, et ne participe aux droits ultérieurs qu'autant qu'ils sont une suite nécessaire de ce qui s'est fait avant la mort de l'associé auquel il succède. »

Ainsi, d'un côté, comme succédant aux droits et aux charges du défunt, ses héritiers retiennent, en quelque sorte, le caractère d'associés pour tout ce qui se rapporte au passé de cette société dans laquelle leur auteur, au jour de sa mort, avait sa part de biens et sa part de dettes. Dès lors, ils sont, activement et passivement, en communauté d'intérêts avec les associés survivants, relativement aux actes accomplis avant la mort de celui à qui ils succèdent. Quant aux opérations que celui-ci aurait entreprises lui-même pour la société, ils n'ont pas à les terminer sans doute, puisque cela se rattache désormais à l'avenir de la société; mais comme leur auteur avait agi pour la société, ils doivent prendre pour règle de conduite l'art. 2010 du Code civil, qui, prévoyant le cas de mort du mandataire, impose aux héritiers l'obligation d'en donner avis au mandant, et de pourvoir, en attendant, à ce que les circonstances exigent pour l'intérêt de celui-ci (1).

_____

(1) V. MM. Duvergier (n° 437); Troplong (n° 693); Massé et Vergé, sur Zachariæ (t. IV, p. 447, note 11).

D'un autre côté, les héritiers sont, au contraire, absolument étrangers à tout ce qui tient à l'avenir de la société. Ils ne peuvent donc avoir aucune part, soit quant au profit, soit quant à la perte, aux opérations ultérieures ou aux résultats ultérieurs, à moins qu'ils ne soient une suite nécessaire des actes accomplis avant la mort de leur auteur (1). Par exemple, les associés survivants ont fait, depuis l'événement, un marché nouveau rentrant dans le cercle des affaires en vue desquelles la société avait été contractée; les héritiers n'ont rien à y voir, car c'est là une de ces opérations ultérieures dont le résultat, quel qu'il soit, favorable ou désavantageux, doit leur rester absolument étranger (2). Mais l'association avait pour objet la construction et la vente d'immeubles, et les associés font, après la mort de l'un des membres de la société, la vente d'une maison qui était construite auparavant; les héritiers du défunt partageront avec les associés survivants les bénéfices résultant de la vente, ou ils subiront les pertes avec eux, car cette vente est la suite de ce qui s'était fait avant la mort de l'associé auquel ils succèdent. Tel est le droit; la seule difficulté qu'il pourra faire naître sera de savoir si ou non les droits ultérieurs auxquels les héritiers de l'associé décédé prétendent participer sont une suite nécessaire de ce qui s'est fait avant la mort de leur auteur. Et ce sera là une de ces questions de fait et d'appréciation dont la solution rentre dans le pouvoir souverain des juges du fond.

720. Il résulte de ce qui précède que si la mort d'un associé ne met pas fin à la société lorsqu'il a été stipulé qu'elle continuerait entre les associés survivants, elle produit, cependant, à certains égards, les effets de la dissolution. Elle donne, aux héritiers du décédé, droit au partage eu égard à la situation de la société lors du décès. Par cela même, elle semble rendre nécessaire la liquidation, qui est le préliminaire du partage, et la suite ordinaire de la liquidation. Mais une liquidation et les opérations qu'elle comporte peuvent n'être pas sans de graves inconvénients pour une société qui n'est pas finie, qui doit vivre encore et fonctionner. Aussi est-il rare qu'une stipulation de continuation de la société entre les associés survivants seulement ne soit pas accompagnée d'une disposition accessoire dont l'objet est précisément de soustraire la société à cette nécessité de la liquidation, en réglant par avance les droits des héritiers de l'associé qui viendrait à mourir.

A cet effet, il est stipulé, en général, que, le cas échéant, la totalité de l'actif appartiendra aux associés survivants, entre lesquels la société doit continuer, à la charge par ceux-ci de rembourser aux héritiers du défunt le montant de ses droits déterminés par le dernier inventaire ou

---

(1) **V.** Pothier (n° 144). *Junge :* MM. Delvincourt (t. III, note 8 de la page 128); Duranton (t. XVII, n° 471); Duvergier (n° 436); Troplong (n°s 895 et 964); Delangle (n° 656); Pardessus (n° 1059); Malepeyre et Jourdain (p. 302); Aubry et Rau (4ᵉ édit., t. IV, p. 569); Mourlon (*Rép. écrit.*, t. III, p. 368); Taulier (t. VI, p. 393).

(2) *Comp.* un arrêt de rejet du 24 novembre 1869 (Dall., 70, 1, 25; *J. Pal.*, 1870, p. 151; S.-V., 70, 1, 72), dont la décision, bien que rendue en matière de communauté conjugale, peut être étendue au cas de société.

arrêté de situation. C'est, en définitive, une cession éventuelle et subordonnée à un événement futur, que les héritiers font, à prix d'argent (1), aux associés survivants du droit de leur auteur dans la société; c'est pourquoi la jurisprudence, en matière fiscale, tient que la réalisation de l'événement, ou de la condition suspensive, rend exigible le droit de mutation par décès sur ladite cession (2). Mais, quoi qu'il en soit de son caractère, la stipulation a pour effet, comme elle a pour objet, de prévenir les embarras d'une liquidation qui obligerait les associés survivants à reviser tout le passé de la société. Et l'intérêt des héritiers n'en est pas blessé; car le prix qu'ils reçoivent a pour base un acte qui, étant fait avec leur auteur, assure par cela même que leur droit est exactement apprécié (3). C'est dire que l'exécution de cette convention accessoire suppose l'existence d'un inventaire régulier fait au moins dans l'année pendant laquelle est survenu le décès de l'associé. S'il n'y avait pas d'inventaire, ou même si le dernier remontait à une époque trop reculée, les héritiers pourraient exiger, non pas la liquidation partielle que la convention a eu précisément pour objet d'éviter, mais la confection, avec leur concours ou sous leur surveillance, d'un état qui, en fixant la situation actuelle de la société, donnerait une base exacte et équitable pour le règlement de leurs droits (4).

IV. — 721. L'interdiction de l'un des associés est un autre événement qui, de plein droit aussi, met fin à la société. La raison en est simple : c'est encore celle qui fait de la mort de quelqu'un des associés une cause de dissolution. Les parties, en s'associant, ont entendu qu'elles concourraient toutes à l'opération en vue de laquelle leur société a été formée. Or, si l'une d'elles est mise par l'interdiction hors d'état de fournir son concours, le contrat est atteint dans ses conditions constitutives, tout comme il est atteint quand la mort enlève un de ses membres à la société. Et comme, d'un autre côté, les parties ont traité et se sont réunies en considération de leur personne et parce qu'elles se connaissaient respectivement, elles ne peuvent pas être contraintes d'admettre dans leur société, à la place de celui que l'interdiction en éloigne, le tuteur qui le représente dans tous les actes de la vie civile, pas plus qu'en cas de mort elles ne peuvent être tenues d'admettre, à la place du défunt, ses héritiers qu'elles ne connaissaient pas quand l'association a été formée.

722. D'ailleurs, l'interdiction, que l'art. 1865 range parmi les causes de dissolution, ne s'entend pas seulement de celle qui est prononcée par

(1) Il a été décidé, cependant, que la clause a seulement pour objet de déroger à l'obligation de prendre pour base de la liquidation la situation de la société au moment du décès, et ne peut par suite donner aux héritiers le droit de réclamer un payement en argent au lieu d'un règlement en valeurs d'inventaire. Caen, 10 nov. 1857 (Dall., 59, 2, 50; S.-V., 59, 2, 31; J. Pal., 1858, p. 779). Mais nous reviendrons sur ce point en nous occupant du partage.
(2) V. notamment les arrêts de la Cour de cassation des 19 mai 1868 et 27 juillet 1870 (Dall., 68, 1, 305; S.-V., 68, 1, 345; 70, 1, 401; J. Pal., 1868, p. 905; 1870, p. 1033).
(3) V. MM. Delangle (n° 657); Bédarride (n° 60).
(4) V. M. Bédarride (n° 61).

les tribunaux pour cause d'imbécillité, de démence ou de fureur, c'est-à-dire de l'*interdiction judiciaire*. Elle s'entend aussi de l'*interdiction légale*, qui, aux termes de l'art. 2 de la loi du 31 mai-3 juin 1854, abolitive de la mort civile, atteint les condamnés à des peines afflictives perpétuelles, ou à la peine des travaux forcés à temps, de la détention ou de la réclusion, et qui subsiste pendant la durée de la peine. La raison de décider, en effet, est la même; car, comme l'a dit très-exactement la Cour de Pau dans un arrêt rendu en matière hypothécaire, le législateur n'a fait ni classes, ni catégories d'interdits, ayant chacun des priviléges différents; si la cause de l'interdiction diffère, ses effets n'en pèsent pas moins de la même manière sur la personne et les biens de l'interdit. Dans l'un et l'autre cas, l'interdiction a le même résultat, celui de priver le condamné de toute capacité civile et de le dépouiller de l'administration de ses biens; en conséquence, qu'elle soit prononcée par la justice ou par la loi, dès qu'elle existe elle doit avoir les mêmes effets (1). C'est de toute évidence : on pourrait dire même qu'à raison de son principe, l'interdiction légale d'un associé est, à plus juste titre encore que son interdiction judiciaire, une cause de dissolution de la société.

723. Des auteurs estiment même qu'il faut, par analogie, assimiler sous ce rapport, au cas d'interdiction, le cas où l'un des associés viendrait à être placé sous l'assistance d'un conseil judiciaire (2). Nous n'allons pas jusque-là. D'une part, et en fait, la loi parle de l'interdiction, et non pas de la nomination du conseil judiciaire, en énumérant les causes qui de plein droit mettent fin à la société. D'une autre part, et en droit, le conseil judiciaire assiste le prodigue et ne le représente pas. L'associé, même placé sous une telle assistance, reste donc de sa personne dans la société, et peut concourir, avec les autres associés, à l'œuvre commune. En sorte qu'il n'y a pas, en cette hypothèse, l'atteinte aux conditions constitutives du contrat qui, dans les cas auxquels la loi se réfère, a pour effet immédiat la rupture de ce contrat. Aussi concédera-t-on que la nomination d'un conseil judiciaire à l'un des associés pourra bien, si elle devient une cause d'embarras pour la société, autoriser les autres associés à exercer l'action en dissolution dans les termes de l'art. 1871, dont le commentaire va suivre (3). Mais elle ne saurait par elle-même avoir l'effet attribué à l'interdiction d'opérer la dissolution de plein droit.

724. Mais il reste à dire si la cause de dissolution que crée l'interdiction est absolue, en ce sens qu'elle puisse être opposée par tous les associés indistinctement, ou simplement relative, en ce sens qu'elle soit opposable seulement par les associés de l'interdit et non par ce

(1) V. Pau, 19 août 1850 (S.-V., 50, 2, 587); Dall., 51, 2, 5; *J. Pal.*, 1852, t. II, p. 467).

(2) V. MM. Delvincourt (t. III, note 9 de la page 128); Duranton (t. XVII, n° 474); Zachariæ (édit. Massé et Vergé, t. IV, p. 449, note 15); Duvergier (n°s 443 et 444); Taulier (t. VI, p. 395.); Talon (p. 217).

(3) V. MM. Aubry et Rau (4° édit., t. IV, p. 579, note 9); Alauzet (n° 250); Paris (n°s 859 et 924); Rauter (p. 264); Demètre B. Polizu (n° 158).

dernier. Toutefois, la question est tranchée, à notre avis, par ce fait décisif que la cause dont il s'agit ici opère la dissolution de plein droit et par elle-même, sans que les parties aient à manifester la volonté de mettre fin à la société. A cet égard, il en est de l'interdiction comme de la mort, puisque la loi place les deux événements sur la même ligne, quant à la dissolution des sociétés. Et vainement dirait-on que l'interdiction n'est pas, comme la mort, un événement naturel et nécessaire; que surtout, quant à l'interdiction légale, elle procède d'un fait imputable à l'interdit, et que, par cela même, celui-ci ne doit pas être admis à l'invoquer et à s'en faire un moyen de se soustraire à ses engagements (1). La question n'est pas là. Nous sommes en présence d'un contrat dont la formation tient essentiellement à la considération de la personne. Il s'agit donc ici, non point de l'inexécution des engagements, mais de l'influence que doit exercer sur le contrat le changement survenu en la personne de l'un de ceux qui l'ont formé. Or, il est clair qu'à ce point de vue il n'y a pas de distinction possible. Dès que l'associé interdit ne peut plus, par le fait de son interdiction, exercer ses droits dans la société et en faire partie, le contrat est atteint dans son principe; il est rompu pour tous, pour l'interdit aussi bien que pour les associés. Toutes les parties peuvent invoquer la cause de dissolution; ou plutôt aucune d'elles n'a à l'invoquer, car, selon la juste expression de M. Bravard, « ce n'est pas là une de ces causes qu'il faut invoquer et soumettre à l'appréciation des tribunaux; c'est une cause qui opère par elle-même la dissolution, indépendamment de toute manifestation de volonté de la part des parties. » (2)

V. — 725. Enfin, la société est dissoute de plein droit par la déconfiture de l'un des associés, « Dissociamur renunciatione, morte, capitis » minutione, et *egestate.* » (L. 4, § 1, ff. *Pro soc.*) (3) En effet, « il ne peut plus y avoir de confiance dans la personne, ni égalité dans le contrat, qui dès lors tombe aussitôt, parce qu'il reposait principalement sur ces deux bases. » (4) On ne peut se dissimuler, pourtant, que l'insolvabilité constitutive de la déconfiture est un état qui, d'une part, n'est pas constaté suivant un mode déterminé par la loi, et qui, d'une autre part, laisse à l'insolvable sa pleine capacité civile et la libre administration de ses biens. La déconfiture diffère donc, sous ces rapports,

---

(1) C'est l'argumentation de Pardessus, qui l'applique à la dissolution par la faillite, à propos de laquelle la même question (*infrà*, n° 730) peut être élevée. V. Pardessus (n° 1066).

(2) V. M. Bravard-Veyrière (*Traité des soc. comm.*, p. 258 et 259). *Comp.* MM. Delangle (n° 661); Alauzet (n° 248).

(3) V. Pothier (*Soc.*, n° 148); Domat (*Lois civ.*, liv. I, tit. VIII, sect. 5, n° 12); Despeisses (*Des Contr.*, part. I, tit. III, sec. 3, n° 9). — Il a été décidé, par application de la règle, que l'association formée, sous le nom de caisse de secours, entre les ouvriers d'une exploitation houillère, dans le but de procurer des secours aux ouvriers blessés, se rattache comme accessoire à cette compagnie, en sorte que la dissolution de celle-ci par suite de déconfiture et d'expropriation forcée entraîne avec elle la dissolution de la caisse de secours, si d'ailleurs cette caisse est elle-même en déconfiture. Lyon, 3 mai 1867 (*J. Pal.*, 1868, p. 324; S.-V., 68, 2, 52).

(4) Ce sont les expressions de l'Exposé des motifs. V. Locré (t. XIV, p. 527); Fenet (t. XIV, p. 403).

de l'interdiction dont il vient d'être question; et par ce motif on comprendrait que, comme la nomination d'un conseil judiciaire, à laquelle elle peut être assimilée en ce point, elle fût considérée moins comme une cause de dissolution de plein droit que comme un fait susceptible d'autoriser les associés de l'insolvable à exercer l'action en dissolution (1). Quoi qu'il en soit, l'art. 1865 l'a comprise parmi les causes qui de plein droit mettent fin à la société.

726. A plus forte raison y faut-il comprendre la faillite, bien qu'elle ne figure pas nommément dans l'énumération de cet article. D'abord, on peut dire, avec la Cour de Paris, dans un arrêt auquel nous aurons à revenir encore, que la faillite étant la qualification légale de la déconfiture du négociant, il s'ensuit que, virtuellement au moins, elle est comprise dans le n° 4 de l'art. 1865, comme rentrant dans le terme générique de déconfiture (2). Mais ensuite, il y a ici un *à fortiori*. Car, à la différence de la déconfiture, la faillite a son mode spécial de constatation et en outre elle dessaisit le failli de l'administration de tous ses biens et la fait passer aux mains des créanciers ou des syndics qui administrent pour ces derniers. Ainsi, l'associé failli, comme l'interdit, devient, par la force des choses, absolument étranger à la société, en sorte qu'à son égard il n'y a pas même la raison de douter que fait naître l'état de déconfiture dans la vie purement civile. Il est donc vrai de dire que, plus justement et plus exactement que ce dernier état, la faillite d'un associé doit être considérée comme constituant une cause de dissolution.

727. C'est une cause de dissolution non-seulement pour les sociétés civiles, mais encore pour les sociétés de commerce en général. Cependant, il y a, quant à ces dernières sociétés, certaines réserves à faire; et à notre sens, l'arrêt précité de la Cour de Paris est allé trop loin en décidant que la règle d'après laquelle la société est dissoute par la déconfiture ou la faillite de l'un des associés est applicable à toute société, quelle qu'en soit la nature, et aussi bien à celle qui n'a été contractée qu'en vue des choses seulement qu'à celle qui l'a été en vue des personnes (3). Mais il convient de réserver ce point, comme ceux de savoir s'il y aurait dissolution d'une société commerciale par sa propre faillite, d'une société en commandite par la faillite même d'un commanditaire, etc. La discussion de ces questions et d'autres encore trouvera mieux sa place dans la partie de notre commentaire relative aux sociétés de commerce. Et sans y insister quant à présent, nous complétons nos observations sur cette dernière cause de dissolution de plein droit en déduisant les conséquences de la règle.

728. Il s'agit d'une dissolution qui a lieu de plein droit, indépendamment de la volonté des parties et de l'appréciation des juges. La première conséquence qui se présente à l'esprit, c'est que la société

_____

(1) V. MM. Bravard-Veyrière (*loc. cit.*, p. 255); Demètre B. Polizu (n° 156).
(2) Paris, 5 janv. 1853 (Dall., 54, 5, 708; S.-V., 54, 2, 341; *J. Pal.*, 1853, t. I, p. 685).
(3) V. l'arrêt cité dans la note qui précède.

dissoute par la déconfiture ou la faillite de l'un des associés, ne saurait être rétablie et revivre par l'effet ou en conséquence d'événements ultérieurs. Ainsi, un des associés est déclaré en faillite, et plus tard il a obtenu un concordat : la société dissoute n'a pas été rétablie, bien que la dissolution n'en ait pas été formellement prononcée avant l'obtention du concordat. Le concordat, a dit la Cour de Paris dans l'arrêt précité, ne saurait faire revivre une société dissoute par le fait seul de la faillite. Le préjudice qui pourrait résulter pour un ou plusieurs des associés de la dissolution de la société ne saurait non plus paralyser les effets d'une disposition, non point facultative, mais impérative de la loi. Chacun des associés, en contractant, s'est soumis à des chances prévues, comme celles de la mort d'un ou de plusieurs des associés, ou de la déconfiture de l'un d'eux (1).

729. Une autre conséquence, virtuellement reconnue dans les motifs du même arrêt, c'est que les associés du failli ne seraient pas fondés à exiger la continuation de la société dissoute par la faillite. Sans doute, ils pourraient bien, s'ils avaient intérêt à poursuivre des affaires qui prospèrent, reprendre, d'un commun accord, leurs opérations sociales et constituer une société à nouveau (2). « Item, si quis ex sociis mole » debiti prægravatus, bonis suis cesserit, et ideo propter publica aut » privata debita substantia ejus veneat : solvitur societas, sed hoc casu, » *si adhuc consentiant in societatem, nova videtur incipere societas.* » (*Inst.*, lib. III, tit. xxvi, § 8.) Les associés peuvent même, s'ils le veulent, continuer la société précédemment formée, en y maintenant le failli nonobstant sa faillite, sous la réserve du droit de leurs créanciers personnels, et sauf à subir l'immixtion des créanciers du failli dans les affaires sociales (3). Mais ce qui n'est pas admissible, c'est que, malgré eux et sans une manifestation expresse ou tacite de leur volonté, les associés puissent être tenus de reprendre ou de continuer la société que la faillite ou la déconfiture d'un coassocié a rompue. Il y a là un fait positif auquel la loi assigne comme conséquence la fin de la société. C'est une conséquence de droit qui, si les associés ne sont pas d'accord pour l'éviter, s'impose à tous, quelque intérêt qu'il pût y avoir à maintenir la société et à en continuer les opérations.

730. C'est pourquoi la dissolution est opposable par tous les associés indistinctement, et, par conséquent, par le failli lui-même aussi bien que par ses coassociés. Nous nous référons, quant à l'associé failli, à ce

---

(1) V. l'arrêt cité du 5 janvier 1853. — *Junge* : MM. Pardessus (n° 1060); Aubry et Rau (4° édit., t. IV, p. 570); Talon (p. 218).
(2) Il a été décidé, en effet, que lorsqu'il est survenu un fait de nature à entraîner la dissolution de la société, tel que la faillite ou le décès d'un associé, les associés majeurs et maîtres de leurs droits conservent la faculté de consentir la continuation des opérations sociales, et que ce consentement peut s'induire de ce que, depuis la cause de dissolution, les associés ont continué à percevoir leur part de bénéfices annuels dans la société dont le fonctionnement n'a pas été interrompu. Req., 7 déc. 1858 (Dall., 59, 1, 135; S.-V., 59, 1, 619; *J. Pal.*, 1859, p. 1051).
(3) V. Paris, 23 juin 1825 (Dall., 26, 2, 118; S.-V., 25, 2, 252; Coll. nouv., 3, 2, 102; *J. Pal.*, à sa date). *Junge* : MM. Troplong (n° 906); Dalloz (nouv. *Rép.*, v° *Soc.*, n° 733).

que nous avons dit tout à l'heure de l'associé interdit (*suprà*, n° 724).
Pardessus, qui est d'un avis contraire, ajoute que les créanciers du failli
n'ont pas, à cet égard, plus de droits que lui. En général, dit-il, la
masse des créanciers d'un failli le représente, elle est tenue de ses
charges, elle n'a pas d'autres droits que les siens. Que les associés du
failli puissent déclarer qu'ils ne veulent plus avoir de rapports sociaux
avec celui qui ne leur présente plus la sûreté réelle et morale sur laquelle
ils ont compté, rien de plus juste. Mais qu'un associé, ou, ce qui est la
même chose, ses créanciers, qui ne sont que ses représentants, se fondent sur l'état d'insolvabilité dans lequel il est tombé pour prétendre
dissoudre la société dont il était membre, c'est ce que ni les principes
de droit, ni l'équité, n'autorisent (1). Mais par cela même que tous les
associés indistinctement peuvent, selon nous, opposer la dissolution
opérée de plein droit par la faillite, nous tenons que leurs créanciers
personnels, qui les représentent et sont à leurs droits, le peuvent également. L'état d'insolvabilité constaté par la faillite les relève de l'obligation où ils sont de laisser la société, tant qu'elle est debout, jouir en
toute liberté des objets qui en dépendent (*suprà*, n° 592). Et, sortant
alors de la réserve qui jusque-là leur était imposée, ils peuvent s'autoriser de l'art. 1865 et agir en conséquence soit en leur propre nom, soit
du chef de leur débiteur. Ils ne seraient pas fondés, sans doute, à demander que ceux des objets sur lesquels ils auront à exercer leurs droits
soient distraits, au préalable, du fonds social où ils sont confondus,
pour que le partage en soit opéré isolément. Mais, assurément, en présence du fait qui de plein droit a mis fin à la société, ils doivent être
admis à prétendre qu'il y a lieu de procéder à la liquidation et au partage, pour que, la part de leur débiteur étant faite, ils y puissent exercer
leurs droits.

1869. — La dissolution de la société par la volonté de l'une des
parties ne s'applique qu'aux sociétés dont la durée est illimitée, et
s'opère par une renonciation notifiée à tous les associés, pourvu que
cette renonciation soit de bonne foi, et non faite à contre-temps.

1870. — La renonciation n'est pas de bonne foi lorsque l'associé
renonce pour s'approprier à lui seul le profit que les associés s'étaient
proposé de retirer en commun.

Elle est faite à contre-temps lorsque les choses ne sont plus entières, et qu'il importe à la société que sa dissolution soit différée.

1871. — La dissolution des sociétés à terme ne peut être demandée par l'un des associés avant le terme convenu, qu'autant qu'il
y en a de justes motifs, comme lorsqu'un autre associé manque à ses
engagements, ou qu'une infirmité habituelle le rend inhabile aux affaires de la société, ou autres cas semblables, dont la légitimité et la
gravité sont laissées à l'arbitrage des juges.

---

(1) V. **Pardessus** (n° 1066).

SOMMAIRE.

I. 731. Transition à la dissolution procédant de la volonté de l'un ou de plusieurs des associés de n'être plus en société. — 732. La seule volonté ne suffit pas en toute hypothèse : il faut distinguer entre les sociétés dont la durée est illimitée et les sociétés à terme; la volonté n'est efficace, dans ces dernières, qu'autant qu'elle s'appuie sur de justes motifs. — 733. Ainsi, il y a, dans cet ordre d'idées, la dissolution facultative ou simplement volontaire (*ad nutum*) et la dissolution motivée (*ex justâ causâ*). Division.

II. 734. *Dissolution purement volontaire.* Elle ne s'applique qu'aux sociétés dont la durée est illimitée. — 735. Par conséquent, elle n'a pas lieu dans les sociétés à terme, le terme fût-il de plus de cinq ans : renvoi. — 736. Elle n'a pas lieu non plus dans les sociétés contractées en vue d'une entreprise déterminée ou limitée : renvoi. — 737. *Secùs* si la limite fixée est la vie des associés : les sociétés contractées pour toute la vie des associés sont des sociétés à durée illimitée dans le sens de la loi. — 738. A plus forte raison en est-il ainsi si l'entreprise sociale est telle que la vie de l'homme ne doive pas suffire pour la mener à fin. — 739. Application aux sociétés ayant pour objet l'exploitation d'une concession de mines.

III. 740. La dissolution purement volontaire est autorisée par la loi dans un intérêt d'ordre public. — 741. Par suite, elle est applicable à toutes les sociétés illimitées, le capital social fût-il divisé par actions. — 742. Par suite également, les parties s'interdiraient inutilement par avance la faculté de dissoudre la société par ce moyen. — 743. Cependant l'acte social pourrait y suppléer et empêcher l'usage du moyen en en fournissant aux associés un autre par lequel ils pourraient se dégager, par exemple en les laissant libres de céder leurs parts. — 744. Mais il faudrait que la cessibilité ne fût pas subordonnée à des conditions telles que le droit, pour les associés, de sortir de la société, en fût paralysé ou gêné dans son exercice.

IV. 745. La dissolution *ad nutum* s'opère par une simple renonciation, qui cependant n'est utile et valable que sous certaines conditions. — 746. Il faut : 1° qu'elle soit notifiée à tous les associés : forme de la notification; — 747. 2° Qu'elle soit de bonne foi; — 748. Et 3° qu'elle ne soit pas faite à contre-temps. — 749. A défaut de l'une de ces conditions, la renonciation est non avenue et nulle; toutefois, la nullité est simplement relative. — 750. Conséquences et application : cas où la notification n'aurait pas été faite à tous les associés; — 751. Suite : cas où la renonciation serait faite à contre-temps ou ne serait pas de bonne foi.

V. 752. *Dissolution motivée.* Elle n'est pas nécessaire, en général, pour les sociétés dont la durée est illimitée. — 753. Dans les sociétés à terme, auxquelles elle est spécialement applicable, la dissolution ne peut être demandée avant le terme convenu qu'autant qu'il y a de justes motifs dont les tribunaux sont juges. — 754. La décision qui, en ce cas, prononce la dissolution, tire sa force exécutive d'elle-même, et n'est pas soumise aux formalités de publicité : renvoi. — 755. Les parties ne peuvent pas s'interdire par avance la faculté de former, avant le terme convenu, l'action en dissolution *ex justâ causâ.* — 756. Transition aux causes indiquées par l'art. 1871 comme susceptibles de fonder la demande en dissolution.

VI. 757. 1° Inexécution de ses engagements par un associé : la société peut être dissoute, en ce cas, par application, au contrat de société, d'une règle générale et commune à tous les contrats synallagmatiques. — 758. Le point de savoir quand il y a inexécution susceptible de faire prononcer la dissolution est essentiellement une question de fait. — 759. Suite et application. — 760. Le cas échéant, les associés peuvent demander, à leur choix, soit l'exécution du contrat, soit la résolution. — 761. Pourraient-ils demander, en outre, des dommages-intérêts? Distinction. — 762. L'action appartient à tous les associés indistinctement dans le cas où l'inexécution est involontaire et accidentelle. — 763. Elle n'appartient pas à l'associé réfractaire quand l'inexécution est volontaire. — 764. En ce dernier cas, l'action n'appartient qu'aux autres; mais elle appartient à chacun d'eux individuellement; la majorité ne peut lui imposer sa volonté.

VII. 765. 2° Survenance d'une infirmité à un associé : ce n'est une cause de dissolution que si l'infirmité est habituelle et si elle rend l'associé inhabile aux affaires de la société. — 766. Cette cause de dissolution diffère par son principe de celle qui précède. — 767. Elle en diffère, par suite, dans les détails : 1° en ce qu'elle ne donne pas lieu à une condamnation à des dommages-intérêts; — 768. 2° En ce qu'elle peut être invoquée par tous les associés indistinctement, même par celui du chef duquel elle provient; — 769. 3° En ce qu'en général la demande en dissolution doit être approuvée par la majorité.

VIII. 770. L'art. 1871 n'est pas limitatif : les termes, au contraire, en sont généraux et autorisent la dissolution des sociétés à terme avant le temps convenu lorsqu'il y en a de justes motifs. — 771. Exemples et applications. — 772. Les tribunaux sont juges de la légitimité et de la gravité des motifs allégués.

I. — 731. Indépendamment des causes par lesquelles la société est dissoute de plein droit, et dont il vient d'être question dans le commentaire des art. 1866, 1867 et 1868, il y a une autre cause toute spéciale de dissolution. Elle procède uniquement et exclusivement de la volonté de l'associé ou des associés par lesquels la dissolution est provoquée (art. 1865, n° 5). C'est une dérogation notable à la règle commune d'après laquelle les conventions légalement formées tiennent lieu de loi à ceux qui les ont faites, *et ne peuvent être révoquées que de leur consentement mutuel* (C. civ., art. 1134). Toutefois, la dérogation n'est pas absolue. Et, pour en mesurer l'étendue, il faut se reporter aux art. 1869 et 1871, dont le premier dispose que « la dissolution de la société par la volonté de l'une des parties *ne s'applique qu'aux sociétés dont la durée est illimitée,* et s'opère par une renonciation notifiée à tous les associés, pourvu que cette renonciation soit de bonne foi et non faite à contre-temps »; et dont le second exprime que « la dissolution des sociétés à terme ne peut être demandée *avant le terme convenu qu'autant qu'il y en a de justes motifs,* comme lorsqu'un associé manque à ses engagements, ou qu'une infirmité habituelle le rend inhabile aux affaires de la société, ou autres cas semblables dont la légitimité et la gravité sont laissées à l'arbitrage des juges. »

732. Ainsi, la volonté seule de n'être plus en société ne suffit pas en toute hypothèse pour opérer la dissolution. Les rédacteurs du Code, d'accord en cela avec les jurisconsultes romains et les interprètes de notre ancien droit, distinguent à cet égard les sociétés contractées sans aucune limitation de temps et les sociétés convenues pour un certain temps limité (1). S'agit-il d'une société dont la durée est illimitée, le Code, contraire en principe aux engagements perpétuels qui détruisent ou entravent la liberté naturelle, vient en aide à ceux qui, par entraînement ou irréflexion, se sont engagés d'une manière indéfinie; et, dérogeant à la règle posée dans l'art. 1134, il autorise chacun des associés à rompre le contrat quand il le veut, même contre le gré des autres, et à briser ainsi les liens d'une société qui serait un sujet permanent de discorde si les associés étaient tenus de la maintenir quand même et d'y rester perpétuellement engagés. S'agit-il, au contraire, d'une société à terme, d'une société qui de plein droit finira à une époque plus ou moins prochaine, déterminée par la convention même ou fixée par la nature de l'entreprise sociale, la situation n'est plus la même. Il n'y a pas de raison alors pour s'écarter de la règle commune touchant la révocation des conventions légalement et librement formées. Et, dès lors, pour que la société prenne fin avant le terme marqué, il ne suffit pas

_____

(1) V. notamment Pothier (*Soc.*, n°ˢ 149 et suiv.).

qu'un seul associé ou plusieurs le veuillent; il faut, s'ils ne sont pas tous d'accord, que celui ou ceux qui prétendent rompre le contrat avant l'heure fixée, puissent donner et donnent pour appui à leur demande l'existence d'un juste motif de dissolution.

733. D'après cela, la dissolution dont il nous reste maintenant à nous occuper, celle qui a sa cause dans la volonté d'un seul ou de plusieurs associés de n'être plus en société, peut être : ou purement volontaire et toute facultative (*ad nutum*); ou accidentelle et motivée (*ex justâ causâ*). De même qu'elles s'appliquent à des sociétés différentes, de même la dissolution *ad nutum* et la dissolution *ex justâ causâ* ont l'une et l'autre leur caractère propre et sont distinctement subordonnées à des conditions spéciales. C'est ce que nous allons préciser en étudiant successivement sous ses deux aspects la dissolution qui a ses causes dans la volonté de l'un ou de plusieurs des associés.

II. — 734. *De la dissolution facultative ou purement volontaire.* C'est la dissolution *ex voluntate* dont il est question dans le texte ci-dessus cité d'Ulpien (*suprà*, n° 672) : « Societas solvitur... *ex volun-* » *tate*... Voluntate distrahitur societas, renunciatione. » (L. 63, § 10, ff. *Pro soc.*) C'est celle que le Code civil a plus particulièrement en vue dans le n° 5 de l'art. 1865, et qu'il réglemente ensuite dans les art. 1869 et 1870. Dans quels cas et à quelles sociétés est-elle applicable? Nous l'avons dit et nous le répétons avec la première partie de l'art. 1869 : « La dissolution de la société par la volonté de l'une des parties ne s'applique qu'aux sociétés *dont la durée est illimitée...* » C'est dans ce cas seulement que chaque associé est en droit de faire cesser la société à toute époque, sauf néanmoins l'observation de certaines conditions indiquées par la loi et que nous aurons à préciser. Avant cela, une première question se présente à résoudre : c'est celle de savoir quelles sont les sociétés dont la durée peut être considérée comme illimitée dans le sens de la disposition précitée.

735. Et d'abord, il faut écarter les sociétés contractées pour un certain temps expressément limité. C'est là une société *à terme;* et assurément, en présence du texte de l'art. 1869, il serait inutile de dire que la dissolution facultative ne s'y applique pas, si M. Duranton, confondant l'état de société avec l'état d'indivision, n'avait eu la pensée de soutenir, par application de l'art. 815, que le contrat de société formé pour plus de cinq ans n'obligerait les associés que pour les cinq premières années, à l'expiration desquelles chacun d'eux pourrait faire rompre le contrat en exprimant la volonté de n'être plus en société. Nous avons déjà réfuté cette opinion, d'ailleurs isolée dans la doctrine (V. *suprà*, n° 249). Et, sans reprendre ici notre démonstration, nous nous bornons à maintenir que, lorsque la société est expressément à terme, la dissolution purement volontaire ou facultative n'y est pas applicable, le terme fixé par le pacte social fût-il de plus de cinq années.

736. Il en faut dire autant des sociétés dont la durée se trouve limitée, non plus par une convention expresse et directe du pacte social, mais par la nature même de l'entreprise qui fait l'objet de la société.

Sur ce point encore, M. Duranton est d'un avis contraire, et il s'autorise de l'opinion de Pothier. En effet, Pothier suppose l'association de deux libraires qui se réunissent pour acheter ensemble une bibliothèque sur laquelle il y a du profit à faire, et il pose en thèse, sans commentaires ni explications, que si, les choses étant entières, *l'un des associés vient à se dégoûter du marché, il peut valablement notifier à l'autre qu'il n'entend plus être associé avec lui* (1). Et, selon M. Duranton, cette affirmation de Pothier se justifierait aujourd'hui par la disposition de l'art. 1869, laquelle seule serait applicable dans l'espèce, en ce qu'il n'y a pas là de *terme convenu,* et que, d'après l'art. 1871, c'est seulement dans les sociétés à *terme convenu* que la dissolution ne peut être demandée par les associés à leur volonté. Toutefois, nous nous sommes expliqué aussi à cet égard; et avec tous les auteurs nous avons fait remarquer que quand une société est formée pour une affaire ou pour une opération déterminée ou limitée, il y a, sinon expressément, au moins tacitement et d'une manière implicite, un *terme fixé,* qui est précisément le terme de l'affaire ou de l'opération. Il y a même un *terme convenu,* dans le sens de l'art. 1871, puisqu'en stipulant ainsi les associés sont présumés *convenir* que leur société finira avec l'affaire ou l'opération en vue de laquelle elle est établie. Par conséquent, la dissolution facultative ne saurait avoir lieu dans ce cas, pas plus que dans celui où la durée de la société aurait fait l'objet d'une stipulation expresse et directe (2).

737. C'est dire qu'il ne s'en faut pas tenir strictement à la lettre même de nos articles pour décider si une société est à durée illimitée dans le sens de l'art. 1869, ou si elle est à terme dans le sens de l'article 1871; et, par conséquent, si elle est ou n'est pas dans le cas de prendre fin par la seule volonté de l'une des parties. Il est, en effet, telles hypothèses où la société, quoique la durée en soit limitée par la convention ou à raison de la nature de l'entreprise, n'est cependant pas exclusive de la faculté, pour chaque associé, de la faire cesser à toute époque par sa seule volonté. Par exemple, une société est contractée *pour toute la vie des associés.* Au sens rigoureux, c'est là une association à terme, une association, du moins, dont la durée est limitée. Est-ce à dire que la dissolution facultative n'y soit pas applicable? Non, assurément, puisque le cas implique *l'engagement perpétuel* (3) que la loi considère comme contraire à la liberté naturelle, et en vue duquel précisément elle consacre ce mode de dissolution (4).

(1) V. Pothier (*Soc.*, n° 150).

(2) V. *suprà*, n° 250. Ajoutons aux autorités indiquées, *loc. cit.*, un arrêt duquel il résulte qu'une association formée sous l'empire des usages de la baie de Saint-Brieuc pour entreprendre la pêche de la morue constitue une association dont la durée est nécessairement celle des navires qui en sont l'objet, et non une société illimitée à laquelle la dissolution facultative soit applicable. Req., 13 juill. 1868 (S.-V., 68, 1, 449; J. Pal., 1868, p. 1194; Dall., 69, 1, 137).

(3) « Societas coire potest vel *in perpetuum,* id est *dùm vivunt...*» (L. 1, ff. *Pro soc.*) V. *suprà*, n° 248).

(4) V. MM. Pardessus (n° 1063); Troplong (n° 967); Talon (p. 226); Demètre B. Polizu (n° 161).

L'opinion contraire est enseignée cependant par M. Bravard, qui invoque à l'appui de sa solution le texte et l'esprit de la loi. Quand il y a, dit-il, une époque fixée pour la durée de la société, quelque éloignée qu'elle puisse être, il est faux de dire que la société n'a pas de durée limitée, puisqu'il y a un terme fixé. Et quand les associés ont manifesté l'intention de faire durer la société autant que leur vie, cette volonté doit être respectée ; car elle n'a rien de contraire à l'ordre public, ni à la nature du contrat de société, où les parties sont libres de stipuler un terme, et de le stipuler aussi long que bon leur semble (1). Mais évidemment c'est là une donnée inexacte : la difficulté porte sur un point autre que celui auquel l'auteur s'est arrêté. Sans doute, la convention que la société est contractée pour toute la vie des associés n'a rien en soi de contraire soit à l'ordre public, soit même à la nature du contrat : c'est démontré par la loi elle-même et spécialement par l'art. 1844, aux termes duquel « s'il n'y a pas de convention sur la durée de la société, elle est censée contractée pour toute la vie des associés... » (*suprà,* n°s 248 et suiv.). La question ne peut donc pas être de savoir si ce que la loi admet à titre de présomption peut être regardé comme une convention contraire à l'ordre public lorsqu'elle est expressément stipulée. Elle est de savoir si cette convention, incontestablement valable en elle-même, lie les parties d'une manière définitive, en ce sens qu'après l'avoir consentie, aucune d'elles ne puisse la faire rompre par sa seule volonté. Or, cette question, toute différente, doit être résolue contre la doctrine de M. Bravard ; et ce par application de ce même art. 1844. Remarquons, en effet, que si, dans le cas qu'il suppose, cet article présume que la société est contractée pour toute la vie des associés, il n'établit toutefois la présomption que « sous la modification portée en l'art. 1869 », c'est-à-dire sous la réserve de la faculté, pour chacune des parties, de faire cesser la société en cas de changement de volonté. Il est raisonnable de conclure que la même faculté est nécessairement réservée, lorsqu'au lieu d'être présumée la convention dont il s'agit est expressément stipulée (2).

738. De même, la dissolution par la volonté de l'une des parties de n'être plus en société n'est pas nécessairement inapplicable aux associations limitées à raison de l'entreprise sociale. Nous admettons bien, sans doute, que, dans l'hypothèse présentée plus haut d'après Pothier, et dans tous les cas analogues où l'affaire commune peut être accomplie dans un certain nombre d'années, la convention même range le contrat dans la catégorie des sociétés à terme ou dont la durée est limitée, et, par suite, que les associés doivent alors être placés sous la protection de l'art. 1871, en ce sens qu'il ne soit pas permis à l'un d'eux de faire dissoudre, par sa seule volonté, le contrat librement formé du consentement d'eux tous. Mais supposons que l'entreprise en vue de laquelle la société s'est constituée soit telle que la vie tout entière de l'homme,

_____

(1) Bravard-Veyrières (*Soc. comm.*, p. 260).
(2) V. l'Exposé des motifs de Treilhard (Fenet, t. XIV, p. 402 ; Locré (t. XIV, p. 526).

quelque prolongée qu'elle soit, suffise à peine, ou même ne suffise pas
pour la mener à fin, et la dissolution, même facultative, par application
de l'art. 1869, devient une nécessité même de la situation. C'est le cas
qui s'est présenté, en 1859, devant la Cour de cassation. Dans l'espèce,
une société ayant pour objet l'exploitation de mines comprises dans le
bassin houiller de Graissessac, avait été consentie pour toute la durée de
cette exploitation, avec stipulation que la dissolution ne pourrait être
demandée sous aucun prétexte avant le terme fixé pour son expiration.
Néanmoins, plusieurs années après le commencement de l'exploitation,
et à la suite de délibérations par lesquelles des modifications étaient in-
troduites dans les statuts primitifs, quelques associés, s'autorisant des
art. 1865 et 1869, exprimèrent la volonté de n'être plus en société.
D'autres associés résistèrent à la dissolution, par ce motif, entre autres,
que ces articles n'étaient pas applicables à la situation. La demande
n'en fut pas moins accueillie, sous ce rapport, par le Tribunal de Montpellier, « attendu que, dans les sociétés illimitées, la dissolution par la
volonté de l'une des parties est de droit; que ce droit est fondé sur ce
principe, que nul ne peut être contraint de rester à jamais dans l'indivision, à cause des discordes qu'engendre habituellement la communauté; que l'association dont s'agit est une société illimitée, la durée
de l'objet pour lequel elle a été contractée étant indéterminée, puisque
l'exploitation des concessions houillères du bassin de Graissessac peut,
avec un développement immense, durer quatorze cents ans, d'après le
rapport de l'ingénieur, qui a été mis sous les yeux du Tribunal... »
Sur l'appel, il fut décidé par la Cour de Montpellier « qu'en appliquant
à l'acte constitutif de l'association la résolution facultative prévue par
l'art. 1869 du Code civil, le premier juge avait sagement apprécié la
nature de l'acte et les principes de droit qui lui étaient applicables. »
Et la Cour de cassation, en rejetant le pourvoi dont cette décision fut
l'objet, déclara de même « que la société formée pour tout le temps de
l'exploitation des concessions houillères du bassin de Graissessac, temps
évalué par l'arrêt à plusieurs siècles, et dont le terme était indéfini,
avait été considérée à bon droit comme devant être classée parmi les
sociétés à durée illimitée », dans le sens de l'art. 1869 (1).

Et la Cour n'aurait pu décider autrement sans prêter au législateur
la plus étrange contrariété de vues. La loi considère les communautés
indéfinies comme contraires à l'ordre public, à cause des dissentiments
qu'elles peuvent entraîner avec elles. D'un autre côté, elle est hostile
aux engagements perpétuels, à raison des entraves qu'ils mettent à la
liberté naturelle. C'est évidemment dans cet ordre d'idées qu'il se place
en organisant cette dissolution facultative au moyen de laquelle tout
associé peut rompre à sa volonté la société qu'il aurait imprudemment
formée sans limitation de temps ou pour toute sa vie. Or, comment
aurait-il été possible de dire que ce même moyen de rompre le contrat
n'existait pas dans l'espèce, sous prétexte que la société avait son terme

---

(1) Rej., 1er juin 1859 (Dall., 59, 1, 244; *J. Pal.*, 1861, p. 305; S.-V., 61, 1, 113).

virtuellement fixé et convenu, quand ce terme n'était autre que celui d'une exploitation qui, d'après les calculs admis par les juges du fond, pouvait embrasser une période de quatorze siècles! Certes, une société constituée dans ces conditions est destructive de la liberté naturelle des associés au même titre que les sociétés dont la durée serait illimitée dans le sens rigoureux des mots. Elle est susceptible également d'engendrer les mêmes inconvénients et les mêmes dangers. Par conséquent, la Cour de cassation a traduit exactement la pensée de la loi, lorsque, confondant deux situations, identiques en effet par le résultat, elle les a considérées comme rentrant, l'une aussi bien que l'autre, dans les prévisions de l'art. 1869 du Code civil.

739. Mais il y avait cela de particulier, dans l'espèce, que la dissolution facultative était appliquée à une société constituée pour l'exploitation d'une mine. Cette application fournissait au pourvoi un grief indépendant du précédent, et auquel la législation spéciale sur les mines servait de base. Quelques auteurs estiment, en effet, que la dissolution facultative est incompatible avec certaines dispositions de la loi du 21 avril 1801. « D'après l'art. 7 de cette loi, dit notamment Pardessus, une mine ne peut être partagée sans l'autorisation du gouvernement, et il est évident que la dissolution de la société, demandée par un seul des associés, conduirait à ce résultat. » (1) La Cour de Lyon a dit de même, dans un arrêt vainement déféré à la censure de la Cour suprême, que la dissolution *ad nutum* « serait éversive des garanties d'ordre public qu'a proclamées la loi du 21 avril 1810; qu'une concession de mines n'a jamais lieu sans que l'individu ou la société à qui on l'accorde ait fait envers le gouvernement la justification préalable qui importe à l'intérêt public pour assurer une exploitation convenable de la mine concédée; et que dès lors il répugnerait que, quand une société est devenue concessionnaire, il pût dépendre ensuite de la simple volonté d'un des associés d'en opérer la dissolution... » (2) Ces mêmes considérations étaient reproduites devant la Cour de cassation, à l'appui d'un autre moyen proposé contre l'arrêt précité de la Cour de Montpellier. La Cour n'a pas cru devoir s'y arrêter; il n'en pouvait être autrement. Ce qui est interdit par l'art. 7 de la loi du 21 avril 1810, c'est la vente par lots, le partage des mines; en un mot, l'acte qui, au grand dommage et au péril de l'exploitation, aboutirait au morcellement des mines concédées. Or, en quoi une telle prohibition impliquerait-elle la nécessité, pour les membres d'une société minière, de rester perpétuellement associés sans pouvoir invoquer le bénéfice de l'art. 1869? La conséquence serait nécessaire, sans doute, si l'exercice de la faculté réservée par cet article devait conduire fatalement, comme Pardessus le suppose, au partage, au morcellement, qui est l'objet des prohibitions de la loi. Mais il n'en est rien. D'une part, et en fait, la dis-

_____

(1) Pardessus (*Cours de droit comm.*, n° 1053).
(2) V. Lyon, 12 août 1828, et Req., 7 juin 1830 (S.-V., 30, 1, 205; Coll. nouv., 9, 1, 532; Dall., 30, 1, 279; *J. Pal.*, à sa date). *Junge* : MM. Troplong (n° 973); Peyrét-Lallier (t. II, p. 252); Massé et Vergé, sur Zachariæ (t. IV, p. 450, note 21).

solution demandée dans les termes de l'art. 1869 peut aboutir à la vente sur licitation en un seul lot de la mine concédée; et c'était précisément le cas dans l'espèce sur laquelle il a été statué par l'arrêt de 1859. D'une autre part, et en droit, il est constant, d'après la jurisprudence, que la prohibition formulée par l'art. 7 de la loi de 1810, relativement au partage des mines, ne fait pas obstacle à ce que les mines soient vendues sans division par licitation (1). Cela étant, il est vrai de dire que les sociétés minières, comme toutes autres sociétés, sont susceptibles d'être dissoutes, soit *ad nutum* par la seule volonté d'un seul associé (2), soit *ex justâ causâ* (3), suivant qu'elles se trouvent, quant à leur durée, dans le cas de l'art. 1869 ou dans celui de l'art. 1871. Et l'arrêt précité de la Cour de cassation a pu déclarer en toute vérité qu'en ce point du moins, la loi du 21 avril 1810 n'a apporté aucune exception à la législation générale.

Après avoir indiqué quelles sont les sociétés dont la durée peut être considérée comme illimitée dans le sens de l'art. 1869, précisons le caractère ou la nature du droit réservé aux membres de ces sociétés en ce qui concerne la dissolution.

III. — 740. La loi, nous l'avons dit, répugne, dans un intérêt d'ordre public, aux engagements qui, à raison de leur perpétuité ou de leur pérennité, détruisent la liberté naturelle, outre qu'ils engendrent des dissentiments et des discordes entre les contractants. C'est donc en vue de l'ordre public qu'elle donne à chaque associé le droit de faire cesser à toute époque une société formée sans aucune limitation de durée. De ce caractère du droit, sur lequel tous les auteurs paraissent d'accord, découlent des conséquences qui trouvent, encore dans le même arrêt de 1859, leur justification en termes plus ou moins explicites.

741. La première, c'est que toute société dont la durée serait illimitée ou devrait être réputée telle, est susceptible d'être dissoute par la seule volonté d'un seul associé, le capital social fût-il même divisé par actions. Nous maintenons, sur ce point, la doctrine que nous avons soutenue ailleurs (4) en combattant l'opinion contraire émise par M. Alauzet dans la première édition de son commentaire du Code de commerce, et reproduite par lui avec plus d'énergie et non sans quelque aigreur, dans la seconde édition (5). L'auteur avait dit d'abord, et il répète, en invoquant un arrêt du 6 décembre 1843, que la Cour de cas-

---

(1) V. notamment les arrêts de la Cour de cassation des 19 février 1850 et 21 avril 1857 (S.-V., 50, 1, 551; 57, 1, 760; *J.-Pal.*, 1850, t. II, p. 488; 1858, p. 474; Dall., 50, 1, 181; 57, 1, 190), et celui de la Cour de Paris du 27 février 1857 (S.-V., 58, 2, 570; *J. Pal.*, 1858, p. 584).

(2) V. l'arrêt précité du 1er juin 1859 et MM. Aubry et Rau (4e édit., t. IV, p. 571).

(3) Il a été jugé, en effet, que le principe d'indivisibilité de la propriété des mines ne fait pas obstacle à ce que les juges prononcent la dissolution *ex justâ causâ*, avant le terme convenu, d'une société formée pour l'exploitation d'une mine, s'ils ont soin d'ordonner que la vente de la concession aura lieu en un seul lot. Req., 15 juin 1853 (S.-V., 53, 1, 700; Dall., 53, 1, 249; *J. Pal.*, 1854, t. I, p. 599).

(4) V. les annotations qui accompagnent l'arrêt du 1er juin 1859 dans les Recueils Sirey-Devilleneuve et *Journal du Palais.*

(5) V. M. Alauzet (1re édit., t. I, no 280, et 2e édit., t. I, nos 254 et suiv.). — *Junge* M. Bravard-Veyrières (*Soc. comm.*, p. 263 et 264).

sation a décidé que cette cause de dissolution ne peut, *en aucun cas,* être invoquée dans une société par actions. Nous avons répondu, et nous maintenons que l'arrêt de 1843 est absolument étranger à cette thèse. Il statue sur une difficulté spéciale que nous aborderons tout à l'heure (*infrà,* n° 743), et il ne dit rien d'où l'on puisse induire que la dissolution facultative, dans les termes de l'art. 1869, ne serait pas applicable aux sociétés par actions. Nous ajoutons qu'en tous cas, l'arrêt de 1859 condamne cette thèse, implicitement il est vrai, mais nécessairement, car il est intervenu à l'occasion d'une société par actions, et néanmoins il a fait tomber cette société sous l'application de l'art. 1869 en sanctionnant la dissolution qui en avait été prononcée sur la seule volonté exprimée par plusieurs actionnaires de n'être plus en société. Il n'est donc pas exact de prétendre que la Cour de cassation n'a jamais admis l'applicabilité de la dissolution facultative aux sociétés par actions. La vérité est, au contraire, qu'elle ne l'a jamais contestée.

Et puis, pourquoi et sur quel fondement le secours de la dissolution *ad nutum* serait-il refusé aux parties engagées dans les associations de cette espèce? — C'est, dit M. Alauzet, que « les sociétés par actions ne sont pas une réunion de personnes, mais une réunion d'intérêts matériels... Le Code Napoléon n'a point parlé des sociétés par actions : l'art. 1865 n'a donc pas pu s'appliquer à elles; c'est le Code de commerce seul qui les a nommées, et nulle part il ne laisse soupçonner qu'il ait voulu accorder à chaque actionnaire ce monstrueux privilége... » Eh bien! ces raisons ne suffisent pas à nous convaincre. Et même, après les observations que, dans l'édition nouvelle de son œuvre, l'auteur a consacrées à les développer, nous persistons à croire que le Code civil, en consacrant la cause de dissolution dont il s'agit, a posé une règle générale, applicable, par conséquent, à toutes les sociétés, civiles et commerciales, même aux sociétés par actions, *si, d'ailleurs, les associés sont liés à perpétuité, sans que le pacte social leur laisse aucun autre moyen de s'affranchir des liens de l'association.* Il se peut qu'en cela nous paraissions à M. Alauzet, comme il a jugé à propos de le dire, *ne nous être jamais douté* de la distinction existant entre les sociétés de personnes et les sociétés de capitaux. Moins prévenu, il sentirait que, toute fondamentale qu'elle soit, la distinction qu'il rappelle après beaucoup d'éminents auteurs qui avant lui nous l'avaient enseignée, ne doit pas cependant faire perdre de vue le caractère de la disposition contenue en l'art. 1869. Cet article, nous le répétons, statue dans un intérêt d'ordre public. La disposition en est donc nécessairement applicable dans tous les cas où les conventions sociales sont telles que, si elles étaient maintenues et exécutées, les associés se trouveraient engagés d'une manière indéfinie. Or, les conventions sociales peuvent très-bien, même quand le capital de la société est divisé par actions, placer les associés dans cette situation, par exemple si l'action est incessible ou si elle ne peut être cédée qu'à des conditions qui en rendent la cession pour ainsi dire impossible (*infrà,* n°ˢ 743 et 744). Donc, le cas échéant, il importe que les associés aient le moyen de la dissolution facultative, parce que la division du capital en actions ne fait pas, par elle-même et à elle seule, qu'il n'y ait pas là, en définitive, des engagements dont la pérennité détruit la liberté naturelle, en même temps qu'elle peut faire naître les inconvénients ou les dangers que le législateur a voulu prévenir ou éviter.

742. La seconde conséquence à déduire du même principe, c'est que la faculté de faire dissoudre la société *ad nutum*, par cela même qu'elle tient à l'ordre public, est inaliénable en principe. Pothier, en s'occupant des conditions auxquelles est soumis l'exercice de cette faculté (*infrà*, nᵒˢ 745 et suiv.), exprime cependant qu'il faut considérer l'intérêt de la société et non l'intérêt particulier de celui qui renonce à la société, *à moins*, ajoute-t-il, *qu'il n'y eût quelque convention par le contrat de société qui s'opposât à la demande* (1). Il résulterait de cette dernière réserve que les associés pourraient renoncer d'avance et d'une manière absolue, par le pacte social, à cette faculté. Et c'est, en effet, ce qu'a pensé la Cour de Lyon, qui, dans l'arrêt déjà cité au nᵒ 739, a dit que « la règle exprimée dans l'art. 1869 ne tenant à aucun motif d'intérêt ou d'ordre public, les parties sont libres de s'en interdire l'usage. » Mais les auteurs, en général, sont contraires; et, reconnaissant qu'il s'agit ici réellement d'une faculté d'ordre pubic, ils tiennent que les parties ne peuvent pas renoncer par avance à l'exercer (2). Et la jurisprudence est conforme : le même arrêt du 1ᵉʳ juin 1859 sanctionne, en effet, la décision qui, dans l'espèce, avait maintenu aux associés le droit de demander la dissolution nonobstant la renonciation convenue par avance dans l'acte social, et exprime qu'une telle renonciation est nulle et doit demeurer sans effet, comme stipulée en violation de l'art. 1869.

743. Mais il peut se faire que les conventions sociales soient telles que chaque associé puisse, même sans recourir à ce moyen extrême de la dissolution purement volontaire, se dégager des liens d'une société contractée sans limitation de durée. Tel est le cas, spécialement dans les sociétés par actions, lorsque le droit de céder les actions n'est pas interdit ou même limité par le pacte social. Ne faut-il pas dire, en ce cas, qu'il y a, dans la possibilité laissée à chaque actionnaire de sortir de la société par la cession de ses actions, le principe d'une sorte de fin de non-recevoir contre la demande de celui qui, au lieu de prendre cette voie, invoquerait le bénéfice de l'art. 1869? C'est précisément le point sur lequel avait à statuer l'arrêt du 6 décembre 1843, mal à propos invoqué par M. Alauzet sur la question traitée *suprà*, nᵒ 741. La Cour de cassation, se prononçant pour l'affirmative, reconnaît par cet arrêt que les associés peuvent substituer au moyen légal de la dissolution facultative un autre moyen de sortir d'une société à durée illimitée, et décide

_____

(1) V. Pothier (*Soc.*, nᵒ 151).
(2) V. MM. Troplong (nᵒ 971); Delangle (nᵒˢ 667 et suiv.); Aubry et Rau (4ᵉ édit., t. IV, p. 571); Taulier (t. VI, p. 395); Massé et Vergé, sur Zachariæ (t. IV, p. 450, note 21); Alauzet (nᵒˢ 253 et 256); Marcadé (sur l'art. 815, nᵒˢ 278 et suiv.); Foureix (nᵒ 227). — V. cependant MM. Bravard-Veyrières et Demangeat (p. 262, à la note); Demètre B. Polizu (nᵒ 162).

que la faculté laissée aux associés de transmettre librement leurs actions ou leur part d'intérêt réalise ce moyen si complétement et si bien que les associés doivent s'y tenir et ne peuvent plus être admis à prendre le moyen légal de la dissolution facultative (1).

Sans doute, on pourrait contester la solution. En partant de cette idée que la faculté consacrée par l'art. 1869 tient à l'ordre public, et que par suite il n'est pas permis d'y renoncer, on peut dire qu'une renonciation indirecte et tacite n'est pas plus possible qu'une renonciation expresse et directe, et que faire résulter de la division du capital social en actions cessibles un obstacle à l'exercice, par les associés, du droit de demander la dissolution, dans les termes de l'art. 1869, c'est en réalité tourner la disposition de cet article en sanctionnant un moyen indirect de renoncer au droit qu'il consacre (2). On comprend cependant que la jurisprudence ne se soit pas arrêtée devant l'objection. Les grandes associations, si utiles et si favorables au développement du commerce et de l'industrie, seraient pour ainsi dire impossibles si, une fois établies, elles étaient inévitablement condamnées à se dissoudre dès que l'un des associés manifesterait la volonté de les rompre même contre le gré des autres associés. On s'explique donc que lorsqu'un moyen s'est offert de prévenir ce danger, la jurisprudence n'ait pas hésité à l'admettre. Or, il n'y en a pas assurément de meilleur, ni de plus sûr, que la division du capital social en actions, avec faculté pour les associés de vendre ou céder leur part. La combinaison est heureuse sous tous les rapports : d'un côté, elle assure à la société le temps, qui est la condition nécessaire de son développement et de son progrès; d'un autre côté, elle laisse à tout associé la possibilité de se dégager des liens sociaux, et de recouvrer ainsi, quoique par une voie différente de celle qu'ouvre la loi, cette liberté naturelle que le législateur a voulu protéger. Elle donne donc à tous les intérêts une juste et légitime satisfaction. Et par cela même elle a pu et elle a dû être acceptée comme suffisamment équivalente à la faculté consacrée par l'art. 1869.

744. Seulement, il faut que le droit d'aliénation dans lequel se résume cette combinaison soit entier et dégagé de toute entrave. C'est encore l'une des décisions de l'arrêt de 1859. La division du capital social en actions *cessibles* y est présentée, à la vérité, comme une circonstance propre à priver les membres d'une société, même à durée illimitée, de la faculté de demander la dissolution à leur volonté; en quoi l'arrêt s'accorde avec celui de 1843, relevé au numéro précédent. Mais il décide en outre que si l'acte social est conçu de telle manière qu'en stipulant la cessibilité des actions il en subordonne l'aliénation à des conditions qui gênent ou paralysent l'exercice du droit, alors la faculté réservée cesse d'être l'équivalent de celle que l'art. 1869 confère aux

(1) Rej., 6 déc. 1843 (S.-V., 44, 1, 22; Dall., 44, 1, 111; J. Pal., à sa date). — *Junge* l'arrêt de la chambre des requêtes du 13 juillet 1868, cité au n° 736. — V. aussi MM. Pardessus (n° 1063); Aubry et Rau (4° édit., t. IV, p. 571); Troplong (n° 971); Rauter (p. 268). — *Comp.* M. Demangeat, sur Bravard (*Soc.*, p. 264, à la note).
(2) V., en ce sens, MM. Delangle et Foureix (*loc. cit.*); Massé et Vergé, sur Zachariæ (t. IV, p. 450, note 21).

associés; et ceux-ci peuvent prendre le moyen légal de la dissolution facultative, à défaut d'un moyen conventionnel par lequel il y ait été suffisamment suppléé. Maintenant, quand pourra-t-on dire des conditions imposées par le contrat qu'elles ne laissent pas la faculté réservée assez libre dans son exercice? C'est là une question d'appréciation. Dans l'espèce citée, la faculté réservée a été considérée comme insuffisante, parce que les actions étaient stipulées aliénables, à la double condition que l'aliénation n'en pourrait avoir lieu qu'avec l'agrément du conseil d'administration, et après qu'elles auraient été offertes aux associés soit individuellement, soit collectivement. Elle aurait pu être considérée comme suffisante si, quoique conditionnelle, la cessibilité des actions eût été moins rigoureusement entravée. Mais, nous le répétons, c'est là une question de fait ou d'appréciation dans laquelle, par conséquent, il n'y a pas de principe engagé.

Revenons à l'art. 1869, et, pour en compléter le commentaire, voyons comment et à quelles conditions, en l'absence de moyens équivalents, la dissolution *ad nutum* peut être opérée.

IV. — 745. L'associé qui étant entré dans une société dont la durée est illimitée veut user de la faculté réservée à tous de rompre l'association, doit manifester sa volonté par une renonciation. *Voluntate distrahitur societas, renunciatione* (1. 63, § 10, *Pro soc.*). L'art. 1869 dit de même que « la dissolution de la société par la volonté de l'une des parties... s'opère par une *renonciation*... » Toutefois, la société n'est pas nécessairement rompue par cela seul qu'un associé déclare renoncer; sa renonciation n'est efficace que sous certaines conditions dont ce même article fournit l'indication, en ajoutant que la dissolution « s'opère par une renonciation *notifiée à tous les associés, pourvu que cette renonciation soit de bonne foi, et non faite à contre-temps.* »

746. Ainsi, trois conditions sont nécessaires. Précisons-les tout d'abord; nous dirons ensuite ce qui résulterait de leur inaccomplissement. Il faut, en premier lieu, que la renonciation soit notifiée *à tous les associés*. A cet égard, le point important pour le renonçant, c'est d'être en mesure de prouver le fait de la notification en cas de contestation. La preuve devra être faite par écrit dans tous les cas où la dissolution d'une société n'est pas susceptible d'être établie par la preuve testimoniale (*suprà*, n° 677). La notification devra donc être prouvée soit au moyen d'une signification faite par huissier, soit par un acte sous seing privé fait entre tous les associés et établissant que la renonciation a été faite et agréée. Toutefois, en ce dernier cas, l'acte ne serait valable et probant que sauf l'observation de l'art. 1325, c'est-à-dire qu'autant qu'il aurait été fait en autant d'originaux qu'il y avait de parties ayant un intérêt distinct et que chaque original contiendrait la mention du nombre des originaux (1).

747. Il faut, en second lieu, pour que la renonciation soit efficace,

_____

(1) V. MM. Duranton (n° 477); Massé et Vergé, sur Zachariæ (t. IV, p. 447, note 19); Taulier (t. VI, p. 396); Rauter (p. 267); Demètre B. Polizu (n° 163).

qu'elle soit faite de bonne foi. Or, la renonciation n'est pas de bonne foi, d'après l'art. 1870, « lorsque l'associé renonce pour s'approprier à lui seul le profit que les associés s'étaient proposé de retirer en commun. » C'est la formule même de Pothier, qui cite, entre autres exemples, le cas rappelé plus haut (n° 742) de deux libraires associés pour acheter ensemble une bibliothèque sur laquelle il y avait du profit à faire. Si avant qu'elle eût été achetée, dit-il, l'un des associés, afin de l'acheter pour son compte particulier et d'avoir seul le bénéfice, eût notifié à l'autre qu'il n'entendait plus être de société avec lui; cette renonciation à la société est de mauvaise foi, et ne désoblige pas celui qui l'a faite, envers son associé, qui peut lui demander sa part du bénéfice (1).

748. Enfin, et en troisième lieu, la renonciation, pour être efficace, doit n'être pas faite à contre-temps. « Elle est faite à contre-temps, dit l'art. 1870, lorsque les choses ne sont plus entières, et qu'il importe à la société que sa dissolution soit différée ». Comme si, dit encore Pothier d'après la loi romaine, « ayant contracté avec vous une société de commerce, je voulais dissoudre la société dans un temps où il est de l'intérêt de la société de garder les marchandises que nous avons achetées en commun, et d'attendre le temps favorable de les revendre (2). « Labeo autem posteriorum libris scripsit, si renunciaverit societati » unus ex sociis eo tempore, quo interfuit socii non derimi societatem, » committere eum in pro socio actione : nam si emimus mancipia, initâ » societate, deinde renuncies mihi eo tempore, quo vendere mancipia » non expedit, hoc casu, quia deteriorem causam meam facis, teneri te » pro socio judicio. » (L. 65, § 5, ff. Pro soc.) D'ailleurs, Pothier ajoute, d'après le même texte, et les auteurs également reconnaissent aujourd'hui : — d'une part, que, pour juger si une renonciation est faite à contre-temps, c'est l'intérêt commun de la société qu'il faut considérer, et non l'intérêt particulier de celui qui s'oppose à la renonciation : « Proculus hoc ita verum esse si societatis non intersit dirimi so- » cietatem; semper enim non id quod privatim interest unius ex sociis, » servare solet, sed quod societati expedit (eod.); » — d'une autre part, que les associés peuvent s'écarter de la règle par la convention, et, par exemple, stipuler que chacun d'eux sera libre de renoncer à son gré et à toute époque, quand même sa renonciation serait inopportune (3) : « Hæc ita accipienda sunt, si nihil de hoc in coeundâ societate convenit » (eod.). »

749. A défaut de ces conditions ou même de l'une d'elles, la renonciation par un associé à la société est irrégulière, et doit être considérée comme non avenue et inefficace à l'effet d'opérer la dissolution de la société. Toutefois, le résultat n'est pas nécessaire; car la nullité dont la renonciation est affectée à raison de l'inobservation des condi-

tions exigées par la loi n'est pas absolue; elle est simplement relative. De là des conséquences notables au point de vue de la situation respective et des droits des parties dans les divers cas qui peuvent se présenter.

750. Et d'abord, supposons que la renonciation est irrégulière et nulle en ce qu'elle n'a pas été notifiée par le renonçant *à tous les associés*. En principe, la dissolution ne serait pas opérée, puisqu'à raison de son insuffisance la notification est comme non avenue. Il ne faut pas croire, cependant, que la société doive nécessairement continuer. La nullité est simplement relative, par conséquent subordonnée à la volonté de ceux-là seuls qui ont le droit de l'opposer. Or, à qui appartient-il de s'en prévaloir et de demander en conséquence la continuation de la société? Évidemment, ce n'est pas au renonçant : il ne saurait être admis à revenir sur sa détermination, ni surtout à s'appuyer, dans ce but, sur l'irrégularité de la notification, c'est-à-dire sur sa propre faute. C'est donc à ses coassociés que le droit est attribué. Encore même ne sont-ils pas tenus de l'exercer; car il s'agit d'un droit qui, tout personnel à ceux qui en sont investis, est par cela même de pure faculté pour eux, en sorte qu'ils peuvent, à leur choix et suivant leur intérêt, s'en prévaloir ou l'abdiquer.

Et nous ne distinguerions pas, si le conflit s'engageait avec le renonçant, entre les associés qui auraient reçu la notification et ceux à qui la notification n'aurait pas été faite. Les premiers pourraient, en effet, sans tenir compte de l'avis qu'ils ont reçu, exciper de ce que la renonciation n'a pas été notifiée à leurs coassociés, et, en conséquence, demander la continuation de la société. A l'inverse, au lieu de se prévaloir de l'omission commise à leur égard, les seconds pourraient tenir pour faite la notification qu'ils n'ont pas reçue, et, par suite, conclure à la dissolution. Le renonçant, en présence des uns ou des autres, ne pourrait, quant à lui, résister à aucune de ces résolutions. Il s'est mis, par son propre fait, à la discrétion de ses coassociés. Et, selon l'expression de la loi romaine, il les a libérés envers lui sans se libérer envers eux. « Quid ergo, si unus renunciet? Cassius scripsit, eum, qui renun-
» ciaverit societati, à se quidem liberare socios suos, se autem ab illis
» non liberare. » (L. 65, § 3, ff. *Pro soc.*)

Que si le conflit ou le dissentiment s'élève entre les associés du renonçant, ceux à qui la renonciation n'a pas été notifiée sont maîtres de la situation. Ainsi, demandent-ils que la société continue, elle continuera entre tous, sans excepter ceux qui ont reçu la notification. Vainement ceux-ci opposeraient-ils que l'omission commise par le renonçant ne peut faire continuer une société que, de leur côté, ils ont dû considérer comme dissoute, la renonciation leur ayant été notifiée. M. Delvincourt répond justement à l'objection qu'il n'y a pas de milieu, que la société doit être tout à fait dissoute ou subsister à l'égard de tous. Or, elle ne peut pas être regardée comme rompue à l'égard de ceux qui ont ignoré la renonciation, car aucune irrégularité, aucun tort, ne leur est reprochable; elle doit donc continuer même avec les autres. Et ceux-ci

ont d'autant moins lieu de s'en plaindre qu'ayant connu la renonciation, ils ont, jusqu'à un certain point, à s'imputer de n'avoir pas veillé
à ce que la notification en fût faite d'une manière régulière et complète.
Au contraire, ceux à qui la renonciation n'a pas été signifiée s'abstien-
nent-ils de demander la continuation de la société, elle ne pourra pas
être demandée contre eux par les autres associés; en sorte que la renonciation produira son effet comme si elle eût été régulièrement notifiée (1). Ainsi, la situation est telle, pour ces associés, que, suivant les
événements, ils peuvent, soit profiter des bénéfices que la société aurait
réalisés depuis la renonciation, en excipant de l'irrégularité commise à
leur égard, et, par conséquent, en laissant continuer la société, soit, si,
au contraire, des pertes ont été subies, s'en affranchir en acceptant,
nonobstant son irrégularité, la renonciation qui a rompu la société.

751. Supposons ensuite une renonciation de mauvaise foi ou faite à
contre-temps. L'effet en serait le même que dans le cas précédent. La
renonciation étant affectée d'une nullité relative, les associés du renonçant auraient le droit tout personnel et de pure faculté de tenir la renonciation comme non avenue, et, en conséquence, de faire continuer
la société même avec l'associé renonçant. Il serait encore vrai de dire,
avec la loi romaine, que celui-ci a libéré ses associés envers lui sans se
libérer envers eux.

Quelques auteurs enseignent cependant que, spécialement dans le
cas où la renonciation ne serait pas de bonne foi, c'est-à-dire si un associé avait renoncé pour s'approprier à lui seul le profit que les associés
s'étaient proposé de retirer en commun (art. 1870, § 1), il y aurait seulement lieu d'obliger cet associé à mettre dans la masse partageable les
bénéfices qu'il aurait faits, mais qu'à tous autres égards la société n'en
serait pas moins dissoute à partir de la notification de la renonciation
aux associés (2). Telle paraissait être, en effet, la décision de Justinien
dans ses Institutes. « At cum aliquis renunciaverit societati, solvitur so-
» cietas. *Sed plane si quis callidè in hoc renunciaverit societati, ut obve-
» niens aliquod lucrum solus habeat :* veluti si totorum bonorum socius,
» cum ab aliquo hæres esset relictus, in hoc renunciaverit societati, ut
» hæreditatem solus lucrifaceret : *cogitur hoc lucrum communicare.* Si
» quid vero aliud lucrifaciat, quod non captaverit : ad ipsum solum per-
» tinet... » (Inst., lib. III, tit. xxvi, § 4.) Mais cette distinction entre
la renonciation intempestive et la renonciation de mauvaise foi, quant
à leurs effets, n'est pas admissible en présence de notre art. 1869, qui
les met l'une et l'autre sur la même ligne. La dissolution, dit-il,
« s'opère par une renonciation notifiée à tous les associés, *pourvu que
cette renonciation soit de bonne foi, et non faite à contre-temps.* » La
dissolution n'est donc pas opérée si la renonciation n'est pas de bonne

(1) V. MM. Delvincourt (t. III, note 13 de la page 128); Duranton (n° 477); Duvergier (n° 458); Aubry et Rau (4° édit., t. IV, p. 571, note 17); Pardessus (n° 1064);
Massé et Vergé, sur Zachariæ (t. IV, p. 449, note 19); Rauter (p. 267); Demètre
B. Polizu (n° 163).
(2) V. MM. Duranton (t. XVII, n° 477); Mourlon (*Rép. écrit.,* t. III, p. 369).

foi (1). La société n'a pas cessé d'exister nonobstant la renonciation ; elle persiste *à tous égards*. Et, par conséquent, si l'associé doit rapporter à la société tous les bénéfices, prévus ou imprévus, qu'il a réalisés depuis sa renonciation, c'est justement parce qu'à raison de la persistance de l'association, les associés ont acquis, par ses mains, tout ce qui devait tomber dans le fonds commun. Le renonçant ne pourrait pas non plus, et par ce même motif, se soustraire à l'obligation de supporter, pour sa part, la charge des pertes que la société aurait éprouvées depuis la renonciation. Et cela fait d'autant plus apparaître l'inefficacité de sa renonciation, en ce cas, à l'effet d'opérer la dissolution.

V. — 752. *De la dissolution accidentelle ou motivée.* La dissolution facultative ou purement volontaire, nous venons de le voir en commentant les art. 1869 et 1870, a trait exclusivement aux sociétés à durée illimitée. Elle ne s'applique pas à celles dont le terme est fixé par une convention expresse ou en raison de la nature de l'entreprise qu'elles ont pour objet (*suprà*, nos 732 et suiv.). Ce n'est pas à dire, pourtant, que les sociétés à terme elles-mêmes ne puissent pas être dissoutes et se rompre par l'effet de la volonté d'un associé. Seulement, pour que la volonté soit efficace en ce sens, il faut qu'elle s'appuie sur des motifs sérieux, qu'elle soit justifiée, qu'elle procède d'une juste cause, *ex justâ causâ*. C'est en cela que les sociétés à terme diffèrent, quant à la dissolution *ex voluntate*, de celles dont la durée est illimitée. La dissolution *ex justâ causâ* n'est pas nécessairement inapplicable à celles-ci ; mais elle y est inutile, en général et à vrai dire, puisque chaque associé peut rompre le contrat à toute époque, *ad nutum*, en exprimant la volonté, tout arbitraire, de n'être plus en société. Au contraire, dans les sociétés à terme, ce dernier mode de dissolution est absolument inapplicable ; et c'est seulement en tant qu'elle est *motivée* que la volonté d'un associé peut faire prononcer la dissolution.

753. « La dissolution des sociétés à terme, dit en effet l'art. 1871, ne peut être demandée par l'un des associés avant le terme convenu, qu'autant qu'il y en a de justes motifs, comme lorsqu'un autre associé manque à ses engagements, ou qu'une infirmité habituelle le rend inhabile aux affaires de la société, ou autres cas semblables dont la légitimité et la gravité sont laissées à l'arbitrage des juges ». On voit par cette disposition toute spéciale aux sociétés à terme qu'en principe les parties qui forment une société ainsi limitée sont liées par leur propre convention, et que par cela même qu'elles ont fixé le temps pendant lequel la société doit durer, aucune d'elles n'y peut renoncer et la faire rompre avant l'expiration du terme convenu. « Item, qui societatem in » tempus coit, eam ante tempus renunciando, socium à se, non se à » socio liberat... » (L. 65, § 6, ff. *Pro soc.*) Et, d'un autre côté, on l'aperçoit aussi, le législateur entrevoit que, dans cette intimité de rapports existant entre les associés, des faits peuvent se produire qui met-

(1) V. MM. Duvergier (n° 460) ; Rauter (p. 267 et 268) ; Demètre B. Polizu (n° 463) ; Bédarride (*Du Dol et de la Fraude*, n° 1096). *Comp.* Troplong (nos 975 et 976).

tent l'association en dehors de ses conditions nécessaires. Il leur vient en aide, et, tenant qu'il est préférable pour les associés de se séparer que de continuer la société, il permet de soumettre ces faits à l'appréciation des juges, qui auront à décider s'ils constituent un juste motif de mettre fin à la société, sans tenir compte du terme fixé par la convention.

Ce serait le cas maintenant de rechercher ce qui constitue le juste motif dont parle l'art. 1871. Mais auparavant nous présenterons deux observations générales.

754. La première, c'est que la décision judiciaire qui, sur la demande d'un associé, a prononcé la dissolution avant le terme convenu dans le pacte social, tire d'elle-même sa force exécutive, en ce sens qu'elle n'a besoin ni d'être notifiée, ni d'être publiée pour produire son effet (*suprà*, nos 702 et 704). Pardessus estime cependant que le jugement doit être rendu public, parce que, dit-il, il a le caractère d'une convention, en ce sens que la décision du tribunal supplée au consentement refusé par la partie condamnée (1). Mais la Cour de Bordeaux, devant laquelle ce système a été soutenu, l'a justement repoussé. Si un acte convenu entre associés, a-t-elle dit, et portant dissolution d'une société en nom collectif avant le terme fixé pour sa durée doit être publié, c'est parce qu'il a fallu protéger les tiers contre les manœuvres qui seraient pratiquées et auraient pour objet de dérober la connaissance d'un tel acte. Mais la publication cesse d'être une garantie nécessaire lorsque la dissolution est prononcée, non d'après une convention formée par la seule volonté des parties, mais en exécution d'une décision judiciaire. Cette décision porte avec elle sa publicité. Il ne dépendrait pas des associés d'en cacher l'existence, comme il dépend d'eux de tenir secret l'acte émané d'eux seuls, et auquel eux seuls ont concouru. L'effet produit par la décision n'est point subordonné par la loi à la condition de la publication. Sans avoir besoin d'y être soumise, elle tient d'elle-même toute sa force exécutive, en sorte que lorsqu'une dissolution de société avant le terme convenu est opérée de la sorte, elle doit être envisagée comme le résultat de la chose jugée, et s'exécuter indépendamment d'une publication dont elle a dû être affranchie (2).

755. Notre seconde observation, c'est que les associés renonceraient vainement par avance à la faculté de demander la dissolution *ex justâ causâ* avant le terme convenu. Une telle clause, dit Pothier d'après Pomponius (3), serait superflue, parce que, quand même elle n'aurait pas été exprimée, l'un des associés ne pourrait pas se désister de la société avant le temps, s'il n'en avait pas un juste sujet, et que s'il en avait un, cette clause ne l'empêcherait pas de s'en désister (l. 14, ff. *Pro soc.*). Il en est donc, sous ce rapport, de la dissolution *ex justâ causâ*

(1) V. M. Pardessus (*C. de droit comm.*, t. III, n° 1088).
(2) V. Bordeaux, 3 mars 1856 (S.-V., 57, 2, 126; *J. Pal.*, 1857, p. 777). *Junge* M. Alauzet (n° 257).
(3) V. Pothier (n° 151).

comme de la dissolution *ad nutum* (*suprà*, n° 742). C'est l'avis de tous les auteurs (1), même de ceux qui, contrairement à l'opinion générale, mais d'accord avec Pothier, admettent que les membres d'une société dont la durée est illimitée pourraient très-valablement renoncer par avance à la faculté, conférée par l'art. 1869, de dissoudre la société *ad nutum* (2). La solution est donc incontestable et incontestée en ce qui concerne la renonciation au bénéfice de l'art. 1871 : elle se justifie par la raison même qui fait qu'il n'est pas permis de renoncer d'avance à une prescription future (C. civ., art. 2220); la renonciation ne serait pas faite en connaissance de cause, et aurait en outre pour effet d'encourager la fraude, la négligence, l'incurie (3).

756. Ces points précisés, nous passons à l'examen des causes dont un associé peut se prévaloir pour demander aux tribunaux de prononcer la dissolution d'une société avant qu'elle ait atteint le terme assigné, soit par la convention, soit par la nature de l'entreprise sociale. Ces causes, dont la gravité et la légitimité sont expressément laissées à l'arbitrage des juges, ne sont ni définies, ni limitées par la loi. L'art. 1871 se borne à relater, mais à titre d'exemple seulement, comme sa formule même l'indique, deux cas susceptibles de faire naître le juste motif de demander, avant le terme convenu, la dissolution d'une société établie pour un temps limité. Ces deux cas sont le manquement par un associé à ses engagements et l'empêchement résultant d'une infirmité habituelle. Il importe de les étudier distinctement, parce que s'ils ont cela de commun que l'action, dans les deux cas, tend au même résultat, il est vrai de dire qu'elle ne procède pas du même principe dans l'un et dans l'autre, ce qui en quelques points de détail motive des différences notables.

VI. — 757. La dissolution des sociétés à terme peut être demandée avant le terme convenu *lorsqu'un associé manque à ses engagements*. C'est une application pure et simple au contrat de société du principe posé dans le premier paragraphe de l'art. 1184 du Code civil, aux termes duquel « la condition résolutoire est toujours sous-entendue dans les contrats synallagmatiques, pour le cas où l'une des deux parties ne satisfera point à ses engagements. » La cause de dissolution, en ce cas, n'a donc rien de propre ou de particulier aux sociétés, si bien que le droit commun aurait suffi même dans le silence de la loi spéciale : le contrat de société étant essentiellement synallagmatique, l'inexécution de ses engagements par l'un des associés aurait mis la société, si elle l'avait voulu, à même de provoquer la dissolution en vertu des principes généraux. Quoi qu'il en soit, quand y a-t-il manquement par un associé à ses engagements? Quel est, en cas de manque-

---

(1) V. MM. Delangle (n° 677); Aubry et Rau (4ᵉ édit., t. IV, p. 571, note 20); Zachariæ (édit. Massé et Vergé, t. IV, p. 450, note 24).
(2) V. MM. Bravard-Veyrières et Demangeat (*Des Soc. comm.*, p. 274, à la note); Demètre B. Polizu (n° 167).
(3) V. Marcadé (sur les art. 2220 à 2222, n° 20).

ment, le droit ouvert à la société? A qui appartient-il d'exercer ce droit? Telles sont les questions que nous avons à résoudre.

758. Sur la première, il est de toute évidence que les règles de droit sont absolument désintéressées. Le point de savoir s'il y a manquement aux engagements contractés par un associé est essentiellement une question de fait et d'appréciation. Il appartient aux juges du fond de la résoudre, et, quelle que soit leur décision, ils la résolvent souverainement. La Cour de Bordeaux a vu l'inexécution de la convention dans le fait par l'un des associés, obligé d'après le pacte social d'apporter des marchandises de provenance et de qualité déterminées, d'avoir apporté des marchandises d'une autre provenance et de qualité inférieure (1). Elle aurait pu décider, au contraire, que le fait ne constituait pas l'inexécution, si les circonstances de la cause avaient été par elle différemment appréciées. Et sa décision n'en eût pas été moins inattaquable, parce que, sur ce point, le juge du fait est juge souverain non-seulement de la gravité de l'infraction, mais encore de sa réalité.

759. Notons seulement que les associés sont liés par toutes les conventions sociales, quelle qu'en soit la date. Ils doivent les exécuter toutes. Il n'y a donc pas à distinguer entre le cas où les engagements dont l'inexécution est alléguée sont imposés par le pacte social et celui où ils résultent d'un contrat ultérieur et supplémentaire ajouté au contrat primitif. Une société s'était formée en vue d'exploiter le brevet obtenu par l'un des associés pour une machine à fabriquer de la brique. Le coassocié était obligé par le pacte social à verser une somme déterminée pour faire face aux dépenses nécessaires pour la confection de la machine. Plus tard, et par un acte fait entre les parties au cours de la société, il fut convenu que l'associé breveté confectionnerait lui-même la machine, laquelle fabriquerait en douze heures au moins dix mille briques avec de l'argile sans eau. Mais le résultat ne répondit pas, et à beaucoup près, à ces promesses; et la dissolution ayant été demandée pour inexécution des conditions stipulées dans ce dernier acte, la demande fut accueillie par la Cour de Caen. Il y eut pourvoi en cassation pour violation de l'art. 1871, en ce que l'arrêt attaqué avait prononcé la dissolution d'une société *pour inexécution de conventions distinctes des conventions sociales et contenues dans un acte postérieur*. Mais la Cour de cassation, en rejetant le pourvoi, décida qu'une société peut être dissoute avant le terme convenu, non-seulement quand un associé manque aux engagements qu'il a contractés par l'acte de société, mais encore quand il ne remplit pas ceux pris par un acte postérieur, surtout lorsqu'il est reconnu que cet acte est le complément de l'acte de société (2).

760. Le fait de l'inexécution étant constant, il ne s'ensuit pas que la

(1) Bordeaux, 29 juill. 1857 (Dall., 58, 2, 145).
(2) Req., 27 mars 1844 (Dall., 44, 1, 409; S.-V., 45, 1, 212; *J. Pal.*, à sa date).
V. aussi MM. Aubry et Rau (4ᵉ édit., t. IV, p. 571 et note 19); Bravard et Demangeat (*Soc.*, p. 269, note 1); Demètre B. Polizu (n° 164).

dissolution de la société en doive être la conséquence nécessaire. L'action qui est ouverte alors à la société est celle que le droit commun ouvre à l'une des parties lorsque l'autre ne satisfait pas aux engagements résultant d'un contrat synallagmatique. Or, le contrat n'est pas nécessairement résolu, en ce cas, d'après le droit commun : le deuxième paragraphe de l'art. 1184 donne à la partie envers laquelle l'engagement n'a pas été exécuté « le choix ou de forcer l'autre à l'exécution de la convention lorsqu'elle est possible, ou d'en demander la résolution avec dommages-intérêts ». Donc, la société est libre, en cas d'infraction ou d'inexécution des engagements par l'un de ses membres, de s'arrêter à l'un ou à l'autre de ces partis entre lesquels elle a le choix.

761. Elle pourrait aussi demander des dommages-intérêts. Seulement, à cet égard, il faut distinguer. L'associé qui aurait manqué à ses engagements ne serait passible d'aucuns dommages-intérêts si l'inexécution des obligations sociales était toute accidentelle et absolument indépendante de sa volonté. Comme il n'y aurait pas alors de faute imputable à l'associé, aucune réparation de ce genre ne saurait lui être imposée (1). Il faut donc supposer que l'associé a manqué volontairement à ses engagements, qu'il est réfractaire, pour qu'il puisse être atteint par une condamnation à des dommages-intérêts. Mais, dans ce cas, il y a lieu à des dommages-intérêts, soit que l'action ait pour objet la dissolution de la société, soit qu'elle tende à contraindre l'associé réfractaire à l'exécution de ses engagements.

A la vérité, l'art. 1184 paraît par ses termes rattacher la sanction des dommages-intérêts seulement au cas où la partie envers laquelle l'engagement n'a point été exécuté opte pour la résolution. Toutefois, il est évident que la sanction peut être rattachée aussi au cas où, au lieu de demander la résolution, la partie exige que la convention soit exécutée. Les dommages-intérêts sont alors la réparation du tort qui peut avoir été causé, non plus par l'inexécution, mais par le retard dans l'exécution (2). Mais il convient de rappeler qu'ils sont dus, en matière de société, dans une mesure qui n'est pas celle du droit commun. En général, dans les obligations qui se bornent au payement d'une certaine somme, les dommages-intérêts résultant du retard dans l'exécution ne consistent jamais que dans la condamnation aux intérêts fixés par la loi (C. civ., art. 1153). En matière de société, il n'en est plus ainsi. S'agirait-il même d'une somme d'argent, les juges ne seraient plus liés par la présomption qui fait de l'intérêt légal la mesure des dommages-intérêts résultant du retard. Ils doivent, aux termes de l'art. 1846 ci-dessus commenté, apprécier la perte subie par la société ou le gain qu'elle a manqué de faire, et, statuant en conséquence, proportionner la réparation au dommage réel souffert par la société (*suprà*, nᵒˢ 295 et suiv.).

762. Reste maintenant la question de savoir à qui appartient l'action ouverte par le fait de l'un des associés d'avoir manqué à ses engage-

_____

(1) V. MM. Duvergier (nᵒ 447); Delangle (nᵒ 679); Troplong (nᵒ 99); Massé et Vergé, sur Zachariæ (t. IV, p. 450, note 26).
(2) V. Marcadé (sur l'art. 1184, t. IV, nᵒ 567).

ments. Ici revient encore la distinction, indiquée au numéro précédent, entre le cas où le manquement est accidentel ou non imputable à l'associé et celui où il est volontaire.

Lorsqu'un associé a manqué à ses engagements par des circonstances fortuites et indépendantes de sa volonté, on peut admettre sans difficulté que l'action en dissolution appartient à tous les associés indistinctement, et, par suite, même à celui qui n'a pas satisfait à ses engagements. C'est l'avis de Pothier; et il cite à l'appui, d'après la loi romaine, le cas où, étant obligé d'être absent pendant longtemps pour le service de l'État, un associé ne peut plus veiller aux affaires de la société. C'est là, dit-il, un juste sujet pour cet associé de renoncer à la société avant le temps, à moins que les affaires de la société ne fussent telles qu'il n'eût pas besoin d'être présent (l. 16, ff. *Pro soc.*) (1).

763. Mais lorsqu'un associé se refuse à exécuter la convention ou manque par son propre fait et volontairement à y satisfaire, l'action appartient aux autres et ne saurait lui appartenir à lui-même. Cela résulte du texte même de la loi, tant de l'art. 1871 que de l'art. 1184, qui, en prévision du manquement par l'une des parties à ses engagements, confère l'action *à l'autre*. Et cela s'induit invinciblement de la nature même des choses. Il impliquerait, en effet, que le réfractaire pût se faire un titre de son mauvais vouloir, de sa négligence ou de sa propre faute, pour agir et provoquer la dissolution contre ses associés qui, de leur côté, ont été fidèles à leurs engagements et peuvent avoir intérêt à rester en société (2).

La Cour de Lyon s'y est méprise, cependant, de la manière la plus grave lorsque, à propos d'une société en nom collectif à terme, à laquelle l'un des associés refusait formellement son concours, elle a décidé que ce refus par lui-même entraînait la dissolution de la société, sauf l'action en dommages-intérêts des coassociés (3). « Attendu, a-t-elle dit entre autres motifs, que toute société en nom collectif doit nécessairement se dissoudre, ou plutôt qu'elle tombe par le fait en dissolution dès l'instant qu'un des associés veut cesser d'agir pour ce qui concerne la gestion commune, et qu'une demande en dissolution formée de sa part a manifesté cette volonté; qu'aussi et comme il y a impossibilité que l'associé dissident soit contraint de participer aux opérations sociales par ce concours personnel auquel il se refuse, il est vrai de dire qu'alors la société finit par la volonté d'un seul des associés, lequel, en ce cas, demeure seulement obligé, suivant l'art. 1142 du Code civil, pour les dommages-intérêts résultant de ce qu'il y a eu de sa part in-

<hr/>

(1) Pothier (*Soc.*, n° 152). V. aussi MM. Duvergier (n° 451); Tróplong (n° 992); Massé et Vergé, sur Zachariæ (*loc. cit.*).
(2) V. MM. Pardessus (n° 1065); Malepeyre et Jourdain (p. 312); Horson (p. 82); Persil fils (p. 346); Duvergier (n° 449); Troplong (n° 990); Delangle (n° 676); Massé et Vergé, sur Zachariæ (t. IV, p. 450, note 24); Dalloz (*Rép.*, v° Soc., n°s 657 et 658); Talon (p. 221); Demètre B. Polizu (n° 164); Bédarride (*Du Dol et de la Fraude*, n°s 1100 et suiv.).
(3) V. Lyon, 18 mai 1823 (S.-V., 24, 2, 221; Coll. nouv., 7, 2, 215; Dalloz, 24, 2, 123).

exécution du contrat de société. » Ainsi, la Cour de Lyon introduit dans les sociétés à terme cette dissolution facultative ou purement volontaire dont l'art. 1869 dit cependant, et en termes exprès, *qu'elle ne peut avoir lieu que dans les sociétés dont la durée est illimitée !* Erreur grave qui, elle-même, procède d'autres erreurs non moins graves. Car la Cour justifie cette solution en supposant que « l'art. 1869, comme tous ceux que comprend le titre du Code civil, ne se rapporte qu'au contrat de société en général, et ne concerne pas spécialement les sociétés en nom collectif, lesquelles participent essentiellement à la nature des contrats qui, constituant l'obligation de faire ou de ne pas faire, sont régis d'une manière toute particulière par l'art. 1142 et n'emportent tous qu'une obligation résolue en dommages-intérêts dans le cas d'inexécution ». Or, rien n'est plus contraire à la vérité juridique que de telles assertions, contre lesquelles, d'ailleurs, tous les auteurs se sont justement élevés (1). D'une part, il n'est pas exact de dire que l'art. 1869 ne concerne pas les sociétés en nom collectif. La vérité est, au contraire, que la dissolution autorisée par cet article pourrait avoir lieu dans ces sortes de sociétés, comme dans toutes autres, si la durée en était illimitée. Cette vérité résulte suffisamment de nos précédentes observations sur l'art. 1869 (*supra*, nᵒˢ 740 et suiv.); nous n'avons plus à y revenir. D'une autre part, il n'est pas vrai de dire que les sociétés en nom collectif n'engendrent qu'une obligation de faire, résoluble en dommages et intérêts aux termes de l'art. 1142. La vérité est que, dans les sociétés commerciales en nom collectif, comme dans les sociétés civiles, chaque associé doit ses soins, ses travaux, ses efforts, à l'affaire commune. Ils sont tous liés par des obligations qui consistent à donner aussi bien qu'à faire. Et celui qui se refuserait à l'exécution ne s'en libérerait pas plus par ce moyen qu'un preneur, par exemple, ne s'affranchirait de l'obligation de payer ses fermages, en refusant de prendre possession de la chose par lui louée.

A tous égards donc, la Cour de Lyon a méconnu la vérité juridique. De même qu'en introduisant la dissolution *ad nutum* dans les sociétés à terme, elle s'était mise en opposition avec la disposition nettement restrictive de l'art. 1869, de même elle a faussé la pensée de l'art. 1871 en supposant que l'associé, qui volontairement manque à ses engagements, peut se prévaloir de sa propre faute, prendre l'initiative, et provoquer lui-même la dissolution *ex justâ causâ* contre ses coassociés. Cet article, insistons là-dessus, contient une application pure et simple au contrat de société du principe posé dans l'art. 1184 ; et aussi clairement que celui-ci, quoique moins explicitement, il montre que l'action résultant de l'inexécution est ouverte, non pas au réfractaire, mais, contre lui, à ceux envers lesquels l'engagement n'a pas été exécuté.

764. L'action appartient, d'ailleurs, à eux tous et à chacun d'eux individuellement. Ainsi, ils peuvent, sans doute, se concerter et demander ensemble, soit l'exécution du contrat, en tant qu'elle est pos-

---

(1) V. les autorités citées à l'avant-dernière note.

sible, s'ils croient avoir intérêt à maintenir la société, soit, au cas contraire, la dissolution immédiate, bien que le terme primitivement fixé ne soit pas encore arrivé. Mais ce qu'ils pourraient faire en commun, chacun d'eux pourrait le faire seul et individuellement, sans tenir compte, en cas de dissentiment, de la résistance de ses coassociés. Chacun a un droit égal à réclamer l'exécution du contrat; par cela même, chacun a un droit égal aussi à provoquer la rupture en cas d'inexécution. Tout associé, parmi ceux à qui l'action est ouverte, peut donc l'engager seul à défaut des autres et même contre leur avis. C'est un droit personnel; chaque associé est donc libre de l'exercer en son nom, sans avoir à subir la loi de la majorité.

VII. — 765. Nous passons au second cas, relevé dans l'art. 1871, comme pouvant donner lieu à la dissolution *ex justâ causâ* avant le terme convenu : c'est le cas où il survient une infirmité à un associé. Ici, l'exception se précise et se limite par les termes mêmes dans lesquels elle est formulée. La loi parle d'abord d'une infirmité *habituelle.* Donc, le juste motif de dissolution ne se produirait pas si la maladie ou l'infirmité dont un associé viendrait à être atteint n'était que temporaire ou momentanée. La loi suppose ensuite une infirmité *qui rendrait un associé inhabile aux affaires de la société.* Donc, le juste motif de dissolution ne se produirait pas non plus s'il n'était pas nécessaire que l'associé atteint d'une telle infirmité se mêlât des affaires de la société, par exemple s'il était un commanditaire, un simple bailleur de fonds (1). Ainsi, pour résumer en ce point la pensée de l'art. 1871, il faut dire, avec Pothier, que l'infirmité habituelle survenue à un associé peut être un juste motif de rompre le contrat avant le terme convenu, lorsque les affaires de la société sont telles qu'elles exigent que cet associé y vaque par lui-même (2).

766. D'ailleurs, ce cas, quoique placé sur la même ligne que le précédent au point de vue de la dissolution *ex justâ causâ*, se distingue de celui-ci par la nature même et par le caractère du fait d'où il procède (3). Le manquement volontaire par un associé à ses engagements constitue une faute, un tort, de la part de celui qui par ce motif donne lieu à une demande en dissolution de la société. C'est toute autre chose quand la dissolution est demandée à raison de ce qu'un associé, atteint d'une infirmité habituelle, est rendu inhabile aux affaires de la société. Il y a là un malheur dont cet associé est la première victime, non une faute qui lui soit imputable. Et de cette différence même découlent d'autres différences qu'il faut préciser.

767. En premier lieu, comme l'infirmité habituelle n'implique ni négligence, ni faute, il s'ensuit que la dissolution prononcée pour cette cause ne saurait jamais donner lieu à une condamnation à des dommages-intérêts contre l'associé du chef duquel procède la cause de la demande. C'est de toute évidence; et à peine serait-il nécessaire de le

---

(1) V. M. Delvincourt (t. III, note 12 de la page 128).
(2) V. Pothier (*Soc.*, n° 152).
(3) V. MM. Bravard-Veyrières et Demangeat (*Soc. comm.*, p. 226 et suiv.).

dire, si cela n'avait pas été contesté par M. Dalloz dans un cas particulier, celui où il serait reconnu que l'infirmité survenue à l'un des associés est la conséqence de ses excès, de ses désordres (1). Nous ne croyons pas, quant à nous, qu'il y ait lieu d'autoriser une telle recherche ; il y aurait même un véritable danger à la permettre ; et nous croyons rentrer mieux dans la pensée de la loi en posant en thèse absolue que par elle-même, et sans qu'il y ait à en rechercher la cause, l'infirmité habituelle est exclusive d'une condamnation à des dommages et intérêts.

768. Considérée comme cause de dissolution, elle diffère, en second lieu, de l'inexécution des engagements en ce que l'action compète à tous les associés, sans excepter celui que l'infirmité rend inhabile aux affaires de la société. Il est vrai même de dire que c'est à lui surtout qu'elle compète, si bien que Pothier paraît supposer que lui seul doit et peut l'exercer. Une infirmité habituelle, dit-il, qui serait survenue à un associé « peut être un juste sujet *pour lui* de renoncer à la société, si les affaires de la société étaient telles qu'elles exigeassent qu'il y vaquât par lui-même. » (2) On doit admettre, cependant, que l'action en dissolution pourrait être formée contre lui par les autres associés.

769. Mais, en ce cas, il paraîtrait juste d'exiger que la demande fût formée avec l'assentiment de la majorité et en son nom. C'est la troisième différence entre cette cause de dissolution et celle qui résulte de l'inexécution des engagements. On peut dire, en effet, qu'il y a ici, non une infraction alléguée, mais simplement une question d'utilité soulevée. Or, le meilleur juge de cette utilité, et le seul juge compétent, c'est la majorité des intéressés. La position étant la même pour tous, et leur condition étant égale, les volontés particulières doivent céder à la volonté de la majorité, qui représente l'intérêt général (3).

VIII. — 770. L'art. 1871 n'est pas limitatif, comme nous l'avons dit déjà, et comme cela résulte, d'ailleurs, de son expression même. Il permet de demander la dissolution avant le terme convenu, *lorsqu'il y en a de justes motifs,* et, en outre, après avoir cité, à titre d'exemple, les deux cas que que nous venons d'étudier, il ajoute : « *ou autres cas semblables dont la légitimité et la gravité sont laissées à l'arbitrage des juges.* » Donc, la dissolution *ex justâ causâ* peut être demandée avant le terme convenu toutes les fois que, pendant le cours d'une société à temps, il survient un fait quelconque que les associés considèrent comme susceptible d'entraver la société dans sa marche et de l'empêcher de fonctionner ou d'atteindre le but en vue duquel elle s'était constituée. La dissolution pourra être demandée alors ; et si les juges, à qui l'appréciation est abandonnée, estiment que la demande est légitime, et qu'en effet mieux vaut, pour les parties, rompre la société que la continuer, la dissolution devra être prononcée.

771. Pothier cite, d'après Ulpien, divers cas dans lesquels il y a juste

_____

(1) V. M. Dalloz (nouv. *Rép.*, v° Société, n° 660).
(2) V. Pothier (*loc. cit.*).
(3) V. MM. Bravard et Demangeat (*Soc. comm.*, p. 273).

motif de dissoudre la société avant le temps. Par exemple, si un associé n'exécute pas à l'égard d'un autre les conditions de la société ; si un associé a la preuve que son associé refuse de le faire jouir à son tour de la chose qu'ils ont en société ; s'il a la preuve de la mauvaise conduite de son associé dans l'administration des affaires de la société (1). Nous avons nous-même indiqué divers autres cas dans les observations qui précèdent : ainsi, l'impossibilité, par le fait des associés, de pourvoir aux nécessités de l'affaire sociale (n° 682) ; la perte partielle du fonds social (n° 694) ; la retraite ou la révocation du gérant, ce qui même, quelquefois, peut entraîner dissolution de plein droit (n°s 502 et 700) ; l'état d'absence déclarée de l'un des associés (n° 707) ; la mise d'un associé sous l'assistance d'un conseil judiciaire (n° 723) ; etc., etc. La doctrine et la jurisprudence en relèvent beaucoup d'autres. Par exemple : la discorde entre les associés (2), alors surtout que la vie commune est l'une des conditions du contrat ; la témérité ou la timidité des opérations sociales, si, d'ailleurs, elles étaient portées à un tel degré qu'il y eût péril certain pour les associés à rester en société (3) ; l'incapacité d'un associé ; l'habitude du jeu ; une condamnation qui, sans entraîner l'interdiction, cause de dissolution de plein droit (*suprà,* n° 722), porte atteinte à l'honneur ; le mauvais état des affaires sociales (4) ; etc., etc.

772. Il serait sans intérêt d'insister sur une énumération qui, au surplus, ne saurait jamais être complète. Bornons-nous donc à rappeler que tout événement qui, au cours de la société, vient en entraver la marche ou en paralyser l'action, peut constituer le juste motif de dissolution dont parle la loi. Quelque générale qu'elle soit, la thèse est sans danger, en définitive, puisque le dernier mot, sur ce point, est à la justice, à qui la loi a expressément confié le soin d'apprécier le motif allégué, et de dire souverainement s'il est juste, légitime et assez grave, pour que la dissolution avant le terme convenu en doive être la conséquence.

1872. — Les règles concernant le partage des successions, la forme de ce partage, et les obligations qui en résultent entre les cohéritiers, s'appliquent aux partages entre associés.

SOMMAIRE.

I. 773. Suites de la dissolution : l'état d'indivision succède à l'état de société. Conséquences. — 774. La société dissoute doit être liquidée et partagée. — 775. Renvoi quant à la liquidation. — 776. Du partage. Division.

---

(1) Pothier (*Soc.*, n° 152),
(2) *Comp.* Grenoble, 20 mars 1863 (S.-V., 63, 2, 108 ; *J. Pal.*, 1863, p. 242 ; Dall., 63, 5, 237).
(3) V. MM. Malepeyre et Jourdain (p. 315). V. cependant M. Delangle (n° 675).
(4) Il a été décidé que la clause d'un acte de société portant que l'un des associés aura, comme bailleur de la plus grande partie des capitaux, le droit de demander la dissolution de la société avant l'expiration du terme *dans le cas où il jugerait les affaires mauvaises*, est licite et valable ; mais que néanmoins elle ne saurait être invoquée par cet associé s'il est établi que c'est de mauvaise foi ou par une erreur grossière équivalant à la mauvaise foi, qu'il affirme que les affaires de la société sont mauvaises. Metz, 6 mars 1860 (S.-V., 60, 2, 423 ; *J. Pal.*, 1861, p. 179 ; Dall., 62, 2, 158).

I. — 773. La dissolution, quelle qu'en soit la cause, a pour effet ordinaire et immédiat la rupture des liens et des rapports sociaux. A l'état de société que les parties avaient créé en s'associant succède, après la dissolution, un état d'indivision ou de simple communauté. Les opérations, sauf en certains cas ci-dessus réservés et expliqués (nos 703 et suiv.), ne sont plus à considérer comme opérations sociales faites en commun. Et désormais, les pertes que l'un des membres de la société dissoute aurait à subir, comme les bénéfices qu'il réaliserait, sont pour lui personnellement, à moins, bien entendu, qu'ils ne soient une suite nécessaire de ce qui s'est fait avant la dissolution, auquel cas la disposition finale de l'art. 1868 (suprà, n° 719) conduirait à dire qu'ils sont pour le compte de la société.

774. Mais cette communauté qui s'établit après la dissolution de la société doit être dissoute à son tour. Comment? Précisément, par la liquidation de la société dissoute et par le partage de ce qui a été mis ou est entré dans le fonds social en vue de cette exploitation en commun à laquelle la dissolution est venue mettre fin. « Pour dissoudre la communauté qui subsiste après la dissolution de la société entre les ci-devant associés, dit Pothier, et pour acquitter les dettes respectives dont ils peuvent être tenus les uns envers les autres, chacun des ci-devant associés ou son héritier a droit de demander à ses associés ou à

leurs héritiers qu'il soit procédé entre eux au compte et partage de la société. » (1) Ainsi, la dissolution de la société donne lieu à une liquidation qui prépare le partage et y conduit.

775. La liquidation a essentiellement pour objet de terminer les affaires communes, de libérer la société vis-à-vis de ses créanciers, de recouvrer les créances, et d'arriver ainsi, en dégageant l'actif brut des dettes qui le grèvent, à la constitution de l'actif net que les ayants droit auront à se partager. Nous n'en ferons pas, quant à présent, une étude distincte et spéciale. C'est particulièrement dans les sociétés commerciales, dont généralement le personnel est nombreux et disséminé, dont les opérations sont vastes et l'actif considérable, que la liquidation tient sa grande place. Nous réservons donc pour la partie de notre commentaire relative aux sociétés de commerce la discussion des graves et difficiles questions qui se rattachent à la matière, et l'exposé de tout ce qui a trait soit à la nomination et aux pouvoirs des liquidateurs, soit aux opérations de la liquidation tant à l'égard des tiers que dans les rapports des associés entre eux. Les sociétés civiles seules font actuellement l'objet de notre examen. Or, dans ces sociétés, dont, en général, les opérations sont restreintes et le personnel peu nombreux, la liquidation se fait habituellement en commun par les associés eux-mêmes. Et ce que nous aurons à dire peut être confondu dans les observations relatives au partage, sur lequel nous avons maintenant à appeler l'attention du lecteur.

776. Le partage, que le premier article de notre titre (art. 1832) présente comme le but final vers lequel tendent les parties en s'associant, est réglé, par le dernier, au moyen d'une simple référence. L'article 1872 dit, en effet, que « les règles concernant le partage des successions, les formes de ce partage, et les obligations qui en résultent entre les cohéritiers, s'appliquent aux partages entre associés ». Si cet article devait être pris à la lettre, nous n'aurions qu'à nous référer nous-même au commentaire de Marcadé sur le partage des successions. Mais il n'en est pas ainsi. D'une part, toutes les règles sur la forme du partage des successions et les obligations qui en résultent ne sont pas indistinctement applicables au partage des sociétés : il y a des exceptions commandées par la nature même des choses. D'une autre part, il est des règles sur l'*effet* du partage des successions auxquelles ne se réfère pas expressément l'art. 1872, et qui cependant ne peuvent pas n'être pas appliquées au partage des sociétés. Il faut donc, sinon reprendre ici le commentaire des art. 815 et suivants du Code civil, au moins préciser les points sur lesquels les sociétés et les successions concordent ou diffèrent quant au partage. A cet effet, voyons par qui et quand doit être demandé le partage, comment il y doit être procédé, quelles obligations en résultent, et quels en sont les effets. Nous parlerons ensuite de la compétence.

II. — 777. Il en est des associés, quant à la demande en partage,

---

(1) Pothier (*Soc.*, n° 161).

comme des héritiers. Eux seuls, ou ceux qui les représentent, même à titre particulier, peuvent former cette demande. Mais chacun d'eux peut la former. Chacun des ci-devant associés, dit Pothier, peut seul donner la demande en partage contre tous les autres, et les obliger à partager les effets qui sont demeurés en commun depuis la dissolution de la société. Ses héritiers et autres successeurs peuvent pareillement donner cette demande, même un successeur particulier à qui un des ci-devant associés aurait vendu ou donné sa part (1). — Du reste, le fait que les objets de la société, au lieu de demeurer en commun depuis la dissolution de la société, selon l'expression de Pothier, auraient été en tout ou partie en la possession de l'un des associés, ne serait pas susceptible de faire obstacle à la demande. En matière de succession, l'article 816 du Code civil dispose que « le partage peut être demandé, même quand l'un des cohéritiers aurait joui séparément de partie des biens de la succession, s'il n'y a eu un acte de partage, ou possession suffisante pour acquérir la prescription ». Il n'en doit pas être autrement en matière de société (2).

778. La demande en partage, qui doit être dirigée contre tous ceux qui furent associés ou leurs héritiers, peut être formée immédiatement après la dissolution de la société. Néanmoins, les parties sont absolument libres de surseoir au partage pendant un certain temps, et de s'entendre pour le remettre à une époque où il y pourra être procédé avec plus d'opportunité. La convention, cependant, ne vaudrait qu'autant que l'indivision convenue serait maintenue pour un certain temps seulement. Il en était ainsi en droit romain, d'après ce texte de Paul : « Si » conveniat, *ne omnino divisio fiat,* hujus modi pactum nullas vires » habere, manifestissimum est. Sin autem *intra certum tempus,* quod » etiam ipsius rei qualitati prodest, valet. » (L. 14, § 2, ff. *Comm. divid.*) Il en serait de même dans notre droit, qui d'ailleurs a pris le soin de limiter le *certum tempus.* En effet, aux termes de l'art. 815 du Code civil, « nul ne peut être contraint à demeurer dans l'indivision, et le partage peut toujours être provoqué, nonobstant prohibitions et conventions contraires. On peut cependant convenir de suspendre le partage pendant un temps limité : cette convention ne peut être obligatoire au delà de cinq ans; mais elle peut être renouvelée ».

Quelques auteurs enseignent, toutefois, que les associés ne sont pas liés par cette disposition (3). Qu'il en soit ainsi des associés tant que dure la société, c'est incontestable, et nous l'avons montré plus haut en combattant la fausse doctrine d'après laquelle le contrat de société formé pour plus de cinq ans n'obligerait les associés que pour les cinq premières années, à l'expiration desquelles chacun d'eux pourrait faire rompre le contrat et demander le partage (*suprà,* n° 249). Mais ici la situation est toute différente : le contrat est rompu, et l'état d'indivision

---

(1) Pothier (*Soc.,* n° 162). V. aussi MM. Alauzet (n° 266); Rauter (p. 270).
(2) V. Pothier (*ibid.,* n° 166).
(3) V. notamment M. Duvergier (n° 473). *Comp.* MM. Troplong (n° 1058); Bédarride (n° 503); Talon (p. 229).

a succédé à l'état de société. Or, c'est à cet état précisément que s'applique, dans son ensemble, la disposition générale de l'art. 815 (1).

III. — 779. La demande étant formée, il ne saurait être procédé au partage immédiatement et de plano. Certaines opérations préliminaires sont nécessaires. Et d'abord, il faut établir et régler les comptes particuliers des associés (2). Ces comptes sont formés, d'après les règles ci-dessus exposées, notamment sous les art. 1845 et suivants, de tout ce que chacune des parties doit à la communauté à partager et de tout ce qui lui est dû par cette communauté. Cela comprend naturellement, comme l'indique Pothier, non-seulement ce que chaque partie devait à la société lors de sa dissolution, et réciproquement ce qui était dû à chaque partie par la société, mais encore ce qui, depuis la dissolution, a pu être dû à la communauté par l'une des parties, ou à une partie par la communauté, à raison, soit de ce qui aurait été retiré du fonds commun, soit des déboursés faits inutilement pour les affaires communes. On compense ensuite jusqu'à due concurrence le montant des sommes dont chaque partie est débitrice avec le montant de celles dont elle est créancière, et le reliquat constitue, soit une créance, soit une dette pour la communauté (3). Bien entendu, quant à l'intérêt de ce reliquat, la règle à suivre est celle du droit commun; et en conséquence, il est dû, non plus de plein droit, par application de la règle exceptionnelle que l'art. 1846 a consacrée (suprà, nos 294 et suiv.), mais seulement à partir de la demande, conformément à l'art. 1153.

Pothier ajoute, d'après Lauterbach, que, dans les comptes de ce qui a été reçu ou mis pour la société, le livre de société tenu par l'un des associés fait foi entre eux. Et notre jurisprudence moderne est conforme. Il résulte, en effet, d'un récent arrêt de la chambre des requêtes que les écritures d'une société civile, alors même qu'elles ont été tenues par un seul des associés, ne sont point de simples papiers domestiques appartenant à cet associé : ce sont des écritures communes faisant foi entre les intéressés, malgré leurs irrégularités, si d'ailleurs les juges du fond reconnaissent qu'elles sont sincères et dignes de confiance (4).

780. Après le règlement des comptes particuliers des associés, il y a lieu à une seconde opération préliminaire. Elle a pour objet les reprises et prélèvements que les parties peuvent avoir à exercer sur la communauté. Mais dans quel cas y a-t-il lieu à reprises ou prélèvements? Quel en peut être l'objet? Ce sont là des points déjà discutés, et à propos desquels, dès lors, nous ne pouvons que nous référer à nos précédentes observations, et notamment à notre commentaire de l'article 1851 (suprà, nos 376 et suiv.).

(1) V. MM. Taulier (t. VI, p. 400); Bravard (Soc. comm., p. 318); Alauzet (no 266); Demètre B. Polizu (no 172).
(2) Jugé que l'un des associés ne peut contraindre ses coassociés à partager un objet particulier de la société avant qu'il n'ait été procédé à la liquidation et au règlement des comptes des associés entre eux. Bordeaux, 25 avril 1831 (S.-V., 31, 2, 314; Dall., 31, 2, 148; J. Pal., à sa date).
(3) V. Pothier (Soc., no 167). Junge : MM. Duvergier (no 467); Delangle (no 697).
(4) Req., 17 fév. 1869 (S.-V., 69, 1, 169; J. Pal., 1869, p. 394; Dall., 70, 1, 40).

781. Les comptes particuliers étant réglés et les prélèvements effectués, on compose la masse à partager. Naturellement, on n'y apportera pas ce qui a cessé de faire partie des choses de la société. C'est ainsi que, d'après un arrêt de la Cour de cassation, lorsque, durant l'existence d'une société, l'un des associés a, du consentement de son coassocié, renouvelé en son propre nom et pour son compte personnel la location d'un hôtel garni dont l'exploitation avait jusque-là fait l'objet de la société, le fonds et le mobilier de cet hôtel doivent être considérés comme ne faisant pas partie de la société, et, dès lors, il n'y a pas lieu de les comprendre dans le partage de l'actif social (1). Mais la masse doit comprendre tout ce qui, en objets matériels ou autres, constitue une valeur appréciable pour la communauté. Ainsi, elle comprendra non-seulement les immeubles, les meubles, les marchandises ou produits invendus, mais encore les billets et autres titres de créance non recouvrés, les sommes dues par les associés d'après les comptes dont nous venons de parler. Elle comprendra aussi non-seulement l'argent comptant, mais encore les brevets, les procédés de fabrication, la clientèle, le droit au bail, même le nom sous lequel la société était connue (2). Tout cela doit être porté à la masse pour une certaine estimation que les parties font elles-mêmes si elles sont majeures et d'accord, et, en cas contraire, qu'elles font faire par des experts choisis par elles, ou, à leur refus, nommés d'office (C. civ., art. 824 et 825) (3).

IV. — 782. Et c'est quand la masse est ainsi formée qu'on peut et qu'on doit procéder au partage, c'est-à-dire faire sa part à chacun des ayants droit. Quelle part? Celle qui est déterminée par la convention sociale, et, à défaut de convention, une part en proportion de la mise de chacun des associés dans le fonds de la société. C'est l'application des art. 1853 et suivants, ci-dessus commentés (*suprà*, n° 428). Rappelons, d'ailleurs, qu'au moins en ce qui concerne les associés dont l'apport est *successif,* la proportionnalité ne serait plus à observer dans les termes mêmes indiqués par la loi, s'il arrivait que, par une cause légitime et légale, l'association fût dissoute avant l'expiration du terme fixé : l'apport, en ce cas, n'ayant pas été réalisé en totalité, l'associé devrait subir, dans le partage, une réduction proportionnelle (*suprà*, n° 489). On peut citer, dans le même ordre d'idées, un arrêt duquel il résulte que l'associé exclu de la société en exécution des accords sociaux n'a droit au partage qu'eu égard à l'état des affaires de la société au moment de son exclusion (4).

783. La masse commune se divise entre les associés ou leurs héritiers.

(1) Rej., 20 nov. 1854 (Dall., 55, 1, 233; S.-V., 56, 1, 27; J. Pal., 1856, t. II, p. 397). *Comp.* Rej., 1er mars 1853 (S.-V., 53, 1, 298; J. Pal., 1853, t. 1, p. 565; Dall., 53, 1, 65).
(2) V. Rouen, 15 mars 1827 (S.-V., 27, 2, 164; Coll. nouv., 8, 2, 346; Dall., 27, 2, 153; J. Pal., à sa date). *Comp.* Paris, 19 nov. 1824, et Aix, 22 mai 1829 (S.-V., 26, 2, 144; 29, 2, 225; Coll. nouv., 7, 2, 444; 9, 2, 268; Dall., 25, 2, 93; 29, 2, 168; J. Pal., à leur date).
(3) V. Pothier (*Soc.*, n° 168).
(4) Cass., 10 avril 1854 (S.-V., 55, 1, 672; J. Pal., 1855, t. II, p. 263; Dall., 54, 1, 183).

Néanmoins, en matière de société, les étrangers ne sont pas exclus du partage avec la même rigueur qu'en matière de succession. Ainsi, au titre *Des Successions*, l'art. 841 dispose expressément que « toute personne, même parente du défunt qui n'est pas son successible, et à laquelle un cohéritier aurait cédé son droit à la succession, peut être écartée du partage, soit par tous les cohéritiers, soit par un seul, en lui remboursant le prix de la cession. » Il en est autrement en matière de société. Et, nonobstant quelques opinions dissidentes (1), il est vrai de dire, avec la doctrine et la jurisprudence, que la disposition ne doit pas être appliquée par extension *aux partages entre associés* (2). Sans doute, il y a pour les sociétés quelque chose d'analogue au retrait successoral dont parle l'art. 841. Dans le cas, prévu à l'art. 1861, où, la société étant debout, les associés consentent à ce que l'un d'eux cède sa part et associe une tierce personne à la société, le pacte social peut réserver à la société un droit de préférence, ou autoriser les associés à prendre pour eux le marché qui aurait été fait avec un étranger en remboursant le prix de la cession (*suprà*, nᵒˢ 610 et 611). Mais ce n'est pas de cela qu'il s'agit ici. La société n'existe plus ; elle est dissoute, et il s'agit d'en partager l'actif. Or, dans cette situation, les raisons qui ont fait admettre en faveur des héritiers le droit d'écarter un étranger du partage ne militent en aucune manière au profit de ceux qui furent associés. « L'art. 841, a dit justement la Cour de Paris, contient une disposition spéciale et tout exceptionnelle créée dans le but d'empêcher des étrangers de pénétrer dans les secrets de famille. Mais ces raisons de haute moralité publique qui ont commandé le retrait successoral, ne se rencontrent pas en fait de société, où tout est en quelque sorte patent, écrit et consigné dans des livres et dans une correspondance commune à tous les associés, où il ne s'agit que de s'immiscer dans quelques faits, dans quelques opérations isolées et particulières qui sont les éléments de la société... »

784. Par cela même, on comprend que les créanciers des copartageants peuvent intervenir au partage. Ce droit est consacré en leur faveur même en matière de succession. L'art. 882 du Code civil dit, en effet dans sa première partie, que « les créanciers d'un copartageant, pour éviter que le partage ne soit fait en fraude de leurs droits, peuvent s'opposer à ce qu'il y soit procédé hors de leur présence : ils ont le droit d'y intervenir à leurs frais. » Évidemment, le même droit doit être ouvert, dans ce même but, aux créanciers des associés. C'est sans difficulté en doctrine et en jurisprudence.

---

(1) V. MM. Delvincourt (t. III, note 3 de la page 129); Pardessus (nᵒ 1087); Páris (nᵒ 1079); Dageville (t. I, p. 80). *Comp.* M. Demangeat, sur Bravard (p. 331, à la note).
(2) V. MM. Duranton (t. XVII, nᵒ 443); Duvergier (nᵒ 474); Troplong (nᵒ 1059); Delangle (nᵒ 713); Bravard (p. 330); Zachariæ (édit. Massé et Vergé, t. IV, p. 453, note 9); Aubry et Rau (4ᵉ édit., t. IV, p. 573); Taulier (t. VI, p. 399); Alauzet (nᵒ 265); Bédarride (nᵒ 504); Héan (*Rev. prat.*, t. XVIII, p. 330); Rauter (p. 270); Demètre B. Polizu (nᵒ 174); Talón (p. 229). — V. aussi Paris, 7 juill. 1886 (S.-V., 36, 2, 458; Dall., 36, 2, 135; *J. Pal.*, à sa date).

785. Mais l'art. 882 ajoute que les créanciers d'un copartageant « ne peuvent attaquer un partage consommé, à moins, toutefois, qu'il n'y ait été procédé sans eux et au préjudice d'une opposition qu'ils auraient formée. » Résulte-t-il de là, même en matière de succession, que les créanciers qui ont négligé de faire opposition ou d'intervenir au partage sont déchus du droit d'attaquer le partage, lorsqu'il est consommé, fût-ce pour cause de fraude de la part du débiteur ou de tous les copartageants ? C'est un point controversé. Mais en supposant l'affirmative, et c'est en ce sens que la doctrine et la jurisprudence paraissent se fixer (1), la question est de savoir si, ainsi entendue, la dernière disposition de l'art. 882 serait applicable aux partages entre associés. Toutefois, sauf un arrêt de date ancienne rendu par la Cour de Paris (2), la jurisprudence et la doctrine s'accordent à reconnaître que l'art. 882 doit être restreint aux partages de succession, et qu'ainsi les partages entre associés peuvent être attaqués pour fraude par un créancier même non opposant (3). C'est là, dirons-nous en reproduisant la décision en ce sens de la Cour de cassation, une très-exacte application du principe posé dans l'art. 1167 du Code civil, aux termes duquel les créanciers peuvent, en leur nom personnel, attaquer les actes faits par leur débiteur en fraude de leurs droits. Cet article dit bien que les créanciers doivent néanmoins, quant à leurs droits énoncés au titre *Des Successions* et au titre *Du Contrat de Mariage,* se conformer aux règles qui y sont prescrites. Mais, précisément, il ne parle pas de la société dans ses rapports avec les droits qui peuvent appartenir au créancier contre les actes de son débiteur qui lui préjudicient ; par conséquent, il n'apporte, en ce qui concerne ces droits, aucune restriction à leur exercice. Et vainement opposerait-on que l'art. 1872 déclare applicables au partage entre associés les règles du partage des successions. La disposition se réfère à ces règles seulement en ce qui concerne la forme du partage et les obligations qui en résultent pour les copartageants. On n'y saurait, dès lors, rattacher l'art. 882 sur les conditions auxquelles il subordonne l'action des tiers contre un partage consommé. Cela étant, le principe général de l'art. 1167 reste dans toute sa force, et laisse toute sa liberté à l'action du créancier, opposant ou non opposant, contre le partage de société fait avec son débiteur en fraude de ses droits.

V. — 786. Arrivons aux formes du partage et aux obligations qui en dérivent pour les copartageants. C'est sur ces points spécialement

---

(1) V. l'arrêt de la chambre des requêtes du 9 juillet 1866 (S.-V., 66, 1, 361; *J. Pal.,* 1866, p. 987; Dall., 66, 1, 369). V. aussi Marcadé et les autorités qu'il cite (sur l'art. 882, t. III, nos 408 et 409).

(2) V. Paris, 13 juin 1807 (S.-V., 7, 2, 719; Coll. nouv., 2, 2, 260).

(3) Ainsi a décidé l'arrêt précité de la chambre des requêtes du 9 juillet 1866. V. encore un arrêt antérieur de la même chambre du 20 novembre 1834 (S.-V., 35, 1, 131; Dall., 35, 1, 38; *J. Pal.,* à sa date). *Junge :* MM. Duvergier (no 475); Troplong (no 1061); Delangle (no 706); Taulier (t. VI, p. 400); Massé et Vergé, sur Zachariæ (t. IV, p. 453, note 10); Aubry et Rau (4e édit., t.IV, p. 573, et note 6); Alauzet (no 267); Bédarride (no 505); Talon (p. 229); Demètre (B. Polizu (no 172). *Comp.* MM. Malepeyre et Jourdain (p. 355); Demangeat, sur Bravard (p. 322, à la note).

que l'art. 1872 déclare applicables aux partages entre associés les règles concernant le partage des successions. Il faut donc se référer aux articles compris dans le chapitre VI du titre *Des Successions*. Ce n'est pas notre pensée, assurément, de reprendre ici le commentaire de ces articles. Qu'il nous suffise d'indiquer ceux dont l'application au partage des sociétés a été plus ou moins contestée.

787. Et d'abord, remarquons-le, si générale qu'elle soit, l'énonciation de l'art. 1872 ne doit pas être prise à la lettre. Outre les art. 841 et 882, qui, bien qu'écrits au titre *Des Successions*, ne doivent pas, nous venons de le voir, être étendus aux partages entre associés, d'autres articles encore sont dans le même cas. Nous écarterons en premier lieu les art. 819, 820 et 821, reconnaissant avec tous les auteurs que, par la force même des choses, il est impossible d'admettre que les scellés doivent être apposés lors de la dissolution de la société (1). Nous écarterons de même l'art. 792, quoique cela n'ait pas été admis sans quelque difficulté. Mais la jurisprudence est certaine et constante aujourd'hui. La Cour de cassation, après plusieurs cours d'appel, a jugé en effet, à notre rapport, que la déchéance, encourue par l'héritier qui a diverti ou recélé des objets de la succession, de sa part dans ces objets, ne doit pas être étendue à l'associé coupable de divertissement ou de recel d'effets de la société (2). C'est que la déchéance prononcée par l'art. 792 constitue une peine *sui generis* qui ne saurait être étendue d'un cas à un autre. Lorsque la loi a voulu appliquer cette déchéance à une situation différente de celle que l'art. 792 a eu en vue, elle a pris le soin de s'en expliquer. Ainsi, par l'art. 1477, elle l'a étendue aux époux qui auraient diverti des effets de la communauté. Et elle ne s'est pas crue dispensée de le faire, bien que l'art. 1476 eût déclaré applicables au partage de la communauté conjugale les règles sur le partage des successions. Or, la loi n'a rien fait de semblable en ce qui concerne les associés. C'est donc à dire que les faits de recel ou de divertissement ne peuvent pas avoir pour effet de soumettre ces derniers à la même peine.

788. Cependant, comme on ne saurait faire abstraction de l'article 1872, il faut reconnaître qu'en général le partage des sociétés devra être fait de la même manière que celui des successions. D'après cela, chacun des anciens associés pourra, comme le peut chacun des cohéritiers suivant l'art. 826, demander sa part en nature des meubles et immeubles compris dans le fonds à partager. Nous ne disons pas, sans doute, que celui qui trouverait en nature, dans la masse, les choses mêmes dont il aurait fait apport à la société, pourrait les réclamer et se les faire attribuer par préférence, en souffrant que ses coas-

---

(1) V. MM. Troplong (n° 1057); Alauzet (n° 266); Bédarride (n°° 479 et 502); Rauter (p. 270); Talon (p. 229); Demètre B. Polizu (n° 174).
(2) V. Angers, 22 mai 1851; Toulouse, 2 juin 1862; Rej., 28 août 1865 (S.-V., 51, 2, 599; 63, 2, 41; 65, 1, 453; *J. Pal.*, 1853, t. I, p. 162; 1863, p. 708; 1865, p. 1185; Dall., 51, 2, 164; 65, 1, 352). V. aussi MM. Marcadé (*Rev. crit.*, t. II, p. 77); Aubry et Rau (4° édit., t. IV, p. 573 et note 5); Bravard (p. 333); Alauzet (n° 264).

sociés fussent remplis en autres objets d'égale valeur. Les choses apportées à la société sont devenues communes ; et, au moment du partage, celui qui en fait l'apport n'y a pas plus droit que les autres (1). Mais cela n'est en aucune manière exclusif de l'application de l'art. 826 au partage entre associés, c'est-à-dire de la faculté accordée par cet article aux copartageants de demander leur part en nature. On a dit, cependant, contre cette solution, qu'il peut se faire que, dans la masse, se trouvent un ou plusieurs objets, meubles ou immeubles, qui, bien que partageables entre les ayants droit, perdraient cependant beaucoup de leur valeur vénale, par suite du fractionnement ; et que le but de la société étant de procurer un bénéfice aux associés, la nature même du contrat et l'intention qui a présidé à sa formation exigeraient, en ce cas, qu'on fît vendre la chose, au lieu de la partager, puisque la valeur revenant en numéraire à chacun des associés serait supérieure à la valeur de sa part en nature (2). Toutefois, l'objection ne saurait prévaloir contre l'idée même d'où procède l'art. 826. La disposition en est fondée sur le droit de copropriété des cohéritiers par rapport aux objets, meubles ou immeubles, de la succession. Et c'est pour reconnaître ce droit, pour ne pas le convertir en un simple droit de créance, que la loi laisse à chacun des héritiers la faculté de prendre sa part en nature, si cela lui convient mieux que de la recevoir en argent. Or, le droit des associés est le même ; ils sont incontestablement copropriétaires de chacune des choses comprises dans la masse à partager entre eux. Il est donc juste qu'en s'autorisant de l'art. 826, ils puissent exercer leur droit dans le partage de la société, comme les héritiers l'exercent dans le partage de la succession (3).

789. Il faut appliquer de même l'art. 827, suivant lequel il doit être procédé à la vente par licitation lorsque les immeubles ne peuvent pas se partager commodément. Chacune des parties, dit Pothier, peut obliger les autres à souffrir la licitation, lorsque le partage ne se peut faire autrement et qu'il n'y a pas assez d'héritages pour en faire autant de lots qu'il y a de copartageants. On peut même y obliger les mineurs ; mais lorsque le partage se peut faire autrement, et qu'il y a suffisamment d'héritages pour faire autant de lots qu'il y a de copartageants, aucune des parties, majeurs ou mineurs, ne peut être obligée malgré elle à souffrir la licitation (4). La licitation, quand il y a lieu d'y procéder, se fait devant le Tribunal, à moins que les parties, si elles sont toutes majeures, aient consenti à y procéder devant un notaire, sur le choix duquel elles se sont accordées (art. 827).

790. Il y a mieux : les règles établies par la loi touchant la forme des partages de succession pourraient, dans leur application aux partages

(1) V. Pothier (Soc., n° 170). Comp. supra, n° 395.
(2) V. M. Bravard (Soc. comm., n°° 328 et suiv.).
(3) V. MM. Pardessus (n°° 1082 et 1084); Malepeyre et Jourdain (p. 349); Delangle (n°° 702 et suiv.); Demètre B. Polizu (n° 172); Demangeat, sur Bravard (loc. cit., p. 330 et la note). — V. aussi Lyon, 23 juill. 1856 (S.-V., 58, 2, 204; J. Pal., 1858, p. 623; Dall., 58, 2, 214).
(4) V. Pothier (Soc., n° 171).

entre associés, être modifiées par la convention. Seulement, la modification convenue ne pourrait avoir effet qu'autant qu'elle ne serait pas en opposition avec les règles établies par la loi dans un intérêt d'ordre public. Par conséquent, les art. 838 et 839 du Code civil resteront toujours, nonobstant toute convention contraire, la règle à suivre dans les partages entre associés. Ainsi, y a-t-il parmi les associés ou leurs successeurs, des mineurs, des interdits, des absents, le partage ne pourra pas, quelles que soient les conventions des parties, être fait autrement qu'en justice avec observation des formes prescrites pour les partages judiciaires (1). Y a-t-il lieu à licitation, dans la même hypothèse, elle ne pourra être faite qu'en justice avec les formalités prescrites pour l'aliénation des biens des mineurs. Et eût-il été convenu entre les associés qu'en cas de dissolution les immeubles ne seraient licités qu'entre eux, ils ne pourraient pas se dispenser d'y appeler et d'y admettre des étrangers (2).

791. Il reste à dire qu'en toute hypothèse le partage entre associés ou la licitation qui en tient lieu est susceptible, comme les partages de succession (art. 887), d'être rescindé lorsqu'un des copartageants établit à son préjudice une lésion de plus d'un quart. Dans le projet soumis à la discussion et admis par le conseil d'État, l'art. 1872, en renvoyant aux règles concernant le partage des successions, pour les partages entre associés, réservait l'action en rescision pour cause de lésion, laquelle, était-il dit, n'est pas accordée à ces derniers. Mais la réserve a été effacée sur les observations du Tribunat. « Si l'admission de l'action en restitution contre tout partage en général et contre les ventes, a dit le Tribunat, a d'assez graves inconvénients, ils sont absolument les mêmes et dans le cas du partage d'une succession et dans celui du partage d'une société. Mais ce qui importe essentiellement à la perfection du Code civil, est de tenir invariablement aux principes qu'il a consacrés; et loin de pouvoir assigner de fortes raisons de différence pour admettre la rescision contre un partage de succession et la rejeter contre celui d'une société, l'action n'est que plus favorable dans le second cas, puisque l'égalité, qui est l'âme de tout partage, appartient plus particulièrement encore à celui d'une société, dont elle constitue la nature et l'essence. » (3) Le Tribunat, en conséquence, a proposé la suppression de la disposition restrictive qui avait été insérée dans l'article 1872. Et, en adoptant l'amendement, les rédacteurs du Code sont revenus à la doctrine de Pothier, dont le projet primitif s'était mal à propos écarté (4).

VI. — 792. Il en est des obligations résultant du partage et de ses effets, comme de sa forme : les règles concernant le partage des suc-

(1) V. MM. Duranton (t. XVII, nº 478); Troplong (nº 1056); Delangle (nº 704); Alauzet (nº 266).
(2) Comp. Rouen, 26 juin 1806 (Dall., 6, 2, 189; S.-V., 7, 2, 1203; Coll. nouv., 2, 2, 155). V. aussi Pothier (nº 171). Junge : MM. Vincens (Législ. comm., t. III, p. 364); Delangle (nº 704); Massé et Vergé, sur Zachariæ (t. IV, p. 453, note 7).
(3) V. Locré (t. XIV, p. 511); Fenet (t. XIV, p. 384).
(4) V. Pothier (Soc., nº 174).

cessions s'appliquent aux partages entre associés. L'art. 1872 le dit expressément en ce qui concerne les obligations, et par conséquent il en résulte : que les copartageants demeurent respectivement garants, les uns envers les autres, des troubles et évictions procédant d'une cause antérieure au partage (art. 884); que chacun d'eux est personnellement obligé, en proportion de sa part, d'indemniser son copartageant de la perte que l'éviction lui a causée; que si l'un d'eux se trouve insolvable, la portion dont il est tenu doit être également répartie entre le garanti et tous les copartageants solvables (art. 885); etc.

793. L'art. 1872 n'est pas aussi explicite quant aux effets du partage; à cet égard, il ne renvoie pas expressément aux effets du partage des successions. Toutefois, ce n'est là qu'un oubli. Et il faut dire du partage des sociétés comme du partage des successions, qu'il est simplement *déclaratif* et non *translatif;* d'où la conséquence déduite et formulée par l'art. 883 que chaque copartageant est réputé avoir été toujours propriétaire de tous les effets compris dans son lot ou à lui échus sur licitation. Du reste, c'est là un point admis par tous les auteurs.

794. La seule difficulté qui s'élève à cet égard est de savoir à quelle époque remonte l'effet rétroactif du partage. M. Duvergier le fait remonter seulement au jour de la dissolution de la société; et cette opinion, que Troplong présente à tort comme isolée, est soutenue par de très-graves autorités (1) Mais d'autres auteurs, en plus grand nombre, se rattachent à la doctrine de Pothier, et font remonter l'effet rétroactif du partage au jour même où la société s'est formée, ou du moins au moment où les choses ont été acquises à la société (2). C'est aussi notre avis, et, de même que Pothier, nous le considérons comme une déduction naturelle de cette idée développée plus haut que les sociétés civiles, les seules dont nous nous occupons en ce moment, ne constituent pas un être moral, une personne juridique (*suprà*, nos 124 et suiv.). Donc, sans parler quant à présent des sociétés commerciales, lesquelles, au contraire, comportent la fiction de l'être moral, nous tenons que la société civile constitue une simple indivision entre les associés. D'où, par voie de conséquence, nous concluons que, quand vient le partage, son effet rétroactif remonte nécessairement au jour où l'indivision a commencé, c'est-à-dire au jour où les choses, objet du partage, ont été mises en société ou ont été acquises pour le compte de la société.

795. Aussi, faut-il dire avec Pothier, et c'est là vraiment l'intérêt pratique de la question, que les immeubles tombés dans le lot de chacun des copartageants ne sont sujets pour aucune partie aux hypothèques du créancier particulier de ces copartageants. Ainsi, il y a à par-

(1) V. MM. Duvergier (no 478); Bugnet, sur Pothier (no 179 à la note); Mourlon (*Rép. écrit.*, t. III, p. 369); Delangle (no 707); Bravard (p. 321); Taulier (t. VI, p. 400); Alauzet (no 268).
(2) V. Pothier (no 179). *Junge* : MM. Delvincourt (t. III, note 3 de la page 129); Duranton (t. XVII, no 480); Troplong (nos 1063 à 1065); Massé et Vergé, sur Zachariæ (t. IV, p. 453, note 10); Bédarride (no 513); Demangeat, sur Bravard (p. 321 à la note); Demètre B. Polizu (no 172).

tager, entre Pierre et Louis, un fonds commun dans lequel sont entrés des immeubles apportés par chacun des associés et d'autres immeubles acquis pour le compte de la société. Si les immeubles échus à Pierre sont ceux qu'il avait apportés lui-même, ils seront censés n'avoir jamais cessé de lui appartenir en entier. Le contrat de société, suivant l'expression de Pothier, n'avait donné à Louis qu'un droit conditionnel, dépendant de l'événement du partage, pour le cas seulement où ils tomberaient dans le lot de celui-ci. Et l'événement ayant fait manquer la condition, Louis est censé n'y avoir jamais eu aucun droit, et n'avoir pu par conséquent les hypothéquer à ses créanciers. Si ce sont les immeubles apportés par Louis qui tombent dans le lot de Pierre, celui-ci est censé les avoir acquis dès le temps du contrat de société; ils n'ont pu dès lors, à partir du contrat, être hypothéqués par Louis, et ils ne resteraient grevés que des hypothèques consenties par celui-ci avant le contrat. — Enfin, si les immeubles échus à Pierre sont ceux qui ont été acquis pour le compte de la société pendant sa durée, ils sont de même censés avoir appartenu à Pierre du jour de leur acquisition pour le compte de la société; et par conséquent ils n'ont pu, pour aucune portion, être grevés hypothécairement par Louis au profit de ses créanciers (1).

796. D'ailleurs, il en est de la licitation, à cet égard, comme du partage. Par exemple, un immeuble qui seul formait le fonds commun est licité et adjugé à l'un des associés. Il est censé avoir appartenu en entier à l'adjudicataire depuis qu'il est entré dans le fonds commun, et le co-associé est censé n'avoir jamais eu autre chose pour sa part que la somme à laquelle il a droit pour sa part dans le prix de la licitation (2). En conséquence, il a été décidé que l'adjudication sur licitation d'un immeuble social au profit de l'un des associés fait disparaître toutes les charges réelles dont cet immeuble a pu être grevé pendant la société du chef de l'autre associé, et notamment l'inscription d'hypothèque légale prise par la femme de celui-ci (3). — Bien entendu, nous supposons que l'adjudication est prononcée au profit de l'un des anciens associés. Si c'était un tiers qui se fût rendu adjudicataire, les immeubles resteraient soumis aux hypothèques dont ils auraient été grevés du chef de l'un ou de plusieurs des associés jusqu'à concurrence de leur part dans les immeubles et proportionnellement à leur part dans la société. La fiction de l'art. 883 milite pour les copartageants, non pour les tiers.

VII. — 797. Terminons par quelques indications sur la compétence. A cet égard encore, et en vertu du renvoi prononcé par l'art. 1872, on appliquera les règles établies en matière de succession. Or, aux termes

---

(1) V. Pothier (*loc. cit.*) et les auteurs cités à la note précédente. *Junge :* Toulouse, 31 juill. 1820 (S.-V., 21, 2, 263; Coll. nouv., 6, 2, 300; Dall., 21, 2, 87; *J. Pal.*, à sa date). V. aussi notre *Traité-Commentaire des Priviléges et Hypothèques* (t. I, n°s 512 et 523).

(2) V. Pothier (*Soc.*, n° 180).

(3) Metz, 31 déc. 1867 (*J. Pal.*, 1869, p. 85; S.-V., 69, 2, 5; Dall., 68, 2, 145).

de l'art. 822, « l'action en partage, et les actions qui s'élèvent dans le cours des opérations, sont soumises au tribunal du lieu de l'ouverture de la succession. C'est devant ce tribunal qu'il est procédé aux licitations et que doivent être portées les demandes relatives à la garantie des lots entre copartageants et celles en rescision du partage. » Donc, en appliquant la règle aux partages entre associés, on décidera que les actions en liquidation et partage de la société, et les actions soit en garantie de lots, soit en rescision du partage, devront être portées devant le tribunal du lieu où la société avait son siége. Et c'est ce qui résulte aussi de l'art. 59 du Code de procédure, dont le paragraphe 5 exige qu'*en matière de société, tant qu'elle existe,* le défendeur soit assigné *devant le juge du lieu où elle est établie.*

798. Cela suppose, on le voit, qu'il y a un *siége social* et que la *société existe* au moment où la demande est formée. S'il en était autrement, si, par exemple, la société n'avait pas de siége fixe, et c'est ce qui se produit habituellement pour les sociétés purement civiles, la compétence serait déterminée par les premiers paragraphes de l'art. 59 du Code de procédure. Ainsi, l'action devrait être portée devant le tribunal du domicile du défendeur, si elle était purement personnelle ou mobilière; devant celui du domicile de l'un des défendeurs, s'il y en avait plusieurs; devant celui de la situation, en matière réelle; etc., etc. Il en serait de même si la société avait cessé d'exister au moment où la demande est formée (1).

799. Mais, notons qu'une société n'a pas cessé d'exister par cela seul qu'elle est dissoute; il faut, de plus, que toutes les affaires en soient terminées et réglées; en d'autres termes, qu'elle soit liquidée. Si, au jour où la société vient à se dissoudre, les associés ont une liquidation à faire, il est vrai de dire que la société, quoique dissoute, subsiste encore pour sa liquidation. Et alors, les actions formées par les associés entre eux, et aussi celles des tiers contre la société, restent, en tant que l'association avait un siége fixe, de la compétence exclusive du tribunal du lieu où elle était établie (2).

DISPOSITIONS RELATIVES AUX SOCIÉTÉS DE COMMERCE.

1873. — Les dispositions du présent titre ne s'appliquent aux sociétés de commerce que dans les points qui n'ont rien de contraire aux lois et usages du commerce.

I. — 800. Nous avons exposé, dans les deuxième et troisième parties de notre commentaire, les règles du droit commun en matière de société. Ce sont les règles premières et générales de toute associa-

(1) V. Req., 18 août 1840 (S.-V., 40, 1, 836; Dall., 40, 1, 182; *J. Pal.*, à sa date).
(2) V. l'arrêt cité à la note précédente. *Junge* : Pau, 2 fév. 1870 (*J. Pal.*, 1870, p. 579; S.-V., 70, 2, 139).

tion (1). Elles régissent donc même les sociétés commerciales, et c'est ce qu'exprime l'art. 18 du Code de commerce. Cependant il est des points sur lesquels ces sociétés sont soumises à des lois spéciales et à des usages particuliers. Nous avons maintenant à étudier ces lois et ces usages. Ce sera l'objet de la quatrième et dernière partie de notre commentaire.

(1) V. les observations du tribun Boutteville dans son rapport au Tribunat (Fenet, t. XIV, p. 405; Locré, t. XIV, p. 545).

FIN DU TOME SEPTIÈME.

TABLE DES MATIÈRES

CONTENUES DANS CE VOLUME.

FIN DE LA TABLE.

PARIS. — TYPOGRAPHIE DE J. BEST,
rue des Missions, 15.

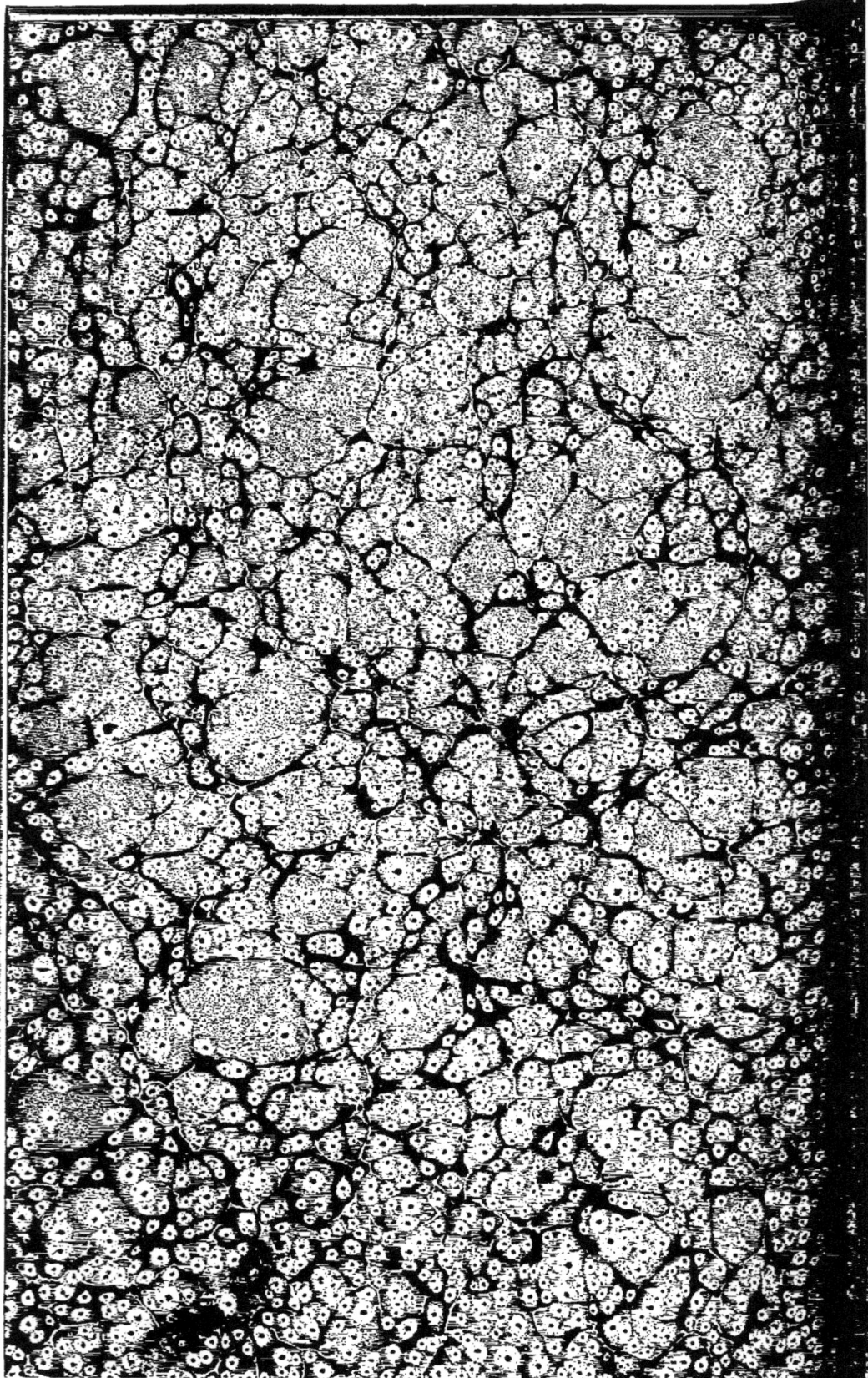

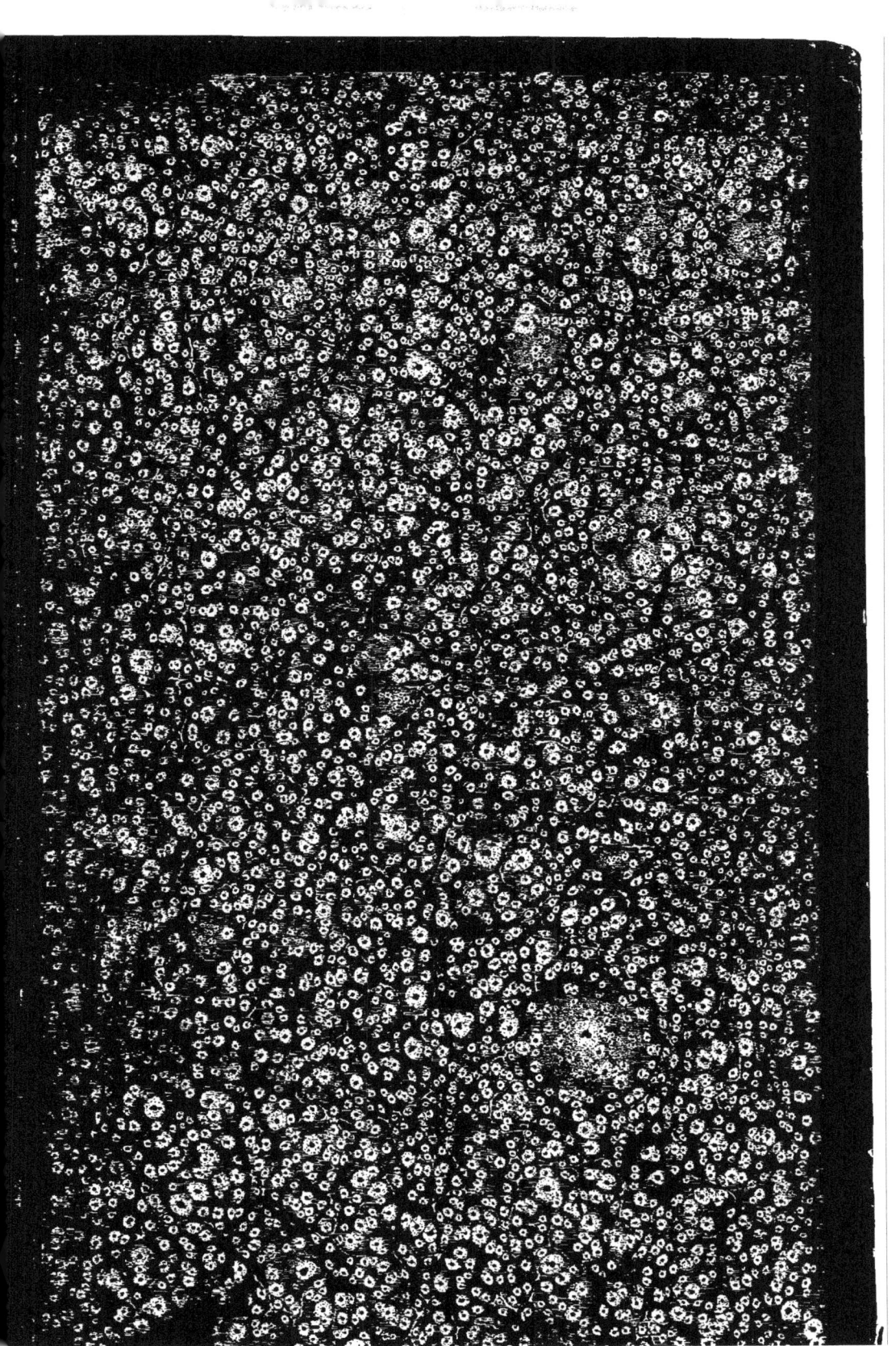